Management-Reihe Corporate Social Responsibility

Reihenherausgeber
René Schmidpeter
Dr. Jürgen Meyer Stiftungsprofessur für
Internationale Wirtschaftsethik und CSR
Cologne Business School (CBS)
Köln, Deutschland

Das Thema der gesellschaftlichen Verantwortung gewinnt in der Wirtschaft und Wissenschaft gleichermaßen an Bedeutung. Die Management-Reihe Corporate Social Responsibiltiy geht davon aus, dass die Wettbewerbsfähigkeit eines jeden Unternehmens davon abhängen wird, wie es den gegenwärtigen ökonomischen, sozialen und ökologischen Herausforderungen in allen Geschäftsfeldern begegnet. Unternehmer und Manager sind im eigenen Interesse dazu aufgerufen, ihre Produkte und Märkte weiter zu entwickeln, die Wertschöpfung ihres Unternehmens den neuen Herausforderungen anzupassen sowie ihr Unternehmen strategisch in den neuen Themenfeldern CSR und Nachhaltigkeit zu positionieren. Dazu ist es notwendig, generelles Managementwissen zum Thema CSR mit einzelnen betriebswirtschaftlichen Spezialdisziplinen (z.B. Finanz, HR, PR, Marketing etc.) zu verknüpfen. Die CSR-Reihe möchte genau hier ansetzen und Unternehmenslenker, Manager der verschiedenen Bereiche sowie zukünftige Fach- und Führungskräfte dabei unterstützen, ihr Wissen und ihre Kompetenz im immer wichtiger werdenden Themenfeld CSR zu erweitern. Denn nur, wenn Unternehmen in ihrem gesamten Handeln und allen Bereichen gesellschaftlichen Mehrwert generieren, können sie auch in Zukunft erfolgreich Geschäfte machen. Die Verknüpfung dieser aktuellen Managementdiskussion mit dem breiten Managementwissen der Betriebswirtschaftslehre ist Ziel dieser Reihe. Die Reihe hat somit den Anspruch, die bestehenden Managementansätze durch neue Ideen und Konzepte zu ergänzen, um so durch das Paradigma eines nachhaltigen Managements einen neuen Standard in der Managementliteratur zu setzen.

Weitere Bände in dieser Reihe
http://www.springer.com/series/11764

Thomas Wunder
(Hrsg.)

CSR und Strategisches Management

Wie man mit Nachhaltigkeit
langfristig im Wettbewerb gewinnt

Herausgeber
Thomas Wunder
Fakultät für Wirtschaftswissenschaften
Hochschule für angewandte Wissenschaften
Neu-Ulm
Bayern
Deutschland

ISSN 2197-4322 ISSN 2197-4330 (electronic)
Management-Reihe Corporate Social Responsibility
ISBN 978-3-662-49456-1 ISBN 978-3-662-49457-8 (eBook)
DOI 10.1007/978-3-662-49457-8

Die Deutsche Nationalbibliothek verzeichnet diese Publikation in der Deutschen Nationalbibliografie; detaillierte bibliografische Daten sind im Internet über http://dnb.d-nb.de abrufbar.

Springer Gabler
© Springer-Verlag GmbH Deutschland 2017
Das Werk einschließlich aller seiner Teile ist urheberrechtlich geschützt. Jede Verwertung, die nicht ausdrücklich vom Urheberrechtsgesetz zugelassen ist, bedarf der vorherigen Zustimmung des Verlags. Das gilt insbesondere für Vervielfältigungen, Bearbeitungen, Übersetzungen, Mikroverfilmungen und die Einspeicherung und Verarbeitung in elektronischen Systemen.
Die Wiedergabe von Gebrauchsnamen, Handelsnamen, Warenbezeichnungen usw. in diesem Werk berechtigt auch ohne besondere Kennzeichnung nicht zu der Annahme, dass solche Namen im Sinne der Warenzeichen- und Markenschutz-Gesetzgebung als frei zu betrachten wären und daher von jedermann benutzt werden dürften.
Der Verlag, die Autoren und die Herausgeber gehen davon aus, dass die Angaben und Informationen in diesem Werk zum Zeitpunkt der Veröffentlichung vollständig und korrekt sind. Weder der Verlag noch die Autoren oder die Herausgeber übernehmen, ausdrücklich oder implizit, Gewähr für den Inhalt des Werkes, etwaige Fehler oder Äußerungen.

Coverfoto: Michael Bursik

Gedruckt auf säurefreiem und chlorfrei gebleichtem Papier

Springer Gabler ist Teil von Springer Nature
Die eingetragene Gesellschaft ist Springer-Verlag GmbH Germany
Die Anschrift der Gesellschaft ist: Heidelberger Platz 3, 14197 Berlin, Germany

Vorwort

Liebe Leserinnen und Leser,

ein privatwirtschaftliches Unternehmen muss langfristig profitabel sein. Das ist unbestritten. Nur so kann es einen wichtigen Beitrag zum Wohlstand und Gedeihen von Wirtschaft und Gesellschaft leisten. Dabei muss es nicht nur die Strategien von heute wirkungsvoll umsetzen, sondern sich gleichzeitig auch mit den Wettbewerbsvorteilen von morgen befassen. Angesichts der gravierenden Herausforderungen unserer Zeit rücken bei der strategischen Ausrichtung von Unternehmen zunehmend ökologische und soziale Themen in den Mittelpunkt. Ein auf die Lösung gesellschaftlicher Probleme ausgerichtetes Kerngeschäft wird als unternehmerische Chance gesehen, mit der ein Unternehmen langfristig seine Wettbewerbsfähigkeit verbessern und Gewinne erwirtschaften kann. In diesem Verständnis von Corporate Social Responsibility (CSR) werden soziale und ökologische Belange nicht konträr zum wirtschaftlichen Handeln betrachtet, sondern vielmehr als Möglichkeit, den strategischen Handlungsspielraum zu erweitern.

Vor diesem Hintergrund richten Unternehmen zunehmend ihre Wertschöpfungsketten nachhaltig aus, differenzieren sich über veränderte Produkt- und Serviceangebote, entwickeln ihre Erfolgsmechanismen weiter und verändern ganze Märkte. Ob nachhaltige Geschäftsmodelle, soziale Innovationen, Shared-Value oder soziales Unternehmertum – im Kern haben alle diese neueren betriebswirtschaftlichen Konzepte den gleichen Grundgedanken: Gutes tun und langfristig erfolgreich damit sein. Unternehmen, die diesen betriebswirtschaftlichen Trend heute ignorieren, müssen sich die Frage stellen, inwieweit ihr Kerngeschäft auch in Zukunft noch wettbewerbsfähig sein kann.

Doch was heißt dieser sich abzeichnende Paradigmenwechsel im Umgang mit sozialen, ökologischen und wirtschaftlichen Fragestellungen nun konkret für die praktische Strategiearbeit? Welche Hilfestellung bieten Ansätze und Methoden des strategischen Managements für Unternehmen, damit sie nachhaltigkeitsorientierte Chancen oder Risiken im Wettbewerb frühzeitig erkennen können? Und wie können sie daraus erfolgversprechende Strategien ableiten und letztlich auch wirkungsvoll umsetzen? Was lässt sich von Unternehmen lernen, die den genannten Weg bereits eingeschlagen haben? Das vorliegende Buch versucht, hierauf Antworten zu liefern und Impulse für die Praxis zu geben.

Zunächst werden Anknüpfungspunkte für die Verbindung von Nachhaltigkeit und strategischem Management auf Basis verschiedener Strategieprinzipien dargestellt. Im ersten Teil des Buchs wird dann dezidert auf die Relevanz nachhaltigkeitsorientierter Strategiearbeit eingegangen. Dabei stehen drei Fragen im Mittelpunkt: Wie wird das gesellschaftliche Umfeld eines Unternehmens vor dem Hintergrund relevanter Megatrends in Zukunft aussehen? Welche empirisch nachgewiesenen Zusammenhänge gibt es zwischen dem finanziellen Ergebnis und der sozialen und ökologischen Leistung eines Unternehmens? Welche konkreten ökonomischen Chancen bieten sich durch ein wirkungsvolles unternehmerisches Nachhaltigkeitsmanagement und was muss dabei beachtet werden, damit die angestrebten Effekte auch eintreten?

Der zweite Teil widmet sich wichtigen Themen nachhaltigkeitsorientierter Strategiearbeit. Hierbei wird mit dem Shared-Value-Konzept zunächst ein kritischer Blick auf einen der derzeit prominentesten Ansätze für die Verbindung von Nachhaltigkeit und Wettbewerbsstrategien geworfen. Die Beiträge zu den Themen Geschäftsmodellmanagement, soziale Innovationen, immaterielles Vermögen und Unternehmenswert, internationales Management sowie nachhaltiges Lieferkettenmanagement geben aus verschiedenen Perspektiven konkrete Impulse für die Entwicklung und Umsetzung von Strategien.

Der dritte Teil des Buchs ist der Unternehmenspraxis gewidmet. Das breite Spektrum an Beispielen zeigt auf, wie relevant und vielfältig das Thema Nachhaltigkeit für Geschäftsstrategien in Unternehmen unterschiedlicher Größen, Rechtsformen und Branchen sein kann. Die Praxisberichte reichen von Großkonzernen wie SAP und der Deutschen Bahn, mittelständischen Familienunternehmen wie Recaro und Scheplast, der öffentlich-rechtlichen Zürcher Kantonalbank bis hin zu landwirtschaftlichen Familienbetrieben aus der Schweiz. All diese Organisationen verbinden gesellschaftliche mit wirtschaftlicher Wertschöpfung, um langfristig ihren Erfolg bzw. ihre Zukunft zu sichern.

Doch ist die Idee einer Verknüpfung von gesellschaftlicher und wirtschaftlicher Wertschöpfung im Kontext der heute vorherrschenden Wettbewerbslogik überhaupt ausreichend? Müssten sich Unternehmen angesichts der gravierenden gesellschaftlichen Probleme unserer Zeit strategisch nicht ganz andere Gedanken machen? Sind nicht eher transformative Ansätze für eine nachhaltige Unternehmens- und Marktentwicklung erforderlich, die die Wettbewerbsregeln grundlegend verändern? Diesen Fragen wird im vierten Teil des Buchs – dem Ausblick – mit Beiträgen und teils auch provokativen Thesen zu Postwachstumsökonomie, Wertestrategien sowie einem integrativen Managementansatz von CSR nachgegangen. Vielleicht aber brauchen wir gar keine radikal neuen Konzepte, sondern vielmehr eine Neuorientierung von bestehenden Fachdisziplinen und bewährten betriebswirtschaftlichen Instrumenten? Oft mangelt es nicht an Handwerkszeug, sondern an Denkweisen, Mut, Kreativität und einer entsprechenden Anwendungslogik, damit daraus wirkungsvolle Problemlösungen werden. Der letzte Beitrag widmet sich dieser Fragestellung und skizziert ein neues nachhaltigkeitsorientiertes BWL-Paradigma.

Für die Gesellschaft ist mit nachhaltigkeitsorientiertem strategischen Management eine Hoffnung und ein Appell verbunden: nämlich dass Unternehmen durch die enge Verknüpfung von wirtschaftlicher mit sozialer und ökologischer Wertschöpfung einen wesentlichen Beitrag zur Lösung der großen und dringenden Probleme unserer Zeit leisten können und werden. Denn unser aller Zukunftsfähigkeit hängt letztlich davon ab.

Prof. Dr. Thomas Wunder

Vorwort von Jochen Zeitz

Liebe Leserinnen und Leser,

unsere Gesellschaft befindet sich an einem Scheideweg. Sie braucht dringend Lösungen für die gravierenden Nachhaltigkeitsprobleme unserer Zeit. Hier sind Unternehmer und Manager gefordert. Zweifelsohne sind Unternehmen ein Teil des Problems. Andererseits können sie aber auch wesentlich zur Lösung von sozialen und umweltbezogenen Missständen beitragen. Dies setzt voraus, dass Nachhaltigkeitsorientierung oder CSR nicht als philantropische Zusatzaktivität oder „schmückendes Beiwerk" gesehen wird, sondern als strategisch relevante Managementaufgabe zur Zukunftssicherung des Unternehmens – und der Gesellschaft. Hierbei geht es um nichts Geringeres als ein neues Paradigma für erfolgreiches Wirtschaften. Umso wichtiger ist Ihre Entscheidung, sich anhand dieses Buchs mit dem Thema intensiver zu befassen.

Unternehmenslenker müssen sich heute mehr denn je die Frage nach der Sinnhaftigkeit ihres unternehmerischen Tuns („purpose of the business") stellen. In den 18 Jahren als CEO von Puma habe ich selbst erlebt, wie eine nachhaltigkeitsorientierte strategische Neuausrichtung ein Unternehmen auf die Erfolgsspur bringen und *nachhaltig* verändern kann. Doch wie erreicht man diese Verankerung in der strategischen DNA des Unternehmens? Hierfür waren einerseits neue strategische Denk- und v. a. Handlungsweisen erforderlich. Andererseits ging es auch um die Frage, wie ein Unternehmen Gewinn und Verlust definiert und erfasst. Nachhaltige strategische Unternehmensführung setzt voraus, dass diese betriebswirtschaftliche Sichtweise nicht nur bei den Finanzen, sondern auch bei Natur und Gesellschaft zur Anwendung kommt. Hierzu haben wir damals mit der weltweit ersten Ökobilanz einen ersten Schritt gemacht, der aus heutiger Sicht die Weichen für eine sehr positive Entwicklung gestellt hat.

Bei der Verknüpfung von Nachhaltigkeit und Unternehmensstrategien geht es nicht um kurzlebige Erfolgsgeschichten, sondern darum, bei strategischen Entscheidungen auch zukünftige Generationen als relevanten Stakeholder zu berücksichtigen. Unabhängig davon, wie aufrichtig und tiefgreifend ein CSR-Programm ist, es darf keine Initiative auf Abteilungsebene sein. Die Verknüpfung von Nachhaltigkeit und strategischem Management ist ein gesamtunternehmerisches Thema der erfolgreichen Zukunftssicherung. Es reicht von Fragen des Selbstverständnisses und angestrebten Zukunftsbilds eines Unternehmens über die Gestaltung des Kerngeschäfts bis hin zum Geschäftsmodell und dem Management der gesamten Wertschöpfungskette.

Im vorliegenden Buch geht es in diesem Kontext nicht um Moralpredigten, sondern vielmehr darum, wie Nachhaltigkeit ein integraler Bestandteil der Unternehmensstrategie werden und dauerhaft bleiben kann. Sie werden eine Reihe von prominenten Beispielen aus der Wissenschaft und Unternehmenswelt finden, die den von mir gemeinten Paradigmenwechsel unterstreichen. Sie alle zeigen, dass unternehmerischer Erfolg und Nachhaltigkeit letztlich zwei Seiten der gleichen Medaille sind. Wer heute dauerhaft erfolgreich ein Unternehmen führen will, muss sich diesen neuen Denkweisen hingeben.

Während meiner Zeit als junger Unternehmenslenker hätte ich mir sicherlich ein Werk zum strategischen Management mit CSR-Bezug gewünscht. Umso zufriedener bin ich, dass die Thematik heute in der Unternehmenswelt bei immer mehr und immer größeren Akteuren Gehör findet. Ich persönlich hoffe, dass es eines Tages möglich sein wird, das CSR aus dem Titel derartiger Bücher streichen zu können. Dann ist Nachhaltigkeit zum integralen Bestandteil des strategischen Managements und anderer betriebswirtschaftlicher Fachdisziplinen geworden.

Für ein Unternehmen ist die wirksame Verknüpfung von Nachhaltigkeit und strategischem Management zweifelsohne eine große Herausforderung. Das ist mir als Manager durchaus bewusst. Gerade deshalb lege ich Ihnen dieses Buch ans Herz, weil auch ich als Manager in Bezug auf CSR eine wichtige Erfahrung machen musste: nicht die einfachen, sondern die schwierigen Wege mit vielen Hürden und Widerständen sind häufig die richtigen und dauerhaft erfolgreichen.

In diesem Sinn wünsche ich Ihnen beim Lesen und Reflektieren, aber hoffentlich auch beim Umsetzen der Inhalte dieses Buchs, viel Vergnügen.

Jochen Zeitz
Co-Founder and Executive Chair, The B Team
Founder of Zeitz MOCAA, the Zeitz Foundation and The Long Run

Vorwort des Reihenherausgebers: Gesellschaftlicher Mehrwert als strategisches Unternehmensziel

Unternehmen, ja ganze Branchen stehen derzeit vor gravierenden Veränderungen. Durch Globalisierung, Digitalisierung und gesellschaftliche Veränderungsprozesse sind ehemals erfolgreiche Unternehmensstrategien nicht mehr in der Lage, den von Markt und Gesellschaft geforderten Mehrwert für Unternehmen, Kunden und Mitarbeiter gleichermaßen zu schaffen. In Anbetracht der großen Veränderungsprozesse, zeigt sich dabei immer deutlicher, dass reine Formalziele – wie z. B. die strikte Ausrichtung an Umsatzsteigerung, Gewinnmaximierung, Erhöhung der Eigenkapitalrendite – nicht mehr hinreichend sind, um daraus eine erfolgreiche Unternehmensstrategie abzuleiten. Das alte Gegensatzdenken („trade off") zwischen unternehmerischem Mehrwert und gesellschaftlicher Wirkung, führte in der Vergangenheit hierbei oft zu eindimensionalen Strategien, die unter den neuen Umständen nicht mehr in der Lage sind, innovative Lösungen für die Stakeholder (Kapitalgeber, Kunden, Mitarbeiter) zu generieren.

Massive Marktverwerfungen (Disruptionen) durch neue digitale Technologien und digitale Geschäftsmodelle sowie der steigende gesellschaftliche Druck und erhöhte Transparenz, lassen in der Vergangenheit bewährte Geschäftsmodelle in Zukunft immer unrentabler werden. Viele Unternehmenslenker erkennen bereits, dass der in den 90er-Jahren entwickelte Shareholder-Value-Ansatz nicht mehr zielführend für die Weiterentwicklung ihres Unternehmens ist und richten ihre Strategie basierend auf dem Stakeholder-Ansatz aus. Das hat zur Folge, dass auch die CSR-Diskussion nicht mehr als Gegensatz zwischen Gewinn und Moral geführt werden kann – wie bedauerlicherweise jahrelang in der deutschen Unternehmens- und Wirtschaftsethik geschehen. Vielmehr setzt sich in der Unternehmenswelt die Erkenntnis durch, dass es sich bei CSR um ein modernes betriebswirtschaftliches Konzept zur Integration sozialer, ökologischer und wirtschaftlicher Perspektiven in die unternehmerische Wertschöpfung handelt. Moderne CSR-Strategien schaffen konkrete Innovationsmöglichkeiten und neue Wettbewerbsvorteile für die Unternehmen, indem sie den gesellschaftlichen Mehrwert des unternehmerischen Handelns erhöhen.

Bestehende Strategien der unternehmerischen Wertschöpfung müssen vor diesem Hintergrund neu gedacht und organisiert werden. Nur wenn es Unternehmen schaffen, in ihrer Wertschöpfung sowohl den unternehmerischen als auch einen gesellschaftlichen Mehrwert zu generieren, haben sie ein nachhaltiges Geschäftsmodell, das auch für die

Zukunft gewappnet ist. Zur Entwicklung und Umsetzung dieser neuen CSR-orientierten Unternehmensstrategien können bewährte Managementtools und betriebswirtschaftliche Entscheidungsinstrumente weiterhin genutzt werden, jedoch müssen diese zuvor meist um die gesellschaftliche Dimension erweitert werden.

Damit schaffen ökonomisch fundierte CSR-Strategien eine Basis für neue Produkte und Märkte, erhöhen die Zukunftsfähigkeit des Geschäftsmodells und steigern die Rentabilität von Unternehmen. Denn eine an den Interessen der Gesellschaft ausgerichtete Unternehmensstrategie hilft den vielen versteckten und oft unberechenbaren Kosten im Wertschöpfungsprozess konstruktiv zu begegnen. Viele Skandale, sinkende Mitarbeitermotivation, hausgemachte Risiken und Kosten der Intransparenz können durch die Integration der gesellschaftlichen Dimension des eigenen Handelns vermieden werden.

Bei den dargelegten Unternehmensbeispielen zeigt sich zudem, dass ökologische und soziale Kriterien für den ökonomischen Erfolg höchst relevant sind. Jene Unternehmen, die ökologische und soziale Verantwortung am besten mit den wirtschaftlichen Zielen in ihrem Geschäftsmodell verbinden, schaffen auch monetär die besten Ergebnisse. Unternehmen, die in ihrer Unternehmensstrategie weiterhin rein monetäre Ziele unter Ausblendung von gesellschaftlichen Interessen verfolgen, werden nunmehr auch vonseiten der Investoren als immer riskanter eingestuft und als Investment für viele Anleger damit immer uninteressanter. Es zeigt sich eine neue ökonomische Rationalität von Nachhaltigkeit und daraus abgeleitet eine hohe Sinnhaftigkeit darin, Nachhaltigkeitskriterien in die eigene Unternehmensstrategie zu integrieren.

In der Management Reihe Corporate Social Responsibility überwindet die nun vorliegende Publikation mit dem Titel *CSR und Strategisches Management* die oft einseitig geführte Wirtschaftsethik- und Unternehmensethikdiskussion: Zum einem durch neueste Theorien zum Thema Unternehmensstrategie, zum anderen durch konkrete Praxisbeispiele aus dem strategischen Management. Das Buch stellt damit erstmals innovative Instrumente für das strategische Management unter Einbezug der aktuellen Nachhaltigkeits- und CSR-Diskussion zur Verfügung. Alle Leser sind damit herzlich eingeladen, die in der Reihe dargelegten Gedanken aufzugreifen und für die eigenen beruflichen Herausforderungen zu nutzen sowie mit den Herausgebern, Autoren und Unterstützern dieser Reihe intensiv zu diskutieren. Ich möchte mich last, but not least sehr herzlich bei Prof. Dr. Thomas Wunder für sein großes Engagement, bei Michael Bursik und Janina Tschech vom Springer Gabler Verlag für die gute Zusammenarbeit sowie bei allen Unterstützern der Reihe aufrichtig bedanken und wünsche Ihnen nun, werte Leserinnen und werte Leser, eine interessante Lektüre.

Prof. Dr. René Schmidpeter

Inhaltsverzeichnis

Nachhaltiges Strategisches Management: Anknüpfungspunkte und Impulse für die praktische Strategiearbeit 1
Thomas Wunder

Teil I Relevanz nachhaltigkeitsorientierter Strategiearbeit

Megatrends – Rahmenbedingungen für unternehmerische Nachhaltigkeit ... 45
Christian Krys

Werttreiber Nachhaltigkeit: Einfluss der Corporate Sustainability Performance auf die Corporate Financial Performance 67
Thomas Schulz

Lohnt sich Nachhaltigkeitsmanagement? Mindsets, „business cases" und Strategie 81
Stefan Schaltegger

Teil II Wichtige Themen nachhaltigkeitsorientierter Strategiearbeit

Das Shared-Value-Konzept von Porter und Kramer – The Big Idea!? 95
Maximilian J. L. Schormair und Dirk Ulrich Gilbert

Geschäftsmodelle für unternehmerische Nachhaltigkeit 111
Florian Lüdeke-Freund

Corporate Social Innovation und Unternehmensstrategie 137
Thomas H. Osburg

**Corporate Social Responsibility und Unternehmenswert:
Wirkungsmechanismen zwischen Strategie, Intangibles
und Marktbewertung** 153
Thomas Schulz

**Corporate-Social-Responsibility-Strategien im Rahmen der
unternehmerischen Internationalisierung und Globalisierung** 183
Franziska Struve und Christopher Stehr

Strategische Bedeutung eines nachhaltigen Lieferkettenmanagements 199
Marina Jentsch und Klaus J. Zink

Teil III   Nachhaltigkeitsorientierte Strategiearbeit in der Unternehmenspraxis

Eine nachhaltige Strategie bei SAP 219
Will Ritzrau

**Implementierung nachhaltiger Unternehmensstrategien – das Fallbeispiel
DB2020 der Deutschen Bahn** 239
Jan Wehking und Markus Rometsch

RECARO goes green: Wettbewerbsvorteile durch Nachhaltigkeit. 253
Mirjam Bruhns, Michael Currle und Alfons Stachel

Nachhaltig mit Kunststoff. Scheplast – Natürlich Kunststoff 273
Jens Schenk

**Nachhaltigkeit als integriertes Geschäftsprinzip bei der
Zürcher Kantonalbank** 283
Bettina Giménez

**Corporate-Social-Responsibility-Perspektiven für Strategien in
landwirtschaftlichen Unternehmen** 303
Bruno Durgiai, Thomas Blättler und Therese Haller

Teil IV   Ausblick

**Wachstumsindifferenz: Generische Unternehmensstrategien für die
Postwachstumsökonomie**.. 325
André Reichel

Strategien der Exzellenz. Wertestrategien zu den Wettbewerbsvorteilen von morgen 341
Friedrich Glauner

Von der Gewinn- zur Nachhaltigkeitsmaximierung 365
Thomas Walker

Corporate Social Responsibility – Neue Perspektiven für die Weiterentwicklung der Betriebswirtschaftslehre 381
René Schmidpeter

Mitarbeiterverzeichnis

Blättler, Thomas, Fakultät für Wirtschaftswissenschaften, Hochschule für Agrar-, Forst- und Lebensmittelwissenschaften HAFL, Länggasse 85, 3052 Zollikofen, Schweiz, Thomas.Blaettler@bfh.ch

Bruhns, Mirjam, RECARO Aircraft Seating GmbH & Co. KG, Daimlerstraße 21, 74523 Schwäbisch Hall, Deutschland, mirjam.bruhns@recaro-as.com

Currle, Michael, Dr., RECARO Holding GmbH Jahnstraße 1, 70597 Stuttgart, Deutschland, michael.currle@recaro.com

Durgiai, Bruno, Prof. Dr., Berner Fachhochschule, Hochschule für Agrar-, Forst- und Lebensmittelwissenschaften HAFL, Länggasse 85, 3052 Zollikofen, Schweiz, bruno.durgiai@bfh.ch

Gilbert, Dirk Ulrich, Prof. Dr., Fakultät für Wirtschafts- und Sozialwissenschaften, Fachbereich Sozialökonomie, Universität Hamburg, Von-Melle-Park 9, 20146 Hamburg, Deutschland, dirk.gilbert@wiso.uni-hamburg.de

Giménez, Bettina, Geschäftshaus City, Zürcher Kantonalbank, 8010, Zürich, Schweiz, cr@zkb.ch

Glauner, Friedrich, Dr., Weltethos Institut, Universität Tübingen, Hintere Grabenstraße 26, 72070 Tübingen, Deutschland, friedrich.glauner@culturalimages.de

Haller, Therese, Dr., agr. Agrarökonomische Analyse GmbH, Hofstrasse 87, 8620 Wetzikon, Schweiz, agraroekonomie@theresehaller.ch

Jentsch, Marina, Institut für Technologie und Arbeit e. V., Technische Universität Kaiserslautern, Trippstadter Straße 110, 67663 Kaiserslautern, Deutschland, marina.jentsch@ita-kl.de

Krys, Christian, Dr., Roland Berger Holding GmbH, Dreischeibenhaus 1, 40211 Düsseldorf, Deutschland, christian.krys@rolandberger.com

Lüdeke-Freund, Florian, Dr., Fakultät Wirtschafts- und Sozialwissenschaften, Universität Hamburg, Von-Melle-Park 9, 20146 Hamburg, Deutschland, florian.luedeke-freund@wiso.uni-hamburg.de, Centre for Sustainability Management (CSM), Leuphana Universität, Lüneburg, Deutschland, florian.luedeke-freund@wiso.uni-hamburg.de

Osburg, Thomas H., Dr., Sustainable Marketing & Leadership, Hochschule Fresenius, Infanteriestr. 11a, 80797 München, Deutschland, thomas@thomasosburg.com

Reichel, André, Prof. Dr., Karlshochschule International University, Karlstraße 36–38, 76133 Karlsruhe, Deutschland, areichel@karlshochschule.de

Ritzrau, Will, Dr., SAP SE, Dietmar-Hopp-Allee 16, 69190 Walldorf, Deutschland, will.ritzrau@sap.com

Rometsch, Markus, Dr., Konzernstrategie – GES 2, Deutsche Bahn AG, Potsdamer Platz 2, 10785 Berlin, Deutschland, markus.rometsch@deutschebahn.com

Schaltegger, Stefan, Prof. Dr., Centre for Sustainability Management (CSM), Leuphana Universität Lüneburg, Scharnhorststr. 1, 21335 Lüneburg, Deutschland, schaltegger@leuphana.de

Schenk, Jens, Dipl.-Ing. (FH), Kunststoff-Formteile, Scheplast GmbH, Stegwiesen 4, 88477 Schwendi, Deutschland, jens.schenk@scheplast.de

Schmidpeter, René, Prof. Dr., Cologne Business School (CBS), Hardefuststraße 1, 50677 Köln, Deutschland, r.schmidpeter@cbs.de

Schormair, Maximilian J.L. Fakultät für Wirtschafts- und Sozialwissenschaften, Fachbereich Sozialökonomie, Universität Hamburg, Von-Melle-Park 9, 20146 Hamburg, Deutschland, maximilian.schormair@wiso.uni-hamburg.de

Schulz, Thomas, Dr., BNU Beratung für Nachhaltige Unternehmensführung, c/o Ceros GmbH, Bockenheimer Landstr. 101, 60325 Frankfurt am Main, Deutschland, schulz@bfnu.de

Stachel, Alfons, RECARO Aircraft Seating GmbH & Co. KG, Daimlerstraße, 21, 74523 Schwäbisch Hall, Deutschland, alfons.stachel@recaro-as.com

Stehr, Christopher, Prof. Dr., German Graduate School of Management & Law (GGS), Bildungscampus 2, 74076 Heilbronn, Deutschland, christopher.stehr@ggs.de

Struve, Franziska, German Graduate School of Management & Law (GGS), Bildungscampus 2, 74076 Heilbronn, Deutschland, franziska.struve@ggs.de

Walker, Thomas, Institute for sustainable solutions, Horngach 21a, 6352 Ellmau, Österreich, thomas.walker@walk-on.co.at

Wehking, Jan, Konzernstrategie – GES 2, Deutsche Bahn AG, Potsdamer Platz 2, 10785 Berlin, Deutschland, jan.wehking@deutschebahn.com

Wunder, Thomas, Prof. Dr., Fakultät für Wirtschaftswissenschaften, Hochschule für angewandte Wissenschaften Neu-Ulm, Wileystr. 1, 89231 Neu-Ulm, Deutschland, thomas.wunder@hs-neu-ulm.de

Zink, Klaus J., Prof. Dr., Institut für Technologie und Arbeit e. V., Technische Universität Kaiserslautern, Trippstadter Straße 110, 67663, Kaiserslautern, Deutschland, klaus.j.zink@ita-kl.de

Nachhaltiges Strategisches Management: Anknüpfungspunkte und Impulse für die praktische Strategiearbeit

Thomas Wunder

1 Einführung: „Doing Well by Doing Good"

Ob nachhaltige Geschäftsmodelle (Boons und Lüdeke-Freund 2013), soziale Innovation (Osburg und Schmidpeter 2013), Shared-Value (Porter und Kramer 2011) oder soziales Unternehmertum (Pirson 2012) – im Kern haben alle diese neueren betriebswirtschaftlichen Konzepte eine Schlüsselbotschaft: Ein Unternehmen kann seine Wettbewerbsfähigkeit verbessern und langfristig wirtschaftlich erfolgreich sein, *indem* es mit seinem Kerngeschäft Gutes für die Gesellschaft tut („doing well by doing good"). Die von Unternehmen typischerweise angestrebte Schaffung von Wert für Kunden („Customer-Value") und für die Anteilseigner („Shareholder-Value") soll in einem positiven Wirkungsgefüge kombiniert werden mit der Schaffung von Wert für weitere Stakeholdergruppen, einschließlich der Gesellschaft als Ganzes sowie zukünftiger Generationen („Society-Value"). Dieses Verständnis kommt im Rahmen der Unternehmensführung durch eine integrative Betrachtung von ökologischen, sozialen und wirtschaftlichen Gesichtspunkten – dem Triple-bottom-line-Ansatz[1] (Elkington 1997; Norman und MacDonald 2004) – zum Ausdruck. Es findet sich wieder in einer modernen Sichtweise von gesellschaftlicher Verantwortung

---

[1] Im Leitgedanken des Triple-bottom-line-Ansatzes werden wirtschaftliche (Profit), ökologische (Planet) und soziale (People) Zielsetzung integriert betrachtet. Der Begriff lehnt sich an das englische „profit and loss statement" (Gewinn-und-Verlust-Rechnung) an, unter dessen Schlussstrich („bottom line") traditionell der Profit steht. Die finanzielle Ergebnissichtweise soll entsprechend des Triple-bottom-line-Gedankens um soziale und ökologische Ergebnisgrößen ergänzt werden.

T. Wunder (✉)
Fakultät für Wirtschaftswissenschaften, Hochschule für angewandte Wissenschaften Neu-Ulm, Wileystr. 1, 89231 Neu-Ulm, Deutschland
E-Mail: Thomas.Wunder@hs-neu-ulm.de

© Springer-Verlag GmbH Deutschland 2017
T. Wunder (Hrsg.), *CSR und strategisches Management*, Management-Reihe Corporate Social Responsibility, DOI 10.1007/978-3-662-49457-8_1

bzw. Corporate Social Responsibility oder CSR (Carroll und Shabana 2010; Garriga und Melé 2004; Lee 2008; Schmidpeter 2015; Schwartz und Carroll 2003) oder dem Konzept der unternehmerischen Nachhaltigkeit bzw. Corporate Sustainability (Dyllick und Hockerts 2002; Schaltegger und Burrit 2005; Searcy 2012).[2]

„Doing well by doing good" ist zwischenzeitlich zu einem öffentlichkeitswirksamen Slogan avanciert, wie er auch in populären Wirtschaftspublikationen wie beispielsweise der US-amerikanischen Zeitschrift „Fortune" zu finden ist. Bekannt für seine jährlichen Ranglisten der umsatzstärksten Unternehmen (z. B. Fortune 100), hat das Magazin im September 2015 erstmals eine Change-the-World-Liste mit nachhaltigkeitsorientierten Unternehmensbeispielen veröffentlicht. Zielsetzung dieser Liste ist es nach eigenen Angaben nicht, soziale Verantwortung als Ganzes zu bewerten, sondern Unternehmen durch die ausgewählten Firmen- bzw. Projektbeispiele zu stärker nachhaltigkeitsorientiertem Handeln zu ermuntern. Die Entwicklung der Change-the-World-Liste ist stark geprägt von den Entwicklern des Shared-Value-Konzepts[3], Mark Kramer und Harvard Professor Michael Porter (Porter und Kramer 2006, 2011, 2012), sowie der mit ihnen verbundenen Beratungsgesellschaft FSG (www.fsg.org) (Murray 2015).

Die Kampagne der Zeitschrift „Fortune" zeigt, welchen Stellenwert unternehmerische Nachhaltigkeit zwischenzeitlich auch in der traditionell eher durch Shareholder-Value und Finanzmanagement geprägten US-amerikanischen Wirtschaft (The Economist 2011) zu haben scheint. Sie signalisiert eine Sichtweise, in der die Lösung sozialer und ökologischer Probleme unserer Gesellschaft als unternehmerische Chance gesehen wird, die von Unternehmen mit innovativen Ansätzen als Basis für den eigenen Geschäftserfolg genutzt werden kann. Ein zentrales Motiv für nachhaltigkeitsorientiertes Handeln ist der damit verbundene ökonomische Nutzen für die Unternehmen (Bonini und Görner 2011; Dyllick 2006; Loew und Clausen 2010; McWilliams und Siegel 2001; Porter und Kramer 2012; Schmidpeter 2015; Schreck 2012). In dieser Sichtweise ist freiwilliges ökologisches und soziales Engagement eines Unternehmens demnach nicht altruistisch motiviert, wie dies teilweise bei Unternehmenspraktikern im Zusammenhang mit einem veralteten CSR-Begriff vermutet wird. Es geht dabei weder um einschränkende Maßnahmen, durch die gewinnorientiertes unternehmerisches Handeln auf Basis ethisch-moralischer Gesichtspunkte bewertet und korrigiert wird, noch um eine philanthropisch geprägte Kompensation für durch Unternehmen verursachte ökologische und soziale Missstände im Sinn des „giving back to society". Zentrale Idee ist vielmehr die Erweiterung des strategischen Handlungsspielraums durch einen nachhaltigkeitsorientierten Denkrahmen, in dem angestrebt wird, unternehmerischen und gesellschaftlichen Mehrwert intelligent zu verknüpfen; kurzum: „Doing well by doing good" (Murray 2015).

---

[2] Zur Beziehung zwischen CSR und Corporate Sustainability s. Schaltegger (2012).

[3] Für eine kritische Betrachtung des Shared-Value-Konzepts s. Beschorner (2013) sowie den Beitrag von Schormair und Gilbert in diesem Buch.

2 Relevanz von Nachhaltigkeitsorientierung für die Strategie

„Alter Wein in neuen Schläuchen" ist bezüglich der aktuellen Popularität von CSR bzw. Nachhaltigkeit insbesondere aus akademischen Fachkreisen zu vernehmen. Demnach gehen entsprechende Denktraditionen unternehmerischer Gemeinwohlorientierung sowie auch deren Verknüpfung mit dem wirtschaftlichen Erfolg bis in die Mitte des letzten Jahrhunderts zurück. Aus praktischer Sicht stellt sich dabei die Frage, warum bisherige Ansätze nicht die Breitenwirkung und Popularität erfahren haben, wie dies bei neueren Konzepten der Fall ist. Ein Grund für den heutigen Zeitgeist zum Thema Nachhaltigkeit und der Renaissance von CSR ist sicherlich die aktuelle und für die Zukunft prognostizierte globale Problemlage. Gravierende ökologische und soziale Missstände, scheinbar unkontrollierbare Turbulenzen auf den Finanzmärkten sowie immer wieder neue Unternehmensskandale machen deutlich, dass Nachhaltigkeit keine vorübergehende Modeerscheinung darstellt, sondern als Begriff für die großen, ernsten Probleme dieser Welt steht, die dringend gelöst werden müssen. Auf gesellschaftlicher Ebene sind mit unternehmerischer Nachhaltigkeit die Hoffnung und der Appell verbunden, dass Unternehmen einen wesentlichen Beitrag zur Lösung ökologischer und sozialer Probleme leisten können und werden. Demnach sind sie – wie häufig zu hören – nicht nur mitverantwortlich für die Entstehung globaler gesellschaftlicher Missstände, sondern können mit ihren finanziellen Ressourcen, Managementkapazitäten und Problemlösungsansätzen wie kaum ein anderer Wirtschaftsteilnehmer auch einen wirkungsvollen Beitrag zu deren Lösung sowie zur Zukunftssicherung unserer Gesellschaft liefern (Elkington und Zeitz 2014).[4] Zahlreiche Unternehmensbeispiele zeigen auf, dass dieser unternehmerische Weg für eine nachhaltigere Gesellschaft mit innovativen Lösungen möglich ist (Clinton und Whisnant 2014; Jenkins et al. 2011; Lüdeke-Freund 2013; Osburg und Schmidpeter 2013).

Unternehmer und Führungskräfte müssen sich angesichts der makroökonomischen Entwicklungen[5] und des sich abzeichnenden Paradigmenwechsels im Management[6] heute fragen, inwieweit sie ihr Kerngeschäft von morgen mit sozialen und ökologischen Aspekten verknüpfen *müssen*, um auch in Zukunft noch wettbewerbsfähig und wirtschaftlich erfolgreich zu sein. Typische Fragen können sein:

---

[4] Ein Beispiel für die Rolle der Wirtschaft zur Lösung gesellschaftlicher Probleme hat sich bei der 21. UN-Klimakonferenz vom 30. November bis 12. Dezember 2015 in Paris gezeigt. In der sog. „Breakthrough Coalition" haben sich knapp 30 Privatunternehmer gemeinsam mit 20 Staaten verpflichtet, saubere Energie in Entwicklungsländern zu fördern. In der Initiative gegen den Klimawandel werden sowohl privatwirtschaftliche als auch staatliche finanzielle Mittel zur Unterstützung von Grundlagenforschung bereitgestellt. Die resultierenden Lösungen für saubere Energieversorgung sollen anschließend vom Privatsektor mit wirtschaftlichen Geschäftsmodellen angeboten werden (Mission Innovation 2015).

[5] Eine systematische Darstellung relevanter Megatrends als Rahmenbedingungen für unternehmerische Nachhaltigkeit liefert der Beitrag von Krys in diesem Buch.

[6] CSR-basierte Perspektiven für die Weiterentwicklung der Betriebswirtschaftslehre und den damit verbundenen Paradigmenwechsel skizziert Schmidpeter in seinem Beitrag im vorliegenden Buch.

- Wie verändern sich **Anforderungen relevanter Stakeholdergruppen** des Unternehmens vor dem Hintergrund der sich verschärfenden gesellschaftlichen Herausforderungen? Welche Wertvorstellungen der Stakeholder liegen diesen Anforderungen zugrunde? Wie werden diese Entwicklungen das Unternehmen in Zukunft beeinflussen?
- Wie **zeitgemäß ist das aktuelle strategische Leitbild** eines Unternehmens im Zeitalter der Nachhaltigkeit? Inwieweit müssen Elemente wie die Vision (Zukunftsbild), die Mission (Selbstverständnis) und die festgeschriebenen Unternehmenswerte grundsätzlich hinterfragt und gegebenenfalls überarbeitet werden?
- Wie **beständig sind traditionelle Wettbewerbsvorteile** in Unternehmen vor dem Hintergrund relevanter Stakeholderentwicklungen in einer sich verändernden Welt? Sind die im Unternehmen bisher genutzten Quellen von Wettbewerbsvorteilen im Einklang mit fundamentalen ökologischen und sozialen Anforderungen der Gesellschaft oder konfliktär?
- Welche **neuen nachhaltigkeitsorientierten Quellen für Wettbewerbsvorteile** können sich aus ökologischen und sozialen Betrachtungen ergeben (z. B. bessere Margen durch Differenzierung oder Kostenreduktion, Erhöhung des Markenwerts, Verbesserung der Reputation)? Wie leicht können sie von anderen Unternehmen nachgeahmt werden?
- Wie groß ist die **Gefahr von Wettbewerbsnachteilen**, wenn die Konkurrenz die sich ergebenden Chancen schneller ergreift und sich darüber im Markt differenziert? Was passiert, wenn nachhaltig agierende Wettbewerber ökologische bzw. soziale Standards im Markt erhöhen, auf die das eigene Unternehmen nicht vorbereitet ist?
- Lassen sich mit nachhaltigen Geschäftsstrategien **existierende Märkte stärker durchdringen oder in Richtung Nachhaltigkeit transformieren** bzw. ganz neue Märkte schaffen? Welche Ressourcen und Fähigkeiten sowie damit verbundene Innovationen im Geschäftsmodell sind hierfür erforderlich?

Die Festlegung und Umsetzung der grundsätzlichen strategischen Ausrichtung eines Unternehmens, um auf Basis von Wettbewerbsvorteilen langfristig den Erfolg sicherzustellen, ist eine wesentliche Zielsetzung des strategischen Managements (Hungenberg 2014; Rothaermel 2016). Vor diesem Hintergrund ist die Auseinandersetzung mit Themen, wie sie in den oben genannten Fragestellungen zum Ausdruck kommen, geradezu charakteristisch für die praktische Strategiearbeit. Wenn die Unternehmensführung – beispielsweise ermuntert durch Praxisberichte, Stakeholderanforderungen oder empirische Studien[7] – annimmt, dass ein auf die Lösung sozialer und ökologischer Gesellschaftsprobleme ausgerichtetes Kerngeschäft langfristig den Geschäftserfolg und damit auch die Zukunft des Unternehmens positiv beeinflusst, dann wird sie sich auch mit diesen Fragestellungen in ihrem Strategieprozess befassen. Dies kann sowohl den normativen strategischen Rahmen (z. B. Festlegung des Selbstverständnisses eines Unternehmens als gesellschaftlicher Ak-

---

[7] Zum Zusammenhang von Corporate Sustainability Performance und Corporate Financial Performance s. den Beitrag von Schulz in diesem Buch.

teur und seiner fundamentalen Werte) als auch konkrete Strategien auf unterschiedlichen organisatorischen Ebenen (z. B. Gesamtunternehmen, Geschäftsbereiche, Funktionsbereiche, Regionen und Länder, Produktlinien) betreffen. Die nachfolgenden Ausführungen sollen hierfür wichtige Fragestellungen aufzeigen, Impulse geben und auf Basis praktikabler Heuristiken Unternehmen eine Hilfestellung für ihre Strategiearbeit liefern. Dabei geht es sowohl um Anforderungen und Fragen, die sich aus einer nachhaltigkeitsorientierten Perspektive für die *Strategieinhalte* ergeben, als auch darum, auf was Unternehmen in ihrem *Strategieprozess* achten müssen, damit sie systematisch nachhaltigkeitsorientierte Chancen und Risiken erkennen, daraus effektive Strategien formulieren und diese letztlich auch wirkungsvoll umsetzen können.

3 Unternehmerische Nachhaltigkeit und strategisches Management

Sowohl die Übernahme gesellschaftlicher Verantwortung durch Unternehmen als auch gesellschaftlich motiviertes Unternehmertum sind für Unternehmenspraktiker keine neuen Themen. Viele Unternehmer praktizieren dies seit Langem, ohne dass sie es explizit als Managementkonzept darstellen. Auch die wissenschaftliche Auseinandersetzung mit gesellschaftlichen Aspekten im strategischen Management hat eine lange Tradition. So weist beispielsweise bereits das in den 1970er-Jahren entwickelte erste geschlossene Konzept des strategischen Managements, das sog. LCAG-Schema der Harvard Business School, gesellschaftliche Verantwortung als integralen Bestandteil in der Phase der Strategieformulierung aus (Christensen et al. 1982, S. 99). Neu ist in diesem Zusammenhang die proaktive strategische Auseinandersetzung mit Fragen der unternehmerischen Nachhaltigkeit als Denkfigur entlang des gesamten Strategieprozesses. Heute wird gesellschaftliche Verantwortung nicht mehr als Randbedingung, sondern entsprechend der skizzierten Symbiose aus wirtschaftlicher und gesellschaftlicher Leistung als möglicher Kern von Geschäftsstrategien betrachtet.[8]

In der Unternehmenspraxis ist dies keine Selbstverständlichkeit und bisweilen auch mit großer Skepsis verbunden. Dies liegt u. a. daran, dass Manager unterschiedliche persönliche Überzeugungen hinsichtlich der Frage haben, wie freiwillige Umwelt- und Sozialmaßnahmen in ihrem Unternehmen und Wettbewerbsumfeld auf den Erfolg wirken. Das Spektrum reicht von Sichtweisen, in denen ökologische und soziale Aspekte lediglich als lästige Kostentreiber gesehen werden, über die Betrachtung als Standards im operativen Geschäft, die es im Sinne einer ordentlichen Geschäftstätigkeit einzuhalten gilt („business as usual"), bis hin zu Sichtweisen unternehmerischer Nachhaltigkeit als eine Möglichkeit für die Reputationsverbesserung oder als unternehmerische Marktchance, die pro-

---

[8] Dementsprechend ist das Thema Nachhaltigkeit heute sowohl in speziellen strategieorientierten Fachbüchern adressiert (Stead und Stead 2014; Chandler und Werther 2014) als auch in etablierten Lehrbüchern zum strategischen Management integriert (Rothaermel 2016; Wheelen et al. 2015).

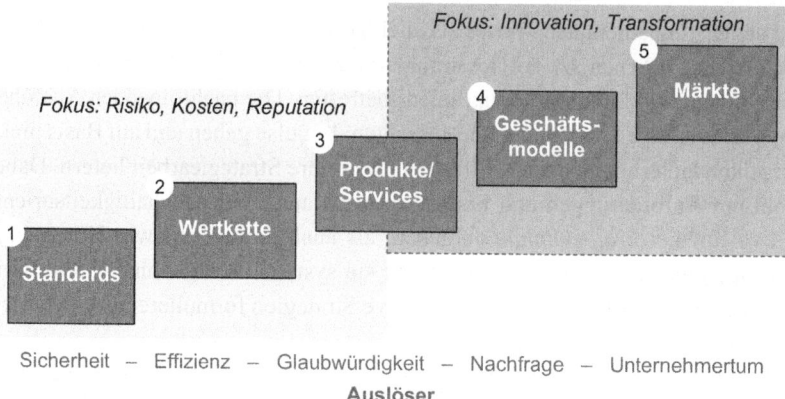

Abb. 1 Fünf Stufen zum strategischen Umgang mit Nachhaltigkeit. (Quelle: in Anlehnung an Wunder 2016, S. 246)

aktiv ergriffen werden kann (Schaltegger und Burrit 2015).[9] Diese Überzeugungen der Geschäftsführung kommen dann darin zum Ausdruck, wie strategisch das Unternehmen mit sozialen und ökologischen Fragestellungen umgeht.

Abbildung 1 zeigt fünf Stufen zum strategischen Umgang mit Nachhaltigkeit (Nidumolu et al. 2009; Esty und Winston 2006).[10] Sie stellen unterschiedliche Motivationslagen dar und reflektieren Beweggründe bzw. Auslöser für ökologisches und soziales Engagement eines Unternehmens, wie beispielsweise Sicherheitsdenken, Effizienzanforderungen, Erhalt oder Verbesserung der Glaubwürdigkeit, Nachfrageentwicklungen oder Unternehmergeist. Entsprechend können sich je nach Stufe verschiedene Strategietypen ergeben, die eher auf Risiko, Kosten und Reputation oder auf Innovation und Transformation abzielen.[11]

In den Stufen 1, 2 und teilweise auch 3 wird Nachhaltigkeit primär als ein Thema des Risikomanagements bzw. der Compliance sowie als Hebel für Effizienzsteigerungen und als Möglichkeit zur Reputationsverbesserung gesehen. So gilt es beispielsweise in Stufe 1, soziale und ökologische *Standards* zu erfüllen oder zu übertreffen, damit das Risiko für selbst verschuldete, ergebniswirksame ökologische und soziale Probleme möglichst gering ist. Dabei kann es sich sowohl um die Einhaltung von gesetzlich verpflichtenden Regularien als auch um selbstverpflichtende De-facto-Standards handeln, die Kunden, Mitarbeiter oder andere Stakeholder in einer bestimmten Industrie heute erwarten. Unter-

---

[9] S. hierzu auch den Beitrag von Schaltegger in diesem Buch.

[10] Für eine Darstellung des Modells speziell in Bezug auf ökologische Nachhaltigkeit s. Wunder (2013b, S. 72 f.) und Internationaler Controller Verein (2011, S. 4).

[11] Zur Strategietypologisierung in sicher (Risikoverminderung/-beherrschung), glaubwürdig (Verbesserung von Image und Reputation), effizient (Verbesserung von Produktivität und Effizienz), innovativ (Differenzierung im Markt) und transformativ (Entwicklung von Märkten) s. Dyllick (2003).

nehmen, die Nachhaltigkeitsorientierung über die eigenen Unternehmensgrenzen hinaus ausweiten, betrachten ökologische und soziale Bedingungen entlang ihrer gesamten internationalen *Wertkette* (Stufe 2). Diese beeinflusst in hohem Maß die Umwelt- und Sozialbilanz der eigenen Produkte (Hengstmann und Seidel 2014).[12]

Die nachhaltigkeitsorientierte Ausgestaltung von Produkten mit dem Ziel, in Herstellung, Konsum oder Entsorgung möglichst wenig negative Auswirkungen zu haben, steht im Mittelpunkt von Stufe 3. Dies kann beispielsweise durch neue Kundenanforderungen ausgelöst sein und ist dann primär nachfragegetrieben. Je nachdem, ob es sich dabei um Basis-, Leistungs-, oder Begeisterungsanforderungen handelt (Kano et al. 1984; Seidenschwarz 1997), führt die Erfüllung dieser Anforderung in unterschiedlichem Maß zu einer Verbesserung der Kundenzufriedenheit und kann damit mehr oder weniger wettbewerbsrelevant sein (Liebl 2011, S. 310 f.). Es ist auch denkbar, dass Unternehmen die nachhaltigkeitsorientierte Ausgestaltung von Produkten primär als Reputationschance sehen. In diesem Fall werden ausgewählte nachhaltige Produkte im Portfolio ergänzt und öffentlichkeitswirksam im Markt platziert. Im Extremfall wird dies dazu genutzt, von einem nicht nachhaltigen Kerngeschäft abzulenken, was dann eine Form des „greenwashing" darstellt.

In den Stufen 4 und 5 gehen Unternehmen über das partielle Aufgreifen von Anforderungen einzelner Stakeholder und das Reagieren mit teilweise isolierten Nachhaltigkeitsmaßnahmen hinaus. Soziale und ökologische Problemstellungen werden hier primär als unternehmerische Chance gesehen, die man mit entsprechend innovativen Lösungen und unter Einbezug relevanter Stakeholdergruppen ergreifen kann. Im Mittelpunkt steht die nachhaltigkeitsorientierte Ausgestaltung des Geschäftsmodells, in dem ein Lösungsbeitrag des Unternehmens zu gesellschaftlichen Problemen in den Mittelpunkt der gewinnorientierten Geschäftslogik rückt. Ökologische und soziale Probleme werden dann nicht nur peripher, sondern mit dem Kerngeschäft adressiert (Stufe 4). Ein Beispiel ist das auf Outdoorbekleidung spezialisierte Unternehmen Patagonia (www.patagonia.com), das mit seinem auf Recycling und Wiederverwendung basierenden Geschäftsmodell wirtschaftlich sehr erfolgreich ist. Noch einen Schritt weiter gehen Unternehmen in Stufe 5. Hier haben nachhaltigkeitsorientierte Unternehmensstrategien einen transformativen Charakter, da sie nicht nur existierende Marktchancen ergreifen, sondern zur Neuentwicklung bzw. Transformation ganzer Märkte beitragen. So hat beispielsweise die US-amerikanische Biosupermarktkette Whole Foods Market (www.wholefoodsmarket.com) den Konsum von Lebensmitteln natürlicher Herkunft in den USA erst im großen Stil marktfähig gemacht. Dies hat wiederum Wettbewerber dazu bewegt, ihr Produktprogramm auch stärker in diese Richtung zu erweitern (Mackey und Sisodia 2014).

Das skizzierte Fünf-Stufen-Modell liefert einen pragmatischen Orientierungsrahmen, mit dem ein Unternehmen systematisch seine strategische Positionierung hinsichtlich ökologischer und sozialer Aspekte klären und weiterentwickeln kann. Die fünf Stufen sind dabei nicht als Entwicklungsstufen hin zu einem nachhaltigen Unternehmen zu verstehen.[13] Sie

---

[12] S. hierzu den Beitrag von Jentsch und Zink in diesem Buch.

[13] Die Frage, was genau unter einem nachhaltigen Unternehmen im Sinn eines anzustrebenden Endzustands zu verstehen ist, lässt sich aufgrund der Vielschichtigkeit und Komplexität des Themas aus

signalisieren vielmehr, wie strategisch ein Unternehmen mit dem Thema Nachhaltigkeit umgeht. Unternehmen in Stufe 1 und 2 können eine große ökologische und soziale Wirkung entfalten, wogegen Aktivitäten in Stufe 4 und 5 zwar sehr strategisch im Sinn einer unternehmerischen Marktorientierung zu bewerten sind, aber nicht zwingend auch einen im Vergleich zu niedrigeren Stufen größeren Lösungsbeitrag für gesellschaftliche Probleme darstellen müssen. Höhere Stufen sind also nicht notwendigerweise auch mit einer größeren Nachhaltigkeitsperformance verbunden, obgleich dies im Einzelfall durchaus der Fall sein kann. So hat beispielsweise ein Softwarehersteller über seine Produkte und deren Anwendung beim Kunden evtl. einen größeren Hebel für die Lösung sozialer und ökologischer Probleme, als durch die nachhaltigkeitsorientierte Gestaltung der eigenen Wertschöpfungsprozesse.[14] Für ein Unternehmen aus der Mineralöl-, Chemie- oder Metallindustrie stellt sich dies wiederum ganz anders dar. Auch ist zu beachten, dass ein Unternehmen i. d. R. in mehreren Stufen gleichzeitig Nachhaltigkeitsinitiativen verfolgen kann und demnach das Tätigwerden in einer höheren Stufe nicht voraussetzt, dass niedrigere Stufen bereits abgearbeitet sind. Vielmehr bietet das Modell einen Rahmen, mit dem im Sinn eines ganzheitlichen Nachhaltigkeitsmanagements Initiativen in mehreren Stufen gleichzeitig verfolgt und gesteuert werden können (Internationaler Controller Verein 2011; Gänßlen et al. 2011, S. 461).

Aus strategischer Sicht sind insbesondere die Stufen 4 und 5 des dargestellten Modells interessant, da sie ein hohes Potenzial für neue oder andersartige Geschäftsmöglichkeiten aufzeigen. Dabei ist allerdings zu beachten, dass es zwischen nachhaltigem Engagement eines Unternehmens bzw. CSR und der Verbesserung des Unternehmenserfolgs keinen Automatismus gibt, wie dies mitunter suggeriert wird. Erstens gibt es nicht einen, sondern vielfältige „business cases" für Nachhaltigkeit in einem Unternehmen. Diese gilt es zu identifizieren und bei der strategischen Wahl und der damit verbundenen Ressourcenallokation untereinander sowie mit anderen „business cases", die ggf. keinen sozialen und ökologischen Lösungsbeitrag aufweisen, abzuwägen. Zweitens können freiwillige ökologische und soziale Maßnahmen durchaus auch zu Wettbewerbsnachteilen führen, wenn sie vom Management nicht intelligent entwickelt und umgesetzt werden.[15] So gibt es eine Reihe von Paradoxien und Fallstricken in der Verbindung von Nachhaltigkeit und strategischem Management, die es zu berücksichtigen gilt (Liebl 2011). Die freiwillige Orientierung an sozialen und ökologischen Problemstellungen kann den strategischen Handlungsspielraum eines Unternehmens nicht nur erweitern, sondern auch einschränken. So kann sie beispielsweise im Lauf der Zeit zu unfreiwilligen Verpflichtungen aufgrund veränderter Erwartungshal-

---

heutiger Sicht nicht allgemeingültig beantworten. Orientierung hierfür liefern beispielsweise die am 25. September 2015 von der UN verabschiedeten 17 internationalen Ziele der Agenda 2030 für nachhaltige Entwicklung (www.un.org) oder die 22 „Future-Fit" Ziele der Future-Fit Foundation (www.futurefitbusiness.org).

[14] S. hierzu den Beitrag von Ritzrau (SAP) in diesem Buch.

[15] Die Vielschichtigkeit von unternehmerischer Nachhaltigkeit zeigt Schaltegger in seinem Buchbeitrag („Lohnt sich Nachhaltigkeitsmanagement?").

Abb. 2 Sechs Strategieprinzipien. (Quelle: Wunder 2016, S. 8, angepasst)

tungen von Stakeholdern oder zu einer unerwünschten Exponiertheit der Geschäftsaktivitäten des Unternehmens in der Öffentlichkeit führen (Liebl 2011, S. 311 f.; Ghemawat 1991).

Die eingangs skizzierte Relevanz sowie die dargestellte Vielschichtigkeit unternehmerischer Nachhaltigkeit zeigt, wie wichtig eine systematische Auseinandersetzung mit den strategischen Möglichkeiten und Grenzen des Themas für ein Unternehmen sein kann (Chandler und Werther 2014; Stead und Stead 2014). Aufgrund der Tragweite und schweren Revidierbarkeit von strategischen Entscheidungen erscheint dabei gerade beim Thema Nachhaltigkeit eine besonders sorgfältige und rationale Vorgehensweise im Strategieprozess angebracht. Die nachfolgenden Ausführungen sollen hierfür inhaltliche und prozessuale Impulse liefern. Als Orientierungsrahmen dienen sechs Strategieprinzipien, die als Anknüpfungspunkte für Nachhaltigkeit herangezogen werden. Dabei wird auf eine klassisch-rationale Sichtweise des strategischen Managements zurückgegriffen, wie sie heute in unterschiedlichen Ausprägungen an vielen Business-Schools gelehrt wird und in der Unternehmenspraxis anzutreffen ist.[16]

4 Sechs Strategieprinzipien als Anknüpfungspunkte für Nachhaltigkeit

Unter einem nachhaltigen strategischen Management wird im Folgenden ein Ansatz verstanden, der sich bei der Entwicklung und Umsetzung von Strategien zur Schaffung von Wettbewerbsvorteilen systematisch an dem Konzept der unternehmerischen Nachhaltigkeit im Sinn einer Symbiose aus wirtschaftlicher und gesellschaftlicher (d. h. sozialer und ökologischer) Wertschöpfung orientiert. Abbildung 2 zeigt sechs Strategieprinzipien, wie sie im Allgemeinen für das strategische Management charakteristisch sind (Wunder 2016, S. 8–26). Sie reflektieren das diesem Beitrag zugrunde liegende Strategieverständnis und

---

[16] Eher radikale Alternativkonzepte, die das klassisch-rationale Paradigma des strategischen Managements grundsätzlich infrage stellen und beispielsweise stärker auf den Umgang mit Komplexität oder andere Aspekte fokussieren (z. B. Brunsson 1989; Grimm 1996), werden im Rahmen des vorliegenden Beitrags nicht thematisiert. Zu einem Überblick der verschiedenen Paradigmen des strategischen Managements s. Ungerich (2012) und Wunder (2016, S. 52–56).

dienen als Bezugsrahmen für die Verknüpfung von unternehmerischer Nachhaltigkeit und strategischem Management. Die verschiedenen Anknüpfungspunkte decken dabei keinesfalls das gesamte strategische Handlungsfeld von unternehmerischer Nachhaltigkeit ab. Sie zeigen aber exemplarisch, welche wichtigen Fragestellungen sich daraus für die praktische Strategiearbeit in einem Unternehmen entsprechend einer dort typischerweise anzutreffenden strategischen Planungslogik ergeben können.

4.1 Schaffen und Erneuern von Wettbewerbsvorteilen

Viele Bereiche des gesellschaftlichen Lebens wie Sport, Politik oder Wirtschaft sind durch Wettbewerbssituationen geprägt. In einem Wettbewerb hat die richtige Strategie im Allgemeinen einen entscheidenden Einfluss darauf, wer gewinnt oder verliert. Im Geschäftsleben verfolgen Unternehmen Strategien, damit sie Vorteile gegenüber ihren Wettbewerbern schaffen, erhalten oder erneuern können (Rothaermel 2016; Wunder 2016).

Um einen Wettbewerbsvorteil zu generieren, muss ein Unternehmen in der Lage sein, mit seinen Ressourcen und Fähigkeiten unter Beachtung der Wettbewerbskräfte einen höheren Wert für seine Kunden zu schaffen als dies ein anderes Unternehmen im jeweils relevanten Markt könnte (Collis und Rukstad 2008; Ohmae 1982). Dies kommt dann beispielsweise darin zum Ausdruck, dass das Angebot des Unternehmens (z. B. Produkte, Services, Marken) aus Sicht des Kunden aufgrund von Qualität, Preis, Image oder Schnelligkeit im Vergleich zum Angebot anderer Unternehmen einen höheren Wert für die Befriedigung der eigenen Bedürfnisse und Wünsche darstellt. Je nachdem, wie lange die erzielten Vorteile in einer Wettbewerbsarena Bestand haben, unterscheidet man temporäre und langfristige Wettbewerbsvorteile (Porter 1985).[17] Die Logik, dass Unternehmen auf Basis von markt- oder ressourcenorientierten Strategien Wettbewerbsvorteile schaffen und damit eine im Vergleich zu den Wettbewerbern herausragende Performance erzielen, gehört zu den Grundprinzipien im traditionellen strategischen Management (vgl. Abb. 2).

Woran erkennt man aber nun konkret, ob ein Unternehmen einen Wettbewerbsvorteil hat? Die Beantwortung dieser Frage ist in der Wirtschaft nicht ganz so einfach wie im Sport, wo man am Ende einer Saison oder eines Wettkampfs sieht, wer auf Platz 1 bzw. den vorderen Rängen steht und somit ganz offensichtlich einen Wettbewerbsvorteil gegenüber den Mannschaften auf den hinteren Rängen realisieren konnte.[18] Im privatwirtschaftlichen Bereich können die Erfolgsmaßstäbe, was unter herausragender Leistung zu verstehen ist, je nach Betrachtung unterschiedlich sein. Folgende wesentliche Sichtweisen sind dabei denkbar (Rothaermel 2016; Wunder 2016, S. 26–37):

---

[17] Im Englischen wird ein langfristiger Wettbewerbsvorteil als „sustainable competitive advantage" (Porter 1985, S. 11) bezeichnet. Mit dem Begriff „sustainable" ist damit allerdings nicht auf „nachhaltig" im Sinn von sozial, ökologisch und wirtschaftlich referenziert, sondern auf die Dauerhaftigkeit bzw. Halbwertzeit des Wettbewerbsvorteils. Um terminologische Unklarheiten zu vermeiden, wird im vorliegenden Beitrag auf den Begriff der sog. nachhaltigen Wettbewerbsvorteile verzichtet.

[18] Für die Analogie des Konzepts der Wettbewerbsvorteile mit dem Sport s. Wunder (2016, S. 11).

- Wertschöpfungsbeitrag: Ein Unternehmen hat einen Wettbewerbsvorteil, wenn es mit seinem Angebot mehr Wert für seine Kunden generieren und realisieren kann als seine Wettbewerber mit ihren Angeboten.
- Buchhalterische Ergebnisgrößen: Ein Unternehmen hat einen Wettbewerbsvorteil, wenn seine buchhalterische Profitabilität (z. B. Kapital- oder Umsatzrendite) höher ist als der Durchschnitt in der Industrie bzw. dem relevanten Markt.
- Shareholder-Value: Unternehmen, deren Gewinn die Kosten für das eingesetzte Kapital (z. B. „weighted average cost of capital") übersteigt, erzielen eine überdurchschnittliche Performance und haben daher einen Wettbewerbsvorteil.[19]
- Unternehmerische Nachhaltigkeitsperformance: Ein Unternehmen hat einen Wettbewerbsvorteil, wenn seine integrierte wirtschaftliche, ökologische und soziale Leistung („triple bottom line") größer ist als die seiner Wettbewerber.

Die ersten drei Ansätze – insbesondere die Profitabilitätskennzahlen – stellen im strategischen Management etablierte Ansätze zur Messung von Wettbewerbsvorteilen dar. Neu dagegen ist die Verwendung von Indikatoren der unternehmerischen Nachhaltigkeitsperformance (Corporate Sustainability Performance)[20] zur Beurteilung, ob ein Unternehmen einen Wettbewerbsvorteil hat oder nicht. Sie basiert auf einer veränderten Perspektive des Erfolgsbegriffs, ist in der praktischen Umsetzung allerdings mit erheblichen Schwierigkeiten verbunden. Probleme bestehen insbesondere bei der integrierten Messung und Konsolidierung der verschiedenen Nachhaltigkeitsdimensionen zu einer Gesamtperformance eines Unternehmens, wie dies beispielsweise mit Ansätzen wie Total Impact Measurement and Management (TIMM; PricewaterhouseCoopers LLC 2015) oder Social Return on Investment (SROI; Social Value UK 2015) versucht wird.[21] Das Environmental-Profit-and-Loss-Account (EP&L) von Puma SE ist ein Beispiel aus der Praxis, wie ein Unternehmen seine wirtschaftliche und ökologische Leistung integriert. Demnach haben sich die externalisierten Umweltkosten bei Puma im Geschäftsjahr 2010 auf rund 50 % des Gewinns [„earnings before interest and taxes" (EBIT)] belaufen (Hengstmann und Seidel

---

[19] Zum Zusammenhang von Nachhaltigkeitsengagement und Unternehmenswert s. auch den Beitrag von Schulz (CSR und Unternehmenswert) in diesem Buch.

[20] Mit diesem Begriff ist im vorliegenden Beitrag die integrierte Betrachtung und Zusammenführung von finanziellen (Profit), ökologischen (Planet) und sozialen (People) Leistungsindikatoren gemeint. Die resultierende Nachhaltigkeitsperformance beinhaltet demnach alle drei Dimensionen der Nachhaltigkeit und nicht nur ökologische und soziale Aspekte, wie dies mit dem Begriff teilweise verbunden wird.

[21] Wesentlich etablierter sind dagegen eine Reihe von standardisierten Reporting-Guidelines für Nachhaltigkeit bzw. CSR wie beispielsweise die Global Reporting Initiative (GRI G4 2015), die Commission on ESG Environmental, Social and Governance Issues (EFFAS CESG 2015) oder die „International Organization for Standardization ISO 26000:2010 guidance on social responsibility (ISO 2015) mit ihren Indikatoren für unterschiedliche Nachhaltigkeitsdimensionen (Kleinfeld und Martens 2014). Solchen Richtlinien folgend haben eine Reihe von Unternehmen heute ihre externe Finanz- und Nachhaltigkeitsberichterstattung in einem Geschäftsbericht integriert (Eccles und Krzus 2010; Frank 2014).

2014). Einer ähnlichen Logik folgt das Social-Profit-and-Loss-Account (SP&L) zur Erfassung externalisierter sozialer Kosten eines Unternehmens, was allerdings in der Praxis zu einer noch größeren Komplexität im Hinblick auf eine verlässliche Messung führt, als dies im ökologischen Bereich der Fall ist.

Es liegt auf der Hand, dass die Sichtweise der unternehmerischen Nachhaltigkeitsperformance eine völlig neue Perspektive auf die Beurteilung von Wettbewerbsvorteilen liefert. Würden alle Unternehmen auf Basis eines objektiven und vergleichbaren Standards erfassen, welche negativen und positiven ökologischen und sozialen Auswirkungen ihre Geschäftstätigkeit für die Gesellschaft – und nicht nur für die Kunden und Mitarbeiter – hat, und dies zusammen mit ihrem wirtschaftlichen Ergebnis im Sinn einer Gesamtperformance bewerten, so würden sich dadurch eine Reihe von aktuellen Unternehmensrankings grundlegend verändern. Die zentrale Frage zur Beurteilung von Wettbewerbsvorteilen wäre dann nicht mehr nur, ob ein Unternehmen profitabler ist als seine Wettbewerber, sondern auch, mit welchen ökologischen und sozialen Kosten dies im jeweiligen Fall erreicht wurde. Derartige Überlegungen sind in den heutigen internationalen Accounting-Standards jedoch nicht enthalten (Elkington und Zeitz 2014, S. 71–85).

Was heißt dies nun für die praktische Strategiearbeit? Unternehmen müssen vor dem Hintergrund unterschiedlicher Stakeholderanforderungen und der eigenen Werte zunächst einmal ihre ganz spezifischen Performance- bzw. Erfolgsmaßstäbe klären. Die inhaltliche Ausgestaltung der Strategie als Weg zum Ziel hängt dann maßgeblich von diesen definierten Erfolgsmaßstäben ab. Mit Blick auf die drei Nachhaltigkeitsdimensionen stellt sich dabei u. a. die Frage, wie diese untereinander gewichtet bzw. integriert werden sollen.[22] Dabei gibt es folgende grundlegenden Optionen:

- In der ersten Sichtweise werden die Profitabilität oder der Shareholder-Value als ultimative Leistungsindikatoren beibehalten. Ökologische und soziale Indikatoren sind dem zwar untergeordnet, aber idealerweise in ein positives Wirkungsgefüge zur wirtschaftlichen Performance zu stellen, um damit einen „business case" für Nachhaltigkeit zu schaffen. In diesem Fall gilt es zu prüfen, mit welchen Produkten oder Geschäftsmodellen ökologische und soziale Beiträge des Unternehmens auch zu einer Verbesserung seiner wirtschaftlichen Indikatoren und letztlich zu einem Vorteil im Wettbewerb führen. Diese Sichtweise findet sich in vielen aktuellen Konzepten zur Verknüpfung von wirtschaftlicher und gesellschaftlicher Leistung wieder, wie dies am Anfang des Beitrags bereits ausgeführt wurde.[23] Sehr stark kommt dies beispielsweise im Shared-Value-Ansatz von Porter und Kramer zum Ausdruck, wonach Unternehmen Strate-

---

[22] Es gibt diesbezüglich eine Reihe von Weiterentwicklungen des Triple-bottom-line-Verständnisses, wie beispielsweise das sog. gewichtete Säulenmodell der nachhaltigen Entwicklung. In dieser Sichtweise kommt es zu einer Aufwertung der ökologischen Perspektive, die nun nicht mehr gleichgewichtig neben den anderen Nachhaltigkeitsdimensionen steht, sondern als Fundament für die anderen relevanten Säulen (z. B. soziale, kulturelle und ökonomische Aspekte) fungiert. Vgl. hierzu Stahlmann (2008, S. 61) oder auch Grober (2010, S. 129).

[23] Zum Zusammenhang von ökologischer und sozialer Performance mit dem Unternehmenswert s. den Beitrag von Schulz („CSR und Unternehmenswert") in diesem Buch.

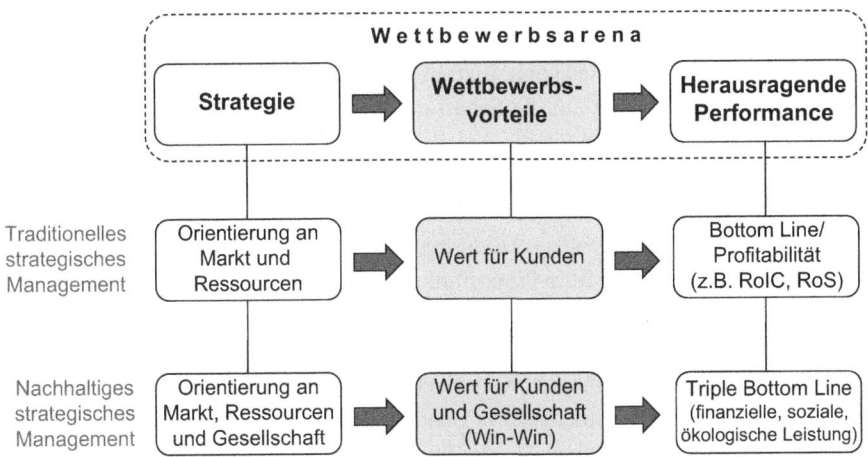

Abb. 3 Zusammenhang von Strategie, Wettbewerbsvorteilen und Ergebnis

gieoptionen mit positivem gesellschaftlichen Nutzen erarbeiten und diejenigen mit dem größten langfristigen Beitrag zur Steigerung des bilanziellen Gewinns auswählen sollen (Porter und Kramer 2011).[24]

- In einer zweiten Betrachtung werden wirtschaftliche, ökologische und soziale Aspekte als ultimative Leistungsindikatoren eines Unternehmens mehr oder weniger gleichgewichtig und integriert betrachtet. Der sog. Triple-bottom-line-Ansatz stellt dann in seiner Gesamtheit die Unternehmensperformance dar und kommt in entsprechenden Kennzahlen oder Rankings zum Ausdruck. Dies erfordert eine Harmonisierung der angestrebten Zielwerte in den drei Dimensionen. Hinsichtlich wirtschaftlicher Zielsetzungen wird damit das für das klassische Wachstums- und Gewinnmaximierungsparadigma angestrebte Mehr (mehr Umsatz und mehr Gewinn) gewissermaßen durch ein Besser (gesundes bzw. nachhaltiges Wachstum, angemessener bzw. nachhaltiger Gewinn) ersetzt.[25] Ein Unternehmensbeispiel für eine derartige Sichtweise ist die Firma Rapunzel Naturkost (www.rapunzel.de), einer der führenden Bio-Hersteller in Europa. Das Unternehmen schreibt in seiner Firmenphilosophie: „Zur Erreichung und Sicherung aller sozialen und ökologischen Ziele sind wir ein wirtschaftlich erfolgreiches Unternehmen. Innovation, Produktivität und Effizienz sind unsere Stärken" (Rapunzel 2015).

Bei einer nachhaltigkeitsorientierten Betrachtung von Wettbewerbsvorteilen stellt sich nicht nur die Frage, was unter herausragender Performance zu verstehen ist, sondern auch, welches Verständnis von Wert damit verbunden ist und was dies wiederum für die Strategie bedeutet. Die sich daraus ergebenden Unterschiede zwischen einer traditionellen und einer nachhaltigen Sichtweise des strategischen Managements sind in Abb. 3 skizziert. Ein Unternehmen muss sich demnach überlegen, *welchen* Wert es für *wen* schaffen muss und

---

[24] Für eine kritische Betrachtung dieses Ansatzes s. den Beitrag von Schormaier und Gilbert in diesem Buch.

[25] S. hierzu auch den Beitrag von Reichel zur Postwachstumsökonomie in diesem Buch.

welche Strategien hierzu erforderlich sind, damit es seine selbst gesteckten nachhaltigen Performanceziele auch erreichen kann. Im traditionellen strategischen Management zielen Wettbewerbsstrategien primär auf die Schaffung von Wert für Kunden (Customer-Value) ab, der dann wiederum primär für die Anteilseigner (Shareholder-Value) realisiert wird. Dabei spielen die Mitarbeiter als weiterer Stakeholder eine wichtige Rolle.

In einer nachhaltigkeitsorientierten Sichtweise des strategischen Managements gestaltet sich diese Erfolgslogik etwas anders: Der primäre Kundenfokus und die damit verbundene Entwicklung einer Customer-Value-Proposition als Schlüsselmechanismus für das Realisieren von Wettbewerbsvorteilen erweitert sich um die Schaffung von Wert für die Gesellschaft im Sinn weiterer relevanter Stakeholdergruppen. Diese Überlegung basiert im Kern auf dem Grundprinzip der Stakeholdertheorie, wonach ein Unternehmen nur dann langfristig erfolgreich sein kann, wenn es sein strategisches Handeln an allen relevanten Stakeholdergruppen ausrichtet und Win-win-Situationen für die involvierten Interessengruppen anstrebt (Freeman 2010). Dies wiederum erfordert eine um die gesellschaftliche Perspektive erweiterte Sichtweise von Strategie, was im nächsten Strategieprinzip näher erläutert wird.

4.2 „Fit" von externem Umfeld und internen Ressourcen

Für das Schaffen und Erneuern von Wettbewerbsvorteilen hat ein Unternehmen grundsätzlich zwei Möglichkeiten. In einer *marktbasierten* Herangehensweise („outside in") werden die Quellen für Wettbewerbsvorteile primär im externen Umfeld, d. h. in der Branche bzw. dem relevanten Markt gesucht. Die Wettbewerbsarena und die darin zu erreichende strategische Positionierung werden – dem Grundprinzip der Industrieökonomie folgend – als wesentliche Determinanten des Unternehmenserfolgs betrachtet. In diesem Ansatz versuchen Unternehmen, die wesentlichen Wettbewerbskräfte von Branchen zu verstehen, die erfolgversprechendsten Branchen auszuwählen und sich in den relevanten Märkten durch einen entsprechenden strategischen Umgang mit den Wettbewerbskräften einen Vorteil zu verschaffen. Wesentliche Wettbewerbskräfte, die es hierbei zu beachten gilt, sind die Intensität des Wettbewerbs, die jeweilige Verhandlungsmacht der Abnehmer und Lieferanten, die Gefahr des Markteintritts neuer Wettbewerber sowie die Gefahr von Ersatzprodukten (Porter 1985, 2008). Dabei gilt es zu beachten, dass sich die Branchenstruktur im Zeitverlauf verändern kann, was eine dynamische Perspektive der Wettbewerbskräfte und eine entsprechende Anpassung der Wettbewerbsstrategien bzw. der vom Unternehmen adressierten Märkte erforderlich macht (Johnson et al. 2012, S. 31–34).

Vor dem Hintergrund einer stärkeren Nachhaltigkeitsorientierung weist diese marktorientierte Strategiesicht wesentliche Defizite auf (Chandler und Werther 2014, S. 52). Erstens wird der Fokus auf nur drei Stakeholder (Kunden, Lieferanten, Wettbewerber) gelegt, was für die langfristige Zukunftssicherung eines Unternehmens als zu einschränkend angesehen werden kann und mit einem nachhaltigkeitsorientierten Verständnis nicht vereinbar ist. Vor diesem Hintergrund wird das Modell teilweise um eine zusätzlich zu analysierende Wettbewerbskraft – die relative Verhandlungsmacht weiterer Stakeholder

– erweitert (Wheelen et al. 2015). Zweitens wird die Beziehung zwischen dem Unternehmen und den fokussierten Stakeholdern als stark konfrontativ betrachtet. Um einen Wettbewerbsvorteil zu erlangen, müssen sich Unternehmen gegenüber ihren Interessengruppen mit ihren korrespondierenden Verhandlungsmächten bzw. Rivalitäten gewissermaßen durchsetzen. Ausgeblendet bleiben dabei eher kooperative Ansätze, in denen es um eine mit den verschiedenen Interessengruppen – einschließlich der Wettbewerber (Mackey und Sisodia 2014) – gemeinsame Lösung gesellschaftlicher Probleme im Sinn einer Win-win-Situation geht, wie sie heute für das Nachhaltigkeitsmanagement charakteristisch sind. Drittens ist ein schon lange bestehender Kritikpunkt des marktbasierten Strategieansatzes die Vernachlässigung der internen Ressourcen und Fähigkeiten eines Unternehmens als Quelle für Wettbewerbsvorteile.

Basierend insbesondere auf dem letzten Kritikpunkt betont eine *ressourcenbasierte* Herangehensweise („inside out") zur Schaffung von Wettbewerbsvorteilen die Rolle unternehmensinterner Faktoren wie Ressourcen, Fähigkeiten und Kernkompetenzen als Determinanten für den Unternehmenserfolg (Barney 1991, 2001; Wernerfeldt 1984; Peteraf 1993). In der praktischen Strategiearbeit verschiebt sich in dieser Sichtweise der Fokus von der marktbasierten Fragestellung, wo sich ein Unternehmen am besten (d. h. am profitabelsten) dem Wettbewerb stellt, hin zur Fragestellung, über was es im Sinn von Kompetenzen intern verfügt und wie dies zur Schaffung von Wettbewerbsvorteilen genutzt werden kann. Um einen langfristigen Wettbewerbsvorteil zu generieren, sollten diese Kompetenzen für Kunden *wertvoll*, bei Wettbewerbern nur *selten* vorhanden sowie von anderen Unternehmen *schwer nachzuahmen* und *schwer zu substituieren* sein. Strenggenommen müssen alle diese Kriterien erfüllt sein, um von dem gerade in der Unternehmenspraxis häufig strapazierten Begriff der Kernkompetenz zu sprechen. Darüber hinaus muss das Unternehmen organisatorisch in der Lage sein, das Potenzial seiner Ressourcen, Fähigkeiten und Kernkompetenzen auch tatsächlich in einen Wettbewerbsvorteil umzusetzen (Barney und Hesterly 2010, S. 68–83; Müller-Stewens und Lechner 2011, S. 209).

Der ressourcenbasierte Strategieansatz wirkt auf den ersten Blick anschlussfähig an das Konzept des nachhaltigen strategischen Managements. Eine Verknüpfung würde allerdings erfordern, dass das Kriterium „wertvoll" in der Bewertung von Kompetenzen nicht nur aus Kundensicht, sondern aus einer breiteren gesellschaftlichen Sicht beurteilt wird, damit dies im Einklang mit dem in Kap. 4.1 skizzierten, neuen Verständnis von Wettbewerbsvorteilen ist (vgl. Abb. 3). Allerdings besteht bei einer rein ressourcenbasierten Herangehensweise zur Erarbeitung von Strategien auch in diesem Fall die Gefahr, dass Umfeldveränderungen zu wenig Beachtung finden (Chandler und Werther 2014, S. 48 f.). So gibt es eine ganze Reihe von Unternehmen, die zwar zu einem bestimmten Zeitpunkt über einzigartige Kompetenzen verfügten und damit ihre Märkte dominiert haben, jedoch durch Versäumnisse, ihr Kompetenzprofil den sich verändernden Umfeldbedingungen anzupassen, heute nicht mehr existieren. Nur einem geringen Anteil von Unternehmen gelingt es, über einen längeren Zeitraum und auch bei sich verändernden Rahmenbedingungen überdurchschnittlich erfolgreich zu sein (Watson 2012, S. 287; Wiggins und Ruefli 2005; Foster und Kaplan 2001, S. 7 f.).

Obgleich der markt- und der ressourcenbasierte Strategieansatz auf den ersten Blick konträr erscheinen, so liefern doch beide Sichtweisen wertvolle Perspektiven zur Entwicklung von Strategien, die es in der praktischen Strategiearbeit intelligent zu integrieren gilt. Bekannte Ansätze wie beispielsweise das SWOT-Konzept[26] zur Strukturierung von Ergebnissen der strategischen Analyse oder die daraus abgeleitete TOWS-Matrix (Weihrich 1982), in der interne strategische Faktoren mit externen Faktoren zu unterschiedlichen Strategietypen kombiniert werden, liefern hierfür praktikable Modelle. Die Herausforderung für Unternehmen besteht dabei darin, einerseits heutige Strategien erfolgreich umzusetzen und sich gleichzeitig strategisch an Veränderungen im Umfeld anzupassen (Beinhocker 2006). Ein wichtiges Prinzip im strategischen Management ist die Schaffung dieses dynamischen „Fit" zwischen den internen Ressourcen und Fähigkeiten sowie den Kernkompetenzen eines Unternehmens und seinem Umfeld, um langfristig erfolgreich und zukunftsfähig zu sein (Teece et al. 1997). Einige Unternehmen, die wichtige Trends verschlafen haben, gibt es heute nicht mehr. Andere Firmen, wie beispielsweise der IT-Konzern IBM, haben es geschafft, trotz Verpassen eines Innovationssprungs durch die Anpassung ihrer Ressourcen und Fähigkeiten wieder auf die Erfolgsspur zu kommen.

Welche Konsequenzen ergeben sich nun aus einer stärker nachhaltigkeitsorientierten Vorgehensweise im strategischen Management für die Anwendung der zwei bekannten Strategiesichtweisen und ihrem Zusammenspiel? Aktuelle ökologische und soziale Probleme sowie ein Blick auf die heute vorherrschenden Megatrends[27] zeigen, mit welchen gravierenden gesellschaftlichen Herausforderungen Unternehmen in Zukunft konfrontiert werden. Diese Probleme werden sich nicht kurzfristig lösen lassen. Für viele Unternehmen wird dies zu bedeutenden Veränderungen in ihrem Makroumfeld und im direkten Wettbewerbsumfeld sowie zu immer komplexeren Stakeholderbeziehungen führen. Vor diesem Hintergrund erscheint es für die inhaltliche Strategiearbeit angebracht, die marktbasierten und ressourcenbasierten Sichtweisen von Strategien zur Schaffung von Wettbewerbsvorteilen explizit um eine gesellschaftsbasierte Sichtweise zu erweitern (s. Abb. 3). Demnach basieren Strategien nicht nur auf einer erfolgversprechenden Positionierung im Markt („market-based view"), sondern – vor dem Hintergrund der vielschichtigen Stakeholderanforderungen – auch auf einer erfolgreichen Positionierung in der Gesellschaft an sich („society-based view"). Ressourcen und Fähigkeiten des Unternehmens („resource-based view") müssen diesem Paradigma entsprechend angepasst oder entwickelt werden, sodass Kernkompetenzen zusätzlich zu ihrer wirtschaftlichen Leistungsfähigkeit und den sich daraus ergebenden unternehmerischen Entfaltungsmöglichkeiten in Zukunft immer stärker auch mit der Lösung sozialer und ökologischer Probleme verknüpft sind.

Die strategischen Möglichkeiten eines Unternehmens zur Integration von Markt, Gesellschaft und Ressourcen können dabei als in hohem Maß situativ und fallspezifisch betrachtet werden. In Abhängigkeit von Unternehmenssituation und Branchenkontext (Kontingenzfaktoren) haben Firmen ganz unterschiedliche Handlungsmöglichkeiten, die angestrebte

---

[26] Die Abkürzung „SWOT" steht für „strengths" (Stärken), „weaknesses" (Schwächen), „opportunities" (Chancen), „threats" (Risiken).

[27] Zu den aktuellen Megatrends s. den Beitrag von Krys in diesem Buch.

Verbindung von wirtschaftlicher und gesellschaftlicher Wertschöpfung zu erzielen, was wiederum unterschiedliche Konsequenzen für die Entwicklung ihrer Ressourcen und Fähigkeiten hat. Hierbei gibt es neben den schillernden Win-win-Situationen auch Unternehmen, für die sich aus heutiger Sicht keine Symbiose abzeichnet. Lebensmittelproduzenten, Mineralölgesellschaften oder Textilunternehmen haben beispielsweise sehr unterschiedliche Möglichkeiten, kundenorientierte ökonomische Interessen mit ökologischen und sozialen Problemlösungen zu verbinden. Vor diesem Hintergrund kann nachhaltigkeitsorientierte Strategiearbeit auch zu dem Ergebnis führen, dass unnachhaltige Prozesse, Produkte, Geschäftsmodelle oder auch Ressourcen, Fähigkeiten und Kernkompetenzen aufgegeben und neue geschaffen werden müssen, um die angestrebte Symbiose aus wirtschaftlichem und gesellschaftlichem Nutzen zu erreichen. In diesen Fällen ist nachhaltiges strategisches Management als Transformationsprozess zu verstehen, in dem substanzielle strategische und organisationale Veränderungen angestoßen werden, damit das Unternehmen in Zukunft einen entsprechenden „business case" realisieren kann (Schaltegger et al. 2015).

4.3 Andersartigkeit und Positionierung im Wettbewerb

Herausragende Unternehmensleistung ist im Allgemeinen sowohl mit einer überzeugenden strategischen Positionierung als auch mit exzellenter betrieblicher Effizienz verbunden, wie dies in Abb. 4 dargestellt ist (Drucker 2008, S. 31 f.; Porter 1996; Wunder und Bausch 2014b). Mit Blick auf die Optimierung interner Abläufe berichten beispielsweise Unternehmen in der Ernährungsindustrie regelmäßig über jährliche Einsparungen in Höhe von mehreren Prozent ihres Umsatzes, die sie durch Effizienzsteigerungsprogramme erzielen konnten und die sich letztlich in wettbewerbsfähigen Preisen und in ihrer Profitabilität

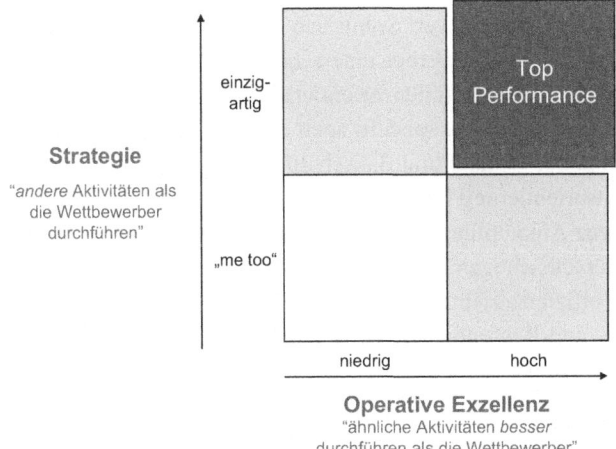

Abb. 4 Herausragende Unternehmensleistung basiert auf strategischer Positionierung und operativer Exzellenz. (Quelle: Wunder 2016, S. 19 in Anlehnung an Porter 1996, S. 62)

niederschlagen. Effizienz heißt in diesem Zusammenhang, ähnliche oder die gleichen betrieblichen Aktivitäten besser durchzuführen als die Wettbewerber dies können. Entsprechende Prozesse sind dann beispielsweise schneller, günstiger oder mit weniger Fehlern behaftet. Für eine dauerhafte Erhöhung bzw. Sicherung der Ertragsstärke greift ein reiner Fokus auf Effizienz allerdings zu kurz. Ein Grund liegt darin, dass auch die Wettbewerber zu gleichen Maßnahmen greifen können und die effizienzbasierten Wettbewerbsvorteile dann schnell wieder zunichtemachen. „Unternehmen, die sich ausschließlich auf die Anwendung der besten operativen Praktiken konzentrieren, befinden sich auf einem Pfad effizienzorientierter Wettläufe. Dies verleitet eher zur Imitation und Homogenität und führt letztlich zu einer Angleichung des Wettbewerbsverhaltens" (Wunder und Bausch 2014b, S. 56). Porter spricht in diesem Zusammenhang von „productivity frontier" und beschreibt dabei eine Situation, in der sich alle Unternehmen einer Wettbewerbsarena im Lauf der Zeit dem aktuell verfügbaren Best-practice-Level angleichen und somit hinsichtlich ihrer Effizienz kaum noch unterscheidbar sind (Porter 1996, S. 62). So sehen sich, um beim eingangs beschriebenen Beispiel zu bleiben, viele Unternehmen der Ernährungsindustrie seit Jahren mit einer drastischen Reduktion ihrer Umsatzrenditen konfrontiert. Ihre Wettbewerbsstrategien unterscheiden sich nicht wesentlich von denen ihrer Wettbewerber und nur wenige sind in der Lage, sich über Größenvorteile als Kosten- bzw. Preisführer zu positionieren.

Ein wichtiges Strategieprinzip ist vor diesem Hintergrund die Schaffung von Unterscheidungskraft im Wettbewerb (Porter 1996). Hier geht es darum, bewusst andere strategische Aktivitäten als die Wettbewerber zu verfolgen und sich über diese Andersartigkeit strategisch im Wettbewerb zu positionieren. Dies kommt dann beispielsweise in einem differenzierten Produkt- oder Serviceangebot, in einzigartigen Marken oder in besonderen Kundenbeziehungen zum Ausdruck, für die ein Unternehmen ein Preispremium erzielen und damit seine Profitabilität verbessern kann. Ein konsistentes Aktivitätensystem (Porter 1996) oder Geschäftsmodell ist hierfür die Grundlage. Innovative Geschäftsmodelle sind beispielsweise dann wünschenswert, wenn sich die derzeit verfolgten Strategien nicht wesentlich von denen der Wettbewerber unterscheiden und sich Unternehmen, wie vorher beschrieben, in einer Spirale effizienzorientierter Wettläufe wiederfinden, die langfristig nicht nur das Ergebnis belasten, sondern auch die Zukunftsfähigkeit gefährden (Horváth & Partner GmbH 2008; Wunder und Bausch 2014b).

Nachhaltigkeitsorientierung liefert sowohl für strategische Positionierung als auch für operative Exzellenz Anknüpfungspunkte. So versprechen sich eine Reihe von Unternehmen durch das Berücksichtigen von ökologischen und sozialen Aspekten in ihren betrieblichen Abläufen effizienzorientierte Kosteneffekte. Beispiele hierfür sind die Optimierung der Energie- und Ressourceneffizienz (z. B. durch Wärmerückgewinnungsanlagen, Recycling bzw. Cradle-to-cradle-Konzept), die Reduktion des Krankheitsstands und der Unfälle sowie eine Erhöhung der Produktivität durch verbesserte Arbeitsbedingungen. Diese Maßnahmen sind allerdings nicht erst durch Nachhaltigkeitsmanagement auf die Agenda der Unternehmen gekommen, sondern in vielen Betrieben bereits seit Jahren ein Kernelement operativer Exzellenzmaßnahmen und Teil kontinuierlicher Verbesserungsprogramme (Wunder und Bausch 2014a, 2015). Wie bereits ausgeführt wurde, ist dies für eine dauerhafte Sicherung der Ertragskraft eines Unternehmens i. d. R. zwar erforderlich, aber nicht ausreichend.

Was die strategische Positionierung bzw. das Streben nach Andersartigkeit im Wettbewerb anbelangt, so scheint die Lösung ökologischer und sozialer Probleme im Zeitalter der Nachhaltigkeit auf den ersten Blick eine vielversprechende unternehmerische Chance zu bieten (Havas Worldwide 2016: Accenture 2014). Ziel ist es hierbei, den wahrgenommenen Kundenwert mit einer Wertschaffung für die Gesellschaft zu verbinden. Unternehmen wie die Outdoorausrüster Patagonia (www.patagonia.com) und Vaude (www.vaude.com), der Automobilhersteller Tesla (www.tesla.com), das Chemieunternehmen Umicore (www.umicore.com) oder der Hersteller von Bodenbelägen Interface (www.interface.com) liefern hierfür Beispiele aus den unterschiedlichsten Branchen.[28] Die Differenzierung im Wettbewerb kann dabei im Wesentlichen auf zwei Arten erfolgen. Erstens können die Produkte selbst durch ihre Anwendung beim Kunden zur Lösung sozialer oder ökologischer Probleme beitragen. Als Beispiel sei hier das Fahrgemeinschaft-Softwareprodukt TwoGo (www.twogo.com) von SAP genannt, das sowohl einen ökologischen als auch sozialen Nutzen liefert (SAP 2013). Zweitens kann der Kundenwert aber auch immateriell sein. Dies ist dann der Fall, wenn Kunden bei ihren Kaufentscheidungen Marken bevorzugen, die bestimmte gemeinwohlorientierte Haltungen und Werte verkörpern. Beispiele hierfür liefern das Non-Profit-Unternehmen Krochet Kids mit seinen durch Strick- und Häkelarbeit produzierten Mützen (www.krochetkids.org) oder der Schuhhersteller Toms (www.toms.com).

Trotz schillernder Einzelbeispiele muss das Potenzial eines Unternehmens, sich mit einer um ökologische und soziale Aspekte erweiterten Value-Proposition gegenüber seinen Wettbewerbern im Markt zu differenzieren, sorgfältig geprüft werden. Nachhaltig können solche auf Differenzierung basierenden Value-Propositions nur dann sein, wenn sie langfristig auch eine entsprechende Ertragskraft aufweisen. Dies ist nicht immer der Fall, wie Unternehmensbeispiele des nachhaltigkeitsorientierten Bekleidungsherstellers American Apparel (www.americanapparel.net) oder auch Tesla, das trotz steigender Absatzzahlen Verluste vermelden musste, zumindest aus heutiger Sicht zeigen. Es darf nicht vergessen werden, dass auch der wirtschaftliche Erfolg eine Dimension der Nachhaltigkeit darstellt. Vor diesem Hintergrund ist es nicht verwunderlich, dass viele Unternehmenspraktiker einer entsprechenden nachhaltigkeitsorientierten Ausrichtung ihrer Wettbewerbsstrategien und ihres Kerngeschäfts eher skeptisch begegnen und sich eine Reihe von Fragen stellen:

---

[28] Im vorliegenden Buch findet sich eine Reihe von weiteren Unternehmensbeispielen. S. hierzu u. a. die Beiträge von Schenk (Scheplast), Ritzrau (SAP) sowie Wehking und Rometsch (Deutsche Bahn). Weitere Beispiele für nachhaltigkeitsorientierte Geschäftsmodelle sind in den Beiträgen von Lüdeke-Freund (Geschäftsmodelle für unternehmerische Nachhaltigkeit) und Osburg (Corporate Social Innovation) zu finden.

- Nimmt der Markt nachhaltige Produkte überhaupt an? Wie kaufentscheidend sind ökologische und soziale Aspekte in der Value-Proposition des Unternehmens aus Sicht der Kunden? Inwieweit sind Kunden bereit, für nachhaltige Produkte oder Dienstleistungen auch einen höheren Preis zu bezahlen?
- Wie leicht können die mit sozialen und ökologischen Problemlösungen ggf. zu erzielenden Wettbewerbsvorteile von anderen Unternehmen imitiert werden? Kann dies zu einer Spirale nachhaltigkeitsorientierter Wettläufe mit den Wettbewerbern führen, die zwar aus gesellschaftlicher, nicht aber aus unternehmerischer Sicht wünschenswert ist?
- Welche internen Transformationsprozesse sind erforderlich, um sich mit dem Kerngeschäft nachhaltig aufzustellen? Ist die aktuelle Kultur und Struktur des Unternehmens mit nachhaltigen Strategien vereinbar? Wie groß sind die damit verbundenen Herausforderungen für die Umsetzung und die daraus resultierenden Erfolgsaussichten?
- Welche anderen Risiken sind mit einer nachhaltigkeitsorientierten strategischen Anpassung oder neuen strategischen Positionierung noch verbunden? Gibt es einen Weg zurück, falls nachhaltigkeitsorientierte Strategien nicht zu den gewünschten Ergebnissen führen?

Unternehmenserfolg, der primär auf einer nachhaltigkeitsorientierten Differenzierung im Wettbewerb basiert, ist zwar wünschenswert, aber selten. Auch sind die damit verbundenen Wettbewerbsvorteile als eher kurzlebig einzustufen, wenn die sozialen und ökologischen Differenzierungsmerkmale leicht zu kopieren sind (Liebl 2011, S. 310 f.). In diesem Zusammenhang ist es in bestimmten Branchen durchaus denkbar, dass es gemäß dem vorher beschriebenen Porterschen Gedanken der „productivity frontier" auch zu einem Angleichen der besten Nachhaltigkeitspraktiken im Sinn einer „sustainability frontier" kommt. So wünschenswert das gemeinsame Streben von Unternehmen nach ökologischen und sozialen Best Practices aus Gesellschaftssicht auch sein mag, aus wettbewerbspolitischer Sicht kann dies, statt zu Differenzierung, zu einer weiteren Strategiekonvergenz und gegebenenfalls auch zu einer Einschränkung der strategischen Flexibilität führen.

Das Problem sinkender Halbwertzeiten von Strategien und der damit verbundenen Wettbewerbsvorteile ist nicht neu (D'Aveni 1994; Stadler und Wältermann 2012; Wiggins und Ruefli 2005). Unternehmen versuchen diesem Phänomen beispielsweise mit regelmäßigen Strategie- bzw. Geschäftsmodellinnovationen zu begegnen. Vor diesem Hintergrund hat in den letzten Jahren besonders das Konzept der Geschäftsmodelle an Bedeutung gewonnen (Casadesus-Masanell und Ricart 2010; Chesbrough 2010; Gassmann et al. 2013; Kagermann und Österle 2007; Osterwalder und Pigneur 2010). Ein Geschäftsmodell kann als Konkretisierung der Unternehmensstrategie auf Ebene der Geschäftsfelder verstanden werden. In einem Geschäftsmodell kommt die Erfolgslogik des Geschäfts zum Ausdruck. Es besteht aus unterschiedlichen Elementen, die auf Basis eines intelligenten und konsistenten Zusammenspiels in ihrer Gesamtheit ein einzigartiges Differenzierungskriterium im Wettbewerb darstellen sollen. Dieses System sich wechselseitig beeinflussender Elemente ist in seiner Gesamtarchitektur, so die Logik, von Wettbewerbern schwieriger nachzuahmen, als beispielsweise kurzlebige Produkt- oder Serviceinnovationen. Die Ein-

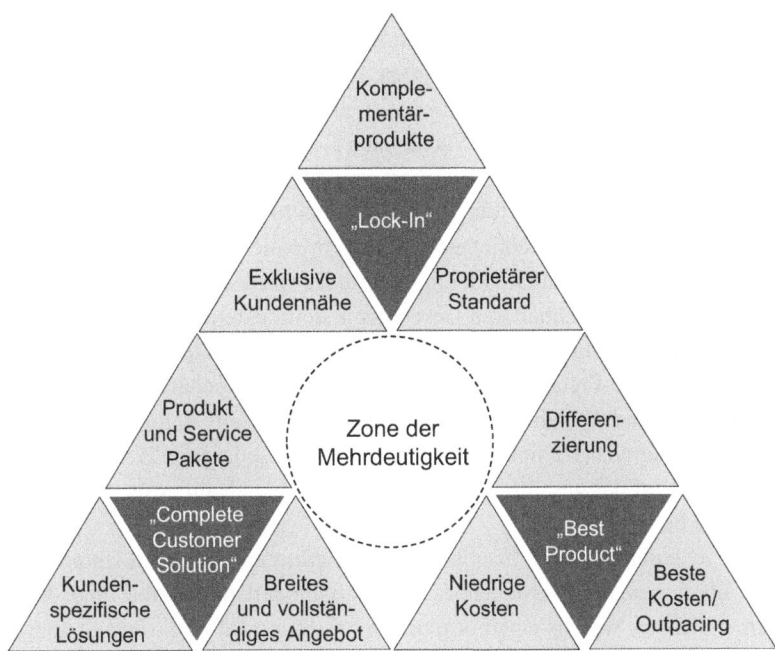

Abb. 5 Dreieck generischer Wettbewerbsstrategien. (Quelle: Wunder 2016, S. 206 in Anlehnung an Hax 2009, S. 6 f. und Hax und Wilde 2001)

führung des iPod von Apple oder das Geschäftsmodell von Nespresso liefern hierfür anschauliche Beispiele (Wunder 2013a; Wunder und Bausch 2014b).

Erfolgreiche Geschäftsmodelle zeichnen sich u. a. dadurch aus, dass sie unterschiedliche strategische Erfolgsmechanismen kombinieren. Abbildung 5 gibt einen Überblick über generische Wettbewerbsstrategien, von denen sich in den zwei genannten Geschäftsmodellen von Apple und Nespresso unterschiedliche Strategietypen wiederfinden. Beide Unternehmen verfolgen beispielsweise sowohl eine Best-product-Strategie (Differenzierung über Qualität, Marke, Design) als auch eine Lock-in-Strategie (iTunes bei Apple sowie das Kaffeekapselsystem bei Nespresso). Ohne den Gedanken an dieser Stelle weiter auszuführen (s. hierzu Wunder 2016), kann das Grundprinzip der Kombination verschiedener Strategieoptionen für die Einbettung von Nachhaltigkeitsaspekten in die Wettbewerbsstrategien wertvolle Impulse liefern. Diesem Gedanken folgend würden soziale und ökologische Aspekte nicht allein, sondern in ihrem intelligenten Zusammenspiel mit anderen Geschäftsmodellelementen, die wiederum auf weiteren generischen Strategieoptionen basieren können, eine Möglichkeit für eine nachhaltige strategische Positionierung liefern. Ein Beispiel hierfür liefert Solar City (www.solarcity.com). Das größte Solarenergieunternehmen der USA differenziert sich im hart umkämpften Energiemarkt über das Angebot erneuerbarer Energie für Privat- und Firmenkunden. Diese nachhaltigkeitsorientierte Best-product-Strategie kombiniert Solar City in seinem Geschäftsmodell mit Lock-in-Strategien auf Basis langjähriger Verträge mit Preisbindung und Completecustomer-solution-Strategien auf Basis umfangreicher Serviceangebote. Mit diesem Geschäftsmodell kann sich das Unternehmen erfolgreich gegenüber anderen Solarenergieanbietern im Markt differenzieren und positionieren.

Unternehmen können sich bei der Suche nach Geschäftsmodellinnovationen, d. h. der Neu- oder Weiterentwicklung ihrer Geschäftsmodelle, nicht nur an generischen Strategieoptionen, sondern auch an erfolgreich erprobten Mechanismen bereits bestehender Geschäftsmodelle aus unterschiedlichen Branchen orientieren. In diesem Zusammenhang spricht man auch von Geschäftsmodellmustern oder -prototypen. Zwischenzeitlich gibt es eine ganze Reihe von nachhaltigen Geschäftsmodellmustern, die hierfür herangezogen werden können (s. examplarisch Wunder 2016, S. 250; Clinton und Whisnant 2014 sowie den Beitrag von Lüdeke-Freund in diesem Buch). Für eine Geschäftsmodellinnovation hat ein Unternehmen grundsätzlich vier Möglichkeiten, die in Abb. 6 mit Bezug auf das Konzept des Neuigkeitsgrads (Homburg et al. 2013, S. 112 f.) dargestellt sind. Diese können sich dabei sowohl auf das gesamte Geschäftsmodell, als auch auf ausgewählte Geschäftsmodellelemente beziehen.

Mit dem Ziel einer stärkeren Nachhaltigkeitsorientierung kann ein Unternehmen beispielsweise überlegen, sein bestehendes Geschäftsmodell um soziale und ökologische Aspekte anzureichern, was als eine Form der *Geschäftsmodell Renovierung* im Sinn einer inkrementellen Innovation gesehen werden kann. Wird ein bereits in einem anderen Geschäftsbereich erfolgreich erprobtes, nachhaltiges Geschäftsmodell im Unternehmen auf einen neuen Geschäftsbereich übertragen, so spricht man von einem *Geschäftsmodell Transfer*, wenn dies für den dortigen Markt einen hohen Neuigkeitsgrad besitzt. Darüber hinaus gibt es die Möglichkeit, Elemente aus bereits von anderen Unternehmen praktizierten Geschäftsmodellen zu übernehmen (*Geschäftsmodell Adoption*) oder ein „*New-to-World*" *Geschäftsmodell* zu entwickeln, das sowohl für den Markt als auch für das Unternehmen einen hohen Neuigkeitsgrad besitzt (Wunder 2016, S. 233 f.).

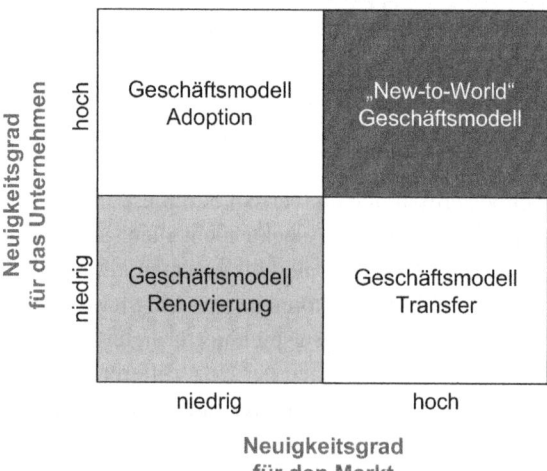

Abb. 6 Arten von Geschäftsmodellinnovation. (Quelle: Wunder 2016, S. 233)

In allen vier Fällen ist es entscheidend, eine Konsistenz zwischen den einzelnen Geschäftsmodellelementen untereinander sowie auch in Bezug zu den externen Markt- bzw. Stakeholderanforderungen herzustellen. Im Vergleich zu einem traditionellen Geschäftsmodell ist dabei insbesondere auf zwei Aspekte zu achten: Erstens ist die Customer-Value-Proposition um Value-Propositions für weitere Stakeholdergruppen zu erweitern. Zweitens ist die Frage zu klären, welche Gruppen in welcher Form von der Realisierung des Werts („value capture") profitieren sollen. Diese Überlegungen wurden bereits in Abschn. 4.1 skizziert.

4.4 Zweck-Mittel-Relation

Am Beginn jeder strategischen unternehmerischen Tätigkeit steht die Frage, was das Unternehmen in Zukunft erreichen möchte (Vision), welches Selbstverständnis des Unternehmenszwecks dafür die Grundlage bildet (Mission) und welche übergreifenden Prinzipien für das eigene Handeln dabei maßgebend sind (Werte). Diese drei Elemente bilden den normativen Rahmen für die Formulierung und Umsetzung von Strategien (Rothaermel 2016). In der praktischen Strategiearbeit haben Vision, Mission und Werte gewissermaßen die Funktion von strategischen Leitplanken (Wunder 2016) und liefern einen gedanklichen Korridor und Kontext für die Erarbeitung und das Entstehen von Strategien auf unterschiedlichen Ebenen in der Organisation. Strebt ein Unternehmen nachhaltigkeitsorientierte Geschäftsstrategien an, so gilt es zunächst, diese drei genannten Elemente des strategischen Rahmens kritisch zu hinterfragen und entsprechend zu gestalten.

Die *Vision* schafft Orientierung, vermittelt Sinn und gibt den Organisationsmitgliedern gerade in turbulenten Zeiten Sicherheit. Sie schafft Begeisterung für die gemeinsame Sache und ermuntert zum unternehmerischen Denken und Engagement bei den Mitarbeitern, selbst im Rahmen ihrer Möglichkeiten einen Beitrag zum großen Ganzen zu leisten (Hinterhuber 2015). Die Strategie stellt dann die grundlegende Logik (den Weg) dar, wie das Unternehmen seine Vision (das Ziel der Reise) erreichen möchte. Sie steht in einer Zweck-Mittel-Relation zu dem angestrebten Zukunftsbild des Unternehmens. Vor diesem Hintergrund liegt es auf der Hand, dass nachhaltigkeitsorientierte Geschäftsstrategien auch konsistent mit dem angestrebten Zukunftsbild und dem Selbstverständnis des Unternehmens sowie seinen Werten sein müssen. Ein Unternehmen muss sich im Rahmen einer nachhaltigkeitsorientierten Strategiearbeit fragen, inwieweit das angestrebte und häufig auch öffentlich artikulierte Zukunftsbild noch zeitgemäß ist, d. h. inwieweit darin neben wirtschaftlichen auch gesellschaftliche Interessen zum Ausdruck kommen.

Neben der mit einer Vision adressierten Fragestellung, was ein Unternehmen langfristig zu einem bestimmten Zeitpunkt erreicht haben möchte, bringt die *Mission* eines Unternehmens zum Ausdruck, warum es überhaupt existiert, d. h. welche Rolle es in der Gesellschaft einnimmt bzw. welchen Unternehmenszweck es hat. Dies wird im Englischen sehr treffend auch als „purpose of the business" bezeichnet.[29] Antworten auf diese Frage reichen von der vielzitierten, rein finanziellen Sichtweise, der einzige Zweck eines Unternehmens bestünde darin, Gewinne zu machen (Friedman 1970), bis hin zu einem Rollenverständnis, in dem sich ein Unternehmen als verantwortungsvoller Akteur im Gesamtkontext unterschiedlicher Stakeholderanforderungen versteht (Freeman 2010). Bezüglich der inhaltlichen Ausgestaltung einer Mission wird typischerweise in produktorientierte und kundenorientierte Herangehensweisen unterschieden. Im ersten Fall wird der Zweck des Unternehmens auf Basis seiner bestehenden Produkte oder Dienstleistungen artikuliert, z. B. „Wir betreiben Schienenverkehr", „Wir machen Filme", „Wir stellen Metallschlüssel her" oder „Wir machen Spielzeug". Aus Sicht eines lösungsunabhängigen Kundenproblems (Gälweiler 2005, S. 254 f.) würden solche Missionen anders lauten: „Wir schaffen Mobilität für Personen und Waren", „Wir unterhalten Menschen", „Wir bieten Sicherheit" oder „Wir helfen Eltern, ihre Kinder spielerisch zu erziehen" (Wunder 2016, S. 154).

Im Sinn eines nachhaltigen strategischen Managements greifen diese zwei Sichtweisen zu kurz. Hier bietet es sich an, über eine Mission auch aus gesellschaftsorientierter Sicht nachzudenken und den Zweck des Unternehmens nicht nur ausschließlich aus Sicht der Kunden und der Kapitalgeber zu formulieren. Letztendlich artikuliert ein Unternehmen mit seiner Mission die Legitimitätsgrundlage für seine Existenz in der Gesellschaft (Müller-Stewens und Lechner 2011, S. 227–229). So hat beispielsweise das IT-Unternehmen Hewlett-Packard seine Rolle in der Gesellschaft relativ breit definiert als die Bereitstellung von technischen Lösungen zum Fortschritt und Wohl der Menschheit (Collins und Porras 2002, S. 225). Der Bayer-Konzern liefert ein weiteres Beispiel für eine Mission, in der die gesellschaftliche Rolle des Unternehmens artikuliert ist: „Science For A Better Life" (Bayer AG 2016).

Die in der praktischen Strategiearbeit im Vergleich zum Zukunftsbild oder der Strategie mitunter etwas vernachlässigte Auseinandersetzung mit der Mission eines Unternehmens gewinnt im Rahmen eines nachhaltigen strategischen Managements wieder stärker an Bedeutung. Mackey und Sisodia sprechen in diesem Zusammenhang von „conscious capitalism" und propagieren damit u. a. eine stärkere Verknüpfung von „profit and purpose", d. h. von Ertragskraft und gesellschaftlichem Unternehmenszweck (Mackey und Sisodia 2014, S. 41–67). Ein Unternehmen, das sich sehr intensiv mit der Frage einer nachhaltigkeitsorientierten Vision und Mission befasst hat, ist die Firma Puma SE. Ausgelöst durch eine schwierige Wettbewerbssituation Anfang der 1990er-Jahre hat das Unternehmen

---

[29] An dieser Stelle sei darauf hingewiesen, dass die Begriffe Vision und Mission in der Praxis nicht immer trennscharf verwendet werden. Beispielsweise beschreiben manche Unternehmen unter dem Begriff Vision etwas, was sie heute schon im Sinn ihres Unternehmenszwecks (Mission) praktizieren oder sie artikulieren mit ihrer Mission einen angestrebten Zustand in der Zukunft im Sinn eines Zukunftsbilds (Vision).

unter der Leitung von Jochen Zeitz[30] sein Selbstverständnis („purpose") vom Verkauf leistungsfähiger und funktionaler Sportschuhe hin zu einem attraktiven und nachhaltigen Unternehmen für Lifestyle und Mode im Sport entwickelt. Dies ging Hand in Hand mit der neu definierten Puma-Vision einer besseren Welt, die friedlicher, sicherer und kreativer ist (Puma SE 2015; Zeitz 2014).

Das dritte Element des strategischen Rahmens sind die artikulierten *Werte* des Unternehmens. Diese stellen Standards und Normen dar, an denen sich die Organisationsmitglieder in ihrem Verhalten orientieren sollen. Neben der Vision und Mission eines Unternehmens würde man aus Sicht der Gesellschaft bei einem nachhaltigkeitsorientierten Unternehmen gerade in den offiziellen Aussagen zu den Unternehmenswerten ein klares Bekenntnis zur ökologischen und sozialen Verantwortung erwarten. Auch wenn sich Wertestatements unterschiedlicher Unternehmen auf den ersten Blick teilweise ähneln, so zeigt sich in den wenigen Aussagen dennoch, welche Verhaltensprinzipien und ethischen Standards das jeweilige Unternehmen besonders hervorhebt und welche Stakeholdergruppen besonders betont werden. Neben Aussagen zum individuellen Umgang und Respekt untereinander, Teamwork, Qualität oder Kundenorientierung werden in den Werten auch explizit Aussagen zu ökologischen und sozialen Verhaltensgrundsätzen getroffen. Damit diese Aussagen nicht nur Lippenbekenntnisse darstellen, sollte immer auch sehr kritisch geprüft werden, ob die Unternehmensleitung nicht nur aus heutiger Sicht, sondern auch bei sich verändernden Rahmenbedingungen und in unterschiedlichen Zukunftsszenarien konsequent an ihren artikulierten Werten festhalten würde (Collins und Porras 2002, S. 222 f.).

Bei allen drei Elementen des strategischen Rahmens ist darauf zu achten, dass die vom Unternehmen artikulierten Botschaften insbesondere von den Führungskräften auch wirklich gelebt werden (Rothaermel 2016). Andernfalls besteht nicht nur die Gefahr, dass sie reine und zum Teil teure Public-Relations-Maßnahmen darstellen, die praktisch keine Verhaltenswirkung haben. Auch besteht dann aufgrund der bereits in Abschn. 4.3 erwähnten Erwartungs- und Exponiertheitsprobleme die Gefahr, dass ein Unternehmen bei einem Fehlverhalten seine über einen langen Zeitraum aufgebaute Reputation u. U. über Nacht ruiniert, wie dies einschlägige Unternehmensskandale immer wieder zeigen. So hatte beispielsweise die Volkswagen AG in ihrer Vision zum Zeitpunkt des Bekanntwerdens ihrer Umwelt-Compliance-Probleme im Herbst 2015 explizit artikuliert, bis 2018 sowohl wirtschaftlich als auch ökologisch der weltweit führende Automobilhersteller zu werden (Volkswagen AG 2015, S. 4) und sich damit öffentlichkeitswirksam zum Thema Nachhaltigkeit im Markt positioniert. Nicht zuletzt auch dadurch hatte das Unternehmen nach dem Skandal massiv an Glaubwürdigkeit verloren, was u.a. in gesunkenen Verkaufszahlen und Aktienkursen zum Ausdruck kam.

---

[30] S. hierzu auch das Vorwort von Jochen Zeitz zum vorliegenden Buch.

4.5 Integration von Strategieebenen und -themen

In einem Unternehmen gibt es typischerweise nicht nur eine Strategie. Die strategische Positionierung und das strategische Handlungsmuster des Unternehmens resultieren vielmehr aus einer Reihe von Strategien auf unterschiedlichen organisatorischen Ebenen, die wiederum auf unterschiedliche strategische Themen fokussieren und im Sinn einer konsistenten Gesamtausrichtung miteinander abgeglichen werden müssen (vgl. Abb. 7). Um strategiekonformes Verhalten im Sinn einer nachhaltigen Unternehmensführung sicherzustellen, muss innerhalb der Organisation persönlich Erwünschtes mit strategisch Gewolltem in Einklang gebracht werden (Gaiser 2006). Dies erfordert ein sog. Strategiealignment (Horváth & Partners 2007; Kaplan und Norton 2006; Wunder 2005, 2014). Hierbei geht es darum, individuelle und teilweise konfliktäre strategische Prioritäten in unterschiedlichen Organisationseinheiten und Führungsteams zu klären, miteinander abzugleichen und mit der strategischen Intention des Gesamtunternehmens in Einklang zu bringen. Die daraus resultierende gemeinsame strategische Orientierung ist für jedes Unternehmen ein Schlüssel zum Erfolg.

Aus Sicht der übergeordneten *Unternehmensstrategie* („*corporate strategy*") stellen sich im Wesentlichen drei Fragen (Rothaermel 2016), die vor dem Hintergrund der eigenen Nachhaltigkeitsambitionen beantwortet werden müssen:

- In welchen Industrien oder Geschäftsfeldern möchte das Unternehmen aktiv sein und inwieweit soll dieses Portfolio an Geschäften nachhaltig gestaltet werden (Diversifikation)?
- Welche Stufen der Wertschöpfung sollen im jeweiligen Geschäft vor dem Hintergrund wirtschaftlicher, ökologischer und sozialer Ziele vom Unternehmen selbst wahrgenommen werden (vertikale Integration)?
- In welchen internationalen Märkten möchte das Unternehmen tätig sein und wie werden die weltweiten Geschäftsaktivitäten koordiniert bzw. integriert (internationale Strategien)?

Abb. 7 Grundprinzip des Strategiealignments. (Quelle: Wunder 2014, S. 408)

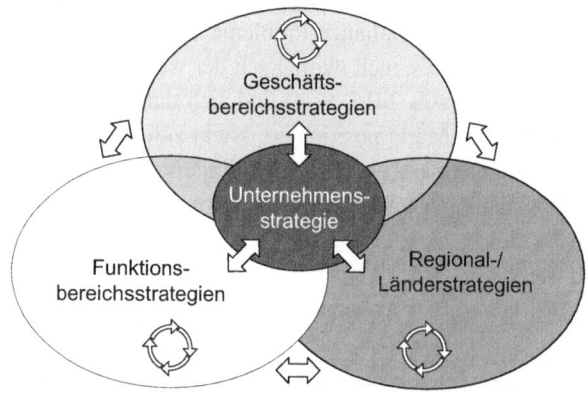

Während einige Unternehmen ihr traditionelles Kerngeschäft lediglich mit nachhaltigen Geschäftsbereichen flankieren, arbeiten andere Konzerne daran, ihr komplettes Geschäftsportfolio konsequent im Sinn des Triple-bottom-line-Ansatzes auszurichten. Hierbei ist jeweils im Einzelfall zu klären, ob im Rahmen eines nachhaltigen Portfoliomanagements eher diversifiziert oder fokussiert wird. Beispiele für einen nachhaltigkeitsgetriebenen Konzernumbau liefern der größte deutsche Energieversorger E.ON SE (www.eon.com), das Unternehmen DuPont de Nemours (www.dupont.com) aus der chemischen Industrie oder der Technologiekonzern General Electric (www.ge.com). Dass dies für viele Unternehmen keinen einfachen Prozess darstellt, liegt auf der Hand. Ein typisches Problem sind beispielsweise bestehende Vermögensgegenstände, die in einem neuen nachhaltigkeitsorientierten Geschäftsportfolio keine Verwendung mehr hätten („stranded assets") und daher für eine Reihe von Unternehmen erhebliche Marktaustrittsbarrieren darstellen können (Elkington und Zeitz 2014, S. 50). Andererseits sind vielleicht gerade diese aus den Umfeldentwicklungen und der darauf basierenden Unternehmensstrategie abgeleiteten Transformationsprozesse notwendig, um die Zukunftsfähigkeit des Gesamtunternehmens sicherzustellen.

Was das Ausmaß an vertikaler Integration anbelangt, so stellt sich hier insbesondere die Frage nach den ökologischen und sozialen Gestaltungs- und Kontrollmöglichkeiten der Wertschöpfungskette (D'heur 2014).[31] Neben dem Einfluss vor- oder nachgelagerter externer Wertschöpfungsstufen auf die eigene Öko- und Sozialbilanz eines Unternehmens können beispielsweise auch Produktions- und Arbeitsbedingungen bei Lieferanten die eigene Reputation stark beeinflussen, wenn das Unternehmen aufgrund von Unfällen oder Katastrophen, Berichten über unmenschliche Arbeitsbedingungen sowie Umweltskandalen in seinen Zulieferbetrieben in die Schlagzeilen gerät. Das US-amerikanische Unternehmen American Apparel (www.americanapparel.net) nutzt beispielsweise ein hohes Maß an vertikaler Integration als wesentliches Element für seine nachhaltigkeitsorientierte strategische Positionierung.

Aus internationaler Sicht[32] stellt sich u. a. die Frage, auf welche globalen Märkte sich international tätige Unternehmen konzentrieren und welche neuen strategischen Möglichkeiten sich in diesem Zusammenhang aus den globalen sozialen und gesellschaftlichen Entwicklungen für ein Unternehmen ergeben. Hier hat unter dem Stichwort „bottom (base) of the pyramid" eine neue Art internationaler Strategien bzw. Geschäftsmodelle an Bedeutung gewonnen (Prahalad 2005). So entwickeln beispielsweise das Biotechnologie- und Pharmaunternehmen Novartis (www.novartis.com), General Electric (www.ge.com) oder die Grameen Bank (www.grameen.com) in ihren jeweiligen Branchen spezielle Angebote für die ärmste, aber auch gleichzeitig größte sozioökonomische Bevölkerungsgruppe weltweit und ermöglichen damit diesen Menschen, ihre Bedürfnisse und Wünsche in ganz

---

[31] S. auch den Beitrag von Jentsch und Zink zum nachhaltigen Lieferkettenmanagement in diesem Buch.
[32] CSR-Strategien im Rahmen der unternehmerischen Internationalisierung und Globalisierung werden im vorliegenden Buch im Beitrag von Stehr und Struve dargestellt.

neuer Form zu erfüllen sowie unternehmerisch tätig werden zu können. Neben dem damit verbundenen Umsatzpotenzial schafft dies auch Chancen zu sog. „reverse innovation", wo spezielle, für Schwellenländer entwickelte und dort eingeführte kostengünstige Produktvarianten später auch zum Erschließen bestimmter Marktnischen in den angestammten Heimatmärkten verwendet werden (Immelt et al. 2009).[33]

Die vor dem Hintergrund der Vision, Mission und Werte (s. Abschn. 4.4) in der Gesamtunternehmensstrategie artikulierten strategischen Themen können einen Orientierungsrahmen für die Ableitung und den Abgleich von Strategien in den anderen Organisationseinheiten liefern. Überlegungen für die nachhaltigkeitsorientierte Ausrichtung von *Geschäftsbereichsstrategien (Wettbewerbsstrategien)* wurde bereits in Abschn. 4.3 ausführlich diskutiert. Im Sinn einer konsistenten strategischen Ausrichtung müssen schließlich auch die *Funktionsbereichsstrategien*, z. B. in den Kernfunktionen Forschung und Entwicklung (F&E), Marketing, Operations- und Supply-chain-Management oder in den Unterstützungsfunktionen wie Finanzen und Controlling, Personal, IT oder Recht mit den strategischen Prioritäten in den anderen Organisationsbereichen abgeglichen werden.[34]

Für diesen Prozess steht im strategischen Management eine Reihe von methodischen Ansätzen zur Verfügung. So gibt es in Abhängigkeit der strategischen Steuerungslogik eines Unternehmens unterschiedliche Herangehensweisen für die strukturierte Kaskadierung von strategischen Zielen sowie für deren vertikalen und horizontalen Abgleich, von denen je nach Problemstellung eine geeignete Variante ausgewählt werden kann (Wunder 2016, S. 376–393). Dabei ist es i. d. R. hilfreich, die konkreten Strategiebeiträge in den verschiedenen Unternehmensbereichen zu identifizieren und darauf basierend Handlungsbedarf für deren Abgleich abzuleiten (Abb. 8). Darüber hinaus kommt es im Rahmen eines solchen Prozesses häufig auch zu iterativen Feedbackschleifen aus der Organisation heraus, auf deren Basis die übergeordneten Themen geschärft oder überarbeitet werden (Wunder 2005).

Mit Blick auf die Vielschichtigkeit und wechselseitigen Abhängigkeiten von wirtschaftlichen, ökologischen und sozialen strategischen Prioritäten erscheint gerade dieser Prozess des systematischen Kaskadierens und Abgleichs von Strategien unterschiedlicher Organisationseinheiten als besonders wichtig, um in einem Unternehmen eine konsistente nachhaltigkeitsorientierte strategische Ausrichtung zu schaffen. Denn häufig mangelt es Unternehmen nicht an den richtigen Strategieinhalten, sondern daran, dass die Organisation nicht in der Lage ist, diese Strategieinhalte auch effektiv im Sinn eines konsistenten Handlungsmusters umzusetzen (Wunder 2016, S. 273–275). Dieser Aspekt wird nachfolgend im letzten Strategieprinzip behandelt.

---

[33] S. hierzu auch das von Osburg in seinem Buchbeitrag (Corporate Social Innovation) dargestellte Beispiel des Intel-World-Ahead-Programms.

[34] Für die Verknüpfung von CSR mit wesentlichen Funktionsbereichen eines Unternehmens sei auf die spezifischen Fachpublikationen wie CSR und Finance, CSR und Logistik etc. in der Management-Reihe Corporate Social Responsibility hingewiesen, in der auch das vorliegende Buch publiziert ist.

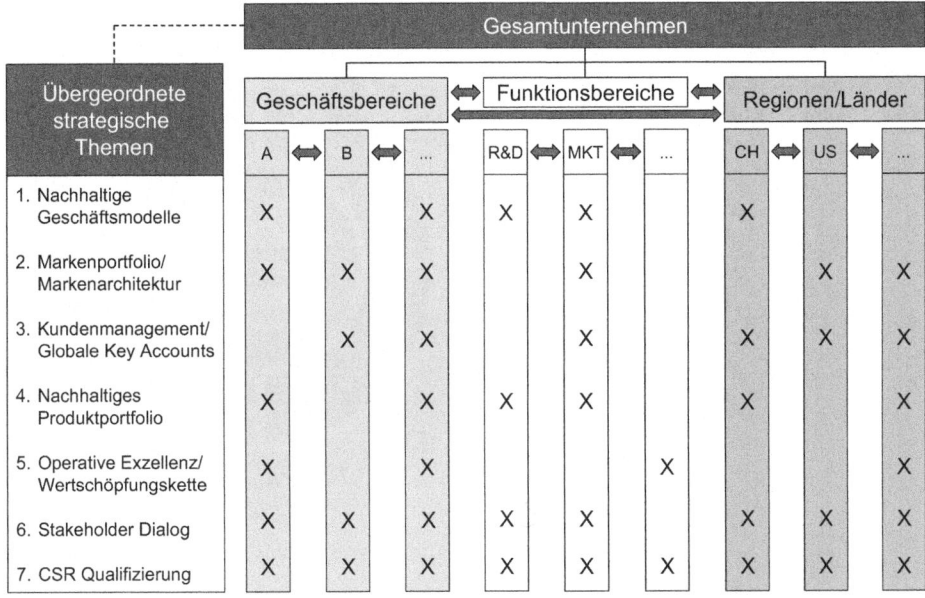

Abb. 8 Identifikation des Strategiebeitrags unterschiedlicher Organisationseinheiten. (Quelle: Wunder 2014, S. 409 in Anlehnung an Kaplan und Norton 1996, S. 245, 2006, S. 108 angepasst)

4.6 Konsistentes Handlungsmuster

Im Zusammenhang mit dem Strategiebegriff unterscheidet man zwischen dem, was strategisch geplant ist, und dem, was als strategische Handlung tatsächlich passiert. Manche Personen verstehen unter einer Strategie einen Plan, was bedeutet, dass sich die Strategie in diesem Fall bereits vor der tatsächlichen Handlung konstituiert (ex ante). Fragt man Manager nach ihrer Strategie, so erhält man diesem Verständnis folgend ein strategisches Planungsdokument, in dem beispielsweise strategische Ziele und Initiativen für die nächsten Monate oder Jahre festgeschrieben sind. Andererseits wird unter einer Strategie aber auch ein sich tatsächlich vollziehendes strategisches Handlungsmuster verstanden – und zwar unabhängig davon, ob es vorher geplant war oder nicht. In diesem Fall konstituiert sich eine Strategie erst dann, wenn sie passiert (ex post). Entsteht ein konsistentes strategisches Handlungsmuster, ohne dass es vorher explizit geplant war, so spricht man von einer emergenten Strategie. Diese Unterscheidung ist für die Gestaltung eines effektiven Strategieprozesses von großer Bedeutung, da realisierte Strategien in der Praxis typischerweise sowohl geplante als auch emergente Elemente beinhalten (Mintzberg 2000).

Das in Abb. 9 dargestellte Strategierad stellt einen konzeptionellen Bezugsrahmen für die praktische Strategiearbeit in einem Unternehmen dar (Wunder 2016, S. 57). Er basiert auf der Überzeugung, dass Unternehmen, die sich im Rahmen eines formalen Strategieprozesses analytisch und systematisch mit strategischen Fragestellungen im All-

Abb. 9 Strategierad. (Quelle: Wunder 2016, S. 57)

gemeinen und strategischen Nachhaltigkeitsthemen im Speziellen befassen, eine höhere Wahrscheinlichkeit haben, erfolgreich im Wettbewerb zu bestehen, als diejenigen Unternehmen, die dies nicht tun (Dye und Sibony 2007; Becker und Freeman 2006; Wheelen et al. 2015; Wunder und Bausch 2014b). Dennoch dürfen dabei – wie später noch weiter ausgeführt wird – die Formulierung und Umsetzung von Strategien nicht als rein „technische" Herausforderung gesehen werden. Ein formaler Strategieprozess kann nur dann seine Wirkung entfalten, wenn er mit den vorherrschenden Denk-, Entscheidungs- und Handlungsmustern in einem Unternehmen im Einklang ist und dies in einer Stimmigkeit von Strategie, Struktur und Kultur zum Ausdruck kommt (Bleicher 1991; Hax und Majluf 1996; Rühli 1990, 1992; Wunder und Stemmermann 2013; Lovallo und Sibony 2010).

Das Strategierad in Abb. 9 stellt einen präskriptiven strategischen Managementansatz dar, der aus den Elementen Strategieprozess, Struktur, Kultur und strategische Führung besteht. Bildlich gesprochen bildet der *Strategieprozess* mit seinen drei Aufgabenbereichen der strategischen Analyse, Strategieformulierung und Strategieumsetzung ein „Rad". Dieses ist mit einem „Lager", bestehend aus der *Struktur* im äußeren Ring (Organisation, Prozesse, Systeme und Governance) sowie der *Kultur* im inneren Ring, mit einer „Welle" (*strategische Führung*) verbunden. Das Rad wird nur dann reibungslos laufen, wenn die Welle stabil und das Lager gut geschmiert ist. Ohne diese beiden Voraussetzungen – d. h. wenn beispielsweise Sand zwischen die zwei Ringe (Struktur und Kultur) des Lagers kommt oder die Welle (strategische Führung) zu schwach ist – entstehen Reibungsverluste oder das Rad läuft nicht rund. In diesen Fällen gelingt es dem Unternehmen nicht, die sprichwörtlichen Pferdestärken auf die Straße zu bringen. Je nach Branchen- und Wettbewerbsumfeld des Unternehmens – in der Analogie der Straßenbelag, Luftwiderstand oder mögliche Hindernisse auf der Straße – dreht sich das Rad mehr oder weniger schnell, sodass die klaren Grenzen zwischen strategischer Analyse, Strategieformulierung und Strategieumsetzung verschwimmen. Diese drei Aufgabenbereiche im Strategieprozess sind in der Unternehmenspraxis nicht immer klar zu trennen, sondern durch eine Vielzahl von Iterationen geprägt. So stellt beispielsweise die Partizipation nachgelagerter Bereiche bei der Formulierung übergeordneter Strategien – über die damit verbundene Akzeptanz- und Kontextschaffung – bereits einen ersten wichtigen Schritt für die Strategieumsetzung dar. Darüber hinaus kann es z. B. beim Schärfen von Strategien im Rahmen eines Geschäftsmodells immer wieder auch zu offenen strategischen Fragestellungen kommen, für deren Beantwortung eine spezielle strategische Analysetätigkeit erforderlich ist. Ein Beispiel hierfür ist das Durchführen einer Conjoint Analyse zur Ermittlung der Preisbereitschaft für bestimmte nachhaltige Elemente im Produktkonzept. (Wunder 2016, S. 56–64).

Für die nachhaltigkeitsorientierte Ausrichtung von Geschäftsstrategien liefert das dargestellte Strategierad eine Übersicht, welche Elemente im Führungssystem eines Unternehmens berücksichtigt und zum Schaffen eines konsistenten strategischen Handlungsmuster gestaltet und integriert werden müssen. Als Erweiterung zu den typischen Aufgaben im Rahmen eines klassisch-rationalen Strategieansatzes (Müller-Stewens und Lechner 2011; Rothaermel 2016; Wheelen et al. 2015; Wunder 2016) erscheinen für ein nachhaltiges strategisches Management folgende fünf Aspekte von besonderer Bedeutung:

- **Stakeholderintegration:** Anstatt Stakeholder lediglich als ein Element im Rahmen der strategischen Analyse zu betrachten, erscheint für das Schaffen einer Symbiose aus wirtschaftlicher, ökologischer und sozialer Wertschöpfung eine stärkere Integration der relevanten Stakeholdergruppen in die Strategieformulierung und -umsetzung von Bedeutung (Hörisch et al. 2014; Mackey und Sisodia 2014). So praktiziert heute eine Vielzahl von Unternehmen bereits einen intensiven Stakeholderdialog. Vor dem Hintergrund komplexer Stakeholderbeziehungen sollen damit wirksame Lösungen für gesellschaftliche Probleme gemeinsam mit den relevanten Interessengruppen erarbeitet werden. Die Identifikation relevanter Nachhaltigkeitsthemen kann dabei methodisch durch eine sog. Materialitätsmatrix (Global Reporting Initiative 2013, S. 11 f.) unterstützt werden. Die damit identifizierten Themen können dann wiederum eine hilfreiche Orientierung für die gemeinsame Formulierung erfolgreicher nachhaltigkeitsorientierter Strategien liefern (Khan et al. 2015).
- **Immaterielle Werte:** Für die Strategieformulierung sind heute immaterielle Vermögensgegenstände von besonderer Bedeutung. Diese beinhalten beispielsweise Elemente wie Unternehmenskultur, Wissen, intellektuelles Kapital, Mitarbeiter-, Organisations- und IT-Kapital, Reputation oder den Markenwert. Sie sind in vielen Unternehmen als Treiber des Unternehmenserfolgs ein wichtiger Bestandteil des strategischen Zielsystems und werden dementsprechend systematisch gesteuert (Kaplan und Norton 2004, S. 249–316; Wunder 2004). So ist beispielsweise der Markenwert von Erfolgsfirmen wie Apple oder Google um ein 20- bis 30-Faches höher als der Wert der materiellen Vermögensgegenstände dieser Firmen. Diese immateriellen Werte entwickeln sich über einen langen Zeitraum und sind im Allgemeinen schwer nachzuahmen. Aus einer

ressourcenbasierten Sichtweise tragen die immateriellen Werte eines Unternehmens tendenziell stärker zum Schaffen von dauerhaften Wettbewerbsvorteilen bei als deren materielle Vermögensgegenstände (Rothaermel 2016). Vor diesem Hintergrund bietet es sich an, im Rahmen eines nachhaltigen strategischen Managements ein besonderes Augenmerk auf nachhaltigkeitsorientierte immaterielle Werte zu legen und systematisch deren Erfolgspotenzial zu ermitteln (Schulz 2014).[35] Einen weiteren Ansatz bietet in diesem Zusammenhang das gezielte Management von Unternehmenswerten im Hinblick auf die Schaffung eines nachhaltigkeitsorientierten Bewusstseins bei den Organisationsmitgliedern als Basis für Wettbewerbsvorteile (Glauner 2013).[36]

- **Nachhaltigkeitsorientierte Führungssysteme:** Ein wichtiger Erfolgsfaktor für die Umsetzung einer nachhaltigkeitsorientierten Ausrichtung ist die entsprechende Ausrichtung der internen Führungssysteme. Zur Schaffung einer auf eine nachhaltige Unternehmensstrategie fokussierten Organisation müssen insbesondere die *Ressourcen*, *Mitarbeiter (Einstellungen)* und die verfügbaren *Managementinformationen* entsprechend ausgerichtet werden. Erstens müssen Organisationsbereiche, Teams und einzelne Mitarbeiter, die ökologische oder soziale Ziele erreichen sollen und entsprechende Initiativen geplant haben, auch die notwendigen finanziellen und zeitlichen Ressourcen hierfür bekommen. Dazu ist es erforderlich, dass dies im Rahmen der operativen Planung und Budgetierung entsprechend sichergestellt wird. Zweitens darf die Motivation der Mitarbeiter für nachhaltigkeitsorientiertes Verhalten nicht nur auf Appellen und entsprechendem Führungsverhalten basieren, sondern sollte auch mit wirksamen Anreizen verbunden sein. Hierzu ist es erforderlich, dass die relevanten Themen im Rahmen des Anreiz- und Zielvereinbarungssystems auch adressiert werden und in den jeweiligen Mitarbeitergesprächen nicht nur auf der Agenda stehen, sondern auch eine entsprechende Priorisierung erhalten. Drittens müssen die mit Nachhaltigkeit verbundenen multidimensionalen strategischen Ziele, Kennzahlen und Aktionsprogramme verlässlich im internen Managementreporting abgebildet werden, damit die Führungskräfte eine fundierte Grundlage für strategische Entscheidungen haben und sich im Lauf der Zeit wichtige strategische Lernprozesse einstellen (Wunder 2016, S. 410–438).
- **Verantwortungsvolle strategische Führung:** Es liegt auf der Hand, dass das Ausmaß an Nachhaltigkeitsorientierung in einem Unternehmen – neben den bereits genannten Führungssystemen – sehr stark von den persönlichen Werten und Überzeugungen der Führungskräfte abhängt. Signalisieren diese bei ihrer wirtschaftlichen Orientierung ein entsprechendes gesellschaftliches Verantwortungs- bzw. Problemlösungsbewusstsein, so werden sich mit großer Wahrscheinlichkeit auch die Mitarbeiter daran orientieren.

---

[35] Dies wird im vorliegenden Buch von Schulz in seinem Beitrag „CSR und Unternehmenswert: Wirkungsmechanismen zwischen Strategie, Intangibles und Marktbewertung" behandelt.
[36] S. hierzu den Beitrag von Glauner in diesem Buch, in dem Wertestrategien behandelt werden.

Wenn das Management jedoch sprichwörtlich „Wasser predigt, aber Wein trinkt", so verliert es an Glaubwürdigkeit und gefährdet die Entstehung und erfolgreiche Umsetzung nachhaltigkeitsorientierter Strategieinhalte. Dabei zeigt sich häufig erst bei komplexen Investitionsentscheidungen im Rahmen der strategischen Wahl, wie ernst der Führungskreis seine oft propagierte Orientierung am Leitgedanken der unternehmerischen Nachhaltigkeitsperformance nimmt (Kimbro 2013). Wie wird vor dem Hintergrund begrenzter Ressourcen beispielsweise beim Vorliegen von zwei alternativen Strategieoptionen entschieden, wenn die eine Option einen deutlich höheren finanziellen Return-on-Investment aufweist, jedoch – unter Einbeziehung ökologischer und sozialer Leistungsindikatoren – eine deutlich schlechtere Nachhaltigkeitsperformance als die andere Option?

- **Integration der Mitarbeiter (geplante Emergenz):** Bei der unternehmensspezifischen Ausgestaltung und Anwendung des Strategierads für eine nachhaltigkeitsorientierte Strategiearbeit ist, neben den genannten Besonderheiten, abschließend noch Folgendes zu beachten: Vor dem Hintergrund der Mehrdeutigkeit, Komplexität und Dynamik strategischer Entscheidungssituationen ist es ein Trugschluss zu glauben, man könne eine wirksame nachhaltigkeitsorientierte Geschäftsstrategie ausschließlich auf dem Reißbrett entwerfen. Darüber hinaus sind die gerade für strategische Situationen besonders wichtigen heuristischen Entscheidungsprozesse mit zahlreichen Fallstricken – sog. Bias – verbunden, die den Entwurf einer vermeintlich richtigen Strategie zusätzlich erschweren (Wunder 2016, S. 38–48). Vor diesem Hintergrund bedeutet strategisches Management, zu einem gewissen Grad vorauszudenken und zu planen sowie gleichzeitig aufgeschlossen zu sein für emergente strategische Initiativen aus der Organisation heraus. Im Rahmen eines nachhaltigen strategischen Managements kann die strategische Führung hierzu einen lern- und reflexionsfreundlichen Rahmen, kombiniert mit einem strategisch-nachhaltigkeitsorientierten Kontext schaffen, an dem sich die Organisationsmitglieder bewusst oder unbewusst orientieren können. Hierzu bietet es sich an, möglichst viele Bereiche in den Prozess der Strategiefindung zu involvieren. Darüber hinaus kann die Unternehmensleitung Selbststeuerungsprozesse auf unterschiedlichen organisatorischen Ebenen zulassen und dort gleichzeitig zum unternehmerischen Denken im Sinn des Triple-bottom-line-Ansatzes ermuntern. Durch diese Mechanismen ist davon auszugehen, dass es das nachhaltigkeitsorientierte strategische Problembewusstsein der Organisationsmitglieder fördert und diese durch autonomes, kontextbasiertes Verhalten zu einer emergenten nachhaltigkeitsorientierten Strategieentstehung beitragen. Diese Form der geplanten Emergenz (Rothaermel 2016), d. h. einer top-down getriebenen Planung mit Raum für Bottom-up-Emergenz, gilt es, in der Konstruktions- und Anwendungslogik eines formellen Strategieprozesses zu berücksichtigen, damit ein erfolgreiches konsistentes Handlungsmuster im Sinn der unternehmerischen Nachhaltigkeit auch tatsächlich entsteht.

5 Zusammenfassung, Grenzen und Ausblick

Im vorliegenden Beitrag wurde anhand von sechs Strategieprinzipien die Leistungsfähigkeit eines klassisch-rationalen Strategieansatzes für ein nachhaltiges strategisches Management im Sinn der Symbiose aus wirtschaftlicher, ökologischer und sozialer Wertschöpfung betrachtet. Es hat sich gezeigt, dass eine Reihe von etablierten Denkweisen und Methoden des strategischen Managements, wie sie heute an vielen Business-Schools gelehrt und in der Unternehmenspraxis verwendet werden, bei entsprechender Anpassung und Ausgestaltung anschlussfähig an den Gedanken der unternehmerischen Nachhaltigkeit sind. Hierbei haben sich für ein nachhaltiges strategisches Management insbesondere folgende Anforderungen herauskristallisiert:

- Neuorientierung des Verständnisses von Wettbewerbsvorteilen im Sinn einer gemeinsamen Wertschöpfung für Kunden (Customer-Value-Proposition) und Gesellschaft (Societal-Value-Proposition) mit dem Ziel einer herausragenden unternehmerischen Nachhaltigkeitsperformance entsprechend des Triple-bottom-line-Ansatzes.
- Erweiterung der marktorientierten („market-based view") und ressourcenorientierten („resource-based view") Strategieansätze um eine gesellschaftsorientierte Sichtweise von Strategie („society-based view"), mit dem Ziel einer Win-win-Situation zwischen dem Unternehmen und seiner vielfältigen Stakeholder als Grundlage für Wettbewerbsvorteile.
- Integration und intelligente Verknüpfung von sozialen und ökologischen Elementen mit klassischen Elementen generischer Wettbewerbsstrategien mit dem Ziel einer Geschäftsmodellinnovation, um sich mit dem neuen Geschäftsmodell dauerhaft im Wettbewerb differenzieren zu können.
- Einsatz des normativen strategischen Rahmens mit Vision, Mission und den proklamierten Unternehmenswerten als eine wichtige Orientierung für die nachhaltigkeitsorientierte Strategieformulierung, wobei insbesondere die kritische Auseinandersetzung mit dem Unternehmenszweck („purpose") von Bedeutung ist.
- Nachhaltigkeitsorientierte Integration der vielschichtigen strategischen Prioritäten auf unterschiedlichen Strategieebenen im Unternehmen, um auf Basis einer systematischen Strategiekaskadierung und eines strukturierten Strategieabgleichs eine gemeinsame strategische Orientierung im Sinn des Triple-bottom-line-Ansatzes zu schaffen.
- Verwendung eines ganzheitlichen Bezugsrahmens für die nachhaltigkeitsorientierte Strategiearbeit, wobei folgende Punkte besonders wichtig sind: Stakeholderintegration, immaterielle Werte, nachhaltigkeitsorientierte Führungssysteme, verantwortungsvolle strategische Führung und Integration der Mitarbeiter (geplante Emergenz).

Die genannten Aspekte decken keinesfalls das gesamte Handlungsfeld eines nachhaltigen strategischen Managements oder gar einer nachhaltigen Unternehmensführung ab. So wurden in den vorangehenden Ausführungen beispielsweise ethisch begründete Handlungen ausgeklammert, die nicht zu einer Symbiose von wirtschaftlicher, ökologischer und sozialer Wertschöpfung führen. Aus gesellschaftlicher Sicht sind mit Blick auf die drängenden globalen Probleme unserer Zeit genau diese Handlungen aber auch von großer Bedeutung und müssen im Rahmen einer breiter gefassten, nachhaltigen Unternehmensführung adressiert werden. Hier stellt sich u. a. die Frage, wie verantwortlich sich ein Unternehmen in Situationen verhält, in denen es wirtschaftlich keine Vorteile im Sinn der angestrebten Win-win-Situation mit den gesellschaftlichen Interessen oder sogar finanzielle Nachteile hat. Welche Mechanismen sorgen in Situationen, die sich nicht unternehmerisch zum allseitigen Wohlgefühl der beteiligten Stakeholdergruppen lösen lassen, für den Einklang der Unternehmenshandlungen mit gesellschaftlichen Erwartungen? Mit Blick auf die Lösung gesellschaftlicher Probleme stößt hier ein nachhaltiges strategisches Management im dargestellten Verständnis an seine Grenzen.

Dabei darf nicht vergessen werden, dass unternehmerische Nachhaltigkeit nicht nur eine ökologische und soziale, sondern eben auch eine wirtschaftliche Dimension hat. Ein Unternehmen muss Gewinne machen, um nachhaltig am Markt bestehen zu können. Dies rückt manchmal in der aktuellen Nachhaltigkeitsdiskussion in den Hintergrund. Nestlé-Ehrenpräsident Helmut Maucher hat hierzu einmal geschrieben: „Die wichtigste soziale und ethische Verantwortung der Unternehmer ist es, langfristig am Markt und im Wettbewerb erfolgreich zu sein und damit den Ertrag des Unternehmens nachhaltig zu sichern. Damit wird ein wichtiger Beitrag zum Wohlstand und zum Gedeihen der Wirtschaft geleistet, wovon letztlich alle profitieren. [...] Die Politik verantwortlicher Unternehmer dient der langfristigen Ertragsentwicklung und -optimierung anstelle von kurzfristiger Gewinnmaximierung. Und bei langfristiger Betrachtungsweise sind viele sozial, ethisch, oder auch ökologisch begründete Maßnahmen, die bei kurzfristiger Gewinnmaximierung zunächst negativ betrachtet werden, für das Unternehmen sogar sinnvoll, entsprechen durchaus dem Unternehmensinteresse. [...] ohne ein generell verantwortliches Verhalten gegenüber allen Stakeholdern wird ein Unternehmen langfristig nicht mehr erfolgreich sein" (Maucher 2007, S. 55 f.).

Aus wissenschaftlicher Sicht können die verschiedenen Überlegungen des vorliegenden Beitrags als Grundlage dienen, um bestimmte Aspekte in einem nächsten Schritt im Rahmen von empirischen Forschungsdesigns näher zu untersuchen und auch empirisch zu belegen. Für Unternehmenspraktiker liefern die Ausführungen gedankliche Impulse und konkrete Fragestellungen, mit denen sie sich im Rahmen ihrer nachhaltigkeitsorientierten Strategiearbeit unternehmensspezifisch auseinandersetzen können. Manche Manager mögen den dargestellten Überlegungen entgegenhalten, dass viele dieser Sichtweisen heute in ihrem speziellen Wettbewerbsumfeld von Kunden und Kapitalgebern nicht nachgefragt werden. In diesen Fällen müssen sie sich allerdings der Gefahren bewusst sein, die sich aus dem Ignorieren solcher Fragestellungen für die eigene Zukunftsfähigkeit ergeben können. Unternehmen, die sich nicht frühzeitig und proaktiv mit den Wettbewerbsvorteilen von morgen befassen, riskieren, dass sie wichtige Entwicklungen in ihrem Umfeld ignorieren und irgendwann mit einem nicht mehr zeitgemäßen Wertschöpfungsverständnis im Wettbewerb von nachhaltigkeitsorientierten Unternehmen überholt werden. Diesbezüglich sei zum Abschluss noch eine weitere Analogie aus dem Sport referenziert: Die besten Stürmer sind nicht dort, wo der Ball ist, sondern dort, wo er hinkommt.

Literatur

Accenture (2014): The Consumer Study: From Marketing to Mattering. The UN Global Compact-Accenture CEO Study on Sustainability. In collaboration with Havas Media RE:PURPOSE, Juni 2014.

Barney JB (1991) Firm resources and sustained competitive advantage. J Manage 17(1):99–120

Barney JB (2001) Is the resource-based „view" a useful perspective for strategic management research? Yes. Acad Manage Rev 26(1):41–56

Barney JB, Hesterly WS (2010) Strategic management and competitive advantage. Concepts and cases, 3. Aufl. Prentice Hall, Upper Saddle River

Bayer AG (2016) Mission & values. http://www.bayer.com/en/bayer-mission-science-for-a-better-life.aspx. Zugegriffen: 27. Mai 2016

Becker WM, Freeman VM (2006) Going from global trends to corporate strategy. McKinsey Q (3):17–27

Beinhocker ED (2006) The adaptable corporation. McKinsey Q (2):77–87

Beschorner T (2013) Creating shared value: the one-trick pony approach: a comment on Michael Porter and Mark Kramer (2011), „Creating Shared Value". Bus Ethics J Rev 17(1):106–112

Bleicher K (1991) Organisation. Strategien – Strukturen – Kulturen, 2. Aufl. Gabler, Wiesbaden

Bonini S, Görner S (2011) The business of sustainability. McKinsey global survey results, October 2011. http://www.mckinsey.com/business-functions/sustainability-and-resource-productivity/our-insights/the-business-of-sustainability-mckinsey-global-survey-results. Zugegriffen: 27. Mai 2016

Boons F, Lüdeke-Freund F (2013) Business models for sustainable innovation: state-of-the-art and steps towards a research agenda. J Clean Prod 45:9–19

Brunsson N (1989) The organization of hypocrisy. Talk, decisions and actions in organizations. Wiley, New York

Carroll AB, Shabana KM (2010) The business case for corporate social responsibility: a review of concepts, research and practice. Int J Manage Rev 12(1):85–105

Casadesus-Masanell R, Ricart JE (2010) From strategy to business models and onto tactics. Long Range Plan 43(2–3):195–215

Chandler D, Werther WB (2014) Strategic corporate social responsibility. Stakeholders, globalization, and sustainable value creation, 3. Aufl. Sage, Los Angeles

Chesbrough H (2010) Business model innovation: opportunities and barriers. Long Range Plan 43(2–3):354–363

Christensen CR, Andrews KR, Bower JL, Hamermesh P, Porter M (1982) Business policy: text and cases, 5. Aufl. Irwin, Homewood

Clinton L, Whisnant R (2014) Model Behavior – 20 Business model innovations for sustainability. SustainAbility, London

Collins J, Porras JI (2002) Built to last. Successful habits of visionary companies. Harper Business, New York

Collis DJ, Rukstad MG (2008) Can you say what your strategy is? Har Bus Rev 86(4):82–90

D'Aveni RA (1994) Hypercompetition. Free Press, New York

D'heur M (Hrsg) (2014) CSR und Value Chain Management. Profitables Wachstum durch nachhaltig gemeinsame Wertschöpfung. Springer, Wiesbaden

Drucker PF (2008) Management. Revised and updated by Joseph A. Maciariello. HarperCollins, New York

Dye R, Sibony O (2007) How to improve strategic planning. McKinsey Q (3):40–48

Dyllick T (2003) Nachhaltigkeitsorientierte Wettbewerbsstrategien. In: Linne G, Schwarz M (Hrsg) Handbuch Nachhaltige Entwicklung. Wie ist nachhaltiges Wirtschaften machbar? Leske + Budrich, Opladen, S267–271

Dyllick T (2006) Nachhaltige Innovationen als unternehmerische Chance. Ökologische und soziale Herausforderungen in die Unternehmensstrategie integrieren. Neue Zürcher Zeitung. 18. November 2006, o. S.

Dyllick T, Hockerts K (2002) Beyond the business case for corporate sustainability. Bus Strategy Environ 11(2):130–141

Eccles RG, Krzus MP (2010) One report. Integrated reporting for a sustainable strategy. Wiley, Hoboken

EFFAS CESG (2015) http://www.effas-esg.com. Zugegriffen: 6. März 2015

Elkington J (1997) Cannibals with forks: the triple bottom line of 21st century business. Capstone, Oxford

Elkington J, Zeitz J (2014) The breakthrough challenge. 10 ways to connect today's profits with tomorrow's bottom line. Jossey-Bass, San Francisco

Esty DC, Winston AS (2006) Green to gold: how smart companies use environmental strategy to innovate, create value, and build a competitive advantage. Yale University Press, New Haven

Foster R, Kaplan S (2001) Creative destruction. Why companies that are built to last underperform the market – and how to successfully transform them. Currency published by Doubleday, New York

Frank R (2014) Integrierte Berichte: Gehört dem Integrated Reporting die Zukunft? In: Schulz T, Bergius S (Hrsg) CSR und Finance – Beitrag und Rolle des CFO für eine Nachhaltige Unternehmensführung. Springer, Berlin, S 237–250

Freeman RE (2010) Strategic management. A stakeholder approach. Cambridge University Press, Cambridge

Friedman M (13. September 1970) The social responsibility of business is to increase its profits. The New York Times Magazine

Gaiser B (2006) Strategiekonformes Verhalten in Organisationen – zur Deckung von persönlich Erwünschtem mit strategisch Gewolltem. In: Horváth P (Hrsg) Wertschöpfung braucht Werte. Wie Sinngebung zur Leistung motiviert. Schäffer-Poeschel, Stuttgart, S 155–168

Gälweiler A (2005) Strategische Unternehmensführung, 3. Aufl. Campus, Frankfurt a. M.

Gänßlen S, Kraus U, Ette D (2011) Green Controlling – Green Profit – Nachhaltigkeitscontrolling bei Hansgrohe. Controlling 23(8/9):461 f.

Garriga E, Melé D (2004) Corporate social responsibility theories: mapping the territory. J Bus Ethics 53(1–2):51–71

Gassmann O, Frankenberger K, Csik M (2013) Geschäftsmodelle entwickeln: 55 innovative Konzepte mit dem St. Galler Business Model Navigator. Carl Hanser Verlag, München

Ghemawat P (1991) Commitment. The dynamic of strategy. The Free Press, New York

Glauner F (2013) CSR und Wertecockpits. Mess- und Steuerungssysteme der Unternehmenskultur. Springer, Berlin

GRI G4 (2015) https://www.globalreporting.org. Zugegriffen: 6. März 2015

GRI – Global Reporting Initiative™ (2013) G4 sustainability reporting guidelines. Implementation Manual, Amsterdam

Grimm U (1996) Evolutorische Unternehmensführung. Eine programmatische Skizze. In: European Business School (Hrsg) Erfahrung-Bewegung-Strategie. DUV, Wiesbaden, S 317–343

Grober U (2010) Die Entdeckung der Nachhaltigkeit. Kulturgeschichte eines Begriffs. Verlag Antja Kunstmann, München

Havas Worldwide (2016): Project Superbrand. 10 Truths Reshaping the Coprorate World. Prosumer Report, January 2016.

Hax AC (2009) The delta model. Reinventing your business strategy. Springer Science + Business Media, New York

Hax AC, Majluf NS (1996) The strategy concept and process. A pragmatic approach, 2. Aufl. Prenctice Hall, Upper Saddle River

Hax AC, Wilde DL (2001) The delta project: discovering new sources of profitability in a networked economy. Palgrave, New York

Hengstmann R, Seidel SD (2014) Berechnung externer Umweltkosten: Die Ökologische Gewinn- und Verlustrechnung von PUMA. In: Schulz T, Bergius S (Hrsg) CSR und Finance – Beitrag und Rolle des CFO für eine Nachhaltige Unternehmensführung. Springer, Berlin, S 179–191

Hinterhuber HH (2015) Strategische Unternehmensführung. Das Gesamtmodell für nachhaltige Wertsteigerung, 9., völlig neu bearbeitete Aufl. Erich Schmidt Verlag, Berlin

Homburg C, Kuester S, Krohmer H (2013) Marketing management. A contemporary perspective, 2. Aufl. McGraw-Hill Education, Maidenhead

Hörisch J, Freeman RE, Schaltegger S (2014) A stakeholder approach for sustainability management. Organ Environ 27(4):328–346

Horváth & Partners (Hrsg) (2007) Balanced Scorecard umsetzen, 4. Aufl. Stuttgart, S 243–248

Horváth & Partner GmbH (Hrsg) (2008) Balanced Scorecard Studie 2008. Ergebnisbericht, Competence Center Strategic Management & Innovation, Stuttgart

Hungenberg H (2014) Strategisches Management in Unternehmen. Ziele – Prozesse – Verfahren, 8. Aufl. Springer, Wiesbaden

Internationaler Controller Verein (Hrsg) (2011) Green Controlling – eine (neue) Herausforderung für das Controlling? – Relevanz und Herausforderungen der Integration ökologischer Aspekte in das Controlling aus Sicht der Controllingpraxis. Ergebnisse einer Studie im Internationalen Controller Verein (ICV) durch die ICV-Ideenwerkstatt. Gauting

Immelt JR, Govindarajan V, Timble C (2009) How GE is disrupting itself. Har Bus Rev 87(10):56–65

ISO 26000 (2015) http://www.iso.org/iso/home/standards/iso26000.htm. Zugegriffen: 6. März 2015

Jenkins B, Ishikawa E, Geaneotes A, Baptista P, Masuoka T (2011) Accelerating inclusive business opportunities: business models that make a difference. IFC, Washington, DC

Johnson G, Whittington R, Scholes K (2012) Fundamentals of strategy, 2. Aufl. Pearson Education Limited, Harlow

Kagermann H, Österle H (2007) Geschäftsmodelle 2010. Wie CEOs Unternehmen transformieren, 2. Aufl. Frankfurter Allgemeine Buch, Frankfurt a. M.

Kano N, Seraku N, Tsuji S (1984) Attractive quality and must be quality. Quality 14(2):39–48

Kaplan RS, Norton, DP (1996) The Balanced Scorecards. Translating Strategy Into Action. Harvard Business Review Press, Boston

Kaplan RS, Norton DP (2004) Strategy maps. Converting intangible assets into tangible outcomes. Harvard Business Review Press, Boston

Kaplan RS, Norton DP (2006) Alignment. Harvard Business Review Press, Boston

Khan M, Serafeim G, Yoon A (2015) Corporate Sustainability: First Evidence on Materiality, Erstveröffentlichung 09.03.2015, unter SSRN. doi:10.2139/ssrn.2575912

Kimbro MB (2013) Integrating sustainability into capital budgeting decisions. In: Taticchi P, Carbone P, Albino V (Hrsg) Corporate sustainability. Springer, Berlin, S 103–114

Kleinfeld A, Martens A (2014) Transparenz: Berichterstattung über Nachhaltigkeitsleistungen. In: Schulz T, Bergius S (Hrsg) CSR und Finance – Beitrag und Rolle des CFO für eine Nachhaltige Unternehmensführung. Springer, Berlin, S 219–235

Lee M (2008) A review of theories of corporate social responsibility. Its evolutionary path and the road ahead. Int J Manage Rev 10(1):53–73

Liebl F (2011) Corporate Social Responsibility aus Sicht des Strategischen Managements. In: Raupp J, Jarolimek S, Schultz F (Hrsg) Handbuch CSR. Kommunikationswissenschaftliche Grundlagen, disziplinäre Zugänge und methodische Herausforderungen. Springer, Wiesbaden, S 305–326

Loew T, Clausen J (2010) Wettbewerbsvorteile durch CSR. Eine Metastudie zu den Wettbewerbsvorteilen von CSR und Empfehlungen zur Kommunikation an Unternehmen. Berlin

Lovallo D, Sibony O (2010) The case for behavioral strategy. McKinsey Q März 2010:1–16

Lüdeke-Freund F (2013) Business models for sustainability innovation: conceptual foundations and the case of solar energy. PhD Thesis, Leuphana University, Lüneburg

Mackey J, Sisodia R (2014) Conscious capitalism. Liberating the heroic spirit of business. Harvard Business Review Press, Boston

Maucher H (2007) Management-Brevier: Ein Leitfaden für unternehmerischen Erfolg. Campus, Frankfurt a. M.

McWilliams A, Siegel DS (2001) Corporate social responsibility: a theory of the firm perspective. Acad Manage J 31(1):117–127

Mintzberg H (2000) The rise and fall of strategic planning. Pearson Education Limited, Harlow

Mission Innovation (2015) Joint launch statement. http://www.mission-innovation.net/statement. Zugegriffen: 30. Nov. 2015

Müller-Stewens G, Lechner C (2011) Strategisches Management. Wie strategische Initiativen zum Wandel führen, 4. Aufl. Schäffer-Poeschel, Stuttgart

Murray A (2015) Doing well by doing good. Fortune. 172(3):58 f. (Ausgabe 1.9.2015)

Nidumolu R, Prahalad CK, Rangaswami MR (2009) Why sustainability is now the key driver of innovation. Harv Bus Rev 87(9):56–64

Norman W, MacDonald C (2004) Getting to the bottom of the „triple bottom line". Bus Ethics Q 14:243–262

Ohmae K (1982) The mind of the strategist. The art of Japanese business. McGraw-Hill, New York

Osburg T, Schmidpeter R (Hrsg) (2013) Social innovation. Solutions for a sustainable future. Springer, Wiesbaden

Osterwalder A, Pigneur Y (2010) Business model generation. Self-published, Hoboken

Peteraf MA (1993) The cornerstones of competitive advantage. A resource-based view. Strategy Manage J 14(3):179–191

Pirson M (2012) Social entrepreneurs as the paragons of shared value creation? A critical perspective. Social Enterp J 8(1):31–48

Porter ME (1985) Competitive advantage. Creating and sustaining superior performance. The Free Press, New York

Porter ME (1996) What is strategy? Harv Bus Rev 74(Nov/Dez):61–78

Porter ME (2008) The five competitive forces that shape strategy. Harv Bus Rev 86(1):79–93

Porter ME, Kramer MR (2006) Strategy & society: the link between competitive advantage and corporate social responsibility. Harv Bus Rev 84(12):78–92

Porter ME, Kramer MR (2011) Creating shared value. Harv Bus Rev 89(1/2):62–77

Porter ME, Kramer MR (2012) Shared Value: Die Brücke von Corporate Social Responsibility zu Corporate Strategy. In: Schneider A, Schmidpeter R (Hrsg) Corporate Social Responsibility: Verantwortungsvolle Unternehmensführung in Theorie und Praxis. Springer, Berlin, S137–153

Prahalad CK (2005) The fortune at the bottom of the pyramid. Eradicating poverty through profits. Wharton School Publishing, Upper Saddle River

Puma SE (2015) History. http://about.puma.com/en/this-is-puma/history. Zugegriffen: 21. Mai 2015

PricewaterhouseCoopers LLC (2015) Total Impact Measurement and Management. http://www.pwc.com/gx/en/services/sustainability/publications/total-impact-measurement-management.html. Zugegriffen: 27. Okt. 2015

Rapunzel (2015) Vision und Firmenphilosophie. http://www.rapunzel.de/philosophie.html. Zugegriffen: 30. Nov. 2015

Rothaermel FT (2016) Strategic management: concepts, 3. Aufl. McGraw-Hill/Irwin, New York

Rühli E (1990) Zeitgemäße Konzernführung und -gestaltung. Anforderungen aus der Trilogie Strategie-Struktur-Kultur. Z Führung Org (zfo) 59(5):310–314

Rühli E (1992) Koordination. In: Frese E (Hrsg) Handwörterbuch der Organisation, 3. Aufl. Schäffer-Poeschel, Stuttgart, S 1164–1175

SAP (2013) New Ride-Sharing App from SAP Helps Organizations Reduce Costs, Save Resources and Better Engage Employees, April 29, 2013, Press Release, by SAP News. http://www.news-sap.com/new-ride-sharing-app-from-sap-helps-organizations-reduce-costs-save-resources-and-better-engage-employees/. Zugegriffen: 12. Sept. 2014

Schaltegger S (2012) Die Beziehung zwischen CSR und Corporate Sustainability. In: Schneider A, Schmidpeter R (Hrsg) Corporate Social Responsibility. Verantwortungsvolle Unternehmensführung in Theorie und Praxis, 1. Aufl. Springer, Wiesbaden, S135–144

Schaltegger S, Burritt R (2005) Corporate sustainability. In Folmer H, Tietenberg T (Hrsg) The international yearbook of environmental and resource economics 2005/2006. A survey of current issues. Edward Elgar, Cheltenham, S 185–222

Schaltegger S, Burritt R (2015) Business cases and corporate engagement with sustainability. Differentiating ethical motivations. J Bus Ethics. doi:10.1007/s10551-015-2938-0

Schaltegger S, Hansen EG, Lüdeke-Freund F (2015) Unterschätzter Nachhaltigkeitstransformator von Märkten und Regionen. Ökol Wirtscha 3(30):21–23

Schmidpeter R (2015) CSR als betriebswirtschaftlicher Ansatz. In: Schneider A, Schmidpeter R (Hrsg) Corporate Social Responsibility. Verantwortungsvolle Unternehmensführung in Theorie und Praxis, 2. Aufl. Springer, Wiesbaden, S1229–1238

Schreck P (2012) Der Business Case for Corporate Social Responsibility. In: Schneider A, Schmidpeter R (Hrsg) Corporate Social Responsibility: Verantwortungsvolle Unternehmensführung in Theorie und Praxis. Springer, Berlin, S67–86

Schulz T (2014) CFO-Agenda: Gute Gründe, Nachhaltigkeit auf die Tagesordnung zu setzen. In: Schulz T, Bergius S (Hrsg) CSR und Finance. Beitrag und Rolle des CFO für eine Nachhaltige Unternehmensführung. Springer, Berlin

Schwartz MS, Carroll AB (2003) Corporate social responsibility. A three-domain approach. Bus Ethics Q 13(4):503–530

Searcy C (2012) Corporate sustainability performance measurement systems: a review and research agenda. J Bus Ethics 107(3):239–253

Seidenschwarz W (1997) Nie wieder zu teuer! – 10 Schritte zum marktorientierten Kostenmanagement. Schäffer-Poeschel, Stuttgart

Social Value UK (2015) What is social value? http://socialvalueuk.org/what-is-sroi. Zugegriffen: 27. Okt. 2015

Stadler C, Wältermann P (2012) Die Jahrhundert-Champions: Fünf Prinzipien für dauerhaften Unternehmenserfolg oder Was wir aus der Geschichte europäischer Top-Unternehmen lernen können. Schäffer-Poeschel, Stuttgart

Stahlmann V (2008) Lernziel: Ökonomie und Nachhaltigkeit. Eine anwendungsorientierte Übersicht. oekom, München

Stead JG, Stead WE (2014) Sustainable strategic management, 2. Aufl. Greenleaf, Sheffield

Teece DJ, Pisano G, Shuen A (1997) Dynamic capabilities and strategic management. Strategy Manage J 18(7):509–533

The Economist (2011) Milton Friedman goes on tour. Edelman's (2011) Trust Barometer, January 27, 2011.

Ungerich B (2012) Strategiebewusstes Management. Konzepte und Instrumente für nachhaltiges Handeln. Pearson, München.

Volkswagen AG (2015) Annual Report 2014, moving progress. Volkswagen AG Group Communications, Wolfsburg

Watson R (2012) Future files. A brief history of the next 50 years. Reprint with revisions. Nicholas Brealey Publishing, London

Weihrich H (1982) The TOWS-Matrix: a tool for situational analysis. Long Range Plan 15(2):54–66

Wernerfeld B (1984) A resource-based view of the firm. Ten years after. Strateg Manage J 5(2):171–180

Wheelen TL, Hunger JD, Hoffman AN, Bamford, CE (2015) Strategic management and business policy. Globalization, Innovation and Sustainability, 14. Aufl., Pearson, Boston u.a.

Wiggins RR, Ruefli TW (2005) Schumpeter's ghost: is hypercompetition making best of times shorter. Strateg Manage J 26(10):887–911

Wunder T (2004) Wichtiges Fundament. Immaterielle Werte: Grünes Licht für Ihre Strategie. Harv Bus Manage 26(7, Forum):111

Wunder T (2005) New strategy alignment in multinational corporations. Strateg Financ 87(5):35–41

Wunder T (2013a) Geschäftsmodelle. Die Erfolgslogik des Geschäfts verstehen und gestalten. Z Führung Org (zfo) 82(5):354–360

Wunder T (2013b) Strategisches Management: Integration ökologischer Nachhaltigkeit in den Strategieprozess. In: Schulz T, Bergius S (Hrsg) CSR und Finance. Beitrag und Rolle des CFO für eine Nachhaltige Unternehmensführung., Springer, Berlin, S 65–81

Wunder T (2014) Strategie-Alignment. Eine gemeinsame strategische Orientierung schaffen. Z Führung Org (zfo) 83(6):408–412

Wunder T (2016) Essentials of strategic management. Effective formulation and execution of strategy. Schäffer-Poeschel, Stuttgart

Wunder T, Bausch J (2014a) Strategierelevanz und Umsetzung ökologischer Nachhaltigkeit in der Ernährungsindustrie. Ökol Wirtsch 29(4):44–50

Wunder T, Bausch J (2014b) Vier Erfolgsfaktoren für einen effektiven Strategieprozess. Control Manage Rev 58(1):54–62

Wunder T, Bausch J (2015) Auf dem Weg zu operativer Exzellenz. Erfolgsfaktoren und Handlungsempfehlungen. Control Mag 40(3):53–61

Wunder T, Stemmermann K (2013) Strategisches Management und Führungskultur. Warum auch die besten Strategieprozesse manchmal scheitern. SEM | Radar Z Systemdenk Entscheidungsfind Manage 12(2):105–143

Zeitz J (2014) The Courage to Redefine Business Purpose, Talk by Jochen Zeitz at Zermatt Summit 2014, published on Jul 10, 2014. https://www.youtube.com/watch?v=5NvRL5v-c2k. Zugegriffen: 21. Mai 2015

Prof. Dr. Thomas Wunder ist Professor für Betriebswirtschaftslehre mit Schwerpunkt Unternehmensführung an der Hochschule Neu-Ulm (HNU). Er war Dozent für Strategisches Management an Universitäten in der Schweiz und den USA. Seine Forschungsinteressen sind strategische Themen einer nachhaltigen Unternehmensführung sowie die Gestaltung und Umsetzung von Strategieprozessen. Zuvor war er Geschäftsführer von Horváth & Partners USA in Boston und Atlanta sowie Executive Relationship Manager bei North Highland. Seit über 15 Jahren begleitet er Unternehmen bei ihrer praktischen Strategiearbeit. Der studierte Wirtschaftsingenieur hat am Lehrstuhl für Strategisches Management der European Business School (ebs) promoviert.

Teil I
Relevanz nachhaltigkeitsorientierter Strategiearbeit

Megatrends – Rahmenbedingungen für unternehmerische Nachhaltigkeit

Christian Krys

Nachhaltiges Handeln ist heute mehr denn je ein Schlüsselfaktor für ein erfolgreiches Agieren von Unternehmen im Wettbewerb. Doch unternehmerische Nachhaltigkeit bewegt sich nicht im luftleeren Raum. Und sie wird bei Weitem nicht nur durch den seit Längerem zu beobachtenden Trend der Verbraucher angetrieben, vermehrt nachhaltige Produkte nachzufragen und von Unternehmen nachhaltige Produktionsprozesse zu erwarten. Um unternehmerische Nachhaltigkeit erfolgreich zu gestalten, ist vielmehr der Blick auf fundamentale Entwicklungen notwendig, die das ökonomische, ökologische und soziale Umfeld von Unternehmen tiefgreifend und nachhaltig bestimmen. Der Zukunftsforscher John Naisbitt hat für solche fundamentalen Entwicklungen 1982 den Begriff „Megatrends" geprägt (Naisbitt 1982). Die Auswirkungen von Megatrends reichen weit in die Zukunft, doch sind sie auch heute bereits in hohem Maße für Unternehmen spürbar. Unternehmen müssen Megatrends kennen und sich auf sie einstellen, um im Wettbewerb zu bestehen.

Roland Berger hat Megatrends in seinem Trend Compendium 2030 untersucht (Roland Berger 2015). Das Trend Compendium 2030 beschreibt die sieben wichtigsten Megatrends, die die Welt in den kommenden 15 Jahren (und darüber hinaus) nachhaltig prägen werden:

- Demografischer Wandel
- Globalisierung und die Märkte der Zukunft
- Ressourcenknappheit
- Klimawandel

C. Krys (✉)
Roland Berger Holding GmbH, Dreischeibenhaus 1,
40211 Düsseldorf, Deutschland
E-Mail: christian.krys@rolandberger.com

- Technologiedynamik und Innovation
- Globale Wissensgesellschaft
- Nachhaltigkeit und globale Verantwortung

Die sieben Megatrends stellen sehr tiefgreifende Veränderungen dar, die an unterschiedlichen Aspekten konkret fassbar gemacht werden können. Jeder der sieben Trends ist daher in Subtrends aufgeteilt. Aus den Trends lassen sich Handlungsempfehlungen für Unternehmen ableiten, die beschreiben, wie diese die Chancen, die sich aus den Trends ergeben, nutzen können und sich gleichzeitig gegenüber den aus den Trends erwachsenden Risiken absichern können. Im Folgenden werden die sieben Megatrends, ihre Subtrends sowie die Handlungsempfehlungen vorgestellt. Wer sich vertieft damit auseinandersetzen möchte, findet ausführliche Informationen im Trend Compendium 2030 von Roland Berger.

Trend 1: Demografischer Wandel
Unternehmen müssen sich darauf einstellen, dass die Weltbevölkerung in den kommenden Jahren weiter wächst, das Durchschnittsalter der Menschen in vielen Ländern ansteigt, Wanderungsbewegungen innerhalb und zwischen Staaten zunehmen und immer mehr Menschen in Städten leben (Abb. 1).

Wachsende Weltbevölkerung. Die Weltbevölkerung umfasste im Jahr 2014 rund 7,2 Mrd. Menschen (alle Daten in diesem Absatz, falls nicht anders angegeben: UNPD 2013a). Bis

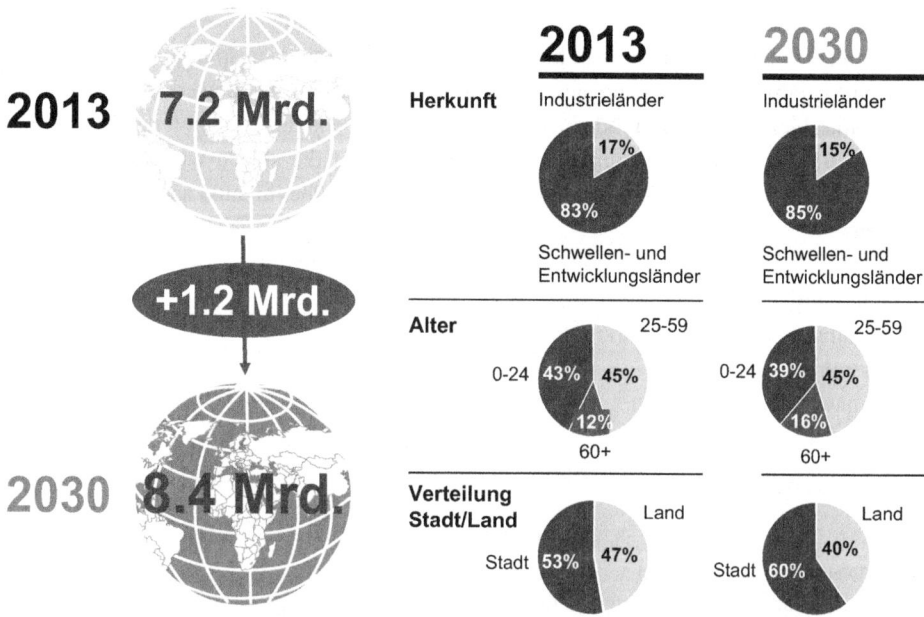

Abb. 1 Wachstum, Alterung und Urbanisierung der Welt. (Quelle: UNPD 2013a, b, 2014a)

2030 wird die Weltbevölkerung um gut 16% auf 8,4 Mrd. Menschen anwachsen (Abb. 1). Eine enorme Zahl, doch war der prozentuale Anstieg in den letzten Jahrzehnten noch gewaltiger – 1950 lebten erst 2,5 Mrd. Menschen auf der Erde. Prognosen der Vereinten Nationen gehen davon aus, dass sich das weltweite Bevölkerungswachstum in den nächsten Jahrzehnten weiter abschwächt und um das Jahr 2100 – bei dann rund 10,9 Mrd. Menschen – zum Erliegen kommt. Das aktuelle und zukünftige Wachstum findet ganz überwiegend in den Schwellen- und Entwicklungsländern statt, deren Bevölkerung bis zum Jahr 2030 um gut 19% auf rund 7,1 Mrd. Menschen ansteigen wird. Innerhalb der Schwellen- und Entwicklungsländer gibt es große Wachstumsunterschiede. Indien wächst schon heute schneller als China, nicht zuletzt wegen der Ein-Kind-Politik in China; diese Entwicklung wird sich fortsetzen, sodass Indien um das Jahr 2030 China als bevölkerungsreichstes Land der Erde ablösen wird (beide Länder haben dann knapp 1,5 Mrd. Einwohner). Während Brasilien bis zum Jahr 2030 um gut 10% auf 223 Mio. Einwohner wächst, verringert sich die Bevölkerung Russlands im gleichen Zeitraum um rund 6% auf 134 Mio. Einwohner. Die Gesamtbevölkerung der Industrieländer wird bis zum Jahr 2030 nur um rund 3% auf 1,3 Mrd. Menschen wachsen und danach stagnieren. Zulegen werden bis zum Jahr 2030 insbesondere die USA (+12% auf 363 Mio. Einwohner), Großbritannien (+8% auf 69 Mio. Einwohner) und Frankreich (+7% auf 69 Mio. Einwohner), während die Bevölkerung Deutschlands (−4% auf 78 Mio. Einwohner [Roland Berger 2015]) und Japans (−5% auf 121 Mio. Einwohner) abnehmen wird.

Alterung der Bevölkerung. Das Durchschnittsalter der Weltbevölkerung[1] wird sich bis zum Jahr 2030 gegenüber dem Jahr 2014 um rund 4 Jahre auf 33,2 Jahre erhöhen; in den Industrieländern steigt das Durchschnittsalter um gut 3 Jahre auf 43,7 Jahre, in den Schwellen- und Entwicklungsländern um gut 4 Jahre auf 31,4 Jahre (UNPD 2013b). Ursachen sind in beiden Ländergruppen der Anstieg der Lebenserwartung und sinkende Geburtenraten. Der Anstieg der Lebenserwartung wird sich fortsetzen (UNPD 2013c), die Geburtenrate wird bis zum Jahr 2030 in den Industrieländern geringfügig auf rund 1,8 Geburten pro Frau ansteigen und in den Schwellen- und Entwicklungsländern leicht auf 2,5 Geburten pro Frau sinken (UNPD 2013d). Die Alterung der Gesellschaft fordert die Sozialsysteme heraus. Während im Jahr 2013 weltweit auf 100 Personen im arbeitsfähigen Alter (15–64 Jahre) nur 12,1 Personen kamen, die älter als 65 Jahre waren, sind es im Jahr 2030 schon 17,8 Personen (UNPD 2013e). In Industrieländern sind die Relationen deutlich kritischer. So kamen in Deutschland schon im Jahr 2013 auf 100 Erwerbspersonen im arbeitsfähigen Alter (hier definiert als das Alter zwischen 20 und 64 Jahren) 64 wirtschaftlich abhängige Personen (Rentner, Kinder, Auszubildende), im Jahr 2030 werden es 82 sein (Berlin-Institut für Bevölkerung und Entwicklung 2013, S. 4).

---

[1] Gemessen als Median, d. h. 50% der Bevölkerung sind jünger und 50% älter als der Durchschnittswert.

Migration. Kriege, innerstaatliche Konflikte, Verfolgungen und wirtschaftliche Not zwingen Menschen zur Migration. Hinzu kommen die Menschen, die ohne Not ins Ausland auswandern, etwa weil sie dort als Fachkräfte besonders gefragt sind. Es wird geschätzt, dass der Wanderungsüberschuss im Zeitraum 2013 bis 2030 in Europa rund 18 Mio. Menschen beträgt, in Nordamerika 22 Mio. Menschen, in Australien und Ozeanien 3 Mio. Menschen. Asien verliert netto rund 24 Mio. Menschen durch Migration, Afrika 9 Mio. Menschen, Lateinamerika und die Karibik 10 Mio. Menschen (Roland Berger 2015). Migration jenseits von kontrollierter Zuwanderung von Fachkräften stellt für beide Seiten eine Herausforderung dar. Die aufnehmenden Staaten müssen die Menschen integrieren. Die Staaten, aus denen die Menschen auswandern, verlieren das Potenzial der Menschen. Die kontrollierte Zuwanderung von Fachkräften kann dagegen für die aufnehmenden Staaten ein großer Gewinn sein.

Zunehmender Urbanisierungsgrad. Schon jetzt (2015) leben 54 % der Weltbevölkerung in Städten (alle Daten in diesem Absatz, falls nicht anders angegeben: UNPD 2014a).[2] Der Urbanisierungsgrad wird in den nächsten 15 Jahren weiter deutlich zunehmen und im Jahr 2030 bei 60 % liegen. Der Anstieg basiert v. a. auf dem Wachstum der Städte in den Schwellen- und Entwicklungsländern – in diesen Ländern steigt der Urbanisierungsgrad von den heutigen 49 auf 56 % im Jahr 2030. In den Industrieländern leben bereits heute 78 % der Menschen in Städten, doch steigt auch hier deren Anteil noch weiter an und wird 2030 82 % erreichen. Auch heute existieren schon sehr große Agglomerationen, etwa Tokio mit 38 Mio. Einwohnern, Delhi mit 26 Mio. Einwohnern und Shanghai mit 24 Mio. Einwohnern (UNPD 2014b). Im Jahr 2030 wird es 41 Megastädte mit mehr als 10 Mio. Einwohnern geben (UNPD 2014c, S. 1). Städte und speziell große und stark wachsende Agglomerationen, stehen vor großen Herausforderungen in Bezug auf ihre Infrastruktur, ihre Sicherheit und das tägliche Funktionieren ihrer Systeme, sind aber auch Quellen und Testgebiete von Innovationen. Start-ups entstehen bevorzugt in Städten, hier existieren die meisten Universitäten und Forschungseinrichtungen und neue Produkte und Anwendungen können hier ihren Härtetest bestehen.

Unternehmen sollten auf die Trends reagieren, indem sie

- ihr Augenmerk auf Regionen mit einem starken Bevölkerungswachstum richten,
- Produkte, Arbeitsplätze und Prozesse an die Altersgruppe der über 60-Jährigen anpassen,
- in ihre Personalüberlegungen einbeziehen, ältere Arbeitnehmer länger zu beschäftigen und Fachkräfte auch aus dem Ausland zu gewinnen

---

[2] Den UN-Daten liegen die Angaben der statistischen Behörden der einzelnen Staaten zugrunde. Die Definition von Städten differiert zwischen den Staaten. So liegt die Untergrenze für städtische Siedlungen in Deutschland und Frankreich bei 2.000 Einwohnern, in Österreich bei 5.000 Einwohnern, in Italien und Großbritannien bei 10.000 Einwohnern und in Japan bei 50.000 Einwohnern. Innerhalb der Staaten existieren darüber hinaus Ausnahmen; so gibt es in Deutschland auch Städte mit weniger als 2.000 Einwohnern.

- und Städte sowohl als bevorzugte Absatzmärkte als auch als Laboratorien zum Aufspüren von Trends und zum Testen neuer Produkte nutzen.

Trend 2: Globalisierung und die Märkte der Zukunft
Die Globalisierung wird voranschreiten, dabei verschieben sich die weltwirtschaftlichen Gewichte in Richtung der Schwellen- und Entwicklungsländer – neben den BRIC-Staaten Brasilien, Russland, Indien und China treten weitere Länder ins Rampenlicht, die heute noch eine untergeordnete Rolle spielen.

Voranschreitende Globalisierung. Die Vernetzung der Weltwirtschaft hat schon in den letzten Jahrzehnten stark zugenommen. In allen Dekaden seit 1970 sind die weltweiten Exporte schneller gewachsen als das weltweite Bruttoinlandsprodukt. Noch stärker als die Exporte haben die ausländischen Direktinvestitionen zugelegt, sie wuchsen um 12 % pro Jahr (Benz et al. 2011, S. 22). Das starke Wachstum von Exporten und ausländischen Direktinvestitionen hält bis heute an. Dabei verschieben sich die Gewichte zugunsten der Schwellen- und Entwicklungsländer. Im Jahr 2012 empfingen die Schwellen- und Entwicklungsländer erstmals die Mehrheit der ausländischen Direktinvestitionen (UNCTAD 20133, S. 2), im Jahr 2013 lag ihr Anteil schon bei 54 % (UNCTAD 2014, S. 2). In Zukunft wird auch die umgekehrte Richtung stark an Bedeutung gewinnen. Immer mehr Unternehmen aus Schwellen- und Entwicklungsländern, die sich bis dato nur auf den Binnenmarkt konzentriert hatten, werden im Ausland investieren (Roland Berger 2015).

Kraftzentrum BRIC-Staaten. Die BRIC-Staaten[3] werden in den nächsten 20 Jahren ihr kräftiges Wachstum fortsetzen. Dabei dürfen die BRIC-Staaten nicht als homogene Gruppe betrachtet werden. Während das durchschnittliche jährliche Wachstum von 2013 bis 2030 von Russland (+2,6 %) und Brasilien (+3,1 %) nur das Wachstum der Industrieländer übertrifft (+2,2 %), liegen China (+6,7 %) und Indien (+5,6 %) sogar über dem rasanten Wachstum der Schwellen- und Entwicklungsländer (+5,1 %; Roland Berger 2015). Krisenhafte Entwicklungen, wie sie aktuell (2014/2015) in Russland beobachtet werden (Ukraine/EU-Sanktionen, drastisch gesunkener Ölpreis), zeigen allerdings auch, dass Schwellenländer verletzlich sind, wenn sie ihr Geschäftsmodell allzu stark auf den Export, speziell von Rohstoffen, ausrichten. China betreibt daher zurzeit eine Politik des „rebalancing", um den Binnenkonsum zu stärken. Damit knüpft das Land an eine Entwicklung an, die für viele Schwellenländer gilt: Die Mittelschichten wachsen deutlich (Wilson und Dragusanu 2008), angetrieben von zunehmender Beschäftigung im Industrie- und Dienstleistungssektor und steigenden Löhnen.

Erstarken weiterer Schwellenländer. Neben den BRIC-Staaten gibt es zahlreiche weitere Schwellen- und Entwicklungsländer, die ein hohes Wachstum aufweisen und über

---
[3] Der Ausdruck BRIC wurde 2001 vom Goldman-Sachs-Ökonomen Jim O'Neill geprägt (O'Neill 2001).

ein großes Zukunftspotenzial verfügen. Ein Beispiel für solche Länder ist die Gruppe der Next-11, die Ägypten, Bangladesch, Indonesien, den Iran, Mexiko, Nigeria, Pakistan, Philippinen, die Türkei, Vietnam und Südkorea umfasst (O'Neill et al. 2005, S. 7). Diese Länder verfügen zumeist über umfangreiche Rohstoffvorkommen, eine junge und wachsende Bevölkerung und eine zunehmend wettbewerbsstarke Industrie. Anzumerken ist, dass auch diese Gruppe nicht völlig homogen ist. So ist Südkorea als Industrieland anzusehen (der Internationale Währungsfond führt Südkorea unter „advanced economies"; IMF 2014, S. 164) und hat eine relativ alte Bevölkerung; die Türkei ist ein starkes, aufstrebendes Schwellenland; Bangladesch ist trotz hoher Wachstumsraten noch ein Entwicklungsland.

Gerade für deutsche Unternehmen mit ihren qualitativ hochwertigen und weltweit angesehenen Markenprodukten ist die wachsende Mittelschicht in den Schwellen- und Entwicklungsländern sicherlich ein attraktives Marktsegment. Um auf die zunehmende Globalisierung und die Verschiebung wirtschaftlicher Bedeutung zu reagieren, sollten Unternehmen

- die Chancen nutzen, die ihnen wachsende, neue Absatzmärkte (und Produktions- oder ggf. sogar Forschungsstandorte) bieten,
- dabei neben den BRIC-Staaten weitere Schwellenländer beobachten,
- prüfen, mit welcher Strategie sie die Auslandsmärkte bearbeiten möchten (Exporte und/oder Direktinvestitionen, Zusammenarbeit mit Vertragspartnern oder Gründung ausländischer Töchter),
- sich vorab sehr genau über die Auslandsmärkte informieren. Schwellen- und Entwicklungsländer bieten ein hohes Potenzial, beinhalten häufig aber auch hohe Risiken. In Deutschland bieten zahlreiche Institutionen hervorragende Informationen über Auslandsmärkte, genannt sei hier nur Germany Trade and Invest. International informieren etwa die Weltbank (u. a. Doing Business-Reports: World Bank 2014) oder das World Economic Forum (im WEF Global Competitiveness Report: WEF 2014) über die größten Chancen und Risiken auf ausländischen Märkten.

Trend 3: Ressourcenknappheit
Energierohstoffe, Wasser, Lebensmittel und wichtige andere Rohstoffe werden sich bis zum Jahr 2030 weiter verknappen. Höhere Preise für Ressourcen und drohende Versorgungsengpässe werden die Aktivitäten von Unternehmen wesentlich beeinflussen.

Wachsender Energieverbrauch. Trotz wachsenden Einsatzes energiesparender Technik wird der Primärenergieverbrauch im Jahr 2030 um rund ein Viertel höher liegen als 2013 (alle Daten in diesem Absatz, falls nicht anders angegeben: ExxonMobil 2015, Roland Berger 2015). Das Wachstum des globalen Primärenergieverbrauchs stammt ausnahmslos aus den Schwellen- und Entwicklungsländern, in den Industrieländern gleichen Effizienzgewinne die durch das Wachstum des Bruttoinlandsprodukts bedingte Nachfragezunahme aus, sodass dort der Energieverbrauch gleich bleibt. Wesentliche Gründe für den steigenden Energieverbrauch in den Schwellen- und Entwicklungsländern sind die dortige Zunahme der Bevölkerung, das Wachstum der Industrie und der zunehmende Wohlstand, der u. a. den Motorisierungs- und Elektrifizierungsgrad deutlich erhöht. Rund zwei Drittel des weltweiten Energieverbrauchs finden 2030 in den Schwellen- und Entwicklungsländern statt. Erneuerbare Energien gewinnen auf globaler Ebene bis zum Jahr 2030 nur leicht an Bedeutung, ihr Anteil steigt von 2013 bis 2030 von rund 13 auf gut 14%. Öl, Kohle und Gas befriedigen im Jahr 2030 immer noch rund 80% des weltweiten Energiebedarfs. Die weltweiten Reserven der fossilen Energieträger sind noch beachtlich. Die heute wirtschaftlich erschließbaren Lagerstätten reichen für viele Jahrzehnte. Nimmt man Lagerstätten hinzu, deren Erschließung bei steigenden Rohstoffpreisen ökonomisch möglich wird, erhöht sich die Reichweite nochmals deutlich (BGR 2012, S. 32). Wie schnell sich die Angebotssituation ändern kann, hat sich insbesondere in den USA gezeigt, die nach jahrelangem Absinken der Ölproduktion durch neue Fördertechniken den Abbau von Schieferöl (und Schiefergas) ermöglichten und dadurch ihre Ölproduktion rasant steigerten (World Bank 2015, S. 6 ff.). Das starke Absinken des Ölpreises in der zweiten Jahreshälfte 2014 aufgrund eines Überangebots an Öl demonstrierte, wie empfindlich Rohstoffpreise auf Veränderungen von Angebot und Nachfrage reagieren. Bei fossilen Energierohstoffen sind nicht nur die weltweite Förderung und Verfügbarkeit von Lagerstätten entscheidend, sondern auch deren regionale Verteilung und politische Einflussfaktoren.

Knappes Wasser, knappe Lebensmittel. Die Verfügbarkeit sauberen Trinkwassers wird auch 2030 noch problematisch sein. Die Organisation für wirtschaftliche Zusammenarbeit und Entwicklung (OECD) prognostiziert, dass der Wasserbedarf weltweit vom Jahr 2013 bis zum Jahr 2050 um 37% ansteigen wird (alle Daten in diesem Absatz: Leflaive et al. 2012, S. 208; Roland Berger 2015). Treiber des Anstiegs sind wiederum die Schwellen- und Entwicklungsländer – dort beträgt die Zunahme des Bedarfs über 50%. Die Ursachen des enormen Anstiegs sind neben dem Bevölkerungswachstum v. a. eine deutliche Zunahme des Wasserverbrauchs der Industrie, privater Haushalte und für Elektrizitätserzeugung (der Wasserverbrauch der Landwirtschaft sinkt hingegen). Die Industrieländer werden im Jahr 2050 9% weniger Wasser benötigen als im Jahr 2013. Ihr Anteil am globalen Wasserbedarf sinkt von 24% im Jahr 2013 auf nur noch 16% im Jahr 2050. Mehr als 40% der weltweiten Bevölkerung werden 2050 in Regionen leben, die unter großem Druck stehen, was die Verfügbarkeit von Trinkwasser anbelangt; diese Regionen befinden sich vorwiegend im nördlichen und südlichen Afrika und in Zentral- und Südasien. Eine große Herausforderung ist zudem die Wasserversorgung in den wachsenden Städten der Schwellen- und Entwicklungsländer. Neben Wasser als wichtigstem Lebensmittel steht auch die Produktion pflanzlicher und tierischer Lebensmittel vor großen Herausforderungen. Zu bewältigen sind nicht nur die Zunahme des Nahrungsmittelbedarfs aufgrund des Bevölkerungswachstums, sondern auch die durch das Wohlstandswachstum verursachte Verschiebung der Nachfrage von pflanzlichen zu tierischen Lebensmitteln, die zu einem erhöhten Bedarf von Weideflächen führt, die Konkurrenzsituation der Produktion von Lebensmitteln und Bio-Energierohstoffen und eine verstärkte Bodenproblematik (Überdüngung, Versalzung).

Wichtige sonstige Rohstoffe. Besonders die zunehmende Industrialisierung der Schwellen- und Entwicklungsländer wird zu einer weiter wachsenden Nachfrage nach Metallen und Mineralien und damit zu steigenden Preisen führen. Da einige der Rohstoffe nur in wenigen Ländern gefördert werden, wird der Konkurrenzkampf um die Absicherung der Lieferquellen intensiver. Die EU hat 20 kritische Rohstoffe definiert, die für wirtschaftliche Schlüsselsektoren (wie die Mikroelektronik oder erneuerbare Energien) eine entscheidende Rolle spielen: Antimon, Beryllium, Borate, Chrom, Flussspat, Gallium, Germanium, Graphit, Indium, Kobalt, Kokskohle, Magnesit, Magnesium, Metalle der Platingruppe, Niob, Phosphatgestein, Seltene Erden, Silizium, Tantal und Wolfram (EU Commission 2014, S. 4). Wie bei den Energierohstoffen ist auch hier die regionale Verteilung der Lagerstätten sehr unterschiedlich. Bei vielen kritischen Rohstoffen nimmt China eine Schlüsselstellung ein (Abb. 2). Im Sinne eines nachhaltigen Wirtschaftens und der Verringerung der Abhängigkeit von einigen wenigen Rohstofflieferanten kommen dem mehrfachen Gebrauch von Produkten (Wiederverwendung), der Wiederaufbereitung von Produkten („remanufacturing") und der Rohstoffaufbereitung (Materialrecycling) bedeutende Rollen zu (Widera 2015, S. 19 ff.).

Um auf die Knappheit von Rohstoffen und steigende Rohstoffpreise zu reagieren, ist es für Unternehmen wichtig,

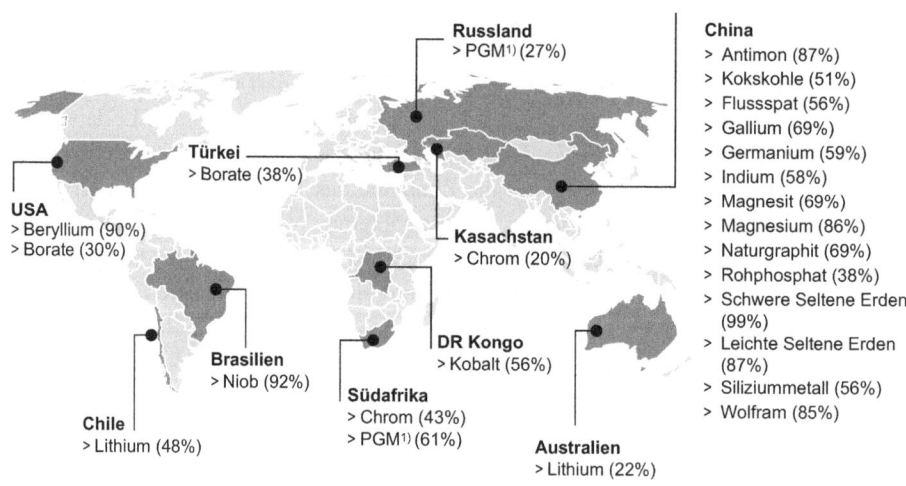

1) Metalle der Platingruppe

Abb. 2 Geografische Verteilung wichtiger Rohstoffe. (Quelle: EU Commission 2014, S. 5)

- die Abhängigkeit von Rohstoffen zu reduzieren, indem effiziente, ressourcenschonende Produktionsverfahren eingeführt werden; nach Möglichkeit auch Kreisläufe, die die mehrfache Nutzung von Ressourcen (wie z. B. Wasser) erlauben,
- besonders knappe Ressourcen durch weniger knappe zu ersetzen,
- den Energieverbrauch des Unternehmens zu senken (z. B. durch Isolierungen von Produktionsmitteln und Gebäuden),
- die Beschaffung von Rohstoffen aktiv zu managen und ggf. dort zu produzieren, wo Rohstoffe besonders günstig sind,
- ressourcenschonende Produkte anzubieten und diese entsprechend zu vermarkten.

Trend 4: Klimawandel
Bereits heute ist der durch die Emission von Treibhausgasen ausgelöste Klimawandel festzustellen; seine Auswirkungen (z. B. mehr extreme Stürme, Überschwemmungen, Dürren) betreffen Menschen und die natürliche Umwelt, Unternehmen und Staaten. Trotz aller politischen Bemühungen auf internationaler Ebene wird der Klimawandel in den nächsten 20 Jahren voranschreiten; die Gefährdung von Ökosystemen bleibt bestehen.

Wachsende CO_2-Emissionen. Natürliche Treibhausgase, wie der durch Verdunstungsprozesse entstehende Wasserdampf, erwärmen die Erde so, dass Leben ermöglicht wird. Vom Menschen in die Atmosphäre eingebrachte Treibhausgase erhöhen die Temperatur zusätzlich und sorgen so für den Klimawandel. Obwohl andere Treibhausgase wie Methan, Lachgas und Fluorchlorkohlenwasserstoffe eine höhere Treibhauswirksamkeit als CO_2 besitzen, ist CO_2 aufgrund der insgesamt emittierten Menge der schlimmste Klimakiller – rund drei Viertel des globalen Treibhauseffekts lassen sich auf CO_2 zurückführen (IPCC 2014a, S. 6). CO_2 entsteht insbesondere bei der Verbrennung fossiler Energieträger. In den letzten 20 Jahren sind die jährlichen CO_2-Emissionen um rund 44 % gestiegen, bis zum Jahr 2030 werden sie ohne Gegenmaßnahmen um weitere 27 % zulegen (EIA 2013). Problematisch ist insbesondere, dass die Dominanz fossiler Energieträger sich bis zum Jahr 2030 nicht ändern wird (s. o. Trend 3). Die Industrieländer werden ihren CO_2-Ausstoß nahezu konstant halten – Effizienzgewinne in Industrie, Verkehr und privaten Haushalten gleichen dort eine höhere Nachfrage aufgrund des Wirtschaftswachstums aus. In den Schwellen- und Entwicklungsländern nehmen die CO_2-Emissionen dagegen stark zu, bedingt durch das hohe Bevölkerungs- und Wirtschaftswachstum in diesen Ländern, die steigende Industrialisierung und Motorisierung, den wachsenden Energiebedarf privater Haushalte und eine vergleichsweise geringe Energieeffizienz. Bereits heute ist die CO_2-Konzentration in der Atmosphäre um über 40 % höher als vor der industriellen Revolution (WMO 2014, S. 3). Da CO_2 in der Atmosphäre im Durchschnitt 120 Jahre verweilt (Umweltbundesamt 2015), erhöht es den Treibhauseffekt noch sehr lange nach seiner Freisetzung.

Globale Erwärmung. Der Zusammenhang des Anstiegs der CO_2-Konzentration in der Atmosphäre und der Erhöhung der globalen Durchschnittstemperatur in den letzten Jahrzehnten ist offensichtlich (Roland Berger 2015). 2014 war das global wärmste Jahr seit dem Beginn von Temperaturaufzeichnungen, die weltweite Durchschnittstemperatur lag um rund 0,6 °C höher als im Schnitt der Jahre 1961–1990; fast alle Jahre seit dem Jahr 2000 waren wärmer als die Jahre im 20. Jahrhundert (WMO 2015). Es wird erwartet, dass sich dieser Trend in der Zukunft fortsetzt (ebenda). Eine Begrenzung der Erwärmung auf 2 °C gegenüber der vorindustriellen Zeit – die die negativen Auswirkungen auf ein beherrschbares Maß limitieren würde – wird als zunehmend schwierig angesehen (IEA 2012, S. 5). Der Klimawandel kann zu vermehrten Überflutungen, Dürren, Waldbränden, Starkregen, Artensterben und weiteren negativen Folgen führen (IPCC 2014b). Die Erwärmung bedroht v. a. Schwellen- und Entwicklungsländer, da sie über weniger Ressourcen verfügen, um sich an die Auswirkungen der globalen Erwärmung anzupassen. Aber auch Industrieländer sind betroffen, man denke nur an die Bedrohung der Niederlande bei einem Anstieg des Meeresspiegels.

Bedrohte Ökosysteme. Zusammen mit dem zunehmenden Druck durch extensive Landwirtschaft, wachsende Industrieanlagen und den Ausbau der Infrastruktur bedroht der Klimawandel auch bisher intakte Ökosysteme. Die Biodiversität ist in Gefahr. Bereits heute ist die Artenvielfalt bei Landtieren auf rund 68 % des Wertes gesunken, der vor wesentlichen Eingriffen des Menschen in die Natur herrschte – bis zum Jahr 2030 könnte der Wert auf 63 % gesunken sein (Karousakis et al. 2012, S. 167). Besonders viele Arten sind dabei in Schwellenländern wie Brasilien, Ecuador, Mexiko, China, Indien, Malaysia und Indonesien gefährdet, aber auch in Industrieländern wie den USA und Australien (IUCN 2014). Insgesamt lebt die Menschheit seit Langem auf Kosten der regenerativen Kapazität der Erde: Unser „ökologischer Fußabdruck" ist anderthalb Mal so groß wie die Biokapazität der Erde, 2030 könnte er schon doppelt und 2050 gar dreimal so groß sein (WWF 2014).

Global wachsende CO_2-Emissionen, die Bedrohung durch die weltweite Erwärmung und die Gefährdung von Ökosystemen rufen nach mehr Nachhaltigkeit bei Produktion, Logistik und Konsum. Unternehmen sollten proaktiv und strategisch handeln, um Nachhaltigkeit für sich (und die Gesellschaft) zu nutzen und weiterzuentwickeln. Sie sollten

- CO_2-Emissionen in Produktion und Logistik durch effizientere Prozesse und Nutzung regenerativer Energien verringern,
- klimafreundliche Produkte entwickeln und aktiv vermarkten, gerade solche, die bedrohte Ökosysteme schonen, hierbei können Kooperationen mit Nichtregierungsorganisationen (NGO) nützlich sein,
- sich auf Auswirkungen des Klimawandels einstellen (dies gilt z. B. besonders für Versicherungen oder Nahrungsmittelproduzenten).

Trend 5: Technologiedynamik und Innovation
Besonders innovative Unternehmen können davon profitieren, dass Technologien sich weltweit immer schneller verbreiten. Dabei ist absehbar, dass die Schwellen- und Ent-

wicklungsländer hinsichtlich der Innovationsfähigkeit bald stark aufgeholt haben werden. Zwei besonders wichtige Schlüsseltechnologien werden die Lifesciences und die Digitalisierung sein.

Beschleunigte Technologiediffusion. Neue Technologien verbreiten sich immer schneller (Abb. 3). Hierzu tragen die modernen Informations- und Kommunikationstechnologien, speziell das Internet, und die voranschreitende Globalisierung bei. „Smarte" Geräte (wie Smartphones oder ähnliche Geräte mit Multimediafunktionen und einem schnellen mobilen Internetzugang) setzen ihren Siegeszug in kurzer Zeit auch in Schwellen- und Entwicklungsländern fort (Cisco 2014, S. 7), während in Industrieländern der „smarte Haushalt" mit „intelligenten" Geräten wie Kühlschränken, die den Besitzer an zur Neige gehende Vorräte erinnern oder diese Waren gar per Internet selbst bestellen, vernetzten Heizungssteuerungen und Sicherheitssystemen Wirklichkeit wird (Press 2014). Eine beschleunigte Technologiediffusion wirkt gerade in Schwellen- und Entwicklungsländern wachstums- und wohlstandsfördernd.

Lifesciences. Innovationen entscheiden über den Erfolg von Unternehmen und über die Leistungsfähigkeit einer Volkswirtschaft. Zwar lassen sich grundlegende Innovationen nicht vorhersagen, doch ist zu erwarten, dass wesentliche Innovationen in den nächsten 20 Jahren aus forschungsintensiven und zugleich anwendungsorientierten Gebieten kommen. Beides trifft auf den Bereich der Lifesciences zu, der ein breites Spektrum vernetzter

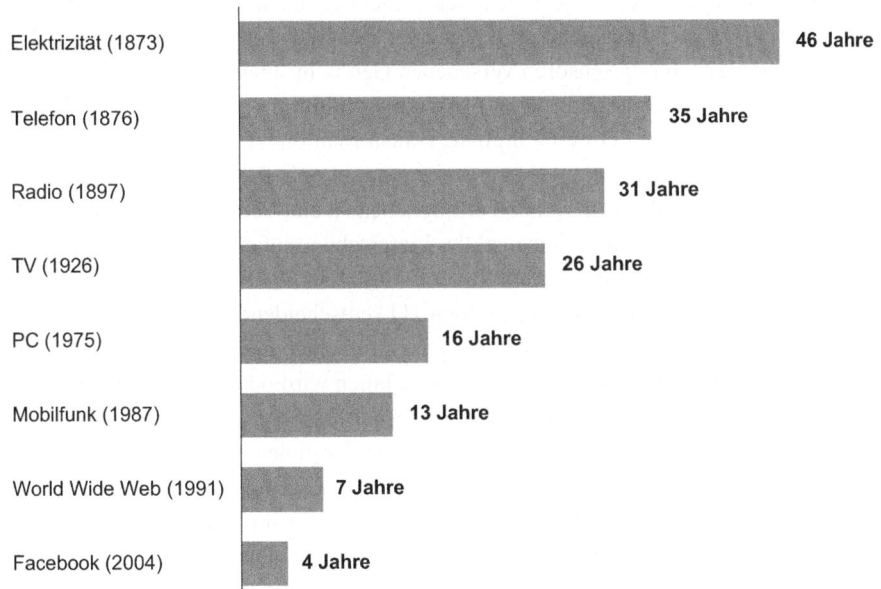

Abb. 3 Dauer von der Einführung einer Innovation bis zur Nutzung der Innovation durch 25 % der Bevölkerung in den USA. (Quelle: Bernau 2014)

Wissenschaften umfasst, die sich alle mit unserer lebendigen Umwelt einschließlich dem Menschen befassen (Roland Berger 2015). Hierzu zählen etwa Biotechnologie, Medizin und Pharmazie. Diese Bereiche besitzen bereits heute eine große Bedeutung, die in Zukunft weiter wachsen wird. Vor allem in den Industrieländern sind immer mehr ältere Menschen auf eine umfassende medizinische Versorgung angewiesen. In den Schwellen- und Entwicklungsländern steckt die medizinische Versorgung oft noch in den Kinderschuhen – hier geht es um ihren Aufbau und die Versorgung auch der ärmsten Schichten mit Medikamenten und anderen medizinischen Leistungen. Zudem stellt die Ernährung einer wachsenden Bevölkerung bei der gleichzeitigen Bedrohung der Böden durch Überdüngung und Versalzung und der Flächenkonkurrenz durch den Anbau von Pflanzen zur Herstellung von Biotreibstoffen eine Herausforderung dar, zu deren Bewältigung große Hoffnungen auf der Biotechnologie ruhen.

Digitalisierung. Verschiedene Wellen der Digitalisierung haben in den letzten Jahrzehnten bereits stattgefunden und die wirtschaftliche Produktivität stark erhöht. Für die Zukunft ruhen große Erwartungen auf der Vernetzung von Maschinen und Geräten (Internet der Dinge – Internet of Things), der Auswertung und Nutzung großer Datenmengen (Big Data) und auf der Vernetzung von Industrie und Digitaltechnik (Industrie 4.0) (Roland Berger 2015). Alle drei Bereiche sind eng miteinander verknüpft. Das Internet der Dinge basiert darauf, dass alle nur denkbaren Geräte, Kleidungsstücke, Maschinen, Transportmittel usw. über das Internet mit Menschen und anderen Geräten kommunizieren können. Das Smartphone wird in der privaten Welt zur wesentlichen Steuerungszentrale, doch findet über die Kommunikation der Geräte untereinander auch eine eigenständige Steuerung statt, bei der der Mensch nur noch vorgibt, wie die Steuerung ablaufen soll. Die zahllosen vernetzten und vielfach mit Sensoren versehenen Geräte im Internet der Dinge produzieren eine riesige Menge an Daten, deren Auswertung mithilfe von Big-Data-Werkzeugen stattfindet. Die Industrie erlebt eine digitale Transformation zur Industrie 4.0 (Bloching et al. 2015): Maschinen, Fabriken, Energieversorgung, Logistikketten, Absatzkanäle usw. arbeiten vernetzt und selbststeuernd und ermöglichen so eine schnelle Reaktionsfähigkeit auf Veränderungen (z. B. Maschinenausfälle, Lieferschwierigkeiten, veränderte Kundenwünsche) und eine höhere Ressourceneffizienz. Da in der Welt der Industrie 4.0 Knowhow aus Industrie und Informationstechnologie (IT) entscheidend ist und IT-Unternehmen wie Apple und Google selbst in Industriedomänen forschen und entwickeln, ist es offen, wer die Vorherrschaft bei der Industrie 4.0 übernehmen wird oder ob es zu einem kooperativen, arbeitsteiligen System oder einer Mischform zwischen Konkurrenz und Kooperation kommt. Eine wichtige Rolle werden hier Standards spielen.

Mithilfe von Innovationen können Unternehmen ihr Angebot von der Konkurrenz abheben. Dies ist gerade für deutsche Unternehmen wichtig, die im Inland mit hohen Löhnen kalkulieren müssen. Um Innovationen zu generieren und zu nutzen, sollten sie

- ein systematisches Innovationsmanagement betreiben; dazu gehört
  - erstens ein Prozess, um Innovationen zu generieren, diese bzgl. ihrer Umsetzbarkeit und Marktchancen zu filtern und schließlich zu vermarkten (Innovation-Roadmap),
  - zweitens muss eine Unternehmenskultur geschaffen werden, die innovatives Denken fördert; dies beinhaltet, dass die Führung des Unternehmens die Generierung von Innovationen zum Bestandteil der Unternehmensstrategie macht und dieses aktiv kommuniziert und dass sie den Mitarbeitern Freiräume einräumt, kreativ tätig zu sein,
  - drittens sollten Unternehmen Netzwerke und Kooperationen mit anderen Unternehmen, Hochschulen oder Forschungseinrichtungen nutzen, um ihre Schlagkraft zu erhöhen, dies gilt insbesondere für kleine und mittelständische Unternehmen,
- das Potenzial der Lifesciences nutzen, weil dieser Bereich sehr breit gefächert und interdisziplinär arbeitet; da hier die Aufwendungen für Forschung und Entwicklung hoch sein können, nimmt die Finanzierung eine wichtige Rolle ein,
- die Digitalisierung nutzen, die die Chance bietet, Unternehmen auf eine neue Stufe der Effizienz und Vernetzung zu heben; intern erfordert dies die rasche Implementierung neuer Werkzeuge, die z. B. die Kommunikation von Maschinen untereinander ermöglichen; extern ist das Vertrauensverhältnis zu Lieferanten und Kunden angesichts des Austauschs von noch mehr sensiblen Daten als heute entscheidend.

Trend 6: Globale Wissensgesellschaft
Drei Veränderungen in der Wissensgesellschaft spielen für Unternehmen eine wichtige Rolle: Die Verbreitung von Wissen nimmt zu, die Gleichstellung von Männern und Frauen wird leichte Fortschritte machen und der Kampf um die „besten Köpfe" wird sich verschärfen.

Globale Wissensbasis. Die Leistungsfähigkeit der globalen Wissensgesellschaft wird in den nächsten Jahren weiter ansteigen. Das Internet hat mit Diensten wie Wikipedia und dem Internetangebot von Medien, Institutionen und Unternehmen für eine erste Demokratisierung des Wissens gesorgt. Die Demokratisierung von Fähigkeiten und Wissen wird weitergehen. Dies gilt erstens für Basisfähigkeiten wie Lesen und Schreiben. So wird prognostiziert, dass die Alphabetisierungsrate in Schwellen- und Entwicklungsländern weiter steigen wird, in Indien beispielsweise von 63 % im Jahr 2010 auf 91 % im Jahr 2035 (Dickson et al. 2011a). Zweitens wird die Ausbildungsdauer in Schwellen- und Entwicklungsländern in den nächsten Jahrzehnten deutlich stärker zunehmen als in Industrieländern (ebenda). Schließlich wird es drittens verstärkt Internetangebote von Hochschulen geben, die sich an Interessenten aus der ganzen Welt richten werden. Die Vernetzung der Kommunikation von Politikern, Wissenschaftlern, Unternehmern und Verbrauchern hat darüber hinaus zu einer enormen Erhöhung des Austauschs und der Transparenz geführt. In der Zukunft geht es v. a. darum, einen Informationsüberfluss bei den Nutzern von Wissen zu vermeiden. Um das Wichtige vom Unwichtigen zu trennen, kann künstliche Intelligenz eine entscheidende Rolle spielen.

Gleichstellung von Frauen und Männern. In Bezug auf den Zugang zu Ausbildung und Beruf sowie die beruflichen Perspektiven werden sich die Unterschiede zwischen Männern und Frauen bis zum Jahr 2030 verringern, jedoch nicht einebnen. In den Industrieländern haben Frauen in Bezug auf die Teilnahme an einem Studium insgesamt Männer bereits überholt (Dickson et al. 2011b, S. 6). Hier geht es daher erstens darum, dass Frauen in den besonders lukrativen und wirtschaftlich wichtigen MINT-Fächern Mathematik, Informatik, Naturwissenschaften und Technik nach wie vor unterrepräsentiert sind, was auch in Deutschland der Fall ist (Middendorf et al. 2013, S. 119). Zweitens besteht weiterhin eine deutliche Lücke beim Verdienst, die sich bis zum Jahr 2030 kaum verringern wird. So betrug das verfügbare Einkommen von Frauen in der EU 2014 im Durchschnitt 76,0 % dessen von Männern, 2030 werden 77,9 % prognostiziert (Euromonitor 2015). Drittens stellt die Beteiligung von Frauen an Führungspositionen in Unternehmen eine Herausforderung dar. Hier gab und gibt es eine lange Diskussion um die Einführung von Quoten für Frauen in solchen Positionen. Deutschland hat im März 2015 eine Quote von 30 % Frauen bei der Neubesetzung von Aufsichtsräten großer börsennotierter und mitbestimmungspflichtiger Unternehmen gesetzlich vorgeschrieben (Bundestag 2015). In den Schwellen- und Entwicklungsländern fehlt bislang oft schon die Zugangsmöglichkeit von Frauen zu Schule und Hochschule. So betrug die Ausbildungszeit (Schule und Hochschule) von Frauen in Indien 2010 im Durchschnitt nur 3,2 Jahre, die von Männern 5,5 Jahre (Dickson et al. 2011a). Mit wachsendem Wohlstand werden die Ausbildungszeiten von Frauen stärker ansteigen als von Männern, jedoch werden weiterhin deutliche Unterschiede bestehen bleiben. Am Beispiel von Indien: Bei der Ausbildungszeit von Frauen wird für das Jahr 2035 fast eine Verdopplung gegenüber 2010 prognostiziert (auf 6,0 Jahre), die von Männern steigt deutlich geringer (auf 7,4 Jahre; ebenda). Bei den beruflichen Möglichkeiten sind die Unterschiede noch ausgeprägter und verringern sich bis zum Jahr 2030 kaum. Inderinnen erzielten 2014 nur 40,9 % des Pro-Kopf-Verdiensts von Männern, 2030 sollen es 41,5 % sein (Euromonitor 2015).

Kampf um Talente. Qualifizierte Mitarbeiter werden in den nächsten Jahren zum knappen Gut. Die USA benötigen bis zum Jahr 2030 26 Mio. und Westeuropa sogar 46 Mio. zusätzliche Arbeitskräfte, um ihr jeweiliges Wachstum der Jahre 1988–2008 aufrechtzuerhalten (WEF 2010, S. 7). Auch Deutschland droht 2030 ein Fachkräftemangel in zahlreichen Berufen (BMAS 2015, S. 28). Da die demografische Entwicklung in Deutschland der Befriedigung des Fachkräftebedarfs entgegensteht, muss der einheimische Talentpool besser ausgeschöpft werden und es müssen gleichzeitig Talente aus dem Ausland angezogen werden. Nicht nur in Industrieländern sind Talente knapp, auch Schwellen- und Entwicklungsländer klagen über den Mangel an qualifizierten Bewerbern. So gaben in einer Studie des Personaldienstleisters Manpower 2014 64 % der Unternehmen in Indien an, dass sie Schwierigkeiten haben, ihre offenen Stellen adäquat zu besetzen; in Brasilien und der Türkei waren es 63 % (Manpower 2014). Da die Bevölkerung in den meisten Schwellen- und Entwicklungsländern noch wächst und die beruflichen Anforderungen aufgrund der Entwicklung der Länder zunehmen werden, ist die Herausforderung hier, mehr Menschen in Schule, Ausbildung und Hochschule für einen Beruf zu qualifizieren.

Die globale Wissensgesellschaft bietet große Chancen für Unternehmen, stellt sie aber zugleich schneller in weltweiten Wettbewerb mit Unternehmen, die einen Know-how-Rückstand in kurzer Zeit wettmachen können. Unternehmen sollten daher

- ein professionelles Wissensmanagement einführen, um sich im Kerngeschäft auf die Anwendung von Wissen zu konzentrieren,
- das Wissen von Frauen besser nutzen, indem sie ihre Arbeitsplätze stärker auf die Bedürfnisse von Frauen zuschneiden (mehr Teilzeitarbeitsplätze, mehr Heimarbeitsplätze, mehr Betriebskindergärten usw.),
- dem Personalbereich eine wachsende Bedeutung zukommen lassen, um sich die besten Talente zu sichern; hier haben Unternehmen einen Vorsprung, die auf Auslandsmärkten aktiv sind, denn der Kampf um Talente wird in Zukunft zunehmend international ausgetragen werden; zudem gelten international tätige Arbeitgeber im Inland bei Bewerbern als besonders attraktiv,
- besonderen Wert auf die eigene Ausbildung und Weiterqualifizierung von Mitarbeitern legen, denn so kann man das Potenzial von Talenten für sein Unternehmen voll ausschöpfen und zudem Talente an das Unternehmen binden.

Trend 7: Nachhaltigkeit und globale Verantwortung
Insbesondere die Begrenztheit von Ressourcen zwingt zu nachhaltigem Handeln von Unternehmen und Verbrauchern. Immer mehr Herausforderungen auf der Erde, wie etwa der Klimawandel, sind zudem globaler Natur, sodass Regierungen auch auf globaler Ebene kooperieren müssen; NGOs spielen eine immer größere Rolle und der persönliche Einsatz Einzelner für die nachhaltige Weiterentwicklung der Welt nimmt zu.

Wachsende Bedeutung von Nachhaltigkeit. Wir haben bei den Trends 3 (Ressourcenknappheit) und 4 (Klimawandel) bereits gesehen, wie gefährdet die Versorgung der Menschheit mit lebenswichtigen Ressourcen ist und wie sehr unser Klima und unsere Ökosysteme bedroht sind. Die soziale Verantwortung von Staat und Unternehmen in Bezug auf Bildung und Ausbildung ist in Trend 6 (Globale Wissensgesellschaft) behandelt worden. Nachhaltiges Handeln, also ein Verhalten, das ökologische, soziale und ökonomische Verantwortung in Einklang bringt und das die Rechte heutiger und zukünftiger Generationen berücksichtigt, ist heute wichtiger denn je. Viele Unternehmen haben dies längst erkannt und Corporate Social Responsibility (CSR) zu einem Kernbestandteil ihrer Unternehmensführung gemacht. Sie haben die Ressourceneffizienz ihrer Prozesse erhöht, stellen Produkte aus nachwachsenden Rohstoffen her, achten auf den verantwortungsvollen Umgang mit ihren Mitarbeitern, überprüfen ihre Lieferanten in Bezug auf Sozial- und Umweltstandards in deren Fabriken usw. Dabei ist Nachhaltigkeit längst keine Pflichtaufgabe mehr, sondern dient der Differenzierung. Man denke nur an das wachsende Angebot von Bioprodukten, energiesparenden Haushaltsgeräten, Autos mit geringem CO_2-Ausstoß oder ökologisch produzierten Textilien. Das Thema Nachhaltigkeit wird in der Zukunft eine weiter wachsende Bedeutung erlangen. Dies betrifft insbesondere Schwellenländer wie China, die durch ihr starkes Wachstum vor großen Herausforderungen im Hinblick auf ihre Umwelt stehen – was speziell Unternehmen im Bereich Umwelttechnik oder Anbietern emissionsarmer Autos große Absatzchancen eröffnet.

Zunehmende globale Kooperation. Die wichtigsten Herausforderungen der heutigen Zeit lassen sich nicht national oder regional lösen. Probleme wie der Klimawandel, die Verschmutzung der Meere oder tiefgreifende Wirtschaftskrisen enden nicht an Grenzen. Die internationale Staatengemeinschaft ist daher gezwungen, gemeinsam Lösungen zu entwickeln. Auch wenn die Zusammenarbeit in der Vergangenheit unterschiedlich gut funktioniert hat – bei der Bewältigung der Weltwirtschaftskrise 2008/2009 vergleichsweise gut, beim Klimaschutz eher schlecht – gibt es dazu in der Zukunft keine Alternative. Bei der globalen Zusammenarbeit wird der Einfluss der Schwellen- und Entwicklungsländer in Zukunft wachsen, weil ihr wirtschaftliches Gewicht zunehmen wird. Unterhalb der globalen Ebene werden Kooperationen ebenfalls zunehmen, ein Beispiel ist das geplante Transatlantische Handels- und Investitionsabkommen zwischen den USA und der EU. Inwiefern diese regionalen und überregionalen Abkommen eine globale Zusammenarbeit begünstigen, ist allerdings offen, da hier auch Konkurrenzverhältnisse zwischen verschiedenen Wirtschaftsräumen entstehen können.

Wachsender Einfluss von Nichtregierungsorganisationen und neue Formen der Philanthropie. Weltweit gibt es mittlerweile mehrere Tausend NGOs, die international tätig sind (Roland Berger 2015). Wenn die globale Kooperation zwischen Regierungen in der Zukunft verstärkt wird, verlieren NGOs nicht an Bedeutung. Im Gegenteil: Ihre Rolle wird immer wichtiger. Einerseits unterstützen sie Regierungen mit ihrer Erfahrung bei internationalen Projekten. Andererseits sind sie aufgrund ihrer Unabhängigkeit weiterhin der wichtigste Kritiker des Regierungshandelns. Auch die Rolle von Philanthropie wird wachsen. Die finanziellen Mittel, die Einzelne, Unternehmen oder Stiftungen aufbringen, um gesellschaftlich und humanitär nützliche Projekte zu unterstützen, sind beträchtlich, so beträgt das Stiftungskapital der größten Privatstiftung der Welt, der Bill & Melinda Gates Foundation, über 40 Mrd. USD (Gatesfoundation 2015). Dies wird auch in Zukunft so bleiben, doch wird es auch einen Wandel geben, wie sich Stifter und Spender in Zukunft in diese Projekte einbringen. Neben dem finanziellen Engagement wird es vermehrt den Fall geben, dass neue soziale Projekte und Unternehmen mit Know-how und personellen Ressourcen unterstützt werden („venture philanthropy") und dass der Spender sich selbst persönlich engagiert und ein Netzwerk aufbaut, um weitere Personen für ein solches Engagement zu gewinnen („catalytic philanthropy"; Roland Berger 2015). Ein Beispiel für Letzteres ist das von Bill Gates 2010 initiierte Versprechen zahlreicher US-Milliardäre, mindestens die Hälfte ihres Vermögens nach ihrem Tod für wohltätige Zwecke zu spenden (The Giving Pledge 2015).

Die weiter zunehmende Bedeutung von Nachhaltigkeit und globaler Verantwortung eröffnet Unternehmen ein großes Differenzierungspotenzial, wenn sie nachhaltiges Handeln erfolgreich in ihre Geschäftsstrategie übersetzen. Unternehmen sollten

- alle Wertschöpfungsketten am Kriterium der Nachhaltigkeit ausrichten, dies gilt auch für ausgelagerte Wertschöpfungsstufen,
- nachhaltige Produkte und Services entwickeln und anbieten,
- ihr gesamtes Geschäftsmodell auf Nachhaltigkeit hin überprüfen,
- ihr nachhaltiges Unternehmenshandeln gegenüber Geschäftspartnern, Kunden, Mitarbeiter, Bewerbern und der Öffentlichkeit als Differenzierungsmerkmal herausstellen.

Die wachsende Zusammenarbeit von Staaten erschließt global tätigen Unternehmen neue Potenziale; mit NGOs gibt es zahlreiche Möglichkeiten der Zusammenarbeit, die den Anspruch von Unternehmen, nachhaltig zu wirtschaften, unterstreichen. Verbraucher honorieren derartige Kooperationen durch eine verstärkte Nachfrage nach ausgewiesen fairen Produkten.

Wir haben gesehen, wie entscheidend langfristige, umfassende Trends die weltweite Entwicklung in den nächsten Jahren prägen werden. Für Unternehmen stellen Megatrends gleichermaßen Chancen und Risiken dar. Am meisten profitieren werden die Unternehmen, die sich frühzeitig auf Megatrends einstellen und diese gezielt in ihre Strategie integrieren.

Literatur

Benz S, Karl J, Yalcin E (2011) UNCTAD World Investment Report 2011: Die Entwicklung ausländischer Direktinvestitionen. ifo Schnelldienst 15/2011, 64. Jahrgang. http://www.cesifo-group.de/de/ifoHome/publications/docbase/details.html?docId=19061448. Zugegriffen: 15. Feb. 2015

Berlin-Institut für Bevölkerung und Entwicklung (Hrsg) (2013) Anleitung zum Wenigersein. Vorschlag für eine Demografiestrategie. Discussion Paper Nr. 12, August 2013. http://www.berlin-institut.org/fileadmin/user_upload/Anleitung_Wenigersein_Demografiestrategie/Anleitung_Wenigersein_Online.pdf. Zugegriffen: 21. März 2015

Bernau P (2014) Reichtum war noch nie so nutzlos. faz.net, 13.06.2014. http://www.faz.net/aktuell/wirtschaft/wirtschaftswissen/innovationen-verbreiten-sich-schneller-reichtum-wird-nutzlos-12988621-p3.html?printPagedArticle=true#pageIndex_3. Zugegriffen: 15. Mai 2015

BGR (Hrsg) (2012) Energiestudie 2012. Reserven, Ressourcen und Verfügbarkeit von Rohstoffen. DERA Rohstoffinformationen 15. Bundesanstalt für Geowissenschaften und Rohstoffe, Hannover. http://www.bgr.bund.de/DE/Gemeinsames/Produkte/Downloads/DERA_Rohstoffinformationen/rohstoffinformationen-15.pdf?__blob=publicationFile&v=6. Zugegriffen: 1. März 2015

Bloching B, Leutiger P, Oltmanns T, Rossbach C, Schlick T, Remané G, Quick P, Shafranyuk O (2015) The digital transformation of industry. Roland Berger Strategy Consultants und Bundesverband der Deutschen Industrie, München. http://www.rolandberger.com/media/publications/2015-03-17-rbsc-pub-the_digital_transformation_of_industry.html. Zugegriffen: 10. Mai 2015

BMAS (2015) Arbeitsmarktprognose 2030. Eine strategische Vorausschau auf die Entwicklung von Angebot und Nachfrage in Deutschland. Bundesministerium für Arbeit und Soziales. http://www.bmas.de/SharedDocs/Downloads/DE/PDF-Publikationen/a756-arbeitsmarktprognose-2030.pdf?__blob=publicationFile. Zugegriffen: 21. März 2015

Bundestag (2015) Frauenquote für die Top-Positionen beschlossen. Deutscher Bundestag, Textarchiv. http://www.bundestag.de/dokumente/textarchiv/2015/kw10_de_frauenquote/363058. Zugegriffen: 21. März 2015

Cisco (2014) Cisco visual networking index: global mobile data traffic forecast update, 2013–2018. Cisco Whitepaper, 5th February 2014. http://www.cisco.com/c/en/us/solutions/collateral/service-provider/visual-networking-index-vni/white_paper_c11-520862.pdf. Zugegriffen: 21. März 2015

Dickson JR, Hughes BB, Irfan MT (2011a) Advancing global education: forecasting the next 50 years. Patterns of potential human progress, volume 2, end table for base case using updated model version. University of Denver, Pardee Center for International Futures. http://pardee.du.edu/pphp-2-advancing-global-education. Zugegriffen: 21. März 2015

Dickson JR, Hughes BB, Irfan MT (2011b) Advancing global education: forecasting the next 50 years. Patterns of potential human progress, Volume 2, executive summary. University of Denver, Pardee Center for International Futures. http://pardee.du.edu/pphp-2-advancing-global-education. Zugegriffen: 21. März 2015

EIA (2013) EIA international energy outlook 2013 (Database). World carbon dioxide emissions by region, reference case. U.S. Energy Information Administration. http://www.eia.gov/oiaf/aeo/tablebrowser/#release=IEO2013&subject=3-IEO2013&table=10-IEO2013&region=0-0&cases=Reference-d041117. Zugegriffen: 23. März 2015

EU Commission (2014) Report on critical raw materials for the EU. Report of the Ad hoc Working Group on defining critical raw materials, May 2014. European Commission. http://ec.europa.eu/enterprise/policies/raw-materials/files/docs/crm-report-on-critical-raw-materials_en.pdf. Zugegriffen: 21. März 2015

Euromonitor (2015) Euromonitor International (kostenpflichtige Datenbank). http://www.portal.euromonitor.com/portal/account/login. Zugegriffen: 22. März 2015

ExxonMobil (2015) The outlook for energy. A view to 2040. http://corporate.exxonmobil.com/en/energy/energy-outlook/. Zugegriffen: 15. Feb. 2015

Gatesfoundation (2015) Stiftungs-Datenblatt. http://www.gatesfoundation.org/de/Who-We-Are/General-Information/Foundation-Factsheet. Zugegriffen: 21. März 2015

IEA (2012) World energy outlook 2013. Presentation to press. London, 12th November 2012. http://www.worldenergyoutlook.org/media/weowebsite/2013/LondonNovember12.pdf. Zugegriffen: 21. März 2015

IMF (2014) World economic outlook, October 2014. Legacies, clouds, uncertainties. International Monetary Fund. Washington, DC. http://www.imf.org/external/pubs/ft/weo/2014/02/. Zugegriffen: 15. Feb. 2015

IPCC (2014a) Summary for policymakers. In: Edenhofer O, Pichs-Madruga R, Sokona Y, Farahani E, Kadner S, Seyboth K, Adler A, Baum I, Brunner S, Eickemeier P, Kriemann B, Savolainen J, Schlomer S, von Stechow C, Zwickel T, Minx JC (Hrsg) Climate change 2014, mitigation of climate change. Contribution of working group III to the fifth assessment report of the intergovernmental panel on climate change. Cambridge University Press, Cambridge. http://mitigation2014.org/report/summary-for-policy-makers. Zugegriffen: 1. März 2015

IPCC (2014b) Summary for policymakers. In: Field CB, Barros VR, Dokken DJ, Mach KJ, Mastrandrea MD, Bilir TE, Chatterjee M, Ebi KL, Estrada YO, Genova RC, Girma B, Kissel ES, Levy AN, MacCracken S, Mastrandrea PR, White LL (Hrsg) Climate change 2014: impacts, adaptation, and vulnerability. Part A: global and sectoral aspects. Contribution of working group II to the fifth assessment report of the intergovernmental panel on climate change. Cambridge University Press, Cambridge, S 1–32. http://www.ipcc.ch/pdf/assessment-report/ar5/wg2/ar5_wgII_spm_en.pdf. Zugegriffen: 1. März 2015

IUCN (2014) Threatened species in each country (totals by taxonomic group). Red List version 2014.2: Table 5, 24th July 2014. http://cmsdocs.s3.amazonaws.com/summarystats/2014_2_Summary_StatsPage_Documents/2014_2_RL_Stats_Table5.pdf. Zugegriffen: 21. März 2015

Karousakis K, van Oorschot M, Perry E, Jeuken M, Bakkenes M, Meijl H, Tabeau A (2012) Biodiversity. In: OECD (Hrsg) OECD environmental outlook: the consequences of inaction. OECD

Publishing, Paris, S 155–205. http://www.keepeek.com/Digital-Asset-Management/oecd/environment/oecd-environmental-outlook-to-2050/biodiversity_env_outlook-2012-7-en#page1. Zugegriffen: 1. März 2015

Leflaive X, Witmer M, Martin-Hurtado R, Bakker M, Kram T, Bouwman L, Visser H, Bouwman A, Hilderink H, Kim K (2012) Water. In: OECD (Hrsg) OECD environmental outlook: the consequences of inaction. OECD Publishing, Paris, S 207–273. http://www.keepeek.com/Digital-Asset-Management/oecd/environment/oecd-environmental-outlook-to-2050/water_env_outlook-2012-8-en#page1. Zugegriffen: 1. März 2015

Manpower (2014) Talent shortage survey 2014. http://www.manpowergroup.com/wps/wcm/connect/ec2b6e68-bc26-4e5a-8493-78a9b53c5ab8/2014+Talent+Shortage+Infographic-Final.pdf?MOD=AJPERES. Zugegriffen: 21. März 2015

Middendorff E, Apolinarski B, Poskowsky J, Kandulla M, Netz N (2013) Die wirtschaftliche und soziale Lage der Studierenden 2012. 20. Sozialerhebung des Deutschen Studentenwerks durchgeführt durch das HIS-Institut für Hochschulforschung. http://www.sozialerhebung.de/download/20/soz20_hauptbericht_gesamt.pdf. Zugegriffen: 21. März 2015

Naisbitt J (1982) Megatrends. Ten new directions transforming our lives. Warner Books, New York

O'Neill J (2001) Building better global economic BRICs. Global economics paper no. 66, 30th November 2001. Goldman Sachs. http://www.goldmansachs.com/our-thinking/archive/archive-pdfs/build-better-brics.pdf. Zugegriffen: 15. Feb. 2015

O'Neill J, Wilson D, Purushothaman R, Stupnytska A (2005) How solid are the BRICs? Global economics paper no. 134, 1st December 2005. Goldman Sachs. http://www.goldmansachs.com/our-thinking/archive/archive-pdfs/how-solid.pdf. Zugegriffen: 15. Feb. 2015

Press G (2014) Internet of things by the numbers: market estimates and forecasts. Forbes (Tech), 22th August 2014. http://www.forbes.com/sites/gilpress/2014/08/22/internet-of-things-by-the-numbers-market-estimates-and-forecasts/. Zugegriffen: 21. März 2015

Roland Berger (2015) Roland Berger trend compendium 2030. Roland Berger Strategy Consultants, München. http://www.rolandberger.com/expertise/trend_compendium_2030/. Zugegriffen: 21. März 2015

The Giving Pledge (2015) The giving pledge. Frequently asked questions. http://givingpledge.org/faq.aspx. Zugegriffen: 21. März 2015

Umweltbundesamt (2015) Die Treibhausgase. Kohlendioxid. http://www.umweltbundesamt.de/themen/klima-energie/klimaschutz-energiepolitik-in-deutschland/treibhausgas-emissionen/die-treibhausgase. Zugegriffen: 1. März 2015

UNCTAD (2013) UNCTAD World Investment Report 2013. Global value chains: investment and trade for development. United Nations Publications, New York. http://unctad.org/en/publicationslibrary/wir2013_en.pdf. Zugegriffen: 15. Feb. 2015

UNCTAD (2014) UNCTAD world investment report 2014. Investing in the SDGs: an action plan. United Nations Publications, New York. http://unctad.org/en/publicationslibrary/wir2014_en.pdf. Zugegriffen: 15. Feb. 2015

UNPD (2013a) World population prospects: the 2012 revision. File POP/1-1: total population (both sexes combined) by major area, region and country, annually for 1950–2100 (thousands). United Nations Population Division. http://esa.un.org/unpd/wpp/Excel-Data/EXCEL_FILES/1_Population/WPP2012_POP_F01_1_TOTAL_POPULATION_BOTH_SEXES.XLS. Zugegriffen: 15. Feb. 2015

UNPD (2013b) World population prospects: the 2012 revision: file pop/5: median age by major area, region and country, 1950–2100 (years). United Nations Population Division. http://esa.un.org/unpd/wpp/Excel-Data/EXCEL_FILES/1_Population/WPP2012_POP_F05_MEDIAN_AGE.XLS. Zugegriffen: 15. Feb. 2015

UNPD (2013c) World population prospects: the 2012 revision. File MORT/7-1: life expectancy at birth (both sexes combined) by major area, region and country, 1950–2100 (years). United

Nations Population Division. http://www.un.org/en/development/desa/population/publications/dataset/fertility/wfd2012/MainFrame.html. Zugegriffen: 15. Feb. 2015

UNPD (2013d) World population prospects: the 2012 revision. File FERT/4: total fertility by major area, region and country, 1950–2100 (children per woman). United Nations Population Division. http://esa.un.org/unpd/wpp/Excel-Data/EXCEL_FILES/2_Fertility/WPP2012_FERT_F04_TOTAL_FERTILITY.XLS. Zugegriffen: 15. Feb. 2015

UNPD (2013e) Profiles of ageing 2013. United Nations Population Division. http://esa.un.org/unpd/popdev/AgingProfiles2013/default.aspx. Zugegriffen: 15. Feb. 2015

UNPD (2014a) UN world urbanization prospects: the 2014 revision. File 2: percentage of population at mid-year residing in urban areas by major area, region and country, 1950–2050. United Nations Population Division. http://esa.un.org/unpd/wup/CD-ROM/. Zugegriffen: 15. Feb. 2015

UNPD (2014b) UN world urbanization prospects: the 2014 revision. File 11a: the 30 largest urban agglomerations ranked by population size at each point in time, 1950–2030. United Nations Population Division. http://esa.un.org/unpd/wup/CD-ROM/. Zugegriffen: 15. Feb. 2015

UNPD (2014c) UN world urbanization prospects: the 2014 revision, highlights. United Nations Population Division. http://esa.un.org/unpd/wup/Highlights/WUP2014-Highlights.pdf. Zugegriffen: 15. Feb. 2015

WEF (2010) Stimulating economies through fostering talent mobility. World Economic Forum, Genf. http://www3.weforum.org/mwg-internal/de5fs23hu73ds/progress?id=FpaPyPD5mnPVKjXDDNwsXbzrawuaqDlT9pVRzbu0j0M. Zugegriffen: 21. März 2015

WEF (2014) Global competitiveness index 2014–2015. World Economic Forum, Genf. http://www3.weforum.org/docs/WEF_GlobalCompetitivenessReport_2014-15.pdf. Zugegriffen: 1. März 2015

Widera H (2015) Geschäftsmodelle der Wiederaufbereitung für Hersteller von Originalteilen. Fraunhofer-Verlag, Stuttgart

Wilson D, Dragusanu R (2008) The expanding middle. The exploding world middle class and falling global inequality. Global economics paper no. 170, 8th July 2008. Goldman Sachs. http://www.ryanallis.com/wp-content/uploads/2008/07/expandingmiddle.pdf. Zugegriffen: 15. Feb. 2015

WMO (2014) Greenhouse gas bulletin. The state of greenhouse gases in the atmosphere based on global observations through 2013. Greenhouse gas bulletin no. 10, 6th November 2014. http://www.wmo.int/pages/prog/arep/gaw/ghg/documents/GHG_Bulletin_10_Nov2014_EN.pdf. Zugegriffen: 21. März 2015

WMO (2015) Warming trend continuous in 2014. WMO press release no. 1 2015, 2nd February 2015. http://www.wmo.int/media/?q=content/warming-trend-continues-2014. Zugegriffen: 21. März 2015

World Bank (2014) Ease of doing business. Economy rankings. World Bank Group, Washington, DC. http://www.doingbusiness.org/rankings. Zugegriffen: 1. Feb. 2015

World Bank (2015) Commodity markets outlook January 2015. World Bank Group, Washington, DC. http://www.worldbank.org/content/dam/Worldbank/GEP/GEPcommodities/GEP2015a_commodity_Jan2015.pdf. Zugegriffen: 15. Feb. 2015

WWF (2014) Unser ökologischer Fußabdruck. Living Planet Report, Infografik. http://www.wwf.de/fileadmin/fm-wwf/Publikationen-PDF/WWF-Infografik-Living-Planet-Report-Fussabdruck.pdf. Zugegriffen: 21. März 2015

Dr. Christian Krys ist bei Roland Berger verantwortlich für die Gebiete Trendforschung und Szenarioplanung, für makroökonomische Analysen und für die Erstellung betriebs- und volkswirtschaftlicher Studien. Er leitet das Roland Berger Academic Network und ist Autor zahlreicher Veröffentlichungen auf den oben genannten Gebieten, insbesondere des Roland Berger Trend Compendium 2030.

Werttreiber Nachhaltigkeit: Einfluss der Corporate Sustainability Performance auf die Corporate Financial Performance

Thomas Schulz

1 Einführung

Oberstes Ziel des Unternehmens ist die langfristige Sicherung seiner Erfolgs- und Entwicklungspotenziale und damit seiner Überlebensfähigkeit. Das dauerhafte Erreichen dieses existenziellen Ziels wird Unternehmen nur dann gelingen, wenn sie eine nachhaltigkeitsorientierte Geschäftsstrategie verfolgen; hierfür gibt es gute Gründe (hinlänglich beschrieben bei Schulz 2014, S. 3 ff.):

- globale Entwicklungen von Umwelt, Energie, Ressourcen und Bevölkerung erfordern das Überdenken strategischer Stoßrichtungen,
- die Verknappung und zunehmende Bedeutung wesentlicher Ressourcen (natürliche Rohstoffe, Mitarbeiter, Reputation) zwingt zu ressourcenschonendem Umgang und zum Aufbau neuer Ressourcenpotenziale,
- wesentliche Stakeholdergruppen wie z. B. Kunden (B2C und B2B), Investoren sowie Nichtregierungsorganisationen vertreten ihre nachhaltigkeitsorientierten Interessen durch Forderung und Entscheidungsverhalten zunehmend stark,
- die Verantwortung für die ökologischen und sozialen Bedingungen entlang internationaler Beschaffungsketten wird – einem wachsenden gesellschaftlichen Konsens folgend – den großen Unternehmen an der Kettenspitze übertragen, die darauf mit der Durchsetzung entsprechender Standards in der Lieferkette reagieren.

T. Schulz (✉)
BNU Beratung für Nachhaltige Unternehmensführung, Bockenheimer Landstr. 101, 60325 Frankfurt am Main, Deutschland
E-Mail: schulz@bfnu.de

© Springer-Verlag GmbH Deutschland 2017
T. Wunder (Hrsg.), *CSR und Strategisches Management,* Management-Reihe Corporate Social Responsibility, DOI 10.1007/978-3-662-49457-8_3

Aus jedem dieser Punkte leiten sich für Unternehmen mit einer nachhaltigen Unternehmensführung erhebliche Potenziale ab für Umsatzwachstum, Kostensenkung und Risikoreduzierung und damit für eine Steigerung des Unternehmenswerts.

Im Mittelpunkt dieser Arbeit steht die Frage, ob sich durch das systematische Verfolgen einer umfassend nachhaltigkeitsorientierten Geschäftsstrategie diese positiven finanziellen Effekte (Ergebnis, Risiko, Wert) durchgängig erzielen und somit die langfristige Sicherung der unternehmerischen Erfolgs- und Entwicklungspotenziale des Unternehmens und damit seine Überlebensfähigkeit erreichen lassen.

Die Beantwortung dieser Frage ist von höchster strategischer Relevanz, da sie einen großen Einfluss auf die grundsätzliche Akzeptanz des Nachhaltigkeitsthemas auf Ebene des Topmanagements und der Unternehmenseigner hat. Insbesondere CFOs börsennotierter Unternehmen wird man von der Notwendigkeit einer proaktiv gestalteten nachhaltigkeitsorientierten Geschäftsstrategie nicht überzeugen können, wenn hier keine ausreichend befriedigende Antwort geliefert werden kann.

2 Der CSP-CFP-Zusammenhang

2.1 CSP-/CFP-Definitionen

Will man ermitteln, welche finanziellen Effekte die Verfolgung einer nachhaltigkeitsorientierten Geschäftsstrategie, also einer nachhaltigen Unternehmensführung bewirkt, müssen Korrelations- und Regressionsanalysen durchgeführt werden. Ziel solcher Verfahren ist die Feststellung, ob es einen statistisch signifikanten Zusammenhang zwischen den untersuchten Merkmalen *Corporate Sustainability Performance* (CSP) und *Corporate Financial Performance* (CFP) gibt (Korrelation) und ob darüber hinaus ein funktionaler Zusammenhang im Sinn einer Ursache-Wirkungs-Beziehung besteht (Kausalität).

Unter dem umfassenden Begriff der *CSP* wird die ökologische, die soziale/gesellschaftliche und die Governance-Leistung[1] eines Unternehmens verstanden. Diese Leistung wird von Unternehmen erbracht, um

- ihre ökonomische Position (Ertrag, Wert, Risiko) langfristig zu verbessern und gleichzeitig
- einen Beitrag zur Lösung ökologischer und sozialer/gesellschaftlicher Probleme zu leisten.

---

[1] Unter „(*Good Corporate*) *Governance*" wird die Führung und Überwachung eines Unternehmens nach dem Prinzip der Gewaltentrennung und Kontrolle, häufig zudem auch nach Kriterien einer als „gut" erachteten Unternehmensführung verstanden. Hierunter fallen Bewertungskriterien wie z. B. die Veröffentlichung von Vorstandsgehältern, die Unabhängigkeit des Aufsichtsrats, Diversität in den Vorstands- und Aufsichtsgremien, Governance-bezogene Ereignisse oder Kontroversen etc. (Societe Generale 2013, S. 9 f.).

Die Messung der CSP geschieht auf der Grundlage von Key-performance-Indikatoren (KPI), Ratings/Rankings, Nachhaltigkeitsberichten und Fragebogen-Ergebnissen.

An dieser Stelle erscheint folgender klärender Hinweis notwendig: Der Nachhaltigkeitsbegriff verfügt über die drei Dimensionen Ökonomie, Ökologie und Soziales/Gesellschaft. Deshalb muss eine Spitzenkennzahl, der KPI, zur Steuerung eines nachhaltigen Unternehmens diese drei Leistungsbereiche und damit die sog. *Triple Bottom Line* komplett umfassen. Der in der wissenschaftlichen und unternehmerischen Praxis und auch in dieser Arbeit verwendete Begriff der CSP umfasst dagegen die Dimensionsvariante Ökologie, Soziales/Gesellschaft und Governance, also ohne den Aspekt der Ökonomie. Dies liegt an der für Eigentümer, Management, Investoren und Finanzanalysten (und damit auch für Wissenschaftler) langfristig relevanten Fragestellung, ob die unternehmerische Übernahme von Verantwortung für Umwelt und Mensch einen Einfluss auf die finanzielle Leistung des Unternehmens hat. Deshalb werden im Rahmen von Finanzanalysen, insbesondere bei Bewertung und Vergleich nachhaltiger (Wertpapier-)Investitionen, für die Beurteilung der Nachhaltigkeitsintegration das Kriterienset Ökologie, Soziales/Gesellschaft und Governance, im Englischen „environment", „social", „governance" (ESG), verwendet.[2] Auch die von Nachhaltigkeitsratingagenturen (oekom research, Sustainalytics etc.) erstellten Ratings basieren ausschließlich auf Informationen und Einschätzungen der ESG-Leistungen der zu klassifizierenden Unternehmen. Das gleiche gilt für Nachhaltigkeitsindices, die von Börsenorganisationen angeboten werden (DJSI, FTSE4GOOD, MSCI World ESG Index etc.).[3]

Die *CFP* beschreibt die ökonomische Leistung eines Unternehmens. Kernleistung ist die dauerhafte Erzielung eines Jahresüberschusses, der ausschließlich der Stakeholdergruppe der Eigentümer in Form von Dividenden und Unternehmenswertsteigerungen zukommt. Die Messung der CFP erfolgt auf Marktebene (z. B. Aktienrenditen), auf Buchhaltungsebene (z. B. Ergebnisgrößen) und auf Basis von Fragebogenergebnissen.

2.2 Kategorien des CSP-CFP-Zusammenhangs

Da die Frage nach der finanziellen Vorteilhaftigkeit einer nachhaltigen Unternehmensführung weltweit zu den zentralen Forschungsgegenständen der Nachhaltigkeits-/Nachhaltigkeitsmanagementwissenschaften zählt, gibt es seit den 1980er-Jahren eine nicht mehr zu

---

[2] Zum Beispiel stellt der deutsche Verband der Finanzanalysten und seine europäische Organisation in einer umfassenden Veröffentlichung eine Fülle von ESG-KPI für 10 Branchen und 112 Teilbranchen zur Verfügung, die Investoren und Analysten in die Lage versetzen sollen, Nachhaltigkeit in die rein ökonomisch ausgerichtete Finanzanalyse zu integrieren (EFFAS/DVFA 2010).

[3] Möchte ein Unternehmen z. B. in den globalen Nachhaltigkeitsindex Dow-Jones-Sustainability-Index (DJSI) aufgenommen werden, muss es einen Fragebogen ausfüllen, der folgende ESG-Kriterien umfasst: Corporate Governance, Risikomanagement, Compliance, Lieferkette, Steuerstrategie, Umwelt und Soziales, CO_2/Energie/Abfall/Wasser, Arbeitsbedingungen und Menschenrechte, Mitarbeiterentwicklung, Talentmanagement und Corporate Citizenship (RobecoSam 2015).

überschauende Anzahl entsprechender Korrelationsstudien. Sie lassen sich in nachfolgende Kategorien unterteilen.[4]

Studien über börsennotierte Aktien
Diese mit Abstand häufigste Form der Untersuchung beschreibt den Zusammenhang zwischen der CSP eines Unternehmens und seines Aktienkurses bzw. einer buchhalterischen Ergebnisgröße (als Ausdruck der CFP). Die ermittelten Ergebnisse sind nicht nur für Investoren interessant, sondern auch für die Unternehmen selbst, da sie Einfluss auf ihre Kapitalkosten bzw. auf wesentliche Ergebnis-KPI haben. Die Probleme der CSP-CFP-Messung und der Bewertung ihres Zusammenhangs sowie relevante aktuelle Studienergebnisse werden im nächsten Kapitel ausführlich dargestellt.

Studien über börsennotierte Anleihen und Kreditkonditionen
Anleihebezogene Studien prüfen den Zusammenhang zwischen der CSP eines Unternehmens und dem zu zahlenden risikoinduziertem Bestandteil der Kreditkosten („credit spread"). Zwei aktuelle Veröffentlichungen (als Review: Schröder 2014, als Studie inkl. Review: oekom research 2014) kommen übereinstimmend zu dem Ergebnis, dass Unternehmen mit einem hohem Nachhaltigkeitsrating geringere Kreditkosten zu tragen haben (z. B. oekom research 2014, S. 27) und ein geringeres Ausfallrisiko für Kredite und Anleihen darstellen (z. B. Schröder 2014, S. 523). Dies gilt häufig sogar auch dann, wenn der Einfluss nur einzelner ökologischer (z. B. Umweltmanagementsysteme) oder sozialer/gesellschaftlicher (z. B. Arbeitnehmerbelange) Aspekte untersucht worden sind. In einer weiteren Untersuchung wird nachgewiesen, dass „nachhaltige Unternehmen langfristig ein besseres Kreditrating, einen höheren Entschuldungsgrad und eine geringere Fremdkapitalquote" haben als weniger nachhaltige Unternehmen (Barthruff 2014, S. 231). Schließlich beschreibt allein der aktuelle Handelsblatt-Newsletter Nachhaltige Investments drei teils noch nicht veröffentlichte Studien, die alle einen robusten Zusammenhang herstellen zwischen hoher Umweltleistung sowie Leistungstransparenz und niedrigeren „credit spreads" (Bergius 2015, S. 3 f.).

Studien über den Zugang zu Kapitalmärkten
In solchen Studien wird untersucht, ob eine hohe CSP den Zugang zu Kapitalmärkten zwecks Aufnahme von Finanzmitteln erleichtert. Die bekannteste und auch diejenige mit einer sehr breiten internationalen Ausrichtung kommt zu dem Ergebnis: „Firms with better CSR performance face significantly lower capital constraints" (Cheng et al. 2014, S. 1). Dieser Zusammenhang wird zurückgeführt v. a. auf ein ausgeprägtes Stakeholderengage-

---

[4] Der Vollständigkeit halber erwähnt sei die Vielzahl der Korrelationsstudien über den Zusammenhang zwischen einzelnen Nachhaltigkeitsaspekten, wie z. B. Diversität, Governance, Reputation, Emissionen und der CFP. Sie finden hier keine Berücksichtigung, da betrachtet werden soll, ob die Verfolgung eines umfassenden Nachhaltigkeitsmanagements zu finanziellen Effekten führt.

ment und auf ein hohes Maß an CSR-Transparenz, beides reduziert Informationsasymmetrien und Agency Costs.

Studien über Immobilienprojekte
Unter Immobilienprojekten werden im Rahmen entsprechender Korrelationsstudien einzelne große oder Portfolios mit großen Gewerbe- und Mietobjekten verstanden, selten auch sog. Real Estate Investment Trusts (REIT), also börsennotierte Unternehmen, die Eigentum an in- und ausländischen Immobilien erwerben, verwalten und veräußern.

Da große Wirtschaftsunternehmen i. d. R. über erhebliche Immobilienbestände verfügen, v. a. auch solche, die nicht der unmittelbaren Produktion dienen, ist die Kenntnis der Wirkung einer nachhaltigkeitsorientierten Planung und Steuerung großer Immobilienobjekte von zentraler Bedeutung, um nachhaltigkeitsinduzierte Wertschöpfungspotenziale zu erkennen und zu heben.

Einige umfassende aktuelle Publikationen mit unterschiedlichen Untersuchungsregionen sind hervorzuheben, die die finanzielle Vorteilhaftigkeit nachhaltiger Immobilienprojekte beschreiben:

- Ein Report der Europäischen Kommission kommt zu dem Ergebnis, dass Gebäude mit Energiezertifikaten pro Verbesserung um eine Ratingklasse („one-letter improvement") eine Steigerung des Verkaufspreises (der Miete) um 1–11 % (1–5 %) erzielen (European Commission 2013, S. 117).
- Das Green-Building-Information-Gateway (Portal des U.S. Green Building Council USGBC) liefert eine umfangreiche Forschungsanthologie der über 30 meistzitierten Arbeiten über Investitionskosten und Nutzen nachhaltiger Gebäude weltweit. Die wissenschaftlichen Studien, Praxisberichte etc. ermitteln durchweg eine finanzielle Vorteilhaftigkeit nachhaltiger Immobilien; beispielhaft sei aus einer dieser Studien zitiert: „The report concludes with an impressive list of references on a certified green building's effect on rental rate and sales price, occupancy and time to market, operational cost savings and payback periods, and investment yield requirements" (USGBC 2014, S. 1).
- Auch für den US-amerikanischen Markt für Gewerbeimmobilien konnte in einer überschaubaren Metastudie die „outperformance" bei Miete und Preis von energieeffizienten Gebäuden gezeigt werden (Schröder 2014, S. 523 ff.).

3 Problematik der Messung des CSP-CFP-Zusammenhangs

Vor allem in den Finance-Bereichen und auch grundsätzlich im Topmanagement der Unternehmen herrscht noch immer eine ausgeprägte Skepsis gegenüber einer potenziellen finanziellen Vorteilhaftigkeit einer nachhaltigen Geschäftsstrategie. Deshalb sei an dieser Stelle die ernsthafte, umfassende und weltweite wissenschaftliche Forschungstätigkeit über den CSP-CFP-Zusammenhang kurz skizziert.

Besonders der Nachweis einer Korrelation und der Kausalität der Wirkungsbeziehung zwischen CSP und CFP eines Unternehmens ist äußert schwierig zu führen. Dies liegt an der Fülle von Einflussfaktoren, die auf das Ergebnis solcher Untersuchungen einwirken können, und am Mangel an einer belastbaren Theorie, die zu einer Erklärung dieses vermuteten Zusammenhangs in der Lage ist.

Vor diesem Hintergrund ist in den letzten Jahren ein kleines, aber bedeutsames internationales Forschungsfeld entstanden, das versucht, einen Theorierahmen für den CSP-CFP-Zusammenhang zu entwickeln. Hier lassen sich besonders zwei Arbeiten hervorheben, die auch die Entwicklung des Forschungsprozesses kennzeichnen.

Die erste zu nennende Arbeit aus dem Jahr 2011 von Chegut et al. (2011, S. 88) mündet in die Erstellung von zehn Empfehlungen für Best Practices für die Analyse und Bewertung von Socially-responsible-investment (SRI)-Fonds.[5]

Die zweite bemerkenswerte und sehr verdienstvolle Arbeit beschreibt den Status quo der Korrelationsmodellforschung. Günther und Hoppe entwerfen im Jahr 2014[6] eine Kartografie („mapping") des Zusammenhangs zwischen Corporate Environmental Performance (CEP)[7] und CFP. Dabei differenzieren sie u. a. folgende Größen, die Einfluss auf den CEP-CFP-Zusammenhang nehmen können:

- sechs CEP-Messgrößen (z. B. Ranking/Rating, Emissionen);
- vier CFP-Messgrößen (z. B. Aktienkurse, Ertragsgrößen);
- acht theoretische Erklärungsmodelle, über die CEP und CFP verbunden sind (z. B. Value-creation-Theorie, Trade-off-Theorie, Slack-resources-Theorie);
- sechs Mediatoren, z. B. Faktoren als indirekte Erklärungsvariablen (beispielsweise Reputation, Innovation);
- neun Moderatoren, z. B. Faktoren, die in der Lage sind, Effekte zu stärken, abzuschwächen oder umzudrehen (beispielsweise Unternehmensgröße, Branche; Günther und Hoppe 2014, S. 689 ff.).

---

[5] Die zehn Empfehlungen betreffen die Bereiche Datenqualität, Definition von „social responsibility", „survivorship bias" (Ergebnisverzerrung durch Weglassen nicht mehr existierender Fonds), Wahl von Benchmarks sowie Sensitivität und Robustheit (Fondszusammensetzung, Fondsmanagement, SRI-Strategien etc.; Chegut et al. 2011, S. 87).

[6] Die Arbeit von Günther und Hoppe (2014) entwickelt das Analysekonzept von Schreck (2009) erheblich weiter.

[7] Die Untersuchung von Günther und Hoppe (2014) umfasst nur Daten der CEP. Die Struktur der erarbeiteten Kartografie, die im Ergebnis nichts über die finale Ausprägung der einzelnen untersuchten Zusammenhänge aussagt, lässt sich allerdings auf die CSP übertragen.

Vor dem Hintergrund dieses Erklärungsmodells erstellen dieselben Autoren ebenfalls im Jahr 2014 eine sehr umfangreiche Metastudie[8] über den CEP-CFP-Zusammenhang (Endrikat et al. 2014). Da sie wie keine andere bisherige Studie die Verzerrungseffekte von Messkonzepten, Moderatoren und Mediatoren berücksichtigt, kann sie als die aktuell belastbarste Metastudie über den CEP-CFP-Zusammenhang gelten. Eine Übertragung der Studienergebnisse zum CEP-CFP-Zusammenhang auf das CSP-CFP-Verhältnis erscheint zulässig angesichts direkter und indirekter finanzieller Wirkungen entsprechender Ausgaben.[9] Die Ergebnisse der Metastudie sind Teil des nächsten Kapitels. Die Kartografie des CEP-CFP-Zusammenhangs ist in Abb. 1 grafisch dargestellt.

Eine gänzlich andere Forschungskonzeption präsentieren Peylo und Schaltegger (2014), die die beiden bis dahin exklusiven Investitionskriterien der modernen Portfoliotheorie (Markowitz) *Rendite* und *Risiko* um ein drittes Kriterium *Nachhaltigkeit* ergänzen. Sie argumentieren, dass im Marktmodell die wesentlichen Treiber der finanziellen Performance von Aktienportfolios die Risiko-Ertrag-Diversifikation, der Einfluss von Marktphasen (Baisse, Hausse etc.) sowie ihre Wechselbeziehungen sind. Sowohl diese Faktoren als auch die in manchen Studien mangelhafte Quantifizierung von Nachhaltigkeit im Zeitablauf führen dazu, dass sich Nachhaltigkeitseffekte auf die finanzielle Performance mit den anderen Effekten vermischen und sich deshalb nicht klar beschreiben lassen. Zwecks Separierung der Effekte definieren Peylo und Schaltegger mithilfe eines dreidimensionalen Optimierungssystems (Peylo 2012) zehn Musterportfolios ansteigender Nachhaltigkeitslevels mit jeweils optimierter Risiko-Ertrag-Diversifikation. Diesen Ansatz wenden sie auf den Deutschen Aktienindex (DAX) an, um den Zusammenhang zwischen unterschiedlichen Nachhaltigkeitsintensitäten und der finanziellen Investmentperformance zu ergründen. Die Belastbarkeit der Ergebnisse wird überprüft, indem der Ansatz für unterschiedliche Marktphasen Anwendung findet. Die Untersuchungsergebnisse sind Bestandteil des nächsten Kapitels.

---

[8] Metastudien sind statistische quantitative Verfahren, mit deren Hilfe Einzelergebnisse vergleichbarer Studien (Abhängigkeit zweier Variablen) erneut analysiert und objektiv sowie nachvollziehbar vereint werden. Zu einer Beschreibung von Verfahren und der Bedeutung der ersten Metastudie über den CSP-CFP-Zusammenhang (Orlitzky et al. 2003) sowie zu ersten konsistenten und heutigen Analysen bereits vorweggreifenden Ergebnissen s. Wahl 2011, S. 42 ff.

[9] Die Übertragung der Ergebnisse einer Metastudie über den CEP-CFP-Zusammenhang auf den CSP-CFP-Zusammenhang erscheint auf den ersten Blick schwierig, da die CSP gegenüber der CEP ein um soziale/gesellschaftliche und Governance-Aspekte erweitertes Konstrukt darstellt. Bei näherer Betrachtung erscheint dies aber zulässig, wenn man bedenkt, welche direkten und indirekten finanziellen Effekte entsprechende Ausgaben haben können, z. B. für die Steigerung der Mitarbeiterbindung („employer branding"), für die Verbesserung der Arbeitsbedingungen entlang von Lieferketten (Reduzierung von Reputationsrisiken), für Antikorruptionsprogramme (Reduzierung von Strafzahlungen) oder für die spezielle Ausbildung von Autisten (Optimierung der Qualitätssicherung durch Nutzung von Inselbegabungen).

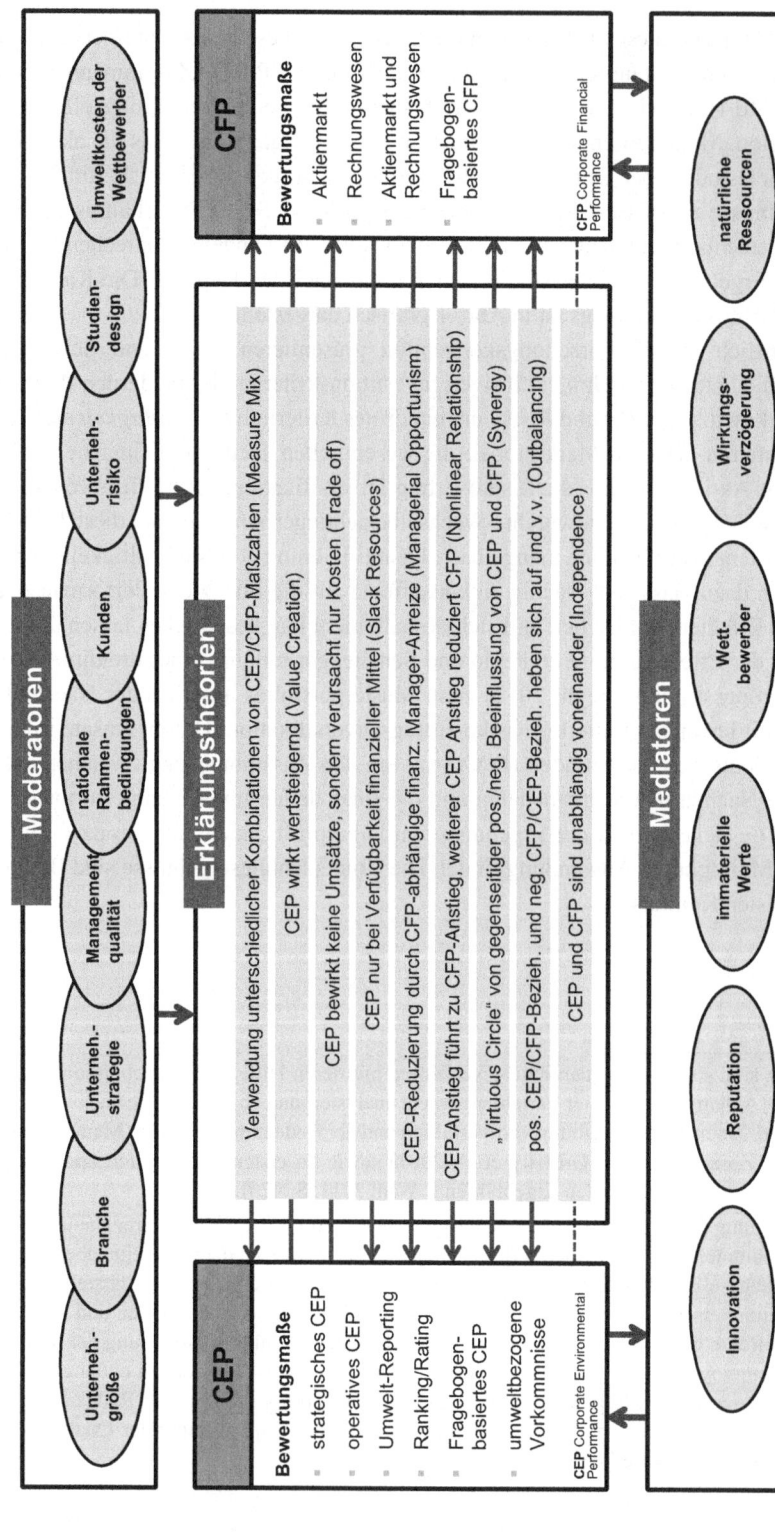

Abb. 1 Kartografie des Zusammenhangs zwischen Corporate Environmental Performance und Corporate Financial Performance. (Günther und Hoppe 2014, S. 697, kleine Weglassungen)

4 Aktuelle belastbare Korrelationsstudien

Aus der enormen Fülle der CSP-CFP-Korrelationsstudien lassen sich zwei Kategorien von Studien hervorheben, die als am belastbarsten bezeichnet werden können:

- Metastudien und
- Studien von Nachhaltigkeitsratingagenturen und Nachhaltigkeitsindexanbietern.

Es hat sich immer wieder gezeigt, dass die Untersuchungsergebnisse der einzelnen Korrelationsstudien teilweise streuen und sich in Einzelfällen sogar widersprechen (Endrikat et al. 2014, S. 735 f.). Einen besseren Eindruck vom CSP-CFP-Zusammenhang vermitteln deshalb sog. *Metastudien*, die bis weit über 100, teilweise über 1000 bestehende Korrelationsstudien integriert untersuchen und deshalb in der Lage sind, die Bedeutung von Ausreißern, Widersprüchen sowie von Moderator- und Mediatoreffekten etc. für den Gesamteindruck des CSP-CFP-Zusammenhangs aufzuzeigen.

Für die Korrelationsstudien von *Nachhaltigkeitsratingagenturen* und *Nachhaltigkeitsindexanbietern* spricht die Überlegung, dass für die realitätsnahe Messung eines komplexen Konstrukts wie die CSP viel eher gesamthafte Messverfahren wie externe Nachhaltigkeitsratings und -rankings geeignet sind als andere Messkonzepte, wie z. B. einzelne operative und strategische Maßzahlen, die eigene Umweltberichterstattung der Unternehmen oder eine fragebogenbasierte CSP (intern/extern wahrgenommene CSP). Interessanterweise stellen gerade solche Studien, bei denen die CSP anhand von Ratings oder Rankings gemessen wird, deutlich häufiger eine positive Korrelation und Kausalität zwischen CSP und CFP fest als alle anderen CSP-Messkonzepte (Günther und Hoppe 2014, S. 692–694).

Die Ergebnisse von vier Meta-Studien (2012 bis 2014) sowie von vier Studien von Nachhaltigkeitsratingagenturen und -indexanbietern (2011–2015) zeigen Abb. 2 und 3.

Da die theoretischen Entscheidungsgrundlagen für Portfolioinvestitionen häufig das Marktmodell liefert, sollen auch die sehr validen und interessanten Forschungsergebnisse von Peylo und Schaltegger (2014) in die abschließende Beschreibung des CSP-CFP-Zusammenhangs einfließen.

Die Ergebnisse dieser insgesamt neun Untersuchungen lassen sich nun wie folgt zusammenfassen:

- Die Beziehung zwischen CSP und CFP ist
  - grundsätzlich positiv,
  - überwiegend charakterisiert durch einen kausalen CSP-Einfluss auf die CFP und sie ist
  - stärker für proaktive CSP-Ansätze (gehen über rechtliche Verpflichtungen hinaus).[10]

---

[10] Diese Aussagen beziehen sich in der zugrunde liegenden Studie von Endrikat et al. (2014, S. 748) lediglich auf die CEP. Es kann aber als zulässig erachtet werden, die Ergebnisse auf das um soziale/ gesellschaftliche Aspekte erweiterte Konstrukt CSP zu übertragen.

Autor / Jahr	Gegenstand der Meta-Studien	Kernaussagen
Deutsche Bank / DB Climate Change Advisors 2012	4 Metastudien über 100 Einzelstudien 56 Forschungspapiere 2 Literatur-Reviews	- Unternehmen mit hohen CSR/ESG Ratings weisen niedrigere **Kapitalkosten** für Eigen- u. Fremdkapital aus; sie stellen damit fundamentalanalytisch ein geringeres Risiko dar. - Unternehmen mit hohen CSR/ESG Ratings weisen eine hohe Financial **Out-performance** auf (Markt-basiert und/oder Rechnungswesen-basiert).
Steinbeis-Hochschule Berlin Research Center for Financial Services 2013	13 Metastudien 73 Aktien/Anleihen-bezogene Studien 85 Fonds/Indices-bezogene Studien 24 weitere Studien	- Über alle Asset-Klassen hinweg existieren nur sehr wenige / keine Untersuchungen, die nachhaltigen Anlagen ein eindeutig schlechteres **Rendite-Risiko-Profil** zuweisen. - Tendenziell wirkten sich Nachhaltigkeitsaspekte bei einer Gesamtbetrachtung sogar (leicht) positiv aus.
Clark/Feiner/Viehs University of Oxford / Arabesque Partners 2014	126 empirische Studien und Meta-Studien	- Einhaltung solider ESG-Standards verringert die **Kapitalkosten**. (90% der Studien) - Verfolgung substantieller ESG-Praktiken führt zu einer Verbesserung der **operativen Leistung**. (88% der Studien) - **Aktienkursentwicklung** ist positiv beeinflusst durch gute NH-Politik. (80% der Studien)
Endrikat/Günther/Hoppe 2014	149 wissenschaftliche Studien, die in einem aufwändigen Verfahren selektiert worden sind (vor allem nach Bereitstellung statistischer Daten)	Die **Beziehung zwischen CEP und CFP** - ist grundsätzlich positiv - ist bidirektional kausal: mit positivem CEP-Einfluss auf CFP / mit teils positivem CFP-Einfluss auf CEP - variiert mit den CEP-Dimensionen (Prozess-bzw. Outcome-basiert) und den CFP-Dimensionen (Markt-bzw. Rechnungswesen-basiert) - ist stärker für proaktive CEP-Ansätze - ist beeinflusst durch das finanzielle Risiko des Unternehmens - unterliegt moderierenden Effekten, z.B. Datensätze nur aus einer Branche

CEP Corporate Environmental Performance
CFP Corporate Financial Performance

Abb. 2 Aktuelle Metastudien über den Zusammenhang von Corporate Sustainability Performance und Corporate Financial Performance. (Eigene Darstellung)

Autor / Jahr	Gegenstand der Studien v. NH-Rating/Index-Agenturen	Kernaussagen
sam/Robeco 2011	3 CS-optimierte Anlagestrategien (auf Basis des sam CSA Portfolios[1]) vs. sam CSA Portfolio	**2001-2010 (p.a.)** Outperformance Tracking error Information ratio ▪ 1. Sustainability Leaders 1,74% 3,27% 0,53% ▪ 2. Sustainability Laggards -1,87% 2,70% -0,69% ▪ 3. Long/Short (Lead./Lagg.) 3,68% 5,08% 0,72%
MSCI Applied Research 2013	3 ESG-optimierte Anlagestrategien (auf MSCI World-Basis) vs. MSCI World Index	**2007-2012 (p.a.)**[2] Outperformance Tracking error Information ratio ▪ 1. ESG exclusion -0,16% 0,66% -0,24% ▪ 2. simple ESG-tilt 0,05% 0,46% 0,10% ▪ 3. ESG momentum 0,35% 0,36% 0,97%
Börse Hannover (Index-Konzept von oekom research) 2013	Global Challenges Index (NH-Index der Börse Hannover) vs. DAX / MSCI World / EuroStoxx	**Performance 2007-2013 (kumuliert)** ▪ Global Challenges Index 29,3% ▪ DAX 8,97% ▪ MSCI World 17,1% ▪ EuroStoxx -20,5%
oekom research (Durchführung durch DPG[3]) 2015	oekom Prime Portfolio Large Caps vs. MSCI World Total Return Index	**Performance 2005-2014 (kumuliert)** **Risiko (Volatilität p.a.)** ▪ oekom Prime Portfolio 116,03% ▪ oekom Prime Portfolio 12,76% ▪ MSCI World 113,04% ▪ MSCI World 12,42%

[1] **CSA** Corporate Sustainability Assessment. Seit 2001 lassen Unternehmen ihre „Corporate Sustainability" von sam/Robeco bewerten, im Durchschnitt 465 weltweit. Diese Unternehmen werden in fünf Kategorien gleichmäßig aufgeteilt (Kat A: SustainabilityLeaders / Kat E: Sustainability Laggards)

[3] **DPG** Deutsche Performancemessungs-Gesellschaft für Wertpapierportfolios

[2] ESG exclusion: Ausschluss der Unternehmen mit dem niedrigsten ESG-Rating („CCC")
sipmle ESG-tilt: Übergewichtung/Untergewichtung der Unternehmen mit hohen/niedrigen ESG-Ratings
ESG momentum: Übergewichtung/Untergewichtung der Unternehmen, die ihr ESG-Rating in den vergangenen 12 Monaten verbessert/verschlechtert haben

Abb. 3 Aktuelle Studien von Nachhaltigkeitsratingagenturen und -indexanbietern über den Zusammenhang von Corporate Sustainability Performance und Corporate Financial Performance. (Eigene Darstellung)

- Unternehmen mit hohen Nachhaltigkeitsratings
  - weisen niedrigere Kapitalkosten aus und
  - erwirtschaften eine – i. d. R. leichte – finanzielle Outperformance sowohl bei marktbasierter (z. B. Aktienkurs) als auch bei rechnungswesenbasierter (z. B. RoA) Messung sowie bei quasi unverändertem Risiko.
- Der CSP-CFP-Zusammenhang ist
  - nicht linear,
  - bis zu einem Wendepunkt steigt mit anwachsender CSP auch die CFP,
  - eine weiter anwachsende CSP führt dagegen wieder zu einer CFP-Reduzierung (Peylo und Schaltegger 2014, S. 122).[11]
- Unternehmen mit höheren Nachhaltigkeitsintensitäten reagieren in Marktkrisenphasen mit geringeren Kursabschlägen, verfügen demnach über eine stärkere Resilienz gegenüber ungünstigen Marktentwicklungen (Peylo und Schaltegger 2014, S. 122).

5 Schlussfolgerungen

Für alle vier Kategorien von Vorteilhaftigkeitsprüfungen (Aktien, Anleihen, Kapitalmarktzugang, Immobilienprojekte) liegen belastbare Untersuchungsergebnisse darüber vor, dass die Verfolgung einer nachhaltigen Unternehmensführung keine finanziellen Nachteile zur Folge hat, sondern im Gegenteil i. d. R. unterschiedliche positive finanzielle Effekte bewirkt.

Diese Erkenntnis ist von entscheidender Bedeutung, wenn es um eine grundsätzliche Entscheidung für die nachhaltigkeitsorientierte Ausrichtung der Geschäftsstrategie geht oder auch um die Bewertung einzelner strategischer Optionen. Rein finanzielle Gründe rechtfertigen keinesfalls mehr die Ablehnung des Nachhaltigkeitsparadigmas in der Unternehmensführung. Daher müssen sich CFOs viel eher die Frage stellen (lassen), ob sie gewillt sind, durch die Ignorierung von Nachhaltigkeit in der strategischen Steuerung ihres Unternehmens auf dringend benötigte Wettbewerbsvorteile zu verzichten bzw. sogar Wettbewerbsnachteile in Kauf zu nehmen, wenn entscheidende Wettbewerber sich bereits entsprechend positionieren.

Fakt ist zudem, dass aktuell 66 % der ranghohen Manager zwischenzeitlich davon ausgehen, dass es auf lange Sicht (fünf bis zehn Jahre) eine kausale Verbindung gibt zwischen der Verfolgung von ESG-Zielen und der finanziellen Performance des Unter-

---

[11] Dieses Ergebnis korrespondiert mit der phänomenologischen Beschreibung des „business case for sustainability" durch Schaltegger, der für das einzelne Unternehmen plausibel feststellt, dass bei immer weiteren Investitionen z. B. in Abfallvermeidung der Grenzertrag der Maßnahmen ab einer gewissen Grenze nicht mehr die durch sie entstehenden Kosten deckt (Schaltegger und Synnestvedt 2002, S. 341 f.).

nehmens (The Economist 2014, S. 7).[12] Und schon 2012 sahen 49 % (35 %) der CFOs eine starke (leichte) Verbindung zwischen der Nachhaltigkeitsperformance und der finanziellen Performance ihres Unternehmens (Deloitte 2012, S. 4).[13]

Literatur

Barthruff C (2014) Nachhaltigkeitsinduzierte Kreditrisiken. Empirische Untersuchung über die Wirkungszusammenhänge zwischen Nachhaltigkeits- und Kreditrisiken unter besonderer Berücksichtigung des Klimawandels. Springer Gabler, Wiesbaden

Bergius S (2015) Nachhaltigkeit rechnet sich nachweislich. Handelsbl Bus Brief Nachhalt Invest 7:2–4

Chegut A, Schenk H, Scholtens B (2011) Assessing SRI fund performance research: best practices in empirical analysis. Wiley Online Library, Erstveröffentlichung 16.2.2011, doi:10.1002/sd.509

Cheng B, Ioannou I, Serafeim G (2014) Corporate social responsibility and access to finance. Strateg Manage J 35(1):1–23

Deloitte (2012) Sustainability: CFOs are coming to the table

EFFAS/DVFA (2010) KPIs for ESG. A guideline for the integration of ESG into financial analysis and corporate valuation. Version 3.0, Frankfurt a. M.

Endrikat J, Günther E, Hoppe H (2014) Making sense of conflicting empirical findings: a meta-analytic review of the relationship between corporate environmental and financial performance. Eur Manage J 32(5):735–751

European Commission (DG Energy) (2013) Energy performance certificate in buildings and their impact on transaction prices and rents in selected EU countries. Final report, Brussels 19.4.2013

Günther E, Hoppe H (2014) Merging limited perspectives. A synopsis of measurement approaches and theories of the relationship between corporate environmental and financial performance. J Ind Ecol 18(5):689–707

oekom research (2014) Die Bedeutung von Nachhaltigkeitskriterien für die Beurteilung von Anlagechancen und -risiken bei Unternehmensanleihen. München

Orlitzky M et al (2003) Corporate social and financial performance: a meta-analysis. Organ Stud 24(3):403–441

Peylo BT (2012) A synthesis of modern portfolio theory and sustainable investment. J Invest 21(4):33–46

Peylo BT, Schaltegger S (2014) An equation with many variables: unhiding the relationship between sustainability and investment performance. J Sustain Finance Invest 4(2):110–126

RobecoSam (2015) RobecoSam's corporate sustainability assessment companion, Zürich. http://www.sustainability-indices.com/library/publications.jsp. Zugegriffen: 6. Aug. 2015

Schaltegger S, Synnestvedt T (2002) The link between ‚green' and economic success: environmental management as the crucial trigger between environmental and economic performance. J Environ Manage 65(4):339–346

---

[12] Im Rahmen der Studie über das Nachhaltigkeitsmanagement ihrer Unternehmen wurden 285 Senior-Executives aus Europa, Nordamerika und Asien/Pazifik befragt, zusätzlich gab es acht Tiefeninterviews. Einen Umsatz von mehr als 500 Mio. USD hatten 37 % der Unternehmen und 58 % der Unternehmen kamen aus Industrieländern.

[13] Im Rahmen der Studie über den Wandel der Haltung des CFO gegenüber Nachhaltigkeitsthemen wurden die CFO von 250 Unternehmen in 14 Ländern auf fünf Kontinenten befragt, jeweils mit einem Umsatz von über 1,0 Mrd. USD (Durchschnitt: 12,0 Mrd. USD).

Schreck P (2009) The business case for corporate social responsibility. Understanding and measuring economic impacts of corporate social performance. Physica-Verlag, Heidelberg

Schröder M (2014) Performance nachhaltiger und konventioneller Kapitalanlagen im Vergleich. In: Faust M, Scholz S (Hrsg) Nachhaltige Geldanlagen. Produkte, Strategien und Beratungskonzepte, 2. Aufl. Frankfurt School, Frankfurt a. M.

Schulz T (2014) CFO-Agenda: Gute Gründe, Nachhaltigkeit auf die Tagesordnung zu setzen. In: Schulz T, Bergius S (Hrsg) CSR und Finance. Beitrag und Rolle des CFO für eine Nachhaltige Unternehmensführung. Springer Gabler, Berlin, S. 3–34

Societe Generale (2013) SRI: Beyond integration. Positive ESG ratings linked to material stocks outperformance. Präsentation 27.9.2013. http://www.sustainalytics.com/socgen_report_esg_company_financial_performance. Zugegriffen: 4. Aug. 2015

The Economist Intelligence Unit (2014) New business models. Shared value in the 21st century, Report, London

U.S. Green Building Council (USGBC) (2014) High performance building benefits and investment costs. Spring, Washington DC

Dr. Thomas Schulz ist Inhaber der BNU Beratung für Nachhaltige Unternehmensführung.

Die Themenfelder Rechnungswesen, Controlling, Finanzmanagement und Kapitalmärkte waren über viele Jahre bestimmend für seine akademische und berufliche Karriere, u. a. European Business School (Promotion), Horváth & Partners und Deutsches Institut für Betriebswirtschaft. Seit 2009 schlägt Dr. Schulz als Managementberater, Trainer und Publizist die Brücke zwischen traditioneller Betriebswirtschaftslehre und nachhaltiger Unternehmensführung.

Die BNU berät mittelständische Unternehmen und Konzerne in allen strategischen und speziellen operativen Fragen einer nachhaltigen Unternehmensführung. Im Mittelpunkt stehen dabei die Nachhaltigkeitsausrichtung der Geschäftsstrategie und ihre Implementierung in die einzelnen Funktions- und Geschäftsbereiche. Ein besonderer Fokus liegt dabei in der Gestaltung von Lösungen, die die finanzielle Position (Ergebnis, Wert, Risiko) eines Unternehmens langfristig verbessern.

Lohnt sich Nachhaltigkeitsmanagement? Mindsets, „business cases" und Strategie

Stefan Schaltegger

1 Einleitung

Angesichts der steigenden öffentlichen Wahrnehmung wird die Frage immer wieder gestellt, ob sich Nachhaltigkeitsengagement oder -management lohnt (vgl. z. B. Hart und Ahuja 1996). Auch wenn diese Frage schon seit zwei Jahrzehnten wiederholt gestellt wird und eine Vielzahl an statistisch-empirischen Untersuchungen zu keinem eindeutigen Ergebnis kommt (vgl. z. B. Margolis und Walsh 2003), so existieren nach wie vor Unsicherheiten, Vorurteile und Vorbehalte hinsichtlich der ökonomischen Bedeutung von Nachhaltigkeitsaspekten für Unternehmen. Diese Unsicherheiten hemmen die intensivere sachorientierte Auseinandersetzung mit dem Themengebiet. Interessanterweise führt genau die unsicherheitsbedingte mangelnde Auseinandersetzung mit Nachhaltigkeit häufig dazu, dass auch ökonomische Chancen vergeben oder unnötige Risiken eingegangen werden (vgl. z. B. Alexander 2007). Immer noch zu häufig werden aus einer Position mangelnden Wissens – je nach gedanklicher Vorspurung, also je nach Mindset – einerseits die ökonomischen Vorteile unternehmerischer Nachhaltigkeit „heruntergebetet" oder aber Zweifel am Nutzen einer Nachhaltigkeit sehr grundsätzlich berücksichtigenden Unternehmensstrategie postuliert.

Noch immer haftet der Nachhaltigkeitsthematik der weitverbreitete Aberglaube an, v. a. Kosten zu verursachen (vgl. z. B. Friedman 1970; Xepapadeas und de Zeeuw 1999). Nachhaltigkeit wird dann oft mit Philanthropie gleichgesetzt und entsprechend außerhalb des Kerngeschäfts behandelt. Aus dieser Sicht sind Nachhaltigkeitsprojekte Gaben an in die Gesellschaft, die man sich in Luxuszeiten erlauben kann; sie erhalten aber nicht den

S. Schaltegger (✉)
Centre for Sustainability Management (CSM), Leuphana Universität Lüneburg, Scharnhorststr. 1, 21335 Lüneburg, Deutschland
E-Mail: schaltegger@leuphana.de

Charakter von strategisch relevanten Managementhandlungen. Dieser Aberglaube erweist sich jedoch sowohl empirisch als auch konzeptionell als falsch (vgl. z. B. Porter und van der Linde 1995; Porter und Esty 1998; Margolis und Walsh 2003; Orlitzky et al. 2003; Wagner und Schaltegger 2004; Alexander 2007; von Weizsäcker et al. 2009; Beckmann et al. 2014).

Selbstverständlich kann, wie bei anderen Managementaufgaben auch, eine falsche Berücksichtigung von Umwelt- und Sozialaspekten in der Tat hohe Kosten verursachen. Viele erfolgreiche Praxisbeispiele zeigen jedoch, dass eine intelligente Berücksichtigung von Nachhaltigkeitsaspekten auch erhebliche Kosteneinsparungen ermöglicht und substanziell zum Unternehmenserfolg beitragen kann (z. B. von Weizsäcker et al. 2009).

Daraus ergibt sich, dass aus Managementsicht ein differenzierter Umgang mit Nachhaltigkeitsthemen erforderlich ist. Es sind die Nachhaltigkeitsmaßnahmen zu identifizieren, die erstens einen Beitrag zur Lösung relevanter ökologischer und sozialer Probleme leisten und zweitens sind sie so auszugestalten, dass sie in der Umsetzung den wirtschaftlichen Erfolg des Unternehmens stärken. Dies ist vereinfacht ausgedrückt das Vorgehen zur Schaffung von sog. „business cases for sustainability" (Schaltegger 2011). Dabei besteht die Herausforderung, Nachhaltigkeitsmaßnahmen so weiterzuentwickeln und differenziert auszugestalten, dass sie zur Risikominderung, Chancenrealisierung, Kostensenkung, Innovations- oder Reputationssteigerung beitragen oder mit einer Geschäftsmodellinnovation neue Geschäftsfelder erschließen.

Dieser Beitrag diskutiert zuerst, was unter Nachhaltigkeitsmanagement verstanden werden kann und welche Mindsets das Verständnis prägen können. Je nach gedanklicher Vorspurung ergeben sich ganz andere Folgerungen, die auch die strategische Bedeutung von Nachhaltigkeit für das Unternehmen maßgeblich prägen. Danach werden der Zusammenhang zwischen unternehmerischer Nachhaltigkeit und Unternehmenserfolg am sog. „business case for sustainability" und Ansatzpunkte zur Verknüpfung von Umwelt- und Sozialaspekten mit dem Unternehmenserfolg aufgezeigt.

2 Mindsets und Verständnisse von Nachhaltigkeitsmanagement

Je nach Überzeugung des Managements und der Vorstellung, in welchem Zusammenhang freiwillige Umwelt- und Sozialmaßnahmen zum Unternehmenserfolg stehen, lassen sich andere Arten von Nachhaltigkeitsmaßnahmen ableiten und andere strategische Folgerungen ziehen (Schaltegger und Burritt 2015). Eine mögliche Unterteilung von Mindsets ist:

- *Nachhaltigkeit als lästiger Kostentreiber:* Wird Nachhaltigkeit primär als Druck und Belästigung in der täglichen Befassung mit den wirtschaftlichen Aufgaben empfunden. Es besteht die Vorstellung, dass Nachhaltigkeit primär oder ausschließlich Kosten verursacht (Friedman 1970; Xepapadeas und Zeeuw 1999). Diese verbreitete Clichévorstellung, dass freiwillige Umwelt- und Sozialmaßnahmen ohnehin nur Kosten verursachen würden, kann dazu beitragen, dass Grundkenntnisse des Nachhaltigkeitsmanagements nicht erarbeitet werden und nur dann mit Umwelt- und Sozialmaßnahmen reagiert wird, wenn der äußere Druck durch Medien, Nichtregierungsorganisationen, Behörden usw. dies unumgänglich macht. In der Folge werden reaktiv Maßnahmen getätigt, die entweder philanthropischen Charakter haben, um das gesellschaftliche Umfeld des Unternehmens zu beruhigen oder End-of-pipe-Maßnahmen getätigt, um unerwünschte Umweltwirkungen zu mindern. Im Sinn einer Selffulfilling Prophecy bestätigen diese Maßnahmen im Regelfall dann auch die gedankliche Vorspurung, dass Nachhaltigkeit nur Kosten verursacht.

- *Nachhaltigkeit als gesellschaftlich-kommunikatives Phänomen, das Reputationschancen bietet*: Die hohe gesellschaftliche und mediale Beachtung des Themengebiets (vgl. z. B. Schaltegger et al. 2003) kann aber auch als Chance zur Steigerung der Reputation von sich selbst und des Unternehmens empfunden werden. Dementsprechend werden ökologische und soziale Modethemen gesucht oder Themen, die im gesellschaftlichen Umfeld zweifelsfrei positiv besetzt sind, und entsprechende sichtbare Aktivitäten getätigt: Nachhaltigkeit als Spielfeld der eigenen Inszenierung. Dies kann zwar zu einem sog. Greenwashing führen, wenn keine entsprechend substanziellen Handlungen hinter der Kommunikation stehen, muss aber nicht zwingend der Fall sein. Vielmehr kann Nachhaltigkeitsmanagement auch dann ausschließlich reputationsorientiert ausgestaltet sein, wenn die umgesetzten Maßnahmen Wirkung erzielen und keine kommunikative Übertreibung erfolgt. Die Auswahl und Ausgestaltung des Nachhaltigkeitsmanagements orientiert sich allerdings nicht nach zu bewältigenden Problemen, sondern an der Popularität eines Themas und dem Reputationspotenzial von Maßnahmen.

- *Nachhaltigkeit als sachliche Geschäftsaufgabe:* Andere Manager sehen Nachhaltigkeit als eine „business challenge", also eine geschäftliche Herausforderung, die wie andere Herausforderungen an das Kerngeschäft mit möglichst hoher Qualität und der Erfüllung von internationalen Standards möglichst exzellent zu bewältigen ist. Sachlich betrachtet sind Themen wie Gesundheit am Arbeitsplatz oder Energie-, Material- und Ressourceneffizienz (z. B. von Weizsäcker et al. 2009) von Interesse oder auch Themen der Ausgestaltung von Produkten (Hansen et al. 2010; Schaltegger et al. 2012), die in der Konsum- und Entsorgungsphase möglichst keine negativen Wirkungen verursachen sollen. Die Lieferketten und Produkte werden mit Ökobilanzen untersucht und optimiert, die Produktionsprozesse auf die Einhaltung von DIN- und ISO-Normen geprüft, Audits durchgeführt, um hohe Qualitätsziele zu erreichen und eine Berichterstattung nach internationalen Standards erarbeitet (BMU et al. 2007). Nachhaltigkeitsmanagement ist in dieser Perspektive ein technokratischer Prozess der betriebswirtschaftlichen Optimierung (Schaltegger und Figge 2000).

- *Nachhaltige Entwicklung als Koproduktion von Stakeholdern und Unternehmen:* Ferner kann nachhaltige Entwicklung auch als ein partizipativer Innovationsprozess (vgl. z. B. Hansen et al. 2010) mit Stakeholdern (Freeman 1984) gesehen werden, mit denen man gesellschaftliche Herausforderungen gemeinsam angehen und auf unternehmerische Weise erfolgreich bewältigen will. Aus der intensiven Auseinandersetzung mit Stakeholdern und der Zusammenarbeit mit ihnen werden Lösungswege entwickelt, wie das Unternehmen zusammen mit gesellschaftlichen Akteuren die identifizierten Umwelt- und Sozialprobleme angehen kann (vgl. z. B. Schaltegger et al. 2012). Die Umsetzung der vereinbarten Projekte erfolgt in institutionalisierten Austausch- und Kooperationsprozessen. Das daraus entwickelte Nachhaltigkeitsmanagement hat einen partizipativ Charakter der Koproduktion von Umwelt- und Sozialösungen.

Zusammenfassend zeigt diese Unterscheidung von gedanklichen Vorspurungen, wie freiwillige Umwelt- und Sozialmaßnahmen und Unternehmenserfolg im Zusammenhang stehen, dass sich je nach Mindset andere Folgerungen für die Art des Nachhaltigkeitsmanagements ergeben und auch andere Strategien im Umgang mit Nachhaltigkeit ableiten lassen. Des Weiteren ermöglicht diese Unterscheidung eine Verortung des Mindsets, das hinter der Frage steht, ob sich Nachhaltigkeit für ein Unternehmen lohnt.

3 Weshalb ist „Lohnt sich das?" die falsche Frage?

Lohnt sich Nachhaltigkeitsmanagement? Diese viel gestellte Frage ist aus einer differenzierten Betrachtung der vielfältigen Zusammenhänge zwischen freiwilligen Umwelt- und Sozialmaßnahmen und dem Unternehmenserfolg als falsch gestellt zu bewerten. Erstens impliziert die generell formulierte Fragestellung, dass es nur eine generelle Antwort gibt, entweder Ja oder Nein (Lohnt sich Nachhaltigkeit? – Ja oder nein?). Zweitens hat die Frage einen auf Eindeutigkeit ausgerichteten Charakter, womit sie impliziert, dass ein automatischer Zusammenhang besteht. Es ist entweder so oder anders. Würde die Frage weitere Antworten zulassen wollen oder Varianten zwischen Ja und Nein als Möglichkeit in Betracht ziehen, so müsste gefragt werden, unter welchen Umständen oder bei welcher Ausgestaltung sich Nachhaltigkeit für ein Unternehmen lohnt. Die Fragestellung spiegelt damit ein eindeutiges Mindset wider, das im Regelfall Nachhaltigkeit als lästiger Kostentreiber bewertet (also die Frage implizit auch schon mit Nein beantwortet). Vertritt jemand die seltene Vorstellung, dass Nachhaltigkeit auf alle Fälle immer den Geschäftserfolg erhöht, so würde sich die Frage, ob sich Nachhaltigkeit lohnt, erübrigen.

Richtigerweise ist also danach zu fragen, wie Umwelt- und Sozialmaßnahmen ausgestaltet werden müssen, damit sie einen wirksamen Beitrag zur Lösung wesentlicher Nachhaltigkeitsprobleme leisten und zum Unternehmenserfolg beitragen. Damit stellt sich auch die Frage, was unter Nachhaltigkeitsmanagement verstanden werden kann.

Betrachtet man diese Mindsets und die sich hieraus ergebenden Folgerungen für die Ausgestaltung des Nachhaltigkeitsmanagements, so kann der Zweck des unternehmerischen Nachhaltigkeitsmanagements als die integrative Steuerung von ökologischen, sozialen und ökonomischen Wirkungen gesehen werden, um erstens einen positiven Beitrag des Unternehmens zur nachhaltigen Entwicklung der gesamten Wirtschaft und Gesellschaft sicherzustellen und zweitens dies mit einer nachhaltigen Unternehmens- und Geschäftsentwicklung zu verknüpfen. Unternehmerisches Nachhaltigkeitsmanagement umfasst damit alle systematischen, koordinierten und zielorientierten unternehmerischen, partizipativen Aktivitäten, die der nachhaltigen Entwicklung einer Unternehmung in Zusammenarbeit mit seinen Stakeholdern dienen und eine nachhaltige Entwicklung der Wirtschaft und Gesellschaft fördern (Schaltegger und Burritt 2005). Nachhaltigkeitsmanagement ist damit weder eine ausschließlich auf die interne Organisationsentwicklung reduzierte innerbetriebliche Übung noch eine philanthropische Luxusaktivität, sondern ein Organisationsentwicklungsansatz, der in Kooperation mit gesellschaftlichen Stakeholdern sowohl die Wertschöpfungs- und Lieferkette, als auch das standörtliche Umfeld von Werken, das Medienumfeld, die Gesellschaft und die natürliche Umwelt aktiv berücksichtigt. Management wird demnach als ein Prozess verstanden, in dem ein Netzwerk an Personen, die von einer Kerngruppe (dem Management) geleitet werden, eine (nachhaltige) Entwicklung von Leistungserstellungsnetzwerken und ihren Wirkungen im weitesten Sinn gestalten bzw. unternehmen.

Nachhaltigkeitsmanagement umfasst auch die Koordination und Integration des Umwelt- und des Sozialmanagements mit dem konventionellen betrieblichen Management. Da die meisten Unternehmen zur Erstellung ökonomischer Leistungen geschaffen und geführt werden (ansonsten würde man eine Non-Profit-Organisation einrichten), müssen Umwelt- und Sozialmanagement mit dem Kerngeschäft verknüpft und wirtschaftlich ausgerichtet werden. Stellt Nachhaltigkeitsmanagement ein Parallelsystem zum konventionellen betriebswirtschaftlichen Management dar, so besteht die Gefahr, dass es in Luxuszeiten nebenbei betrieben und in der Rezession vernachlässigt oder gar abgebaut wird. Aufgrund der hohen Bedeutung von Umwelt- und Sozialaspekten erweisen sich isolierte, parallel betriebene Umwelt- und Sozialmanagementsysteme und das späte Reagieren auf äußere Zwänge meist als ein Bumerang. Demgegenüber können vom Nachhaltigkeitsmanagement Impulse für die Weiterentwicklung des Kerngeschäfts ausgehen, zum Beispiel für die Entwicklung von Produktions-, Produkt- und Geschäftsmodellinnovationen, aber auch für das Risiko- und Kostenmanagement. Nachhaltigkeitsmanagement ist damit eine integrative Querschnittsaufgabe der Unternehmensführung, dessen Potenzial systematisch identifiziert und bewusst gemanagt werden muss, um einen positiven Beitrag zum Unternehmenserfolg zu erzielen.

4 Was kann unter „business cases for sustainability" verstanden werden?

Erstaunlich oft wird übersehen, dass nicht nur marktliche, sondern auch außermarktliche Umwelt- und Sozialaspekte ökonomisch relevant sind und eine mangelnde Beachtung den wirtschaftlichen Erfolg beeinträchtigen kann. Etliche Nachhaltigkeitsthemen haben heute schon einen marktlichen Charakter. Kosteneinsparungen durch Verminderung des Materialverbrauchs in der Produktion äußern sich im Rechnungswesen und können offensichtlich erfolgsrelevant sein. Demgegenüber entwickeln sich viele Umwelt- und Sozialthemen gerade nicht innerhalb des Markts, sondern im gesellschaftlichen Umfeld: sie haben oft einen außermarktlichen Charakter. Kinderarbeit bei Vorlieferanten ist ein einschlägiges

Beispiel hierfür. Unabhängig davon, wie Nachhaltigkeitsaspekte extern auf ein Unternehmen und den Unternehmenserfolg einwirken, steht das Management vor der Herausforderung, die unternehmensinternen Zusammenhänge zwischen der freiwilligen Berücksichtigung von Umwelt- und Sozialaspekten und dem Unternehmenserfolg zu erkennen und zu managen. Häufig sind die grundsätzlichen Zusammenhänge zwischen Nachhaltigkeit und Unternehmenserfolg nicht bekannt. Die möglichen unternehmensinternen Zusammenhänge zwischen freiwilligen ökologischen und sozialen Aktivitäten und ökonomischem Erfolg zeigt Abb. 1 (Schaltegger und Synnestvedt 2002).

Die gepunktete und die durchgezogene Kurve in Abb. 1 stellen zwei grundsätzlich unterschiedliche Mindsets dar, wie sich freiwillige Umwelt- und Sozialmaßnahmen auf den ökonomischen Erfolg des Unternehmens auswirken. Einerseits existiert die kostenorientierte Vorstellung, dass Umwelt- und Sozialaktivitäten, die über die Erfüllung der Gesetze hinausgehen, nur Kosten verursachen und in Konflikt mit dem Ziel des wirtschaftlichen Erfolgs stehen (von links nach rechts nach unten abfallende gepunktete Linie in Abb. 1). Diese Ansicht geht davon aus, dass jede Umwelt- und Sozialmaßnahme (Bewegung nach rechts) den ökonomischen Erfolg reduziert (fallender Verlauf der gepunkteten Linie). Typischerweise angeführte Beispiele sind End-of-pipe-Maßnahmen wie Kläranlagen, Lärmschutzwände, Deponien oder Filter im Umweltschutz.

Demgegenüber besteht die Überzeugung, dass durch betriebliche Umwelt- und Sozialmaßnahmen die wirtschaftliche Leistung verbessert werden kann, also ein positiver Zusammenhang besteht (oberer Aufwärtsbogen der durchgezogenen Linie). Da nicht unendlich viele Umwelt- und Sozialmaßnahmen den ökonomischen Erfolg weiter erhöhen, wird der maximale wirtschaftliche Erfolg beim mit einem dicken Kreis gekennzeichneten

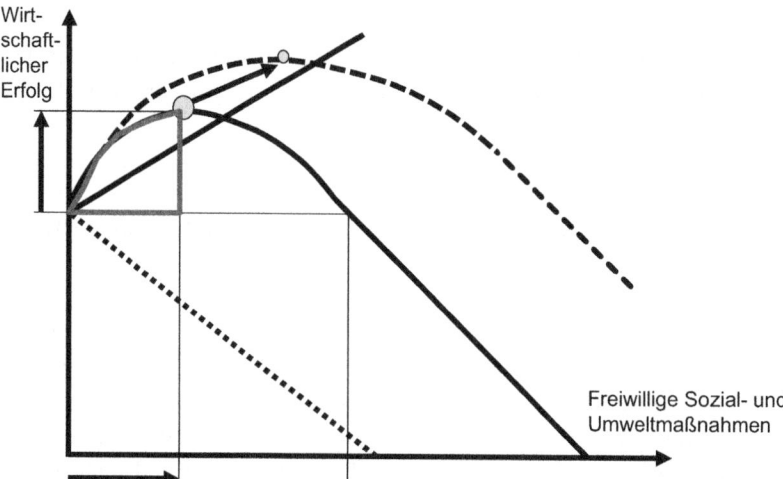

Abb. 1 Zusammenhänge zwischen freiwilligen ökologischen und/oder sozialen Aktivitäten (*horizontale Achse*) und ökonomischem Erfolg (*vertikale Achse*). (Schaltegger und Synnestvedt 2002; Schaltegger et al. 2012)

Punkt erreicht. Ab diesem Punkt reduzieren weitere ökologische und soziale Maßnahmen dann den wirtschaftlichen Erfolg. Typische Beispiele für einen positiven Zusammenhang zwischen freiwilligen Nachhaltigkeitsmaßnahmen und Unternehmenserfolg sind eine Kostenreduktion durch gesteigerte Energiesparmaßnahmen. Während reputationsorientierte Personen gewisse Möglichkeiten eines positiven Zusammenhangs erkennen und gegebenenfalls auch nutzen können, werden Manager mit dem dritten oben skizzierten Mindset (Nachhaltigkeit als sachliche Geschäftsaufgabe) im Regelfall den Maximalpunkt für den ökonomischen Erfolg (also den mit einem dicken Kreis gekennzeichneten Wendepunkt am oberen Ende der Kurve) anstreben.

In einem ersten Schritt bewegt sich damit der Zusammenhang zwischen einem Umwelt- und Sozialengagement und dem Unternehmenserfolg im Spektrum zwischen der gepunkteten und der durchgezogenen Kurve in Abb. 1. Dies zeigt, dass es für die Schaffung von „business cases" unternehmerischer Nachhaltigkeit weniger auf die Anzahl an Nachhaltigkeitsaktivitäten ankommt, als auf die Art und Weise, wie das Nachhaltigkeitsmanagement ausgestaltet wird. Je nach Ausgestaltung wird der Zusammenhang zwischen freiwilligen Umwelt- und Sozialmaßnahmen positiv oder negativ auf den Unternehmenserfolg wirken. „Business cases for sustainability" werden in einem ersten Schritt mit Bewegungen in das „Kuchenstück" zwischen dem Ausgangspunkt auf der vertikalen Achse und dem Maximalpunkt auf der Kurve (dicker Punkt) in Abb. 1 geschaffen, wenn mit einer Umwelt- oder Sozialmaßnahme der ökonomische Erfolg erhöht wird.

Aus Sicht des dritten Mindsets (Nachhaltigkeit als Geschäftsherausforderung) besteht die Herausforderung für das Management demnach darin, diejenigen ökologischen und sozialen Aktivitäten zu identifizieren, die den ökonomischen Erfolg am meisten stärken, und diese Maßnahmen so umzusetzen, dass die Kosten plangemäß niedrig gehalten werden, um den ökonomischen Erfolg zu maximieren.

Demgegenüber streben Manager mit dem vierten Mindset, also der Vorstellung, dass nachhaltige Entwicklung als Koproduktion von Stakeholdern und dem Unternehmen zu sehen ist, auch eine Verschiebung der Kurve nach rechts oben an (gestrichelte Linie oben rechts in Abb. 1). Durch die Zusammenarbeit mit gesellschaftlichen Stakeholdern wird nach neuen Wegen gesucht, die Umwelt- und Sozialherausforderungen zu bewältigen. Dies kann auch darin münden, neue Organisationen zu etablieren, deren Aufgabe in der Entwicklung, Überprüfung und Einhaltung von Standards für nachhaltiges Wirtschaften besteht. Beispiele hierfür sind das Forest Stewardship Council und das Marine Stewardship Council. Beide Organisationen wurden in der Zusammenarbeit zwischen Unternehmen und Nichtregierungsorganisationen geschaffen, definieren Regeln der nachhaltigen Forst- bzw. Fischereiwirtschaft und auditieren sowie zertifizieren entsprechende Betriebe. Damit wurden neue Regeln und Marktdifferenzierungsmöglichkeiten geschaffen, die es zuvor nicht gab. Die veränderten Rahmenbedingungen unterstützen eine wirtschaftliche Bewältigung von ökologischen Herausforderungen und führen zur Verschiebung der Kurve in Abb. 1 nach rechts oben. In einem zweiten Schritt werden „business cases for sustainability" demnach mit Vergrößerungen des „Kuchenstücks" in Abb. 1 geschaffen, da die obere Kurve nach rechts außen verschoben und damit die Fläche zwischen dem Ausgangspunkt auf der vertikalen Achse und dem neuen Maximalpunkt auf der Kurve (kleinerer, höher gelegener Punkt) vergrößert wird.

Das nächste Kapitel stellt sich die Frage nach den Ansatzpunkten, um „business cases" unternehmerischer Nachhaltigkeit zu entwickeln.

5 Treiber von „business cases" unternehmerischer Nachhaltigkeit

Die Beurteilung der Wirkung von Umwelt- und Sozialaktivitäten auf den Unternehmenserfolg kann anhand der Treiber erfolgen, aus denen sich der wirtschaftliche Erfolgsbeitrag des Unternehmens auch aus konventioneller Sicht zusammensetzt. Die ökonomischen Wirkungen von Nachhaltigkeitsmaßnahmen können zu einer Verbesserung oder Verschlechterung folgender ökonomischer Erfolgstreiber führen (Schaltegger 2011; Schaltegger et al. 2012):

- Kosten;
- Umsatz, Preis und Gewinnmarge;
- Risiko;
- Reputation, intangible Werte und Markenwert;
- Innovation (Prozesse, Produkte, Geschäftsmodell);
- weitere Faktoren wie Arbeitszufriedenheit mit Einfluss auf die o. g. Aspekte.

Nachhaltigkeitsmaßnahmen können anhand dieser Treiber grundsätzlich checklistenartig geprüft werden, wobei auch kombinierte Wirkungen und Folgewirkungen möglich sind (z. B. kann eine höhere Reputation den Umsatz steigern).

Während Kostensteigerungen durch Umwelt- und Sozialmaßnahmen meist rasch erkannt werden, müssen *Kostenreduktionspotenziale* gezielt gesucht und gemanagt werden. Dies liegt einerseits daran, dass Kosten von Umweltmaßnahmen i. d. R. auch entsprechend benannt werden (z. B. Kosten der Kläranlage, Personalkosten der Gleichstellungsbeauftragten) während kostensenkende Wirkungen im Rechnungswesen meist eine andere Bezeichnung haben (z. B. geringere Material- oder Energiekosten). Ansatzpunkte zur Kostensenkung bestehen in der Dematerialisierung von Produktionsprozessen (z. B. durch Abfallvermeidungs- und Wassersparmaßnahmen). Dass besonders integrierte Umweltschutzmaßnahmen bedeutende und auch für das Management unerwartete Kosteneinsparpotenziale haben können, wurde v. a. mit der Entwicklung der Materialflussrechnungsmethoden und ihrer Anwendung in der Praxis deutlich.

Die Erhöhung von *Umsatz, Preis und Gewinnmarge* kann nur gelingen, wenn der Kundennutzen ausdrücklich beachtet wird. Eine ökologische und soziale Produktausgestaltung kann einer Differenzierung auf dem Markt und der Wettbewerbspositionierung des Unternehmens helfen. Dabei ist die Ausgestaltung der Nachhaltigkeitsmaßnahmen mit der Wettbewerbsstrategie in Einklang zu bringen. So sind bei Preisführerschaft eher kostensenkende und für Qualitätsführerstrategien eher differenzierende Nachhaltigkeitsmaßnahmen naheliegend.

Gesellschaftliche *Risiken* betreffen oft eine gesamte Branche (d. h. sie haben einen systematischen Charakter, wie Energiesteuern für die Ölindustrie), können jedoch auch einzelne Unternehmen sehr unsystematisch treffen (wie z. B. Betriebsunfälle in Produktionsbetrieben). Selbst mittelständische Unternehmen, die selten einem Boykottaufruf ausgesetzt sind, können in ihrer Rolle als Lieferanten großer Markenartikelanbieter dennoch von solchen ebenso betroffen sein. Beide Arten von Risiken können für Unternehmen ein substanzielles Ausmaß bis zur Existenzgefährdung annehmen. Das Risikomanagement muss entsprechend angepasst werden.

Nachhaltigkeitsthemen können die *Unternehmens- und Markenreputation* beeinflussen. Immaterielle Nachhaltigkeitswerte können die Marke stärken und die Kundengewinnung und -bindung unterstützen. Eine Vernachlässigung kann die Reputation rasch für sehr lange Zeit schädigen und hohe Marketingkosten für den Wiederaufbau des Markenwerts mit sich führen. Enron oder Schlecker sind bekannte Beispiele, wie existenziell derartige Reputationsschäden sein können.

Die intensive Befassung mit neuen Produkten, Produktdienstleistungsangeboten und Geschäftsmodellen, die zur Lösung bestimmter Umwelt- und Sozialprobleme beitragen, kann ein wichtiger Innovationstreiber sein, der Märkte und Wettbewerbspositionen verändern kann.

Selbstverständlich können weitere Faktoren ökonomisch relevant sein, wie die Arbeitszufriedenheit oder Attraktivität als Arbeitgeber, wenn soziale und ökologische Themen fortschrittlich angegangen werden. Eine systematische Prüfung unterschiedlicher Maßnahmen zur Bewältigung von Umwelt- und Sozialproblemen des Unternehmens und der Lieferketten sowie der Produkte, ihres Konsums und der Entsorgung kann bezüglich der jeweiligen Wirkungen auf Kosten, Umsatz und Margen, Risiko, Reputation und Markenwert sowie Innovation und Arbeitgeberattraktivität erfolgen und der Entwicklung von Ansätzen dienen, die auch den Unternehmenserfolg stärken.

6 Strategische Konsequenzen und Ausblick

Dieser Beitrag hat zu Beginn die Erkenntnis dargelegt, dass Nachhaltigkeitsthemen einen merklichen Einfluss auf den Unternehmenserfolg ausüben können und dass kein genereller und schon gar kein automatischer Zusammenhang zwischen Nachhaltigkeit und Unternehmenserfolg besteht. Während viele die Konflikte und Widersprüche zwischen gewissen sozialen und ökologischen Maßnahmen zu ökonomischen Zielen gerne betonen, wurde hier dargelegt, dass dies für das Nachhaltigkeitsmanagement wenig zielführend ist. Selbstverständlich bestehen, wie auch im konventionellen Management, immer wieder gegenläufige Wirkungen von geplanten oder realisierten Projekten oder Maßnahmen. Dies zu konstatieren erfordert jedoch keine Unternehmensführung. Vielmehr besteht die zentrale Herausforderung des Managements darin, vermeintliche, auf den ersten Blick auftretende und tatsächliche Konflikte und Widersprüche mit intelligenten Ansätzen zu überwinden (Beckmann et al. 2014). Der Ansatz des „business case for sustainability" ist ein möglicher Zugang zur systematischen Suche und Realisierung von Maßnahmen zur Überwindung von Widersprüchen.

Zur Entwicklung von „business cases for sustainability" ist spezifisches Know-how erforderlich (Schaltegger und Synnestvedt 2002; Caroll und Shabana 2010; Schaltegger et al. 2012) – erstens zur Identifikation der Umwelt- und Sozialprobleme des Unternehmens, seiner Produkte und der Lieferketten, zweitens zur Suche möglicher Ansätze zur Lösung dieser Probleme und drittens zur Beurteilung und Entwicklung der Wirtschaftlichkeit Erfolg versprechender Lösungen. Nachhaltigkeitsmanagement umfasst aus dieser Perspektive die zentralen Leistungen und Leistungsprozesse des Unternehmens und kann nicht additiv als separate Aktivität gesehen werden, die das Kerngeschäft unberührt lässt.

Demgegenüber wird Nachhaltigkeitsmanagement in der Literatur und Praxis häufig im Sinn der Einführung von Umwelt- und Sozialmanagementsystemen diskutiert, die als Satellitensysteme dem konventionellen Management hinzugefügt werden. Organisatorisch äußert sich dies auch in der Andockung einer Nachhaltigkeitsabteilung an das ansonsten unveränderte Organigramm. Dieser additive Ansatz ist einerseits strategisch fahrlässig, da die ökonomischen Risiken, die aus den Umwelt- und Sozialthemen hervorgehen, von den Entscheidungsträgern in der Linie oft zu spät erkannt und nachträgliche Korrekturen erforderlich werden. Selbstverständlich ist ein Nachhaltigkeitsmanagement als Initiator, Koordinator und Unterstützer einer nachhaltigkeitsorientierten Unternehmensentwicklung wichtig, doch muss die Nachhaltigkeitsverantwortung auch in den einzelnen betrieblichen Funktionen und Abteilungen verankert und durch die Unternehmensstrategie zusammengehalten werden. Wird Nachhaltigkeitsmanagement nur als additiver Ansatz verstanden, so entgehen auf diesem Weg Chancen der internen Optimierung und der Marktorientierung, wenn z. B. Forschungs- und Entwicklungsabteilung, Produktion und Marketing nicht ausreichend involviert sind. Des Weiteren wird eine solche Herangehensweise nicht dem Querschnittscharakter von Umwelt- und Sozialaspekten gerecht. Gefordert sind dann Nachhaltigkeitsmanagementansätze, die ökologische und soziale Aspekte in das konventionelle Management integrieren. Nachhaltigkeitsmanagement ist nicht nur eine Hygienefrage in der Außendarstellung oder im Betrieb, sondern vielmehr eine unternehmerische Herausforderung an das Kerngeschäft und das Geschäftsmodell. Nur aus einem solchen Verständnis können die ökologischen, sozialen und ökonomischen Chancenpotenziale des Nachhaltigkeitsmanagements systematisch angegangen werden.

Die Ausführungen haben skizziert, in welche Richtung Nachhaltigkeitsmaßnahmen entwickelt werden können, damit sie im Sinn von „business cases" auch nachhaltige Wirkungen entfalten. Dabei ist zu bedenken, dass „business cases for sustainability" natürlich nicht die einzig mögliche Perspektive zur Realisierung eines unternehmerischen Nachhaltigkeitsmanagements darstellen. Je nachdem welche Treiber primär angesprochen werden, lassen sich für jedes Unternehmen unterschiedliche Arten von „business cases" entwickeln. Hinzu kommt, wie bei Innovationsprozessen üblich, dass der „business case" häufig nicht sofort ersichtlich oder rechnerisch nachweisbar ist, sondern im ersten Schritt eine (begründete) Erwartung des Managements darstellen kann. Dies ist nicht einem Freipass für naives Verhalten gleichzusetzen, sondern erfordert wie bei allen Management- und Investitionsentscheidungen eine saubere Argumentationsbasis.

Literatur

Alexander J (2007) Environmental sustainability versus profit maximization. Overcoming systemic constraints on implementing normatively preferable alternatives. J Bus Eth 76(2):155–162

Beckmann M, Pies I, Hielscher S (2014) Commitment strategies for sustainability: how business firms can transform trade-offs into win-win outcomes. Bus Strategy Environ 23(1):18–37

BMU, Econsense, CSM (Hrsg) (2007) Nachhaltigkeitsmanagement in Unternehmen. Von der Idee zur Praxis. Managementansätze zur Umsetzung von Corporate Social Responsibility und Corporate Sustainability. Berlin (Autoren: Schaltegger S, Herzig C, Klinke T, Müller J, Kleiber O)

Carroll AB, Shabana KM (2010) The business case for corporate social responsibility. A review of concepts, research and practice. Int J Manage Rev 12(1):85–105

Freemann RE (1984) Strategic management. A stakeholder approach. Pitman, Marshfield

Friedman M (1970) The social responsibility of business is to increase its profits. In: Chryssides GD, Kaler JK (Hrsg) An introduction to business ethics. Thomson Learning, London

Hansen EG, Grosse-Dunker F, Reichwald R (2010) Sustainability innovation cube. A framework to evaluate sustainability-oriented innovations. Int J Innov Manage 13(4):683–713

Hart S, Ahuja G (1996) Does it pay to be green? Bus Strategy Environ 5(1):30–37

Margolis JD, Walsh JP (2003) Misery loves companies. Rethinking social initiatives by business. Adm Sci Q 48:268–305

Orlitzky M, Schmidt F, Rynes S (2003) Corporate social and financial performance: a meta-analysis. Organ Stud 24(3):403–441

Porter M, Esty D (1998) Industrial ecology and competiveness. Strategic implications for the firm. J Ind Ecol 2(1):35–43

Porter M, van der Linde C (1995) Green and competitive. Ending the stalemate. Harv Bus Rev 73:120–134

Schaltegger S (2011) Sustainability as a driver for corporate economic success. Consequences for the development of sustainability management control. Soc Econ 33(1):15–28

Schaltegger S, Burritt R (2005) Corporate sustainability. In: Folmer H, Tietenberg T (Hrsg) The international yearbook of environmental and resource economics 2005/2006. A survey of current issues. Edward Elgar, Cheltenham, S 185–222

Schaltegger S, Burritt R (2015) Business cases and corporate engagement with sustainability. Differentiating ethical motivations. J Bus Eth 1–19. doi:10.1007/s10551-015-2938-0

Schaltegger S, Figge F (2000) Environmental shareholder value. Economic success with corporate environmental management. Eco-Manage Audit 7(1):29–42

Schaltegger S, Synnestvedt T (2002) The link between „Green" and economic success. Environmental management as the crucial trigger between environmental and economic performance. J Environ Manage 65(2):339–346

Schaltegger S, Burritt R, Petersen H (2003) Corporate environmental management. Striving for sustainability. Greenleaf, Sheffield

Schaltegger S, Lüdeke-Freund F, Hansen E (2012) Business cases for sustainability. The role of business model innovation for corporate sustainability. Int J Innov Sustain Dev 6(2):95–119

Wagner M, Schaltegger S (2004) The effect of corporate environmental strategy choice and environmental performance on competitiveness and economic performance. An empirical analysis in EU manufacturing. Eur Manage J 22(5):557–572

von Weizsäcker EU, Hargroves K, Smith M, Desha C, Stasinopoulos P (2009) Factor five. Transforming the global economy through 80 % improvements in resource productivity. Earthscan, London

Xepapadeas A, de Zeeuw A (1999) Environmental policy and competitiveness: the Porter hypothesis and the composition of capital. J Environ Econ Manage 37(2):165–182

Prof. Dr. Stefan Schaltegger ist Ordinarius für Betriebswirtschaftslehre, insbesondere Nachhaltigkeitsmanagement sowie Leiter des Centre for Sustainability Management (CSM; www.leuphana.de/csm) und des weltweit ersten MBA-Studiengangs zu Nachhaltigkeitsmanagement (MBA Sustainability Management). Stefan Schaltegger ist Mitglied der Herausgeberbeiräte von fünfzehn internationalen wissenschaftlichen Fachzeitschriften. Seine Forschungsschwerpunkte umfassen Gebiete des Nachhaltigkeitsmanagements, besonders Sustainable Entrepreneurship, Management von Stakeholderbeziehungen sowie Messung und Management von Nachhaltigkeitsleistung.

Teil II
Wichtige Themen nachhaltigkeitsorientierter Strategiearbeit

Das Shared-Value-Konzept von Porter und Kramer – The Big Idea!?

Maximilian J. L. Schormair und Dirk Ulrich Gilbert

1 Einführung: Shared-Value – The Big Idea!

Eine glanzvolle Begrifflichkeit hat in den letzten Jahren die Diskussion über die Verbindung von strategischem Management und Corporate Social Responsibility (CSR) in Theorie und Praxis erobert: Shared-Value (SV). Eine wachsende Zahl von multinationalen Unternehmen wie Nestlé, Coca-Cola oder Verizon verschreiben sich öffentlichkeitswirksam dem Ziel, SV zu schaffen. Das zugrunde liegende Konzept geht auf eine vielbeachtete Veröffentlichung von Michael Porter und Mark Kramer in der *Harvard Business Review* (HBR) aus dem Jahr 2011 zurück, in der die Autoren die Forderung erheben, das klassische Gewinnziel von Unternehmen durch die Generierung von SV als obersten Unternehmenszweck zu ersetzen. Dabei wird SV von Porter und Kramer (PK) verstanden als „creating economic value by creating societal value" (2011, S. 77). Mit der Implementierung des SV-Konzepts verbinden die Autoren nichts Geringeres als den Anspruch „… to reinvent capitalism and unleash a wave of innovation and growth" (Porter und Kramer 2011, S. 63) sowie letztlich die Wiederannäherung von Unternehmen und Gesellschaft. Angesichts dieser Rhetorik erscheint es nicht überraschend, dass das SV-Konzept – gerade in Zeiten, in denen der Wirtschaft vonseiten der Gesellschaft nur geringes Vertrauen entgegengebracht wird (Edelman 2015) - vielfach aufgegriffen und in Theorie (Dembek

---

M. J. L. Schormair (✉) · D. U. Gilbert
Fakultät für Wirtschafts- und Sozialwissenschaften, Fachbereich Sozialökonomie, Universität Hamburg, Von-Melle-Park 9, 20146 Hamburg, Deutschland
E-Mail: maximilian.schormair@wiso.uni-hamburg.de

D. U. Gilbert
E-Mail: dirk.gilbert@wiso.uni-hamburg.de

et al. 2015; Crane et al. 2014) und Praxis (The Economist 2011; Visser 2013) lebhaft diskutiert wird.

In dem vorliegenden Beitrag stellen wir das SV-Konzept zunächst ausführlich vor, indem wir nach einem kurzen Blick auf die Entstehungsgeschichte darlegen, was unter SV genau zu verstehen ist. Dazu arbeiten wir zunächst die zwei Komponenten von SV – „social" und „economic value" – heraus und legen anhand von praktischen Beispielen die drei Wege dar, wie dieser geteilte Mehrwert PK zufolge geschaffen werden kann. Nach der Darstellung der konzeptionellen Abgrenzung von CSR und SV beleuchten wir den aktuellen Stand der wissenschaftlichen Diskussion des SV-Konzepts. Der Beitrag schließt mit einem Ausblick auf die künftige Entwicklung des SV-Konzepts in Theorie und Praxis.

2 Eine kurze Entstehungsgeschichte von Shared-Value

Die konzeptionellen Wurzeln des SV-Konzepts lassen sich auf zwei Publikationen von PK in der HBR aus den Jahren 1999 und 2002 zum Thema „Strategische Philanthropie" zurückverfolgen. Darin fordern sie von Stiftungen ein „commitment to creating value" (Porter und Kramer 1999) ein und empfehlen diesen die Übernahme einer ökonomischen Wertschöpfungslogik, um über einen effizienteren und stärker auf Effektivität ausgerichteten Ressourceneinsatz eine größere soziale Wirkung zu erzielen: „A foundation creates value when it achieves an equivalent social benefit with fewer dollars or creates greater social benefit for comparable cost" (ebenda, S. 126). Außerdem raten sie Unternehmen dazu, ihr philanthropisches Engagement stärker auf den Wettbewerbskontext (das lokale Umfeld der Unternehmenstätigkeit) zu fokussieren: „Using philanthropy to enhance context brings social and economic goals into alignment and improves a company's long-term business prospects (…) In the long run, then, social and economic goals are not inherently conflicting but integrally connected" (Porter und Kramer 2002, S. 58 f.). Die Betonung der gesellschaftlichen Vorteile einer ökonomischen Wertschöpfungsperspektive und die Identifizierung einer positiven Schnittmenge zwischen ökonomischen und sozialen Zielen (vgl. „Werttreiber Nachhaltigkeit: Einfluss der Corporate Sustainability Performance (CSP) auf die Corporate Financial Performance (CFP)") werden sich als zwei wesentliche Grundbausteine des SV-Konzepts erweisen.

Der Begriff SV und klarere Konturen des SV-Konzepts treten dann im Jahr 2006 in Erscheinung. Zum einen veröffentlichten PK in diesem Jahr einen Artikel in der HBR, in dem sie für eine stärker strategieorientierte Herangehensweise an CSR („strategic" CSR) eintreten: „CSR can be much more than a cost, a constraint, or a charitable deed – it can be a source of opportunity, innovation, and competitive advantage" (Porter und Kramer 2006, S. 80). Der Begriff SV fällt in diesem Beitrag gleichwohl nur einmal sporadisch und steht somit noch nicht im Zentrum der Argumentation: „The mutual dependence of corporations and society implies that both business decisions and social policies must follow the principle of *shared value*. That is, choices must benefit both sides" (Porter und Kramer 2006, S. 84). Zum anderen veröffentlicht Nestlé im gleichen Jahr einen von der von Michael Porter mitgegründeten internationalen Strategieberatung Foundation Strategy Group (FSG) erarbeiteten Bericht über die CSR-Aktivitäten in Lateinamerika. Darin wird der Begriff SV bereits öfter verwendet und mit Bezug auf Nestlé detaillierter konzeptualisiert. Ausgehend von der Feststellung einer Interdependenz zwischen Wirtschaft und Gesellschaft, werden „value chain impacts" und „contextual investments" als wesentliche Voraussetzungen zur Erzeugung von SV bezeichnet und es wird zwischen geschaffenem Wert für Nestlé und für die Gesellschaft unterschieden. Der damalige Chief Executive Officer (CEO) von Nestlé Peter Brabeck-Letmathe verbindet mit dem Bericht die folgende Hoffnung: „(…) the degree to which this report develops and quantifies the concept of shared value creation will help distinguish us in the broader debate on corporate responsibility and stimulate further discussion in this particular area" (Nestlé 2006, S. 4). Aus seiner Sicht geht der Auftrag zur Erstellung dieser Studie auf seine Teilnahme am World Economic Forum in Davos im Jahr 2005 zurück. Die dort vielfach geäußerte Forderung, Unternehmen sollten der Gesellschaft etwas zurückgeben, stieß bei ihm auf Unverständnis: „Nestlé and myself, I don't feel that we have to give back to society, because we have not been stealing from society (…) it is not enough for a company just to create value for the shareholder (…) you also have to create value for the society at large which allows you to act" (Brabeck-Letmathe 2011). Daraufhin wurde bei Nestlé ein SV Advisory Board eingerichtet, dem u. a. auch Michael Porter angehörte. In den darauffolgenden Jahren wurde SV zum bestimmenden Konzept für die Übernahme gesellschaftlicher Verantwortung bei Nestlé.

Im Jahr 2011 erschien schließlich der bereits erwähnte Artikel von PK, der das Konzept in die bis heute gültige Form brachte, mit zahlreichen praktischen Beispielen – über den alleinigen Bezug zu Nestlé hinaus – unterlegte und weiter operationalisierte. In der Folge dieser Publikation entstand nicht nur eine lebhafte akademische Diskussion um das SV-Konzept (vgl. „Lohnt sich Nachhaltigkeitsmanagement? Mindsets, Business Cases und Strategie"), sondern die FSG veröffentlichte ihrerseits eine Reihe von praxisorientierten Berichten zur Umsetzung (How-to-Guide to SV, Measuring SV, SV in Emerging Markets, SV in India, SV in Chile) und Schaffung von SV in verschiedenen Branchen (Health Care, Banking, Extractive Industries, Education).

3 Das Shared-Value-Konzept von Porter und Kramer

3.1 Die zwei Komponenten von Shared-Value

SV wird von PK definiert als „(…) policies and operating practices that enhance the competitiveness of a company while simultaneously advancing the economic and social conditions in the communities in which it operates" (2011, S. 66). Zudem wird SV umschrieben mit „creating economic value in a way, that also creates value for society by addressing its needs and challenges" (ebenda, S. 64). Nach PK impliziert SV, gesellschaftliche Aspekte von einer Wertperspektive aus zu betrachten. In dieser Perspektive wird Wert als eine

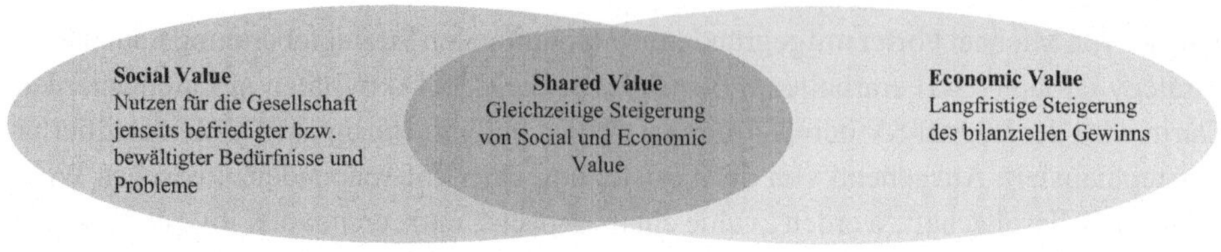

Social Value
Nutzen für die Gesellschaft jenseits befriedigter bzw. bewältigter Bedürfnisse und Probleme

Shared Value
Gleichzeitige Steigerung von Social und Economic Value

Economic Value
Langfristige Steigerung des bilanziellen Gewinns

Abb. 1 Die zwei Komponenten von Shared-Value nach Porter und Kramer. (Darstellung in Anlehnung an Bockstette und Stamp 2011, S. 4)

Kosten-Nutzen-Relation verstanden und explizit von einer Wertperspektive abgegrenzt, die ausschließlich auf den Nutzen fokussiert, ohne die anfallenden Kosten zu berücksichtigen. Darüber hinaus wird von PK betont, dass die angesprochene Wertperspektive keine persönlichen Werte oder moralischen Verpflichtungen beinhaltet. Auf dieser Basis lässt sich SV in zwei Komponenten aufteilen, wie in Abb. 1 veranschaulicht und im Weiteren erläutert wird: (a) Economic-Value, (b) Social-Value und der sich aus der Schnittmenge der beiden Werte ergebende SV (c).

a. Economic-Value: Die ökonomische Komponente bezieht sich auf das in Theorie und Praxis allgemein akzeptierte Verständnis, wonach Unternehmen Wert schaffen, wenn sie langfristig positive Gewinne in ihrer Bilanz aufweisen (Bowman und Ambrosini 2000). Der Ausdruck Wert bezieht sich also auf einen möglichst hohen Zahlenwert in der Gewinn- und Verlustrechnung eines Unternehmens. International wird dieser Wert v. a. in Bezug auf börsennotierte Unternehmen als Shareholder-Value bezeichnet und meint – vereinfacht ausgedrückt – die Residualgewinne, die nach Abzug aller Ausgaben von den Einnahmen an die Anteilseigner ausgeschüttet werden können (Sundaram und Inkpen 2004).
b. Social-Value: Die soziale Komponente bezieht sich auf die Befriedigung von Bedürfnissen durch die Kerngeschäftstätigkeit von Unternehmen. PK geht es hierbei um „societal needs, not just conventional economic needs", „societal harms or weaknesses" (2011, S. 65) und noch ungelöste gesellschaftliche Herausforderungen und Probleme, die durch die Aktivitäten des Kerngeschäfts eines Unternehmens direkt adressiert werden können.
c. Shared-Value: Die Schnittmenge aus Economic- und Social-Value bezeichnet schließlich das zentrale Konstrukt des Konzepts. Diese Zone beschreibt eine *gleichzeitige Steigerung* von ökonomischem und sozialem Wert. SV wird also immer dann geschaffen, wenn eine Erhöhung des finanziellen Gewinns mit einer sozialen Verbesserung einhergeht. Geteilt werden folglich zusätzlich generierte Vorteile für Unternehmen und Gesellschaft, im Gegensatz zu einer Umverteilung von bereits generierten Werten über z. B. philanthropische Maßnahmen (Porter und Kramer 2011). Genau darin liegt für Michael Porter die „Magie von SV": Durch die zusätzlichen Gewinne kann der soziale Nutzen dauerhaft finanziert werden und bei entsprechendem Erfolg am Markt stetig weiter zunehmen. Soziale Vorteile werden damit skalierbar und bleiben dauer-

haft bestehen (Kramer und Tallant 2014). Das SV-Konzept ist folglich für PK jenseits des Trade-Off-Denkens zwischen sozialem und ökonomischem Wert angesiedelt und fokussiert auf die positive Schnittmenge beider Werte, ohne dass es einer Gewichtung und Balancierung weiterer Werte bedarf (2014). SV ist für PK insofern „integral to profit maximization" (2011, S. 76) und beinhaltet „(...) compliance with the law and ethical standards, as well as mitigating any harm caused by the business" (ebenda, S. 75).

3.2 Die drei Wege zur Schaffung von Shared-Value

PK unterscheiden drei Wege, wie Unternehmen SV schaffen können: 1) Produkte und Märkte neu begreifen, 2) die Wertschöpfungskette neu bewerten und 3) lokale Cluster aufbauen. Diese Wege werden im Folgenden anhand praktischer Beispiele erläutert und in Abb. 2 zusammenfassend veranschaulicht.

1. Produkte und Märkte neu begreifen

PK schlagen zunächst vor, das Produktangebot eines Unternehmens daraufhin zu überprüfen, welche sozialen Bedürfnisse, Vorteile und gesellschaftliche Schäden mit den Produkten verbunden sind oder sein könnten. Dadurch lassen sich noch nicht befriedigte Bedürfnisse und Veränderungsmöglichkeiten an bestehenden Produkten mit positivem sozialem Nutzen identifizieren. Auszuwählen sind dann diejenigen Optionen, die das größte Potenzial zur langfristigen Steigerung des bilanziellen Gewinns aufweisen. Die

Produkte und Märkte neu begreifen	Die Wertschöpfungskette neu bewerten	Lokale Cluster aufbauen
• Ausgangsfrage: Welche sozialen Bedürfnisse oder Vorteile können mit dem Produktangebot des Unternehmens adressiert bzw. realisiert werden, um den Gewinn langfristig zu steigern? • Gewinnsteigernde Anpassung von bestehenden bzw. Entwicklung von neuen Produkten für entwickelte Märkte und/oder Base of the Pyramid (BoP)-Märkte	• Ausgangsfrage: Welche sozialen Aspekte entlang der Wertkette erhöhen auch die Kosten? • Erhöhte Produktivität durch Einsparungen und verbesserte Effizienz entlang der Wertkette	• Ausgangsfrage: Welche sozialen Defizite im lokalen Umfeld wirken sich auch negativ auf die Produktivität aus? • Aufbau lokaler Cluster zur Verbesserung der Produktivität und Beseitigung von sozialen Defiziten im lokalen Umfeld des Clusters

Abb. 2 Die drei Wege zur Schaffung von Shared-Value nach Porter und Kramer

Ergebnisse dieser Analyse können sowohl zur Veränderung bereits am Markt etablierter Produkte als auch zur Einführung neuer Produkte führen und/oder den Eintritt in bisher für das Unternehmen noch unerschlossene Märkte bedeuten (Porter und Kramer 2011). Coca-Cola führte z. B. sowohl neue Produkte mit gesundheitsfördernder Wirkung als auch zuckerreduzierte Versionen ihrer etablierten Produkte ein, um dem Bedürfnis nach gesünderer Ernährung Rechnung zu tragen (Coca-Cola 2014). Ein weiteres Beispiel ist der indische Lebensmittelhersteller Britannia, der seine bereits am indischen Markt etablierten Kekse für Kinder der Marke Tiger mit zusätzlichen wachstumsrelevanten und gesundheitsfördernden Vitaminen und Mineralien anreicherte (Britannia 2015). Die Einführung neuer Fahrzeuge der BMWi-Reihe wiederum wird von PK als ein Beispiel für die Entwicklung neuer Produkte in entwickelten Märkten angeführt, durch die das Bedürfnis nach Mobilität mit einem geringeren ökologischen Fußabdruck adressiert wird (Porter und Kramer 2012). Bezüglich der Suche nach noch nicht befriedigten Bedürfnissen sind für PK schließlich die sog. „Base of the Pyramid (BoP)"-Märkte von besonderer Bedeutung. Darunter werden die unteren Gruppen der globalen Einkommenspyramide verstanden, die überwiegend in Entwicklungs- und Schwellenländern leben und nur über ein sehr geringes Einkommen verfügen (Prahalad und Hart 2002; London und Hart 2011). Hier identifizieren PK (2011) ein besonderes Potenzial zur Schaffung von SV, indem bestehende Produkte für diese Kundengruppe spezifisch angepasst und/oder gänzlich neue Produkte für die BoP entwickelt werden.

2. Die Wertschöpfungskette neu bewerten

Der zweite Weg zur Schaffung von SV konzentriert sich auf das Identifizieren und Realisieren von Steigerungspotenzialen der Produktivität in der Wertschöpfungskette des Unternehmens. SV kann an allen Stellen der Wertschöpfungskette geschaffen werden, an denen soziale Probleme auch ökonomische Kosten verursachen. Dies umfasst Bereiche wie z. B. Ressourcenverbrauch, Gesundheit, Sicherheit und Fähigkeiten der Mitarbeiter, Austausch mit den Zulieferern oder Logistik (Porter und Kramer 2011). Die Intercontinental Hotel Group (IHG) bspw. hat mit dem sog. „Green Engage System" ein onlinebasiertes Monitoring- und Reportingtool entwickelt, mit dem die Filialen ihren Energie- und Ressourcenverbrauch systematisch erfassen, praktische Hinweise zur Verbrauchsreduzierung erhalten und mit anderen Filialen vergleichen können. Nach Angaben der IHG konnten dadurch sowohl signifikante Energiekosteneinsparungen erzielt als auch der ökologische Fußabdruck der Hotels reduziert werden (Intercontinental Hotel Group 2014).

3. Lokale Cluster aufbauen

Der dritte Weg zur Schaffung von SV bezieht sich schließlich auf den gezielten Aufbau und die kontinuierliche Verbesserung von sog. lokalen Clustern. Die geographische Konzentration von Zulieferern, logistischer und technischer Infrastruktur, regionalen Dienstleistern und Bildungsinstitutionen wirkt sich nach PK positiv auf die Produktivität eines

Unternehmens aus. Durch die gezielte Beseitigung derjenigen sozialen Defizite im lokalen Umfeld des Clusters, die auch ein signifikantes Kostensenkungspotenzial für das Unternehmen aufweisen, kann die Produktivität des Unternehmens weiter erhöht und gleichzeitig der Zustand des Clusters insgesamt verbessert werden. Darüber hinaus können weitere externe Partner mit einbezogen werden, um den lokalen Kontext des Clusters insgesamt weiter zu verbessern (Porter und Kramer 2011). PK führen hier z. B. den Aufbau des Insulingeschäfts von Novo Nordisk in China an. Über einen längeren Zeitraum wurde hier in Zusammenarbeit mit der chinesischen Regierung über die in China noch wenig bekannte Krankheit Diabetes aufgeklärt und es wurden lokale Behandlungszentren und Produktionsstätten eingerichtet sowie Ärzte und medizinisches Personal geschult. Dadurch entstanden ein lokales Cluster mit einer lokalen Infrastruktur und ein mittlerweile lukrativer Markt für die Diabetes-Sparte von Novo Nordisk (Novo Nordisk 2011).

3.3 Intentionalität, Materialität und die Abgrenzung zu CSR

In den praxisorientierten Publikationen der FSG, wie auch in öffentlichen Äußerungen von PK werden zwei zentrale Eigenschaften von SV-Maßnahmen betont: Intentionalität und Materialität. Intentionalität bedeutet, dass konkrete und messbare Zielvorgaben in Bezug auf die zu erreichenden sozialen und ökonomischen Werte einer SV-Maßnahme durch das Management gesetzt und diese durch geeignete Kennzahlen erfasst und regelmäßig auf den Zielerreichungsgrad hin überprüft werden. Materialität hingegen bezieht sich auf die Bedeutung einer SV-Maßnahme für die Profitabilität einer Geschäftseinheit oder des gesamten Unternehmens (Hills et al. 2012, S. 41 ff.). Eine idealtypische SV-Maßnahme zeichnet sich demnach durch eine hohe Intentionalität und Materialität aus. In einer hohen Materialität und Intentionalität kommt auch nochmals eine Kernforderung des SV-Konzepts zum Ausdruck: Die Verankerung im und die direkte Verbindung zum Kerngeschäft.

In der Betonung der direkten Verbindung von SV zum Kerngeschäft liegt auch eines der zentralen Elemente der konzeptionellen Grenzlinie, die PK zwischen CSR und dem SV-Konzept ziehen. Den beiden Autoren zufolge zeichnen sich CSR-Maßnahmen durch eine zumeist nur geringe Verbindung zum Kerngeschäft aus. Sie folgen oft einer nur lose an das Kerngeschäft gekoppelten Strategie und resultieren vielmehr aus den persönlichen Präferenzen des Managements, externem Druck oder gar zufälligen Gegebenheiten (Porter und Kramer 2011). CSR-Maßnahmen sind für PK in erster Linie reputationsgetrieben und auf die Erzielung kurzfristiger, positiver ökonomischer Nebeneffekte ausgerichtet, während SV aufgrund der angestrebten Materialität integraler Bestandteil der Strategie zur langfristigen Maximierung des Unternehmensgewinns ist. Schließlich verbinden PK mit CSR-Maßnahmen auch eine Trade-Off-Mentalität, die nur auf die Gegensätze zwischen Gewinnerzielung und gesellschaftlichen Vorteilen abstellt und außer einiger vager Prinzipien oder absolut gesetzter moralischer Regeln keine Lösung für diese Trade-Offs bereitstellt. Wie oben bereits dargelegt, impliziert SV nach PK hingegen das Denken jenseits von Trade-Offs und fokussiert auf den Win-Win-Bereich zwischen Wirtschaft und Gesellschaft.

4 Shared-Value in der wissenschaftlichen Diskussion

4.1 Die inhaltliche Bewertung des Shared-Value-Konzepts

Inhaltlich wird das SV-Konzept in der Wissenschaft sehr kontrovers diskutiert. Während Autoren aus den Bereichen strategisches Management (Moon et al. 2011; Spitzeck und Chapman 2012; Schmitt und Renken 2012; Pfitzer et al. 2013), Marketing (Bertini und Gourville 2012) und Social-Innovation bzw. Social-Entrepreneurship (Michelini und Fiorentino 2012; Michelini 2012) das Konzept überwiegend positiv bewerten, wird SV von der international etablierten CSR-Community eher kritisch gesehen (Dembek et al. 2015; Beschorner und Hajduk 2015; Crane et al. 2014; Szmigin und Rutherford 2013; Hartmann und Werhane 2013; Beschorner 2013; Pirson 2012).

Übergreifend wird der normativen Grundintention des SV-Konzepts zugestimmt, dass Unternehmen nicht nur auf die Generierung von finanziellen Werten ausgerichtet sein sollten, sondern durch eine aktive Beteiligung an der Lösung gesellschaftlicher Herausforderungen auch Werte für die Gesellschaft als Ganzes schaffen sollten. Zudem wird die Betonung der Verankerung von CSR im Kerngeschäft des Unternehmens positiv beurteilt. Darüber hinaus wird anerkannt, dass es PK gelungen ist, eine griffige und praxisorientierte Operationalisierung von SV vorzulegen (Crane et al. 2014; Visser 2013). Dadurch wird der Adressatenkreis für derartige Themen in der Praxis erweitert und die Aufmerksamkeit bislang weniger in CSR engagierter Manager geweckt: SV könnte so zunehmend als Türöffner für CSR-Themen im Allgemeinen fungieren. Dieser Effekt ist mit Sicherheit auch auf den Bekanntheitsgrad von Michael Porter und sein FSG-Netzwerk zurückzuführen, wird aber aus unserer Sicht durch die gelungene Begriffswahl und die oben beschriebenen Entstehungshintergründe noch unterstrichen. SV setzt sich schließlich aus zwei sehr positiv besetzten Wörtern zusammen und ergibt sich auf semantischer wie phonetischer Ebene geradezu als konsequente Fortentwicklung bisheriger CSR-Schlagwörter: von Shareholder über Stakeholder zu Shared Value. Diese positiven Konnotationen werden durch die optimistische Rhetorik und Grundstimmung des HBR-Artikels von 2011 zusätzlich unterstützt und tragen zu einer hohen Anschlussfähigkeit des SV-Konzepts an etablierte Sprach- und Denkmuster in vielen Unternehmen bei.

In der Literatur wird allerdings auch eine Kehrseite der starken Rhetorik und Praxisnähe des SV-Konzepts diskutiert. Viele konstatieren in den Ausführungen von PK eine Überdosis an Rhetorik: Das ausgegebene Ziel der „Neuerfindung des Kapitalismus" wird als zu hoch gesteckt angesehen, da die vorgelegte Konzeption wenig substanziell Neues in die internationale CSR-Diskussion einbringt (Crane et al. 2014; Hartmann und Werhane 2013; Pirson 2012): Weder die Empfehlung bislang noch unbefriedigte Bedürfnisse in den Blick zu nehmen und/oder neue Märkte zu erschließen, noch die Forderung nach Effizienzsteigerungspotenzialen in der Wertschöpfungskette bzw. dem lokalen Umfeld Ausschau zu halten, können als grundsätzlich neue Erkenntnisse gelten. Man denke nur an die umfangreiche Literatur zum sog. „business case" von CSR (einen guten Überblick hierzu bietet z. B. Schreck 2012) oder der BoP (Prahalad und Hart 2002; London und Hart 2011). Auch aus der Praxis lassen sich Stimmen vernehmen, die die Neuheit des SV-Konzepts in

Zweifel ziehen: John Fallon, der CEO von Pearson, und der Executive Vice President von Microsoft Brad Smith stellen beispielsweise fest: „Shared Value has always been implicit in what Pearson does as a company" bzw. „(...) shared value is not a new concept" (Kramer und Tallant 2014). Peter Brabeck-Letmathe weist gar darauf hin, dass SV weniger auf revolutionär neuen Einsichten basiert als schlicht auf „pragmatic long term business thinking" (Brabeck-Letmathe 2013, S. 3). Darüber hinaus wird PK's Kritik an und ihre Abgrenzung zu den etablierten CSR-Ansätzen als rhetorischer Spielzug eingestuft, um die eigene Konzeption an einem fiktiven Gegner stark zu machen (Crane et al. 2014; Beschorner 2013). CSR-Ansätze in Theorie und Praxis fordern schließlich schon seit einiger Zeit eine Verankerung von CSR im Kerngeschäft und die Überwindung rein reputationsgetriebener CSR-Maßnahmen. Auch aus unserer Sicht mag das gezeichnete Bild von CSR auf Einzelfälle schlechter CSR-Praxis zutreffen, bildet aber weder den aktuellen Stand in der Wissenschaft noch der CSR Best Practices akkurat ab.

Dem rhetorischen Überfluss stehen nach Ansicht vieler CSR-Forscher zahlreiche Mängel auf inhaltlicher Ebene gegenüber. Diesbezüglich wird v. a. eine inhaltlich zu wenig in die Tiefe gehende Ausgestaltung des SV-Ansatzes kritisiert. Insbesondere das Wertverständnis von PK steht diesbezüglich in der Kritik. Ein Verständnis von Wert als Kosten-Nutzen-Relation unter explizitem Ausschluss von persönlichen und moralischen Werten wird von vielen als ökonomische Verkürzung des Wertbegriffs angesehen (Beschorner 2013; Beschorner und Hajduk 2015). Daraus resultiert eine primär an der finanziellen Wertsteigerung orientierte Perspektive auf soziale Werte. Demnach soll nur diejenige Bedürfnisbefriedigung oder soziale Problemlösung realisiert werden, die auch eine langfristige Gewinnsteigerung verspricht. In den Augen einiger Kritiker birgt diese Win-Win-Zone ein nur sehr begrenztes Potenzial zur Lösung gesellschaftlicher Probleme (Dembek et al. 2015; Pirson 2012). Folgt man dieser Sicht, dann stellt sich das von PK angekündigte Überwinden des Trade-Off-Denkens zwischen sozialem und ökonomischem Wert vielmehr als das Ignorieren der komplexen Abwägungsprozesse zur Lösung drängender gesellschaftlicher Herausforderungen dar. Das Einhalten von Gesetzen und ethischen Standards sowie der Ausgleich durch die Unternehmenstätigkeit entstandener Schäden können demnach nicht einfach als gleichsam automatisches Ergebnis win-win-orientierter Maßnahmen vorausgesetzt werden. Vielmehr sind sie das Ergebnis schwieriger Abwägungsprozesse im kontinuierlichen Austausch mit den betroffenen Stakeholdern (Crane et al. 2014; Beschorner 2013; Scholz und Reyes de los, Gastón 2015). Diesbezüglich wird auch die von PK als Kernmerkmal von SV verstandene Priorität der Unternehmensperspektive kritisiert. Den Kritikern zufolge führt diese letztlich zu einer nur geringen zusätzlichen Übernahme von gesellschaftlicher Verantwortung, da die durch das Management identifizierten sozialen Vorteile einer SV-Maßnahme nicht automatisch auch Vorteile aus Sicht der Betroffenen bzw. der Gesellschaft als Ganzes darstellen müssen (Dembek et al. 2015; Crane et al. 2014). Das für den SV-Ansatz konstitutive Grundvertrauen in die positiven gesellschaftlichen Wirkungen unternehmerischer Tätigkeit wird folglich nicht von allen Wissenschaftlern geteilt. Darüber hinaus wird für einige Kritiker nicht hinreichend deutlich, wie sich SV von konventioneller Wertschöpfung und den damit verbundenen gesellschaftlichen Vorteilen unterscheidet bzw. dem eigenen Anspruch nach gar über diese hinausgeht. Insbesondere die soziale Komponente von SV bleibt in ihrem Bezug auf bislang unbefriedigte Bedürfnisse, soziale Vorteile und gesellschaftliche Herausforderungen zu vage und eröffnet dadurch einen erheblichen Interpretationsspielraum. So könnte nahezu jedes Produkt durch geringe Modifikation und/oder das Erschließen bisher nicht mit dem Produkt versorgter Konsumenten SV generieren (Dembek et al. 2015).

Neben den konzeptionellen Schwächen wird auch auf die Defizite der bisher verfügbaren empirischen Belege für SV hingewiesen. Eine aktuelle wissenschaftliche Literaturanalyse zum Thema SV weist u. a. darauf hin, dass nur sehr wenige Studien auf Basis einer unabhängigen und methodisch transparenten Erhebung von Primärdaten vorhanden sind. Die überwiegende Mehrheit der in Theorie und Praxis diskutierten Fallbeispiele geht unmittelbar auf PK und das FSG-Netzwerk zurück und stützt sich auf Daten aus der Selbstauskunft der porträtierten Unternehmen (Dembek et al. 2015). Viele der Unternehmen standen oder stehen zudem in direkten Geschäftsbeziehungen zur FSG. Darüber hinaus sind die bisher verfügbaren Fallbeispiele wenig detailliert ausgearbeitet und weisen eine stark unternehmenszentrierte Perspektive auf. Gerade der über SV-Maßnahmen in Aussicht gestellte soziale Zusatznutzen sollte aus der Perspektive möglichst vieler verschiedener Stakeholdergruppen erfasst werden und nicht nur die Sicht des Managements oder einzelner Anspruchsgruppen abbilden (Dembek et al. 2015; Crane et al. 2014). Die kürzlich erschienene Studie von Biswas et al. (2014) über die Wirkungen des Engagements von Nestlé in der indischen Stadt Moga weist diesbezüglich in die richtige Richtung, bleibt aber aufgrund der Intransparenz der Methodik in Bezug auf die Güte der Ergebnisse schwer einzuschätzen.

Schließlich wird in der Literatur auf das Problem einer nur selektiven Implementierung des SV-Konzepts in Unternehmen hingewiesen. Demnach besteht die Gefahr, dass Unternehmen v. a. leicht zu realisierende Maßnahmen durchführen und diese dann als Generierung von SV nach außen kommunizieren, ohne das Kerngeschäft insgesamt und den Unternehmenszweck als solchen zu hinterfragen (Crane et al. 2014). Man denke hier z. B. an Coca-Cola, das zwar auf der einen Seite zuckerreduzierte Getränke auf den Markt bringt und öffentlichkeitswirksam Kampagnen für mehr Bewegung unterstützt, auf der anderen Seite aber gleichzeitig seine Marktmacht im Hinblick auf Verkaufsflächen im Einzelhandel vehement gegen gesündere Getränkealternativen verteidigt und sich gegen eine transparentere Kennzeichnung des Zuckergehalts auf Getränken einsetzt. Diese Selektivität widerspricht zwar der eigentlichen Intention von PK (vgl. Kapitel 3.3), ergibt sich aber aus unserer Sicht geradezu als logische Konsequenz der zahlreichen Defizite des SV-Konzepts.

4.2 Das Shared-Value-Konzept in der Gesamtbetrachtung

In der Gesamtbetrachtung wiegen zwei Defizite des SV-Konzepts unserer Auffassung nach besonders schwer: das eindimensionale Verständnis von *Value* sowie der größtenteils von PK vernachlässigte und ausschließlich auf die langfristige Profitabilitätssteigerung fokussierte Prozess des *Sharing*, der der Schaffung eines sog. *Shared-Value* notwendigerweise vorausgehen muss. Wir kommen nach der vorangegangenen Analyse zu dem Schluss, dass die Konzeption von PK zu einem im Kern paradoxen Unterfangen führt – dem Schaffen von *Shared-Value* ohne ein vorheriges *Sharing* von *Values*. Es erschließt sich uns nicht, wie die Schaffung von SV ohne den expliziten Einbezug persönlicher und moralischer Werte möglich sein soll. Selbst die rein ökonomische Wertschöpfung – sofern es so etwas überhaupt gibt – basiert bereits auf zahlreichen moralischen und persönlichen Wertvorstellungen der beteiligten primären Stakeholder (Freeman et al. 2010). Zudem bleibt unklar, wie ethische Standards und Gesetze eingehalten und vom Unternehmen verursachte gesellschaftliche Schäden behoben werden können, ohne den zumindest impliziten Bezug auf moralische und persönliche Werte der betroffenen Stakeholder. Darüber hinaus ist die eindimensionale – da auf die finanzielle Wertsteigerung fokussierte – Wertperspektive von PK gleichgültig gegenüber unterschiedlichen Qualitäten der potenziell durch eine SV-Maßnahme realisierbaren sozialen Vorteile. Wie sollte sich ein Pharmaunternehmen nach PK beispielsweise entscheiden, wenn es entweder die Gewinne durch eine leichte Variation der Wirkstoffkombination einer bereits am Markt etablierten Kopfschmerztablette weiter steigern kann oder bei geringerer Profitabilität ein neues Medikament für eine lebensbedrohende und bisher vernachlässigte Krankheit entwickeln könnte?

Oben wurde bereits darauf hingewiesen, dass PK SV als gleichsam automatisches Ergebnis der Implementierung der dargestellten drei Wege präsentieren, ohne auf die komplexen Abwägungs- und Austauschprozesse zwischen den betroffenen Stakeholdern einzugehen, die mit derartigen strategischen Entscheidungen verbunden sind. Diese lösen sich unserer Überzeugung nach aber gerade nicht durch den impliziten Primat der finanziellen Wertsteigerung und dem damit verbundenen sozialen Zusatznutzen in allseitiges Wohlgefallen auf. Die Lösung derartig komplexer Probleme erfordert hingegen stets die explizite und verständigungsorientierte Auseinandersetzung mit den verschiedenen Wertvorstellungen der betroffenen Stakeholder (Gilbert und Rasche 2007; Gilbert und Behnam 2009). PK geben für diese Austauschprozesse keinerlei Hilfestellung oder Orientierungsmaßstäbe an, sondern vertrauen diesbezüglich offensichtlich allein auf die von ihnen beschworene „Magie" von SV. Sie verfehlen damit aus unserer Sicht das selbstgesetzte Ziel, Wirtschaft und Gesellschaft wieder einander anzunähern, und es gelingt ihnen letztlich nicht, die Spannweite ökonomischer und sozialer Wertschöpfung von Unternehmen substanziell zu erweitern. Diese Erweiterung wird durch die Beschränkung des SV-Konzepts auf die o. g. drei Wege zur Schaffung von SV nach unserer Einschätzung noch zusätzlich behindert, da PK damit viele andere Möglichkeiten zur Generierung von SV, wie z. B. nachhaltige Geschäftsmodelle (Boons und Lüdeke-Freund 2013) oder Social-Business-Ansätze (Pirson 2012), unberücksichtigt lassen und das Denken über mögliche SV-Maßnahmen dadurch ohne einen hinreichenden Grund begrenzen (Hartmann und Werhane 2013).

Der soziale Nutzen oder die Lösung gesellschaftlicher Probleme stehen folglich nicht im Zentrum des SV-Konzepts von PK, sondern sie bleiben letztlich der Nebeneffekt der auf langfristige Gewinnsteigerung fokussierten Unternehmenstätigkeit. Ein nur flüchtiger Blick in die jüngere Geschichte der Marktwirtschaft zeigt diesbezüglich zweierlei:

Zum einen wird deutlich, dass der als Nebeneffekt generierbare gesellschaftliche Nutzen zweifellos erheblich ist. Unternehmen haben weltweit bedeutende Innovationen hervorgebracht und elementar zum gesellschaftlichen Wohlstand beigetragen. Zum anderen tragen Unternehmen aber auch eine Mitverantwortung an der Entstehung vieler der derzeit drängendsten gesellschaftlichen Probleme, wie dem Klimawandel, der globalen Armut und Unterversorgung oder der großen Ungleichheit in der globalen Einkommens- und Vermögensverteilung. Am Problemlösungspotenzial eines im Kern auf „business as usual" basierenden Konzepts sind angesichts der Größe dieser Herausforderungen aus unserer Sicht begründete Zweifel angebracht. Der Blick auf die Leistungen und Fehlleistungen von Unternehmen in der Vergangenheit führt für uns aber weder zur Feststellung eines lapidaren „Weiter so!" noch zur Annahme eines unüberwindbaren Grabens zwischen Unternehmen und Gesellschaft, sondern wirft vielmehr die spannende Frage auf: Was könnten Unternehmen erst erreichen, wenn die Lösung von gesellschaftlichen Herausforderungen von einem Nebeneffekt der Geschäftstätigkeit zu ihrer Hauptaufgabe würde?

5 Ausblick: Shared-Value – The Big Idea?

Was lässt sich am Ende dieses Beitrags also mit Blick auf die übergeordnete Thematik dieses Sammelbands – der Verbindung von CSR und dem strategischen Management – festhalten? Handelt es sich bei SV um ein zukunftsweisendes Konzept für Theorie und Praxis oder eher um eine kurzlebige Modeerscheinung? Für letzteres spricht, dass dem glanzvollen SV-Begriff und den damit verbundenen hochgesteckten Ansprüchen aus unserer Sicht wenig inhaltliche Substanz gegenübersteht. Wie unsere Ausführungen zeigen, wird der Kapitalismus nicht neu erfunden, sondern nur in ein neues, dem Zeitgeist entsprechendes Gewand gekleidet. „Business as usual" erhält lediglich einen neuen Anstrich und einen wohlklingenden neuen Namen. Auf dieser Basis ist zu erwarten, dass SV nur insoweit eine dauerhaft herausgehobene Rolle in der internationalen Diskussion spielen wird, wie das FSG-Netzwerk und der Popularitätseffekt von Michael Porter andere aktuelle konzeptionelle Konkurrenten (z. B. „conscious capitalism", „blended-value", „sustainability", „b-corporation", „social business") zu überragen im Stande sind. Im Übrigen wird auch die anhaltende Kritik an SV seitens der wissenschaftlichen CSR-Community der langfristigen Etablierung von SV eher nicht von Nutzen sein.

Aus unserer Sicht sollte das SV-Konzept von PK jedoch weder kritiklos akzeptiert noch gänzlich verworfen werden. Vielmehr birgt es unseres Erachtens erhebliches Potenzial: Um dieses Potenzial zu heben, gilt es die o. g. positiven begrifflichen Konnotationen und Stärken des Konzepts mit einem soliden normativen Fundament zu unterlegen, detailliert theoretisch auszuarbeiten und die Wirkungen von SV-Maßnahmen fundiert empirisch zu überprüfen. Die Beantwortung der eingangs gestellten Frage wird also entscheidend davon abhängen, ob es der künftigen Diskussion in Wissenschaft und Praxis gelingt, sich an zentralen Stellen von dem ursprünglichen Vorschlag von PK zu lösen und die angesprochenen konzeptionellen Schwachstellen zu beheben. Erste Ansätze hierzu lassen sich in der Verknüpfung des SV-Begriffs mit der theoretischen Basis der Governance-Ethik (Wieland und Heck 2013), der Integration eines „Impartial Spectator Tests" nach Adam Smith (Szmigin und Rutherford 2013) oder der Ergänzung des SV-Konzepts um eine explizite und dem Profitabilitätsziel gleichgestellte Normenanalyse (Scholz und Reyes de los, Gastón 2015) bereits feststellen. Auch das Begriffsverständnis, das der aktuellen CSR-Strategie der EU-Kommission zugrunde liegt, weist bereits über die Konzeption von PK hinaus (European Commission 2011).

Den zentralen Ausgangspunkt zur Fortentwicklung von SV bildet aus unserer Sicht gleichwohl die Erkenntnis, dass ein zukunftsweisender strategischer CSR-Ansatz nicht ausschließlich auf der gewinnorientierten Auswahl derjenigen Aspekte der Wertschöpfung basieren kann, die aus Sicht des Unternehmens auch einen sozialen Zusatznutzen darstellen. Der strategische CSR-Ansatz der Zukunft stützt sich vielmehr auf einen problemlösungszentrierten und kontinuierlichen Austausch auf Augenhöhe zwischen Unternehmen und Gesellschaft. Strategische Entscheidungen werden nicht mehr nur monologisch aus der Perspektive des Managements getroffen, sondern eingebettet in einen verständigungsorientierten Dialog zwischen allen betroffenen Stakeholdern (Schormair und Gilbert 2014; Gilbert und Rasche 2007; Gilbert und Behnam 2009; Calton et al. 2013). Die nachfolgende Abb. 3 skizziert die Richtung, in die das SV-Konzept aus unserer Sicht theoretisch weitergedacht und praktisch umgesetzt werden sollte.

Um das o. g. Paradox der SV-Konzeption von PK aufzulösen, muss SV als das Ergebnis eines verständigungsorientierten und werteintegrierenden Austauschprozesses mit den Stakeholdern verstanden werden. Unternehmen sollten die Schaffung von SV stets als einen Prozess begreifen, der verschiedene qualitative und quantitative Werte (*Values*) der Stakeholder berücksichtigt und über einen kontinuierlichen verständigungsorientierten

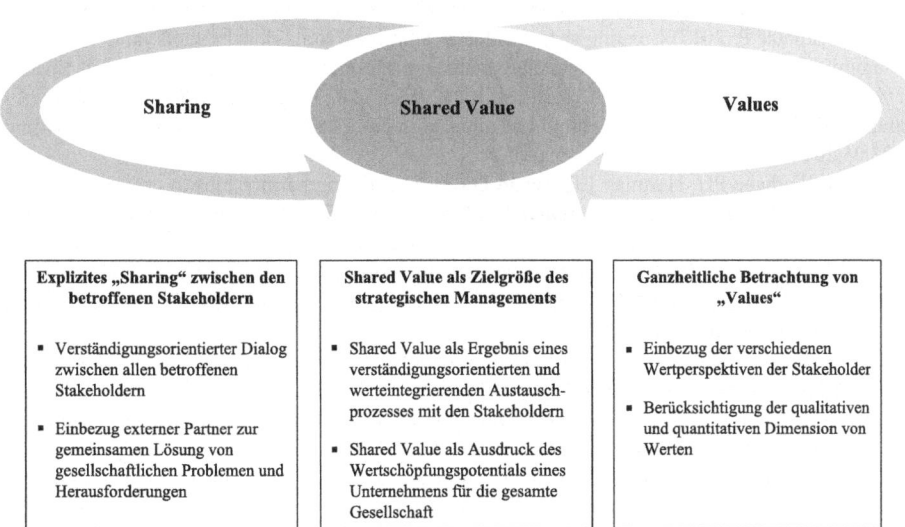

Abb. 3 Shared-Value jenseits der Konzeption von Porter und Kramer

Austausch zwischen den Betroffenen (*Sharing*) miteinander in Einklang bringt (Schormair und Gilbert 2014). Vor dieser zugebenermaßen komplexen Herausforderung können sich Unternehmen zwar kurzfristig in gewohnte – wenn auch mit neuem Glanz versehene – Denkmuster zurückziehen, werden der Notwendigkeit eines grundsätzlichen Umdenkens und der Entwicklung neuer Handlungsmuster jedoch nicht dauerhaft entgehen können – vorausgesetzt sie sind an der Lösung der drängenden gesellschaftlichen Probleme unserer Zeit auch tatsächlich interessiert.

Literatur

Bertini M, Gourville JT (2012) Pricing to create shared value. Harv Bus Rev 90(6):96–104

Beschorner T (2013) Creating shared value: the one-trick pony approach – a comment on Michael Porter and Mark Kramer (2011). Bus Ethics J Rev 1(17):106–112

Beschorner T, Hajduk T (2015) „Der ehrbare Kaufmann" und „Creating Shared Value": Eine Kritik im Lichte der aktuellen CSR-Diskussion. In: Schneider A, Schmidpeter R (Hrsg) Corporate Social Responsibility: Verantwortungsvolle Unternehmensführung in Theorie und Praxis. Springer, Berlin, S 269–280.

Biswas AK, Tortajada C, Biswas-Tortajada A, Joshi YK, Gupta A (2014) Creating shared value. Springer International Publishing, Cham

Bockstette V, Stamp M (2011) Creating shared value: a how-to guide for the new corporate (r)evolution. http://www.fsg.org/publications/creating-shared-value-how-guide-new-corporate-revolution (Zugegriffen: 23.05.2016)

Boons F, Lüdeke-Freund F (2013) Business models for sustainable innovation: state-of-the-art and steps towards a research agenda. J Clean Prod 45:9–19

Bowman C, Ambrosini V (2000) Value creation versus value capture: towards a coherent definition of value in strategy. Br J Manage 11(1):1–15

Brabeck-Letmathe P (2011) A conversation with Peter Brabeck-Letmathe. http://www.cfr.org/business-and-foreign-policy/conversation-peter-brabeck-letmathe/p24466 (Zugegriffen: 23.05.2016)

Brabeck-Letmathe P (2013) Creating shared value as a business tool: global shared value leadership summit, Boston, 23 May 2013. http://sharedvalue.org/sites/default/files/community-posts/Speech%20from%20Peter%20Brabeck-Letmathe%2C%20May%2023.pdf (Zugegriffen: 23.05.2016)

Britannia (2015) Product overview. http://britannia.co.in/products/tiger/tiger-glucose (Zugegriffen: 23.05.2016).

Calton JM, Werhane PH, Hartman LP, Bevan D (2013) Building partnerships to create social and economic value at the base of the global development pyramid. J Bus Ethics 117(4):721–733

Coca-Cola (2014) Sustainability report. assets.coca-colacompany.com/77/4c/2a44a5234a3ca65d449d174a0ded/2013-2014-coca-cola-sustainability-report-pdf.pdf. (Zugegriffen: 23.05.2016)

Crane A, Palazzo G, Spence LJ, Matten D (2014) Contesting the value of „Creating Shared Value". Calif Manage Rev 56(2):130–153

Dembek K, Singh P, Bhakoo V (2015) Literature review of shared value: a theoretical concept or a management buzzword? J Bus Ethics 1–37 Online Version, DOI 10.1007/s10551-015-2554-z

Edelman (2015) Trust Barometer 2015. http://www.edelman.com/insights/intellectual-property/2015-edelman-trust-barometer/ (Zugegriffen: 23.05.2016)

European Commission (2011) A renewed EU strategy 2011–2014 for Corporate Social Responsibility. http://eur-lex.europa.eu/LexUriServ/LexUriServ.do?uri=COM:2011:0681:FIN:EN:PDF (Zugegriffen: 23.05.2016)

Freeman RE, Harrison JS, Wicks AC, Parmar BL, de Colle S (2010) Stakeholder theory: the state of the art. Cambridge University Press, Cambridge

Gilbert DU, Behnam M (2009) Advancing integrative social contracts theory: a Habermasian perspective. J Bus Ethics 89(2):215–234

Gilbert DU, Rasche A (2007) Discourse ethics and social accountability: the ethics of SA 8000. Bus Ethics Q 17(2):187–216

Hartmann LP, Werhane PH (2013) Proposition: shared value as an incomplete mental model. A comment on Michael Porter and Mark Kramer (2011), „Creating shared value". Bus Ethics J Rev 1(6):36–43

Hills G, Russell P, Borgonovi V, Doty A, Iyer L (2012) Shared value in emerging markets: how multinational corporations are redefining business strategies to reach poor or vulnerable populations. http://www.fsg.org/publications/shared-value-emerging-markets (Zugegriffen: 23.05.2016)

Intercontinental Hotel Group (2014) Responsible business report. www.ihgplc.com/files/pdf/2014_cr_report.pdf (Zugegriffen: 23.05.2016)

Kramer MR, Tallant K (2014) Roundtable on shared value in education. Stanf Soc Innov Rev http://www.ssireview.org/blog/entry/roundtable_on_shared_value_in_education. (Zugegriffen: 23.05.2016)

London T, Hart SL (2011) Next generation business strategies for the base of the pyramid: new approaches for building mutual value. FT Press, Upper Saddle River

Michelini L (2012) Social innovation and new business models: creating shared value in low-income markets. Springer, Berlin

Michelini L, Fiorentino D (2012) New business models for creating shared value. Soc Responsib J 8(4):561–577

Moon H.-C, Parc J, Yim SH, Park N (2011) An extension of Porter and Kramer's creating shared value (CSV): reorienting strategies and seeking international cooperation. J Int Area Stud 18(2):49–64

Nestlé (2006) The Nestlé concept of corporate social responsibility: as implemented in Latin America. www.nestle.com/asset-library/Documents/Library/Documents/Corporate_Social_Responsibility/Concept-Corp-Social-Responsibility-Mar2006-EN.pdf (Zugegriffen: 23.05.2016)

Novo Nordisk (2011) https://www.novonordisk.com/content/dam/Denmark/HQ/Sustainability/documents/blueprint-changing-diabetes-in-china.pdf (Zugegriffen: 23.05.2016)

Pfitzer M, Bockstette V, Stamp M (2013) Innovating for shared value. Harv Bus Rev 91(9):100–107

Pirson M (2012) Social entrepreneurs as the paragons of shared value creation? A critical perspective. Soc Ent J 8(1):31–48

Porter ME, Kramer MR (1999) Philanthropy's new agenda: creating value. Harv Bus Rev 77(6):121–130

Porter ME, Kramer MR (2002) The competitive advantage of corporate philanthropy. Harv Bus Rev 80(12):56–69

Porter ME, Kramer MR (2006) Strategy and society: the link between competitive advantage and corporate social responsibility. Harv Bus Rev 84(12):78–92

Porter ME, Kramer MR (2011) Creating shared value. Harv Bus Rev 89(1/2):62–77

Porter ME, Kramer MR (2012) Shared value: Die Brücke von Corporate Social Responsibility zu Corporate Strategy. In: Schneider A, Schmidpeter R (Hrsg) Corporate Social Responsibility: Verantwortungsvolle Unternehmensführung in Theorie und Praxis. Springer, Berlin, S 137–153

Porter ME, Kramer MR (2014) A response to Andrew Crane et al.'s article. Calif Manage Rev 56(2):149–151

Prahalad C, Hart S (2002) The fortune at the bottom of the pyramid. Strategy Bus 26:1–14

Schmitt J, Renken U (2012) How to earn money by doing good!: shared value in the apparel industry. J Corp Citizsh 45:79–103

Scholz M, Reyes de los, Gastón (2015) Management von Shared Value – eine legitime Corporate Strategy. In: Schneider A, Schmidpeter R (Hrsg) Corporate Social Responsibility: Verantwortungsvolle Unternehmensführung in Theorie und Praxis. Springer, Berlin, S 543–555.

Schormair MJL, Gilbert DU (2014) Realigning business and society through creating shared value? – A procedural framework for advancing shared value. Working paper. Presented at the society of business ethics annual meeting 2014

Schreck P (2012) Der Business Case for Corporate Social Responsibility. In: Schneider A, Schmidpeter R (Hrsg), Corporate Social Responsibility: Verantwortungsvolle Unternehmensführung in Theorie und Praxis. Springer, Berlin, S 67–86

Spitzeck H, Chapman S (2012) Creating shared value as a differentiation strategy – the example of BASF in Brazil. Corp Gov Int J Eff Board Perform 12(4):499–513

Sundaram AK, Inkpen AC (2004) The corporate objective revisited. Organ Sci 15(3):350–363

Szmigin I, Rutherford R (2013) Shared value and the impartial spectator test. J Bus Ethics 114(1):171–182.

The Economist (2011) Oh, Mr Porter. http://www.economist.com/node/18330445. (Zugegriffen: 23.05.2016)

Visser W (2013) Creating shared value: revolution or clever con? Wayne Visser blog series. http://www.waynevisser.com/blog/csv-revolution-or-clever-con (Zugegriffen: 23.05.2016)

Wieland J, Heck AEH (2013) Shared Value durch Stakeholder Governance. Marburg: Metropolis-Verl

Maximilian J. L. Schormair ist wissenschaftlicher Mitarbeiter und Doktorand an der Professur für Unternehmensethik der Universität Hamburg. Zuvor hat er Betriebswirtschaftslehre und Philosophie an der Universität Mannheim studiert. Seine Forschungsinteressen umfassen Wirtschafts- und Unternehmensethik, Corporate Social Responsibility, Diskursethik und die Theorie der deliberativen Demokratie.

Prof. Dr. Dirk Ulrich Gilbert ist seit 2012 Professor für Betriebswirtschaftslehre, insbesondere für Unternehmensethik an der Universität Hamburg. Vorher war er als Professor an der Friedrich-Alexander-Universität Erlangen-Nürnberg sowie der University of New South Wales in Sydney, Australien, tätig. Seine Forschungsinteressen umfassen Internationale Accountability-Standards, Begründungsprobleme einer internationalen Unternehmensethik, die Umsetzung von Unternehmensethik in Unternehmen sowie die konzeptionelle Verbindung von Strategie und Ethik.

Geschäftsmodelle für unternehmerische Nachhaltigkeit

Eckpunkte eines nachhaltigkeitsorientierten Geschäftsmodellmanagements

Florian Lüdeke-Freund

1 Einleitung

1.1 Geschäftsmodelle und unternehmerische Nachhaltigkeit

Das Themenfeld der unternehmerischen Nachhaltigkeit (*corporate sustainability*) hat seit Langem seine akademische Nische verlassen und ist mittlerweile zu einem prominenten Bestandteil der unternehmerischen Praxis geworden. Während es mittlerweile zum guten Ton gehört, sich als wettbewerbsfähig und zugleich ökologisch und sozial verantwortungsvoll zu positionieren, haben sich einige Pioniere auf den Weg gemacht, unternehmerische Nachhaltigkeitsherausforderungen auf einer neuen Ebene anzugehen. Sie haben erkannt, dass nachhaltige Geschäftsmodelle, oder Geschäftsmodelle für unternehmerische Nachhaltigkeit, einen wirkungsvollen Hebel zur Umsetzung von ökologischen oder sozialorientierten Strategien darstellen können (Beltramello et al. 2013; Bisgaard et al. 2012; Lüdeke-Freund et al. 2016a; Wells 2013a). Aktuelle Praxisstudien zeigen, dass nachhaltige Geschäftsmodelle und deren Entwicklung schon jetzt ein zentrales Thema des Nachhaltigkeits- und Innovationsmanagements darstellen (Kiron et al. 2013). Die zugrunde liegende Annahme ist, dass bewusst gestaltete und gemanagte Geschäftsmodelle zu effektiven Lösungen ökologischer und sozialer Probleme führen und die Wettbewerbsfähigkeit stärken können – erwartet werden folglich sog. „business cases for sustainability" (Schaltegger et al. 2012). Das Geschäftsmodellkonzept ist in der Welt der unternehmerischen Nachhaltigkeit angekommen.

F. Lüdeke-Freund (✉)
Fakultät Wirtschafts- und Sozialwissenschaften, Universität Hamburg,
Von-Melle-Park 9, 20146 Hamburg, Deutschland
E-Mail: florian.luedeke-freund@wiso.uni-hamburg.de

Centre for Sustainability Management (CSM), Leuphana Universität, Lüneburg, Deutschland

Die Idee der unternehmerischen Nachhaltigkeit integriert die Berücksichtigung ökologischer und sozialer Risiken unternehmerischen Handelns mit der Herausforderung, in einer sich teils turbulent und radikal verändernden Geschäftsumwelt zu überleben (Schaltegger und Burritt 2005). Unternehmerische Nachhaltigkeit meint aber nicht nur Rücksichtnahme und Bewahren, sondern auch das Schaffen positiver Beiträge über den Status quo hinaus. Es geht um das Ermöglichen sich entfaltender und regenerierender natürlicher und sozialer Systeme mithilfe unternehmerischer Methoden – ein Ziel, das seit jeher in diesem Diskurs behandelt wird und seit einiger Zeit im neuen Gewand der Vision des Gedeihens von Mensch und Natur („flourishing") großen Anklang in Wissenschaft und Praxis findet (Ehrenfeld und Hoffman 2013). Ein *Geschäftsmodell* kann – stark verkürzt – als Modell der Wertschöpfungslogik eines Unternehmens verstanden werden, wobei durchaus auch andere, nichtunternehmerische Organisationen wie öffentliche Einrichtungen oder Nichtregierungsorganisationen über Geschäftsmodelle verfügen. In der konventionellen Perspektive bezieht sich die Wertschöpfungsfunktion überwiegend auf finanziellen bzw. ökonomischen Wert. Vereinzelt werden jedoch auch weichere Wertformen wie beispielsweise Wissen (Beattie und Smith 2013) oder „jobs to be done", d. h. aus Kundensicht zu lösende Probleme (Johnson 2010), thematisiert. Um Beiträge zur unternehmerischen Nachhaltigkeit zu leisten, sollten Geschäftsmodelle derart (weiter-) entwickelt werden, dass sie wettbewerbsfähig sind und die Bedürfnisse von Kunden und weiteren Stakeholdern befriedigen, ohne die sie umgebenden natürlichen und sozialen Systeme zu belasten. Letztere sollten stattdessen geschont oder gar positiv weiterentwickelt werden. Eine allgemeine Definition könnte somit wie folgt lauten (vgl. Schaltegger et al. 2016): *Ein nachhaltiges Geschäftsmodell zeichnet sich dadurch aus, dass es Werte (Plural!) für das Unternehmen, seine Kunden und weiteren Stakeholder schafft, während es die Grundlagen der natürlichen, sozialen und ökonomischen Systeme, auf denen es basiert, unbeschadet lässt oder sogar regeneriert.*

Ob ein nachhaltiges Geschäftsmodell auch im Sinn eines Geschäftsmodells *für* Nachhaltigkeit wirkt, ob es also effektive Beiträge zur nachhaltigen Entwicklung von Wirtschaft und Gesellschaft leistet, ist zunächst eine Frage der Modellentwicklung bzw. -innovation. An diese schließt sich auch die Frage der Mess- und Bewertbarkeit an – eine Herausforderung, die bis dato weder theoretisch noch praktisch auch nur ansatzweise gelöst wurde (Lüdeke-Freund et al. 2016b). Die Messung und Bewertung von Geschäftsmodelleffekten ist jedoch eine wesentliche Voraussetzung für gezielte Verbesserungsmaßnahmen.

Der vorliegende Beitrag befasst sich mit den grundlegenden Zusammenhängen zwischen den Herausforderungen unternehmerischer Nachhaltigkeit und der Entwicklung sie unterstützender Geschäftsmodelle. Die Kernfrage ist folglich, wie Geschäftsmodelle zu einer Verbesserung der Nachhaltigkeitsleistung beitragen können. Abschnitt 2 verknüpft das Geschäftsmodell mit zwei zentralen Konzepten der unternehmerischen Nachhaltigkeit, dem „business case for sustainability" und der übergeordneten Nachhaltigkeitsstrategie. Abschnitt 3 beschäftigt sich mit Geschäftsmodellen als Plattform zur Durchsetzung von Nachhaltigkeitsinnovationen und Abschnitt 4 wirft einen Blick auf das wenige umsetzungsnahe Wissen, das derzeit zur Verfügung steht.

Die Hoffnung zu diesem – für ein vollständiges, nachhaltigkeitsorientiertes Geschäftsmodellmanagement – (zu) frühen Zeitpunkt ist, zumindest ein paar Impulse zum Weiterdenken in Forschung und Praxis geben zu können.

1.2 Eckpunkte eines nachhaltigkeitsorientierten Geschäftsmodellmanagements

In Anlehnung an die von Wunder (2013, 2014) vorgeschlagenen Ansätze zur Integration ökologischer Nachhaltigkeit in Strategie- und Geschäftsmodellprozesse werden im Folgenden drei Phasen unterschieden:

- die *Geschäftsmodellanalyse* für ein besseres Verständnis des Erfolgs- und Strategiepotenzials (Abschnitt 2);
- die *Geschäftsmodellinnovation* als Ansatz zum Heben technologischer, sozialer und organisationaler Nachhaltigkeitspotenziale (Abschnitt 3); und
- die *Geschäftsmodellumsetzung* zur Implementierung neuer und an Nachhaltigkeitsprinzipien ausgerichteter Wertschöpfungslogiken (Abschnitt 4).

Der Ansatz von Wunder basiert im Wesentlichen auf den drei Phasen strategische Analyse, Strategieformulierung und Strategieumsetzung (eingefasst in die Initiierungs- und Verankerungsphase). In diesen drei Prozessphasen werden wichtige Hinweise auf die Bedeutung von Geschäftsmodellen gegeben – deren Analyse, Formulierung und Umsetzung werden jedoch als Teil des Strategieprozesses interpretiert. Um der wachsenden Bedeutung und Professionalisierung des Geschäftsmodellmanagements gerecht zu werden (Wirtz 2011), sollen im Folgenden die Umrisse eines herausgelösten und eigenständigen *Geschäftsmodellprozesses* skizziert werden. Diesem Ansatz liegt die Interpretation des Geschäftsmodells als architektonische Ebene zwischen strategischem und operativem Management zugrunde (Abb. 1).

Osterwalder et al. (2005) weisen darauf hin, dass es sich beim Geschäftsmodell um eine Art Blaupause handelt, die beschreibt, wie Wertschaffung, -vermittlung und -aneignung eines Unternehmens funktionieren. Diese Blaupause übersetzt Strategien in ein konzeptionelles Modell, das beschreibend, analytisch und gestaltend genutzt und als Verbindung zwischen strategischer und operativer Ebene fungieren kann. Mithilfe dieses Modells kann die Realisierung von Geschäftsstrukturen und -systemen unterstützt werden. Das Geschäftsmodellkonzept erhält durch diese Interpretation einen gewissermaßen instrumentellen Charakter (Geschäfts*modell*), der von der Bezugnahme auf realisierte, operative Modelle (*Geschäfts*modell) zu unterscheiden ist (Arend 2013). Diesem Beitrag liegt ein Verständnis zugrunde, das Geschäftsmodelle als Konsequenzen strategischer und operativer Managemententscheidungen sieht und somit näher an der zweiten von Arend

Abb. 1 Verortung des Geschäftsmodells im Unternehmenskontext. (Quelle: Lüdeke-Freund 2009)

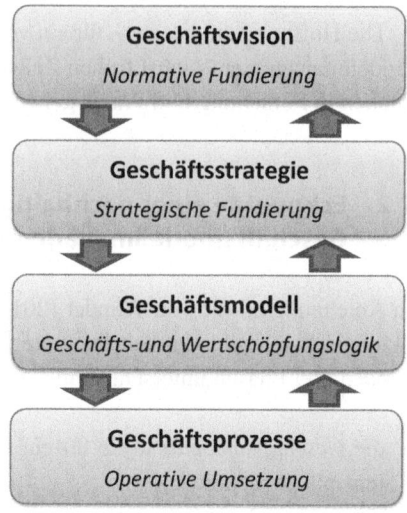

unterschiedenen Betonung ist. Wenn im Folgenden von nachhaltigen oder nachhaltigkeitsorientierten Geschäftsmodellen die Rede ist, sind damit im Sinne unternehmerischer Nachhaltigkeit *ideal gestaltete und umgesetzte Wertschöpfungslogiken* gemeint.

Zur gezielten Gestaltung entsprechender Wertschöpfungslogiken wird ein generischer Prozess skizziert, der die drei genannten Phasen umfasst. Es handelt sich hierbei jedoch um ein Protomodell, also um einen Vorläufer für etwas, das in Zukunft gegebenenfalls als *nachhaltiges Geschäftsmodellmanagement* bezeichnet werden könnte.

Die in der Literatur vorgeschlagenen Rahmenwerke, Konzepte und Instrumente sind zum gegenwärtigen Zeitpunkt noch nicht ausreichend entwickelt, um einen ähnlich umfassenden und konsistenten Rahmen vorzuschlagen, wie ihn beispielsweise Wirtz (2011) oder Schallmo (2013) für den konventionellen Bereich entwickelt haben. Statt eines How-to-Leitfadens stellen die folgenden Abschnitte deshalb Vorüberlegungen und konzeptionelle Grundlagen für die Geschäftsmodellanalyse, -innovation und -umsetzung zusammen. Die schematische Übersicht in Abb. 2 fasst die Kernthemen des Protomodells in Anlehnung an Wunders (2014) Strategieprozess zusammen.

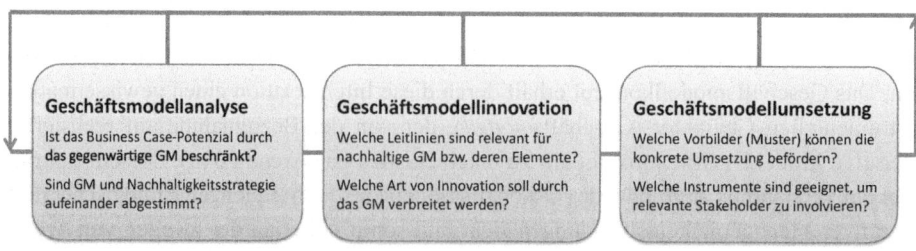

Abb. 2 Phasen des Geschäftsmodell(GM)-Prozesses

2 Geschäftsmodellanalyse: Erfolgsrelevanz verstehen

In der ersten Phase eines Geschäftsmodellprozesses sollte es darum gehen, Geschäftsmodelle dahingehend zu untersuchen, ob sie das Potenzial haben, Geschäftserfolg mit wirksamen Beiträgen zu einer nachhaltigen Entwicklung zu verknüpfen. Zwei grundsätzliche Fragen sollten beantwortet werden:

- Ermöglicht oder verhindert das Geschäftsmodell „business cases for sustainability"?
- Sind Geschäftsmodell und Nachhaltigkeitsstrategie aufeinander abgestimmt?

2.1 Geschäftsmodelle und der „business case for sustainability"

Die in der Literatur idealtypisch beschriebenen nachhaltigen Unternehmer („*sustainable entrepreneurs*") verfolgen ihre unternehmerischen Ziele v. a. durch sog. Geschäftsfälle der Nachhaltigkeit („*business cases for sustainability*"; Schaltegger und Wagner 2011).[1] Ein „business case for sustainability" wird als das sich gegenseitig bedingende Erreichen von Geschäftserfolg und positiven Beiträgen zu einer nachhaltigen Entwicklung von Wirtschaft und Gesellschaft definiert (Schaltegger und Wagner 2006). Es geht hierbei um das Erreichen von Unternehmenszielen *durch* die freiwillige und bewusste Berücksichtigung von Nachhaltigkeitsthemen – also mehr als Geschäftserfolg *mit* Nachhaltigkeitsthemen. Der Unterschied zwischen Erfolg *durch* und Erfolg *mit* Nachhaltigkeit besteht darin, dass im ersten Fall versucht wird, das Kerngeschäft eines Unternehmens zu nutzen, um gezielt nichtnachhaltige Zustände zu verbessern (z. B. durch eine 100%-CO_2-freie Energieversorgung), während im zweiten Fall Nachhaltigkeitsthemen eher als kurzfristige Marktchancen genutzt werden (z. B. durch das Hinzufügen eines grünen Stromprodukts zu einem ansonsten konventionellen Portfolio). Auch ein bloßes Einhalten rechtlicher (z. B. Kreislaufwirtschaftsgesetz) oder anderweitig normierter Vorgaben (z. B. ISO 26000) ist ebenfalls nicht ausreichend für einen idealtypischen „business case" im hier gemeinten Sinn (Schaltegger et al. 2012).

Ein häufig zitiertes Beispiel ist das amerikanische Unternehmen Interface Inc., das als Spezialist für ökologisch designte Bodenbeläge gilt. Interface hat sein Kerngeschäft und die damit verbundenen Prozesse, Produkte und Services in den vergangenen 20 Jahren umfassend auf die Prinzipien möglichst geschlossener Stoffkreisläufe, den Ersatz von Produkten durch Services (d. h. eine Nutzenorientierung) sowie maximale Ökoeffizienz und Ökoef-

---

[1] Der Begriff nachhaltiges Unternehmertum soll hier vereinfacht genutzt werden, um Formen des an einer nachhaltigen Entwicklung von Wirtschaft und Gesellschaft orientierten Unternehmertums oder Managements zu bezeichnen. Die verschiedenen Ausprägungen reichen hierbei vom betrieblichen Umweltmanagement über Sozialunternehmer in kleinen Nischen bis zu nachhaltigen Massenmarktspielern (Schaltegger und Wagner 2011). Gemeinsam ist diesen Ansätzen, dass sie grundlegend versuchen, unternehmerischen Erfolg mit sozialen und ökologischen Themen zu verbinden und auf diese Weise mehr als nur finanziellen Wert zu schaffen.

fektivität umgestellt. Die Ziele der „Mission Zero"-Kampagne von Interface bestehen u. a. in einer Umstellung auf 100 % erneuerbare Energien sowie die vollständige Vermeidung von Abfällen entlang der gesamten Lieferkette. Mit Umsätzen in einer Größenordnung von 900 Mio. $ pro Jahr und regelmäßigen, zweistelligen Millionengewinnen scheint Interface ein Modell entwickelt zu haben, das durchaus radikale, ökologisch getriebene Veränderungen des Unternehmens mit finanziellem Erfolg zu einem „business case for sustainability" vereinen kann.[2] Auch die in Abschnitt 3.1 genannten Prinzipien nachhaltiger Geschäftsmodelle, z. B. die Verantwortungsübernahme entlang der gesamten Lieferkette sowie die Verknüpfung von Kundennutzen und ökologischem Mehrwert, finden sich bei Interface wieder.

Es zeigt sich also deutlich, dass sich ein „business case for sustainability" stark von konventionellen Erfolgsdefinitionen unterscheidet. Drei wesentliche Eigenschaften fassen dies zusammen (Schaltegger und Lüdeke-Freund 2013).

Freiwilliger und wirksamer Beitrag zur Lösung von Nachhaltigkeitsproblemen Das Unternehmen muss *freiwillige oder zumindest überwiegend freiwillige Aktivitäten* durchführen, die unmittelbar zur Lösung eines gesellschaftlichen Problems beitragen. Dies sind Maßnahmen, die der Gesellschaft und/oder der natürlichen Umwelt zugutekommen und die nicht (überwiegend) durch regulatorischen oder juristischen Druck begründet werden. Es handelt sich damit um unternehmerische Aktivitäten, die Probleme der Nichtnachhaltigkeit wirksam und substanziell reduzieren oder bewältigen. Zudem sind dies Maßnahmen, die über die ohnehin anfallenden Geschäftstätigkeiten hinausgehen.

Positiver Einfluss auf den Geschäftserfolg Von diesen freiwilligen Aktivitäten geht ein *positiver Beitrag zur Geschäftstätigkeit und zum Geschäftserfolg* des Unternehmens aus. Zudem muss der Zusammenhang zwischen der freiwilligen Aktivität und dem Erfolg klar erkennbar und begründbar sein. Dies können direkte und indirekte positive Beiträge sein, z. B. Kosteneinsparungen, steigende Umsätze und Profitabilität, größere Wettbewerbsfähigkeit, verbesserte Kundenbindung oder Reputation.

Bewusste, gezielte und systematische Aktivität Diese positiven Beiträge müssen in jedem Fall durch eine betriebswirtschaftliche Argumentation begründbar und auf eine *spezifische Unternehmer- oder Manageraktivität* zurückzuführen sein (d. h. sie dürfen nicht zufällig entstehen oder unbewusst entstanden sein). Diese betriebswirtschaftliche Argumentation muss die direkten und indirekten Zusammenhänge zwischen Nachhaltigkeitsaktivitäten und deren Einfluss auf den Unternehmenserfolg und eine nachhaltige Entwicklung von Wirtschaft und Gesellschaft transparent und nachvollziehbar machen.

Innovationen wie neue Prozesse, Produkt- und Serviceangebote oder Organisationsformen spielen eine zentrale Rolle für das nachhaltige Unternehmertum und das Errei-

---

[2] Siehe weiterführend http://www.interfaceglobal.com/Sustainability.aspx und http://www.interfaceglobal.com/Investor-Relations.aspx.

chen von „business cases" (Schaltegger und Wagner 2011). Während das Potenzial von *Geschäftsmodellinnovationen* seit gut 15 Jahren im Bereich des konventionellen Managements Berücksichtigung findet (Wirtz 2011 bietet einen umfassenden Rückblick), hat die Auseinandersetzung mit nachhaltigen Geschäftsmodellen und deren Innovation gerade erst begonnen. Innovations- und Managementforscher sehen die Bedeutung von Geschäftsmodellinnovationen v. a. in der Durchsetzung neuer Strategien und Technologien – und als Mittel zur Erreichung finanziellen Erfolgs (z. B. Teece 2010). Aus Sicht des nachhaltigen Unternehmertums steht jedoch im Vordergrund, wie Geschäftsmodelle ökologische, soziale und finanzielle Werte integrativ schaffen und somit selbst zu Nachhaltigkeitsinnovationen werden können (Lüdeke-Freund 2013).

Die entsprechenden theoretischen Zusammenhänge zwischen dem finanziellen Erfolg eines Unternehmens und positiven ökologischen und sozialen Effekte werden in Abb. 3 dargestellt (vgl. Schaltegger und Lüdeke-Freund 2013).

Die Linie ES_0-D-E-F in Abb. 3 illustriert einen Fall, in dem ausschließlich kostentreibende freiwillige Maßnahmen ergriffen werden: Ein Unternehmen, das die relevanten gesetzlichen Vorgaben bereits erfüllt und das Erfolgsniveau ES_0 realisiert, reduziert seinen finanziellen Erfolg, während die freiwilligen positiven Umwelt- und/oder Sozialeffekte ausgedehnt werden (Rechtsbewegung entlang der x-Achse in Richtung Punkt F). Im Extremfall, unterhalb von Punkt F bei ESP_0, wird das Unternehmen sogar unprofitabel. Diese *minimalistische Perspektive* geht grundsätzlich davon aus, dass der Zusammenhang zwischen Nachhaltigkeitsleistung und Geschäftserfolg stets diesem fallenden Verlauf folgt, da in dieser Wahrnehmung ausschließlich Trade-Offs zulasten des finanziellen Erfolgs existieren. Natürlich entfalten primär kostentreibende Aktivitäten diese Wirkung. Unter

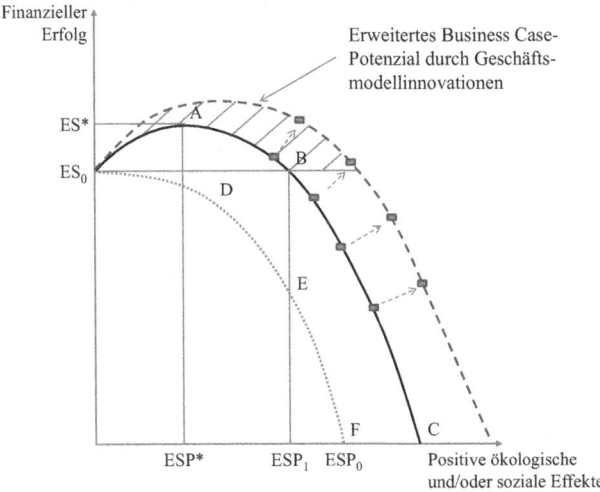

Abb. 3 Theoretische Zusammenhänge zwischen finanziellem Erfolg und freiwilligen Umwelt- und/ oder Sozialaktivitäten. (Adaptiert von Schaltegger und Synnestvedt 2002; Schaltegger und Burritt 2005; ES = economic success, ESP = environmental and/or social performance)

dem Gesichtspunkt der Freiwilligkeit wäre jedoch die Wahl profittreibender freiwilliger Aktivitäten der rationale Ansatz. Die Linie ES_0-A-B kann den entsprechenden Erwartungen der *progressiven Sichtweise* zugeordnet werden. In gewissem Umfang, bis Punkt B bei ESP_1, unterstützen freiwillige Nachhaltigkeitsmaßnahmen den Geschäftserfolg. Hierbei ist zu beachten, dass auch aus Sicht der progressiven Perspektive die umzusetzenden Maßnahmen mit Bedacht zu wählen sind. Nicht jede Maßnahme unterstützt oder erhält den finanziellen Erfolg. Dies gilt auch für die Anzahl der umsetzbaren Maßnahmen. Ein gut gemeintes, aber schlecht realisiertes Management sozialer und ökologischer Belange kann das Unternehmen schnell auf den Trade-off-Pfad ES_0-D-E-F führen.

Der finanziell optimale „business case" wird in Punkt A bei ES* und ESP* realisiert. Nach diesem Punkt nimmt der finanzielle Erfolg wieder ab, wohingegen die Umwelt- und/oder Sozialleistung weiter gesteigert wird in Richtung Punkt C. Es wird deutlich, dass auch aus Sicht der progressiven Perspektive Trade-Offs existieren, die zu finanziellen Grenzkosten (Opportunitätskosten entgangener Profite) für die in diesem Bereich entstehenden Grenzerträge der Nachhaltigkeitsleistung führen. Wie diese Kosten und Erträge zueinander im Verhältnis stehen, d. h. welche Steigung die Funktion hat, hängt letztlich auch von der jeweiligen Erfolgsdefinition des Unternehmens bzw. Unternehmers ab und kann nicht verallgemeinert werden. Der sozial und/oder ökologisch optimale „business case" läge demnach leicht oberhalb von Punkt B bei ES_0 und ESP_1. Deutlich wird, dass trotz erfolgssteigernder Nachhaltigkeitsaktivitäten irgendwann das finanzielle Optimum erreicht wird (Punkt A) und Abwägungen angestellt werden müssen, wie weit sich das Unternehmen dem sozialen und/oder ökologischen Optimum annähern möchte. Eine weitere Ableitung ist, dass Unternehmen im Rahmen ihrer gegebenen Geschäftsmodelle nur über eine begrenzte Anzahl möglicher „business cases" verfügen (Schaltegger et al. 2012).

Dieses Modell macht deutlich, dass die Aufgabe darin besteht, die Steigung der Funktion so zu verändern, dass sie sich nach rechts oben verschiebt. Dies bedeutet nichts anderes, als die Verknüpfung von ökonomischem Geschäftserfolg und Beiträgen zu einer nachhaltigen Entwicklung von Wirtschaft und Gesellschaft positiv zu verstärken – Geschäftsmodelle und deren Innovation werden zunehmend als Hebel für diese Erweiterung des Raums möglicher „business cases" gesehen.

2.2 Geschäftsmodelle als Hebel für Nachhaltigkeitsstrategien

Strategien und Geschäftsmodelle sind unterschiedliche und sich ergänzende Managementkonzepte und -realitäten. Dass die Effektivität von Strategien wie Differenzierung oder Kostenführerschaft (Porter 1996) durch Geschäftsmodelle verstärkt werden kann, wurde bereits von Mitchell und Coles (2003) intensiv untersucht und von Zott und Amit (2008) für den Fall von Produkt-Markt-Strategien empirisch nachgewiesen. Diese Abgrenzung von Strategie und Geschäftsmodell lässt sich auch auf das Nachhaltigkeitsmanagement übertragen.

Ein entsprechend aufgebauter konzeptioneller Rahmen basiert auf dem oben eingeführten „business case for sustainability". Dieser wurde von Schaltegger et al. (2012) als Ausgangspunkt genommen, um nachhaltigen Geschäftserfolg als das Ergebnis der Wechselwirkungen von Nachhaltigkeitsstrategien einerseits und Geschäftsmodellinnovationen andererseits zu erklären. Dieser konzeptionelle Rahmen basiert auf der Annahme, dass die Schaffung, das Management und die Analyse von „business cases" voraussetzen, dass die Dynamiken zwischen Strategien und Geschäftsmodellen in den Blick genommen werden. Die Wechselwirkungen zwischen Nachhaltigkeitsstrategien und Geschäftsmodellinnovationen sowie deren potenzielle Wirkungen auf „business cases" werden in Abb. 4 angedeutet.

Nachhaltigkeitsstrategien werden hierbei als Handlungsprogramme für die Entwicklung individueller Erfolgsfaktoren von Unternehmen interpretiert (z. B. niedrige Kosten, hohe Umsätze, ausgezeichnete Reputation). Diese Strategien werden in der Literatur gemeinhin als reaktiv, defensiv, akkommodativ und proaktiv klassifiziert, um unterschiedliche Grade der strategischen Berücksichtigung gesellschaftlicher Anliegen auszudrücken (z. B. Henriques und Sadorsky 1999). Der positive Einfluss von Nachhaltigkeitsstrategien auf Erfolgsfaktoren und somit „business cases" wird im linken Bereich von Abb. 4 dargestellt. Die positive Entwicklung von Erfolgsfaktoren kann in einem gegebenen Geschäftsmodell jedoch nicht beliebig umgesetzt werden, da die Grenzen eines jeden Geschäftsmodells zwangsläufig zu Trade-Offs zwischen den ökonomischen, sozialen und ökologischen Leistungen eines Unternehmens führen (vgl. Hahn et al. 2010). Geschäftsmodellinnovationen können hierbei wie ein zusätzlicher Hebel genutzt werden, um die Wirksamkeit von Nachhaltigkeitsstrategien zu verbessern, indem die Begrenzungen von gegebenen Geschäftsmodellen gezielt aufgebrochen werden (Boons und Lüdeke-Freund 2013; Hansen et al. 2009).

Der Kern dieser Überlegungen ist, dass das strategische Nachhaltigkeitsmanagement einerseits Geschäftsmodellinnovationen durch motivierte Handlungsprogramme und Zielsetzungen auslösen kann, während die Realisierung dieser Programme und Ziele andererseits von der Fähigkeit zur Geschäftsmodellinnovation abhängt. Die wichtigste praktische Implikation ist folglich, dass es auf die Abstimmung zwischen Nachhaltigkeitsstrategien und Geschäftsmodellinnovationen ankommt. Entscheidet sich ein Unternehmen beispiels-

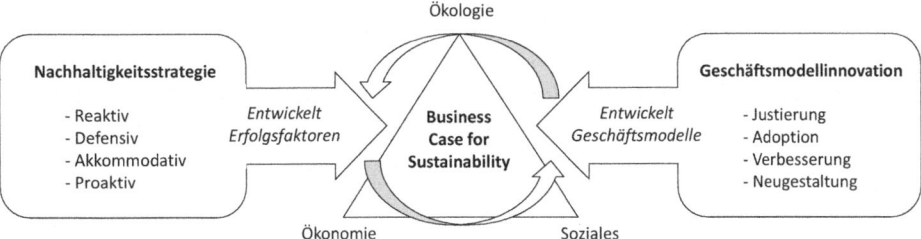

Abb. 4 Das erweiterte Business-case-for-sustainability-Konzept. (Vgl. Schaltegger et al. 2012; Lüdeke-Freund 2014)

Tab. 1 Grade der Geschäftsmodellinnovation. (Vgl. Schaltegger et al. 2012)

	Konstantes Wertangebot	Neues Wertangebot
Radikale Geschäftsmodellinnovation	*Verbesserung*	*Neugestaltung*
	Systemische Modifikation einer Vielzahl von Geschäftsmodellelementen bei gleichem Wertangebot (z. B. Fremdbezug von Vorleistungen und externe Vertriebspartner statt Integration)	Grundlegende Modifikation von Wertschöpfungslogik und Wertangebot durch akkumulierte Justierungen, Adaptionen und Verbesserungen (z. B. vom physischen Produkt zum Service)
Schwache bzw. moderate Geschäftsmodellinnovation	*Justierung*	*Adaption*
	Separate Modifikation einzelner Geschäftsmodellelemente bei unverändertem Wertangebot (z. B. neue Produktionspartner oder neue Vertriebskanäle)	Modifikation v. a. des Wertangebots; betrifft wenige Elemente und v. a. solche mit direktem Bezug zum Wertangebot (z. B. neue Services durch ergänzte Kundenkanäle)

weise für eine ambitionierte Nachhaltigkeitsstrategie, ohne zu prüfen, ob das aktuelle Geschäftsmodell diese überhaupt umsetzen kann bzw. ob genügend Spielraum für ein neues Modell besteht, kann das Vorhaben an der Rigidität des Geschäftsmodells scheitern.[3] Nicht zu unterschätzen sind die Pfadabhängigkeiten, die u. a. aus teuer erworbenen Fähigkeiten, langjährigen Beziehungen zu Partnerunternehmen und Kunden sowie langen Amortisationszeiten großer Investitionen resultieren (Wüstenhagen und Boehnke 2008). Nicht zuletzt spielt auch das politisch-regulatorische Umfeld eine wesentliche Rolle bei der Gestaltung legitimer und legaler Geschäftsmodelle.

Im Kontext des Nachhaltigkeitsmanagements zielen Geschäftsmodellinnovationen z. B. auf das Erschließen sozial und ökologisch orientierter Kundensegmente bzw. eine Verlagerung der Produkt- und Servicenachfrage auf nachhaltigere Alternativen ab. In diesem Sinn werden unterschiedlich intensive Ansätze genutzt, um Unternehmen, Marktsegmente oder ganze Industrien auf nachhaltige Alternativen umzustellen (Johnson und Suskewicz 2009). Über den Wettbewerbsgedanken hinaus werden nachhaltige Geschäftsmodellinnovationen i. d. R. von normativ formulierten und auf die Lösung gesellschaftlicher Probleme ausgerichteten Zielen geleitet, die in Visionen und Missionen und schließlich Nachhaltigkeitsstrategien von Unternehmen kodifiziert werden (Breuer und Lüdeke-Freund 2016).

Der vorgestellte konzeptionelle Rahmen unterscheidet vier Innovationsintensitäten zur Umsetzung entsprechender Strategien, die in Anlehnung an Mitchell und Coles (2003) als *Geschäftsmodelljustierung, -adaption, -verbesserung* und *-neugestaltung* bezeichnet werden (im rechten Bereich in Abb. 4; Tab. 1).

---

[3] Solche ambitionierten Vorhaben könnten z. B. der 100 %ige Bezug von ökologisch nachhaltig und fair produzierten Rohstoffen oder die vollständige Dematerialisierung des Wertangebots sein.

3 Geschäftsmodellinnovation: Nachhaltigkeitspotenzial ausloten

In der zweiten Phase sollten Gestaltungsprinzipien und Zielorientierungen für mögliche Geschäftsmodellinnovationen formuliert werden. Wurde die Relevanz des Geschäftsmodells für die Schaffung von „business cases" geklärt und Art und Umfang der geplanten Geschäftsmodellinnovation mit der Nachhaltigkeitsstrategie abgestimmt (Phase 1), sollten Leitlinien formuliert werden, um die Wahrscheinlichkeit effektiver Nachhaltigkeitsbeiträge zu erhöhen. Zwei grundsätzliche Fragen sollten beantwortet werden:

- Welche Leitlinien sind relevant für die Gestaltung nachhaltiger Geschäftsmodelle?
- Welche Art von Nachhaltigkeitsinnovation soll hierdurch unterstützt werden?

3.1 Vier normative Prinzipien für nachhaltige Geschäftsmodelle

Die Idee unternehmerischer Nachhaltigkeit leitet sich aus normativen Konzepten ab. Neben ethischen, gesellschaftlich-politischen oder betriebswirtschaftlich-instrumentellen Begründungen zählt das Leitbild einer nachhaltigen Entwicklung von Wirtschaft und Gesellschaft im Sinne des 1987 veröffentlichten Berichts der World Commission on Environment and Development der Vereinten Nationen (WCED) „Our Common Future"[4] zu den zentralen normativen Grundlagen der unternehmerischen Nachhaltigkeit (Schaltegger und Burritt 2005; s. auch Garriga und Melé 2004 für eine Übersicht der Begründungen der Corporate Social Responsibility).

Eine allgemein anerkannte Fundierung für nachhaltige Geschäftsmodelle lässt sich gegenwärtig noch nicht ausmachen. Aus der Einsicht, dass das Leitbild einer nachhaltigen Entwicklung (und Nachhaltigkeit an sich) inhaltlich nicht final definiert werden kann, sondern kontextspezifisch auszuhandeln ist (Lélé 1991), ergibt sich, dass die Nachhaltigkeit von Geschäftsmodellen ebenfalls kontextabhängig ist. Vergleicht man beispielsweise die Kernthemen der Diskurse zur unternehmerischen Nachhaltigkeit in Zentraleuropa und Südafrika, wird schnell deutlich, dass der europäische Fokus eher auf Umweltthemen liegt, während es im südafrikanischen Kontext sehr viel mehr um Fragen der sozialen Entwicklung geht (z. B. hinsichtlich des Umgangs mit Aids oder des Verhältnisses schwarzer und weißer Südafrikaner). Nachhaltige Entwicklung und andere normative Rahmungen wie soziale Gerechtigkeit und Inklusion werden hiermit zu Leitbildern für Entwicklungs- und Verhandlungsprozesse rund um Geschäftsmodelle und deren Innovation (Breuer und Lüdeke-Freund 2016). Die Forschung zu Nachhaltigkeitsinnovationen zeigt, dass derartige Prozesse eingebettet und auf mehreren Ebenen stattfinden, von der einzelnen Organisation ausgehend über deren Lieferkette (Lüdeke-Freund et al. 2016c) und interorganisationales Netzwerk bis auf die gesamtgesellschaftliche Ebene (Carrillo-Hermosilla et al. 2010).

---

[4] Gemeinhin auch als Brundtland-Bericht bezeichnet, s. http://www.un-documents.net/wced-ocf.htm.

Geht man von dieser flankierenden und prozessleitenden Funktion normativer Prinzipien aus, lassen sich allgemeine Anforderungen an die Eigenschaften zentraler Geschäftsmodellkomponenten formulieren. Nimmt man die vier generischen Komponenten Wertangebot, Lieferkette, Kundenschnittstelle und Finanzmodell, die u. a. aus dem bekannten „Business Model Canvas" (Osterwalder und Pigneur 2009) abgeleitet werden können, so lassen sich entsprechende normative Prinzipien zur Entwicklung nachhaltiger Geschäftsmodelle formulieren (Boons und Lüdeke-Freund 2013):

1. Das *Wertangebot* vermittelt vielfältige Werte für verschiedene Kunden- bzw. Stakeholdergruppen und geht über finanzielle Werte hinaus, z. B. indem neben dem eigentlichen Produkt- oder Servicenutzen auch ökologische und soziale Werte geschaffen werden. Diese Werte müssen erfahrbar und messbar sein. Die Gestaltung des Wertangebots spiegelt einen Dialog zwischen dem fokalen Unternehmen und seinen Stakeholdern wider, in dem die jeweiligen kulturell, räumlich und zeitlich bedingten Wertvorstellungen ausgehandelt und balanciert werden.
2. Die *Lieferkette* basiert auf Zulieferern und weiteren Partnern, die aktiv Verantwortung für ihre eigenen Anspruchsgruppen übernehmen sowie für jene des fokalen Unternehmens. Das fokale Unternehmen wiederum vermeidet die Verlagerung eigener negativer Effekte auf den Upstream-Bereich der Lieferkette. Dies erfordert, dass sämtliche Akteure entlang der Lieferkette in ein nachhaltiges Lieferkettenmanagement eingebunden werden, das sich beispielsweise gezielt um soziale Belange oder die Reduktion von Ressourcenverbräuchen bemüht (z. B. durch das Schließen von Stoff- und Energiekreisläufen).
3. Die *Kundenschnittstelle,* d. h. die Gestaltung der kundenseitigen Kommunikations- und Lieferkanäle, motiviert die Kunden zu einer aktiven Verantwortungsübernahme für die gegebenenfalls negativen Effekte des eigenen Konsums sowie gegenüber den weiteren Stakeholdern des fokalen Unternehmens. Das fokale Unternehmen wiederum vermeidet die Verlagerung eigener negativer Effekte auf den Downstream-Bereich der Lieferkette. Kundenbeziehungen werden unter Berücksichtigung des Entwicklungsstands der jeweiligen Märkte und ihrer Nachhaltigkeitsherausforderungen aufgebaut (z. B. Industrieland- vs. Schwellenlandmärkte).
4. Das *Finanzmodell* basiert auf dem Grundsatz einer gerechten bzw. verursacherorientierten Allokation finanzieller Kosten und Erträge unter den in den Wertschöpfungsprozess eingebundenen Stakeholdern. Das zugrunde liegende Bewertungssystem ist zudem mehrdimensional zu gestalten, um die gezielte Messung und Bewertung von nichtfinanziellen und gegebenenfalls „weichen" Effekten zu ermöglichen.

Diese Prinzipien sind bewusst offen und allgemein (generisch) formuliert. Die hier formulierten Prinzipien sind als allgemeine Form möglicher Leitlinien für die bewusste Gestaltung nachhaltiger Geschäftsmodelle zu verstehen. Deren praktische Konkretisierung ist – wie auch die Definition einer nachhaltigen Entwicklung – kontext- und akteursspezifisch vorzunehmen und auf den gewünschten Detailgrad der Geschäftsmodellierung abzustimmen. Diese normativen Prinzipien definieren somit kein per se nachhaltiges Geschäftsmodell, sondern bieten eine Orientierung auf dem Weg zu möglicherweise nachhaltigen Formen der Wertschöpfung. Im Kontext nachhaltiger Innovationen hat sich für derartige Leitlinienansätze der Begriff der nachhaltigkeitsorientierten Innovation herausgebildet (vgl. Pfriem et al. 2006).

Die praktische Auseinandersetzung mit derartigen Prinzipien bzw. Orientierungen hilft zu verstehen, dass erstens jede Form von nachhaltigen Innovationen, sei sie organisationaler, sozialer oder technischer Natur, vermarktet bzw. verbreitet werden muss, um die erhofften Effekte zu entfalten. Zudem müssen zweitens die hierfür anzupassenden bzw. zu entwickelnden Geschäftsmodelle bestimmten gestalterischen und operativen Prinzipien folgen, um diese Effekte nicht zu unterminieren. Ein einfaches Beispiel sind die sog. Reboundeffekte, die auftreten, wenn z. B. ein ressourceneffizientes Produkt derart attraktiv ist, dass es in einem Umfang Verbreitung findet, dass der ressourcensparende Effekt überkompensiert wird. Ein Geschäftsmodell, dessen Ertragslogik auf der schlichten Steigerung von Absatzzahlen basiert, läuft schnell Gefahr, derartige Reboundeffekte zu erzeugen. Hier gilt es, z. B. ressourcensparende Produkte mit Wertschöpfungslogiken zu verknüpfen, die auf weniger Konsum abzielen.

Während Innovationen in Form neuer Organisationen, Prozesse, Produkte oder Services ein gewisses Nachhaltigkeits*potenzial* in sich tragen können, sind es die zugrunde liegenden Geschäftsmodelle, die deren Verbreitung und somit Nachhaltigkeits*effekte* ermöglichen. Hierzu bedarf es der bewussten und an normativen Prinzipien orientierten (Weiter-)Entwicklung von Geschäftsmodellen und Geschäftsfällen für die unternehmerische Nachhaltigkeit.

3.2 Zielorientierungen für nachhaltige Geschäftsmodellinnovationen

Nachhaltigkeitsorientierte Geschäftsmodelle können drei wesentlichen Zielorientierungen folgen (Boons und Lüdeke-Freund 2013):

- der Verbreitung neuartiger Technologien,
- der Lösung sozialer Probleme und
- der Umsetzung alternativer Organisationsparadigmen.

Die Unterscheidung dieser Zielorientierungen basiert auf der Annahme, dass Nachhaltigkeitsinnovationen keinen Selbstzweck erfüllen, sondern zur Ablösung bestehender Technologien (z. B. vom Kohle- zum Solarstrom), zur Lösung sozialer Probleme (z. B. Zugang zu medizinischer Versorgung) und zur Durchsetzung neuer Organisationstypen (z. B. kooperative Netzwerke anstelle von Zentralismus) beitragen sollen. Die klassischen Schumpeterschen Innovationstypen wie Produkt-, Prozess-, Markt- oder Lieferketteninnovationen (Schumpeter 1952), die häufig zur Bestimmung von Innovationsobjekten genutzt werden, können diesen Zielorientierungen in unterschiedlicher Weise zugeordnet werden. So kann es bei der Verbreitung neuer Technologien und der Lösung sozialer Probleme gleichwohl um Produktinnovationen gehen (z. B. das Fairphone als Produkt, das auf neuen Produktionsprozessen basiert, die zugleich soziale Probleme in der Lieferkette lösen sollen).

Die Durchsetzung *technologischer Innovationen* – hierunter können in einer weitgefassten Auslegung neue Produktionstechniken, Prozesse und auch Produkte verstanden werden – erfordert klar formulierte Strategien und entsprechend gestaltete Geschäftsmodelle (Teece 2010). Nachhaltige Unternehmer finden im Geschäftsmodell einen zusätzlichen Hebel, mit dem sie die *Verbreitung technologischer Lösungen für Nachhaltigkeitsprobleme* unterstützen können, z. B. indem Vermarktungsstrategien und spezifische Technologieeigenschaften in ihrer Wirkung verstärkt werden (Chesbrough und Rosenbloom 2002).

Der Zusammenhang zwischen technologischen Innovationen und Geschäftsmodellen wirkt jedoch auch in entgegengesetzter Richtung: Geschäftsmodelle stellen nicht nur einen Hebel für die erfolgreiche Verbreitung technologischer Innovationen dar; zugleich stellen technologische Innovationen umgekehrt auch eine Grundlage für neue Geschäftsmodelle dar (Baden-Fuller und Haefliger 2013). Einerseits zeigt sich z. B., dass die relativ teure Batterietechnik für Elektrofahrzeuge neue Vermarktungsansätze erfordert (z. B. Leasing oder kilometerbezogene Tarifsysteme). Andererseits lassen sich Märkte und Geschäftsmodelle für überschüssige Energie nicht ohne entsprechende Speichertechnologien realisieren (z. B. Batterien von Elektrofahrzeugen als Zwischenspeicher). In beiden Fällen kommt hinzu, dass es sich um Technologien und Geschäftsmodelle handelt, die in komplexe soziotechnische Systeme eingebettet sind, die u. a. aus komplementären Technologien (z. B. Ladeinfrastruktur, Versorgungsnetz, Informationstechnologie), Akteuren (z. B. Wettbewerber, Lieferanten, Gesetzgeber) sowie Bezugs- und Absatzmärkten (z. B. Rohstoff-, Energie-, Mobilitätsmärkte) bestehen (Wells 2013b). Das Geschäftsmodellmanagement muss gerade bei Nachhaltigkeitsinnovationen deren systemische Einbettung berücksichtigen.

Die zweite wesentliche Orientierung nimmt soziale Probleme als Anlass für die Entwicklung alternativer Geschäftsmodelle. *Soziale Innovationen* können dadurch charakterisiert werden, dass es um die *direkte Lösung der Probleme spezifischer sozialer Gruppen* geht (z. B. ausgeschlossene Minderheiten). Häufig betrifft dies menschliche Bedürfnisse wie Ernährung, Sicherheit oder Bildung, zu denen diese Gruppen keinen Zugang haben (z. B. Zeyen et al. 2013). Die Lösung von Umweltproblemen (z. B. Wasserknappheit) kann ebenfalls mehr oder weniger direkte soziale Beiträge leisten. Die Unterscheidung zwischen Umwelt- und Sozialproblemen ist hierbei oftmals lediglich eine Frage des Blickwinkels. Soziale Innovationen können auch einen direkten Bezug zu technologischen Innovationen haben. Beispielsweise stellen neue und v. a. kostengünstige Informationstechnologien eine wichtige Voraussetzung für soziale Verbesserungen dar. In der Praxis können sich beide Orientierungen folglich ergänzen und zugleich auch ökologische Aspekte beinhalten. Untersuchungen zu sozial nachhaltigen Innovationen sind i. d. R. im Bereich des „*social entrepreneurship*" angesiedelt und befassen sich häufig mit Pionieren wie der indischen Grameen Bank (Mikrokredite) oder der ägyptischen Sekem Group, die sich auf die kooperative Herstellung von Agrargütern und die Unterstützung lokalen Unternehmertums spezialisiert hat (Seelos und Mair 2005, 2007; Yunus et al. 2010). Phänomene wie die Erschließung von Bottom-of-the-pyramid-Märkten durch Großkonzerne oder hybride Sozialunternehmen werden oft – und kontrovers – unter dem Schlagwort des „social entrepreneurship" diskutiert.

Die Entwicklung alternativer Geschäftsmodelle für soziale Innovationen ist insbesondere dort von Bedeutung, wo ausgegrenzten sozialen Gruppen der Zugang zu Märkten – sprich: eine bessere Versorgung – ermöglicht werden soll und dort, wo keine funktionierenden Märkte für wichtige Güter existieren. Die unternehmerische Herausforderung besteht darin, einerseits neue Wertschöpfungslogiken zu entwickeln (z. B. durch die Trennung von Leistungsempfänger und Bezahlendem; Grassl 2012) und diese andererseits unter teils prekären Bedingungen zu realisieren (Thompson und MacMillan 2010). Der nicht gegebene bzw. unsichere Zugang zu Ressourcen wie Finanzkapital, Arbeitskräfte oder politische Unterstützung ist hierbei nicht nur ein Problem, das in Entwicklungsländern auftritt (Zeyen et al. 2013). Diese Herausforderung motiviert auch Sozialunternehmer in Deutschland zur Entwicklung neuer Geschäftsmodelle (z. B. Andreas Heinecke, „Dialog im Dunkeln").

In ihren Studien zu *organisationalen Innovationen* in nordeuropäischen und chinesischen Unternehmen haben Birkin und Kollegen untersucht, ob und inwieweit gesellschaftliche und kulturelle Ansprüche, die sich aus einer Orientierung am Leitbild einer nachhaltigen Entwicklung ableiten, *organisationalen Wandel in Unternehmen* hervorrufen (Birkin et al. 2009a, b). Die Autoren gehen davon aus, dass die sich in gesellschaftlichen und kulturellen (also kontextspezifischen) Ansprüchen manifestierenden Vorstellungen einer nachhaltigen Entwicklung zu neuen Anforderungen an Unternehmen führen, die daraufhin ihre Wirtschaftsweise und die zugrunde liegende Organisation verändern müssen. Aus Sicht der Stakeholdertheorie kann diese Erwartung damit begründet werden, dass Unternehmen zur Sicherung der Legalität und Legitimität ihres Handelns entsprechende Anpassungen vornehmen, um ihren Geschäftsbetrieb aufrechtzuerhalten (Beckmann und Schaltegger 2014).

Eine ähnliche Verknüpfung von gesellschaftlichen und kulturellen Ansprüchen einerseits und organisationalem Wandel und Geschäftsmodellen andererseits stellen auch Stubbs und Cocklin (2008) her. Ihr „Sustainability Business Model" kann als Heuristik genutzt werden, um Barrieren der nachhaltigen Organisationsinnovation identifizieren und abbauen zu können. Dies wird durch die Klassifizierung von internen und externen sowie strukturellen und kulturellen Organisationseigenschaften ermöglicht. So weisen die Autoren beispielsweise darauf hin, dass externe strukturelle Gegebenheiten wie die Verfügbarkeit von Finanzmitteln für Nachhaltigkeitsprojekte oder die steuerliche Schlechterstellung von nicht nachhaltigen Produktions- und Arbeitsmethoden ebenso wichtig sind wie die unternehmensinterne Orientierung an Konzepten zur Abfallvermeidung oder zum Schließen von Material- und Energieströmen. Übergreifende wirtschaftskulturelle Aspekte sind beispielsweise eine Anpassung, d. h. Ausdehnung, des Zeithorizonts, mit dem z. B. Investoren, Anleger und die Geschäftsführung die Wirtschaftlichkeit von Unternehmen bewerten. Im Extremfall erlaubt die Fähigkeit zu organisationalem Wandel die Einführung alternativer Paradigmen wie z. B. jenes der ökologischen Modernisierung (Spaargaren und Mol 1992). Dieses Paradigma würde das Unternehmenshandeln auf ein alternatives Fundament stellen, das sich vollständig an Prinzipien wie der Entkoppelung von Wachstum und Ressourcenverbrauch orientieren würde. Die Realisierung alternativer Organisations-, Produktions- und Konsumformen bedarf innovativer Geschäftsmodelle, um die unternehmerische Fähigkeit zur Wertschöpfung unter den Bedingungen des neuen Paradigmas zu erhalten.

Während die Zielorientierungen der technologischen und sozialen Innovation das Geschäftsmodell als ein Instrument zur Verbreitung nachhaltiger Technologien und Realisierung sozialer Profite durch neue Wertschöpfungs- und -verteilungsansätze definieren, geht es bei der Orientierung an organisationalen Innovationen darum, *alternative Leitbilder und Organisationsprinzipien* zu ermöglichen (s. das Beispiel Interface).

4 Geschäftsmodellumsetzung: Nachhaltig Werte schaffen

In der dritten Phase sollten die Umsetzungsmöglichkeiten im Fokus stehen. Nach Einschätzung des Erfolgspotenzials (Phase 1) und der Festlegung nachhaltigkeitsorientierter Leitlinien (Phase 2) stellt sich die Frage nach dem Wie der Geschäftsmodellumsetzung. Wie eingangs erläutert, existieren derzeit kaum praktische Instrumente hierfür. Alternativ können erfolgreiche Vorbilder herangezogen werden, um für den eigenen Fall passende Ansätze zu identifizieren. Deren Umsetzung kann anschließend z. B. durch Workshopinstrumente (mittelbar) unterstützt werden (vgl. Lüdeke-Freund et al. 2016a). Auch hier bieten zwei Leitfragen Orientierung:

- Welche Vorbilder bzw. Muster können die konkrete Umsetzung befördern?
- Welche Instrumente sind geeignet, um relevante Stakeholder zu involvieren?

4.1 Ausprägungen nachhaltiger Geschäftsmodellinnovationen

Die drei zuvor genannten Zielorientierungen können durch konkrete Ausprägungen umgesetzt werden. Es existieren mittlerweile erste Studien, die versuchen, *spezifische Ausprägungen von nachhaltigen Geschäftsmodellinnovationen* als Typen zu erfassen (z. B. die von Bocken et al. 2014 identifizierten Archetypen). Auf eine Studie, in der v. a. sozialorientierte Ansätze zusammengefasst werden, wird hier kurz eingegangen. Die Tab. 2 gibt einen Überblick über die von Jenkins et al. (2011) identifizierten inklusiven bzw. Bottom-of-the-pyramid-Modelle, die auch als Patterns bezeichnet werden, da sie markante Eigenschaften realer Fälle idealtypisch zusammenfassen.

Ein gutes Beispiel ist das Modell der Versorgung auf der letzten Meile. Dieses Modell dient dem Anschluss entlegener und häufig einkommensschwacher Gebiete mit lei-

Tab. 2 Typen sozialorientierter Geschäftsmodelle. (Jenkins et al. 2011)

„Micro distribution and retail"	In diesem Modell nutzen Unternehmen bestehende Outlets (z. B. Kioske, kleine Familienläden) in einkommensschwachen und/oder entlegenen Regionen, in denen Konsumenten kleine, aber regelmäßige Einkäufe tätigen. Große Produzenten wie z. B. Getränkehersteller oder Telefonanbieter nutzen lokale Distributoren, um ihre Reichweite ohne eigene Infrastruktur zu erhöhen. Der Abfüller Coca-Cola Sabco arbeitet in Ostafrika mit 2200 Kleindistributoren zusammen
„Experience-based customer credit"	Nichtbanken wie Produkt- und Serviceanbieter ergänzen ihr Portfolio um die Vergabe von Krediten, um vom Bankwesen ausgeschlossenen Menschen Finanzmittel zur Verfügung zu stellen. Anstelle von formalen Bankprozessen basiert die Kreditvergabe auf den Erfahrungen, die Unternehmen mit ihren Kunden in der Vergangenheit gemacht haben, so z. B. beim kolumbianischen Gaskonzern Promigas (http://www.promigas.com)
„Last-mile grid utilities"	Die Versorgung auf der letzten Meile bedeutet, entlegene, einkommensschwache Regionen z. B. mit Wasser und Strom zu versorgen. Für große Versorger lohnt sich der Anschluss dieser Gebiete oft nicht, u. a. wegen hoher Zahlungsausfälle. Dieses Modell, das oft auch Sozialarbeiter einbindet, kombiniert Technologie, Aufklärung, die Entwicklung eines Gemeinschaftssinns und öffentliche Unterstützung (z. B. Manila Waters Water-for-the-community-Programm, Philippinen, http://www.manilawater.com)
„Smallholder procurement"	Geografisch entlegene Kleinbauern werden in diesem Modell zusammengefasst, um gemeinsam als Rohstofflieferanten für große Abnehmer aufzutreten. Häufig werden Bauern unter Sammelstellen zusammengefasst und organisiert. Alqueria in Kolumbien, als ein Beispiel, bezieht große Teile seiner Milch von 5500 Kleinbauern, die jeweils unter 200 L pro Tag zuliefern (http://www.alqueria.com.co)
„Value-for-Money degrees"	Im Fokus dieses Modells stehen kostengünstige, aber hochwertige universitäre Bildungsangebote. Aufklärungsarbeit flankiert dieses Modell, um bewusst zu machen, dass sich eine Investition in Bildung lohnen kann.
„Value-for-Money housing"	Den Wechsel vom informellen Wohnen in eigenes Wohneigentum können sich Menschen in Entwicklungsländern nicht oder nur sehr selten leisten. Firmen wie VINTE (Mexiko) bieten Wohnungen schon für unter 30.000 US-Dollar an und unterstützen Käufer bei der Beantragung von Krediten (http://www.vinte.com.mx)
„E-transaction platforms"	Das Fehlen und die Unsicherheiten von Infrastrukturen für den Zahlungsverkehr reduziert die Bereitschaft für Produkt- und Serviceangebote in weniger entwickelten Ländern. Mithilfe von Online- bzw. mobilen Kommunikationstechnologien werden zunehmend bargeldlose Transaktionen möglich. Beispielsweise ermöglicht FINO mehreren Millionen Menschen in Indien den Bezug und die Nutzung von öffentlichen Zuwendungen mithilfe einer elektronischen Geldbörse und bietet zudem u. a. Aufklärung zur „financial literacy" an (http://www.finopaytech.com)

tungsgebundenen Gütern wie Wasser oder Strom. Für große Versorger lohnt sich der Anschluss oft wegen zu hoher Transaktionskosten und Zahlungsausfällen nicht, wie dies bei Slums, Townships oder informellen Satellitenstädten großer Metropolen häufig der Fall ist. Dieses Modell, das mitunter auch lokale Sozialarbeiter einbindet, kombiniert neue Technologien (z. B. „smart metering"), Aufklärungsarbeit (z. B. über die Gefahren illegaler Versorgung durch Anklemmen), die Entwicklung eines Verantwortungssinns für Gemeinschaftsgüter sowie öffentliche finanzielle Unterstützung, um den Anschluss unterversorgter Gebiete zu ermöglichen. Flexible Zahlungsmodalitäten, die den Einkommensverhältnissen entgegenkommen, runden derartige Versorgungsmodelle ab. An diesem Beispiel wird deutlich, dass sozialorientierte Modelle u. U. grundlegend andere Ansätze benötigen, um ihre Wertangebote im wahrsten Sinn des Wortes an den Mann oder die Frau zu bringen (Tab. 2).

Eher umweltorientierte Ausprägungen werden beispielsweise in der Studie der Organisation für wirtschaftliche Zusammenarbeit und Entwicklung (OECD) „Why New Business Models Matter for Green Growth" (Beltramello et al. 2013) oder in der Untersuchung „Green Business Model Innovation" (Bisgaard et al. 2012) dargestellt. Hier finden sich z. B. Modelle für die Reduktion von Ressourcenverbräuchen durch geschlossene Energie- und Materialkreisläufe oder für die Verbreitung erneuerbarer Energien durch alternative Finanzierungsformen.

4.2 Instrumente zur Unterstützung nachhaltiger Geschäftsmodellinnovationen

Abschließend werden drei Instrumente vorgestellt, die für die Gestaltung und mittelbar auch für die Umsetzung nachhaltiger Geschäftsmodelle genutzt werden können. Diese Instrumente setzen unterschiedliche Schwerpunkte bei der Geschäftsmodellierung. Ihnen ist jedoch eine Betonung von visuellen Komponenten gemeinsam, was auf den Einfluss des weltweit meist genutzten Instruments, der „Business Model Canvas" von Osterwalder und Pigneur (2009), zurückgeführt werden kann (s. auch Wunder 2014). In einer Studie der Strategyzer AG wurde u. a. festgestellt, dass visuelle Instrumente v. a. deshalb für die Geschäftsmodellierung eingesetzt werden, weil sie die Kommunikation über Strategien erleichtern und eine gemeinsame Sprache für alle Beteiligten schaffen (Strategyzer 2015).

Eine direkte Weiterentwicklung des „Business Model Canvas" ist der „Flourishing Business Canvas", der auf Basis der Arbeit von Upward (2013) entwickelt wurde. Dieses Instrument basiert auf dem Ansatz von Osterwalder und Pigneur, geht inhaltlich jedoch deutlich darüber hinaus. Die bekannten neun Geschäftsmodellelemente wurden teilweise ersetzt und neu interpretiert. So wird beispielsweise eine Stakeholder- statt Kundenpers-

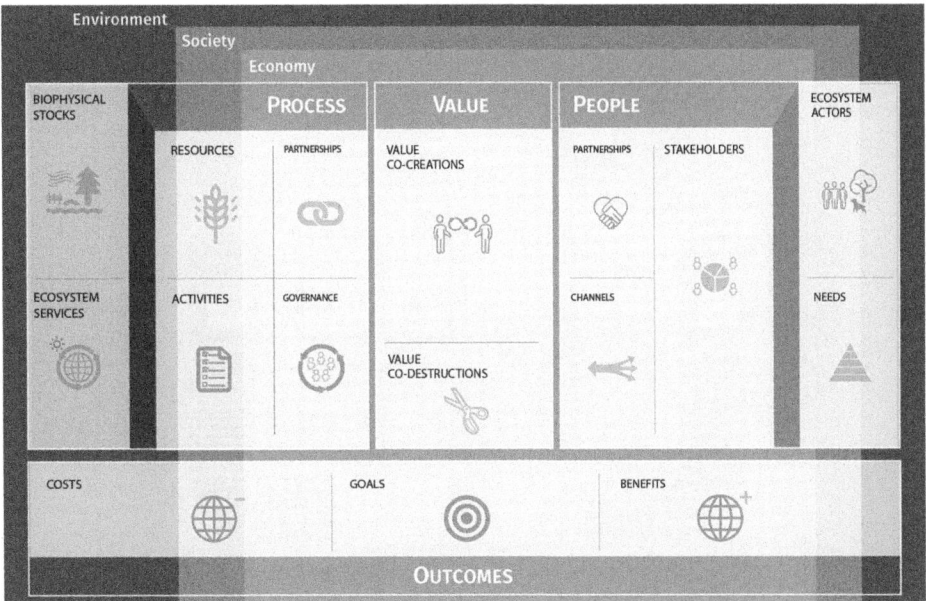

Abb. 5 „Flourishing Business Canvas". (Quelle: http://www.flourishingbusiness.org/; © Antony Upward 2014)

pektive eingenommen und neben der positiven Wertschöpfung werden auch zerstörte Werte berücksichtigt; v. a. aber wurde die zugrunde liegende Ontologie erweitert, um Wirtschaft, Gesellschaft und Umwelt als Geschäftsmodellbestandteile explizit modellieren zu können (Abb. 5).

Ein weiteres Canvas-basiertes Instrument ist das „Business Innovation Kit" in Verbindung mit dem „Sustainability Innovation Pack" (vgl. Breuer 2013; Breuer und Lüdeke-Freund 2016). Dieses Instrument dient der Moderation heterogener Gruppen, deren gemeinsames Ziel die (Weiter-)Entwicklung eines Geschäftsmodells ist. Das „Business Innovation Kit" führt durch einen strukturierten Prozess, der von der Identifikation eines gemeinsamen Ausgangspunkts der Teilnehmer (z. B. gemeinsame Wertvorstellungen) über die Modellierung der einzelnen Geschäftsmodellelemente bis zur Ableitung von Szenarien und zukünftigen Herausforderungen führt. Das „Sustainability Innovation Pack" ist ein ergänzendes Moderationskonzept, das zuerst nach der Fähigkeit einer Organisation zur Durchführung von Nachhaltigkeitsinnovationen fragt und hierauf aufbauend die Modellierung systematisch an den wichtigsten Treibern von „business cases for sustainability" ausrichtet. Das „Sustainability Innovation Pack" ist

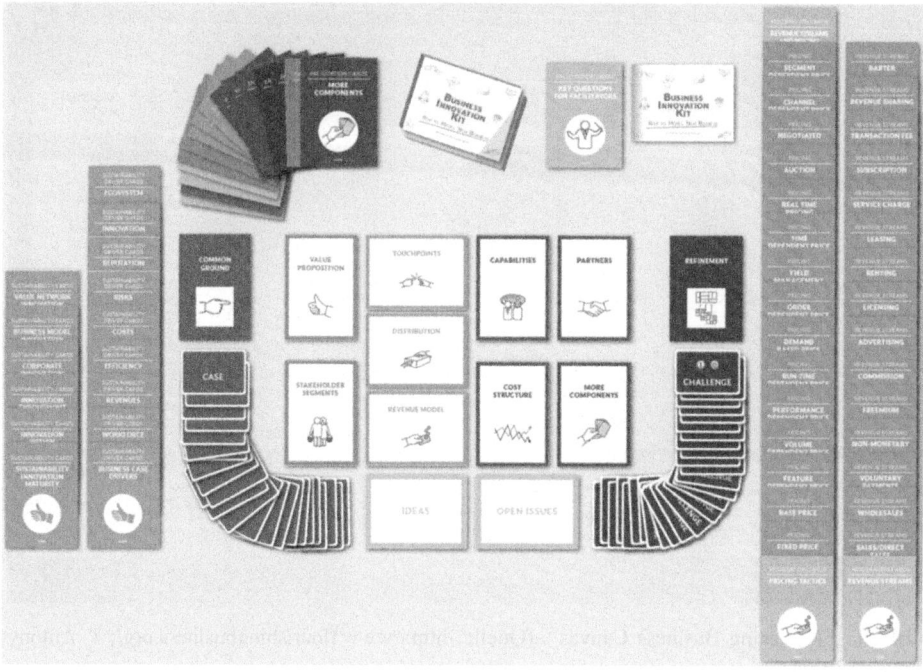

Abb. 6 „Business Innovation Kit" und „Sustainability Innovation Pack". (Quelle: http://www.uxberlin.com/businessinnovationkit/)

eine direkte Umsetzung der theoretischen und konzeptionellen Arbeit von Schaltegger et al. (2012; Abb. 6).

Des Weiteren können Unternehmen sich des „Value Mapping Tools" von Bocken et al. (2013a) bedienen. Das Ziel dieses Ansatzes ist, zu erkennen, wie verschiedene Stakeholder – Kunden, Gesellschaft und Umwelt (durch Stellvertreter) sowie weitere Netzwerkakteure – den Zweck und die durch ein Unternehmen geschaffenen, ignorierten und zerstörten Werte wahrnehmen. Das Ziel besteht in einem Abgleich und der bestmöglichen Synthese der Wertwahrnehmungen der verschiedenen Akteure. Unternehmen können diesen Ansatz z. B. nutzen, um aus den ignorierten und zerstörten Werten neue Geschäftsmöglichkeiten abzuleiten (Abb. 7).

Die drei vorgestellten Instrumente basieren auf unterschiedlichen Ansatzpunkten: umfassende systemische Abbildung mithilfe des „Flourishing Business Canvas", innovations- und business-case-orientierte Geschäftsmodellierung mit dem „Sustainability Innovation Pack" und wertfokussiertes Multi-Stakeholder-Mapping mit dem „Value Mapping Tool". Dennoch lässt sich feststellen, dass allen eine starke Stakeholder- und Wertorientierung gemeinsam ist und dass sie sich für die Gestaltung und Unterstützung neuer und nachhaltigkeitsorientierter Geschäftsmodelle in der Praxis eignen sollten. Es bleibt abzuwarten, ob sich derartige Kreativitätsinstrumente langfristig als Bestandteil eines nachhaltigkeitsorientierten Geschäftsmodellmanagements durchsetzen können.

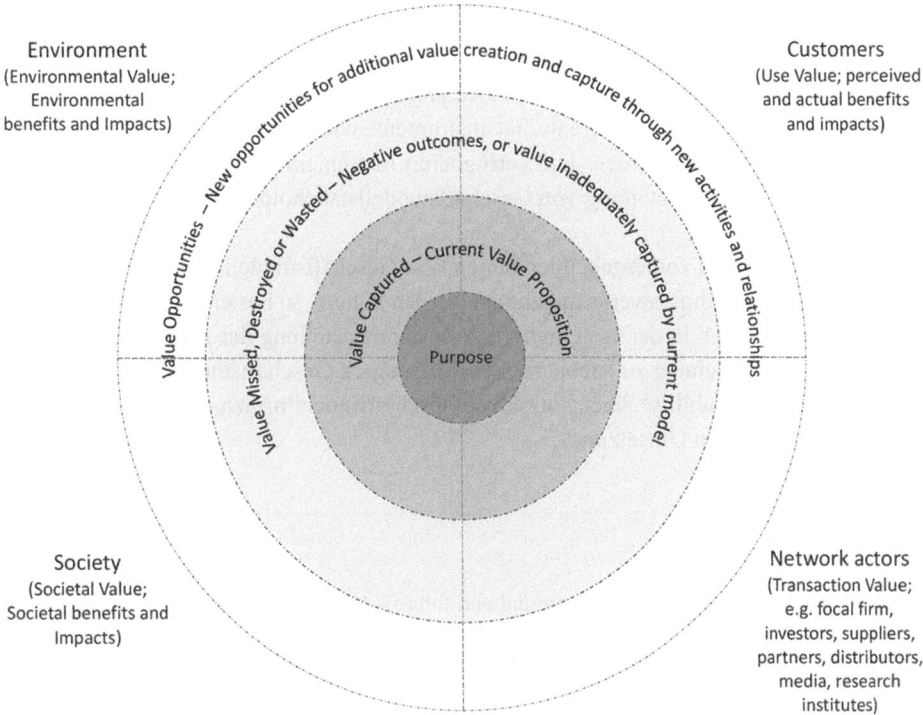

Abb. 7 „Value Mapping Tool". (Quelle: Bocken et al. 2013b)

5 Fazit

Die theoretische und praktische Auseinandersetzung mit nachhaltigkeitsorientierten Geschäftsmodellen ist gegenwärtig zweifach gekennzeichnet: einerseits nehmen die Forschungsarbeiten und die praktische Bedeutung stetig zu, andererseits mangelt es gerade im Praxiskontext an Rahmenwerken, Konzepten und Instrumenten für ein konsistentes nachhaltigkeitsorientiertes Geschäftsmodellmanagement.

Dieser Beitrag schlägt daher eine einfache Skizze für einen *Geschäftsmodellprozess* vor, der die Phasen *Analyse, Innovation* und *Umsetzung* umfasst. Anstelle eines praktischen How-to-Leitfadens lassen sich gegenwärtig v. a. konzeptionelle Vorüberlegungen in diesen Prozess einordnen. Auf diesen Überlegungen können Praktiker und Forscher aufbauen, um ihren Interessen entsprechend die nächsten Entwicklungsschritte zu gehen.

Für die *Analysephase* wird vorgeschlagen, sich grundsätzlich mit den Potenzialen von Geschäftsmodellen zu befassen, sog. „business cases for sustainability" und die Umsetzung von Nachhaltigkeitsstrategien zu ermöglichen. In der *Innovationsphase* sollten sich Unternehmer und Manager gezielt um Leitlinien im Sinne von Nachhaltigkeitsprinzipien und Zielorientierungen bemühen. Je früher derartige Leitlinien Eingang in Geschäftsmodellinnovationen finden, desto größer sollte die Wahrscheinlichkeit für effektive Nachhaltigkeitsbeiträge sein. In der *Umsetzungsphase* können sich Geschäftsmodellierer – mangels verfügbarer Managementinstrumente – an erfolgreichen Beispielen oder sog. Patterns orientieren, um Ideen für die konkrete Umsetzung zu entwickeln. Praktisch unterstützend kann derzeit auf einige wenige Kreativitätsinstrumente wie Workshop- oder Moderationsformate zurückgegriffen werden. Die verfügbaren Instrumente zeichnen sich v. a. durch visuelle Methoden, die Betonung von Geschäftsmodellstakeholdern und eine starke Werteorientierung aus.

Auch wenn auf den vorhergehenden Seiten kein Geschäftsmodellmanagement im Sinn eines konsistenten Rahmenwerks angeboten werden konnte, so besteht der Mehrwert dieses Beitrags sicherlich in der systematischen Zusammenstellung der gegenwärtig zentralen Themen der Forschung zu nachhaltigkeitsorientierten Geschäftsmodellen, vom „business case for sustainability" über normative Geschäftsmodellprinzipien bis zu kreativen Instrumenten für deren Umsetzung.

Literatur

Arend R (2013) The business model: present and future – beyond a skeumorph. Strategic Organ 11(4):390–402

Baden-Fuller C, Haefliger S (2013) Business models and technological innovation. Long Range Plan 46(6):419–426

Beattie V, Smith S (2013) Value creation and business models: refocusing the intellectual capital debate. Brit Account Rev 45(4):243–254

Beckmann M, Schaltegger S (2014) Unternehmerische Nachhaltigkeit. In: Heinrichs H, Michelsen G (Hrsg) Nachhaltigkeitswissenschaften. Springer, Berlin, S 321–367

Beltramello A, Haie-Fayle L, Pilat D (2013) Why new business models matter for green growth. OECD Publishing, Paris

Birkin F, Cashman A, Koh S, Liu Z (2009a) New sustainable business models in China. Bus Strategy Environ 18(1):64–77. doi:10.1002/bse.568

Birkin F, Polesie T, Lewis L (2009b) A new business model for sustainable development: an exploratory study using the theory of constraints in Nordic organizations. Bus Strategy Environ 18(5):277–290. doi:10.1002/bse.581

Bisgaard T, Henriksen K, Bjerre M (2012) Green business model innovation – conceptualisation, next practice and policy. Nordic Innovation, Oslo

Bocken N, Short S, Padmakshi R, Evans S (2013a) A value mapping tool for sustainable business modelling. Corp Gov 13(5):482–497

Bocken N, Short S, Padmakshi R, Evans S (2013b) A value mapping tool for sustainable business modeling. Open Access Vorschau. https://www.repository.cam.ac.uk/bitstream/handle/1810/245028/A%20value%20mapping%20tool%20for%20sustainable%20business%20modelling.pdf. Zugegriffen: 6. Juli 2015

Bocken N, Short S, Rana P, Evans S (2014) A literature and practice review to develop sustainable business model archetypes. J Clean Prod 65:42–56

Boons F, Lüdeke-Freund F (2013) Business models for sustainable innovation: state-of-the-art and steps towards a research agenda. J Clean Prod 45:9–19

Breuer, H. (2013): Lean Venturing: Learning to Create New Business Through Exploration, Elaboration, Evaluation, Experimentation, and Evolution, International Journal of Innovation Management, Vol. 17, No. 3, 1–22.

Breuer, H. & Lüdeke-Freund, F. (2016, im Erscheinen): Innovating by What We Care About – The Values-Based View on Innovation Management. Houndmills: Palgrave.

Carrillo-Hermosilla J, del Río P, Könnölä T (2010) Diversity of eco-innovations: reflections from selected case studies. J Clean Prod 18(10–11):1073–1083

Chesbrough H, Rosenbloom R (2002) The role of the business model in capturing value from innovation: evidence from Xerox Corporation's technology spin-off companies. Ind Corp Change 11(3):529–555

Ehrenfeld J, Hoffman A (2013) Flourishing: a frank conversation about sustainability. Greenleaf Publishing, Sheffield

Garriga E, Melé D (2004) Corporate social responsibility theories: mapping the territory. J Bus Eth 53(1/2):51–71

Grassl W (2012) Business models of social enterprise: a design approach to hybridity. ACRN J Entrep Perspect 1(1):37–60

Hahn T, Figge F, Pinkse J, Preuss L (2010) Trade-offs in corporate sustainability: you can't have your cake and eat it. Bus Strategy Environ 19(4):217–229

Hansen E, Große-Dunker F, Reichwald R (2009) Sustainability innovation cube – a framework to evaluate sustainability-oriented innovations. Int J Innov Manage 13(4):683–713

Henriques I, Sadorsky P (1999) The relationship between environmental commitment and managerial perceptions of stakeholder importance. Acad Manage J 42(1):87–99

Jenkins B, Ishikawa E, Geaneotes A, Baptista P, Masuoka T (2011) Accelerating inclusive business opportunities: business models that make a difference. IFC, Washington, DC

Johnson M (2010) Seizing the white space. Business model innovation for growth and renewal. Harvard Business Press, Boston

Johnson M, Suskewicz J (2009) How to jump-start the clean tech economy. Harv Bus Rev 87(11):52–60

Kiron D, Kruschwitz N, Haanaes K, Reeves M, Goh E (2013) The innovation bottom line. MIT sloan management review research report winter 2013. Cambridge

Lélé S (1991) Sustainable development: a critical review. World Dev 19(6):607–621

Lüdeke-Freund F (2009) Business model concepts in corporate sustainability contexts. From rhetoric to a generic template for „business models for sustainability". Centre for Sustainability Management, Lüneburg

Lüdeke-Freund F (2013) Business models for sustainability innovation: conceptual foundations and the case of solar energy. PhD thesis. Leuphana University, Lüneburg

Lüdeke-Freund F (2014) BP's solar business model – a case study on BP's solar business case and its drivers. Int J Bus Environ 6(3):300–328

Lüdeke-Freund, F.; Massa, L.; Bocken, N.; Brent, A & Musango, J. (2016a, im Erscheinen): Business Models for Shared Value – How Sustainability-oriented Business Models Contribute to Business Success and Societal Progress. Cape Town: Network for Business Sustainability South Africa.

Lüdeke-Freund F, Freudenreich B, Saviuc I, Schaltegger S, Stock M (2016b, im Erscheinen) Sustainability-oriented business model assessment – a conceptual foundation. In: Edgeman R, Carayannis E, Sindakis S (Hrsg) Analytics, innovation and excellence-driven enterprise sustainability. Palgrave, Houndmills

Lüdeke-Freund, F.; Gold, S. & Bocken, N. (2016c): Sustainable Business Model and Supply Chain Conceptions – Towards an Integrated Perspective, in: Bals, L. & Tate, W. (Eds.): Implementing Triple Bottom Line Sustainability into Global Supply Chains. Sheffield: Greenleaf, 337–363.

Mitchell D, Coles C (2003) The ultimate competitive advantage of continuing business model innovation. J Bus Strategy 24(5):15–21

Osterwalder A, Pigneur Y (2009) Business model generation. A handbook for visionaries, game changers, and challengers. Self Published, Amsterdam

Osterwalder A, Pigneur Y, Tucci C (2005) Clarifying business models: origins, present and future of the concept. Commun the Assoc Inform Syst 16: 1–25

Porter M (1996) What is strategy? Harv Bus Rev 74(6):61–78

Pfriem R, Antes R, Fichter K, Müller M, Paech N, Seuring S, Siebenhüner B (2006) Innovationen für eine nachhaltige Entwicklung. Deutscher Universitäts-Verlag, Wiesbaden

Schallmo D (2013) Geschäftsmodell-Innovation. Grundlagen, bestehende Ansätze, methodisches Vorgehen und B2B-Geschäftsmodelle. Springer, Wiesbaden

Schaltegger S, Burritt R (2005) Corporate sustainability. In: Folmer H, Tietenberg T (Hrsg) International yearbook of environmental and resource economics 2005/2006. Edward Elgar, Cheltenham, S 185–222

Schaltegger S, Lüdeke-Freund F (2013) Business cases for sustainability. In: Idowu S, Capaldi N, Zu L, Das Gupta A (Hrsg) Encyclopedia of corporate social responsibility. Springer, Berlin, S 245–252

Schaltegger, S.; Hansen, E. & Lüdeke-Freund, F. (2016): Business Models for Sustainability: Origins, Present Research, and Future Avenues (Editorial), Organization & Environment, Vol. 29, No. 1, 3–10.

Schaltegger S, Lüdeke-Freund F, Hansen E (2012) Business cases for sustainability: the role of business model innovation for corporate sustainability. Int J Innov Sustain Dev 6(2)95–119

Schaltegger S, Synnestvedt T (2002) The link between „green" and economic success. Environmental management as the crucial trigger between environmental and economic performance. J Environ Manage 65(2):339–346

Schaltegger S, Wagner M (2006) Managing and measuring the business case for sustainability. Capturing the relationship between sustainability performance, business competitiveness and economic performance. In: Schaltegger S, Wagner M (Hrsg) Managing the business case for sustainability. Greenleaf Publishing, Sheffield, S 1–27

Schaltegger S, Wagner M (2011) Sustainable entrepreneurship and sustainability innovation: categories and interactions. Bus Strategy Environ 20(4):222–237

Schumpeter J (1952) Theorie der wirtschaftlichen Entwicklung, 5. Aufl. Duncker & Humblot, Berlin

Seelos C, Mair J (2005) Social entrepreneurship: creating new business models to serve the poor. Bus Horiz 48(3):241–246

Seelos C, Mair J (2007) Profitable business models and market creation in the context of deep poverty: a strategic view. Acad Manage Perspect 21(4):49–63

Spaargaren G, Mol A (1992) Sociology, environment and modernity. Ecological modernization as a theory of social change. Soc Nat Resour 5(4):323–344

Strategyzer (2015) The business model canvas – why and how organizations around the world adopt it. Strategyzer, Zürich

Stubbs W, Cocklin C (2008) Conceptualizing a ‚sustainability business model'. Organ Environ 21(2):103–127

Teece D (2010) Business models, business strategy and innovation. Long Range Plan 43(2–3):172–194

Thompson J, MacMillan I (2010) Business models: creating new markets and societal wealth. Long Range Plan 43(2–3):291–307

Upward A (2013) Towards an ontology and canvas for strongly sustainable business models: a systemic design science exploration. York University, Toronto

Wells P (2013a) Business models for sustainability. Edward Elgar Publishing, Cheltenham

Wells P (2013b) Sustainable business models and the automotive industry: a commentary. IIMB Management Review. http://dx.doi.org/10.1016/j.iimb.2013.07.001

Wirtz B (2011) Business model management. Design, Instrumente, Erfolgsfaktoren von Geschäftsmodellen, 2. Aufl. Gabler, Wiesbaden

Wunder T (2013) Geschäftsmodelle – Die Erfolgslogik des Geschäfts verstehen und gestalten. zfo 82(5):354–360

Wunder T (2014) Strategisches Management: Integration ökologischer Nachhaltigkeit in den Strategieprozess. In: Schulz T, Bergius S (Hrsg) CSR und Finance. Management-Reihe Corporate Social Responsibility. Springer, Berlin, S 65–81

Wüstenhagen R, Boehnke J (2008) Business models for sustainable energy. In: Tukker A, Charter M, Vezzoli C, Stø E, Andersen MM (Hrsg) Perspectives on radical changes to sustainable consumption and production. System innovation for sustainability. Greenleaf Publishing, Sheffield, S 70–79

Yunus M, Moingeon B, Lehmann-Ortega L (2010) Building social business models: lessons from the Grameen experience. Long Range Plan 43(2/3):308–325

Zeyen A, Beckmann M, Akhavan R (2013) Social entrepreneurship business models: managing innovation for social and economic value creation. In: Müller C, Zinth C-P (Hrsg) Managementperspektiven für die Zivilgesellschaft des 21. Jahrhunderts. Springer, Wiesbaden, S 107–132

Zott C, Amit R (2008) The fit between product market strategy and business model: implications for firm performance. Strategic Manage J 29(1):1–26

Dr. Florian Lüdeke-Freund ist wissenschaftlicher Mitarbeiter und Habilitand an der Professur für Kapitalmärkte und Unternehmensführung, Universität Hamburg. Als Research Fellow ist er zudem mit dem Centre for Sustainability Management (CSM), Leuphana Universität Lüneburg, und der Copenhagen Business School verbunden. Er promovierte am CSM zum Thema „Business Models for Sustainability Innovation". Die Forschungsinteressen von Florian Lüdeke-Freund liegen u. a. in den Themenbereichen Nachhaltigkeitsmanagement und nachhaltiges Unternehmertum, Geschäftsmodelle und deren Innovation sowie erneuerbare Energien (insbesondere Photovoltaik). Neben Forschungs- und Lehrtätigkeiten baut er die Themenplattform www.SustainableBusinessModel.org auf und ist Mitglied der Strongly Sustainable Business Model Group an der OCAD University, Toronto, Kanada.

Corporate Social Innovation und Unternehmensstrategie

Thomas H. Osburg

1 Einleitung

Die Übernahme von gesellschaftlicher Verantwortung ist inzwischen in den meisten (Groß-)Unternehmen mehr oder weniger strategisch verankert; Management und Mitarbeiter richten ihr Handeln verstärkt danach aus. Zwar kann nach wie vor bei einigen Firmen eine Diskrepanz zwischen den Worten und Taten konstatiert werden, dies wird aber mehr und mehr zur Ausnahme. Es stellt sich allerdings für viele die Frage nach dem *„return on investment"* und der strategischen Weiterentwicklung von Corporate Social Responsibility (CSR). Wie kann ich unsere Verantwortung eigentlich kommunizieren, wie bekommt sie eine gewisse Relevanz für unsere Kunden? Hier stößt CSR oft an Grenzen, denn Verantwortungsübernahme ist prinzipiell ein Thema, das bei positivem Verhalten kaum berichtenswert erscheint, bei negativem Verhalten allerdings zu Sanktionen (Boykott, Shitstorm im Internet, …) führen kann. „CSR is not why people buy your product, CSR is why people don't buy your product" fasst es J. Walker Smith (2012) knapp zusammen. Es geht also im Kern um die reaktive Risikominimierung, die bei CSR oft im Vordergrund steht.

Dies bedeutet allerdings nicht, dass Unternehmen durch CSR ihr gesamtes Potenzial ausschöpfen, Mehrwert für die Gesellschaft zu kreieren. Hier setzen Soziale Innovationen („social innovation") an. Der Begriff „social innovation" hat sich inzwischen international eingebürgert, es geht jedoch im Kern eher um gesellschaftliche Innovationen. Unter diesem Begriff versteht man unternehmerische Innovationen, die mit wichtigen Stakeholdern gemeinsam erschaffen werden, um gesellschaftliche Probleme zu lösen. Explizit einge-

---

T. H. Osburg (✉)
Sustainable Marketing & Leadership, Hochschule Fresenius, Infanteriestr. 11a, 80797 München, Deutschland
E-Mail: thomas@thomasosburg.com

schlossen ist dabei die Möglichkeit für das Unternehmen, Geld zu verdienen. Es handelt sich also um eine gemeinsame Wertschöpfung sowohl für die Gesellschaft als auch für das Unternehmen. Man spricht hier auch von Shared-Value (Porter und Kramer 2011).

Da soziale Innovationen naturgemäß einen Neuheitswert haben, sind sie (im Gegensatz zu reaktiver CSR) auch optimal für Unternehmenskommunikation geeignet. Die Bedeutung dieser Kommunikation kann man z. B. auch an den Nominierungen sozialer Kampagnen auf dem internationalen Werbegipfel in Cannes feststellen: „Cannes Lions: Kampagnen mit gemeinnütziger Zielsetzung dominieren einmal mehr" (Unckrich und Schmidt 2015). Gerade in den letzten Jahren wurden verstärkt Motive und Filme mit gesellschaftlich relevanten Inhalten und Lösungsansätzen auf dieser wichtigen Veranstaltung prämiert.

Dieser Beitrag zeigt zunächst die aktuelle Diskussion und die bestehenden Herausforderungen für klassische CSR-Konzepte auf. Hier soll keinesfalls der Stellenwert von CSR minimiert werden – ganz im Gegenteil. Unternehmerische Verantwortung gab es immer und wird es immer geben (Osburg 2015); aber Unternehmen können mehr tun, z. B. in soziale Innnovationen investieren. Dies wird anschließend thematisiert, wobei auch Praxisbeispiele das Verständnis des Konzepts erhöhen sollen. Danach wird auf Fragestellungen der Kommunikation von sozialen Innovationen im Vergleich zu CSR eingegangen. So bietet sich u. a. die Möglichkeit, eigene Marken für den sozialen Bereich zu schaffen. Der letzte Abschnitt bildet dann den zusammenführenden Abschluss.

2 Herausforderungen an klassische Corporate Social Responsibility

Die Übernahme gesellschaftlicher Verantwortung durch Unternehmen ist nicht neu. Schon seit über 100 Jahren werden seriöse Firmen ihrer Rolle in der Gesellschaft gerecht, ohne dass dies als Managementkonzept dargestellt wurde. Erst im letzten Vierteljahrhundert hat sich das Thema etwas verselbstständigt; es gab immer neue Bezeichnungen und neue Abteilungen, die sich dieses Themas annahmen.

Während in den ersten Jahren noch die Freiwilligkeit von CSR im Vordergrund stand (Westebbe und Logan 1995), werden heutzutage unter CSR sämtliche Auswirkungen des Betriebs auf die Gesellschaft subsummiert. „The commission has defined CSR as the responsibility of enterprises for their impact on society" (Europäische Kommission 2014). Damit ist CSR ein funktions- und abteilungsübergreifender Begriff geworden, der inzwischen im kommunikativen Mainstream fest verankert ist.

Auch über die Kommunikation hinaus hat sich auf Unternehmensseite vieles zum Positiven gewendet: zunehmende Nutzung regenerativer Energien, gesünderes und ausgewogeneres Kantinenessen, Integration von Nachhaltigkeitskriterien in die Büromöbelbeschaffung usw. Firmen sind ein gutes Stück vorangekommen bei ihren Bemühungen, die negativen Auswirkungen ihrer Geschäftstätigkeit zu minimieren.

Aber selbst diese erfolgreiche Entwicklung von CSR konnte eine Reihe negativer Entwicklungen nicht verhindern: Politische und soziale Unruhen, sehr hohe Jugendarbeitslosigkeit in Südeuropa und anderen Teilen der Welt, der Kollaps des Finanzsystems, zunehmende Streiks und Auslagerungen ganzer Unternehmensteile aus Kostengründen, ungleiche Einkommensverteilung usw. CSR in ihrer traditionellen Form, in der es v. a. um die gesellschaftliche „licence to operate" und um „corporate citizenship" (z. B. Engagement in der lokalen Nachbarschaft der Unternehmen) ging, reicht als positiver Lösungsansatz nicht mehr aus. Neue Ansätze wären umso wichtiger, da in den meisten Ländern ein langsamer Rückzug des öffentlichen Sektors aus bis dahin hoheitlichen Aufgaben festzustellen ist (Googins 2013). Unternehmen werden jedoch immer weniger als Teil der Lösung, sondern eher als Teil des Problems wahrgenommen (Edelman 2014).

Dass es sich hierbei um kein theoretisches und abstraktes Phänomen handelt, belegt eine weltweit viel beachtete Studie von UN Global Compact und Accenture (2013): Eine repräsentative Befragung von über 100 Chief Executive Officers in mehr als 100 Ländern ergab, dass die befragten Unternehmensleiter ihre Zweifel hinsichtlich der weiteren Entwicklung haben: „… as business leaders have continued on their journey, many have found themselves stuck on their ascent, unable to scale CSR at the pace required to address global challenges" (UN Global Compact und Accenture 2013). Es herrscht also eine gewisse Unsicherheit im Hinblick auf die weitere strategische Entwicklung von CSR und deren Integration in das Unternehmen.

Trotz allem ergibt sich gerade in dieser Umbruchphase eine Chance für eine neue Art von strategischer CSR. Dies liegt v. a. in den zwei Dimensionen der rasant wachsenden Komplexität begründet: Die Zunahme vielfältiger Stakeholderbeziehungen einerseits und die immer komplexer werdenden gesellschaftlichen Herausforderungen insbesondere im sozialen und ökologischen Bereich (Googins 2013).

2.1 Komplexe Stakeholderbeziehungen

CSR wird in Zukunft immer mehr Anforderungen an die unternehmerischen Beziehungen zu einer wachsenden und wesentlich komplexeren Anzahl von Stakeholdern stellen. Während früher v. a. Kunden und Mitarbeiter die Hauptansprechpartner der Unternehmen waren (Osburg 2010), so sind inzwischen die Regierungen und Zulieferer, sowie Nichtregierungsorganisationen (NGO), Medien und Hochschulen nicht mehr zu ignorierende Ansprechgruppen.

Jede dieser Stakeholdergruppen erwartet vom Unternehmen ein verantwortungsvolles Handeln, unter dem aber jeweils etwas anderes verstanden wird.

2.2 Komplexe Lösungen

Die zweite wichtige neue Dimension erschließt sich aus der immer größer werdenden Komplexität sozialer und ökologischer Themen. Die bereits oben angedeuteten globalen Herausforderungen können weder von Unternehmen noch dem öffentlichen Sektor allein gelöst werden. Zu denken sei hier nur an die Energiewende in Deutschland, die (Jugend-) Arbeitslosigkeit, die immer älter werdende Gesellschaft, den Fachkräftemangel oder das gesamte Spektrum der „circular economy".

So konnte man in den letzten Jahren sehr deutlich feststellen, dass eine neue Form der Kooperation zwischen den Sektoren nötig ist.

- Eine politisch gewollte Energiewende kann von den evtl. unzureichenden Netzausbauplänen privater Investoren blockiert werden.
- Das Konzept des selbstfahrenden Autos erfordert enorme – und heute noch nicht vorhandene – Breitbandübertragungskapazitäten, die politisch gewollt und unterstützt werden müssen.
- Die Diskussion um zunehmenden Fachkräftemangel kann nicht mehr geführt werden, ohne auf die Problematik der gezielten Einwanderung einzugehen.

Diese beiden Dimensionen, d. h. die wachsende Stakeholderkomplexität sowie die neuen gesellschaftlichen Herausforderungen lassen schon in dieser sehr knappen Darstellung die enormen Veränderungen begreifen, die auf verantwortungsvolle Unternehmensführung in sehr naher Zukunft zukommt. Es erschließt sich quasi von selbst, dass eher traditionelles „*community investment*", also CSR-Programme für die unmittelbare Umgebung des Unternehmens, bei Weitem nicht mehr hinreichend sind. Es geht in Zukunft um eine immer stärkere Integration der Kernkompetenz und der unternehmerischen Leistungen in die Lösung sozialer und gesellschaftlicher Probleme, die – und das ist neu – immer mehr das gesamte Unternehmen betreffen (Osburg 2013).

Trotz der zunehmenden Bedeutung von CSR ist jedoch – v. a. aufgrund der stärkeren Fokussierung auf Risikominimierung – auch feststellbar, dass ohne aktivere Innovationen der Unternehmen in die Gesellschaft die kommenden Herausforderungen nur schwer zu lösen sind. Klassische CSR ist damit der wichtige Unterbau des gesellschaftlichen Engagementsystems, gefordert wird aber ein wesentlich aktiveres Engagement der Firmen mit Wirkungen in und für die Gesellschaft. Diese, oft als Weiterentwicklung von CSR angesehenen Konzepte, werden als *soziale Innovationen* bezeichnet.

3 Soziale Innovationen

3.1 Definitionen und Charakteristika

Erste Definitionen zu sozialen Innovationen liefert die Sozialwissenschaft. Schon 1989 schrieb der Sozialwissenschaftler Wolfgang Zapf (1989): „Soziale Innovationen sind neue Wege, Ziele zu erreichen, insbesondere neue Organisationsformen, neue Regulierungen, neue Lebensstile, die die Richtung des sozialen Wandels verändern, Probleme besser lösen als frühere Praktiken, und die deshalb wert sind nachgeahmt und institutionalisiert zu werden". Damit soziale Innovationen zustande kommen, sind – wie bei technischen Innovationen – laut Zapf wissenschaftlicher Fortschritt und praktische Erfahrung notwendig. Auch Howaldt (2010) fokussiert v. a. auf das Ergebnis und den Prozess, weniger auf die Akteure: „Soziale Innovation bedeutet die absichtsvolle, die intentionale Veränderung bestehender sozialer Praktiken in unterschiedlichen Handlungsfeldern – also die Abweichung von bisherigen Routinen des Handelns und Verhaltens."

Neue Formen der sektorenübergreifenden Zusammenarbeit Bei diesen Definitionen fällt auf, dass v. a. die Prozesse und Ergebnisse thematisiert werden, auf neue Formen der Kooperation unterschiedlicher Stakeholder wird weniger eingegangen. Dies hat sich in den letzten Jahren geändert: Die Europäische Kommission (2015) definiert soziale Innovationen als die „… Entwicklung neuer Ideen, Dienste und Modelle zur besseren Bewältigung gesellschaftlicher Probleme. Sowohl öffentliche als auch private Akteure und die Zivilgesellschaft sollen dazu beitragen." Ähnlich verstehen es Müller et al. (2013): „Soziale Innovationen sind neue Lösungen, die gesellschaftliche Herausforderungen kontextbezogen, zielgerichtet und das Gemeinwohl fördernd durch neue Kooperationen adressieren." Bei beiden Definitionen kommt die Kooperation der Stakeholder klar zur Geltung, denn diese neuartige Form der Zusammenarbeit stellt heute den Kern der sozialen Innovationen dar.

Eine klare Fokussierung auf die Beziehungsqualität der Stakeholder bei der Schaffung von sozialen Innovationen zeigen auch Mirvis und Googins (Googins 2013): „Corporate Social Innovation is a strategy, that combines the unique set of corporate assets (entrepreneurial skills, innovation capacities, managerial acumen, ability to scale, etc.) in collaboration with the assets of other sectors to co-create breakthrough solutions to complex social, economic, and environmental issues that impact the sustainability of both business and society."

Zusammenfassend kann man festhalten, dass soziale Innovationen nicht unbedingt neue Produkte oder Services sein müssen, sondern es handelt sich eher um neue Formen der Kooperation verschiedener gesellschaftlicher Akteure (private Unternehmen, NGO's, Regierungen und Zivilgesellschaft) zur Lösung sozialer Herausforderungen (Abb. 1).

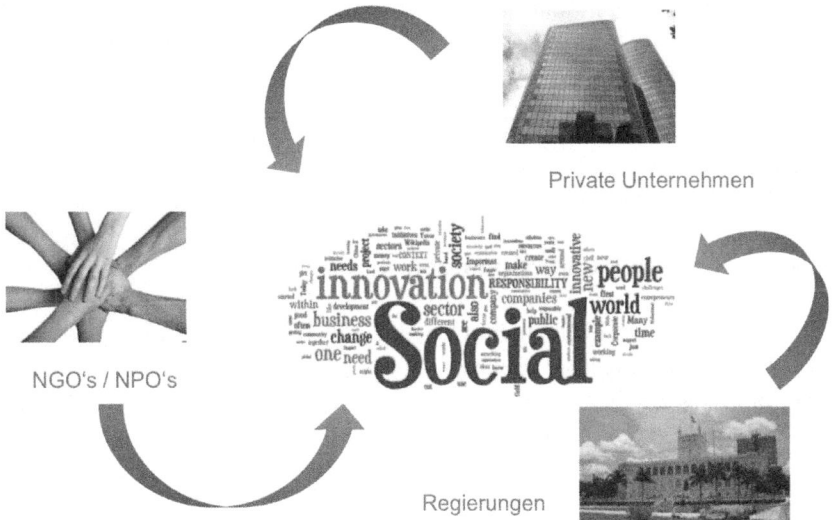

Abb. 1 Zusammenarbeit der Sektoren als Kern von sozialen Innovationen

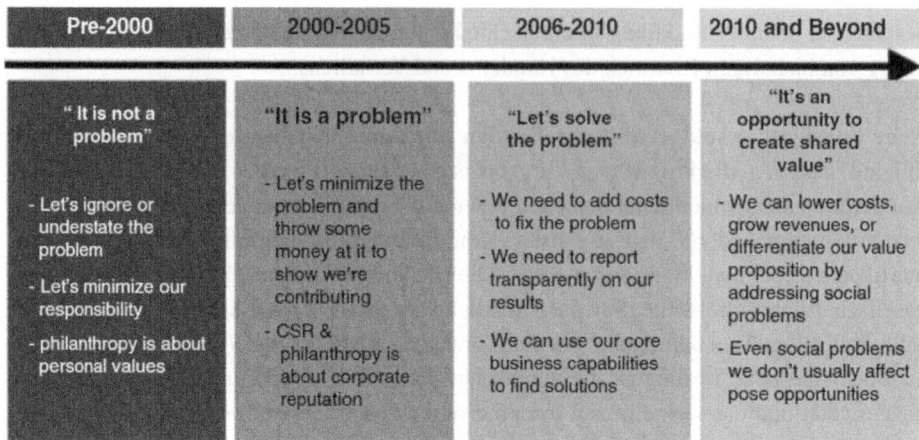

Abb. 2 Entwicklung von Corporate Social Responsibility zu sozialen Innovationen im Zeitablauf. (FSG 2013)

Gemeinsame Wertschöpfung (Shared-Value) Im Zug der Diskussion und Umsetzung von sozialen Innovationen hat auch der Begriff des *Shared-Value* eine besondere Bedeutung bekommen. Als wichtigste Protagonisten gelten Michael Porter und Mark Kramer (Porter und Kramer 2011), die unter Shared-Value die gleichzeitige Wertschöpfung für alle Stakeholder verstehen, also explizit auch Unternehmen. Dies ist eine Abwendung von puristischen CSR-Konzepten, bei denen positive Effekte für die Unternehmen oft im Verdacht des „*greenwashing*" standen (Abb. 2).

> The concept of shared value can be defined as policies and operating practices that enhance the competitiveness of a company while simultaneously advancing the economic and social conditions in the communities in which it operates. Shared value creation focuses on identifying and expanding the connections between societal and economic progress. (Porter und Kramer 2011)

Den Unterschied zwischen Shared-Value-Creation und CSR stellen Porter und Kramer wie in Abb. 3 dar.

3.2 Handlungsfelder und Wirkungen

Soziale Innovationen sind nicht an einzelne Sektoren oder spezielle Herausforderungen gebunden. Sie können prinzipiell in allen wichtigen sozialen Themenfeldern zum Einsatz kommen. Allgemein könnten soziale Innovationen Antworten auf folgende Fragen geben (Müller et al. 2013):

- Wie können wir die gesellschaftlichen Probleme trotz angespannter Finanzlage effizient angehen?
- Was sind strategische soziale Investitionen und wie kann die Sozialpolitik solche Investitionen fördern?

How Shared Value differs from Corporate Social Responsibility

Creating Shared Value should supersede CSR in guiding the investments of companies in their communities. CSR programs focus mostly on reputation and have only a limited connection to the business, making them hard to justify and maintain over the long run. In contrast, Shared Value is integral to a company's profitability and competitive position. It leverages the unique resources and expertise of the company to create economic value by creating social value.

CSR	Shared Value
➤ Value: Doing good	➤ Value: economic and societal benefits
➤ Citizenship, philanthropy, sustainability	➤ Joint company and community value creation
➤ Discretionary or in response to external pressure	➤ Integral to competing
➤ Separate from profit maximization	➤ Integral to profit maximization
➤ Agenda is determined by external reporting and personal preferences	➤ Agenda is company specific and internally generated
➤ Impact limited by corporate footprint and CSR budget	➤ Realigns the entire company budget

Abb. 3 Shared-Value vs. Corporate Social Responsibility. (Porter und Kramer 2011)

- Wie können Menschen dabei unterstützt werden, lebenslang zu lernen, um ihren Lebensunterhalt in einer sich stets wandelnden Welt zu sichern?
- Wie können private und nichtstaatliche Ressourcen in innovativen Partnerschaften zur Ergänzung staatlicher Finanzierung genutzt werden?
- Wie können Politik und Reformen stärker wissensbasiert ausgerichtet werden?

Dabei sind (beispielhaft) folgende konkrete Ansatzpunkte für Deutschland möglich:

- Langzeitarbeitslosigkeit als Problem
- Fachkräftemangel als branchenübergreifende Herausforderung
- Entkopplung von Wirtschaftswachstum und Ressourcenverbrauch
- Zunahme von Zivilisationskrankheiten
- Sicherung der Gesundheitsversorgung

Generell können soziale Innovationen auf marginalisierte Zielgruppen ausgerichtet sein (z. B. Reintegration von Langzeitarbeitslosen) oder die Gesamtgesellschaft im Blick haben (z. B. bedingungsloses Grundeinkommen).

In Bezug auf die Wirkungsrichtung (Müller et al. 2013) können soziale Innovationen präventiv wirken (z. B. Kinder für gesunde Ernährung und Bewegung begeistern), sie können darauf ausgerichtet sein, ein Problem abzumildern bzw. es zu lösen (z. B. Einführung von Mindestlöhnen), oder dabei helfen, mit den Auswirkungen eines Problems umzugehen, wenn es nun einmal eingetreten ist (z. B. neue Therapien für Diabetiker).

Des Weiteren lassen sich im Hinblick auf den Wirkungsmechanismus vier Typen unterscheiden. Soziale Innovationen können Menschen unterstützen und helfen (z. B. neue Pflegekonzepte) oder sie dazu befähigen, sich selbst zu helfen (z. B. Migranten unterstützen Migranten im Sprachunterricht). Sie können neue Möglichkeiten schaffen (z. B. elternunabhängige Studienkredite) oder durch neue Verbindungen, Netzwerke oder Interaktionen Mehrwert schaffen (z. B. Bürgerwindkraftanlagen).

Sozialen Innovationen wird v. a. das Potenzial zugesprochen, Konsumenten zu aktivieren, da diese so direkter angesprochen werden können (Umweltbundesamt 2014). Sie können also im Rahmen einer entsprechenden Gestaltung der Innovationsprozesse in die Lösungen mit einbezogen werden, was bei CSR so nicht möglich ist. Von daher sind die Möglichkeiten zur Durchdringung der Gesellschaft mit positiven Ansätzen ungleich größer.

3.3 Integration in betriebliche Innovationsprozesse

Wenn soziale Innovationen aber im Kern Innovationen sind, liegt es nahe, sich etwas näher mit dem Innovationsbegriff und seiner Rolle im Betrieb zu beschäftigen. Innovationen sind, zumindest theoretisch, tief in der „DNA" fast jeder Firma verankert. Damit fallen letztendlich auch soziale Innovationen in die Verantwortung des Innovationsteams. Hier zeigt sich erneut die Abgrenzung zu CSR: Während für CSR oft eigenständige Abteilungen geschaffen wurden, die oft nur locker mit dem Kerngeschäft verbunden waren, handelt es sich beim Innovationsprozess um eine Kernkompetenz vieler Unternehmen. Soziale Innovationen greifen also wesentlich tiefer in die betrieblichen Abläufe ein als CSR.

Innovationen per se sind weder gut noch schlecht, Innovationen sind erst einmal nur neu. Die Aufgabe der sozialen Innovationen ist es daher, den unternehmerischen Innovationen im Rahmen des betrieblichen Innovationsprozesses eine gesellschaftlich wünschenswerte Richtung zu geben. Unternehmen streben Innovationen an, um neuartige Angebote oder Services zu offerieren, soziale Innovationen inkludieren hierbei die gesellschaftliche Komponente, stellen aber, zusätzlich zur betrieblichen Wertschöpfung, deutlich die gesellschaftliche Wirkung in den Vordergrund.

Innovationen sind prinzipiell äußerst mehrdimensional, denn es handelt sich nicht immer nur um *das brandneue Superprodukt* sondern oft um neue Angebote, Prozesse, neue Anwendungen oder neue Formen der Kooperation. Die folgenden überblicksartig vorgestellten Standardklassifikationen für Innovationen lassen sich dabei genauso für soziale Innovationen anwenden.

- Beim *Gegenstandsbereich* der Innovationen unterscheidet man zwischen Produkt-, Prozess- oder Marktinnovationen. Soziale Innovationen können einerseits neue Produkte bedeuten (z. B. Software) oder, wesentlich häufiger, aus neuen Prozessen der Zusammenarbeit bestehen. Zahlreiche Studien (Doblin Group 2013) bestätigen, dass v. a. Prozessinnovationen einen oft wesentlich höheren Return-on-Investment haben als Produktinnovationen. Auch neue Märkte können durch ursprünglich soziale Innovationen geschaffen werden, die Beispiele in Abschn. 3.4 veranschaulichen dies recht gut.
- Ein weiteres Unterscheidungskriterium wird durch den *Veränderungsumfang* einer Innovation definiert. Hier kategorisiert man in disruptive Innovationen (d. h. es werden neue Märkte oder Marktsegmente geschaffen, die oft auch das gesamte Unternehmen transformieren), inkrementelle Innovationen (d. h. es werden bisherige disruptive Innovationen verbessert) und Innovationen durch neue Anwendungen (d. h. es werden bestehende Lösungen auf neue Probleme angewandt). Während aktuell ein öffentlicher Fokus auf der Notwendigkeit von disruptiven Innovationen zu liegen scheint, so ist es doch oft die Entwicklung von inkrementellen Innovationen (zu 70%), die von den Firmen häufig die meisten Ressourcen erhält (Doblin Group 2013). Besonders für den Bereich der sozialen Innovationen beinhaltet v. a. der Bereich neuer Anwendungen bestehender Lösungen ein enormes Potenzial.
- Ein drittes Klassifikationskriterium besteht in der *Entstehungsart* der Innovationen. Diese können entweder *Closed-Innovationen*, die nur innerhalb der Firma und mit internem Wissen entstehen, oder *Open-Innovationen*, die unter Einbindung von Stakeholdern wie Kunden oder Lieferanten entstehen, sein. Es liegt auf der Hand, dass soziale Innovationen quasi per Definition praktisch immer Open-Innovationen sind.

Damit wird deutlich, warum soziale Innovationen v. a. als Prozessinnovation im Rahmen der Open-Innovationen-Konzepte für neuartige Anwendungen bestehender Lösungen zu verstehen sind. Dies in den betrieblichen Innovationsprozess zu integrieren, ist die Herausforderung, vor der heute viele Unternehmen stehen.

3.4 Beispiele von sozialen Innovationen

Im Folgenden sollen drei konkrete Beispiele (davon das erste etwas ausführlicher) beleuchtet werden, wie durch wahrgenommene Verantwortung und gesellschaftlich relevante Innovationen auch ein Mehrwert für das Unternehmen geschaffen werden kann. Diese drei Ansatzpunkte decken keinesfalls das gesamte unternehmerische Handlungsfeld ab, sie zeigen aber exemplarisch, wie eine Weiterentwicklung von CSR strategisch aussehen könnte.

Die vorgestellten Beispiele setzen auf den Einsatz von Technologien, dokumentieren aber auch, dass keine technologisch bahnbrechende Innovation nötig ist, um neue Lösungen zu finden. Wichtig ist, wie vorhandene Ressourcen und Strukturen anders genutzt werden können, um neue Lösungen zu finden.

Beispiel 1 – Intel-World-Ahead-Programm (Genesis Institute 2009)

PROBLEMSTELLUNG – In den heutigen wissensbasierten Gesellschaften sind digitale Technologien der Schlüssel zu wirtschaftlichem Wachstum und gesellschaftlicher Entwicklung. Trotzdem haben immer noch Milliarden Menschen v. a. in Entwicklungsländern keinen Zugang zu modernen Informations- und Kommunikationstechnologien. Dieses als „digital divide" bekannte Problem lässt die Kluft zwischen Entwicklungs- und Industrieländern im Hinblick auf ihren wirtschaftlichen und sozialen Fortschritt immer größer werden.

LÖSUNGSANSATZ – Das 2006 von Intel gestartete World-Ahead-Programm verfolgt das langfristige Ziel, den Menschen in Entwicklungsländern uneingeschränkten Zugang zu modernen Technologien zu ermöglichen und so ihre Lebensumstände und Entwicklungschancen erheblich zu verbessern. Dies geschieht in verschiedenen Bereichen: Zum einen werden in vielen Dorfgemeinschaften günstige PCs bereitgestellt und lokale Internetcenter eingerichtet, um allen Menschen einen einfachen Zugang zum Internet und somit zu Wissen und Informationen zu ermöglichen. Parallel dazu arbeitet Intel mit Telekommunikationsunternehmen an speziellen Programmen, um drahtlose Hochgeschwindigkeitsnetzwerke mit einem hohen Verbreitungsgrad anbieten zu können und somit die Internetnutzung großflächiger und effizienter möglich zu machen. Im Rahmen des World-Ahead-Programms wird außerdem der Bildungssektor gefördert. Die Bereitstellung von günstigen Laptops und speziellen E-Learning-Programmen für Schulklassen sowie Weiterbildungsangeboten für Lehrer in der Anwendung der neuen Technologien ermöglicht einen modernen, zeitgemäßen Unterricht.

IMPACT – Bisher werden im Rahmen des World-Ahead-Programms durch über 200 lokale Programmprojekte jährlich mehr als zehn Millionen Menschen in über 70 Ländern mit PCs und Internetzugang versorgt. An Schulen in Entwicklungsländern wurden 100.000 PCs gespendet, 11 Mio. Lehrer in über 70 Ländern wurden im Umgang mit modernen Informationstechnologien ausgebildet. Außerdem werden kostenlose computerbasierte Lernmaterialien in verschiedenen Sprachen angeboten. Zudem konnte Intel durch sein Engagement in Entwicklungsländern einige Innovationen hervorbringen, die auch in den Industrieländern Absatz finden. Die Produkte werden lokal in den Entwicklungsländern hergestellt, sodass dadurch auch die lokalen Industrien gestärkt werden. So entstehen Arbeitskräfte, Kaufkraft und Informationstechnologie(IT)-Know-how, wovon Intel wiederum profitiert. Zudem hat Intel festgestellt, dass es durch die Fertigung vor Ort einen besseren Einfluss auf staatliche Regulierungsmaßnahmen im IT-Bereich nehmen kann, die in vielen Entwicklungsländern sonst sehr restriktiv sind und die Entwicklung dieses wichtigen Sektors hemmen.

SOCIAL-BUSINESS-MODELL – Das World-Ahead-Programm ist Teil einer größeren und längerfristig ausgerichteten Wachstumsstrategie von Intel mit dem Ziel, jetzt in Entwicklungsländer zu investieren, da von diesen zukünftig das größte Wachstums- und Innovationspotenzial erwartet wird. Somit verbindet das Programm die CSR-Strategie von Intel mit einer langfristigen Unternehmensstrategie und ist daher Motor für Wachstum und Nachhaltigkeit sowohl für Intel selbst als auch für die Menschen in den Entwicklungsländern.

Zwei weitere Beispiele aus dem Public-Sektor sollen hier ebenfalls erwähnt werden, da sie als gutes Beispiel für soziale Herausforderungen der Regierungen stehen.

Beispiel 2 – Ushahidi (Anheier und Korreck 2013)

In Notsituationen, wie z. B. gewalttätigen Unruhen oder verheerenden Erdbeben, hängen Menschenleben oft von der schnellen Übermittlung von Informationen ab. Wo ist was passiert, was wird gebraucht usw. Durch das in solchen Situationen meist vorherrschende Chaos wird hier oft wertvolle Zeit vergeudet. Während der Unruhen in Kenia startete eine Bloggerin einen Aufruf, ihr zu schreiben, wo gerade was passierte. Der Zuspruch war enorm und sie gründete daraufhin innerhalb weniger Tage ein Unternehmen, das mithilfe von Google Maps die Meldungen der Menschen auf Karten visualisierte, und stellte dies online. Die Helfer sahen sofort, wo wer wann welche Hilfe benötigt (Ushahidi 2015).

Beispiel 3 – MySociety (Anheier und Korreck 2013)

In Zeiten schwindender Wahlbeteiligungen liegt die Frage nahe, wie Bürger durch neue Technologien wieder stärker am öffentlichen Leben beteiligt werden können. „We make WebSite tools that empower citizens" ist eine klare Beschreibung der Innovation und basiert auf offener Software. Ein wichtiger Baustein („TheyWorkForYou") ist der offene Dialog mit Abgeordneten, „FixMyStreet" erlaubt Bürgern, Straßenschäden zu fotografieren und als Information für die Stadtverwaltung hochzuladen (mySociety 2015).

4 Kommunikation von sozialen Innovationen

4.1 Herausforderungen für CSR

Während CSR in den letzten zehn bis fünfzehn Jahren einen enormen Bedeutungszuwachs auf Seiten der Unternehmen und in der Forschung erfahren hat, ist die gesellschaftliche Verantwortungsübernahme von Unternehmen in der breiten Öffentlichkeit immer noch ein Nischenthema. Die öffentliche Kommunikation über unternehmerische CSR-Aktivitäten ist kaum wahrnehmbar, oft nicht glaubwürdig und wird daher in der Öffentlichkeit auch selten positiv aufgenommen. Die Kommunikation ihrer CSR-Aktivitäten war und ist eine der größten Herausforderungen für Unternehmen. Ein Ausweg aus dieser Situation könnte sich durch die immer stärkere Verbreitung von sozialen Innovationen ergeben. Soziale Innovationen bieten aufgrund ihrer wesentlich tiefergehenden Lösungsansätze neue und weiterführende Konzepte der Kommunikation unternehmerischer Verantwortung.

Unternehmer und Manager sind sich des teilweise schlechten Ansehens der Wirtschaft allgemein bewusst und versuchen schon seit vielen Jahren, durch soziale Verantwortungs-

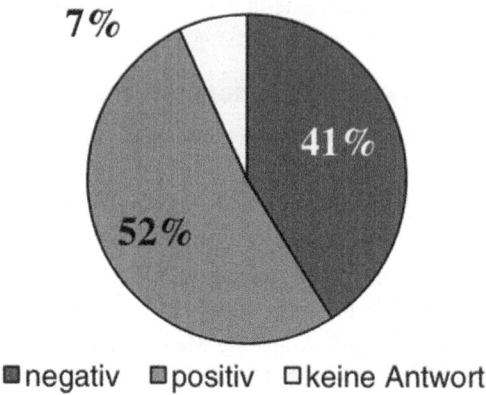

Abb. 4 Wahrgenommener Einfluss der Unternehmen auf die Gesellschaft. (Europäische Kommission 2012)

übernahme und deren Kommunikation gegenzusteuern. Vor allem in Deutschland stößt dies aber oft auf Skepsis und wird vorschnell als reine Imagepflege kategorisiert (vgl. Walter 2010). Zahlreiche Skandale und öffentliches Fehlverhalten einiger Unternehmen in den letzten Jahren haben diese Wahrnehmung eher noch verstärkt. Dazu kommt, dass bei großen Teilen der Bevölkerung oft das ökonomische Wissen und Verständnis für komplexe Zusammenhänge fehlt (vgl. Walter 2010), sodass der richtigen und zielführenden Kommunikation von CSR eine immer stärkere Bedeutung zukommt.

Die unternehmerische CSR-Kommunikation sieht sich dabei besonderen Herausforderungen gegenübergestellt: Eine immer kritischere Öffentlichkeit erwartet von den Unternehmen eine korrekte, nachvollziehbare und zielgruppenadäquate Kommunikation ihrer CSR-Aktivitäten, die komplexen Stakeholderbeziehungen verlangen individuelle Kommunikationsbotschaften und differenzierte Kommunikationskanäle und die zunehmende Vielfalt der Themenbereiche innerhalb von CSR impliziert ebenfalls eine Ausrichtung an den Bedürfnissen der einzelnen Anspruchsgruppen.

Dabei können die Auswirkungen der fehlenden oder unzureichenden Kommunikation gravierend sein. Inzwischen nimmt fast die Hälfte der Befragten einer repräsentativen Untersuchung auf europäischer Ebene den Einfluss der Unternehmen auf die Gesellschaft *insgesamt* als negativ wahr (Abb. 4).

4.2 Kommunikationspotenzial für soziale Innovationen

Betrachtet man aktuelle Ansätze der Markenpolitik, so stellt man fest, dass man von einer Marke inzwischen nicht nur eine konstant hohe Produktqualität, sondern zunehmend auch eine positive gesellschaftliche Rolle (vgl. Campillo-Lundbeck 2013) mit entsprechenden

Kommunikationsmaßnahmen erwartet. Als Beispiel kann hier das World-Ahead-Programm von Intel angeführt werden (s. Abschn. 3.4).

Konkret ließen sich am World-Ahead-Programm von Intel folgende Erfolgsfaktoren für eine verbesserte CSR-Kommunikation durch soziale Innovationen ableiten:

- *Multiplikation durch Partner* – Aufgrund der Integration von Partnerorganisationen (Unternehmen, NGOs, Regierungen) vervielfachen sich die Möglichkeiten zur Kommunikation. Jeder Partner hat sicherlich eigene kommunikative Ziele, das Programm als solches jedoch erfährt eine wesentlich stärkere Beachtung, als wenn nur *ein* Unternehmen seine CSR-Aktivitäten kommuniziert.
- *Glaubwürdigkeit* – Durch die offene Kommunikation der Ziele sämtlicher Partner, die auch kommerzielle Aspekte nicht ausschließen, erhöht sich die Glaubwürdigkeit der Initiative und der beteiligten Unternehmen. Es muss glaubhaft gemacht werden, dass auch gesellschaftliche Ziele erreicht werden, die von öffentlicher Seite gewollt sind und unterstützt werden. Die Initiative muss jedoch zur Kernkompetenz des Unternehmens passen.
- *Nachhaltigkeit* – Die meisten CSR-Initiativen der Unternehmen haben eine begrenzte Laufzeit und sind nicht direkt an unternehmerische Erfolge gekoppelt. Von daher können sie auch meist ohne größere negative Auswirkungen auf die Firma eingestellt werden, manchmal sogar sehr kurzfristig. Soziale Innovationen, die in das Kerngeschäft integriert sind und oft Gewinn abwerfen, garantieren dagegen häufig ein Festhalten des Unternehmens an einem profitablen Geschäftsmodell. Gerade diese Gewinnorientierung im Sinn eines Shared-Value stellt also eine höhere Verlässlichkeit für die Unternehmenspartner dar als philanthropisch konzipierte CSR-Aktivitäten.
- *Unternehmensintegration* – Aufgrund des bereichsübergreifenden Charakters von sozialen Innovationen im Unternehmen bieten sich hier sowohl Ansatzpunkte zu gezielterer Stakeholderkommunikation als auch quantitativ mehr Kommunikationsmöglichkeiten durch die unterschiedlichen Abteilungen.
- *Langfristigkeit* – Durch die lange mehrjährige Laufzeit einer Initiative bieten sich wesentlich bessere Möglichkeiten der Kommunikation, sowohl aus qualitativer als auch aus quantitativer Sicht. Jede Veränderung am Programm (Expansion, neue Partner, Erfolge usw.) bietet die Möglichkeit zur Kommunikation und erhöht so den Wiedererkennungseffekt. Die lange Laufzeit signalisiert weiterhin Stabilität und Commitment durch das Unternehmen.
- *Wirkung* – Soziale Innovationen basieren auf dem Konzept der Wertschöpfung für die Gesellschaft und Unternehmen, die Frage nach dem „impact" oder Return-on-Investment stellt sich daher schon vor der Einführung im Markt. Dadurch wird sichergestellt, dass auch eine Wirkung für alle Partner erzielt wird. Dies ist bei traditionellen CSR-Projekten nicht immer der Fall, hier wird oft nach *weicheren* Kriterien entschieden und der Return-on-Investment oft vernachlässigt. Gerade dieser „impact" in der Gesellschaft erlaubt aber wiederum eine Kommunikation, die die Reputation bei den Stakeholdern positiv beeinflusst.

Soziale Innovationen stellen somit eine Basis für die Weiterentwicklung der Kommunikationsmöglichkeiten durch eine zunehmende Integration in das unternehmerische Kerngeschäft dar. Anstatt lediglich über CSR-Aktivitäten isoliert zu berichten, können nun übergreifende Unternehmensaktivitäten und -lösungen kommuniziert werden. Wichtig dabei ist, dass sowohl das Engagement als auch die damit verbundene Kommunikation zur Kernkompetenz der Marke passt. In diesem Fall ist es auch möglich, ohne große Werbe- oder Kommunikationsetats das gesellschaftlich relevante Verhalten eines Unternehmens sinnvoll, nachhaltig und einprägsam zu vermitteln (vgl. Campillo-Lundbeck 2013).

4.3 Soziale Innovation als Marke

CSR oder bürgerschaftliches Engagement wird oft als unternehmerisches Differenzierungskriterium zu anderen Firmen gesehen. Dabei ist aber zu berücksichtigen, dass manche Programme eines Engagements relativ leicht kopiert werden können, während Marken prinzipiell stärkeren Schutz vor Konkurrenzaktivitäten bieten und auch aktiver gemanagt werden können. CSR kann auch als ein strategisches Unternehmensinstrument in kommunikativer Hinsicht verstanden werden, das weitergehende Wettbewerbsvorteile generieren kann. Es könnte daher sinnvoll sein, das gesellschaftliche Engagement des Unternehmens (d. h. einen der Differenzierungsfaktoren zu anderen Unternehmen) nicht nur im Rahmen der kommunikativen Aktivitäten darzustellen, sondern diese CSR-Maßnahmen selber als eigenständige Marke zu etablieren. Die Vorteile, die sich aus der Etablierung einer CSR-Marke ergeben, lehnen sich an die bekannten Markencharakteristika an:

- Starke CSR-Marken können auch einen positiven *Rückkopplungseffekt* auf die gesamte Unternehmensmarke haben und damit helfen, den Unternehmenswert zu steigern.
- Des Weiteren bieten Marken die Möglichkeit der *Ausweitung* für neue unternehmerische Angebote, um nicht nur kommunikative Wirkungen zu realisieren, sondern die gesellschaftlich positiven Wirkungen zu verstärken. Starke CSR-Marken könnten so auch einen stärkeren strategischen und positiven Einfluss auf gesellschaftliche Entwicklungen haben.
- Mit dem Aufbau starker Marken ist auch eine gewisse *Nachhaltigkeit* des unternehmerischen Engagements verbunden, da hier eine langfristige Investition in die Gesellschaft geplant und umgesetzt wird. CSR-Marken könnten so die Nachhaltigkeit der Projekte erhöhen.

Im Sinn der immer stärkeren strategischen Ausrichtung von CSR und sozialen Innovationen ist zu erwarten, dass Unternehmen verstärkt diese Möglichkeit der langfristigen Verankerung ihres Engagements durch Markenbildung in Betracht ziehen werden.

In der Praxis sind CSR- und Soziale-Innovationen-Marken noch nicht sehr verbreitet, einige Unternehmen (z. B. Henkel, Intel oder Procter & Gamble) sind aber bereits dazu übergegangen, die Programme ihrer CSR- und Soziale-Innovationen-Aktivitäten im gesamten Bildungsbereich unter einem eigenen Namen darzustellen und zu bündeln.

5 Ausblick

Soziale Innovationen stellen den nächsten Schritt der Wahrnehmung unternehmerischer Verantwortung dar. Dafür sind aber viele Veränderungen in den Unternehmen notwendig:

- Das *Management-buy-In* ist von essenzieller Bedeutung. Wenn soziale Innovationen im CSR-Team verharren, bekommt das Konzept nicht die notwendige Beachtung innerhalb der Firma. Damit würden soziale Innovationen zu einem neuen „buzz word" verkommen, das keine weitere Beachtung verdient. Die Unterstützung des Topmanagements durch Universitäten, durch NGO und Regierungen erscheint hier äußerst zielführend.
- Die heutigen *CSR-Manager* müssen sich zu internen Change-Agenten weiterentwickeln. Es geht nicht mehr um die Umsetzung zentral gesteuerter Programme, sondern um die Transformation des lokalen Unternehmens zu einem gesellschaftlich relevanten Akteur.
- Soziale Innovationen müssen im betrieblichen *Innovationsprozess* verankert sein. Nur wenn über diese Schnittstelle die Integration in betriebliche Kernprozesse gelingt, kann auch von wahrhaften Innovationen mit gesellschaftlicher Wirkung gesprochen werden.
- Der Ausbau von *Allianzen* mit NGOs und anderen Stakeholdern muss absolute Priorität haben. Nur wenn externe Partner an Bord sind, ermöglicht dies neue Ansätze zur Lösung gesellschaftlicher Probleme.

Literatur

Anheier H, Korreck S (2013) Governance innovations. The governance report 2013, Oxford, S 83–116
Campillo-Lundbeck S (2013) Marken in der Moralfalle. Horizont 19:17
Doblin Group (2013) Total innovation. www.doblin.com/thinking/. Zugegriffen: 22. Sept. 2013
Edelman (2014) Edelman trust barometer 2014. www.edelman.com. Zugegriffen: 23. Sept. 2014
Europäische Kommission (2012) How companies influence our society: citizen's view. http://ec.europa.eu/public_opinion/flash/fl_363_en.pdf. Zugegriffen: 23. April 2013
Europäische Kommission (2014) Corporate social responsibility. http://ec.europa.eu/growth/industry/corporate-social-responsibility/index_en.htm. Zugegriffen: 19. Dez. 2014
Europäische Kommission (2015) Soziale Innovation. http://ec.europa.eu/social/main.jsp?catId=1022&langId=de. Zugegriffen: 16. Juni 2015
FSG (2013) Social innovation webinar. www.fsg.org. Zugegriffen: 24. Okt. 2013
Genisis Institute (2009) Studie: Social Impact Business. 25 Beispiele für die Verbindung von ökonomischen und sozialen Zielen, Berlin
Googins B (2013) Leading with innovation: transforming corporate social responsibility. In: Osburg T, Schmidpeter R (Hrsg) Social innovation. Springer, Wiesbaden, S 89–98
Howaldt J (2010) Soziale Innovation im Fokus, sfs Jahresberichte 2010, S 23–24. http://www.sfs.tu-dortmund.de/cms/Medienpool/small_publications/Interview_Soziale_Innovation_im_Fokus.pdf. Zugegriffen: 17. Juni 2015

Müller S, Rüede D, Lurtz K, Kopf, H, Russo P (2013) Deutschland 2030: Herausforderungen als Chancen für Soziale Innovationen. World Vision Center for Social Innovation, Wiesbaden
mySociety (2015) https://www.mysociety.org. Zugegriffen: 19. Juni 2015
Osburg T (2010) Hochschulsponsoring als Corporate Citizenship. Logos Verlag Berlin GmbH, Berlin
Osburg T (2013) Social Innovation to drive corporate sustainability. In: Osburg T, Schmidpeter R (Hrsg) Social innovation. Springer, Wiesbaden, S 89–98
Osburg T (2015) Where are we with CSR, sustainability and all the rest? http://blog.csreurope.org/where-are-we-with-csr-sustainability-and-all-the-rest/. Zugegriffen: 14. Juni 2015
Porter ME, Kramer MR (2011) Creating shared value. Harv Bus Rev 89(1/2):2–17
Smith JW (2012) To buy or not to buy. Mark News 16
Umweltbundesamt (2014) Soziale Innovationen im Aufwind. Ein Leitfaden zur Förderung sozialer Innovationen für nachhaltigen Konsum. Umweltbundesamt, Berlin
UN Global Compact, Accenture (2013) The UN global compact – Accenture CEO study on sustainability 2013
Unckrich B, Schmidt EM (2015) Werben für Werte. Horizont 26:11–13
Ushahidi (2015) http://www.ushahidi.com. Zugegriffen: 19. Juni 2015
Walter BL (2010) Verantwortliche Unternehmensführung überzeugend kommunizieren. Springer, Wiesbaden
Westebbe A, Logan, D (1995) Corporate citizenship: Unternehmen im gesellschaftlichen Dialog. Gabler, Wiesbaden
Zapf W (1989) Über soziale Innovationen. Soziale Welt 40(1):170–183

Dr. Thomas H. Osburg ist Assoc. Professor für Sustainable Marketing & Leadership an der Fresenius Business School. Davor war er über 20 Jahre für Technologieunternehmen (Texas Instruments, Intel) für internationale CSR und Nachhaltigkeit in verschiedenen Managementpositionen tätig. Dr. Osburg ist im Board of Directors von CSR Europe und Academy of Business in Society (ABIS); er wurde in den wissenschaftlichen Beirat des MBA-Programms an der Universität Genf berufen und ist wissenschaftlicher Beirat des Lehrgangs Innovationsmanagement des Management Centers Innsbruck (MCI). Zusätzlich zu seinen beruflichen Aktivitäten hat Dr. Osburg MBA-Lehraufträge für Technologie- und Innovationsmanagement, strategisches Marketing und CSR an renommierten Hochschulen in Europa und Asien. Daneben hat er in den letzten Jahren mehr als 30 wissenschaftliche Artikel publiziert, u. a. auch zwei Bücher zu sozialer Innovation und CSR und Hochschulmarketing. Vor seiner Zeit bei Intel leitete Dr. Osburg die Expansion von Texas Instruments im Bildungsbereich in China, Süd-Ost-Asien, Lateinamerika und Australien. Er hatte zahlreiche Managementpositionen in den Bereichen internationales Management, Marketing und CSR inne und lebte viele Jahre in Frankreich und den USA. Dr. Osburg ist promovierter Ökonom (Dr. rer. pol.) mit den Schwerpunkten Ökonomie, Marketing und Unternehmensführung der Gottfried Wilhelm Leibniz Universität Hannover.

Corporate Social Responsibility und Unternehmenswert: Wirkungsmechanismen zwischen Strategie, Intangibles und Marktbewertung

Thomas Schulz

> *Financial performance tells me what a company has already done, non-financial performance tells me what it is likely to do.*
> (Senior Portfolio Manager)

1 Einführung

Es verdichten sich zunehmend die wissenschaftlichen Erkenntnisse, dass die Verfolgung einer nachhaltigkeitsorientierten Geschäftsstrategie[1] für Unternehmen positive finanzielle Effekte bewirkt[2]; Zielgrößen sind dabei das Unternehmensergebnis, der Unternehmenswert und die Einschätzung des Unternehmensrisikos seitens des Unternehmens selbst und durch die Eigen- und Fremdkapitalgeber.

Unter einer nachhaltigkeitsorientierten Geschäftsstrategie ist hier die Strategie eines Unternehmens zu verstehen, die wesentliche Nachhaltigkeitsaspekte aller drei Dimensio-

---

[1] Nachhaltige Unternehmen verfügen über eine nachhaltigkeitsorientierte Geschäftsstrategie und nicht über eine separate Nachhaltigkeitsstrategie; dies ist Zeichen einer fortgeschrittenen Nachhaltigkeitsintegration.

[2] Einen Überblick der wesentlichen aktuellen Forschungsergebnisse über den Zusammenhang von Corporate Sustainability Performance (CSP) und Corporate Financial Performance (CFP) bietet zum Beispiel Schulz 2016 in diesem Buch. Kernergebnisse für nachhaltige Unternehmen: positive Korrelation und überwiegende CSP-CFP-Kausalität, leichte finanzielle Outperformance, Nichtlinearität des CSP-CFP-Zusammenhangs und stärkere Resilienz in ungünstigen Marktphasen.

T. Schulz (✉)
BNU Beratung für Nachhaltige Unternehmensführung, c/o Ceros GmbH,
Bockenheimer Landstr. 101, 60325 Frankfurt am Main, Deutschland
E-Mail: schulz@bfnu.de

nen (Ökonomie, Ökologie, Soziales/Gesellschaft) umfassend, systematisch und auf Dauer in Strategie, Prozesse, Strukturen, Standards und Systeme integriert hat.[3]

Für Zwecke einer zielgerichteten strategischen Steuerung ist nun zu zeigen, auf welche Weise der Wirkungsmechanismus der Strategie zu verbesserten finanziellen Ergebnissen führt. Dabei wird offensichtlich, dass besonders zwei Elemente der Wirkungskette eine besondere Herausforderung für die Unternehmenssteuerung darstellen:

- die (nichtbilanziellen) immateriellen Vermögenswerte, wie z. B. Mitarbeiterkapital und Reputationskapital, die durch viele Nachhaltigkeitsmaßnahmen erhöht werden und eine hohe Unternehmenswertrelevanz besitzen, und
- die aktuellen Verfahren der kapitalmarktorientierten Unternehmensanalyse und -bewertung, die kaum in der Lage sind, die finanziellen Konsequenzen nachhaltigkeitsinduzierter Maßnahmen abzubilden, insbesondere wenn sie immaterielles Vermögen betreffen.

2 Der Corporate-Social-Responsibility-Algorithmus: Wirkungsmechanismen und Ursache-Wirkung-Ketten der Wertsteigerung

Abb. 1 zeigt in vier Schritten, wie die nachhaltigkeitsorientierte Ausrichtung der Geschäftsstrategie über unmittelbare und mittelbare finanzielle Effekte zu einer sukzessiven Erhöhung des Unternehmenswerts führt:

- Ermittlung der relevanten Nachhaltigkeitsthemen aus der Materialitätsmatrix,
- Transformation der Nachhaltigkeitsthemen in strategische Ziele und Maßnahmenbestimmung,
- Umsetzung der strategischen Maßnahmen als materielle oder immaterielle Investitionen,
- Wirkung materieller und immaterieller Investitionen als Werttreiber des Unternehmenswerts, dargestellt anhand kapitalmarktorientierter Unternehmensbewertungsmodelle.

---

[3] Unternehmen durchlaufen gewöhnlich mindestens drei Motivations- und Entwicklungsstufen, Nachhaltigkeit in ihre relevanten Entscheidungsprozesse zu integrieren: 1) (Nachhaltigkeit als) Compliance, 2) (Nachhaltigkeit zwecks) Aufwandsreduzierung, 3) (Nachhaltigkeit als) strategischer Ansatz (Kimbro 2013, S. 104). Detaillierter beschreibt Wunder die fünf (Intensitäts-)Stufen möglicher ökologieorientierter Wettbewerbsstrategien (Wunder 2013, S. 73). Mithin geht die Definition einer nachhaltigkeitsorientierten Geschäftsstrategie im Text von einem hohen Integrationsgrad von Nachhaltigkeit aus, dessen primäres Ziel die Wertgenerierung ist.

Corporate Social Responsibility und Unternehmenswert

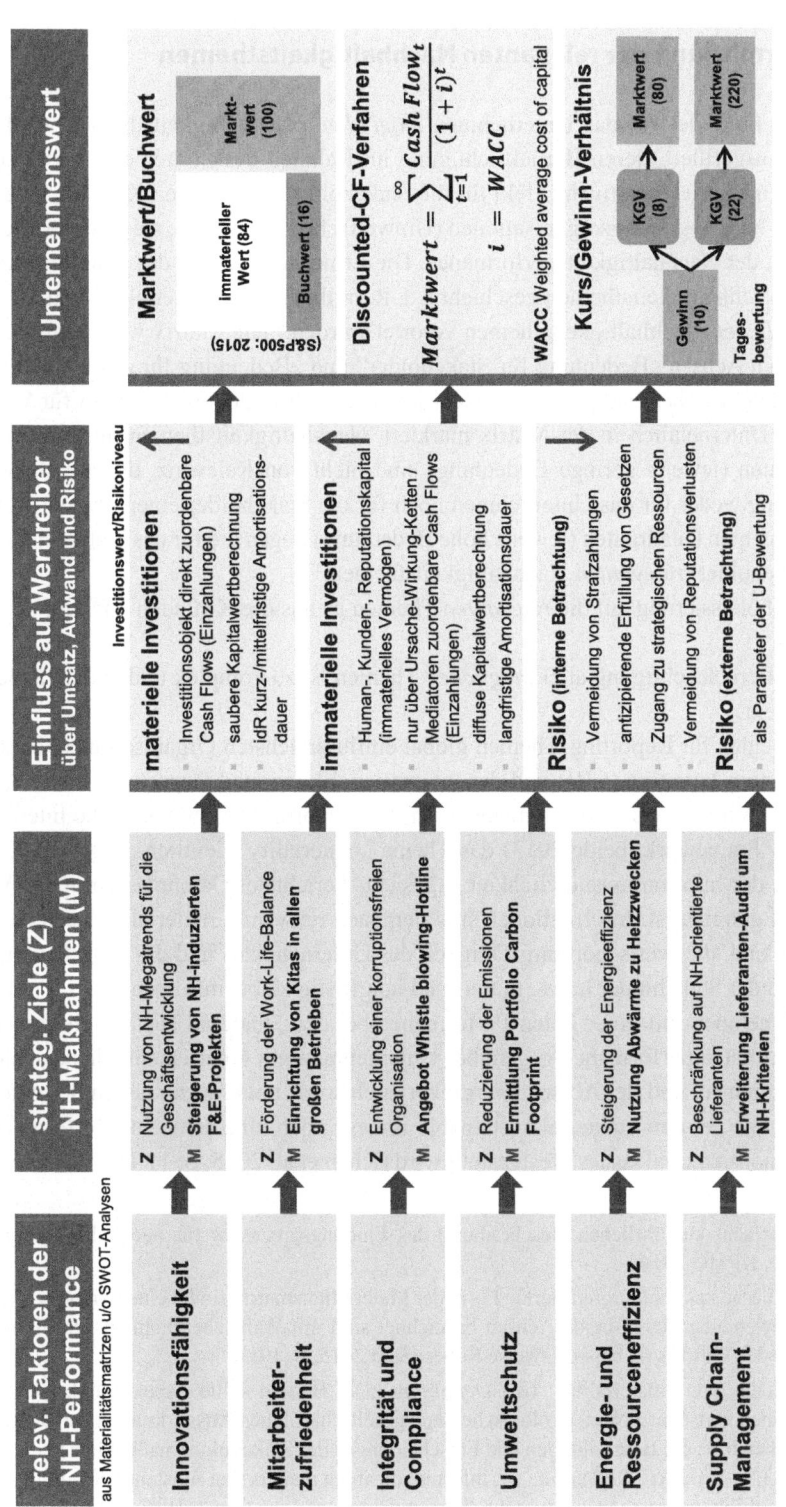

Abb. 1 Von der Materialitätsmatrix zur Steigerung des Unternehmenswerts

2.1 Ermittlung der relevanten Nachhaltigkeitsthemen

Aus der Fülle der für das Unternehmen *möglichen* Nachhaltigkeitsthemen werden solche herausgefiltert, deren Berücksichtigung im Rahmen des Strategieprozesses schließlich einen deutlich positiven Effekt für die Stakeholder [Mitarbeiter, Kunden, Investoren/ Banken, Nichtregierungsorganisationen (Umwelt)] bewirken kann; sie sind die relevanten Faktoren der Nachhaltigkeitsperformance. Die Ermittlung der für das Unternehmen *relevanten* Nachhaltigkeitsthemen geschieht i. d. R. mithilfe einer Materialitätsmatrix, auf der die *möglichen* Nachhaltigkeitsthemen verortet werden.[4] Die Matrix wird begrenzt durch die beiden Achsen „Bedeutung für Stakeholder" und „Bedeutung für das Unternehmen". Die möglichen Nachhaltigkeitsthemen werden je nach Bedeutungsausmaß für Stakeholder und Unternehmen in der Matrix markiert. Nachhaltigkeitsthemen im linken unteren Quadranten (jeweils geringe Bedeutung) sind nicht von Relevanz, da ihre strategische Beachtung weder für das Unternehmen noch für die Stakeholder einen Nutzen stiftet. Im oberen rechten Quadranten (jeweils hohe Bedeutung) liegen die für das Unternehmen (und die Stakeholder) *relevanten* Nachhaltigkeitsthemen.[5]

Eine Fokussierung auf die *relevanten* Themen ist aus drei Gründen wichtig:

- Eine Berücksichtigung aller *möglichen* Themen ist zu komplex und zudem äußerst ineffizient.
- Die beiden für Reporting-Themen global einflussreichsten Organisationen, die Global Reporting Initiative (GRI) und der International Integrated Reporting Council (IIRC), haben in ihren aktuellen Rahmenwerken (G4 Reporting Framework, The International <IR> Framework, beide 2013) das Thema „materiality" deutlich aufgewertet, da die Frage der Informationsnützlichkeit angesichts berichteter Datenmassen in den Vordergrund getreten ist. Informationen sind demnach relevant („material"), wenn sie in der Lage sind, die Wertschöpfungsfähigkeit des Unternehmens und das Entscheidungsverhalten der Stakeholder kurz-, mittel- und langfristig zu beeinflussen.[6]
- Unternehmen mit einer guten Performance bei den „material sustainable issues" liefern eine Outperformance gegenüber Unternehmen mit einer entsprechend schlechten Performance, und der Abstand vergrößert sich sogar noch, wenn neben der guten Performance bei den „material sustainable issues" noch eine schlechte Performance bei den „non-material issues" festgestellt wird (Khan et al. 2015, S. 1). Das bedeutet nichts

---

[4] Zu einer sehr ausführlichen Beschreibung des Findungsprozesses für nachhaltigkeitsrelevante Themen s. KPMG 2014.

[5] Neben dieser stakeholderorientierten Form der Materialitätsmatrix findet eine risikoorientierte Variante Anwendung, deren beide Achsen bezeichnet sind mit Wahrscheinlichkeit des Eintritts und Intensität des Eintritts (s. beispielsweise RobecoSam 2015, S. 19).

[6] Definitionen von „materiality": *GRI-Definition:* „Der Bericht sollte Aspekte abdecken, die die wesentlichen wirtschaftlichen, ökologischen und gesellschaftlichen Auswirkungen der Organisation wiedergeben bzw. die Beurteilungen und Entscheidungen der Stakeholder maßgeblich beeinflussen" (GRI 2013, S. 17). *IIRC-Definition:* „… information about matters that substantively affect the organization's ability to create value over the short, medium and long term" (IIRC 2013, S. 18).

anderes, als dass eine absolute Fokussierung ausschließlich auf die *relevanten* Nachhaltigkeitsthemen eine nicht nur operativ, sondern auch finanziell höchst effiziente Vorgehensweise darstellt.

2.2 Transformation der Nachhaltigkeitsthemen in strategische Ziele und Maßnahmenbestimmung

Sind die für das Unternehmen relevanten Nachhaltigkeitsthemen gefunden, müssen sie im Rahmen einer erstmaligen Strategieformulierung in einzelnen strategischen Zielen Berücksichtigung finden. Bei einer bereits bestehenden Geschäftsstrategie fließen die relevanten Nachhaltigkeitsthemen in einzelne strategische Ziele durch Neuformulierung oder durch Ergänzung ein. Besonders für den Fall einer bereits bestehenden Geschäftsstrategie sind Zielekonflikte zwischen Nachhaltigkeitszielen aus der Materialitätsmatrix und bereits bestehenden strategischen Zielen denkbar. Solche Zielekonflikte dürften in dieser Phase des Strategieprozesses (Strategieformulierung) allerdings nicht mehr entstehen, da die Management-Entscheidung, das Unternehmen grundsätzlich nachhaltig auszurichten, bereits das Ergebnis der vorangehenden Prozessphase der strategischen Analyse sein sollte. Kommt man hier z. B. zu dem Ergebnis, dass sich der weltweite Klimawandel in den nächsten fünf Jahren zu einer wesentlichen Risikogröße für das Unternehmen entwickeln wird, muss das Topmanagement entscheiden, dass alle betroffenen strategischen Ziele die Ausprägungen des Klimarisikos berücksichtigen müssen.

Bei der Formulierung und Weiterentwicklung strategischer nachhaltigkeitsorientierter Ziele werden folgende Aspekte als wichtig erachtet (Schatsky 2013, S. 157 ff.):

- Messung der Zielerfüllung immer mit quantitativen Werten
- Verwendung von „stretch goals": herausfordernd, aber wahrscheinlich erreichbar
- Zielebestimmung durch Themenexperten, Zieleverantwortung durch operative Führungskräfte (konkrete Personen), Zielekontrolle durch Topmanagement
- Zieleerfüllung in einem Zeitraum kaum kürzer als drei bis fünf Jahre
- Verbindung der Nachhaltigkeitsziele mit dem Anreiz- und Zielesystem des Managements
- Klare, einfache und konsistente Kommunikation der Nachhaltigkeitsziele (intern/extern)

Die Operationalisierung strategischer Ziele erfolgt durch die Formulierung strategischer Maßnahmen. Durch die Umsetzung dieser Maßnahmen wird angestrebt, dass die strategischen Ziele möglichst im geplanten Zeitrahmen und gemessen an vorgegebenen Werten der Key-performance-Indikatoren (KPI) auch erreicht werden.

Auf der Maßnahmenebene sind Entscheidungsdilemmata unausweichlich, selbst bei zwei alternativen nachhaltigkeitsfördernden Investitionen (s. nächster Abschnitt). So müssen z. B. bei den Investitionsalternativen *Energieeffizienz* (Kosteneinsparung) und *Produktinnovation (Umsatzsteigerung)* nicht nur Methoden der Investitionsrechnung, sondern auch weitere Entscheidungsregeln zur Anwendung kommen. Auf dieses in der Unternehmenspraxis häufig entstehende Entscheidungsproblem kann an dieser Stelle nicht weiter eingegangen werden.

2.3 Entwicklung und Umsetzung der strategischen Maßnahmen

Betrachtet man jede strategische Maßnahme als eine unternehmensinterne Investition, so können ihr Umsätze, Aufwendungen und Aufwandsersparnisse zugerechnet werden.[7] Hierbei ist nun zwischen zwei Formen von Investitionen zu differenzieren, die sich v. a. durch die Zurechenbarkeit von Umsätzen unterscheiden:

Materielle Investitionen

- Bekannt aus der klassischen Investitionsrechnung
- Umsätze, Aufwendungen und Aufwandsersparnisse lassen sich eindeutig zurechnen
- Kurz- bis mittelfristige Amortisationsdauer
- Investition ist i. d. R. bilanzierungsfähig
- Saubere Kapitalwertberechnung u. a. Formen der Investitionsrechnung sind möglich
- Beispiel: Investition in moderne Produktionsaggregate zwecks Energieeinsparung

Die Bereitstellung finanzieller Mittel für materielle Investitionen lässt sich bei Budgetverantwortlichen und Investitionsausschüssen leichter durchsetzen, da ihre Arithmetik klar und bekannt (Investitionsrechnung) und alle Rechenelemente (Anschaffungsauszahlung, Einzahlungsüberschüsse) dem Investitionsobjekt unmittelbar zuordenbar sind. Wirtschaftlichkeits- und Vorteilhaftigkeitsprüfungen sind damit relativ genau durchführbar; somit sind Investitionsentscheidungen belastbarer zu treffen.

Immaterielle Investitionen

- Aufwendungen lassen sich eindeutig zurechnen
- Umsätze lassen sich nur über Ursache-Wirkung-Ketten/-Mediatoren zurechnen, z. B. Reputation oder Mitarbeiterloyalität
- Mittel- bis langfristige Amortisationsdauer[8]

---

[7] An dieser Stelle werden nachhaltigkeitsorientierte Ansätze zur Bestimmung der zurechenbaren Erträge und Aufwendungen zu einem einzelnen Investitionsobjekt komplett ausgeblendet. Das Verständnis eines „green controlling" erfordert z. B. die Anwendung von „life cycle assessment" (LCA) und „life cycle costing" (LCC), um Erträge und Aufwendungen während der gesamten Lebensdauer und nicht nur während der betriebsgewöhnlichen Nutzungsdauer in die Investitionsrechnung zu integrieren, sowie auch alle Aufwendungen, die etwaige ökologische Einwirkungen des Investitionsobjekts widerspiegeln (Kimbro 2013, S. 107 ff.).

[8] Zwei Arten von Zeitverzögerung („time lags") sind zu berücksichtigen: *„Investment effectiveness lag"*: Zeitdauer zwischen der Investition und deren Auswirkungen auf den Stand des immateriellen

- Investition ist häufig nicht bilanzierungsfähig
- Sofortige Verbuchung als Aufwand, deshalb kaum investitionsrechnerische Beurteilungen
- Beispiel: Einrichtung von Kitas in allen großen Betrieben (Investition) zwecks Steigerung der Mitarbeiterzufriedenheit; Mitarbeiterzufriedenheit ist Mediator: fördert Arbeitsproduktivität, diese wiederum führt zu Effizienzgewinnen

Den immateriellen Investitionen lassen sich bewirkte Umsätze nicht direkt zuordnen, sie lassen sich deshalb investitionsrechnerisch nur schwer bewerten. Sie werden durchgeführt, um bestimmte finanzielle Werttreiber zu befördern, die wiederum als Mediatoren Einfluss haben auf zukünftige Umsätze und/oder den Unternehmenswert. Da diese Mediatoren häufig aber auch von anderen Faktoren (Investitionen) bewegt werden, ist die genaue Zurückführung von Umsätzen bzw. Wertzuwächsen auf einzelne immaterielle Investitionen nur bedingt möglich.

Immaterielle Investitionen stehen als erste auf den Streichlisten, wenn Budgets im Rahmen von Sparmaßnahmen überdacht werden (z. B. Weiterbildung, Diversity-Programme, Forschung und Entwicklung, Werbung). Da es aber unstreitig ist, dass immateriellen Investitionen eine hohe Bedeutung für den langfristigen finanziellen Unternehmenserfolg zukommt, versuchen Unternehmen im Controlling und erstmals auch im externen Reporting gegenüber der interessierten Öffentlichkeit, im Rahmen von Ursache-Wirkung-Ketten eine kausale Verbindung zwischen einzelnen Maßnahmen/Investitionen bzw. Indikatoren und dem Jahresergebnis herzustellen und diese im Einzelfall sogar zu bewerten. Dies geschieht über eine Reihe von Mediatoren, die als Werttreiber des Unternehmens identifiziert worden sind.

Anhand eines Praxisbeispiels kann dies kurz gezeigt werden. Im „Integrierten Bericht 2014" veröffentlicht SAP eine integrierte Leistungsanalyse, die den Wirkungszusammenhang zwischen zwölf ökologischen sowie sozialen Indikatoren[9] und zwei ökonomischen Indikatoren (Umsatz, Ergebnis) grafisch darstellt. Im Gegensatz zum Vorjahr wird darüber hinaus die finanzielle Wirkung von vier ökologischen/sozialen Faktoren quantifiziert und argumentativ begründet. So würde eine Veränderung der folgenden Faktoren um einen Prozentpunkt eine Veränderung des SAP-Betriebsergebnisses in folgendem Umfang bewirken (SAP 2015):

- Mitarbeiterengagement: 35–45 Mio. €
- Gesundheitskulturindex: 65–75 Mio. €
- Mitarbeiterbindung: 40–50 Mio. €
- Treibhausgasemissionen: 4 Mio. €

Kapitals; „*intangible effectiveness lag*": Zeitdauer zwischen der Steigerung des immateriellen Kapitals und deren Wirkung auf das Ergebnis bzw. den Unternehmenswert (Stoi 2004, S. 193).

[9] Hinter allen zehn Indikatoren kann man sich entsprechende strategische Maßnahmen (Investitionen) vorstellen.

Unternehmensrisiko Neben materiellen und immateriellen Investitionen mit ihrem Einfluss auf Unternehmensergebnis und Unternehmenswert gibt es einen weiteren Faktor, der eine nicht zu unterschätzende Determinante des Unternehmenswerts darstellt. Dabei handelt es sich um das Unternehmensrisiko, das in eine interne und eine externe Sicht und Wirkungsvariante unterteilt werden muss.

Im Innenverhältnis dienen die aus der Materialitätsmatrix abgeleiteten strategischen (Nachhaltigkeits-)Ziele und entsprechende Maßnahmen u. a. auch zur Reduzierung der kurz-, mittel- und langfristigen finanziellen Auswirkungen nachhaltigkeitsinduzierter Unternehmensrisiken auf das Unternehmensergebnis. Dazu können zählen:

- Vermeidung von Strafzahlungen und Schadenersatzleistungen im Rahmen rechtlicher Auseinandersetzungen (z. B. wegen Umweltverschmutzung),
- antizipierende Erfüllung drohender Regulierungen und Gesetze (z. B. Einhaltung sozialer Standards in der Lieferkette),
- Gewährleistung des langfristigen Zugangs zu strategischen Ressourcen, wie z. B. ausreichend qualifizierte Mitarbeiter (z. B. durch Employer Branding),
- Vermeidung von Reputationsverlusten (z. B. durch ein straffes Complianceprogramm).[10]

Ein gänzlich anderes Verständnis von Risiko haben institutionelle Investoren und kreditgebende Banken in ihren unternehmensexternen Risikoeinschätzungen. Für sie ist das Unternehmensrisiko zentraler Parameter im Rahmen von Unternehmens- und Bonitätsanalysen und -bewertungen. Hierauf wird detailliert in Kapitel 4 eingegangen.

3 Wirkung immaterieller Investitionen auf den Unternehmenswert

3.1 Definitionen

Die in Abschn. 2.3 beschriebenen, i. d. R. nicht bilanzierungsfähigen *immateriellen Investitionen* bilden in der Summe das (nicht aktivierungsfähige) *immaterielle Vermögen* einer Unternehmung.

Das *immaterielle Vermögen* hat in der Bilanz seine Entsprechung im ebenfalls nicht bilanzierungsfähigen Passivum *immaterielles Kapital*, und dieses ist die Differenz aus Marktwert (Börsenwert) und Eigenkapital. Das immaterielle Vermögen und das bilanzierte Vermögen (Bilanzsumme) eines Unternehmens ergeben sein Gesamtvermögen.

---

[10] Speziell für institutionelle Investoren ist von PRI/GC ein Werttreibermodell entwickelt worden, das im Kern die Wirkung von *Wachstum* (nachhaltige Produkte), *Produktivität* (Effizienzinitiativen) und *Risikomanagement* (nachhaltigkeitsinduzierte Risiken) auf die Kennzahl „*return on equity*" bzw. „*return on capital*" zeigt; auch hier wird zwischen „direkten" (hier: materiellen) und „indirekten" (hier: immateriellen) Werttreibern unterschieden (PRI/GC 2013).

Corporate Social Responsibility und Unternehmenswert

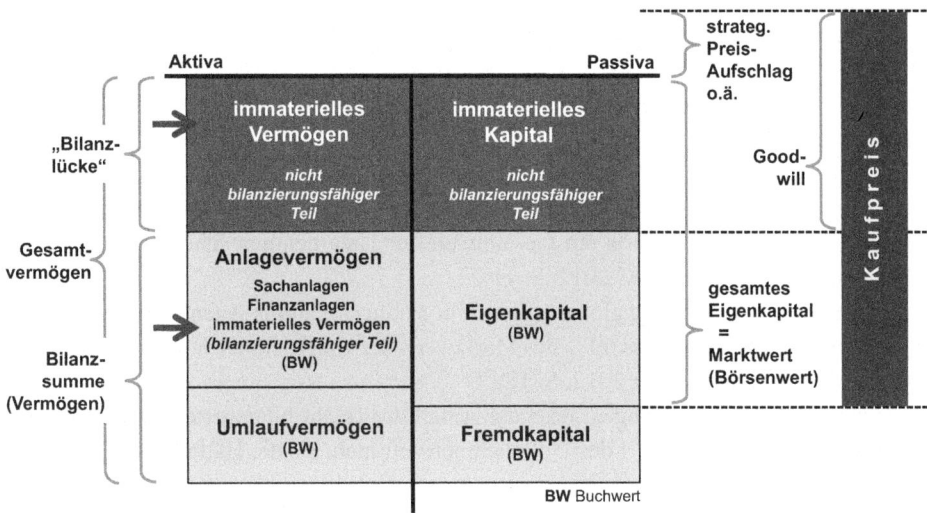

Abb. 2 Immaterielles Vermögen im Rahmen des Bilanzbilds. (In Anlehnung an Stoi 2004, S. 191 und Möller und Piwinger 2014, S. 955)

Näheres, auch die Abgrenzung zum Begriff des Goodwills, veranschaulicht Abb. 2. *Immaterielle Vermögensgegenstände* sind nicht bilanzierungsfähig, es sei denn,

- es handelt sich um identifizierbare, nicht monetäre Vermögenswerte ohne physische Substanz;
- es ist wahrscheinlich, dass dem Unternehmen der erwartete künftige wirtschaftliche Nutzen aus dem Vermögenswert zufließen wird;
- die Anschaffungs- oder Herstellungskosten des Vermögenswerts können verlässlich bewertet werden (Buschhüter und Striegel 2011, S. 975 ff.).

Aktivierungspflichtig (im Anlagevermögen) sind damit z. B. Lizenzen, Software, Patente und Urheberechte; ein strenges Aktivierungsverbot hingegen besteht für jene Ausgaben, die die typischen Kategorien *immaterieller Vermögenswerte* betreffen: Reputationskapital, Mitarbeiterkapital, Kundenkapital, Innovationskapital etc.:

- Selbst erzeugter Geschäfts- und Firmenwert
- Forschungsprojekte
- Weiterbildungsprogramme und Wissensmanagement
- Selbst geschaffene Marken- und Warenzeichen
- Daten aus dem Customer-relationship-Management etc.[11]

---

[11] Seit Einführung des Bilanzrechtsmodernisierungsgesetzes (BilMoG) im Jahr 2009 sind die Vorschriften des Handelsgesetzbuchs (HGB) und der International Financial Reporting Standards (IFRS) zur Bilanzierung und Bewertung von immateriellen Vermögensgegenständen im Kern deckungsgleich (s. Förschle et al. 2014, S. 201). Zwecks Konkretisierung hat am 16.04.2015 das

3.2 Bedeutung immaterieller Vermögenswerte

Die immateriellen Vermögenswerte zählen zu den bedeutendsten Vermögenspositionen von Unternehmen:

- Das Topmanagement der umsatzstärksten Unternehmen in Deutschland schätzt allein den Anteil des Markenwerts am Gesamtwert der Unternehmen schon seit über zehn Jahren auf rund 50 % (PWC 2012, S. 11).[12]
- In zwei Studien kommt die global aufgestellte Public-Relations-Agentur Weber Shandwick zu dem Ergebnis, dass 60 % des Marktwerts der Unternehmen auf ihre Reputation zurückzuführen ist (Weber 2012, S. 18).[13]
- Verschiedene Studien belegen, dass der Anteil des (nicht bilanzierten) immateriellen Vermögens am Gesamtwert des Unternehmens oft mehr als die Hälfte ausmacht (nach Klier 2014, S. 71).
- Auf dem deutschen Kapitalmarkt (DAX30-Werte) entwickelte sich der Anteil des Vermögens (zu Buchwerten) am Marktwert wie folgt: 74 % (1998), 38 % (2002), 58 % (2007; Reimsbach 2011, S. 14).
- Für den US-amerikanischen Kapitalmarkt berichtet die Intellectual Capital Merchant Bank Ocean Tomo in jährlichen Studien, wie sich der Anteil des Werts des immateriellen Vermögens am Börsenwert der S&P500-Unternehmen entwickelt hat, aktuell sind dies 84 % (2015). Diese Entwicklung veranschaulicht Abb. 3.
- Der seit zehn Jahren erscheinende *Global Intangible Financial Tracker (GIFT)* ermittelt für 2014[14] folgende Werte für den „undisclosed value" (Differenz zwischen Marktwert und Eigenkapitalbuchwert): weltweit 37 %, USA 55 %, Deutschland 30 %, China 43 % (Brand Finance 2015, S. 12).

Deutsche Rechnungslegungs Standards Committee (DRSC) den Standardentwurf E-DRS 32 „Immaterielle Vermögensgegenstände im Konzernabschluss" veröffentlicht und bis zum 17.07.2015 zur öffentlichen Diskussion gestellt. Es handelt sich um eine grundsätzliche Weiterentwicklung des DRS 12 „Immaterielle Gegenstände des Anlagevermögens", der erstmals für Geschäftsjahre nach dem 31.12.2016 Anwendung finden soll.

[12] Die Studie wurde nach 1999 und 2005 in 2012 zum dritten Mal von PricewaterhouseCoopers (PWC) mit Unterstützung der Universität Hamburg und der GfK Marktforschung durchgeführt; befragt wurden die 100 umsatzstärksten Unternehmen in Deutschland und die Mitglieder des Markenverbands, jeweils Mitglieder aus dem Topmanagement.

[13] Für die Studie wurden Ende 2011 in USA, UK, China und Brasilien 1375 Verbraucher und 575 Topführungskräfte (Unternehmen über 500 Mio. USD) befragt. Eine vergleichbare Studie aus 2006 (befragt wurden 950 Führungskräfte weltweit) kam auf einen Wert von 63 % (Weber Shandwick 2006, S. 2).

[14] Die aktuelle Studie umfasst über 58.000 Unternehmen in über 120 Ländern, die an 120 Aktienbörsen notiert werden. Der Marktwert aller betrachteten Unternehmen beträgt rund 71.000 Mrd. US-Dollar, davon sind 26.500 Mrd. USD „undisclosed value" (37 %).

Corporate Social Responsibility und Unternehmenswert

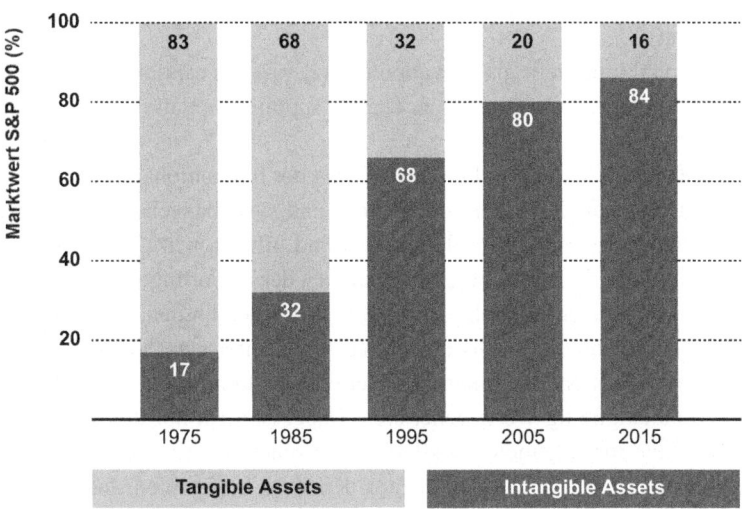

Abb. 3 Entwicklung der Wertkomponenten der S&P500-Marktwerte. (Ocean Tomo 2015)

Zudem wird dem immateriellen Vermögen eine positiv-kausale Marktwertrelevanz zugesprochen (zu Studienübersichten s. Reimsbach 2011, S. 139 und Günther 2014, S. 4). Betrachtet man darüber hinaus den Summenwert aus materiellem Vermögen (Bilanzsumme) plus Ertragswert des immateriellen Vermögens[15] eines Unternehmens, so erreicht man sogar einen noch höheren Erklärungsgehalt für seinen Marktwert als z. B. durch Ertragswertmodelle auf der Basis von EBIAT und FCF[16] (Reimsbach 2011, S. 163 ff.).[17]

3.3 Kategorien immaterieller Vermögenswerte

In der nicht nachhaltigkeitsorientierten und in aller Regel controllingbezogenen Literatur wird das immaterielle Vermögen[18] eines Unternehmens wie folgt strukturiert (Möller und Gamerschlag 2009, S. 6):

---

[15] Der Ertragswert des immateriellen Vermögens ergibt sich aus der eigenständigen residualgewinnorientierten Bewertung des immateriellen Vermögens [und nicht aus der Rechnung: Marktwert minus Eigenkapital (zu Buchwerten)]; zu einer detaillierten Beschreibung s. Reimsbach 2011, S. 29 ff.

[16] *EBIAT* „earnings before interest after tax"; *FCF* Free cash flow.

[17] Schon acht Jahre zuvor wurde festgestellt, „that intangible measures provide more value-relevant information than other conventional performance measures, such as earnings and cash flows" (Gu und Lev 2001, S. 1).

[18] Die aus der wirtschaftswissenschaftlichen und volkswirtschaftlichen Literatur bekannten Begriffe Intellectual Capital, Intellectual Assets, Intangibles, Wissenskapital, Knowledge Assets, Immaterielle Vermögensgegenstände, Intellectual Property etc. stehen letztendlich alle für das gleiche Thema.

- Human capital
- Structural capital (unterteilt in innovation capital, process capital, location capital)
- Relation capital (unterteilt in customer capital, supplier capital, investor capital)[19]

Mit dem „The International <IR> Framework" hat der International Integrated Reporting Council (IIRC)[20] im Jahr 2013 ein umfassendes und systematisches Reportingkonzept[21] vorgelegt und zur Anwendung für alle privaten und öffentlichen Unternehmen weltweit empfohlen. Ziel ist die Verbesserung der Qualität[22] der Reportinginformationen, die gewährleisten soll, dass institutionelle Investoren auf einer breiten, integrierten und zukunftsorientierten Informationsbasis effizientere Investitionsentscheidungen treffen können.[23] Zu diesem Zweck stellen integrierte Berichte ausführlich dar, wie Organisationen kurz-, mittel- und langfristig Werte generieren. Dabei ist nicht nur die Schaffung finanzieller Werte für Investoren gemeint, sondern spezifischer, nichtfinanzieller Werte für alle anderen Stakeholdergruppen wie Mitarbeiter, Kunden, Lieferanten, lokale Kommunen, Gesetzgeber, Regulierer etc. (IIRC 2013, S. 4).

Berichtsgegenstand sind unterschiedliche Kapitalstöcke („capitals"), die alle für den Erfolg des Unternehmens wichtig sind, unabhängig davon, ob sie materielles oder im-

---

[19] Dieser Gliederung mit sieben Kapitalkategorien folgt bereits 2001 der Arbeitskreis „Immaterielle Werte im Rechnungswesen" der Schmalenbach-Gesellschaft, der hier vor dem Hintergrund internationaler Rechnungslegungsnormen erstmals einem breiteren Publikum die Aktivierungsfähigkeit aller immateriellen Vermögensgegenstände zur Diskussion stellt (Arbeitskreis 2001, S. 989 ff.).

[20] Der International Integrated Reporting Council (IIRC) ist eine globale Organisation von Regulierern, Investoren, Unternehmen, standardsetzenden Institutionen, Wirtschaftsprüfern und Nichtregierungsorganisationen, die sich für ein integriertes Reporting (und Management) einsetzen als nächste Entwicklungsstufe der Unternehmensberichterstattung; sie sehen eine nachhaltige Wertgenerierung für alle Stakeholdergruppen ausschließlich durch diesen Ansatz gewährleistet. Zum internationalen Entwicklungsstand und den Zukunftsaussichten des Integrated Reporting s. beispielsweise imug (2015).

[21] Auch wenn der IIRC es nicht explizit fordert, so bedeutet die Anwendung eines – v. a. so innovativen – Reportingkonzepts natürlich auch die entsprechende Anpassung der kompletten Unternehmenssteuerung.

[22] Qualität wird hier im Sinn von Entscheidungsnützlichkeit verstanden, diese ist determiniert durch Relevanz und Verlässlichkeit.

[23] Diese Zielsetzung kann als realistisch angesehen werden, wie ein wissenschaftliches Themenpapier der Schmalenbach-Gesellschaft belegt: „… kann als gesichert gelten, dass die Berichterstattung über nichtfinanzielle Leistungsindikatoren von Marktteilnehmern als wertrelevante Information wahrgenommen wird und die Finanzberichterstattung insofern wirksam ergänzt" (Arbeitskreis 2015, S. 242).

Corporate Social Responsibility und Unternehmenswert

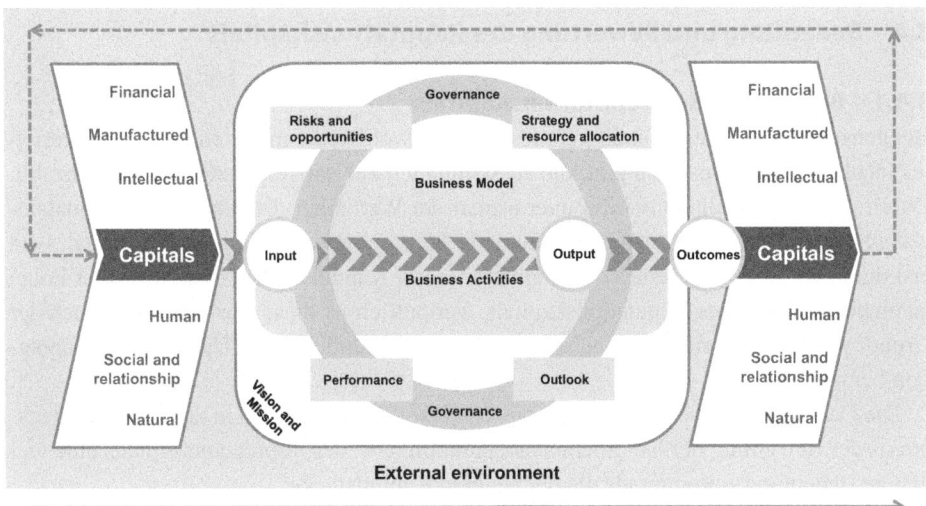

Abb. 4 Wertgenerierungsprozess nach IIRC. (IIRC 2013, S. 13)

materielles Vermögen darstellen.[24] Der <IR> Framework beschreibt Inhalt und Rolle der sechs „capitals" (IIRC 2013, S. 11 ff.):

- Finanzkapital („financial capital")
- Produktionskapital („manufactured capital")
- Intellektuelles Kapital („intellectual capital")
- Personelles Kapital („human capital")
- Sozial- und Beziehungskapital („social capital and relationship capital")
- Naturkapital („natural capital")

Den Prozess der Generierung von Unternehmenswert durch das Management der „capitals" im Rahmen von Geschäftsmodell, Strategie und Ressourcenallokation beschreibt modellhaft Abb. 4.[25]

---

[24] Der Arbeitskreis Immaterielle Werte im Rechnungswesen der Schmalenbach-Gesellschaft hat bereits im Jahr 2003 einen Konzeptvorschlag für eine freiwillige ergänzende Berichterstattung vorgelegt. In deren Rahmen ist die generelle Strategie des Managements der immateriellen Werte und deren Wirkung auf den langfristigen Unternehmenserfolg zu beschreiben, und für jede der sieben Kapitalkategorien ist die Strategie, einen Katalog von Indikatoren und die Wechselwirkungen der Indikatoren darzustellen (Arbeitskreis 2003, S. 1235).

[25] Der Fachkreis „IFRS & Controlling" des Internationalen Controllervereins (ICV) hat einen Vorschlag zur Operationalisierung der IIRC-Capitals vorgelegt und in diesem Zug die Publizitätskonzepte der Schmalenbach-Gesellschaft und des IIRC – insbesondere bezüglich der Kapitalkategorien – verglichen (Lorson et al. 2015, S. 625 ff.).

3.4 Bedeutung und Bewertung des Reputationskapitals

3.4.1 Bedeutung des Reputationskapitals

Bei genauerer Betrachtung stellt man fest, dass es wohl keine materielle oder immaterielle Nachhaltigkeitsinvestition gibt, die ausschließlich auf das Reputationskapital einzahlt. Durch solche Maßnahmen wird immer primär der Wert einer der sechs IIRC-Kapitalstöcke gesteigert, wie zum Beispiel das Human-, Marken- oder das Innovationskapital. Und erst durch die Steigerung eines oder mehrerer dieser Kapitalstöcke kommt es in der Folge zu einer Erhöhung des Reputationskapitals. Vermutlich ist diese Wirkungskette auch der Grund, warum nicht einer der sechs IIRC-Kapitalstöcke direkt die Unternehmensreputation bemisst.

Die Darstellung dieses Zusammenhangs ist insofern wichtig, als in der Unternehmenspraxis der Bewertung der Unternehmensreputation bzw. des Reputationskapitals eine viel höhere Bedeutung zukommt als die der anderen Kapitalstöcke:

- Unternehmen nennen als Hauptmotiv für die nachhaltige Gestaltung ihrer Geschäftsstrategie häufig das Management von Reputation bzw. Reputationsrisiko (z. B. CSM 2013, S. 28),
- Unternehmen zählen Reputationsrisiken zu den bedeutendsten Risikokategorien (Allianz 2015, S. 1),
- Reputation hat eine nicht unerhebliche – wenn auch indirekte – Wirkung auf Unternehmensergebnis und Unternehmenswert (z. B. Weißensteiner 2014, S. 60).

3.4.2 Bewertung des Reputationskapitals

Den Prozess der Generierung von Unternehmenswert durch immaterielle Investitionen in das Reputationskapital zeigt Abb. 5. Hier wird deutlich, wie Investitionen in das Reputationskapital über die Wirkungsstufen *Wahrnehmung, Einstellung und Verhalten* der Stakeholder deren werttreibendes Verhalten anregt.[26] Eine zentrale Rolle spielen dabei die Reputationsinhalte, die als Werttreiber für Höhe und Entwicklung der Reputation verantwortlich sind. Bei den Werttreibern für das Reputationskapital handelt es sich i. d. R. um die Dimensionen Produkt- und Dienstleistungsqualität, finanzielle Performance, Attraktivität als Arbeitgeber, Corporate Social Responsibility (CSR) und Innovationskraft (Weißensteiner 2014, S. 60 f.).[27]

---

[26] Das Reputation Institute ermittelte z. B. aktuell, dass in Deutschland bei den „most visible companies" ein Anstieg der Reputation um 5 Punkte (auf 100er-Skala) eine Verbesserung der Kundenempfehlungsrate um 6,6 % bewirkt (Reputation Institute 2015a, S. 24).

[27] Weißensteiner hat in fünf unterschiedlichen Messkonzepten insgesamt 17 Werttreiber ausgemacht, von denen nur die fünf im Text genannten meist in allen Messkonzepten Anwendung finden.

Corporate Social Responsibility und Unternehmenswert

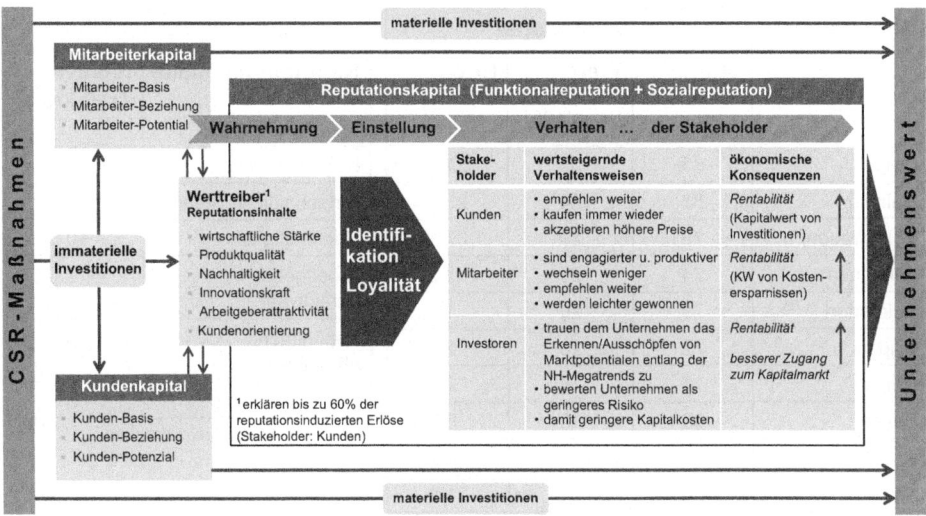

Abb. 5 Einfluss des immateriellen Kapitals auf den Unternehmenswert

Biesalski & Company[28] hat für zehn DAX30-Konzerne in einer Musterstudie ermittelt, wie hoch jeweils der Umsatzanteil ist, der sich durch deren Reputation erklären lässt (sog. Reputationserlöse), im Durchschnitt waren dies 22,2 %. Darüber hinaus wurde auch analysiert, wie stark der Einfluss der gemessenen Reputationsinhalte auf den Reputationserlös ist: im Ergebnis konnten durch Reputation erzielte Erlöse zu 60 % durch die gemessenen Reputationsinhalte erklärt werden (Biesalski 2012, S. 10 f.).[29] Details der Berechnung zeigt Abb. 6.

Zum Reputationsinhalt Nachhaltigkeit muss gesagt werden, dass ihr tatsächlicher Einfluss deutlich höher einzuschätzen ist als jene gemessenen 10 % (relative Treibkraft), da sich auch andere Reputationsinhalte zumindest in Teilen unter den Begriff der Nachhaltigkeit subsumieren lassen. Dies scheint durch eine weitere repräsentative Studie von Biesalski & Company bestätigt zu werden, die für 16 Branchen in Deutschland den *direkten* Einfluss von Nachhaltigkeit auf die Wertschöpfung gemessen hat: Im Durchschnitt sind demnach 4,6 % des Umsatzes unmittelbar auf eine nachhaltige Unternehmensausrichtung zurückzuführen (Biesalski 2014, S. 8).

---

[28] Biesalski & Company ist eine in Deutschland führende Unternehmensberatung für Markenmanagement und Markenbewertung, die bisher über 500 Marken in 60 Ländern im Kundenauftrag bewertet hat.

[29] Wie stark die Ergebnisse solcher Untersuchungen von der Grundgesamtheit der analysierten Unternehmen und vom Untersuchungsdesign abhängen, zeigen die aktuellen Studienergebnisse des Reputation Institute über die 100 reputabelsten Unternehmen der Welt für sieben Werttreiber: Product/Services 18,3 %, Governance 14,3 %, Innovation 13,9 %, Performance 13,8 %, Workplace 13,4 %, Citizenship 13,4 %, Leadership 12,9 % (Reputation Institute 2015b, S. 24).

Unternehmen	Reputations-			Wertschöpfungstreiber	
	Stärke[1] Index 0-100	Wert in %vom Umsatz 2010	Erlös EUR Mrd.	Reputationsinhalte	relative Treibkraft[2] in %
BMW	83	35	21,0	Kundenorientierung	20
Daimler	82	24	23,2	wirtschaftliche Stärke	10
Volkswagen	79	29	37,1	Nachhaltigkeit	10
Lufthansa	74	26	7,2	Arbeitgeber- attraktivität	7
Beiersdorf	73	20	1,2		
adidas	72	20	2,3	Kapitalmarkt- attraktivität	8
Henkel	71	15	2,2	Innovationskraft	5
Bayer	66	18	6,3		
Deutsche Bank	66	15	4,2		
Allianz	64	20	21,2		

[2] Durchschnitt über alle Branchen

[1] Die Reputationsstärke zeigt an, wie stark ein Unternehmen im Bewusstsein seiner Kunden verankert ist.

Ergebnis: Die durch Reputation erzielten Erlöse können zu 60% mit den gemessenen Inhalten erklärt werden.

Abb. 6 Einfluss von Reputation und Reputationsinhalten auf den Umsatz. (Biesalski 2012, S. 10–12)

3.4.3 Mangelnde Steuerung, Bewertung und Reporting des Reputationskapitals und des gesamten immateriellen Vermögens

Angesichts der beschriebenen Bedeutung und Ergebnisrelevanz des Reputationskapitals ist es erstaunlich, dass eine proaktive strategische und operative Steuerung des Reputationskapitals in den Unternehmen kaum stattfindet.

An dieser Stelle erwähnenswert erscheint eine international aufgestellte Organisation, die vor über zehn Jahren ein zwischenzeitlich weithin akzeptiertes Messmodell für die Reputationssteuerung entwickelt hat. Die Arbeit des Reputation Institute[30] basiert auf dem sog. RepTrak©-Modell, das als Multistakeholdermesskonzept funktioniert und unterschiedliche Indikatoren einsetzt:

- vier reflexive Indikatoren (Reputationsreflektoren: „trust", „admire", „esteem", „feeling"), die die absolute Stärke der Reputation messen,

---

[30] Das Reputation Institute in England ist Ende der 1990er-Jahre als Expertennetzwerk gegründet worden, um ein tragfähiges Reputationsverständnis und ferner auch ein Reputationsmesskonzept zu entwickeln. Heute bezeichnet sich das Reputation Institute selbst als global führende Reputation-Management-Unternehmensberatung mit rund 20 Büros weltweit und einem Kundenstamm von über 400 der weltweit größten 1000 Unternehmen.

- sieben formative Indikatoren (Reputationstreiberfaktoren: product/services, Innovation, workplace, governance, citizenship, Leadership, Performance), die den Beitrag der einzelnen Reputationstreiber messen.[31]

Mithilfe seines RepTrak©-Tools ist das Reputation Institute – nach eigenen Angaben – in der Lage, für über 5000 Unternehmen (plus Branchen, Städte und Länder) in 25 Branchen und 50 Ländern fundiert zu beschreiben, wie ihre Reputationsentwicklung einzuschätzen und von welchen Werttreibern diese mit welcher Intensität determiniert ist. Aktuell ist dem RepTrak©-Pulse-Index durch eine wissenschaftliche Arbeit bestätigt worden, dass Veränderungen dieses Reputationsindex tatsächlich die Veränderung der Haltung der befragten Stakeholder widerspiegelt, unabhängig von der Populationsstruktur der befragten Teilnehmer, dies ist v. a. bei internationalen Reputationseinschätzungen sehr wichtig (Alloza 2015, S. 2).

Auf der Grundlage solcher Daten wäre es für einen zukunftsorientierten Performancemanager möglich, Einzelanalysen und Benchmarkanalysen (Wettbewerber, Branchen etc.) zu erstellen, die für die interne Reputationssteuerung und für das externe Reporting über immaterielles Vermögen geeignet und notwendig sind.[32]

In Anbetracht des enormen Volumens und der Marktwertrelevanz des gesamten immateriellen Vermögens erscheint es für Unternehmen dringend geboten, das ergebnis- und wertorientierte Management der wesentlichen Intangibles deutlich zu intensivieren und zu professionalisieren. Es vermag höchstens auf den ersten Blick einzuleuchten, warum die Fokussierung auf Effizienzsteigerungs- und Kostensenkungsprogramme in der Praxis des Performancemanagements so viel Aufmerksamkeit genießt (nahe liegender Grund: Möglichkeit der sauberen Vorteilhaftigkeitsberechnung), aber für das strategische und operative Controlling und Risikomanagement von Vermögensteilen, die ein Mehrfaches der Bilanzsumme ausmachen können, kaum personelle und finanzielle Ressourcen bereitgestellt werden. Die als Begründung immer wieder angeführten Schwierigkeiten bei der Messung und Bewertung nichtkörperlicher und nichtvertraglicher Wertkonstrukte erscheint – wenn natürlich auch nicht exakt – bewältigbar zu sein angesichts der seit fast 20 Jahren entwickelten Ansätze zur Steuerung und Berichterstattung von Wissensbilanzen bzw. Intellectual-capital-Statements (s. beispielsweise Günther 2009, S. 333 ff., 2014, S. 4; Nagel 2012, S. 67 ff.).

Zumindest bei börsennotierten Unternehmen wird in Zukunft der Druck steigen, über ihr intellektuelles Vermögen systematisch zu publizieren. Für institutionelle Investoren wird es nämlich zunehmend wichtig, bei der Erstellung von Finanzanalysen auch nichtfinanzielle Informationen zu integrieren. In einer internationalen Studie[33] erklärten 61,5 %

---

[31] Für eine detaillierte Beschreibung des RepTrak©-Modells s. Wiedmann 2012, S. 57 ff.
[32] Zu einer bewertenden Synopse weiterer Reputationsmessmodelle s. Sarstedt et al. 2013.
[33] Befragt wurden 211 hochrangige Entscheidungsträger (Portfoliomanager, Aktienanalysten etc.) institutioneller Investoren in Amerika, Europa und Asien, zudem wurden 11 Tiefeninterviews geführt.

(Vorjahr 33,7 %) der befragten institutionellen Investoren, dass für ihre Investitionsentscheidungen nichtfinanzielle Informationen über alle Branchen von Relevanz seien, und 37 % (Vorjahr 19,6 %) gaben an, sie verwendeten „structured, methodical evaluation of environmental and social impact statements and disclosures" (EY 2015, S. 11 + 18).

4 Wirkung nachhaltigkeitsinduzierter Umsätze, Aufwände und Risikoreduzierungen auf den Unternehmenswert

Abbildung 1 zu Beginn des Kapitels 2 zeigt den Fluss der nachhaltigkeitsgetriebenen Wertgenerierung im Unternehmen

- von den relevanten Nachhaltigkeitsthemen aus der Materialitätsmatrix,
- über die hiervon betroffenen strategischen Ziele und daraus abgeleiteten Maßnahmen,
- deren Umsetzung als materielle und immaterielle Investitionen,
- bis zur Steigerung des Unternehmenswerts, dargestellt durch drei unterschiedliche kapitalmarktorientierte Unternehmensbewertungsmodelle.

Im Folgenden werden die Unternehmensbewertungsmodelle skizziert und dabei verdeutlicht, über welche Stellhebel nachhaltigkeitsinduzierte Investitionen auf den Marktwert wirken.[34]

4.1 Marktwert als Summe von Eigenkapitalbuchwert und immateriellem Kapital

Wie schon in Kap. 3.2 hinlänglich beschrieben, zählen die – nicht bilanzierungsfähigen – *immateriellen Vermögenswerte*[35] zu den bedeutendsten Vermögenspositionen eines Un-

---

[34] Die beschriebenen Unternehmensbewertungsmodelle bilden ab, wie sich die Verfolgung einer umfassend nachhaltigkeitsorientierten Geschäftsstrategie auf den Unternehmenswert auswirkt. Viele institutionelle Investoren suchen aber auch Wege, die Wirkung einzelner Nachhaltigkeitsaspekte auf den Unternehmenswert in ihren Finanzanalysen zu berücksichtigen, z. B. Demografie (Alterspyramide), Wasserknappheit, neue Gesetze (über giftige Chemikalien), Änderung von Verbraucherpräferenzen, Klimawandel (Temperatur, Niederschlag), Mitarbeiterfluktuation, Emissionskosten, Humankapital, Innovation, Reputationsrisiko etc. (PRI 2013, S. 9 ff. mit 24 realen Fallstudien aus der Analysepraxis). Eine Sammlung kommentierter Wirkungsanalysen ähnlichen Inhalts (Themen und Branchen) aus dem Jahr 2006 zeigt das frühe Interesse institutioneller Investoren (UNEP Finance Initiative 2006, S. 14 ff.).

[35] Die nicht bilanzierungsfähigen immateriellen Vermögenswerte entsprechen dem ebenfalls nicht bilanzierungsfähigen immateriellen Kapital als Bestandteil des gesamten Eigenkapitals, hierzu s. Abb. 2.

ternehmens; es gibt kaum eine Studie, die diesen Wert unter 50% des Gesamtvermögens (Bilanzsumme plus immaterielles Vermögen) ansetzt.

Da alle durch Nachhaltigkeitsthemen induzierten Aufwendungen und Investitionen einen oder mehrere Teile des immateriellen Vermögens betreffen, kann man davon ausgehen, dass sich die Verfolgung einer nachhaltigkeitsorientierten Geschäftsstrategie zumindest mittelbar und über einen längeren Zeitraum positiv auf den Marktwert des Unternehmens auswirkt.

Die Überschüsse aus den *materiellen Nachhaltigkeitsinvestitionen*, d. h. den bilanzierungsfähigen Aufwendungen, finden sich erkennbar im Eigenkapital wieder. Bei diesen – wie auch bei anderen getätigten – Investitionen kann man grundsätzlich von einem positiven Kapitalwert ausgehen, sodass die jährlichen Überschüsse aus den Investitionen zu den Jahresüberschüssen des Unternehmens beitragen. Ob diese nun Bestandteil des Eigenkapitals bleiben, hängt davon ab, ob sie als Dividende ausgeschüttet oder in die Rücklagen eingestellt werden.

4.2 Marktwert als Kapitalwert der Einzahlungsüberschüsse

Der fundamentale Ansatz zur Bewertung von Unternehmen ist die Discounted-Cashflow(DCF)-Methode, deren Grundgedanke der Kapitalwertberechnung aus der Investitionsrechnung entspricht. Ermittelt wird der rechnerische Marktwert des Eigenkapitals des Unternehmens, indem vom Barwert der geplanten Free-Cashflows (FCF)[36] des Unternehmens das Fremdkapital (zu Buchwerten) abgezogen wird. Bei der Ermittlung des FCF-Barwerts werden als Diskontierungssatz die durchschnittlichen Kapitalkosten [Weighted average cost of capital (WACC)] angesetzt. Die genaue Berechnungsarithmetik formuliert Abb. 7.

Die Barwertformel bietet nun zwei Ansatzpunkte, an denen sich die Ergebnisse und Wirkungen der materiellen und immateriellen Nachhaltigkeitsinvestitionen niederschlagen können: in der Ergebnisgröße FCF (im Zähler) und im Beta-Faktor[37] als Risikokomponente des Diskontierungssatzes WACC (im Nenner; Kimbro 2013, S. 106 f.).

---

[36] FCF (Entity-Ansatz): Net Operating Profit after Tax (NOPAT) + Abschreibungen − Investitionen in Anlage- und Umlaufvermögen (Volkart 2011, S. 313).

[37] Der Beta-Faktor ist ein relatives dimensionsloses Risikomaß, es misst die Sensitivität der Rendite einer Aktie in Bezug auf die Rendite des Marktportfolios. Der Beta-Faktor nimmt i. d. R. Werte zwischen 0,2 und 2,5 ein; ein Wert von 1,0 bedeutet, dass sich die Aktienrendite genauso entwickelten wie die des Marktportfolios. Liegt der Wert des Beta-Faktors zwischen 0 und 1,0, so ist die Aktienrendite im Vergleich zum Marktportfolio weniger volatil und gilt damit als risikoärmer (Volkart 2011, S. 234 ff.).

$$\text{Marktwert} = \sum_{t=1}^{\infty} \frac{Free\ Cash\ Flow_t}{(1+i)^t} - FK$$

$$i = WACC = \frac{EK}{GK} r_{EK} + \frac{FK}{GK} r_{FK}$$

$$r_{EK} = \underbrace{r_f + \text{ß}(r_M - r_f)}_{\text{Risikozuschlag}}$$

i	Diskontierungszinssatz
WACC	Weighted Average Cost of Capital
EK	Eigenkapital
FK	Fremdkapital
GK	Gesamtkapital
r_{EK}	Eigenkapitalkostensatz
r_{FK}	Fremdkapitalkostensatz
r_f	risikoloser Zinssatz
r_M	Marktrendite
ß	Beta-Faktor
$(r_M - r_f)$	Marktrisikoprämie

Abb. 7 Unternehmenswertermittlung (Eigenkapitalwert) mit dem Discounted-Cashflow(DCF)-Ansatz. (Volkart 2011, S. 312 f.)

Bedeutung des Free-Cashflow Die Ergebnisgröße FCF ist determiniert durch Umsätze und Aufwendungen, u. a. auch durch solche, die der Verfolgung einer nachhaltigkeitsorientierten Geschäftsstrategie geschuldet sind[38,39]:

- Erschließung eines neuen Geschäftsfelds für sog. grüne Technologien (höhere Umsätze),
- Verringerung des Energieverbrauchs durch Sensibilisierung der Mitarbeiter und frühere Investitionen (eingesparte Aufwendungen)
- sukzessive Stärkung der Reputation (Stabilisierung der Umsätze, Reduzierung der Aufwände für Rekrutierung etc.)
- Steigerung der Arbeitsproduktivität durch motivierte und loyale Mitarbeiter (Stabilisierung des Personalaufwands bei paralleler Umsatzsteigerung)
- Einführung eines Compliancemanagement-Systems in Vorjahren (Einsparung von Straf- und Schadenersatzzahlungen)

Bedeutung des Beta-Faktors Ansatzpunkt der Wirkung einer nachhaltigkeitsorientierten Geschäftsstrategie innerhalb des Diskontierungsfaktors ist der, dem risikofreien Zinssatz hinzuzurechnende Risikozuschlag als Teil der Eigenkapitalkosten; unternehmensspezifisches Element des Risikozuschlags ist der Beta-Faktor, der die Marktrisikoprämie je nach Risiko des Unternehmens (Volatilität der Aktie sowie Volatilitätszusammenhang mit Marktportfolio) erhöht oder reduziert (Volkart 2011, S. 234 ff.).[40]

Investoren kommen zwischenzeitlich bei der Gesamteinschätzung von Unternehmen zu der Erkenntnis, dass Unternehmen, die eine nachhaltigkeitsorientierte Geschäftsstrate-

---

[38] Zur Bemessung von nachhaltigkeitsinduzierten Umsätzen und Aufwendungen (für FCF-Planwerte) s. Peemöller und Braune 2015, S. 1159 ff.

[39] Die nachfolgenden Beispiele führen alle zu einer Erhöhung des FCF. Die Verfolgung einer nachhaltigen Geschäftsstrategie kann aber auch zu einer Verschlechterung der finanziellen Position eines Unternehmens führen, z. B. wenn es die falschen Themenschwerpunkte setzt oder die eigentlich richtigen Themen bis jenseits eines messbaren Grenznutzens finanziell alimentiert.

[40] Zur praktischen Bemessung des Beta-Werts s. drei Fallstudien der ESG Working Group der PRI (2013, S. 36 ff.), und zu einer ausführlichen DCF-Kalkulation mit angepasstem WACC bei Bassen und Gödker (2014, S. 329 ff.).

gie verfolgen, für sie eine risikoärmere Finanzposition darstellen. Dies lässt sich dadurch erklären, dass wesentliche Elemente einer nachhaltigkeitsorientierten Geschäftsstrategie im Ergebnis dazu führen, dass sich die Volatilität des Unternehmensergebnisses reduziert:

- Aufwendungen/Investitionen, die direkt oder indirekt die Reputation des Unternehmens stärken, erhöhen die betriebswirtschaftliche Resilienz und lassen das Unternehmen für Umsatz und Ergebnis kritische Phasen im Vergleich zu nicht nachhaltigen Unternehmen besser überstehen.
- Aufwendungen/Investitionen in ein umfassendes Compliance-System als Element einer veränderten Unternehmenskultur reduzieren die Wahrscheinlichkeit hoher Straf- und Schadenersatzzahlungen und eine ausufernde Management-Absorption und vermeiden damit erratische Ergebnisschwankungen, die Herausgabe von Gewinnwarnungen etc.
- Aufwendungen/Investitionen in Forschung und Entwicklung werden in einen der Megatrends der Nachhaltigkeit[41] gelenkt, z. B. in Energieeffizienz, Urbanisierung, Welternährung, klimafreundliche Produktionsverfahren (KPMG 2012, S. 14 ff.), wodurch die Wahrscheinlichkeit von Fehlinvestitionen reduziert wird.[42]
- Aufwendungen/Investitionen in die Sicherung des zukünftigen Zugangs existenziell wichtiger Ressourcen[43], z. B. zu natürlichen Rohstoffen und Mitarbeitern vermeidet unorganisierte und damit kostenintensive Alternativbeschaffungen, mangels Alternative notgedrungene Beschaffung nicht gewünschter Qualitäten etc.

Sowohl ein höherer FCF als auch ein niedrigerer Beta-Faktor und damit eine niedrigere Diskontierungsrate bedeuten somit eine höhere Bewertung des Unternehmens.

Aktuelle Forschungsarbeiten über den Einfluss CSR-induzierter Werttreiber (Cash Flow, Risiko) kommen hierbei zu folgenden empirischen Ergebnissen (Gregory 2014, S. 654):

- „grüne Firmen"[44] erfahren eine höhere Marktbewertung als „toxische Firmen",
- „grüne Firmen" haben höhere langfristige Wachstumsaussichten als „toxische Firmen",

---

[41] Megatrends der Nachhaltigkeit sind durch Entwicklungen gekennzeichnet, die die globalen existenziellen Problemthemen in den Feldern Klima, Energie, Umwelt, natürliche Ressourcen und Bevölkerung darstellen. Der hohe internationale Problemlösungsdruck verspricht marktorientierten Investitionen in diesen Bereichen langfristigen großen finanziellen Erfolg.

[42] Das soll nicht heißen, dass es nicht noch weitere Megatrends gäbe, die erfolgversprechende Investitionen versprächen, wie z. B. Globalisierung, Digitalisierung oder Bionik.

[43] Dies beinhaltet auch die Erforschung und Entwicklung alternativ einsetzbarer Rohstoffe und Materialien.

[44] Die Studie unterteilt auf Basis von KLD-Daten die Grundgesamtheit der Unternehmen (650 US-amerikanische Unternehmen im Jahr 1991 bis 3100 Unternehmen im Jahr 2009) in vier Kategorien: „green firms" (haben ausschließlich CSR-Stärken), „grey firms", „neutral firms" und „toxic firms" (haben ausschließlich CSR-Schwächen). KLD Research & Analytics ist eine Business Intelligence- und Rating-Agentur für nachhaltige Investoren und gehört zur RiskMetrics Gruppe (MSCI).

- „grüne Firmen" haben über einen längeren Zeitraum „abnormal earnings"[45] als „toxische Firmen" und
- Wachstumseffekte haben einen größeren Wertbeitrag als Effekte der Eigenkapitalkosten.

Abschließende Überlegung zur Wirkung immateriellen Vermögens auf den Unternehmenswert Vor dem Hintergrund der bisherigen Ausführungen über den Marktwert als Kapitalwert der Einzahlungsüberschüsse erscheint noch eine Überlegung darüber notwendig, über welche Wirkungsmechanismen sich Aufwendungen und Investitionen in immaterielles Vermögen mittel- und langfristig im Marktwert niederschlagen. Hier bieten sich zwei Wirkungsstränge an:

- immaterielles Vermögen führt zu höheren Überschüssen (FCF), z. B. durch
  – Umsatzsteigerung (hohe Kundenloyalität führt zu stabilen/steigenden Umsätzen, nachhaltigkeitsinduzierte Forschung und Entwicklung führt zu innovativen Produkten, neuen Zielgruppen, „line extensions" etc.),
  – Kostenersparnis (motivierteres Personal führt zu höherer Arbeitseffektivität und -effizienz, verbesserte Compliance und „governance" führt zu weniger Straf- und Schadenersatzzahlungen etc.)
- immaterielles Vermögen führt zu einer höheren Börsenbewertung der ausgewiesenen Überschüsse, gemessen am Kurs-Gewinn-Verhältnis.

Zum zweiten Punkt: Die fundamentale Aktienanalyse bietet für die Bewertung börsengehandelter Aktien verschiedene marktwertbasierte Kennzahlen an, die von Investoren für Anlageentscheidungen verwendet werden (Volkart 2011, S. 329):

- Marktwert-Buchwert-Verhältnis[46],
- Kurs-Dividenden-Verhältnis[47],
- Kurs-Gewinn-Verhältnis.

---

[45] *Abnormal Earnings* entsprechen dem Begriff des Residualgewinns. Im Rahmen entsprechender Bewertungsmodelle entspricht der Residualgewinn dem Anteil des Ertrags eines Unternehmens, der auf das immaterielle Vermögen zurückzuführen ist (Reimsbach 2011, S. 29 ff.).

[46] Das Marktwert-Buchwert-Verhältnis setzt den Börsenwert eines Unternehmens ins Verhältnis zum Eigenkapital zu Buchwerten. Ist der Wert gleich 1, so bewertet die Börse das Unternehmen gerade mit seinem Eigenkapital; liegt der Wert über 1, d. h. der Marktwert ist höher als das Eigenkapital, so sind Investoren offensichtlich bereit, für immaterielles Kapital einen Preis in Höhe der Differenz zu zahlen, s. hierzu die Ausführungen in Kap. 3.1 und Abb. 2.

[47] Das Kurs-Dividenden-Verhältnis (KDV), bezeichnet auch als Dividenden-Rendite, kennzeichnet die Rendite, die ein Investor mit einem Aktieninvestment erzielt, für das das entscheidende Anlagekriterium einzig die ausgeschüttete Dividende ist. Eine nähere Betrachtung des KDVs scheidet hier aus, da Dividendenausschüttungen von Vorstand und Hauptversammlung häufig unabhängig vom Jahresergebnis festgelegt werden und somit die Wirkung von Nachhaltigkeitsaufwendungen und -investitionen nur unzureichend widerspiegeln.

Das Kurs-Gewinn-Verhältnis (KGV) beschreibt die Relation von Börsenkurs und Jahresüberschuss pro Aktie. Ein KGV von 20 bedeutet, dass das Unternehmen mit dem 20-Fachen des ausgewiesenen Jahresüberschusses bewertet wird.[48] Folgende Werte sind für die KGV der DAX30-Unternehmen für die vergangenen Jahre bekannt[49]:

- Das durchschnittliche KGV der DAX30-Unternehmen von 2000 bis 2014 (im Jahr 2014) liegt bei 18,5 (17,3).
- Das niedrigste durchschnittliche KGV der DAX30-Unternehmen von 2000 bis 2014 (im Jahr 2014) liegt bei 7,3 (8,2), das höchste liegt bei 42,6 (72,6).

Bei näherer Betrachtung der Werte stellt man fest, dass an ein und demselben Börsentag extrem unterschiedliche Börsenbewertungen vorgenommen werden. Zum Beispiel ist Ende 2014 das nach KGV teuerste Unternehmen mit dem 72-Fachen des Gewinns bewertet worden, das billigste Unternehmen mit dem 8-Fachen, d. h. der Gewinn des relativ teuren Unternehmens wird neunmal höher bewertet als der Gewinn des relativ billigen Unternehmens.[50]

Hier drängt sich die Frage nach den Gründen für diese enormen Bewertungsunterschiede auf; diese lassen sich – wie immer bei der Bewertung zukünftiger Zahlungsströme – an den beiden Hauptdeterminanten festmachen[51]:

- attraktivere Zukunftsaussichten (Stabilität und Wachstum von Umsatz und Gewinn) und
- geringeres Risiko (geringere Volatilität der Jahresüberschüsse und der Aktienkurse).

Ruft man sich die Wirkungsmechanismen einer nachhaltigen Geschäftsstrategie auf den Unternehmenswert in Erinnerung, so liegt zumindest die Hypothese nahe, dass ein hohes immaterielles Vermögen nicht nur zu höheren finanziellen Überschüssen, sondern auch zu einer relativ hohen Marktbewertung der ausgewiesenen Unternehmensergebnisse führt. Konkrete Korrelationsstudien hierzu sind allerdings nicht bekannt.

---

[48] Zum besseren Verständnis bildet man den reziproken Wert des KGV, also im Beispiel 1/20=5%, und erhält vereinfacht den Eigenkapitalkostensatz beziehungsweise die geforderte Aktionärsrendite (Volkart 2011, S. 523).

[49] Datenquelle: Handelsblatt Research Institute. Aus den KGV-Zeitreihen 2000–2014 sind die Jahre 2001 (11. September) und 2008–2009 (Finanzkrise) wegen extremer Kapitalmarktverzerrungen nicht berücksichtigt. Die verwendeten KGVs sind jeweils am letzten Börsenhandelstag eines Jahres festgestellt worden.

[50] Betrachtet man den KGV-Wert von 72 (für das Jahr 2014) als Ausreißer und nimmt stattdessen den zweithöchsten Wert (29,5), so liegt der Faktor immer noch bei 3,6.

[51] Andere naheliegende Determinanten wie z. B. Branchenunterschiede, Wettbewerbssituation, politische/steuerliche Rahmenbedingungen, Dividendenausschüttung etc. lassen sich alle unter diese beiden Hauptdeterminanten subsumieren.

5 Handlungsempfehlungen

Nachhaltige Unternehmensführung hat sich branchenübergreifend zu einer strategischen Notwendigkeit, aber auch zu einer großen Herausforderung für Unternehmen entwickelt.

Aus den Inhalten dieser Arbeit lassen sich Handlungsempfehlungen für Chief Executive Officers und Chief Financial Officers von Unternehmen ableiten, die die bedeutenden finanziellen Chancen einer nachhaltigen Unternehmensführung durch eine langfristig ausgelegte und Intangibles-geprägte Investitionspolitik nutzen wollen.

Basisannahme der Wertrelevanz von Nachhaltigkeit

- Es verdichten sich zunehmend die wissenschaftlichen Erkenntnisse, dass sich die Wettbewerbsfähigkeit und die Finanzposition Ihres Unternehmens durch die Verfolgung einer umfassend nachhaltigkeitsorientierten Geschäftsstrategie mittel- und langfristig verbessern lässt, zumindest in einem Maß, das Sie von Ihren nicht nachhaltig agierenden Wettbewerbern abhebt.[52]
- Zielgröße der nachhaltigkeitsorientierten Geschäftsstrategie ist der Unternehmenswert. Der Nachhaltigkeitsbeitrag zum Unternehmensergebnis – v. a. bei zunehmender Nachhaltigkeitsintegration – kann kaum gemessen werden, dies ist bei anderen Werttreibern wie Qualität oder Kundenorientierung auch nicht möglich.

Relevante Themen sowie messbare und langfristige Ziele

- Integrieren Sie ausschließlich die *relevanten* Nachhaltigkeitsthemen (aus der Materialitätsmatrix) in die Geschäftsstrategie, das verstärkt ihren Werthebel.
- Formulieren Sie nur solche strategischen Ziele, die sich über KPI messen lassen.
- Verwenden Sie „stretch goals" (herausfordernde, aber erreichbare Ziele) und planen Sie Zielerfüllungszeiträume kaum unter drei bis fünf Jahre.

Fokussierung auf langfristige Unternehmensausrichtung

- Ernten Sie kurzfristig die „low hanging fruits" einer nachhaltigen Unternehmensführung, also z. B. die zügig umsetzbaren Ressourcen- und Energieeffizienzprogramme.

---

[52] Die Verfolgung einer nachhaltigkeitsorientierten Geschäftsstrategie ist allerdings kein Allheilmittel gegen jedwede Form der Unwägbarkeit unternehmerischer Aktivität. Bei heftigen Konjunktureinbrüchen z. B. oder bei schweren strategischen Managementfehlern kann auch Nachhaltigkeit nur in der Form helfen, dass sie in der Zeit vor dem ungünstigen Ereignis die betriebswirtschaftliche Resilienz des Unternehmens sukzessive gestärkt und damit das Unternehmen weniger anfällig gegenüber extern oder intern induzierten Schocks gemacht hat. Und auch das Nachhaltigkeitsmanagement selbst erfordert hohe Professionalität, denn auch hier gilt z. B., dass eine zu starke Intensivierung des nachhaltigkeitsinduzierten Ressourceneinsatzes zu negativen Grenzerträgen führen kann. Diese Überlegung ist Basis des „business case for sustainability", den Schaltegger und Synnestvedt (2002) beschrieben haben.

- Geben Sie aber v. a. dem Management Ihres immateriellen Vermögens eine deutlich stärkere Gewichtung, denn hier liegt die Quelle Ihrer zukünftigen Ertragskraft.
- Professionalisieren Sie Ihr *Intangible-asset-Management* durch Nutzung bestehender Initiativen (z. B. International Integrated Reporting Council, The Corporate Reporting Dialogue), Forschung und Weiterbildung.
- Verknüpfen Sie die Managervergütungen mit langfristigen finanziellen und nichtfinanziellen Zielen.

Dauerhafte Unternehmenswertsteigerung durch nachhaltige Investitionen

- Verstärken Sie Investitionen in Ihr immaterielles Vermögen, denn – nochmals – hier liegt die Quelle Ihrer zukünftigen Ertragskraft. Hohe Dividenden und ständige Aktienrückkaufprogramme schmälern die Substanz des Unternehmens und dienen ausschließlich dem kurzfristigen Marktwerterhalt; Sie bewirken damit keine nachhaltige Unternehmenswertsteigerung.
- Lenken Sie Ihre Investitionsmittel möglichst in Nachhaltigkeitstrends, da sie hohe langfristige Marktpotenziale versprechen. Dagegen bieten Investitionen, die lediglich dem Marktanteilserhalt dienen, keine aussichtsreiche Perspektive.

Unterstützung der CSP durch Nachhaltigkeitskommunikation

- Publizieren Sie regelmäßig quantitative Werte über Ihr immaterielles Vermögen („nonfinancials").
- Publizieren Sie extern: Das ist attraktiv für langfristig orientierte Investoren, die verstehen wollen, über welche Investitionen, Werttreiber und Wirkungsmechanismen Sie den Unternehmenswert steigern wollen. Fördern Sie die stärkere Integration der Nachhaltigkeitsleistung, die Corporate Sustainability Performance (CSP), in die kapitalmarktorientierte Finanzanalyse.
- Publizieren Sie intern: Das ist attraktiv für Ihr Management und Ihre Mitarbeiter, die die Nachhaltigkeitsorientierung der Geschäftsstrategie erst dann begeistert unterstützen können, wenn sie verstanden haben, dass sie funktioniert und wie sie funktioniert.

Nachhaltigkeit als komplexe Querschnittsaufgabe

- Begreifen Sie nachhaltige Unternehmensführung als ein umfassendes und integriertes Management-, Führungs- und Entscheidungssystem, das ausnahmslos alle Unternehmensbereiche und alle Vermögenskategorien – materielle wie immaterielle – betrifft.
- Integrieren Sie Nachhaltigkeit in alle Standards, Prozesse, Strukturen und Systeme und bilden Sie keine Parallelwelten. Machen Sie Nachhaltigkeit zum Kern Ihrer Unternehmenskultur.
- Schaffen Sie Rahmenbedingungen, die gewährleisten, dass die notwendige Kommunikation zwischen Betriebswirten, Ökologen, Naturwissenschaftlern, Ingenieuren und

Juristen reibungslos funktioniert. Das Verstehen dieser verschiedenen Sprachen und Mindsets ist für die Entwicklung, Umsetzung und Steuerung von nachhaltigkeitsorientierten Geschäftsstrategien erfolgsentscheidend.

Nachhaltigkeitsmanagement als elementares Weiterbildungsthema

- Entwickeln Sie ein Weiterbildungsprogramm für strategisches und operatives Nachhaltigkeitsmanagement; Curricula für *Intangible-asset-Management* und ähnliches sind am Markt nicht verfügbar und müssen mit Unterstützung von Fachspezialisten individuell entwickelt werden.
- Differenzieren Sie bei der Programmentwicklung zwischen den beiden Zielgruppen explizite Nachhaltigkeitsmanager (Generalisten) und implizite Nachhaltigkeitsmanager (Spezialisten).[53]
- Verbinden Sie Ihr Talentmanagement mit der Absolvierung verpflichtender Weiterbildungsmaßnahmen zum Nachhaltigkeitsmanagement, insbesondere zum *Intangible-asset-Management*.

Literatur

Allianz (2015) Allianz Risk Barometer. Die zehn größten Geschäftsrisiken 2015. München

Alloza Á (2015) Global corporate reputation and metric equivalence of its indicators: an empiric approach based on the analysis of RepTrak© pulse index, Dissertation an der Universitat Jaume I (Castellón), liegt nur auf Spanisch vor, zitierte Quelle: Article Proposal des Autors, Information der Hochschule. http://ujiapps.uji.es/com/noticies/2015/05/2q/tesis-angel-alloza. Zugegriffen: 9. Juli 2015

Arbeitskreis „Externe Unternehmensrechnung" der Schmalenbach-Gesellschaft (Mai 2015) Nichtfinanzielle Leistungsindikatoren – Bedeutung für die Finanzberichterstattung. Z betriebswirtsch Forsch 67:235–258

Arbeitskreis „Immaterielle Werte im Rechnungswesen" der Schmalenbach-Gesellschaft (2001) Kategorisierung und bilanzielle Erfassung immaterieller Werte. Betrieb 54(19):989–995

Arbeitskreis „Immaterielle Werte im Rechnungswesen" der Schmalenbach-Gesellschaft (2003) Freiwillige externe Berichterstattung über immaterielle Werte. Betrieb 55(23):1233–1237

Bassen A, Gödker K (2014) Mergers & Acquisitions: Einfluss nachhaltigkeitsorientierter Determinanten auf den Unternehmenswert. In: Schulz T, Bergius S (Hrsg) CSR und Finance. Beitrag und Rolle des CFO für eine Nachhaltige Unternehmensführung. Springer Gabler, Berlin

---

[53] Nach Schaltegger sind explizite Nachhaltigkeitsmanager mitverantwortlich für die unternehmensweite Umsetzung der Nachhaltigkeitsaspekte der Geschäftsstrategie; sie betreiben dies hauptberuflich und arbeiten in CSR-, Umwelt- und Occupational-health-and-savety-Stabsstellen oder als Nachhaltigkeitsbeauftragte. Implizite Nachhaltigkeitsmanager sind hingegen Mitarbeiter in Funktionsbereichen sowie Mitarbeiter mit Linienfunktionen und Profit-and-loss-Verantwortung, die (nur) für ihren Verantwortungsbereich wissen müssen, wie sie die nachhaltigkeitsorientierte Geschäftsstrategie des Unternehmens umsetzen und weiter unterstützen können (Schaltegger 2015, S. 20 ff.).

Biesalsky & Company (2012) Corporate Reputation Score: Wie viel Umsatz schafft Reputation? (Präsentation), München. http://www.biesalski-company.com/Veroeffentlichungen_Markenwert.php. Zugegriffen: 25. Juni 2015

Biesalski & Company (2014) Wertschöpfungsreport Nachhaltigkeit 2014. Was ist gutes Gewissen wert? München. http://www.biesalski-company.com/Veroeffentlichungen_Markenwert.php. Zugegriffen: 25. Juni 2015

Brand Finance (2015) GIFT 2015. Global intangible financial tracker 2015. An annual review of the world's intangible value. London

Buschhüter M, Striegel A (Hrsg) (2011) Kommentar Internationale Rechnungslegung IFRS. Gabler, Wiesbaden

Center for Sustainability Management (CSM) (2013) International corporate sustainability barometer. Leuphana Universität Lüneburg, Lüneburg

Ernst & Young (2015) Tomorrow's investment rules 2.0. Emerging risk and stranded assets have investors looking for more from nonfinancial reporting, o. O.

Förschle G et al (Hrsg) (2014) Beck'scher Bilanz-Kommentar. Verlag C.H. Beck, München

Global Reporting Initiative (2013) G4 Leitlinien zur Nachhaltigkeitsberichterstattung. Berichterstattungsgrundsätze und Standardangaben. Amsterdam

Gregory A et al (2014) Corporate social responsibility and firm value: Disaggregating the effects on cash flow, risk and growth. J Bus Ethics 124:633–657

Gu F, Lev B (2001) Intangible assets. Measurement, drivers, usefulness, Working paper 2003/05. Boston University School of Management

Günther T (2009) Immaterielle Werte aus Sicht des Controllings. In: Möller K et al (Hrsg) Immaterielle Vermögenswerte. Bewertung, Berichterstattung und Kommunikation. Schäffer-Poeschel Verlag, Stuttgart, S 333–348

Günther T (2014) Intangibles als Werttreiber – Herausforderung für die Unternehmenssteuerung, Präsentation auf Schmalenbach-Tagung am 27.03.2014. https://tu-dresden.de/die_tu.../Schmalenbach-Tag%20Koln%202014-03-27.pdf. Zugegriffen: 13. Juli 2015

imug (2015) Mind the Gap – Integrated Reporting zwischen Anspruch und Umsetzung. Hannover

International Integrated Reporting Council (2013) The International <IR> Framework. London

Khan M, Serafeim G, Yoon A (2015) Corporate sustainability: first evidence on materiality. Erstveröffentlichung 09.03.2015. SSRN. doi:10.2139/ssrn.2575912

Kimbro MB (2013) Integrating sustainability into capital budgeting decisions. In: Taticchi P et al (Hrsg) Corporate sustainability. CSR, sustainability, ethics & governance. Springer, Berlin, S 103–114

Klier J et al (2014) Erfolgreich über Kundenkapital berichten. Control Manage Rev 5:70–75

KPMG (Hrsg) (2012) Expect the unexpected: building business value in a changing world, o. O.

KPMG (Hrsg) (2014) Sustainable insight: the essentials of materiality assessment, o. O.

Lorson, P. et al. (2015): „Kapitalarten" des International Integrated Reporting Council. Anmerkungen zur Operationalisierung aus Sicht des ICV-Fachkreises IFRS & Controlling, in: Der Betrieb, 12/2015, S. 625ff.

Möller K, Gamerschlag R (2009) Immaterielle Vermögenswerte in der Unternehmenssteuerung – betriebswirtschaftliche Perspektiven und Herausforderungen. In: Möller K et al (Hrsg) Immaterielle Vermögenswerte: Bewertung, Berichterstattung und Kommunikation. Schäffer-Poeschel Verlag, Stuttgart, S 3–21

Möller K, Piwinger M (2014) Die „Bilanzlücke" und immaterielle Vermögenswerte: Herausforderungen für Kommunikation und Controlling. In: Zerfaß A, Piwinger M (Hrsg) Handbuch Unternehmenskommunikation. Strategie, Management, Wertschöpfung, 2. Aufl. Springer Gabler, Wiesbaden, S 953–967

Nagel C (2012) Intellectual Capital Ansätze in Unternehmen – Erfahrungen aus der Praxis. In: Pawlowsky P, Edvinsson L (Hrsg) Intellektuelles Kapital und Wettbewerbsfähigkeit. Eine Bestandaufnahme zu Theorie und Praxis. Gabler, Wiesbaden

Ocean Tomo (2015) Annual study of intangible asset market value from Ocean Tomo, LLC. http://www.oceantomo.com/2015/03/04/2015-intangible-asset-market-value-study/. Zugegriffen: 11. Juni 2015

Peemöller VH, Braune M (2015) Unternehmensbewertung und Nachhaltigkeit. In: Peemöller VH (Hrsg) Praxishandbuch der Unternehmensbewertung, 6. Aufl. NWB Verlag, Herne, S 1151–1172

PRI Principles for Responsible Investment (2013) Integrated analysis. How investors are addressing environmental, social and governance factors in fundamental equity valuation. London

PRI/GC Principles for Responsible Investment/Global Compact LEAD (2013) The value driver model: a tool for communication the business value of sustainability. London

PWC (2012) Markenstudie 2012. o. O.

Reimsbach D (2011) Immaterielles Vermögen in der Unternehmensanalyse. Bewertungsmethodik und Entscheidungsrelevanz. Gabler, Wiesbaden

Reputation Institute (2015a) Reputation country report 2015 Germany, New York. http://www.reputationinstitute.com/Resources/Registered/PDF-Resources/Most-Reputable-Companies-in-Germany-2015.aspx. Zugegriffen: 25. Juni 2015

Reputation Institute (2015b) The global RepTrak100. The World's Most Reputable Companies. New York. http://www.reputationinstitute.com/research/Global-RepTrak-100. Zugegriffen: 25. Juni 2015

RobecoSam (2015) The sustainability yearbook 2015. Zürich

SAP (2015) Integrierter Bericht 2014, Finanzielle und nichtfinanzielle Leistungen. http://sapintegratedreport.com/2014/de/ueber-diesen-integrierten-bericht.html. Zugegriffen: 2. Juni 2015

Sarstedt M et al (2013) Measuring reputation in global markets – a comparison of reputation measures' convergent and criterion validities. J World Bus 48(3):329–339

Schaltegger S (2015) Kompetenzen impliziter Nachhaltigkeitsmanager stärken, American Chamber of Commerce in Germany (Hrsg) Corporate Responsibility 2015. Jubiläumsausgabe – Bestandaufnahmen und Zukunftsperspektiven für Corporate Responsibility. ACC Verlag/Frankfurt Business Media (FAZ), Frankfurt a. M.

Schaltegger S, Synnestvedt T (2002) The link between ‚green' and economic success: environmental management as the crucial trigger between environmental and economic performance. J Environ Manage 65(4):339–346

Schatsky D (2013) Setting management sustainability goals. In: Taticchi P et al (Hrsg) Corporate sustainability. Springer, Berlin, S 157–170

Schulz T (2016) Werttreiber Nachhaltigkeit: Einfluss der Corporate Sustainability Performance (CSP) auf die Corporate Financial Performance (CFP). In: Wunder T (Hrsg) CSR und strategisches Management. Springer Gabler, Berlin

Stoi R (2004) Management und Controlling von Intangibles auf Basis der immateriellen Werttreiber des Unternehmens. In: Horváth P, Möller K (Hrsg) Intangibles in der Unternehmessteuerung. Verlag Vahlen, München, S 189–201

UNEP Finance Initiative (Hrsg) (2006) Show me the money. Linking environmental, social and governance issues to company value. Genf

Volkart R (2011) Corporate Finance. Grundlagen von Finanzierung und Investition, 5. Aufl. Versus Verlag, Zürich

Weber Shandwick (2006) Safeguarding reputation. Issue No.1, o. O.

Weber Shandwick (2012) The company behind the brand. Reputation We Trust, o. O.

Weißensteiner C (2014) Reputation als Risikofaktor in technologieorientierten Unternehmen. Status Quo-Reputationstreiber-Bewertungsmodell. Springer Gabler, Wiesbaden

Wiedmann K-P (2012) Ansatzpunkte zur Messung der Unternehmensreputation als Grundlage einer Erfolg versprechenden Reputationsmanagementplanung – Das RepTrak-Konzept als Ausgangspunkt und Skizzen zur relevanten Weiterentwicklung. In: Wüst C, Kreutzer RT (Hrsg) Corporate Reputation Management. Wirksame Strategien für den Unternehmenserfolg. Springer Gabler, Wiesbaden, S 57–101

Wunder T (2013) Strategisches Management: Integration ökologischer Nachhaltigkeit in den Strategieprozess. In: Schulz T, Bergius S (Hrsg) CSR und Finance. Beitrag und Rolle des CFO für eine Nachhaltige Unternehmensführung. Springer Gabler, Berlin, S 65–81

Dr. Thomas Schulz ist Inhaber der BNU Beratung für Nachhaltige Unternehmensführung.

Die Themenfelder Rechnungswesen, Controlling, Finanzmanagement und Kapitalmärkte waren über viele Jahre bestimmend für seine akademische und berufliche Karriere, u. a. European Business School (Promotion), Horváth & Partners und dib Deutsches Institut für Betriebswirtschaft. Seit 2009 schlägt Dr. Schulz als Managementberater, Trainer und Publizist die Brücke zwischen traditioneller Betriebswirtschaftslehre und nachhaltiger Unternehmensführung.

Die BNU berät mittelständische Unternehmen und Konzerne in allen strategischen und speziellen operativen Fragen einer nachhaltigen Unternehmensführung. Im Mittelpunkt stehen dabei die Nachhaltigkeitsausrichtung der Geschäftsstrategie und ihre Implementierung in die einzelnen Funktions- und Geschäftsbereiche. Ein besonderer Fokus liegt dabei in der Gestaltung von Lösungen, die die finanzielle Position (Ergebnis, Wert, Risiko) eines Unternehmens langfristig verbessern.

Corporate-Social-Responsibility-Strategien im Rahmen der unternehmerischen Internationalisierung und Globalisierung

Franziska Struve und Christopher Stehr

1 Einleitung

Corporate Social Responsibility (CSR) und strategisches Management sind aktuell zentrale Schlagwörter der öffentlichen und wissenschaftlichen Diskussion in Bezug auf nationale und internationale unternehmerische Tätigkeiten (vgl. dazu http://www.green-responsibility.de oder https://www.globalreporting.org und den wissenschaftlichen Diskurs in Tewes et al. 2011, S. 36–44; Stehr 2015, S. 501–502; Galbreath 2009, S. 109–127). Dabei gelten Strategie und strategisches Management als die Schlüsselfaktoren schlechthin, um unternehmerisch und betriebswirtschaftlich erfolgreich zu agieren (Anwander 2002, S. 9; Harms 2013, S. 32–39, 84; Hungenberg 2014, S. 16). Obwohl CSR inzwischen bei zahlreichen Unternehmen ein wesentlicher Bestandteil der Unternehmenswerte geworden ist (Grünig und Kühn 2015, S. 77–83), besteht hier ein Widerspruch zwischen der Formulierung dieser CSR-Werte und der Integration von CSR in die Strategie und die operative Geschäftstätigkeit (Schwerk 2012, S. 331–356). Was auf nationaler Ebene schon eine Schwierigkeit darstellt, wird im Rahmen der unternehmerischen Internationalisierung von Unternehmen eine zusätzliche betriebswirtschaftliche und unternehmerische Herausforderung. Zusätzlich erschwert wird dies insbesondere, wenn regional und kulturell (und je nach Standort international) unterschiedliche CSR-Standpunkte aufeinander tref-

---

F. Struve (✉) · C. Stehr
German Graduate School of Management & Law (GGS),
Bildungscampus 2, 74076 Heilbronn, Deutschland
E-Mail: franziska.struve@ggs.de

C. Stehr
E-Mail: christopher.stehr@ggs.de

fen. Dadurch können Konfliktpotenziale in der Kooperation entstehen (Schneider 2012, S. 17–18).

Im Rahmen der Strategieentwicklung bezieht sich dieser Beitrag auf das klassisch-rationale Paradigma des strategischen Managements. Die zu beantwortenden Kernfragen sind:

- Wie kann CSR im Rahmen der unternehmerischen Internationalisierungsstrategie planerisch integriert sowie anschließend umgesetzt werden?
- Welche Rolle spielt CSR im Rahmen der unternehmerischen Globalisierung?

Anhand von Beispielen der unternehmerischen Praxis werden die zentralen Herausforderungen und Potenziale von CSR bei der unternehmerischen Internationalisierung und der unternehmerischen Globalisierung veranschaulicht. Abschließend erfolgt die Zusammenfassung der zentralen Empfehlungen für eine erfolgreiche unternehmerische Internationalisierung bzw. unternehmerische Globalisierung unter CSR-Aspekten. Zunächst gilt es jedoch, die Begrifflichkeiten zu definieren und voneinander abzugrenzen. Zudem werden die verschiedenen Formen der unternehmerischen Internationalisierung sowie die Internationalisierungsstrategien und die Formen der unternehmerischen Globalisierung sowie die dazu passenden Globalisierungsstrategien erläutert. Sowohl die Internationalisierungs- und Globalisierungsstrategien als auch die verschiedenen CSR-Strategien und -maßnahmen zeichnen sich durch notwendige Integration in die Gesamtstrategie eines Unternehmens aus. Den potenziellen positiven Wirkungszusammenhang zwischen CSR und Unternehmenserfolg gilt es im Rahmen der Internationalisierungs- sowie der Globalisierungsstrategien zu erhalten.

2 Unternehmerische Internationalisierung

Die beiden Begriffe Internationalisierung und Globalisierung sind undifferenzierte und kaum voneinander abgegrenzte Schlagwörter mit unterschiedlichen Bezugsobjekten wie z. B. Staaten, Organisationen, Unternehmen oder Individuen (IHK 2010, S. 4; Lechner 2010, S. 12). Internationalisierung wird im Zusammenhang mit Unternehmen zumeist als Ausbreitung der unternehmerischen Tätigkeit auf ausländische Märkte beschrieben. Charakteristisch ist die zunächst geringe Verlagerung von Ressourcen auf ausländische Märkte, die dann mit zunehmender unternehmerischer Internationalisierung ansteigt (IHK 2010, S. 4). Internationalisierung besteht somit, wenn „mindestens eine Wertschöpfungsaktivität bzw. ein Wertschöpfungsprozess in mindestens einem ausländischen Staat realisiert wird" (Zentes und Morschett 2003, S. 52; vgl. Fueglistaller et al. 2004, S. 412; Misu 2015, S. 9). Es genügt also letztendlich als erster Schritt einer unternehmerischen Internationalisierung, wenn ein Unternehmen Produkte in ein anderes Land exportiert. Nach gängigen Erfahrungen erweiterten sich dann die internationalen Unternehmensaktivitäten bzw. die Internationalisierungsformen zunächst vom Export über eine mögliche

Lizenzvergabe, manchmal auch im Rahmen eines Franchisesystems oder über ein Joint Venture bis hin zu verschiedenen Beteiligungen und eigenen Tochtergesellschaften (Stehr 2013, S. 194–200), wobei insbesondere der Export eine zentrale Rolle für Unternehmen spielt und weiter anwächst (Geyer und Uriep 2012, S. 8; Kfw 2006, S. 9). Die Gründe für die unternehmerische Internationalisierung sind zahlreich und stehen in vielfältigen Beziehungen zueinander. So sind beispielsweise die Unternehmensart, -größe und Branche beeinflussende Faktoren (Misu 2015, S. 10; Wolf 2011, S. 9; Kovtun 2014, https://jgbcblog.wordpress.com). Weitere Faktoren lassen sich in jeweils interne und externe sog. Push- und Pull-Faktoren wie z. B. Risikostreuung und Wettbewerbsdruck (Push-Faktoren) und Kostenvorteile und internationale Marktpotenziale (Pull-Faktoren) unterscheiden (Wolf 2011, S. 10). Im Rahmen dieser unternehmerischen Internationalisierung gilt es eine zum situativen Kontext passende Markteintritts- bzw. eine Marktbearbeitungsstrategie (s. nachfolgender Abschnitt Unternehmerische Internationalisierungsstrategie) und die dazu passende Form der Internationalisierung festzulegen (Lechner 2010, S. 18; Stehr 2013, S. 194; Fueglistaller et al. 2004, S. 420). Und je nach nationaler Anforderung der neu ausgesuchten Zielmärkte (nachfolgender Abschnitt, Stichwort Zielmarktstrategie) können hier bereits auf gesetzlicher, politischer sowie sozialer, also auch arbeitsmarktpolitischer Ebene CSR-Aktivitäten gefordert oder CSR-Maßnahmen für die lokale Akzeptanz am neuen Standort sehr hilfreich sein (vgl. im Folgenden die Bedeutung des Exportmanagers bei CSR und Export).

2.1 Unternehmerische Internationalisierungsstrategie

Als Internationalisierungsstrategie werden die strategische Vorbereitung von internationalen Aktivitäten des Unternehmens und deren anschließende operative Umsetzung verstanden (Kutschker und Schmid 2008, S. 268–281). Diese ist durch ihre Langfristigkeit sowie die Berücksichtigung von Unternehmens- als auch Umweltbedingungen – hier bereits auch unter CSR-Aspekten – gekennzeichnet (Stallmann und Wegner 2015, S. 169).

Die Internationalisierungsstrategien lassen sich u. a. in folgende Teilbereiche unterteilen:

- Markteintritts- bzw. Marktbearbeitungsstrategie (Export bis Tochtergesellschaft)
- Zielmarktstrategie (strategische Zielmarktauswahl, -analyse)
- Timingstrategie (Wasserfall- bzw. Sprinklerstrategie; Moflih 2015, S. 25–26)
- Koordinationsstrategie (vgl. u. a. Stallmann und Wegner 2015, S. 170).

Die Internationalisierungsstrategie muss in die Gesamtstrategie des Unternehmens eingebunden sein und mit den weiteren, im Unternehmen vorherrschenden Strategien abgestimmt werden. Strategien, die weder mit den weiteren Unternehmensstrategien verknüpft sind noch auf diese aufbauen können, werden als nutzlos erachtet (Schmid 2013, S. 14; Dörksen 2015, S. 207). Entscheidend hierbei ist, dass „Strategien von den Unternehmen verfolgt werden, die nicht nur passiv auf veränderte, internationale Rahmenbedingungen reagieren, sondern in diesen aktiv neue Erfolgspotenziale entdecken, schaffen und sichern können" (Raffée et al. 1994, S. 383; vgl. Misu 2015, S. 10). Unternehmen können im Rahmen der Internationalisierung über die Ausgestaltung ihrer Strategien deutliche Wettbewerbsvorteile erzielen (Schmid 2013, S. 12).

2.2 CSR im Rahmen der unternehmerischen Internationalisierung

Bei der unternehmerischen Internationalisierung hat die Art der Markteintrittsstrategie einen entscheidenden Einfluss auf die Anpassung der CSR-Aktivitäten (Strike et al. 2006, S. 853). Kovtun (Kovtun 2014) beschreibt diese Unterschiede beispielhaft zwischen Unternehmen, die ausländische Geschäftspartner haben, und solchen, die eigene Niederlassungen im Ausland haben. Er stellt heraus, dass die eigene Niederlassung im Ausland einen intensiveren Austausch mit nationalen Unternehmern und weiteren Anspruchsgruppen in Bezug auf CSR erforderlich macht, was wiederum den Erfahrungs- und Wissensaustausch in Bezug auf CSR-Praktiken vereinfache. Im Prozess der Internationalisierung und der Strategieentwicklung muss insbesondere in Bezug auf CSR entschieden werden, ob sich das Unternehmen an die lokalen Gegebenheiten anpassen soll. Dies kann zu einer Ergänzung bestehender CSR-Konzepte durch Aktivitäten sein, die im Extremfall sogar am Hauptsitz der Firma illegal sind. Behält ein Unternehmen seine (hohen) CSR-Standards im Rahmen der Internationalisierung bei, entsteht das Risiko als anpassungsunfähiges ausländisches Unternehmen wahrgenommen zu werden (Kovtun 2014; https://jgbcblog.wordpress.com). Wie wichtig es ist, gleich von Beginn der Internationalisierungsstrategie CSR mit zu berücksichtigen, zeigt auch eine Studie der IHK Bochum (IHK 2010, S. 43): Ein untersuchtes Beispiel ist die Firma Stüwe (http://www.stuewe.de), die auf Reibschlussverbindungen und die Windindustrie spezialisiert ist. Als seit 1948 bestehendes Familienunternehmen mit 50 Ländervertretungen und 70 % Anteil des Umsatzes im Ausland hat das Unternehmen Erfahrung in Bezug auf Internationalisierung (IHK 2010, S. 42). Anzumerken ist, dass der erste, unstrategisch ad hoc durchgeführte Internationalisierungsversuch der Gründung einer Tochtergesellschaft in Großbritannien ohne CSR-Aspekte scheiterte. Die inzwischen im Unternehmen vorherrschende strategische Planung im Vorfeld der Internationalisierung spiegelt sich im aktuellen Unternehmenserfolg wider, in dem z. B. lokale Ausbildungsinitiativen im Rahmen der CSR-Aktivitäten unterstützt werden (IHK 2010, S. 43).

3 Unternehmerische Globalisierung und CSR

Globalisierung wird im wissenschaftlichen und öffentlichen Diskurs nicht speziell mit Unternehmen konnotiert. Unter Globalisierung wird vielmehr ein umfassenderer Gedanke subsumiert. Globalisierung wird als ein kontinuierlicher globaler Vernetzungsprozess über die Grenzen von Nationalstaaten hinweg auf unterschiedlichen Ebenen der Wirtschaft, Technik, Politik, Ökologie bis hin zur Kultur verstanden (Stehr 2009, S. 53). Hierbei gilt, dass je höher der Anteil des Inputs bzw. des Outputs des Unternehmens (z. B. Herkunft oder das Arbeitsland der Mitarbeiter) außerhalb des eigenen Ursprungsmarkts ist, desto höher ist der Internationalisierungsgrad (Fueglistaller et al. 2004, S. 412). Dabei ist die Messgröße, ab wann ein Unternehmen dann letztendlich globalisiert ist, für den Unternehmer und Praktiker nicht von wesentlicher Bedeutung. Entscheidend ist die eigene Wahrnehmung in Bezug auf die unternehmerische Globalisierung des Unternehmens selbst. Ein Unternehmen hat darauf aufbauend eine Globalisierungsstrategie, „wenn die Bindung an den Heimatmarkt aufgegeben wird und eine ausschließliche Orientierung an den Erfordernissen des Weltmarktes Platz greift" (Bea 1997, S. 419–421). Somit können Globalisierungsstrategien als „Strategien eines Unternehmens mit dem Ziel, den durch die Globalisierung des Wettbewerbs und der Märkte veränderten Umweltbedingungen zu begegnen" (Löffler 2000, S. 27) definiert werden. Dies erfordert die Reflexion über den aktuellen Status des Unternehmens im Hinblick auf den Grad der unternehmerischen Globalisierung, die vorhandenen Ressourcen, den angestrebten Zustand und die Strategie zur Erreichung dieses Zustands jeweils schon unter CSR-Aspekten zur Risikominimierung und Potenzialausschöpfung. Hierbei ist die Analyse des Standorts und des Produkts sowie der geeigneten Marktbearbeitungsform bereits unter Berücksichtigung der CSR-Kundenbedürfnisse von entscheidender Bedeutung, um die durch proaktives Verhalten generierbaren Erfolgspotenziale auszuschöpfen (Misu 2015, S. 10; Geyer und Uriep 20122, S. 22).

Durch die Weiterentwicklung und Vereinfachung von Kommunikations-, Informations- und Transportmöglichkeiten – sowie der dadurch weiter zunehmenden Reduktion der Transaktionskosten – wird die unternehmerische Globalisierung weiter gefördert und beschleunigt (Brenner 2015, S. 35; Geyer und Uriep 2012, S. 8). Global agierende Unternehmen sehen sich dann in den oben genannten Stufen in den Faktorbereichen (Beschaffung, Produktion, Absatz) und Funktionsbereichen (Finanzierung, Mitarbeiter, etc.) mit globalen CSR-Herausforderungen konfrontiert. Diese global vorhandenen Informations- und Kommunikationsmöglichkeiten bedeuten nämlich gleichzeitig für Unternehmen im Rahmen ihrer globalen unternehmerischen Aktivitäten, dass sie mit global agierenden sowie kommunizierenden Stakeholdergruppen und deren unterschiedlichen CSR-Anforderungen interagieren müssen und eben auch können (s. im nachfolgenden Abschnitt Global Sourcing, Stichwort Ressource Fisch).

4 CSR im Rahmen der unternehmerischen Globalisierung

Aufgrund der gesteigerten Transparenz durch technologische Innovationen (Internet, Web 2.0) ist es Kunden und Lieferanten global möglich, CSR-Maßnahmen von Unternehmen oder nicht getätigte CSR-Maßnahmen nachzuverfolgen. Durch diese globale Informationstransparenz entsteht ein gesamtgesellschaftlicher Druck auf Unternehmen, ihre CSR-Aktivitäten zu internationalisieren und zu globalisieren. Der eng mit CSR im

Zusammenhang stehende Verantwortungsbegriff hat sich dabei im Zug der zunehmenden Komplexität aufgrund der globaleren Handlungszusammenhänge verändert (Wieland 2008, S. 97). Entscheidend bei der Übernahme von gesellschaftlicher Verantwortung durch Unternehmen, insbesondere wenn diese global ist, ist die klare Begrenzung der Verantwortung der Unternehmen und eine Begründung dieser Grenzen, sei es räumlich oder fallbezogen (Wieland 2008, S. 112). Die Zunahme der globalen Aktivitäten eines Unternehmens steht in direktem Zusammenhang mit der Verantwortung des Unternehmens, die von ihm durch die globale Öffentlichkeit erwartet wird. Auf diese Weise sind die proaktive globale Verantwortungsübernahme und damit die notwendige Integration von CSR in die Internationalisierungs- bzw. Globalisierungsstrategie der Unternehmen zu einer zentralen Managementaufgabe geworden.

Zur internationalen und globalen Verantwortungsübernahme eignen sich verschiedene Instrumente. Zum einen existieren sog. Selbstverpflichtungen, wie es sie auch auf nationaler Ebene gibt (beispielsweise die Heilbronner Erklärung 2012). Beispiele für globale Selbstverpflichtungen, die zum sog. Soft-Law gehören, sind u. a. die International-Labour-Organization(ILO)-Kernarbeitsnormen (http://www.ilo.org) und der United Nations Global Compact (https://www.unglobalcompact.org). Diese Selbstverpflichtungen sind aufgrund der öffentlichen Kommunikation bindend und werden vom Unternehmen selbst z. B. in Form eines Wertemanagementsystems umgesetzt. Diese Formen der Verantwortungsübernahme durch Unternehmen zeigen, dass sich die Verantwortlichkeit für zahlreiche globale Sachverhalte von der gesellschaftlichen Verantwortung hin zu einer globalen unternehmerischen Übernahme von gesellschaftlicher Verantwortung verschieben (Wieland 2008, S. 110–111). Die Ausprägung der oben aufgeführten unternehmerischen Globalisierung wird u. a. folgendermaßen kategorisiert: „global production", „global sourcing" (Hu und Motwani 2014, S. 398–409), „global purchasing" (Quintensa et al. 2006a, S. 881–891) und „global sales" (Quintensa et al. 2006b, S. 170–181). Im Nachfolgenden werden diese globalen unternehmerischen Bereiche unter verschiedenen CSR-Dimensionen und insbesondere unter dem Aspekt der globalen unternehmerischen Übernahme von gesellschaftlicher Verantwortung detaillierter beschrieben.

4.1 „Global production" – "global supply chain"

Im Rahmen der unternehmerischen Globalisierung fokussieren sich Unternehmen zunehmend auf ihre Kernkompetenzen. Dies führt insbesondere zur Verlagerung von Wertschöpfungsaktivitäten ins Ausland („offshoring", „nearshoring", Outsourcing). Die lineare Lieferkette („supply chain" – vgl. dazu auch den Beitrag von Jentsch/Zink in diesem Buch) entwickelt sich zu einem komplexen globalen Netzwerk verschiedener Kooperationspartner und Produzenten (Neßler und Bartelt 2013, S. 13), bei dem es schwer ist, CSR-Maßnahmen einzuführen und sie z. B. im Rahmen von CSR-Audits zu überprüfen. Diese zunehmende Vernetzung ermöglicht es Unternehmen, Wertschöpfungsprozesse und Teile der globalen Produktion in Länder zu verlagern, die im Gegensatz zum Heimatland des Unternehmens z. B. geringere Produktionskosten oder niedrigere (arbeits-)rechtliche Auflagen („social dumping") aufweisen (Kovtun 2014, https://jgbcblog.wordpress.com). Insbesondere im Rahmen des „offshoring" (in z. B. Indien oder China) sowie des „nearshoring" (in Mittel- und Osteuropa) nutzen Unternehmen auf Basis der grenzenlosen Arbeitsteilung aus ökonomischem Interesse heraus die globalen Lohnkostenunterschiede (Boes und Kämpf 2006, S. 274). Manche Firmen sehen in der Globalisierung die Chance, inländische Bestimmungen z. B. im Bereich Umweltschutz und Arbeitsschutzbestimmungen (Strike et al. 2006, S. 853) zu unterlaufen. Wie langfristig sich diese negativen bzw. unterlassenen CSR-Maßnahmen auswirken können mit z. T. erheblichen Reputationsschäden (o. V., http://www.focus.de) und Kosten (http://www.ranaplaza-arrangement.org) für beteiligte Unternehmen, zeigen Beispiele wie der viel beschriebene Fabrikeinsturz in Bangladesch 2013 (Stiftung Warentest2, o. V., https://www.test.de).

Global-supply-chain-Management hat in diesem Kontext eine zunehmende Relevanz und ist mit ökologischen und sozialen Aspekten zu koppeln (Neßler und Bartelt 2013, S. 15). Die Berücksichtigung von ökologischen und sozialen Aspekten entlang der „global supply chain" im Rahmen der „global production" kann durch eine potenziell erhöhte Zahlungsbereitschaft sowie eine erhöhte Kundenloyalität ökonomische Vorteile mit sich bringen (Neßler und Bartelt 2013, S. 20; Mefford 2011, S. 112–114). In Deutschland ist die mittlerweile global vorhandene Konsumentengeneration der „lifestyle of health and sustainability" (LOHAS) mit etwa elf Millionen Konsumenten und einer erheblichen Akzeptanz für höhere Preise bei nachhaltigen sowie nachhaltig produzierten Produkten signifikant (Gfk 2014, S. 1–7; Christiansen 2015, http://www.gruenderszene.de; vgl. Roberts 2015, Natural Marketing Institute 2010, http://www.lohas.com). LOHAS achten beim Konsum insbesondere darauf, an welchem globalen Standort unter welchen politischen, sozialen sowie ökologischen Bedingungen entlang der „global supply chain" die Produkte hergestellt wurden. Der globale Markt für LOHAS wird 2013 auf etwa 546 Mrd. USD geschätzt – bei einem Volumen von 355 Mrd. USD allein in den USA (http://lohas.groupsite.com)

Insbesondere in Bezug auf „global supply chains" wird deutlich, dass deren proaktiver innerunternehmerischer Aufbau von Anfang an unter CSR-und Nachhaltigkeitsaspekten zunächst je nach Produkt unternehmerisch und marktwirtschaftlich Mehrwert generiert. Gleichzeitig ist es organisatorisch leichter umsetzbar und zeitsparender, als eine bestehende „global supply chain" im Nachhinein aufzuschlüsseln und jedes Mitglied auf sein nachhaltiges und CSR-gemäßes Handeln hin zu untersuchen. Je nach Branche spielen dabei bereits vorhandene globale CSR-Standards eine Rolle ebenso wie durchzuführende Qualitäts- sowie CSR-Audits oder CSR-Berichte (z. B. ISO 26.000 oder die Global Reporting Initiative).

4.2 „Global sales"

Eine zentrale Rolle bei der globalen Verantwortungsübernahme, der Vertrauensbildung unter Berücksichtigung der globalen CSR-Kaufkraft (s. o.) sowie dem unternehmerischen

Erfolg intern wie extern spielen die beiden Abteilungen Export und Einkauf. Dabei ist das Verhalten des Exportmanagers bei der Vertrauensbildung zum globalen Neukunden besonders wichtig (Ahlert et al. 2008, S. 40–41). Insbesondere „nicht-fachliche Aspekte, wie z. B. (...) interkulturelle Kompetenz" (Ahlert et al. 2008, S. 42) als Ausdruck gelebter CSR-Werte im Unternehmen sind im Rahmen der erfolgreichen unternehmerischen Globalisierung und hier besonders beim „global sales" ausschlaggebend. Der Exportmanager und die Einkaufsabteilungen sind sozusagen die Schlüsselpersonen bei den vertrauensbildenden Maßnahmen (Coulter und Coulter 2003, S. 34) und der authentischen Kommunikation von CSR-Standards gegenüber den Kunden. Hier muss darauf geachtet werden, dass bei der Einkaufspolitik auch tatsächliche CSR-Bedingungen zur Geltung kommen und nicht nach rein ökonomischen Gesichtspunkten gekauft und geordert wird. Sonst könnte der Verdacht auf „green washing" oder „social washing" entstehen. Denn Unternehmen generieren aus der globalen Übertragung ihrer CSR-Standards auch bereits im Rahmen des Exports und des „global sales" einen positiven Halo-Effekt in Bezug auf den Absatz ihrer Produkte, wenn sie als besonders CSR-haltig wahrgenommen werden (Kovtun 2014, https://jgbcblog.wordpress.com).

Das Versicherungsunternehmen Allianz integriert den CSR-Gedanken auf dem indischen Subkontinent im Rahmen seiner Global-sales-Strategie. Der Konzern bietet in Kooperation mit der privaten Hilfsorganisation care z. B. Mikroversicherungen in Indien an, die sich auf 6 € pro Jahr für eine Familienkrankenversicherung belaufen (Care Deutschland Luxemburg e. V. http://www.care.de). Diese Mikroversicherungen leisten einen entscheidenden Beitrag zur Armutsbekämpfung in den jeweiligen Ländern (Care Deutschland Luxemburg e. V. http://www.care.de): „Gerade die Menschen, die in Armut leben, brauchen eine Absicherung gegen [...] unerwartete Schicksalsschläge. Ansonsten sinken sie immer tiefer in die Armutsspirale."

So versicherte die Allianz 2014 im Rahmen dieses Projektes nach eigenen Angaben 21,5 Mio. Inder mit einem Prämienvolumen von 62,5 Mio. € (Allianz 2015, https://www.allianz.com). Das Pro-Kopf-Einkommen in Indien betrug 2013/2014 umgerechnet 1135 € pro Jahr (http://www.auswaertiges-amt.de). Die davon betroffenen Personen sind die Relatively-poor-Personen der „base of the pyramid" mit einer Anzahl von vier Milliarden Menschen (Gunther 2014 http://www.theguardian.com). Diese „base of the pyramid" stellt einen großen (Kaufkraft von 5 Billionen USD) und wachsenden Markt dar. Durch einfache Maßnahmen (z. B. erleichterter Zugang zu Gütern) kann die Produktivität und Kaufkraft dieser Personengruppe deutlich erhöht werden.

4.3 „Global sourcing"

„Global sourcing" stellt zunächst einen Wettbewerbsvorteil dar – genauso wie CSR, wobei beide Konzepte in ihrer operativen Kombination vielfältige Herausforderungen mit sich bringen (Trent und Monczka 2002, S. 66–80). CSR wird dabei nicht mehr nur aufgrund von Stakeholderwünschen berücksichtigt, sondern weil es auch die Geschäftssituation verbessern kann (Jansson 2013, S. 31). Insbesondere bei Handelsunternehmen zeigen sich verschiedene Formen der Globalisierung der Geschäftsaktivitäten unter CSR-Gesichtspunkten, z. B. im Bereich des „cross border retailing", also der Erschließung internationaler Absatzmärkte, aber auch in Form des „global sourcing", also der Erschließung neuer Beschaffungsmärkte (Zentes et al. 2009, S. 267).

Ein Beispiel hierfür stellt die Beschaffung der Ressource Fisch dar: Die Ressource Fisch und ihre Beschaffung mit z. T. global agierenden Fischfangflotten führen zu den globalen Problemstellungen wie der Überfischung (Video WWF Deutschland unter http://www.wwf.de) und dem Artensterben (Greenpeace e. V., https://www.greenpeace.de). Die ursprünglich als unerschöpfliche Ressource angesehene Nahrungsquelle Fisch wird durch diese Ökonomisierung der Fangmethoden und der immer globaleren Fanggebiete gefährdet (WWF Deutschland2, http://www.wwf.de). Allein um diese Nahrungsquelle und die mit der Fischindustrie verbundenen Existenzen – in Deutschland rund 42.000 Arbeitsplätze (Fisch-Informationszentrum e. V. 2012, S. 13, http://www.fischinfo.de) – zu erhalten, bedarf es einer nachhaltigeren und CSR-orientierteren Ausrichtung des Fischfangs (WWF Deutschland2, http://www.wwf.de).

Zudem fordern Nichtregierungsorganisationen (NGO) auch die Verantwortungsübernahme durch den Verbraucher ein. Verbraucher müssen sich somit mit differenzierten Anforderungen an die Herkunft (z. B. Fanggebiete und Fangmethoden) auseinandersetzen, wenn sie nachhaltig konsumieren wollen (Greenpeace e. V., https://www.greenpeace.de). Diese Informationsdichte und Komplexität am „point of sale" zu erfassen, stellt für den Kunden eine enorme Herausforderung dar. Daher ist der Lebensmitteleinzelhandel gezwungen, im Wettbewerb um diese Kunden eine Transparenz in Bezug auf diese globalen Beschaffungsinformationen zu erzeugen. Beispielsweise hat der Lebensmitteldiscounter ALDI Süd genau wie die Unternehmen followfish und iglo einen Quick-Response(QR)-Code zur Zurückverfolgbarkeit eingeführt (news aktuell GmbH, o. V., http://www.presseportal.de; Stiftung Warentest, o. V., https://www.test.de). Dennoch ist zu berücksichtigen, dass die Produktangaben in Bezug auf Fischherkunft für den Kunden nicht zwangsläufig aussagekräftig sind. Zusätzlich muss der Kunde die gegebenenfalls erhaltenen Produktinformationen mithilfe eines Einkaufsratgebers wie z. B. von Greenpeace überprüfen (Stiftung Warentest, o. V., https://www.test.de). Somit wäre die Kombination aus Information und Bewertung für den Kunden und die CSR-Strategie des Unternehmens ein sinnvoller weiterer Schritt. Insbesondere durch den öffentlichen Druck, den NGO wie Greenpeace durch öffentliche Rankings auf den Lebensmitteleinzelhandel ausüben (Greenpeace e. V.2, https://www.greenpeace.de), kommt es zu Veränderungen im Global-sourcing-Verhalten der Unternehmen. Diese sehen sich gezwungen, zur Reputationssicherung ihre „supply chain" offenzulegen bzw. mindestens das Fanggebiet und die Fangmethode zugänglich zu machen (Greenpeace e. V.2, https://www.greenpeace.de, S. 4). Dieses Beispiel macht die Problematik der Komplexität globaler CSR-Herausforderungen in Bezug auf „global sourcing" und „global sales" und die Notwendigkeit einer globalen CSR-Strategie deutlich.

Die unternehmenseigene CSR-Politik, die unternehmerische Strategie – und in diesem Fall einen Strategiewechsel – sowie die unternehmerische Globalisierung erfolgreich miteinander zu verknüpfen, zeigt nachfolgendes Beispiel: Das Unternehmen Frosta ist 2015 (wie seit 2011) unter den zehn am besten bewerteten Unternehmen der Sustainable-image-Score(SIS)-Untersuchung (facit research 2015, S. 37). Frosta sieht Nachhaltigkeit inzwischen als generischen Erfolgsfaktor (Frosta 2012, S. 5–16). Im Jahr 2002 war Frosta mit der strategischen Herausforderung des „stuck in the middle" konfrontiert. Das Unternehmen entschied sich zu einer Veränderung und dazu, sich nachhaltig auszurichten. Insbesondere bei der globalen Rohwarenversorgung („global sourcing") wurden neue CSR-Standards eingeführt. Diese Neuausrichtung zum größten Verarbeiter von tiefgekühlten Bioprodukten in Europa hatte eine Preissteigerung um 20 % zur Folge (Frosta 2012, S. 5/9). Zunächst schien diese strategische Umstrukturierung nicht den gewünschten Erfolg mit sich zu bringen (Frosta 2012, S. 11), doch (nach Meinung von Frosta) insbesondere nach einer Häufung von Lebensmittelskandalen (Frosta 2012, S. 14–15) konnte das Unternehmen seinen ursprünglichen Marktanteil wieder herstellen und diesen bis 2012 übertreffen. Durch den Ausbau der Nachhaltigkeitskompetenz entwickelte Frosta eine offensive und auf das Wesentliche fokussierte CSR-Strategie, die zu einem ökonomischen Wettbewerbsvorteil für das Unternehmen wurde (Frosta 2012, S. 16). Diese beispielhaften Herausforderungen zeigen, dass veränderte Bedingungen im Bereich „global sales" durch intrinsisch verändertes Konsumverhalten (vgl. LOHAS) oder extrinsisch verändertes Konsumverhalten durch die Sensibilisierung durch NGOs Einfluss auf die gesamten vorgeschalteten internationalen und z. T. globalen Prozesse („sourcing", „production" und „purchase") haben.

Somit sollte es für Unternehmen erstrebenswert sein, von Beginn an auf diese sich potenziell verändernden und in Zukunft bedeutender werdenden Faktoren vorbereitet zu sein. Im Fall der Bedeutungssteigerung hat dann das CSR-ausgerichtete Unternehmen sowohl einen zeitlichen als auch einen ökonomischen Wettbewerbsvorteil. Dieser lässt sich bereits durch die vorrausschauende Implementierung von CSR in die Internationalisierungs- und Globalisierungsstrategie erzeugen.

5 Fazit

Zu Beginn des Beitrags wurden die zentralen Fragen gestellt:

- Wie kann CSR im Rahmen der unternehmerischen Internationalisierungsstrategie planerisch integriert sowie anschließend umgesetzt werden?
- Welche Rolle spielt CSR im Rahmen der unternehmerischen Globalisierung?

Wie im vorliegenden Text aufgezeigt, ist es möglich und v. a. sinnvoll, CSR auf den Ebenen der Strategieentwicklung zunächst bei der unternehmerischen Internationalisierung zu berücksichtigen. Im Anschluss daran, wenn sich die unternehmerische Tätigkeit eben sukzessive auf viele verschiedene Länder und Aspekte (Funktions- wie Faktorbereiche) ausgeweitet hat, ist es von Bedeutung, dann auch bei der unternehmerischen Globalisierung CSR weiter anzuwenden und auf die lokalen Gegebenheiten anzupassen. Die CSR-Integration in die Internationalisierungs- bzw. Globalisierungsstrategie kann danach über verschiedene Fragen, die hier nur im Einzelnen und exemplarisch aufgeführt werden, im Rahmen einer Art Checkliste erfolgen:

- Entspricht die Internationalisierungs- bzw. Globalisierungsstrategie den ursprünglichen Wertvorstellungen des Unternehmensgründers bzw. den aktuell postulierten Unternehmenswerten und dem Mission-Statement?
- Wurden bei der Analyse der Ausgangslage für die Internationalisierung/Globalisierung (z. B. Umfeldanalyse) CSR-Belange ausreichend berücksichtigt? Wenn ja, in welchem Umfang?
- Welche CSR-Dimensionen (ökologische, soziale) sind in den neuen Zielländern zwingend zu berücksichtigen?
- Wie hoch ist der unternehmerische Mehrwert, der durch neue und wachsende internationale bzw. globale CSR-Zielgruppen (z. B. LOHAS) generiert werden kann?
- Welche Kosten (z. B. Reputationsschäden, Ausgleichszahlungen etc.) könnten entstehen, wenn das Unternehmen in den neuen Zielmärkten und im Rahmen der „global supply chain" keine adäquaten CSR-Maßnahmen durchführt?
- Welche CSR-Dimensionen (ökologische, soziale bzw. Auditverfahren) sind im Rahmen der „global supply chain" zwingend zu berücksichtigen?
- Wie hoch sind das Risiko und die Eintrittswahrscheinlichkeit, dass unterlassene internationale und globale CSR-Maßnahmen geahndet werden?
- Welche globalen Rahmenwerke oder freiwillige globale Selbstverpflichtungen (z. B. Global Compact) bestehen schon, nach denen sich das Unternehmen für eine internationale und oder globale CSR-Strategie ausrichten könnte? etc.

Im vorliegenden Beitrag wurde anhand verschiedener Beispiele in Theorie und Praxis (Allianz, Frosta, Stüwe) aufgezeigt, wie es möglich ist, CSR in eine Internationalisierungs- bzw. Globalisierungsstrategie zu integrieren. Die Umsetzbarkeit insbesondere in Bezug auf die zur Verfügung stehenden Ressourcen des Unternehmens ist dabei entscheidend. Hierbei gilt es, die internationalen CSR-Aktivitäten zu priorisieren, die einen direkten Zusammenhang zur Geschäftstätigkeit aufweisen und die mit den Ressourcen des Unternehmens harmonieren. Dabei ist es besonders wichtig, dass diese Maßnahmen – als Teil der Managementaufgaben – im Rahmen von authentisch gelebten Werten mit dem jeweiligen CSR-Verständnis des Unternehmens im Einklang sind. Dann können globale CSR-Strategien erfolgreich sein.

Literatur

Internetquellen

Allianz SE (Hrsg) https://www.allianz.com/de/produkte_loesungen/nachhaltige_loesungen/mikroversicherungen.html. Zugegriffen: 21. Juli 2015

Auswärtiges Amt (Hrsg) http://www.auswaertiges-amt.de/DE/Aussenpolitik/Laender/Laenderinfos/01-Nodes_Uebersichtsseiten/Indien_node.html. Zugegriffen: 21. Juli 2015

Care Deutschland Luxemburg e. V. (Hrsg) http://www.care.de/ueber-care/wo-wir-arbeiten/asien/indien/indien-mikroversicherungen-fuer-die-zukunft/. Zugegriffen: 21. Juli 2015

Fisch-Informationszentrum e. V. (Hrsg) (2012) http://www.fischinfo.de/images/broschueren/pdf/Daten_und_Fakten_2013.pdf (S. 13). Zugegriffen: 30. Juli 2015

Focus Online (2013) o. V. http://www.focus.de/finanzen/news/kleidung-aus-bangladesch-kik-lieferant-produzierte-in-katastrophen-fabrik-_aid_984563.html. Zugegriffen: 4. Aug. 2015

Global Reporting Initiative (Hrsg) https://www.globalreporting.org. Zugegriffen: 4. Juli 2015

Greenpeace e. V. (Hrsg) https://www.greenpeace.de/sites/www.greenpeace.de/files/publications/fischratgeber-rezepte-juni-2014.pdf. Zugegriffen: 30. Juli 2015

Greenpeace e. V. (Hrsg) https://www.greenpeace.de/sites/www.greenpeace.de/files/Hintergrundpapier_GP_Fisch_Supermarktranking_V_14.12.11_2.pdf. Zugegriffen: 30. Juli 2015

Green Responsibility (Hrsg) http://www.green-responsibility.de. Zugegriffen: 6. März 2015

Gunther M (2014) The base of the pyramid: will selling to the poor pay off? Guardian sustainable business. http://www.theguardian.com/sustainable-business/prahalad-base-bottom-pyramid-profit-poor. Zugegriffen: 24. Juli 2015

Heilbronner Erklärung (2012) Heilbronner Erklärung zur gesellschaftlichen Verantwortung des Mittelstands in der Wirtschaft. https://www.ggs.de/fileadmin/user_upload/data/Master_Heilbronner_Erklaerung.pdf. Zugegriffen: 31. Juli 2015

http://www.ranaplaza-arrangement.org/fund/donors. Zugegriffen: 4. Aug. 2015

International Labour Organization (Hrsg) http://www.ilo.org/berlin/arbeits-und-standards/kernarbeitsnormen/lang-de/index.htm. Zugegriffen: 4. Juli 2015

LOHAS (Lifestyles of Health and Sustainability). http://lohas.groupsite.com/main/summary. Zugegriffen: 8. Aug. 2015

news aktuell GmbH (Hrsg) o. V. http://www.presseportal.de/pm/108584/2647028. Zugegriffen: 30. Juli 2015

Roberts M (2015) Natural Marketing Institute 2010. http://www.lohas.com/sites/default/files/lohasconsumers.pdf. Zugegriffen: 8. Aug. 2015

Stiftung Warentest (Hrsg) o. V. https://www.test.de/Rueckverfolgbarkeit-von-Fisch-So-knacken-Sie-Fischcodes-4471489-0/. Zugegriffen: 30. Juli 2015

Stiftung Warentest (Hrsg) o. V.: https://www.test.de/Einsturz-Katastrophe-Bangladesch-Die-Konsequenzen-der-Bekleidungsfirmen-4697362-0/. Zugegriffen: 4. Aug. 2015

Stüwe GmbH & Co. KG (Hrsg) http://www.stuewe.de/de/unternehmen/index.php. Zugegriffen: 31. Juli 2015

United Nations Global Compact (Hrsg) https://www.unglobalcompact.org/what-is-gc/mission/principles. Zugegriffen: 24. Juli 2015

WWF Deutschland (Hrsg) http://www.wwf.de/themen-projekte/meere-kuesten/fischerei/ueberfischung/weltweite-ueberfischung/. Zugegriffen: 30. Juli 2015

WWF Deutschland (Hrsg) http://www.wwf.de/fileadmin/fm-wwf/Publikationen-PDF/CITES_und_bedrohte__Fischarten.pdf. Zugegriffen: 30. Juli 2015

Literaturquellen

Ahlert D, Backhaus C, Blut M, Michaelis M (2008) Internationale Vertriebskompetenz: Erfolgsfaktor für die Internationalisierung von Dienstleistungs-KMU. In: Borchert M, Heinen E, Zühlke-Robinet K (Hrsg) Kompetenzentwicklung in kleinen und mittleren Unternehmen – Voraussetzung für erfolgreiche Internationalisierung von Dienstleistungen. Dr. Jochem Heizmann, Ingolstadt, S 40–42

Anwander A (2002) Strategien erfolgreich verwirklichen: wie aus Strategien echte Wettbewerbsvorteile werden, 2. Erw. Aufl. Springer, Berlin, S 9

Bea FX (1997) Globalisierung. Wirtschaftswissensch Stud (WiSt) 26(8):419–421

Boes A, Kämpf T (2006) Offshoring und Notwendigkeit nachhaltiger Internationalisierungsstrategien. Informatik-Spektrum 29(4):274–275

Brenner H (2015) Export-Märkte der Zukunft – Internationale Trends erkennen. In: Brenner H, Misu C (Hrsg) Internationales business development. Springer, Wiesbaden, S 35

Dörksen H (2015) Aufbau von Vertriebspartnern und Kundenkontakten. In: Brenner H, Misu C (Hrsg) Internationales business development. Springer, Wiesbaden, S 207

Christiansen N (2015) LOHAS-eine nicht zu unterschätzende Verbrauchergeneration. http://www.gruenderszene.de/allgemein/lohas. Zugegriffen: 21. Juli 2015

Coulter KS, Coulter RA (2003) The effects of industry knowledge on the development of trust in service relationships. J Res Mark 20(1):34

facit research (2015) Sustainability Image Score – 5. Welle Das Nachhaltigkeitszeugnis deutscher Unternehmen aus Konsumentensicht – der Sustainability Image Score (SIS), S 37

Frosta (2012) Praxisbeispiel FRoSTA: Nachhaltigkeit – Erfolgsrezept für den Mittelstand, S 5–16. http://www.csr-in-deutschland.de/fileadmin/user_upload/Downloads/BMAS/ESF_Foerderprogramm/FRoSTA_Nachhaltigkeit_Berlin_200412_Matthias.pdf

Fueglistaller U, Müller C, Volery T (2004) Entrepreneurship. Gabler Fachverlage, Wiesbaden, S 412–420

Galbreath J (2009) Building corporate social responsibility into strategy. Eur Bus Rev 21(2):109–127

Gesellschaft für Konsumforschung (GfK) (2014) Consumer Index: NACHHALTIG ODER REGIONAL? – AM BESTEN BEIDES, S 1–7. http://www.gfk.com/de/documents/news%20deutschland/ci_03_2014.pdf. Zugegriffen: 21. Juli 2015.

Geyer G, Uriep A (2012) Strategien der Internationalisierung von KMU, HWWI policy paper, No. 65, S 4–22

Grünig R, Kühn R (2015) The strategy planning process, analyses, options, projects. Springer, Berlin, S 77–83

Harms R (2013) Entrepreneurship in Wachstumsunternehmen, Unternehmerisches Management als Erfolgsfaktor. Gabler Springer, Wiesbaden, S 32–39, sowie S 84

Hu X, Motwani JG (2014) Minimizing downside risks for global sourcing under price-sensitive stochastic demand, exchange rate uncertainties, and supplier capacity constraints. Int J Prod Econ 147(Part B):398–409

Hungenberg H (2014) Strategisches Management in Unternehmen. Ziele – Prozesse – Verfahren, 8. Aufl. aktualisiert. Springer, Wiesbaden, S 5–56

Industrie- und Handelskammer (IHK) im mittleren Ruhrgebiet zu Bochum (2010) Internationalisierungsstrategien des Mittelstandes, S 4–43

Jansson A (2013) CSR in international purchasing decisions. KTH Industrial Engineering and Management, Stockholm, S 31

KfW Bankengruppe (2006) Die Globalisierung des Mittelstandes – Chancen und Risiken. http://www.kfw.de/kfw/de/I/II/Download_Center/Fachthemen/Research/PDF_Dokumente_Schwerpunkt-_Sonderthemen/Globalisierung_des_Mittelstandes.pdf. Zugegriffen: 13. April 2012

Kovtun A (2014) Corporations' internationalization and the adoption of CSR practices. https://jgbcblog.wordpress.com/2014/02/05/33/. Zugegriffen: 23. Juli 2015

Kutschker M, Schmid S (2008) Internationales Management, 6. Aufl. Oldenbourgh Verlag, München, S 268–281

Lechner A-M (2010) KMU internationalisieren – Von Hidden Champions lernen? Eine empirische Untersuchung, Andrássy Beiträge der Fakultät für Internationale Beziehungen, Wiesbaden, S 12–18

Löffler J (2000) Entwicklung von globalen Konzernstrategien. Modelle, Konzepte und Methoden. Gabler, Wiesbaden, S 27

Mefford RN (2011) The economic value of a sustainable supply chain. Bus Soc Rev 116(1), 112–114

Misu C (2015) Besonderheiten internationaler Geschäfte. In: Brenner H, Misu C (Hrsg) Internationales business development. Springer, Wiesbaden, S 10

Moflih R (2015) Konzept zur Internationalisierung durch technologische Wertschöpfungsmodule. Technischen Universität Berlin, Wiesbaden, S 25–26

Neßler C, Bartelt K (2013) Die Bedeutung eines nachhaltigen SCM für die Umsetzung von CSR in der Unternehmensstrategie, 1. Aufl. Josef Eul Verlag, Lohmar-Köln, S 13–20

Quintensa L, Pauwels P, Matthyssens P (2006a) Global purchasing strategy: conceptualization and measurement. Ind Mark Manage 35(7):881–891

Quintensa L, Pauwels P, Matthyssens P (2006b) Global purchasing: state of the art and research directions. J Purch Supply Manage 12(4):170–181

Raffée H, Effenberger J, Fritz W (1994) Strategieprofile als Faktoren des Unternehmenserfolges. Betriebswirtsch 54(3): 383

Schmid S (2013) Internationalisierungsstrategien Ein Überblick über die zentralen Managemententscheidungen. In: Schmid S (Hrsg) Strategien der Internationalisierung: Fallstudien und Fallbeispiele. Oldenbourg Wissenschaftsverlag, München, S 12–14

Schneider A (2012) Corporate Social Responsibility Verantwortungsvolle Unternehmensführung in Theorie und Praxis. Springer, Berlin, S 17–18

Schwerk A (2012) Strategische Einbettung von CSR in das Unternehmen. In: Schneider A, Schmidpeter R (Hrsg) Corporate Social Responsibility Verantwortungsvolle Unternehmensführung in Theorie und Praxis. Springer, Berlin, S 331–356

Stallmann F, Wegner U (2015) Internationalisierung von E-Commerce-Geschäften. Springer, Wiesbaden, S 169

Stehr C (2009) Globalisierung und Destabilisierungstendenzen innerhalb des Internationalen Systems Eine Indikatorenanalyse für ausgewählte Nationalstaaten. Herbert Utz Verlag, München, S 53

Stehr C (2013) Die unternehmerische Internationalisierung von Kleinen und Mittleren Unternehmen – Strategien, Instrumente, Erfolgsfaktoren – unter Berücksichtigung der Donauraumstrategie. In: Masát et al (Hrsg) Der Donauraum in Europa, 1. Aufl. Nomos Verlag, Baden-Baden, S 185–194

Stehr C (2015) General Management und Corporate Social Responsibility. In: Corporate Social Responsibility Verantwortungsvolle Unternehmensführung in Theorie und Praxis. Springer, Berlin, S 501–518

Strike VM, Gao J, Bansal P (2006) Being good while being bad: social responsibility and the international diversification of US firms. J Int Bus Stud 37(6): 853

Tewes S, Stark W, Jonker J (2011) CSR und Nachhaltigkeit im Kerngeschäft des Unternehmens. In: Corporate Social Responsibility und nachhaltige Entwicklung. Springer, Berlin, S 35–42

Trent RJ, Monczka RM (2002) Pursuing competitive advantage through integrated global sourcing. Acad Manage Executive 16:66–80

Wieland J (2008) CSR und Globalisierung – Über die gesellschaftliche Verantwortung von Unternehmen. In: Heidbrink L, Hirsch A (Hrsg) Verantwortung als marktwirtschaftliches Prinzip Zum Verhältnis von Moral und Ökonomie. Campus Verlag, Frankfurt a. M., S 97–113
Wolf K (2011) Internationalisierungsstrategien von deutschen Familienunternehmen. In: Diss. Universität Witten/Herdecke (Hrsg) Schriften zu Familienunternehmen Bd. 8 Wittener Institut für Familienunternehmen. Josef eul Verlag Lohmar, Köln, S 9–10
Zentes J, Morschett D (2003) Kooperative Internationalisierungsstrategien. In: Holtbrügge D (Hrsg) Management Multinationaler Unternehmungen. Springer, Berlin, S 51–52
Zentes J, Schramm-Klein H, Morschett D (2009) Ethical Sourcing als Option der beschaffungsseitigen Internationalisierung von Handelsunternehmen. In: Schmid S (Hrsg) Management der Internationalisierung. Gabler, Springer Fachmedien Wiesbaden GmbH, Wiesbaden, S 267

Franziska Struve absolvierte ein Studium des BWL-Dienstleistungsmanagements in der Fachrichtung Medien und Kommunikation an der Dualen Hochschule Baden-Württemberg, Heilbronn. Sie ist Projektassistentin für den Bereich Corporate Social Responsibility an der German Graduate School of Management and Law gGmbH (GGS) Heilbronn.

Prof. Dr. Christopher Stehr ist Professor für Internationales Management an der German Graduate School of Management and Law (GGS) Heilbronn und Lehrbeauftragter an verschiedenen Hochschulen und Universitäten im In- und Ausland. Er ist Geschäftsführer der Unternehmensberatung für Globalisierungsfragen polymundo, die er 2003 gründete.

Strategische Bedeutung eines nachhaltigen Lieferkettenmanagements

Marina Jentsch und Klaus J. Zink

1 Corporate Social Responsibility in Lieferbetrieben – Aufgabe der einkaufenden Unternehmen?

Die Auslagerung von Teilen der Wertschöpfung ist zu einem der wichtigsten Wettbewerbsfaktoren der letzten Dekaden geworden: Wägt ein Unternehmen die Verlagerung der Herstellung seiner Produkte in Lieferbetriebe der Entwicklungs- und Schwellenländer ab, so kann es Arbeitslohnkosten einsparen und dadurch insgesamt günstiger produzieren. Die Folge ist ein stetiger Outsourcing-Trend, der sich nicht durch vereinzelte Fälle von Backsourcing stören lässt. In vielen Branchen übersteigt der Wertschöpfungsanteil der Lieferkette mittlerweile den der eigenen Produktion. In der Automobilindustrie z. B. machten die Kostenanteile der zugekauften Güter 2010 65 % der Gesamtkosten aus (Semmler und Mahler 2010, S. 25). Da aber die Arbeitskosten auch in den Entwicklungs- und Schwellenländern durch eine Verbesserung des Lebensstandards und strengere gesetzliche Regulierungen steigen (z. B. Merkel et al. 2008, S. 50–51), werden dann neue Lieferanten in anderen Teilen der Welt gesucht. So zieht z. B. in der Textilindustrie Myanmar mit noch stärkerem Lohnvorteil als Vietnam, Laos oder Kambodscha zunehmend ausländische Investoren an: In den Jahren 2013/2014 wurden die Direktinvestitionen hier verdreifacht (Pick 2015). Dieses Land, das sich erst seit 2011 mit umfassenden Reformen

---

M. Jentsch (✉) · K. J. Zink
Institut für Technologie und Arbeit e. V., Technische Universität Kaiserslautern,
Trippstadter Straße 110, 67663 Kaiserslautern, Deutschland
E-Mail: marina.jentsch@ita-kl.de

K. J. Zink
E-Mail: klaus.j.zink@ita-kl.de

von der Militärdiktatur zur Demokratie transformierte (Bertelsmann Stiftung 2014a), wird womöglich der „letzte Hafen" der günstigen Produktion.

Tatsache ist aber auch, dass die Auslagerung der Produktionsprozesse in Niedriglohnländer mit vielfachen Risiken verbunden ist. Aus der öffentlichen Berichterstattung sind zahlreiche Vorfälle in Lieferbetrieben bekannt, die auf unzureichende CSR-Standards zurückzuführen sind: Fabrikbrände, Einsatz von toxischen Substanzen in der Produktion, schlechte Arbeitsbedingungen, Missachtung von Menschenrechten oder indirekte Unterstützung der Rebellengruppen durch Einkauf von Konfliktmineralien im Kongo. Am Beispiel von Myanmar wird deutlich, dass solche Risiken oft auf der Hand liegen. Das Land rangiert in den für CSR relevanten Rankings unter den letzten: Platz 198 von 212 für Mitspracherecht und Verantwortlichkeit (Voice and Accountability, The World Bank Group 2014), Platz 156 von 174 für Korruption (Corruption Perception Index 2014, Transparency International Deutschland e. V. 2014), Platz 164 von 178 für Umweltbilanz (Environmental Performance Index 2014), Platz 150 von 187 für die menschliche Entwicklung (Human Development Index, United Nations Development Programme 2014, S. 162) und Platz 125 von 129 im Ranking der Transformationsländer (Bertelmann Transformation Index 2014, Bertelsmann Stiftung 2014b). Sind grundsätzliche CSR-Themen, wie z. B. Mitbestimmung, Einhaltung der Menschenrechte, Korruptionsbekämpfung oder Umweltschutz auf Landesebene, nicht ausreichend geregelt, ist mit hoher Wahrscheinlichkeit mit entsprechenden Problemen bei Lieferbetrieben dieser Länder zu rechnen.

Nun stellt sich die Frage, ob die einkaufenden westlichen Unternehmen für diese Probleme zur Verantwortung gezogen werden können oder nicht. Schließlich sollte jeder Betrieb für die Erfüllung eigener CSR-Standards selbstständig sorgen. Dennoch wird die Frage der Verantwortungsübernahme von breiten Öffentlichkeitskreisen zunehmend bejaht, was an folgenden Beispielen veranschaulicht werden kann:

- In den *Medien* häufen sich Berichte über Unfälle, Brände oder Umweltskandale in den global verteilten Lieferketten. Dabei fördert der stetige technische Fortschritt die kommunikative Macht der Medien (Kirchhoff 2006, S. 13; Regester und Larkin 2005, S. 7). Die schnelle Informationsverbreitung („free flow of information") ist in immer entfernteren Regionen möglich, wodurch die Kunden in der ganzen Welt praktisch in Echtzeit über die Fälle unethischen Verhaltens von Unternehmen erfahren.
- *Non- und Intergovernmental Organisations* (NGOs und IGOs) verfolgen aufmerksam die Aktivität der Lieferanten und prangern deren Kunden, die Original Equipment Manufacturers (OEMs), für unethisches Verhalten an. Zwar gehören sowohl die Medien als auch die NGOs und IGOs der Kategorie der Secondary-Stakeholder an, die keine direkte Kontrolle über die Ressourcen der Unternehmen haben. Jedoch sind beide Gruppen in der Lage, auf Kunden und Investoren als einflussreiche Primary-Stakeholder einzuwirken.
- Studien zu ethischem Konsum beobachten ein wachsendes Bewusstsein der *Konsumenten* für den Ursprung, die Zusammensetzung und die Herstellung von Produkten. Informationen zu Sozial- und Umweltstandards für die Endkunden sind zwar oft nicht ausreichend zugänglich, die Transparenz in den Lieferketten nimmt aber durch das Engagement der Medien, NGOs und IGOs stetig zu.

- Fragen zur Sicherstellung von CSR in der Lieferkette halten Einzug in CSR-orientierte *Unternehmensrankings*, wie z. B. die Dow-Jones-Sustainability-Indizes DJSI oder das oekom Corporate Rating.
- Während bis 2011 der Freiwilligkeitscharakter von CSR sowohl aus der Forschungsliteratur als auch aus der Haltung staatlicher Akteure (vgl. die Definition der Kommission der Europäischen Gemeinschaften 2001) nicht wegzudenken zu sein schien, entstehen heute in verschiedenen Ländern *gesetzliche Regulierungen*, die Unternehmen zur Einhaltung von Sozial- und Umweltstandards in der Lieferkette zu bewegen versuchen. Ein bekanntes, aber auch kontrovers diskutiertes Beispiel (vgl. z. B. Manhart und Schleicher 2013) ist das US-amerikanische Gesetz Dodd-Frank Wall Street Reform and Consumer Protection Act von 2010. Das Gesetz verpflichtet börsennotierte Unternehmen aus den USA, dadurch aber auch ihre europäischen Lieferanten zum Nachweis des Ursprungs der verwendeten Konfliktmineralien Gold, Wolfram, Tantal und Zinn. Werden die Mineralien aus der Demokratischen Republik Kongo importiert, so ist nachzuweisen, dass die Finanzierung von Rebellengruppen im Land ausgeschlossen wird.

Mit zum Teil unterschiedlichen Motivationen fordern die genannten Stakeholder das Gleiche: CSR-Aspekte sollen nicht nur im Rahmen eines Unternehmens umgesetzt werden; auch für die Zustände in den Lieferketten soll Verantwortung übernommen werden. Dieser Druck ist dabei insofern nachvollziehbar, als dass multinationalen Unternehmen (MNU) aufgrund ihrer wichtigen Position in der Lieferkette die Macht zuerkannt wird, Nachhaltigkeit in der globalen Wirtschaft voranzutreiben (Zink et al. 2012, S. 11). Unter welchen Voraussetzungen Beschaffungsbereiche diese Wirkung erzielen und zudem eine strategische Relevanz für ihre Gesamtunternehmen erreichen können, wird in diesem Beitrag diskutiert.

2 Nachhaltiges Lieferkettenmanagement: Ziele und Herausforderungen eines Sustainable Supply Chain Managements

Die Beachtung von Nachhaltigkeitsaspekten in der Beschaffung und im Lieferkettenmanagement wird in der Forschungsliteratur unter diversen Begriffen mit leicht unterschiedlichen thematischen Schwerpunkten diskutiert: Green Supply Chain Management, Sustainable Procurement oder Sustainable Supply Chain Management. In diesem Beitrag wird die Definition von Sustainable Supply Chain Management (SSCM) nach Carter und Rogers (2008, S. 368) verwendet, da sie explizit den strategischen Charakter der Integration von CSR-Aspekten in das Lieferkettenmanagement zum Zweck der langfristigen Erfolgssicherung einer Organisation und ihrer Lieferkette betont.[1]

---

[1] Carter und Rogers (2008, S. 368) definieren SSCM als „the strategic, transparent integration and achievement of an organization's social, environmental, and economic goals in the systemic coordination of key interorganizational business processes for improving the long-term economic performance of the individual company and its supply chains."

Die steigende Bedeutung dieses (im Vergleich zu CSR auf Unternehmensebene) jungen Forschungsfelds spiegelt sich in der rasant steigenden Anzahl von Publikationen wider (vgl. z. B. Hassini et al. 2012, S. 70). Dennoch können zahlreiche Fragestellungen des SSCM heute nicht eindeutig beantwortet werden, was die Entwicklung und Implementierung entsprechender Strategien in Unternehmen zur Herausforderung werden lässt. Die Hemmfaktoren der Integration von CSR in die Strukturen und Prozesse der Beschaffung an sich sind deshalb ein beliebtes Objekt der SSCM-Forschung. Folgende Faktoren werden als zentrale Herausforderungen diskutiert (vgl. z. B. Abbasi 2014, S. 74–81; Giunipero 2012, S. 262; Koplin 2006, S. 107; Morali und Searcy 2013, S. 649; Raynard und Forstater 2002, S. 65):

- *Führungskräfte:* fehlende Unterstützung durch die Führungskräfte sowie eine entsprechende Einstellung zu CSR oder gegebenenfalls Unstimmigkeiten zu diesem Thema auf der Ebene der Chief Executive Officers;
- *Organisationskultur*: z. B. Art des Umgangs mit Unsicherheiten oder die Widersprüchlichkeit von kurz- und langfristigen strategischen Zielen;
- *Mangel an Wissen* im Themenfeld CSR in der Lieferkette, fehlende Informations- und Austauschplattformen für die Praktiker;
- Angst vor *Kosten der Nachhaltigkeit*, z. B. Ausgaben für Forschung und Entwicklung von Infrastrukturen und Technologien, Weiterbildungsmaßnahmen für Mitarbeiter und Lieferanten, Teilnahme an Zertifizierungsprozessen, Kosten durch Veränderungen in der Lieferkette oder durch die Substitution von aus CSR-Sicht kritischen Ressourcen;
- *Komplexität*, die sich zum einen in der inhaltlichen Breite der CSR-Thematik und zum anderen in der Vielfalt der Lieferanten, Regionen und unterschiedlichen Regulierungen in Beschaffungsländern äußert;
- *Haltung der Stakeholder*: z. B. eine noch geringe Relevanz des Themas für Endkunden im Vergleich zu anderen Kaufkriterien;
- *Informationsasymmetrien* innerhalb der Lieferketten, fehlende Transparenz und eingeschränkter Informationsfluss;
- *Abhängigkeit von den Gliedern der Lieferkette* und Schwierigkeit, v. a. kleine und mittelständische Lieferanten in das CSR-Management einzubeziehen, da ihnen gegebenenfalls die dafür benötigten Kompetenzen und Ressourcen fehlen.

Dass solche Herausforderungen dennoch beherrschbar sind, kann am Beispiel der Lieferkettentransparenz und der Frage nach der Reichweite der Verantwortung aufgezeigt werden. Einerseits kann nur dann von nachhaltigen Produkten gesprochen werden, wenn alle Produktionsschritte bis hin zum Rohstoffabbau unter angemessenen Sozial- und Umweltstandards ausgeführt wurden. Andererseits ist bekannt, dass OEMs kein Vertragsverhältnis mit ihren Unterlieferanten haben und dass direkte Lieferanten Informationen zu ihrer Lieferantenbasis als wettbewerbsrelevant ansehen und oft geheim halten wollen. Der Fall von Konfliktmineralien zeigt jedoch, dass auch solch eine schwierige Aufgabe wie die Transparenzherstellung bis zur Mine innerhalb weniger Jahre umgesetzt werden kann:

Seit der Verabschiedung des Dodd-Frank Act im Jahr 2010 sind zahlreiche Brancheninitiativen, NGO-Projekte sowie Dienstleistungen zum Lieferkettenmapping entstanden, sodass nun erste Berichte möglich geworden sind.

3 Voraussetzungen für die strategische Relevanz eines nachhaltigen Lieferkettenmanagements

Da die Beweggründe für eine Integration von CSR in das Beschaffungs- und Lieferkettenmanagement stärker sind als die Herausforderungen, die mit einer Umsetzung verbunden sind, findet der SSCM-Ansatz eine immer weitere Verbreitung in der unternehmerischen Praxis. Strategisches CSR wird in der Praxis zunehmend als eine Quelle für Wettbewerbsvorteile erkannt (z. B. Marken-/Unternehmensimage, Kostenvorteile, Produktdifferenzierung; Kurucz et al. 2009; Porter und Kramer 2006, 2011; Regester und Larkin 2005, S. 74). Instrumente zur Reduktion der negativen Auswirkungen der unternehmerischen Tätigkeit (was eine wichtige Aufgabe von SSCM ist) zählen aber nach Porter und Kramer (2006, S. 85–86) nicht zu einem strategischen, sondern zu einem reaktiven CSR-Ansatz. Diese Art von CSR sei nicht einzigartig, weshalb die damit erzielten Vorteile nur von kurzer Dauer sein können. Strategisch könne nur die *Transformation der Aktivitäten entlang der Wertschöpfungskette* sein, sodass diese Aktivitäten einen Beitrag zur Gesamtstrategie leisten (Porter und Kramer 2006, S. 89). Die Reduktion der negativen Auswirkungen in der Lieferkette als ein normatives Anliegen mag auf den ersten Blick den Eindruck einer reaktiven Strategie vermitteln. Wenn man jedoch berücksichtigt, dass der Erfolg eines Unternehmens stark von seiner Lieferkette abhängt – von deren Produktivität, Beständigkeit und Widerstandsfähigkeit gegenüber CSR-Risiken, wird deren strategische Bedeutung deutlich. Werden durch die Integration von CSR Strukturen und Prozesse der Beschaffung so transformiert, dass dies die Unternehmensstrategie unterstützt, so kann von strategischem SSCM gesprochen werden. Unter welchen Bedingungen SSCM-Maßnahmen ihren strategischen Charakter erlangen können, wird im Folgenden diskutiert.

3.1 Vorausschauende Instrumente des SSCM

Instrumente des SSCM werden grob in zwei Gruppen unterteilt: reaktive und proaktive Strategien (z. B. Grimm 2013, S. 20; Wolf 2013, S. 319). Erstere zielen darauf ab, bestehende Unregelmäßigkeiten in der Lieferkette aufzudecken und zu korrigieren, nachdem dies von den Stakeholdern gefordert wurde. Letztere entspringen dem strategischen Ziel der Nachhaltigkeit und sollen das Auftreten von CSR-Issues verhindern und die Erwartungen der Stakeholder übertreffen. Im Rahmen der *reaktiven Strategien* wird meist den direkten Lieferanten („1st-Tiers") vorgeschrieben, welche CSR-Mindeststandards sie einzuhalten haben und sie dementsprechend an ihre Lieferanten („2nd"- bis „n-Tiers") weitergeben sollen. Diese Vorschriften werden in Form von Sozialchartas, Verhaltenskodizes bzw. Codes of Conduct (CoC) verabschiedet oder in die Einkaufsbedingungen und im besten Fall in die Verträge aufgenommen. Diese Maßnahme ist mit geringem Ressourcenaufwand verbunden und greift zunächst kaum in die bestehenden Strukturen und Prozesse der Beschaffung ein. Dies erklärt die Popularität der Verhaltensvorschriften: Selbst KiK, bei dem die billige Produktion in Schwellenländern zum Geschäftsmodell gehört, hat seit 2006 einen Verhaltenskodex – als Gegengewicht zu den zahlreichen Studien und Medienberichten, die schlechte Arbeitsbedingungen und schwere Unfälle bei den KiK-Lieferanten anprangern (z. B. dpa 2012; o. A. 2006, S. 81). Sicherlich ist es sinnvoll, wenn einkaufende Unternehmen ihre Erwartungen an die Lieferanten deutlich zum Ausdruck bringen. Doch nicht umsonst stehen verschiedene Formen der Verhaltensvorschriften in der Kritik:

- Die Umsetzung der Mindestanforderungen wird unterschiedlich stark kontrolliert: durch Selbst-Auskünfte (Self-Assessments), Lieferantenbesuche von eigenen Auditoren oder externen Organisationen („third party"). Mit den Self-Assessments kann eine breite Lieferantenbasis erreicht werden; doch ist zu bezweifeln, ob je ein Lieferant „Ja, wir praktizieren Kinderarbeit" ankreuzen würde. Audits dagegen ermöglichen eine gründlichere Prüfung, sind dabei aber kostspielig und werden meist nur für einen Bruchteil der Lieferanten eingesetzt. Hinzu kommt, dass solche Audits, insbesondere wenn sie im Vorfeld angekündigt werden, leicht zu manipulieren sind: Fluchtwege werden vorübergehend freigeräumt; Mitarbeiter werden geschult, passende Antworten auf kritische Fragen zu geben (z. B. Hoang und Jones 2012, S. 78; Lin-Hi 2012, S. 35). In den meisten Fällen gelingt es also Unternehmen nicht, die Sozial- und Umweltstandards flächendeckend und verlässlich umzusetzen (Hobelsberger 2012a, S. 119–121; Baden et al. 2009, S. 430; Jorgensen und Knudsen 2006; Knolle 2012, S. 299; Locke 2013, S. 26–35).
- Einkaufende Großunternehmen weisen die Verantwortung für die möglichen Missstände in der Lieferkette von sich und geben sie an ihre Lieferanten weiter. Diese oft kleinen und mittelständischen Unternehmen (KMU) verfügen über knappe Ressourcen und begrenztes Wissen zu CSR, stehen aber in der sog. Sandwich-Position zwischen OEM und dem Rest der Lieferkette, in der sie die Sozial- und Umweltstandards durchsetzen müssen. Hinzu kommt, dass sie bei mehreren OEMs mit deren eigenen Verhaltensvorschriften unter Vertrag stehen, einen Überblick über die geforderten Standards behalten und diverse Self-Assessments ausfüllen müssen. Dies führt zu einer starken Belastung der Lieferanten und kann gegebenenfalls sogar demotivierend in Bezug auf CSR wirken.
- In einem harten Wettbewerbsumfeld können sich KMUs oft nicht leisten, Aufträge abzulehnen. Deshalb unterschreiben sie die Nachhaltigkeitsanforderungen, auch wenn sie diesen nicht entsprechen. Wird auch nach der Einführung von Verhaltenskodizes durch das einkaufende Unternehmen, wie z. B. im Fall von KiK, regelmäßig über die Missstände in der Lieferkette berichtet, so empfinden die breiten Stakeholdergruppen diese Maßnahme als Greenwashing zum Aufpolieren des eigenen Image.

Trotz der genannten Nachteile sind die Kontrollen der Sozial- und Umweltstandards sinnvoll. Nur sollten hierfür Lösungen gefunden werden, die aussagekräftige Ergebnisse liefern, effektiver in ihrer Wirkung sind und eine gerechtere Verteilung des Ressourceneinsatzes entlang der Lieferkette ermöglichen.

Mit *proaktiven Strategien* kann grundsätzlich eine stärkere Wirkung erreicht werden, indem z. B. die Beschaffungsbereiche bereits im Vorfeld der Vergabe CSR-Risiken ausschließen, die Lieferbetriebe zur Bewältigung der Herausforderungen befähigen oder die technologischen Möglichkeiten der Vermeidung von Umweltauswirkungen und Arbeitsrisiken erforschen. Eine solche Vorgehensweise dient nicht nur der Krisenprävention für das Gesamtunternehmen: Sie leistet auch einen Beitrag zur nachhaltigen Entwicklung von globalen Wertschöpfungsketten. Im Folgenden werden exemplarisch einige Maßnahmen des proaktiven SSCM vorgestellt: strategisches Foresight und Risikomanagement, Umgang mit kritischen Beschaffungsobjekten, Lieferantenauswahl und Lieferantenentwicklung.

Strategisches Foresight und Risikomanagement

Die Bedeutung der Zukunftsforschung im Beschaffungsmanagement beschreibend, konstatiert Fröhlich (2011, S. 125), dass der Begriff Zukunft nicht in der Beschaffungsliteratur vorkommt. Strategisches Foresight, das als Unternehmensprozess für eine „ganzheitliche Antizipation, Analyse und Interpretation langfristiger gesellschaftlicher, ökonomischer und technologischer Umfeldentwicklungen" (Müller 2008, S. 25) definiert wird, behandelt momentan eher technologische Innovationen oder Marktpotenziale. Dabei besteht die Möglichkeit, Strukturen und Prozesse des strategischen Foresight auch im Kontext von SSCM einzusetzen. Mit Stakeholderdialogen, Delphi-Verfahren oder Issues-Scanning können zukünftige CSR-Themen in verschiedenen Regionen erforscht werden. Denn zum einen können sich politische Änderungen in einzelnen Ländern auf die Menschenrechts- oder die Umweltsituation auswirken. Zum anderen können aktuelle langfristige Trends, wie z. B. die schnelle Entwicklung und die Herausbildung der Mittelschicht in Schwellenländern (Roland Berger Strategy Consultants 2014, S. 9), Forderungen der lokalen Bevölkerungen in den Produktionsländern nach schärferen Sozial- und Umweltstandards nach sich ziehen.

Ein weiteres Instrument des strategischen Foresight – die Szenariotechnik – kann ebenfalls sinnvoll eingesetzt werden, um die Entscheidungen zum Umfang von SSCM-Aktivitäten zu begründen. Die klassische Analysemethode des Risikomanagements, in der die Risiken auf einer Matrix aus Eintrittswahrscheinlichkeit und Schadenshöhe zugeordnet werden (Brauweiler 2015, S. 10), eignet sich kaum zur Anwendung für CSR in der Lieferkette. Dies zeigt sich deutlich am Beispiel des Risikos von Kinder- oder Sklavenarbeit in einem Glied der Lieferkette. Zum einen ist die Schadenshöhe der Reputationsrisiken in solch einem Fall kaum messbar. Zum anderen setzen die normativen Anforderungen der Internationalen Arbeitsorganisation (International Labor Office 2014) oder des United Nations Global Compact (UN Global Compact Office 2014) eine vollständige Beseitigung von Kinder- und Zwangsarbeit voraus. Das heißt, auch bei geringer Wahrscheinlichkeit werden von Unternehmen präventive Maßnahmen erwartet. Mit der Szenariotechnik kann im Unterschied zur o. g. Risikomatrix genauer analysiert werden, welche Folgen die Missstände in der Lieferkette für das Unternehmen haben können und an welchen Stellschrauben mit sinnvollen SSCM-Maßnahmen angesetzt werden kann, um negative Szenarien zu verändern.

Umgang mit kritischen Beschaffungsobjekten
Nicht alle einzukaufenden Güter sind in Bezug auf CSR-Aspekte gleich stark risikobehaftet. Deren einzelne Bestandteile oder deren entsprechenden Produktionsprozesse können mit verschiedenen CSR-Issues verbunden sein. Im Rahmen des Risikomanagements ist es möglich, Beschaffungsobjekte auf deren Vulnerabilität gegenüber diesen Issues zu untersuchen, um den besonderen Handlungsbedarf zu definieren. Neben den bereits erwähnten Konfliktmineralien gibt es eine Reihe von Rohstoffen, deren Abbau, Herstellung, Weiterverarbeitung oder Verwendung mit ökologischen und menschenrechtlichen Problemen zusammenhängen können: Kautschuk, Seltene Erden, Chrom, Quecksilber, bromierte Flammschutzmittel, Aluminium, Kupfer usw. (z. B. Bethge et al. 2014). Arbeitsprozesse, die keine Qualifikation verlangen, bergen die Gefahr der Kinderarbeit. Erfordert die Bedienung von Maschinen die Nutzung von Schutzkleidung, ist das Risiko der Arbeitsunfälle hoch, v. a. wenn der Einsatz der Schutzkleidung im Lieferbetrieb nicht ernst genommen wird.

Durch eine ausführliche Analyse der Beschaffungsobjekte können solche Risiken identifiziert werden. Anschließend sollten Strategien für den Umgang mit kritischen Beschaffungsobjekten definiert und implementiert werden. Denkbar wären z. B. die Erforschung von Möglichkeiten der Substitution von Rohstoffen oder die Einführung von Managementprozessen nach dem Vorbild des Rahmenwerks der Organisation für wirtschaftliche Zusammenarbeit und Entwicklung (OECD) zur Sorgfaltspflicht bei der Beschaffung von Konfliktmineralien (OECD 2012). Der von der OECD in einer Multistakeholderinitiative erarbeitete Leitfaden kann auch auf andere kritische Rohstoffe angewendet werden, um die damit verbundenen Risiken soweit wie möglich zu minimieren.

Alternativ können technische Innovationen zur Substitution kritischer Rohstoffe und damit zur Problemlösung beitragen. So gelang es z. B. Continental in Zusammenarbeit mit Forschungsinstituten und einem Pflanzenzüchter eine alternative Art von Naturkautschuk unter dem Label Taraxagum zu entwickeln. Auf Basis des russischen Löwenzahns wurde eine ertragreiche Pflanze gezüchtet, aus deren Latexsaft Autoreifenprototypen hergestellt werden können. In fünf bis zehn Jahren soll Taraxagum in die Serienproduktion eingeführt werden (Lange 2014). Der Anbau von herkömmlichem Kautschuk ist mit der Zerstörung von Wäldern und den vielfältigen Auswirkungen auf Ökosysteme und Biodiversität verbunden (Martin 2013). In den nächsten 20 Jahren wird eine Verdopplung der Nachfrage nach Naturkautschuk erwartet, was die Erforschung von Alternativen umso wichtiger macht (Bethge et al. 2014, S. 32).

Lieferantenauswahl

Wenn im Rahmen von Self-Assessments oder Audits in der bestehenden Lieferantenbasis Missstände aufgedeckt werden, kommt jede Reaktion zu spät: Unfälle, Kinderarbeit, Menschenrechtsverletzungen oder Umweltverschmutzung sind bereits geschehen. Das Auflösen der Vertragsverhältnisse ist meist nicht ohne Verluste möglich. Der OEM kann nur Verbesserungsmaßnahmen verlangen, sich auf deren Umsetzung verlassen und weiter kontrollieren. Diese Probleme können vermieden werden, wenn schon vor der Vergabe Sozial- und Umweltaspekte überprüft werden. Derzeit reicht für viele OEMs eine Unterschrift bezüglich des Verhaltenskodex als Garantie aus. Im Unterschied dazu wird die Qualität vor der Vergabe so oft kontrolliert und ausgebessert, bis das einkaufende Unternehmen sie als akzeptabel anerkennt. Dabei beschreibt der Qualitätsstandard DIN EN ISO 9000:2005 (2005, S. 18–19) den Begriff Qualität als den Grad, zu dem ein Satz von innewohnenden Merkmalen Anforderungen der Organisation, ihrer Kunden und anderer interessierter Gruppen erfüllt. Nach dieser Definition sollten auch Sozial- und Umweltstandards als Teil des Qualitätsbegriffs verstanden werden, da CSR i. d. R. in Organisationszielen verankert ist und zunehmend von verschiedenen Stakeholdern gefordert wird (s. Abschn. 1). CSR verdient daher den Stellenwert eines wesentlichen Vergabekriteriums.

In einer am Institut für Technologie und Arbeit e. V. (ITA) im Jahr 2014 durchgeführten Benchmarkstudie[2] wurden nur wenige Ansätze zur Integration von CSR in den Vergabeprozess identifiziert, wobei in keinem der Fälle von der Gleichstellung der CSR mit anderen Vergabekriterien gesprochen werden kann. BMW, Fiat und Deutsche Telekom bewerten ihre Lieferanten anhand einer Selbstauskunft (Fiat nutzt z. T. auch Audits) im Vorfeld der Vergabe. BMW unterteilt die Lieferanten nach der Ampelsystematik in nachhaltige (grün) bis nichtnachhaltige (rot) und definiert für jeden der fünf Einkaufsbereiche die Mindestanzahl der Lieferanten mit grün und die Maximalanzahl der Lieferanten mit rot. Fiat reduziert Punkte der gesamten Lieferantenbewertung, wenn Sozial- und Umweltstandards nicht erfüllt werden (bis zu 5 von insgesamt 100 Punkten). Bei der Deutschen Telekom machen die Nachhaltigkeitskriterien 10 % der Vergabeentscheidung aus.

Einen abweichenden Ansatz nutzt Hewlett-Packard (HP). Die Nachhaltigkeitsperformance der Lieferanten wird in einer Scorecard erfasst. Dabei werden nicht nur für Auditergebnisse Punkte verteilt, sondern auch für CSR-Aktivitäten, wie z. B. die Erklärung zu Konfliktmineralien oder die Teilnahme an Lieferantenentwicklungsmaßnahmen und Schulungen. Dem Ergebnis entsprechend werden die Lieferanten einer der fünf Kategorien bzw. Stufen zugeordnet, die das Beschaffungsvolumen beeinflusst. Bekommt ein Lie-

---

[2] Die Benchmarkstudie im Rahmen eines Industrieprojekts am ITA beleuchtete die Möglichkeiten der proaktiven Integration von CSR in zwei wichtige Prozesse der Beschaffung: Lieferantenauswahl und Lieferantenentwicklung. In dieser multiplen Fallstudie wurden zehn erfolgreiche Praxisbeispiele von international agierenden Unternehmen untersucht. Die Datenerhebung umfasste die Auswertung von Unternehmenspublikationen (CSR-Berichten, Pressemitteilungen), wissenschaftlichen Artikeln und Medienberichten sowie die Durchführung von Interviews mit Verantwortlichen für CSR und SSCM in den beteiligten Unternehmen. Die Studie wurde als internes Projektdokument veröffentlicht (Institut für Technologie und Arbeit e. V. 2014).

ferant z. B. eine niedrige Punktzahl und wird dadurch tief eingestuft, so kann das Beschaffungsvolumen um bis zu 60 % reduziert werden. Dies soll eine Signalwirkung haben und Verbesserungsmaßnahmen anregen.

Lieferantenentwicklung
Wenn die Lieferanten nicht in der Lage sind, Sozial- und Umweltstandards einzuhalten, stehen die einkaufenden Unternehmen vor der Entscheidung: Bestrafen oder Befähigen? „Wir mussten die Wahl treffen: sich vom Lieferanten trennen und weglaufen oder bleiben und den Lieferanten entwickeln", berichtete in der ITA-Benchmarkstudie ein Manager von seinen ersten Erfahrungen mit schlechten Auditergebnissen. Wie oben erwähnt, sind fehlende Kompetenzen bei KMU eine bedeutende Barriere für die Implementierung von CSR. Der Ausbau dieser Kompetenzen würde Lieferanten befähigen, nicht nur die geforderten Standards einzuhalten, sondern auch diese Fähigkeit in die weiterführende Lieferkette oder in die Branche zu tragen und nach dem Prinzip der „supplier ownership" die Verantwortung für CSR zu übernehmen (Hobelsberger 2012b, S. 161; Maignan et al. 2002, S. 644; Rangarajan et al. 2008). Lieferantenentwicklung als Unterstützung der Lieferanten, um deren Fähigkeiten auszubauen, den Anforderungen eines einkaufenden Unternehmens zu entsprechen (Krause und Ellram 1997, S. 39), ist eine der wichtigsten Aufgaben der Beschaffung. Lieferantenentwicklung kann abhängig vom Grad der Beteiligung eines OEM direkt oder indirekt sein. Direkte Maßnahmen werden durch einkaufende Unternehmen finanziert oder personell unterstützt. Indirekte Maßnahmen beinhalten z. B. Wissensaustausch und Motivation durch Anreize (Wagner 2010, S. 537–538).

Als Praxisbeispiele aus der ITA-Benchmarkstudie können die Lieferantenentwicklungsprogramme von HP und BASF angeführt werden. Als indirekte Maßnahme berät HP seine Lieferanten bei der Umsetzung von Verbesserungsmaßnahmen. Direkte Maßnahmen finden im Rahmen eines organisierten Kapazitätsentwicklungsprogramms statt. In Kooperation mit Multistakeholderinitiativen (MSI) wie z. B. Business for Social Responsibility (BSR) und lokalen NGOs wie z. B. Students and Scholars Against Corporate Misbehaviour (SACOM) veranstaltet das Unternehmen Trainingsprogramme zu verschiedenen CSR-Themen. Die Wirkung dieser Maßnahmen zeigt sich in der festgestellten eindeutigen Korrelation zwischen der Teilnahme an Lieferantenentwicklungsmaßnahmen und einer besseren CSR-Performance der Lieferbetriebe, die in Langzeiterhebungen durch HP bestätigt wird.

BASF führt seit 2005 das Projekt CSR „1+3" durch, in dem wenige ausgewählte Unternehmen (Partner) in einem intensiven Trainings- und Coachingprozess auf die Herausforderungen des CSR-Managements vorbereitet werden. Mit jeweils drei Partnern – einem Lieferanten, einem Dienstleister und einem Kundenunternehmen – bildet BASF die namensgebenden „1+3"-Teams. BASF stellt diesen Partnern seine Expertise zu dem Thema zur Verfügung und begleitet sie in einem Beratungsprozess bei der Entwicklung eigener Strategien. Es wird erwartet, dass die Teilnehmer den „1+3"-Prozess für ihre Partner wiederholen oder ähnliche Maßnahmen zur Weitergabe des Wissens implementieren, um einen Schneeballeffekt zu erzeugen.

3.2 Integration von Corporate Social Responsibility in die Strategie

Eine wichtige Voraussetzung des strategischen SSCM ist die Integration von CSR in die Strukturen und Prozesse der Beschaffung anstatt der Einrichtung von Parallelstrukturen. Werden z. B. CSR-Aspekte in die Einkaufbedingungen aufgenommen, so sollen sie auch erstens bei der Lieferantenauswahl berücksichtigt werden und zweitens in den Zielvereinbarungen mit den Mitarbeitern der Beschaffung eine Rolle spielen. Geschieht dies nicht, bleiben diese Einkaufsbedingungen wirkungslos, ein Instrument des Windowdressing und ein irritierendes Dokument, das den Beschaffer nur verunsichert: Soll er nun CSR-Aspekte prüfen und bei der Vergabe berücksichtigen, wenn auf seiner Checkliste nur die traditionellen Kriterien Qualität, Kosten und Liefertreue stehen? Würde er auf CSR achten, wird er dafür belohnt oder bestraft?

Die Integration von CSR in die Strukturen und Prozesse der Beschaffung impliziert auch, dass die Einhaltung von Sozial- und Umweltstandards im Unternehmen als wesentlicher Bestandteil der Strategie und nicht als belastendes Add-on betrachtet wird. Zielkonflikte und Verteilungskämpfe, die als mögliche Nebenwirkungen von CSR gelten (Liebl 2011, S. 313), müssen daher vermieden werden. Eine wichtige Bedingung einer erfolgreichen Umsetzung ist, dass die Mitarbeiter der Beschaffung frühzeitig in die Strategieentwicklung und -implementierung einbezogen werden. Einerseits können sie dadurch das Ziel der nachhaltigen Beschaffung stärker verinnerlichen. Anderseits können sie ihre Erfahrungen in der Interaktion mit Lieferanten aus verschiedenen Regionen der Welt einbringen. Weiterhin sollte sichergestellt werden, dass für die Einführung der SSCM-Maßnahmen zusätzliche Ressourcen bereitgestellt werden. Dabei sollte auch die Zusatzarbeit, die für die Beschaffungsabteilung als Ganzes entsteht, vom Unternehmen insgesamt aufgefangen werden. Denn im Vergleich zu CSR-Maßnahmen in anderen Bereichen, ist die Sicherstellung der Einhaltung von Sozial- und Umweltstandards in den global verteilten Wertschöpfungsketten viel komplexer. Die Schäden durch die Missstände in Lieferbetrieben würden wiederum das Gesamtunternehmen treffen.

Deshalb ist es sinnvoll, für das Nachhaltigkeitsmanagement in der Lieferkette ein Gremium mit Vertretern relevanter Funktionsbereiche einzurichten, wie dies z. B. bei HP der Fall ist. Ein funktionsübergreifendes Gremium ermöglicht neben der geteilten Finanzierung des SSCM einen intensiven Dialog zwischen den Bereichen. Durch den Austausch gegebenenfalls unterschiedlicher Bedürfnisse und Erwartungen, können gemeinsame CSR-Ziele definiert werden, für deren Umsetzung die Lieferkette von Bedeutung sein kann. So können z. B. in der Interaktion mit der Produktentwicklung die Möglichkeiten von Nachhaltigkeitsinnovationen eruiert oder im Austausch mit der Marketingabteilung potenzielle Wettbewerbsvorteile diskutiert werden.

3.3 Coopetition: Kooperation und Konkurrenz

Als eine Paradoxie der strategischen CSR führt Liebl (2011, S. 110) ihre leichte Imitierbarkeit an, was die Differenzierung durch Nachhaltigkeit zum Erlangen von Wettbewerbsvorteilen schwierig macht. Diese Paradoxie gilt auch für SSCM: Hier geht es v. a. um die Reduktion des negativen Impacts auf Umwelt und Gesellschaft an Lieferantenstandorten, was sicherlich wenig Unterscheidungskraft im Wettbewerb zulässt. Hier kann jedoch die Zeit als Wettbewerbsfaktor angesehen werden, wie dies an folgendem Beispiel deutlich wird: 2007 befragte eine Reihe von NGOs im Rahmen der Kampagne makeITfair Elektronikhersteller zum Ursprung der verwendeten Konfliktmineralien, wobei kein Unternehmen Information dazu hatte oder offenlegen wollte. HP initiierte daraufhin als einziges Unternehmen eine eigene Studie zu den Rohstoffen in Produkten (Nordbrand und Bolme 2007, S. 15), engagierte sich auch später in Branchen- und Multistakeholderinitiativen zur Schaffung von Transparenz und veröffentlichte z. B. eine Liste von Schmelzereien, von denen das Unternehmen Konfliktmineralien bezog. Dies brachte HP zahlreiche Nennungen als Best Practice in Publikationen von NGOs und Medien sowie hohe Plätze in ethischen Unternehmensrankings z. B. der NGO Brot für alle, Fastenopfer, Greenpeace und Enough! (Brot für alle und Fastenopfer 2014; Greenpeace 2011; Lezhnev und Hellmuth 2012). Sicherlich kann HP nicht lange von diesem First-Mover-Advantage profitieren, denn erfolgreiche CSR-Maßnahmen animieren zum Nachmachen. Dies zu verhindern, würde den globalen Zielen der nachhaltigen Entwicklung und damit der unternehmerischen Verantwortung widersprechen (Liebl 2011, S. 110).

Aus diesem Grund, aber auch weil SSCM-Herausforderungen für Einzelunternehmen schwer zu bewältigen sind, setzt sich aktuell ein Trend zur Entwicklung von branchenübergreifenden Lösungen durch (Blowfield 2000, S. 193). Solche Ansätze können als Coopetition bezeichnet werden, d. h. als Strategien, die Konkurrenz und Kooperation vereinen (Gnyawali und Park 2011, S. 650). Unternehmen arbeiten mit ihren Wettbewerbern zusammen, um gemeinsam davon zu profitieren. So führte z. B. die Arbeitsgruppe Automobilindustrie des Netzwerks CSR-Europe im Jahr 2014 zunächst eine gemeinsame Erklärung zur Nachhaltigkeit in der Lieferkette (CSR Europe 2014a) und später ein gemeinsames System der Self-Assessments (CSR Europe 2014b) ein. Das Instrument wurde dabei in Zusammenarbeit der Hersteller entwickelt, was zusätzlich den Austausch von Kompetenzen in der Branche ermöglichte. Im Unterschied zu üblichen, eher oberflächlichen Selbstauskünften, müssen in diesem Fragebogen Ansprechpartner für einzelne CSR-Themen, Managementinstrumente und Zertifikate genannt werden. Die Angaben sind durch das Hochladen von Dokumenten zu belegen. Automobilhersteller beziehen ihre Teile oft von gleichen Lieferbetrieben. Füllt ein Lieferant die Selbstauskunft aus, so kann er diese für alle seine Kunden freigeben. Dies erspart den Aufwand für OEMs und Lieferanten. Ähnliche Organisationen finden sich auch in anderen Branchen. Die Joint Audit Cooperation (JAC) der Telekommunikationsbranche führte seit der Gründung 2010 bis Ende 2014 etwa 150 Audits der Lieferbetriebe vor Ort durch, plant aber in Zukunft eine erweiterte Zusammenarbeit mit den Lieferanten (Deutsche Telekom AG 2015). In der chemischen Industrie werden seit 2011 im Rahmen der Initiative Together for Sustainability Audits und Assessments durchgeführt (Together for Sustainability 2013).

Die Zusammenarbeit zur Kontrolle der Sozial- und Umweltstandards in den Lieferketten ist ein wichtiger Schritt zur Schaffung von Transparenz auf den Beschaffungsmärkten. Sinnvoll wäre aber, wenn die Branchenorganisationen ihr Potenzial von Coopetition, ihre materiellen und ihre immateriellen Ressourcen wie Wissen oder Beziehungen zu lokalen NGOs für effektivere proaktive Strategien einsetzen würden, wie z. B. Lieferantenentwicklung oder/und Antizipieren von Trends.

4 Zusammenfassung und Fazit

Während die Beschaffung traditionell eine operative Rolle spielte, wird ihr immer mehr strategische Relevanz zugesprochen (Schneider und Wallenburg 2013, S. 144). Das nachhaltige Lieferkettenmanagement bekommt dann eine strategische Bedeutung, wenn CSR Einzug in die Strukturen und Prozesse der Beschaffung hält. Das bedeutet, dass die bestehenden Aktivitäten des Funktionsbereichs so transformiert werden, dass sie die Einhaltung von Sozial- und Umweltstandards in der Lieferkette ermöglichen, sicherstellen und fördern. Dafür sollte strategisches SSCM den in diesem Beitrag vorgestellten grundlegenden Anforderungen standhalten:

- Die eingesetzten Instrumente müssen vorausschauend sein, die Zukunft antizipieren und CSR-Issues verhindern, bevor diese auftreten können.
- CSR muss tatsächlich in die Strukturen und Prozesse der Beschaffung integriert sein und nicht als parallele Wirklichkeit im Beschaffungsbereich existieren.
- Neben der Differenzierung durch Nachhaltigkeit sollte die Kooperation mit Wettbewerbern (Coopetition) zur Lösung komplexer Herausforderungen in der Lieferkette angestrebt werden.

Literatur

Abbasi M (2014) Exploring Themes and Challenges in developing sustainable supply chains. A complexity theory perspective. Media-Tryck & Lund University, Lund

Baden DA, Harwood IA, Woodward DG (2009) The effect of buyer pressure on suppliers in SMEs to demonstrate CSR practices: an added incentive or counter productive? Eur Manage J 27:429–441

Bertelsmann Stiftung (2014a) BTI 2014- Myanmar Country Report. Bertelsmann Stiftung, Gütersloh

Bertelsmann Stiftung (2014b) Transformationsindex BTI 2014. Status-Index. http://www.bti-project.de/index/status-index/. Zugegriffen: 30. Juni 2015

Bethge JP, Hörmann S, Hütz-Adams F, Liese S, Voge A-K (2014) Nachhaltige Rohstoffe für den deutschen Automobilsektor. Herausforderungen und Lösungswege. Brandt GmbH, Bonn

Blowfield M (2000) Ethical sourcing: a contribution to sustainability or a diversion? Sustain Dev 8:191–200
Brauweiler H-C (2015) Risikomanagement in Unternehmen. Ein grundlegender Überblick für die Management-Praxis. Springer Fachmedien Wiesbaden, Wiesbaden
Brot für alle, Fastenopfer (2014) Hightech-Rating. http://www.hightech-rating.ch/. Zugegriffen: 30. Juni 2015
Carter CR, Rogers DS (2008) A framework of sustainable supply chain management: moving toward new theory. Int J Phys Distrib Logist Manage 38:360–387
CSR Europe (2014a) Automotive industry guiding principles to enhance sustainability performance in the supply chain. http://www.csreurope.org/sites/default/files/Guiding%20Principles.pdf. Zugegriffen: 30. Juni 2015
CSR Europe (2014b) SAQ. CSR Europe. http://www.csreurope.org/saq-0. Zugegriffen: 30. Juni 2015
Deutsche Telekom AG (2015) Joint Audit Cooperation. https://www.telekom.com/verantwortung/cr-strategie-und-management/nachhaltiges-lieferantenm/99518. Zugegriffen: 2. Juli 2015
DIN EN ISO 9000 (2005) Qualitätsmanagementsysteme – Grundlagen und Begriffe. Beuth Verlag, Berlin
Dodd-Frank Wall Street Reform and Consumer Protection Act. Public Law 111-203-July 21, 2010. http://www.gpo.gov/fdsys/pkg/PLAW-111publ203/pdf/PLAW-111publ203.pdf. Zugegriffen: 2. Juli 2015
dpa (2012) Brand in Pakistan: Katastrophen-Fabrik belieferte Textildiscounter Kik. Handelsblatt. http://www.handelsblatt.com/unternehmen/handel-konsumgueter/brand-in-pakistan-katastrophen-fabrik-belieferte-textildiscounter-kik/7148504.html?p6141202=6. Zugegriffen: 2. Juli 2015
Environmental Performance Index (2014) Country rankings. http://epi.yale.edu/epi/country-rankings. Zugegriffen: 2. Juli 2015
Fröhlich E (2011) Zukunftsorientierung in der Betriebswirtschaftslehre. In: Tiberius V (Hrsg) Zukunftsforschung im Beschaffungsmanagement. Gabler, Wiesbaden, S 123–138
Giunipero LC, Hooker RE, Denslow D (2012) Purchasing and supply management sustainability: drivers and barriers. J Purch Supply Manage 18:258–269
Gnyawali DR, Park B-J (2011) Co-opetition between giants: collaboration with competitors for technological innovation. Research Policy 40:650–663
Greenpeace (2011) Guide to greener electronics. http://www.greenpeace.org/international/Global/international/publications/climate/2011/Cool%20IT/greener-guide-nov-2011/hp.pdf. Zugegriffen: 27. Juni 2015
Grimm JH (2013) Ensuring suppliers' and sub-suppliers' compliance with corporate sustainability standards in supply chains. Difo-Druck GmbH, Bamberg
Hassini E, Surti C, Searcy C (2012) A literature review and a case study of sustainable supply chains with a focus on metrics. Int J Prod Econ 140:69–82
Hoang D, Jones B (2012) Why do corporate codes of conduct fail? Women workers and clothing supply chains in Vietnam. Glob Soc Policy 12:67–85
Hobelsberger C (2012a) Interne Governance: von „Comply or Die" zu „Beyond Monitoring". In: Zink KJ, Fischer K, Hobelsberger C (Hrsg) Nachhaltige Gestaltung internationaler Wertschöpfungsketten. Nomos, Baden-Baden, S 107–126
Hobelsberger C (2012b) Supplier Ownership. In: Zink KJ, Fischer K, Hobelsberger C (Hrsg) Nachhaltige Gestaltung internationaler Wertschöpfungsketten. Nomos, Baden-Baden, S 161–169
Institut für Technologie und Arbeit e. V. (Hrsg) (2014) Benchmarking-Studie: Best Practices des nachhaltigen Lieferkettenmanagements. Interne Veröffentlichung

International Labor Office (2014) Rules of the game. A brief introduction to international labour standards. http://www.ilo.org/wcmsp5/groups/public/-ed_norm/-normes/documents/publication/wcms_318141.pdf. Zugegriffen: 2. Juli 2015

Jorgensen AL, Knudsen JS (2006) Sustainable competitiveness in global value chains: how do small Danish firms behave? Corp Gov 6:449–462

Kirchhoff KR (2006) CSR als strategische Herausforderung. In: Gazdar K, Habisch A, Kirchhoff KR (Hrsg) Erfolgsfaktor Verantwortung: Corporate Social Responsibility professionell managen. Springer, Berlin, S 13–33

Knolle M (2012) Corporate social responsibility in supply chains: improving working conditions through dialogue and cooperation. In: Traub-Merz R, Ngok K (Hrsg) Industrial democracy in China. With additional studies on Germany, South-Korea and Vietnam. FES, Shanghai, S 297–313

Kommission der Europäischen Gemeinschaften (Hrsg) (2001) Europäische Rahmenbedingungen für die soziale Verantwortung der Unternehmen: Grünbuch. Amt für amtliche Veröffentlichungen der Europäischen Gemeinschaften, Brüssel

Koplin J (2006) Nachhaltigkeit im Beschaffungsmanagement: Ein Konzept zur Integration von Umwelt- und Sozialstandards. Deutscher Universitäts-Verlag, Wiesbaden

Krause DR, Ellram LM (1997) Success factors in supplier development. Int J Phys Distrib Logist Manage 27:39–52

Kurucz EC, Colbert BA, Wheeler D (2009) The business case for corporate social responsibility. In: Crane A, McWilliams A, Matten D, Moon J, Siegel DS (Hrsg) The Oxford handbook of corporate social responsibility. Oxford University Press, New York, S 83–112

Lange H (2014) Löwenzahn-Kautschuk. ContiWinterRoadshow 2014. Continental. http://blobs.continental-tires.com/www8/servlet/blob/393542/4f4bbb15273d2370586adb74cf9652ed/2014-10-01-loewenzahn-cwr-2014-pdf-data.pdf. Zugegriffen: 31. Mai 2016

Lezhnev S, Hellmuth A (2012) Taking conflict out of consumer gadgets. Company rankings on conflict minerals 2012. Enough Project. http://www.enoughproject.org/files/CorporateRankings2012.pdf. Zugegriffen: 29. Juni 2015

Liebl F (2011) Corporate Social Responsibility aus Sicht des Strategischen Managements. In: Raupp J, Jarolimek S, Schultz F (Hrsg) Handbuch CSR: Kommunikationswissenschaftliche Grundlagen, disziplinäre Zugänge und methodische Herausforderungen. VS Verlag für Sozialwissenschaften, Wiesbaden, S 305–326

Lin-Hi N (2012) Studie zum International Council of Toy Industry (ICTI) Care Process. http://woek.de/web/cms/upload/pdf/aktion_fair_spielt/publikation/lin-hi_2012_studie_zum_icti_care_process.pdf. Zugegriffen: 31. Mai 2016

Locke RM (2013) The promise and limits of private power: Promoting labor standards in a global economy. Cambridge University Press, Cambridge

Maignan I, Hillebrand B, McAlister D (2002) Managing socially-responsible buying: How to integrate non-economic criteria into the purchasing process. Eur Manage J 20:641–648

Manhart A, Schleicher T (2013) Conflict minerals – An evaluation of the Dodd-Frank Act and other resource-related measures. http://www.oeko.de/oekodoc/1809/2013-483-en.pdf. Zugegriffen: 2. Juli 2015

Martin K (2013) Tropenwaldzerstörung in Asien: Dimension und Folgen des Kautschukanbaus. Rundgespräche Komm Ökologie 42:29–42

Merkel H, Breuer P, Eltze C, Kerner J (2008) Global Sourcing im Handel. Wie Modeunternehmen erfolgreich beschaffen. Springer, Berlin

Morali O, Searcy C (2013) A review of sustainable supply chain management practices in Canada. J Bus Ethics 117:635–658

Müller A (2008) Strategic Foresight – Prozesse strategischer Trend- und Zukunftsforschung in Unternehmen. Druckerei Zentrum, Universität Zürich

Nordbrand S, Bolme P (2007) Powering the mobile world. Cobalt production for batteries in the DR Congo and Zambia. SwedWatch, Stockholm

o. V. (2006) Katastrophenserie in Billigfabriken. Der Spiegel 14:81

OECD (2012) OECD Due diligence guidance for responsible supply chains of minerals from conflict-affected and high-risk areas. http://www.oecd.org/daf/inv/mne/GuidanceEdition2.pdf. Zugegriffen: 29. Juni 2015

Pick D (2015) Asien – Löhne sind nicht alles! Die Formel für Verlagerungen in Asien wird komplexer. Asien Kurier 6. http://www.asienkurier.com/article/asien/2015/ak150601-Loehne-sind-nicht-alles.html. Zugegriffen: 23. Juni 2015

Porter ME, Kramer MR (2006) Strategy & society: the link between competitive advantage and corporate social responsibility. Harv Bus Rev 84:78–94

Porter ME, Kramer MR (2011) Creating shared value. Harv Bus Rev 89(1–2):62–77

Rangarajan T, Prepsius J, Khan A, Sisco C, Wong J (2008) Shared mindset and supplier ownership: a beyond monitoring trends report. http://www.globalcompact.de/sites/default/files/jahr/publikation/bsr_supplier_ownership_trends_report.pdf. Zugegriffen: 27. März 2015

Raynard P, Forstater M (2002) Corporate social responsibility: implications for small and medium enterprises in developing countries. UNIDO, Vienna

Regester M, Larkin J (2005) Risk Issues and crisis management. A casebook of best practice, 3. Aufl. Kogan Page, London

Roland Berger Strategy Consultants (2014) Roland berger trend compendium 2030. Trend 2: Globalization & future markets. http://www.rolandberger.com/gallery/trend-compendium/tc2030/content/assets/trendcompendium2030.pdf. Zugegriffen: 31. Mai 2016

Schneider L, Wallenburg CM (2013) 50 Years of research on organizing the purchasing function: do we need any more? J Purch Supply Manage 19:144–164

Semmler K, Mahler D (2010) Von Beschaffung zum Wertschöpfungsmanagement – Gestaltungsdimensionen einer Funktion im Wandel. In: Garcia Sanz FJ, Semmler K, Walther J (Hrsg) Die Automobilindustrie auf dem Weg zur globalen Netzwerkkompetenz. Effiziente und flexible Supply Chains erfolgreich gestalten. Springer, Berlin, S 25–48

The World Bank Group (2014) The worldwide governance indicators. http://info.worldbank.org/governance/wgi/index.aspx#home. Zugegriffen: 2. Juli 2015

Together for Sustainability (2013) Who is together for sustainability. http://www.tfs-initiative.com/about_us.html. Zugegriffen: 2. Juli 2015

Transparency International Deutschland e. V. (2014) Corruption Perceptions Index 2014: Tabellarisches Ranking. https://www.transparency.de/Tabellarisches-Ranking.2574.0.html. Zugegriffen: 2. Juli 2015

UN Global Compact Office (2014) Corporate sustainability in the world economy. https://www.unglobalcompact.org/docs/news_events/8.1/GC_brochure_FINAL.pdf. Zugegriffen: 2. Juli 2015

United Nations Development Programme (2014) 2014 human development report 2014. http://hdr.undp.org/sites/default/files/hdr14-report-en-1.pdf. Zugegriffen: 2. Juli 2015

Wagner SM (2010) Indirect and direct supplier development: performance implications of individual and combined effects. IEEE Trans Eng Manage 57:536–546

Wolf J (2013) The relationship between sustainable supply chain management, stakeholder pressure and corporate sustainability performance. J Bus Ethics 119:317–328

Zink KJ, Fischer K, Hobelsberger C (2012) Das Forschungsprojekt „Nachhaltige Gestaltung internationaler Wertschöpfungsketten – Akteure und Governance-Systeme" (NAWAGO). In: Zink KJ, Fischer K, Hobelsberger C (Hrsg) Nachhaltige Gestaltung internationaler Wertschöpfungsketten. Nomos, Baden-Baden, S 9–26

Marina Jentsch forscht im Bereich Nachhaltige Unternehmensentwicklung des Instituts für Technologie und Arbeit e. V. an der Technischen Universität Kaiserslautern. In Forschungs- und Entwicklungskooperationen mit Industrieunternehmen beschäftigt sie sich mit dem Themenfeld Nachhaltigkeit in Beschaffung und Lieferantenbeziehungen. Nach dem Abschluss der Pädagogischen Universität Rostow am Don absolvierte sie den Studiengang Gesellschafts- und Wirtschaftskommunikation an der Universität der Künste Berlin.

Prof. Dr. Klaus J. Zink ist seit 1995 Wissenschaftlicher Leiter des Instituts für Technologie und Arbeit e. V. an der Technischen Universität Kaiserslautern, wo er von 1980–2012 Lehrstuhlinhaber für Industriebetriebslehre und Arbeitswissenschaft war. Derzeit nimmt er im Fachbereich Wirtschaftswissenschaften der TU eine Senior-Forschungsprofessur wahr. Zu seinen Forschungsgebieten zählen u. a. Organisationsentwicklung, Stakeholderorientierung und Nachhaltigkeit in internationalen Beschaffungsketten; verschiedene Funktionen in nationalen und internationalen Gremien sowie wissenschaftlichen Gesellschaften (u. a. Past-Präsident der Gesellschaft für Arbeitswissenschaft und Past-Vice-President der International Ergonomics Association); Mitglied im Editorial Board verschiedener Zeitschriften; seit 2000 Fellow der IEA, 2006 Distinguished International Colleague Award der Human Factors and Ergonomics Society (USA), 2009 IEA Development Award; seit 2012 IEA Ambassador of International Development.

Teil III
Nachhaltigkeitsorientierte Strategiearbeit in der Unternehmenspraxis

Eine nachhaltige Strategie bei SAP

Will Ritzrau

1 Einleitung

Unternehmen aller Industrien und öffentlichen Verwaltungen stehen vor größeren Herausforderungen als jemals zuvor. Diese betreffen nicht nur die eigene Organisation, sondern auch das Umfeld, in dem sie agieren. Globale Entwicklungen wie das Bevölkerungswachstum und Verstädterung, der Klimawandel, gesellschaftliche Unruhen, wirtschaftliche Ungleichheit sowie die rasante digitale Entwicklung erschweren einerseits das wirtschaftliche Handeln, anderseits eröffnen sich neue Geschäftsfelder oder Geschäftsmodelle. Man geht davon aus, dass bis 2030 fünf Milliarden Menschen zur globalen Mittelschicht gehören werden und infolgedessen die Belastung der vorhandenen natürlichen Ressourcen weiter steigt. So werden mehr als 70 % der Weltbevölkerung in Städten leben und mehr als die Hälfte aller Menschen wird nicht über ausreichend Wasser verfügen. Über 50 % des weltweit erwirtschafteten Bruttoinlandprodukts wird auf Schwellenländer entfallen, eine Entwicklung, die die Märkte grundlegend verändern wird. Gleichzeitig steigt die Bedeutung der Informationstechnologie; laut Schätzungen werden bis 2020 über 50 Mrd. Geräte mit dem Internet verbunden sein. Diese globalen Trends zwingen Organisationen, sich zeitnah auf neue Marktbedingungen einzustellen, ihre Ressourcen effektiv zu nutzen oder neue Wettbewerbsvorteile zu schaffen.

Dabei kann Informationstechnologie (IT) ein entscheidender Teil der Lösung sein. Denn anspruchsvolle, nutzerfreundliche Technologie hilft Unternehmen, globale Herausforderungen anzugehen, steigende Komplexität in den Griff zu bekommen, ihr Innova-

---

W. Ritzrau (✉)
SAP SE, Dietmar-Hopp-Allee 16, 69190 Walldorf, Deutschland
E-Mail: will.ritzrau@sap.com

tionspotenzial vollständig zu entfalten um ganzheitlich Mehrwert zu schaffen – ökonomisch, sozial und ökologisch.

Die SAP-Strategie war stets an ein übergeordnetes Ziel und die ambitionierte Unternehmensvision „Help the World run better and improve peoples' lives" geknüpft. SAP-Softwarelösungen sollen Unternehmen unterstützen, positiven ökonomischen, sozialen und ökologischen Einfluss auf ihr jeweiliges Umfeld auszuüben, d. h. ganzheitlich begrenzte Ressourcen effektiv einzusetzen, für Menschen und Gemeinden soziale und ökonomische Verantwortung zu übernehmen und Umweltrisiken zu minimieren.

SAP bekennt sich klar zu Nachhaltigkeit. Daher sind wir bestrebt, die durch uns verursachte Umweltbelastung zu verringern und an den Standorten, an denen wir tätig sind, einen positiven Beitrag für die Menschen zu leisten. Im Jahr 2012 bezogen wir beispielsweise 60 % unseres gesamten Stromverbrauchs aus erneuerbaren Energien; seit 2014 sind es 100 %. Trotz unseres starken geschäftlichen Wachstums sind unsere Treibhausgasemissionen leicht gesunken. Unsere Mitarbeiter leisteten mehr als 130.000 ehrenamtliche Arbeitsstunden in gemeinnützigen Projekten. Für uns gehen Nachhaltigkeit und Geschäftserfolg Hand in Hand. Der Integrierte Bericht 2015 ist bereits der vierte Jahresbericht, der integriert über ökonomische, soziale und ökologische Leistung der SAP berichtet.

Führende Unternehmen des 21. Jahrhunderts definieren Erfolg nicht nur über ihre finanzielle Leistung. Sie denken auch an die Folgen ihres Handelns für die Welt – in ökonomischer, sozialer und ökologischer Hinsicht. Softwarelösungen bieten eine enorme Chance, Herausforderungen zu meistern und Möglichkeiten zu nutzen, ob es nun darum geht, mehr Chancengleichheit weltweit zu verwirklichen oder die Belastung unserer Ökosysteme zu verringern. Damit hängt der zukünftige Erfolg der SAP als Softwarelösungsanbieter von der Fähigkeit ab, Unternehmen und Institutionen weltweit zu helfen, nachhaltig mehr zu erreichen – und auf Veränderungen in Echtzeit zu agieren. Dieser Kundenfokus setzt voraus, dass Nachhaltigkeit in das Kerngeschäft der SAP eingebettet ist. Diese Einbettung wird durch eine nachhaltige Strategie beschrieben.

2 Nachhaltigkeitsstrategie oder nachhaltige Strategie?

Viele Firmen veröffentlichen interessante und überzeugende Nachhaltigkeitsstrategien, ebenso wie sie Produkt-, Personal-, Einkaufs- oder Wachstumsstrategien veröffentlichen. Diese Strategien sind in sich konsistent und beschreiben die fachbereichsspezifische Ausrichtung und deren Umsetzung zusammen mit entsprechenden strategischen absoluten oder relativen Zielkennzahlen.

Die Vision einer ganzheitlichen nachhaltigen Strategie im klassischen Sinn eines integrierten „triple win" (Abb. 1) setzt voraus, ökonomische, soziale und ökologische Wertschöpfung im Einklang zu betrachten, um im besten Fall Vorteile für alle drei Säulen der Nachhaltigkeit zu generieren.

Nachhaltigkeits-Strategie
Optimierung von ökologischen und sozialen Aspekten paralell zu anderen und allgemeinen Geschäftsprioritäten.

Möglicher Konflikt zwischen Nachhaltigkeit und kurzfristigem finanziellem Erfolg.

Nachhaltige Strategie
Ganzheitliche Betrachtung von ökonomischen, sozialen und ökologischen Aspekten über alle Geschäftsprioritäten.

Nachhaltigkeit als Treiber für langfristigen Geschäftserfolg.

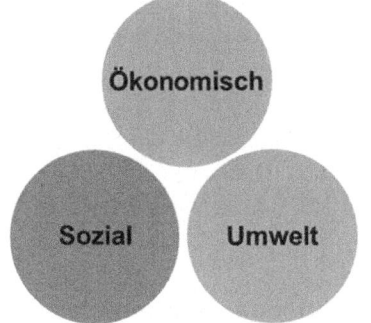
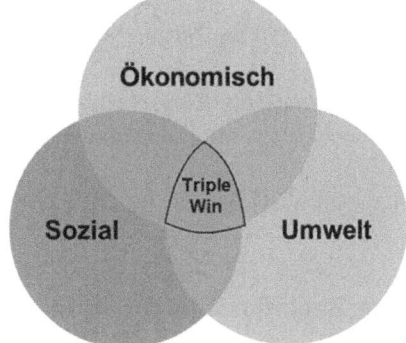

Abb. 1 Darstellung der konzeptionellen Unterschiede zwischen einer Nachhaltigkeitsstrategie und der ganzheitlichen Einbettung von Nachhaltigkeit in eine nachhaltige Strategie. (Quelle: open.SAP.com, „Sustainability and Business Innovation", 2014)

Aus dieser Sichtweise steht eine reine Nachhaltigkeitsstrategie, mit einem Fokus auf soziale oder ökologische Visionen und Ziele, immer im Wettbewerb um Budget und Ressourcen mit einzelnen z.B. oben genannten Fachbereichsstrategien. So kann eine Umweltstrategie, die ein absolutes Emissionsziel formuliert hat, sehr schnell mit einer Einkaufsstrategie kollidieren, die auf Preisperformanz ausgerichtet ist. Warum sollte emissionsneutrales Bahnreisen als Standardreiseform angeboten werden, wenn der Haupttreiber des Zielsystems einer Einkaufsabteilung von realisierten Volumenrabatten bei Flugreisen abhängig ist?

Da Fachbereichsstrategien immer eine Ableitung der Firmenstrategien darstellen, ist es notwendig, eine übergreifende nachhaltige Strategie zu formulieren, in der ökonomische, soziale und ökologische Aspekte möglichst ausgewogen betrachtet werden. Der Kern der nachhaltigen Strategie fokussiert auf die größtmögliche Wertschöpfung durch das Kerngeschäft eines Unternehmens. Bei SAP ist dies Softwareentwicklung, bei einem Energieversorger die Energieerzeugung oder bei einem Konsumguthersteller das verbraucherfokussierte Produktdesign. Die Einbettung von firmenspezifischen Nachhaltigkeitsaspekten in die operative Umsetzung liegt damit klar in der Verantwortung der jeweiligen Fachbereiche und wird durch aussagekräftige Leistungskriterien abgebildet und bewertet. Die Aufgabe einer Nachhaltigkeitsabteilung besteht demnach in der Stimulation von nachhaltiger Innovation sowie der Ausübung der firmenübergreifenden „governance" für dieses Thema.

3 Entscheidungsfindung

Im Jahr 2007 wurden bei SAP alle Schritte für die Entscheidungsfindung von strategischen Initiativen im Topmanagement durchlaufen. Zusammenfassend wurden drei grundlegende Entscheidungstreiber identifiziert:

- *Image:* Beeinflusst Nachhaltigkeit den Markenwert und die externe Wahrnehmung der SAP?
- *Wirtschaftlichkeit:* Kann Nachhaltigkeit Wachstums- und Gewinnziele unterstützen?
- *Prosperität:* Sichert Nachhaltigkeit langfristig das Geschäftsmodell der SAP?

Im Folgenden werden diese drei Entscheidungstreiber etwas detaillierter beleuchtet.

Image: Beeinflusst Nachhaltigkeit das Image oder den Markenwert der SAP?

Im Jahr 2007 begann Nachhaltigkeit besonders in Industrien mit Endverbraucherfokus, wie Konsumgüterhersteller oder dem Handel, als Markendifferenzierung an Bedeutung zu gewinnen. Erste Skandale, wie z. B. Kinderarbeit in der Lieferkette von Nike oder Mitarbeiterbehandlung bei Walmart führten zu sinkendem Image und Markenwert. Damit verbunden waren signifikante Umsatzeinbußen oder gar reduzierte Marktkapitalisierung. In der Softwareindustrie wurde Nachhaltigkeit kein besonderer Einfluss auf den externen Markenwert eingeräumt, da Nachhaltigkeit vorrangig mit der Bereitstellung Arbeitssicherheit, Risikovermeidung und nur im weitesten Sinn mit Automatisierung und Effizienzsteigerungen in Verbindung gebracht wurde.

Etwas anders war die Situation bei der eigenen SAP-Belegschaft. Interne Umfragen zeigten, dass Nachhaltigkeit von den Mitarbeitern als ein wichtiges Thema für SAP angesehen wurde. Somit bot die Einbettung von Nachhaltigkeit in die Firmenstrategie eine Möglichkeit, die Mitarbeiterzufriedenheit positiv zu beeinflussen. Heute dient Nachhaltigkeit als attraktives Differenzierungsmerkmal bei Stellenausschreibungen für Berufseinsteiger.

Wirtschaftlichkeit: Kann Nachhaltigkeit Wachstums- und Gewinnziele unterstützen?

In enger Zusammenarbeit mit einem externen Beratungshaus wurde ein „business case" mit überzeugender Marktanalyse, signifikanten Vertriebsmöglichkeiten und einer Aufwandschätzung erarbeitet. Klassischen und klar abgrenzbaren Softwarelösungen für Nachhaltigkeit, wie Arbeits- und Produktsicherheit oder regulative Compliance, können eindeutige Marktpotenziale sowie Umsatzzahlen zugewiesen werden. Im Gegensatz dazu ist der Umsatzbeitrag von Nachhaltigkeitsaspekten, wie Energie- oder Emissionskennzahlen, beim

Verkauf von Softwarelösungen für Effizienzsteigerungen oder Automatisierung nicht messbar. So kann in der Fertigungsindustrie eine Windturbine im Vergleich zu einem Kohlekraftwerk eindeutig dem Umsatz des Nachhaltigkeitsproduktportfolios zugeordnet werden. Eine Transportplanungslösung unterstützt Frachtkostenoptimierung, Routenoptimierung, Fahrzeugauslastung oder reduzierte Standzeiten. Diese Effizienzsteigerungen bedeuten in diesem Fall nicht nur finanzielle Vorteile, sondern gleichzeitig eine Verminderung von Kraftstoffverbrauch und damit Emissionen. Wie hoch ist jedoch der Anteil dieses positiven ökologischen Einflusses am Umsatz oder Erlös für eine Transportoptimierungssoftwarelösung? Werden Nachhaltigkeitsvorteile überhaupt im Zusammenhang mit Transportoptimierung genannt? Kaufentscheidungen für Prozessunterstützung durch Softwarelösungen basieren hauptsächlich auf Sicherung von Complianceanforderungen, Risikominimierung, Effizienzsteigerungen oder Erschließung neuer Geschäftsmodelle oder Märkte. Selten gibt Nachhaltigkeit den Ausschlag. Damit waren optimistische Umsatzprognosen nur ein marginaler Entscheidungstreiber für eine nachhaltige Strategie bei SAP.

Prosperität: Sichert Nachhaltigkeit langfristig das Geschäftsmodell der SAP?

In den Jahren bis zur globalen Finanzkrise haben in den verschiedenen Industrien Energiepreisprognosen, steigende Preisvolatilität durch beginnende Ressourcenknappheit von Rohstoffen sowie die akzeptierte Faktenlage zum Klimawandel die ökologische Nachhaltigkeit in den Blickpunkt von Zukunftstrends und Geschäftsrisiken gerückt. Besonders der Nachweis von CO_2-Emissionen, verbunden mit der Einführung von Emissionszertifikaten, erforderte in diesem Zusammenhang Transparenz durch zeitnahes Reporting von Umweltkennzahlen. Softwarelösungen boten erhöhte Prozessautomatisierung und Effizienzgewinne, bei gleichzeitig gesteigerter Ressourcenproduktivität. Zu diesem Zeitpunkt schien es, dass Softwarelösungen, die ein solches Umweltreporting in Kombination mit der finanziellen Bewertung von echten oder abgeleiteten Umweltkosten nicht unterstützen, keine Zukunft am Softwaremarkt haben würden. Damit wäre das Geschäftsmodell der SAP langfristig gefährdet gewesen.

Auf diese Weise waren Mitarbeiterzufriedenheit und Zukunftssicherheit des Geschäftsmodells der SAP, im Zusammenspiel mit einem stark unterstützenden Chief Executive Officer (CEO), die grundlegenden Treiber zur ursprünglichen Integration von Nachhaltigkeit in die Strategie der SAP.

4 Kernbestandteile der nachhaltigen SAP-Strategie

Die ganzheitliche Strategie der SAP integriert Nachhaltigkeit sowohl in operative Prozesse als auch in die Produktdefinition unseres Applikations- und Technologieportfolios (Abb. 2). Damit verfolgen wir zwei zentrale Ziele:

Abb. 2 Die nachhaltige Strategie der SAP umfasst das Ziel, SAP in ein Vorbild einer nachhaltigen Organisation zu entwickeln (Exemplar-Strategie) sowie Nachhaltigkeit als integralen Teil des SAP-Lösungs- und -Technologieportfolios zu etablieren (Enabler-Strategie). (Quelle: open.SAP.com, „Sustainability and Business Innovation", 2014)

- SAP dient als führendes Beispiel für nachhaltiges Handeln, unsere Exemplar-Strategie;
- SAP-Lösungen und -Technologie unterstützt mehr als 300.000 Unternehmen bei der Umsetzung von nachhaltigem Wirtschaften, unsere Enabler-Strategie.

Die Exemplar-Strategie

Die Exemplarstrategie definiert das Rahmenwerk für ökonomische, soziale und ökologische Wertschöpfung für die SAP als Unternehmen. In Anlehnung an veröffentlichte Rahmenwerke von Wesentlichkeitsanalysen, vorrangig der Global Reporting Initiative (GRI) und dem International Integrated Reporting Council (IIRC) wurde für die SAP die Wesentlichkeit von Nachhaltigkeitsaspekten analysiert. Diese dienen neben den rechtlichen Anforderungen an die finanzielle Wesentlichkeit als Grundlage für unsere nachhaltige Strategie. Sechs grundsätzliche Themen wurden als wesentlich für unseren Geschäftserfolg identifiziert:

1. *Humankapital:* Ein zentrales Ziel im Personalbereich besteht darin, die besten Mitarbeiter für die SAP zu gewinnen, weiterzuentwickeln und langfristig an unser Unternehmen zu binden und uns auch potenziellen Mitarbeitern als attraktiver Arbeitgeber zu präsentieren.
2. *Geistiges Kapital:* Kontinuierliches organisationales Lernen, Maßnahmen zur Mitarbeiterentwicklung sowie unterstützende interne Strukturen und Prozesse sind die

Grundlage der SAP, Innovation voranzutreiben und neue Lösungen auf höchstem Qualitätsniveau bereitzustellen. Zugleich wird dieser wesentliche Aspekt auch gezielt zur Verbesserung der Kundentreue eingesetzt.
3. *Datenschutz und Sicherheit:* Unsere Kunden und Nutzer erwarten, dass SAP-Lösungen höchste Anforderungen an Sicherheit und Datenschutz erfüllen.
4. *Finanzieller Erfolg:* Wirtschaftlicher Erfolg spiegelt die erfolgreiche Umsetzung der nachhaltigen Strategie wider und sichert langfristige Rentabilität für SAP als Unternehmen.
5. *Ethisches Geschäftsverhalten:* Ethisches Verhalten im Umgang mit unseren Geschäftspartnern bei allen geschäftlichen Aktivitäten ist die Grundlage für langfristigen Erfolg. Detaillierte und veröffentlichte Geschäftsgrundsätze für Mitarbeiter (SAP Code of Business Conduct for Employees) sowie weitere Unternehmensrichtlinien legen das erwartete Geschäftsverhalten bei der SAP fest.
6. *Klimaschutz und Energiemanagement:* SAP-Lösungen helfen Unternehmen, ihre Ressourcenproduktivität zu steigern und ihren Energieverbrauch und damit assoziierte Emissionen zu verringern. Gleichzeitig optimieren wir den Bedarf an notwendiger IT-Infrastruktur und kontrollieren so Umweltauswirkungen unserer Lösungen. Mit unserer Green-Cloud-Strategie mit 100% erneuerbarer Energie für Rechenzentren und Gebäude wurde die Umweltstrategie klar mit der Gesamtstrategie in Einklang gebracht.

Einrichtung eines aussagekräftigen Zielsystems

Zur Steuerung der operativen Umsetzung der nachhaltigen SAP-Strategie wurden neben den finanziellen Kernzielen Umsatz und operativer Gewinn, Ziele für ausgewählte Sozial- und Umweltkennzahlen definiert und etabliert (Abb. 3). Kurzfristige jährliche sowie mittelfristige Ziele werden gesetzt und extern in unseren Integrierten Berichten veröffentlicht. Die wesentlichen Kennzahlen werden ebenso für die Quartalsberichterstattung zur Verfügung gestellt (Tab. 1).

So werden z. B. Mitarbeiterzufriedenheit, der Anteil der Frauen in Führungspositionen, Mitarbeiterbindung, organisatorische Gesundheit als soziale Kennzahlen gemessen. Die Reduktion der Treibhausgasemissionen (GhG-Emissionen) auf den Stand vom Jahr 2000 ist das zentrale Ziel unserer Umweltaktivitäten, es wird flankiert von Zielen zum Energieverbrauch der Rechenzentren, Gesamtenergieverbrauch sowie Anteil des Verbrauchs erneuerbarer Energien am Gesamtbedarf. Einzelne Ziele können auf die einzelnen Fachabteilungen heruntergebrochen werden. Um den Beitrag von Nachhaltigkeit für den finanziellen Erfolg der SAP darstellen zu können, liegt ein besonderer Fokus bei der operativen Umsetzung der nachhaltigen Strategie auf der Analyse der quantitativen Zusammenhänge zwischen finanziellen und nichtfinanziellen Kennzahlen. Für das Jahr 2015 wurden statistisch signifikante Korrelationen zwischen der Mitarbeiterzufriedenheit, der Mitarbeiterbindung sowie der Organisationsgesundheit und dem Bruttogewinn nachgewiesen. Die jeweiligen Wirkzusammenhänge zwischen finanziellen und nichtfinanziellen Kennzahlen verdeutlicht Abb. 3. Euro-Zeichen in einer Kennzahlenbox symbolisieren einen quantifizierbaren Zusammen-

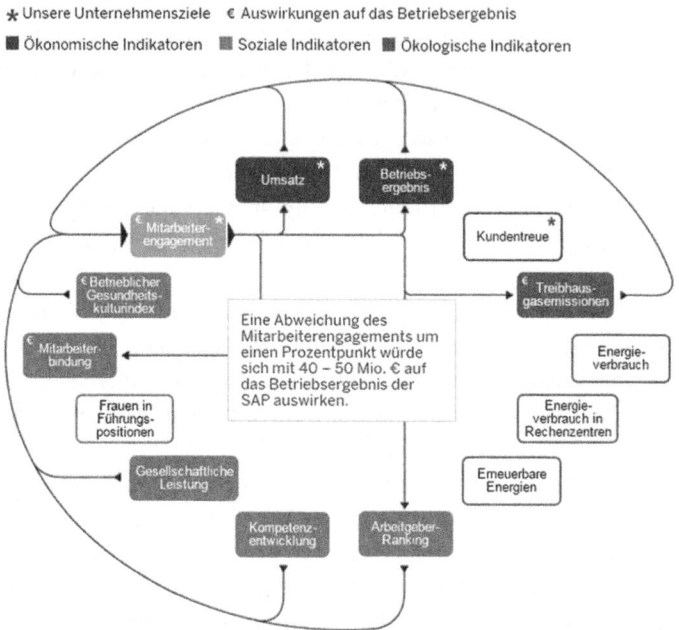

Abb. 3 Das aktuelle SAP-Zielsystem beinhaltet ökonomische, soziale und ökologische Kennzahlen. Umsatz und Ergebnis sind die ökonomischen Steuergrößen. Mitarbeiter- und Kundenzufriedenheit sind die führenden nichtfinanziellen Steuergrößen (SAP Integrated Report 2015, Integrierte Leistungsanalyse)

hang zwischen einer nichtfinanziellen Kennzahl und den führenden Finanzkennzahlen. In diesem Fall bewirkt eine positive oder negative Änderung der Mitarbeiterzufriedenheit um 1 Prozentpunkt einen Einfluss von 40 - 50 Mio. € auf das operative Betriebsergebnis.

Eine entsprechende Veränderung der organisatorischen und Mitarbeitergesundheit kann den operativen Gewinn in einem Bereich von 75 - 85 Mio. € beeinflussen (Abb. 4). Um die Akzeptanz dieser Zusammenhänge sowohl innerhalb der SAP als auch extern zu erhöhen, wurden diese Zusammenhänge, die Datenqualität sowie die Methode durch einen externen Wirtschaftsprüfer geprüft und bestätigt. Diese formelle Prüfung von Nachhaltigkeitskennzahlen und deren möglicher Einfluss auf das finanzielle Firmenergebnis erleichtern die Darstellung der Bedeutung von nichtfinanziellen Aspekten für den mittel- und langfristigen Erfolg der SAP innerhalb der Organisation. Damit bietet die Exemplar-Strategie die Grundlage unserer Glaubwürdigkeit in der Diskussion zum Thema Nachhaltigkeit mit unseren Kunden.

Die Enabler-Strategie

Die SAP-Vision „Help the world run better and improve peoples' lives" kann nur durch unsere Lösungen und Technologie in Zusammenarbeit mit unseren mehr als 300.000 Kunden umgesetzt werden. Dieser Aspekt wird in unserer Enabler-Strategie betrachtet.

Tab. 1 Finanzielle und nichtfinanzielle Leistung werden sowohl im Integrierten Bericht sowie für Quartalsberichte zur Verfügung gestellt. Fettdruck stellt Kernkennzahlen der SAP dar. (Quelle: SAP Integrated Report 2015)

	2011	2012	2013	2014	2015	Trend	Ziel
Ökonomie							
Gesamtumsatz, Nicht-IFRS (Milliarden Euro)	14.3	16.3	16.9	17.6	20.8	↗	26-28 im Jahr 2020
Operativer Gewinn, Nicht-IFRS (Milliarden EUR)	4.7	5.2	5.5	5.6	6.3	↗	8-9 im Jahr 2020
Kundenzufriedenheit, Net-promoter-Score (%)	n.a.	8,9	12,1	19,1	22.4	↗	
Gesellschaft							
Mitarbeiterzufriedenheit (%)	77	79	77	79	81	↗	82 in 2016
Mitarbeiterbindung (%)	92,8	94,0	93,5	93,5	91.8	↘	Konstant auf diesem Niveau
Frauen in Führungspositionen (%)	19,5	20,8	21,2	21,3	23.6	↗	25 im Jahr 2017
Umwelt							
Treibhausgasemissionen (kt CO_2e)	490	485	545	500	455	↘	Stand des Jahrs 2000 im Jahr 2020
Erneuerbare Energie (%)	32	51	43	100	100	→	100 seit 2014

So hat die SAP im Jahr 2015 eine Nettotreibhausgasgesamtemission von etwa 455 kt CO_2e mit unseren Gesamtgeschäftsaktivitäten verursacht. Im Vergleich liegen durchschnittliche Treibhausgasgesamtemissionen bei globalen Chemieunternehmen um einen Faktor von mehr als 50 höher. So hat z.B. ein globales Chemieunternehmen im Jahr 2012 allein für seine Transportaktivitäten Emissionen von etwa 4 Mt CO_2e veröffentlicht. In diesem Fall bieten Softwarelösungen zur Transportplanung durch Routenoptimierung oder Transportkonsolidierung die Möglichkeit, Transportemissionen signifikant zu senken bei gleichzeitigem finanziellen Vorteil durch geringere Treibstoff- oder Gesamttransportkosten. Im Medizinbereich, speziell in der Onkologie, beschleunigt SAP-Technologie die patientenspezifische Genomanalyse als Unterstützung der Krebsdiagnostik von ursprünglich 30 Tagen auf 20 min. Die dadurch ermöglichte schnellere Einleitung der Behandlung mit erfolgreichen Therapieansätzen kann zu einer Erhöhung der Überlebensrate von Erkrankten führen; die verkürzte Zeit der Ungewissheit bringt zusätzlich einen Gewinn an Lebensqualität für betroffene Patienten. Gleichzeitig vermeiden fokussierte Therapieansätze breit angelegte unspezifische Behandlungen und bieten so die Möglichkeit, die Gesamtaufwände und -kosten zu optimieren.

Anhand dieser beiden einfachen Beispiele wird offensichtlich, dass die Bedeutung von Nachhaltigkeitsaktivitäten in der Softwareindustrie, so auch bei der SAP, in der Unterstützung von Nachhaltigkeit in den Kerngeschäftsprozessen der nutzenden Unternehmen

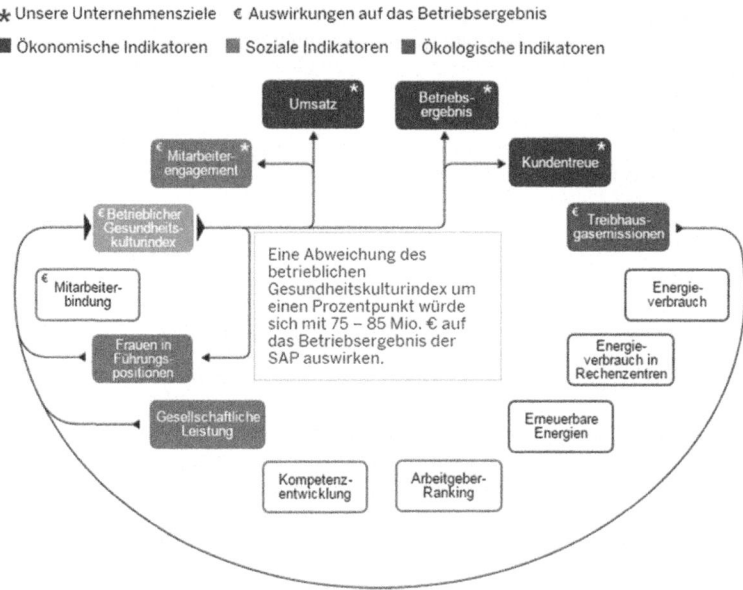

Abb. 4 Eine positive oder negative Änderung des betrieblichen Gesundheitskulturindex um einen Prozentpunkt hat einen Einfluss von 75 - 85 Mio. € auf das operative Betriebsergebnis (SAP Integrated Report 2015, Integrierte Leistungsanalyse)

liegt. Hierbei werden drei zentrale Themen der Nachhaltigkeit durch SAP-Lösungen oder -Technologie unterstützt:

- Risikovermeidung und Sicherstellung der Compliance bei gesetzlichen Rahmenbedingungen,
- Erhöhung von Ressourcenproduktivität durch Effizienzsteigerung und Prozessoptimierung,
- Eröffnung von neuen Märkten durch Geschäftsprozessinnovation.

Die Kommunikation und das Verständnis dieser Bedeutung von Nachhaltigkeit ist eine wesentliche Grundlage für die Umsetzung einer nachhaltigen Strategie in unseren Kernprozessen der Softwareentwicklung und des Vertriebs. In diesem Zusammenhang beschreibt die Global e-Sustainability Initiative (GeSI) in ihrem Smarter 2020 Report (GeSI SMARTer 2012) die Bedeutung von IT zur Reduktion von Treibhausgasemissionen. Der Informations- und Kommunikationstechnologie (IKT) wird durch Transparenzerhöhung und Effizienzsteigerungen bei ausgewählten Produktions- und Serviceindustrien im Vergleich zu vorhergesagten 55 Gt CO_2e durch business as usual ein Reduktionspotenzial von etwa 16% (9.1 Gt CO_2e absolut) im Jahr 2020 zugeschrieben. In der Folgestudie #SMARTer2030 wurde das Reduktionspotenzial durch ITK sogar auf 20% der prognostizierten Emissionen angehoben (GeSI #SMARTer 2030).

5 Welche Organisation kann eine nachhaltige Strategie effektiv umsetzen?

Die effektive Umsetzung einer nachhaltigen Strategie innerhalb eines Unternehmens erfordert eine Organisationsstruktur, die für die jeweilige Firmenkultur passend erscheint und die ausgewählte Nachhaltigkeitsthemen bereichsübergreifend treiben oder fachbereichsspezifisch initiieren kann. Das Ziel einer nachhaltigen Strategie ist die Einbettung von Nachhaltigkeit in die operativen Kernprozesse eines Unternehmens. Damit wird die unternehmensweite und bereichsspezifische Verantwortung für nachhaltiges Handeln dezentral in den jeweiligen Geschäfts- oder Fachbereichen verankert. Eine hohe Transparenz zur finanziellen und nichtfinanziellen Leistung ist ein grundlegender Bestandteil zur Bewertung des Fortschritts des Transformationsprozesses. Ein Nachhaltigkeits-Dashboard stellt ausgewählte Finanz-, Sozial- und Umweltkennzahlen dem Management und allen Mitarbeitern der SAP zur Verfügung. Die Kennzahlen sind sowohl firmenübergreifend aggregiert als auch fachbereichsspezifisch aufbereitet. Das Dashboard bietet beispielsweise eine vergleichende und normalisierte Darstellung von Flugmissionen kombiniert mit den dadurch entstandenen Reisekosten, jeweils für das Gesamtunternehmen und den jeweiligen Fachbereich (Abb. 5).

Vergleichende Ranglisten unterstützen einerseits den Fachbereichswettkampf zu entsprechenden Kennzahlen, andererseits werden außergewöhnliche Kennzahlveränderungen sehr schnell erkannt und können durch operative Maßnahmen zeitnah adressiert werden.

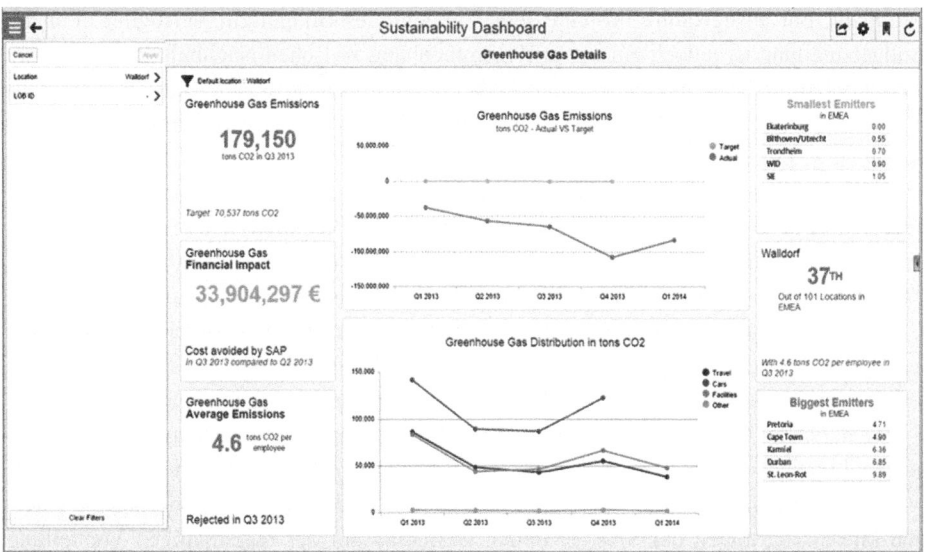

Abb. 5 Das SAP-Nachhaltigkeits-Dashboard erzeugt eine hohe interne Transparenz zum aktuellen Status der Nachhaltigkeitskennzahlen für alle Mitarbeiter und das Fachbereichsmanagement. (Quelle: SAP SE, Beispieldaten)

In der personalintensiven Softwarebranche haben Sozialkennzahlen eine besondere Bedeutung. Dementsprechend werden wichtige Sozialkennzahlen des SAP-Zielsystems, wie z. B. der Anteil von Frauen in Führungspositionen, die Mitarbeiterbindung oder die Mitarbeiterzufriedenheit, ebenso vergleichbar aufbereitet und transparent gemacht. Hierbei gewährleisten klare Rollen- und Autorisierungskonzepte die notwendige Datensicherheit für personalrelevante Informationen und bieten die notwendige Vertrauensgrundlage für die Akzeptanz des Dashboards bei der Belegschaft.

Verfolgt man als Unternehmen einen solchen auf ganzheitlicher Transparenz beruhenden Ansatz, hat sich eine Netzwerkorganisation als sinnvoll erwiesen. In dieser Organisationsform werden mit einem zentralen Nachhaltigkeitsteam von Spezialisten operative Aktivitäten in enger Zusammenarbeit mit den Fachbereichen erarbeitet, bewertet und in der Umsetzung initial begleitet. Dabei erhöhen gemeinschaftliche Entscheidungprozesse die Akzeptanz von Veränderungen und sichern die erhofften Erfolgsaussichten einer Initiative. Diese vorteilhaften Erfolgsaussichten rechtfertigen den erhöhten Abstimmungs- und Zeitaufwand in einer Netzwerkorganisation und dieser Multiplikationseffekt ermöglicht kleinen agilen Spezialistenteams, eine breite Wirkung in einem Unternehmen zu bewirken.

Unterstützend zu dieser organisatorischen Aufstellung wurde bei SAP ein Championsnetzwerk etabliert, in dem sich Freiwillige aus allen Geschäfts- und Fachbereichen an Nachhaltigkeitsaktivitäten engagieren können. Den offiziell teilnehmenden Champions werden für diese Aktivitäten bis zu 10 % ihrer Arbeitszeit eingeräumt. Dieser Grassroot-Ansatz fördert das Mitarbeiterengagement, indem die individuelle Motivation der Mitarbeiter genutzt wird. Champions starten und begleiten lokale Projekte zur Nachhaltigkeit. Für ausgewählte Projekte steht ein zentrales Budget zur Verfügung. Für die Budgetzuteilung ist jedoch ein klarer Zusammenhang zwischen Nachhaltigkeit und dem Kerngeschäft der SAP ausschlaggebend. Als ein interessantes Beispiel für ein championinitiiertes Projekt wurde ein softwaregesteuerter Hydrogarten mit Umsetzungsbudget belohnt. Die produzierte Ernte soll sozialen Einrichtungen gestiftet werden.

Solche interessanten „Leuchtturm" Best Practices werden global kommuniziert und beschleunigen so die Umsetzung von wertstiftenden Maßnahmen, wie z. B. Müllvermeidung oder eine Bike-to-work-Woche als Projekt zum Gesundheitsbewusstsein. Gleichzeitig dienen die beteiligten hoch-motivierten Mitarbeiter als dezentrale Multiplikatoren zur Umsetzung zentraler Nachhaltigkeitsthemen in ihren jeweiligen Fachbereichen. Ein regelmäßiger und moderierter weltweiter Austausch über eine Kollaborationsplattform sowie Telefon- und Videokonferenzen werden vom zentralen Nachhaltigkeitsteam organisiert.

Zusätzlich zu der etablierten internen Organisationsform wurde sehr früh ein externer Nachhaltigkeitsbeirat ins Leben gerufen. In diesem Beirat sind mit Kunden, Investoren, Nichtregierungsorganisationen, Mitarbeitervertretern und Partnern die wichtigsten externen Interessengruppen der SAP vertreten. Basierend auf der regelmäßigen Vorstellung der Firmenstrategie und deren Umsetzung im Unternehmen, spricht der Beirat gezielte Empfehlungen für das weitere Vorgehen zur nachhaltigen Transformation im Unternehmen aus.

Aufgrund der Firmenkultur hat sich bei SAP die beschriebene Netzwerkorganisation bewährt. Alternativ kann eine nachhaltige Strategie ebenso durch eine Matrix- oder eine zentrale Fachbereichsorganisation umgesetzt werden. Der Erfolg einer nachhaltigen Strategie bleibt davon abhängig, wie stark integriertes Denken, d. h. die Betrachtung der Verbindung zwischen finanzieller und nichtfinanzieller Leistung, zur operativen Steuerung in den Fachbereichen umgesetzt wird. Eine zentrale Organisation kann beim initialen Aufbau einer nachhaltigen Strategie sehr effektiv sein. Sobald ein höherer Reifegrad hinsichtlich Nachhaltigkeit erreicht ist, kann es bei einer zentral gesteuerten Fachbereichsorganisation zu unklaren Verantwortlichkeiten und Herausforderungen bei der unternehmensweiten Skalierung kommen. In einer Matrixorganisation können bilaterale Abstimmungen schnelle Entscheidungen herbeiführen. Verschiedene Zielsysteme von Fachbereichen können jedoch über die Gesamtmatrix der Organisation zu Interessenkonflikten führen und so den Wirkungsbereich der Strategie einschränken.

6 Umsetzung

Grundsätzlich kann man die Einbettung von Nachhaltigkeit in eine Strategie und die anschließende operative Transformation als eine Reise beschreiben, auf der in enger Zusammenarbeit mit Fachbereichen nachhaltige Prozesse und Ziele kontinuierlich analysiert und weiterentwickelt werden. Nachdem die Entscheidung für Nachhaltigkeit bei der SAP getroffen war, wurde ein Umsetzungsmodell entwickelt, das aus drei voneinander abhängigen Phasen bestand:

1. Dialog
2. Entwicklung
3. Umsetzung

Die einzelnen Phasen beschreiben eine strukturierte Abfolge von abhängigen Aktivitäten zur Identifikation von relevanten internen und externen Beteiligten, Wesentlichkeitsaspekten des Geschäftsmodells, Zielen und Umsetzungsinitiativen. Dieser Gesamtzyklus wird unternehmensübergreifend oder fachbereichsspezifisch mehrfach durchlaufen. Die Zyklen für die einzelnen Phasen können initiativespezifisch sein und müssen mit entsprechenden Planungszyklen von Fachabteilungen synchronisiert werden und erfordern einen kontinuierlichen Dialog mit relevanten internen und externen Stakeholdern. In der Folge sollen die einzelnen Phasen genauer beschrieben werden (Abb. 6).

Dialogphase

In der Dialogphase werden relevante interne (z. B. Mitarbeiter) und externe (z. B. Kunden oder Investoren oder Nichtregierungsorganisationen) Stakeholder (Interessengruppen)

Abb. 6 Die Entwicklung und Umsetzung einer nachhaltigen Strategie erfordert einen kontinuierlichen Evolutionsprozess mit Dialog, Entwicklung und Umsetzungsphasen

identifiziert und priorisiert. Im Dialog mit den wichtigsten Stakeholdern werden die wesentlichen Aspekte für einen langfristigen Unternehmenserfolg als Grundlage einer nachhaltigen Strategie für das jeweilige Geschäftsmodell analysiert. Wie bereits beschrieben, betrachten wir für das Geschäftsmodell der Softwareentwicklung Humankapital (vorrangig Mitarbeiter), geistiges Kapital, Datenschutz und Sicherheit, Finanzleistung, ethisches Geschäftsverhalten sowie Klimaschutz und Energiemanagement als Grundlagen für den langfristigen Geschäftserfolg der SAP. Für SAP hat sich als ein sehr effektiver Stakeholderdialog der bereits erwähnte externe Nachhaltigkeitsrat bewährt, in dem ausgewählte Investoren, Kunden, Nichtregierungsorganisationen, Partner und Meinungsführer als wesentliche Stakeholder vertreten sind. Diese Zusammensetzung erlaubt einen fokussierten jährlichen Vorstandsdialog über die nachhaltige Strategie und deren operative Umsetzung im Unternehmen. Entsprechende Empfehlungen des Beirats werden in ein Strategieupdate eingearbeitet. Für Unternehmen mit Endkonsumentenfokus kann eine breite Befragung von Kunden sinnvoll sein, wobei hier die Interpretation der Ergebnisse als Grundlage einer Wesentlichkeitsanalyse erhebliche Erfahrung im Stakeholderengagement erfordert.

Die Akzeptanz von Nachhaltigkeitsinitiativen und deren Bedeutung für das Unternehmen wird durch eine formelle Prüfung eines publizierten Jahresberichts signifikant erhöht. So hat die SAP zwischen 2007 und 2010 einen separaten Nachhaltigkeitsbericht veröffentlicht, der in den folgenden Jahren immer stärker mit dem jährlichen Geschäftsbericht sowohl in der Art der Publikation als auch vom Inhalt zusammenwuchs. Als eines der Pilotunternehmen des International Integrated Reporting Council (IIRC) veröffentlicht SAP seit 2012 Integrierte Berichte, aus denen der klassische Geschäftsbericht mit Fokus auf dem rechtlich bindenden Lagebericht als Extrakt in gedruckter Form zur Verfügung gestellt wird. Der Integrierte Gesamtbericht mit allen wesentlichen Nachhaltigkeitsinformationen ist nur online verfügbar und ist nach GRI-G4-Richtlinien formell geprüft.

Entwicklungsphase

Die Entwicklungsphase wird jeweils durch eine Standortbestimmung des Unternehmens hinsichtlich der Nachhaltigkeitsleistung eingeleitet. Hierbei werden firmenrelevante Nachhaltigkeitskennzahlen, z. B. Gesamtemissionen oder Mitarbeiterzufriedenheit, basierend auf der Wesentlichkeitsanalyse identifiziert und mit möglichen industriespezifischen Benchmarks oder in Vergleichen mit Wettbewerbern betrachtet. Eine Risiko- und Chancenbetrachtung unterstützt die Bedeutung von Nachhaltigkeitsaktivitäten und erleichtert die Einbettung in eine nachhaltige Strategie. Mögliche Risiken können z. B. Ausfälle in einer Lieferkette, unzufriedene Mitarbeiter oder Reputationsschäden durch unethisches Geschäftsverhalten sein. Eröffnung neuer Märkte, Produktdifferenzierungen oder Effizienzsteigerungen durch nachhaltige Produkteigenschaften oder Prozessoptimierung beschreiben mögliche Chancen. Hierbei ist zu beachten, dass ökonomische, soziale und Umweltaspekte möglichst gleichrangig bewertet und betrachtet werden. Das Ergebnis liefert die Grundlage für die Einbettung von Nachhaltigkeit in eine erweiterte Firmenstrategie. Hierbei können strategische Prioritäten neu gesetzt werden, sofern sie durch überzeugende „business cases" für nachhaltiges Handeln untermauert sind. Sodann kann eine ausgewählte Anzahl von relevanten Leistungskennzahlen definiert werden. Die Grundlage hierzu liefert wiederum die Wesentlichkeitsanalyse. Im Gegensatz zur produzierenden Industrie haben in der Softwarebranche soziale Kennzahlen wie Mitarbeiterbindung oder -zufriedenheit einen stärkeren Einfluss auf den mittel- und langfristigen Geschäftserfolg als Umweltkennzahlen, wie Gesamtemissionen oder Energieverbrauch. Dementsprechend sollten die Messgrößen und verbundenen Ziele eine ausgewogene Darstellung der Wesentlichkeit bieten. Daher betrachten wir bei SAP vier Umwelt- und acht Sozialkennzahlen. Absolute Ziele sind relativen Zielen, z. B. einer prozentualen Reduktion im Vergleich zur Vorperiode, vorzuziehen. So ist die Rückführung der absoluten CO_2-Emissionen auf den Stand von 2000 das zentrale Umweltziel, 25 % Frauen in Führungspositionen im Jahr 2017 eines der wichtigsten sozialen Ziele der SAP. Der Fortschritt bei der Zielerreichung wird jährlich im Integrierten Bericht publiziert, sowie jeweils für die Quartalsberichterstattung bereitgestellt. Die Datenqualität und Prozesskonsistenz wird formell durch einen spezialisierten Wirtschaftsprüfer auditiert.

Umsetzungsphase

Für die erfolgreiche Umsetzung einer nachhaltigen Strategie durch fachbereichsspezifische Initiativen ist der Dialog mit den identifizierten Stakeholdern äußerst wichtig. Fachbereiche müssen von den Vorteilen der Einbettung von Nachhaltigkeit in operative Prozesse soweit überzeugt werden, dass sie Projekte selbstverantwortlich umsetzen, relevante und aussagekräftige Kennzahlen definieren und den Fortschritt kontinuierlich bewerten. Treibhausgasemissionen, Energie-, und Wasserverbrauch oder Abfallvermeidung gelten als eine Auswahl von bewährten Kennzahlen im Umweltbereich. Im sozialen Bereich sind aufgrund von rechtlichen Bestimmungen Arbeitssicherheitskennzahlen weit akzeptiert. Für SAP wurden jedoch Mitarbeiterengagement, Mitarbeiterbindung, Frauen in Führungspositionen, betrieblicher Gesundheitskulturindex oder Kompetenzentwicklung als relevante Kenngrößen für soziale Nachhaltigkeit identifiziert. Die größte Herausforderung besteht darin, Fachabteilungen von der Bereitstellung von notwendigem Budget für die Initiativen zu überzeugen. In einigen Fällen müssen Budgets fachbereichsübergreifend zur Verfügung gestellt werden. So fallen Aufwendungen, z. B. für innovative Telepräsenzanlagen, im Bereich der Kommunikationsinfrastruktur an, wohingegen die entsprechenden Reisekosteneinsparungen in den Fachbereichen oder der zentralen Einkaufsorganisation gutgeschrieben werden. Ganzheitliche „business cases" bieten dazu eine überzeugende Grundlage für die Bereitstellung der notwendigen Finanz- und Personalmittel, auch fachbereichsübergreifend.

Schnelle erfolgreiche Leuchtturmprojekte erzeugen eine gewisse Strahlkraft und können eine operative Umsetzung von Nachhaltigkeitsinitiativen beschleunigen. Mit der Nutzung von 100 % Recyclingpapier ohne Qualitätseinbußen in Verbindung mit doppelseitigem Drucken konnten bei SAP sehr einfach und schnell greifbare Ergebnisse erzielt werden. Die leichtverständliche und greifbare Darstellung hilft bei der Kommunikation und damit der Akzeptanz von nachhaltigem Handeln. Weitere frühe Projekte befassten sich mit der Einführung von Rabatten für emissionseffiziente Fahrzeuge in die bestehende Firmenwagenregelung. Die Umstellung auf LED-Beleuchtung sowie LEED-Zertifizierungen in unseren amerikanischen Niederlassungen verringert den Gesamtenergieverbrauch und somit Betriebskosten unserer Gebäude. Die schon erwähnten Telepräsenzräume leisten einen Beitrag, um unsere Emissionsziele im Jahr 2020 zu erreichen, operative Kosten durch weniger Reisen zu reduzieren sowie die Work-Life-Balance der Mitarbeiter zu verbessern. Neben Geschäftsflügen trägt der Energieverbrauch von Rechenzentren maßgeblich zu den Gesamtemissionen der SAP bei. Mit einer Green-cloud-Strategie und der damit verbundenen Umstellung auf 100 % erneuerbare Energie für Rechenzentren und Gebäude wurde seit 2014 die Umweltstrategie eng mit der zentralen Geschäftsstrategie gekoppelt.

Die drei Phasen (Dialog, Entwicklung, Umsetzung) der Formulierung und kontinuierlichen Umsetzung einer nachhaltigen Strategie werden regelmäßig durchlaufen und führen so zu einer ständigen Weiterentwicklung und der Einbettung von Nachhaltigkeit in alle Kernbereiche des Unternehmens. Im Optimalfall ist Nachhaltigkeit zentraler Bestandteil der Firmenkultur, wodurch sich eine erfolgreiche Nachhaltigkeitsorganisation überflüssig machen kann.

7 Tipps und Tricks

Die Formulierung und die folgende Umsetzung einer nachhaltigen Strategie ist eine Reise, eine evolutive Transformation eines Unternehmens. Bei SAP haben sich folgende Tipps und Tricks über die letzten acht Jahre bewährt.

Evolution statt Revolution

Die Integration von Nachhaltigkeit in eine Strategie und die operative Umsetzung erfordert gemeinschaftliches Verständnis von nachhaltigem Handeln und der damit verbundenen Wertschöpfung für die Organisation, aber auch für jeden einzelnen Mitarbeiter. Transformation braucht Zeit. Die schrittweise Erweiterung einer bestehenden Firmenstrategie um wesentliche soziale und ökologische Aspekte steuert die gewünschte Entwicklungsgeschwindigkeit der Organisation. Klare kurz-, mittel-, und langfristige und allseits akzeptierte Ziele helfen, die Evolution einer Organisation durch gemeinsame Transformationsschritte zu begleiten.

Überzeugende „business cases" und Wertschöpfung

Die Verbindung von finanziellen und nichtfinanziellen Kennzahlen bildet eine starke Argumentation für nachhaltige Transformation. Diese „business cases" sollten eine ganzheitliche Betrachtung im Sinn von ökonomischen, sozialen und ökologischen Vorteilen adressieren. Auch Wertschöpfung durch soziale Initiativen sollte, soweit möglich, finanziell beschrieben werden. Basierend auf SAP-internen Analysen waren wir in der Lage, einen Zusammenhang zwischen Mitarbeiterengagement und operativem Gewinn herzustellen. Dies zeigt das bereits erwähnte Beispiel des Mitarbeiterengagement mit einem Einfluss von 40 - 50 Mio. € auf den operativen Bruttogewinn, bei einer Änderung von ± 1 Prozentpunkt. Für ökologische Initiativen scheinen finanzielle Betrachtungen generell einfacher erhebbar zu sein, da Energie-, Emissions- oder Risikokosten in den meisten Fällen gut messbar sind.

Kontinuierlicher Dialog mit motivierender Mitarbeitereinbindung

Die Formulierung und besonders die kontinuierliche Weiterentwicklung einer nachhaltigen Strategie erfordern einen regelmäßigen Dialog mit internen und externen Beteiligten, d. h. Stakeholdern. Die operative Umsetzung und Steuerung von nachhaltigem Handeln bedarf neben den Finanzkennzahlen die zeitnahe und komplette Bereitstellung von relevanten nichtfinanziellen Informationen für die jeweiligen Managementteams in den Fachbereichen. Nur so können ganzheitliche Entscheidungen im Sinn der nachhaltigen

Strategie im täglichen Handeln getroffen werden. Im Jahr 2015 hielten 90 % der SAP-Mitarbeiter Nachhaltigkeit für wichtig für das Unternehmen; 80 % beteiligen sich aktiv an nachhaltigem Handeln. Formelle Championsnetzwerke als Multiplikatoren können zusätzlich helfen, diese interessierten Mitarbeiter aktiv für die Umsetzung der Strategie in jeweiligen Arbeitsbereichen zu motivieren.

Tu Gutes und sprich viel darüber

Nachhaltigkeit als integraler Bestandteil der Firmenstrategie sollte in der externen und internen Firmendarstellung präsent sein. Ein integrierter Geschäftsbericht, Kundenpräsentationen, Marketing, Investorengespräche, Einstellungsveranstaltungen, Universitätskooperationen, interne Firmenportale, Newsletter, themenspezifische Kampagnen, Auftritte in Abteilungsmeetings, Mitarbeiterdialog in sozialen Medien oder gar kostenlose öffentliche Onlinekurse (MOOC) sind mögliche und attraktive Kommunikationskanäle. Kurze Geschichten zu plakativen Leuchtturmprojekten helfen, Nachhaltigkeit in einem Unternehmen greifbar zu machen. Zentral ist hierbei die klare Darstellung des ganzheitlichen Ansatzes der ökonomischen, sozialen und ökologischen Wertschöpfung. Ansonsten besteht leicht die Gefahr, dass Nachhaltigkeit als „tree hugging" oder reine Philanthropie abgetan wird. In den letzten Jahren setzen sich integrierte Geschäftsberichte als externes Kommunikationsmedium für relevante Stakeholdergruppen immer stärker durch. Die ganzheitliche und geprüfte Darstellung der Firmenergebnisse bietet eine hervorragende Möglichkeit, die Bedeutung von Nachhaltigkeit hervorzuheben und integriertes Denken intern zu transportieren und zu etablieren.

Unschlagbar in der Kommunikation sind natürlich Nachhaltigkeitsvorbilder: So hat der ehemalige CEO der SAP bei der firmeninternen Mitfahrlösung teilgenommen oder der jetzige CFO fährt ein Elektroauto.

8 Fazit

Die Entwicklung und Umsetzung einer nachhaltigen Strategie ist eine Reise, eine gemeinsame Reise hin zu einem nachhaltigen, d. h. langfristig stabilen, profitablen und ressourcenschonenden Geschäftsmodell. Im vorliegenden Beitrag wurde versucht, den Fahrplan für die SAP-Reise darzulegen. Häufig liefern externe Ereignisse, wie z. B. katastrophale Unfälle, Strafen aufgrund von Rechtsverstößen oder signifikante Umsatzeinbußen, den notwendigen kurzfristigen Druck für eine solche Transformation. Sofern dieser Weg aus der Organisation heraus getrieben werden soll, können Manager oder Mitarbeiter als Vorbilder dienen. Wichtiger sind jedoch überzeugende „business cases", die eine ganzheitliche ökonomische, soziale und ökologische Wertschöpfung in den einzelnen Fachabteilungen anstreben. Eine Nachhaltigkeitsorganisation sollte in diesem Ansatz als Katalysator wirken, die Verantwortung für die Umsetzung muss jedoch in den einzelnen Fachabteilungen liegen und im besten Fall von jedem einzelnen Mitarbeiter mitgetragen werden. Die beste Nachhaltigkeitsinitiative ist eine Initiative, die ohne Zutun der Nachhaltigkeitsexperten in einer Fachabteilung gestartet wird. Dann ist Nachhaltigkeit wirklich im Kerngeschäft eingebettet und dem Ziel der gemeinsamen Reise wurde ein gutes Stück näher gekommen.

„Help the world run better and improve peoples' lives" ist die ehrgeizige Vision der SAP, die wir jedoch nur erreichen können, indem wir unsere Kunden durch unser Produkt- und Technologie-Portfolio sowie unsere Dienstleistungen in die Lage versetzen, nachhaltigen ökonomischen, sozialen und ökologischen Erfolg zu haben.

Literatur

„Sustainability and business innovation", openSAP, massive open online course, 2014, (Internet-Zugriff 12.06.2016). https://open.sap.com/courses/sbi1
SAP Integrated Report 2015 http://www.sapintegratedreport.com, (internet-Zugriff 12.06.2016).
GeSI SMARTer 2020. The Role of ICT in Driving a Sustainable Future, 12/2012 Global e-Sustainability Initiative and The Boston Consulting Group, Inc, http://gesi.org/SMARTer2020, Zugriff 12.06.2016.
GeSI #SMARTer 2030, ICT Solutions for 21st Century Challenges, Global e-Sustainability Initiative and Accenture Strategy (Division of Accenture plc., http://smarter2030.gesi.org/, Zugriff 12.06.2016.

Dr. Will Ritzrau hat während 18 Jahren bei SAP in verschiedenen Rollen mit Kunden und Partnern die Entwicklung und den Einsatz von Softwarelösungen beeinflusst. In enger Zusammenarbeit mit führenden globalen Konsumgüter- und Pharmaherstellern hat er das industriespezifische SAP-Lösungsportfolio maßgeblich mit geprägt. Nach vier Jahren Vertriebstätigkeit als Leiter des Value-Engineerings für die Fertigungsindustrie in Deutschland, wechselte er 2013 in die Nachhaltigkeitsabteilung der SAP. Verantwortlich für den Integrierten Geschäftsbericht und die Entwicklung einer nachhaltigen Firmenstrategie besteht hier die Hauptaufgabe darin, Nachhaltigkeit in das Kerngeschäft aller Fachbereiche der SAP zu etablieren. Mit dieser Aufgabe bei der SAP schließt sich für den promovierten Meeresbiologen der Kreis zu seiner ursprünglichen Ausbildung und Tätigkeit in der Klimaforschung an der Universität Kiel: Der Einsatz von Software unterstützt ressourcenbewusste, ganzheitliche und nachhaltige Wertschöpfung zum Wohl des Planeten und der Gesellschaft.

Implementierung nachhaltiger Unternehmensstrategien – das Fallbeispiel DB2020 der Deutschen Bahn

Jan Wehking und Markus Rometsch

1 Ausgangssituation im Jahr 2011 – Notwendigkeit strategischer Neuorientierung

Seit der Gründung der Deutsche Bahn AG im Zug der Bahnreform von 1994 lässt sich die Entwicklung der DB schematisch anhand von drei Phasen beschreiben (Abb. 1).

In der ersten Phase von 1994 bis etwa 2000 mit der Überschrift „Unternehmerisch aufstellen" ging es v. a. um die Transformation einer Behörde zu einem modernen Dienstleistungsunternehmen. Entsprechend lag der Fokus auf Umsatz- und Produktivitätssteigerung, auf Kostensenkung sowie Markt- bzw. Kundenorientierung. In der zweiten Phase im Zeitraum 2000 bis etwa 2011 stand vorrangig die Erreichung der Kapitalmarktfähigkeit im Mittelpunkt der unternehmerischen Aktivitäten. Hierzu gehörten etwa neben Effizienzsteigerungen in den Geschäftsfeldern und der Reduzierung von „overhead", die Straffung und Ergänzung des Leistungsportfolios. Mit Letzterem verbunden waren beispielsweise der Ausbau des Logistikgeschäfts sowie des Schienenverkehrs in Europa. Die Wirtschafts- und Finanzkrise 2008/2009 und der in diesem Zusammenhang abgesagte Börsengang der DB markieren schließlich das Ende dieser Phase und den Übergang in die dritte, hier im Zentrum stehende, Phase. Vor allem der abgesagte Börsengang, der Wechsel im Topmanagement im Jahr 2009, ein verbesserungswürdiges Image der DB in der öffentlichen Wahrnehmung sowie eine im Jahr 2010 durchgeführte Analyse der Unternehmenskultur

---

J. Wehking (✉) · M. Rometsch
Konzernstrategie – GES 2, Deutsche Bahn AG,
Potsdamer Platz 2, 10785 Berlin, Deutschland
E-Mail: jan.wehking@deutschebahn.com

M. Rometsch
E-Mail: markus.rometsch@deutschebahn.com

© Springer-Verlag GmbH Deutschland 2017
T. Wunder (Hrsg.), *CSR und Strategisches Management,* Management-Reihe Corporate Social Responsibility, DOI 10.1007/978-3-662-49457-8_12

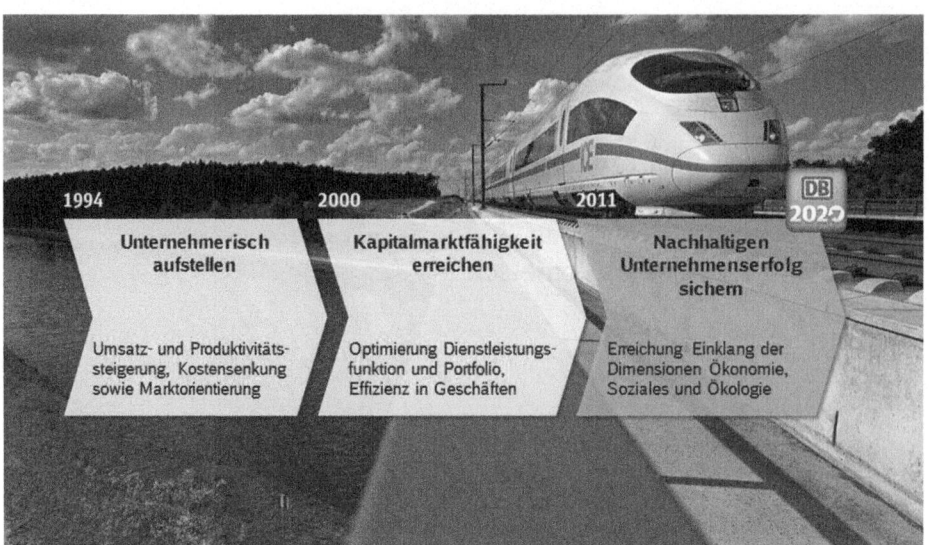

Abb. 1 Entwicklungspfad der DB seit der Bahnreform 1994

erhöhten bzw. offenbarten den Bedarf nach unternehmerischer (Neu-)Orientierung. Daneben befand (und befindet) sich die DB in einem Umfeld, das durch zunehmend vielfältigere und komplexere Herausforderungen gekennzeichnet war. Neben ökonomischen Aspekten wie der Sicherstellung von stabilem Wachstum bei immer volatileren Märkten, der Begegnung hoher Qualitätsanforderungen der Kunden oder der Generierung innovativer Leistungen für die Kundenbedürfnisse von morgen traten immer stärker auch soziale und ökologische Herausforderungen in den Vordergrund. Hierzu gehörten einerseits etwa der Wettbewerb um qualifizierte Fachkräfte und die Gestaltung altersgerechten Arbeitens sowie andererseits beispielsweise potenzielle Verschärfungen von CO_2-Regulierungen in der Verkehrsbranche und Kostendruck aufgrund knapper werdender Ressourcen. Hinzu kamen übergreifende, gesellschaftliche Anforderungen wie etwa ein höheres Partizipationsbedürfnis der Bürger an geplanten Infrastrukturprojekten.

Viele dieser Handlungsfelder hatte die DB bereits aufgegriffen und begonnen, sie durch einzelne Aktivitäten und Programme zu adressieren. Es wurde jedoch deutlich, dass für eine zukunftsfähige Aufstellung ein insgesamt breiterer strategischer Ansatz notwendig ist, der es einerseits vermag, die bereits begonnenen Aktivitäten systematisch zusammenführen und zu integrieren sowie andererseits die zunehmend komplexeren Anforderungen abzubilden und dabei strategische Orientierung zu bieten. Im Lauf des Jahres 2011 kristallisierte sich schließlich heraus, dass der Nachhaltigkeitsansatz sowohl von der Breite als auch vom organisationalen und strategischen Fit mit der DB eine ideale Fundierung bieten würde, hierauf basierend die neue strategische Ausrichtung bzw. Konzernstrategie zu entwerfen.

2 Entwicklung und Formulierung der Konzernstrategie DB2020[1]

Das Thema Nachhaltigkeit war 2011 für die DB grundsätzlich nicht neu. Spätestens seit der Zusammenführung von Umwelt- und Sozialbericht zum ersten Nachhaltigkeitsbericht im Jahr 2007 lässt sich von einer ersten, rudimentären Nachhaltigkeitsstrategie sprechen – gleichwohl noch mit sehr starkem Akzent auf ökologischen Aspekten. Im Jahr 2011 wurde dann der Vorstand für Transport und Logistik der DB ML AG durch den Konzernvorstand gleichzeitig als Chief Sustainability Officer (CSO) benannt, der sich in dieser Funktion gesamtheitlich des Themas Nachhaltigkeit in der DB annehmen sollte. Hierdurch bekam das Thema eine noch stärkere Aufmerksamkeit. Mit dem Ziel der Weiterentwicklung der bestehenden Nachhaltigkeitsstrategie wurde unter Federführung der Konzernentwicklung/-strategie ein Projekt aufgesetzt, in dessen Rahmen u. a. basierend auf dem Deutschen Nachhaltigkeitskodex eine Analyse des Status quo sowie eine Reihe von Best-Practice-Gesprächen mit international tätigen Großunternehmen durchgeführt wurden. In der zweiten Jahreshälfte 2011 entschied der Konzernvorstand auf Basis von strategischen Analysen und Diskussionen zu den Projektergebnissen, dass der Nachhaltigkeitsansatz das Fundament für die künftige Konzernstrategie bilden sollte. Statt eines Nebeneinanders von Konzern- und (weiterzuentwickelnder) Nachhaltigkeitsstrategie beschloss man die Formulierung einer *nachhaltigen*, auf den drei Dimensionen Ökonomie, Soziales und Ökologie, basierenden Konzernstrategie.

In der unmittelbar darauf folgenden, detaillierteren Strategieformulierung ging es dann v. a. um die Entwicklung einer schlüssigen Gesamtgeschichte („storyline"), die Festlegung von übergeordneten und dimensionsbezogenen Ansprüchen und Zielen sowie um die Klärung des Verhältnisses der Dimensionen zueinander. Diese Fragestellungen sind zunächst maßgeblich zwischen Konzernentwicklung/-strategie und Vorstandsvorsitzendem bzw. Konzernvorstand diskutiert worden. Danach folgte eine kaskadierte Diskussion zunächst unter Einbezug des erweiterten Konzernvorstands (Executive Board), d. h. inklusive der Vorsitzenden der Geschäftsfeldleitungen, später unter Einbezug der rund Top-200-Führungskräfte der DB (erste und zweite Berichtsebene unterhalb des Konzernvorstands) sowie schließlich mit den gesamten Konzern- und oberen Führungskräften der DB (etwa 1400 Personen). Eine wichtige Rolle kam zudem den parallel vom Executive Board durchgeführten Best-Practice-Gesprächen zu.

Gesamtstory Die daraus entwickelte Gesamtstory zur neuen Strategie DB2020 beinhaltete als Einstieg Szenarien der operativen Bereiche der DB – Personenverkehr, Transport und Logistik sowie Infrastruktur – für das Jahr 2020. Die eigentliche Strategiegeschichte wurde hiernach anhand von drei strukturierenden Fragestellungen erzählt:

„Wo stehen wir heute?"
„Welche Herausforderungen und Chancen liegen auf unserem Weg?"
„Wo werden wir 2020 sein und wie kommen wir dahin?"

---

[1] Infolge besonderer Herausforderungen v.a. des Systemverbunds Bahn ist für die DB eine strategische Weiterentwicklung notwendig geworden. Die 2016 eingeführte Strategie DB2020+ setzt auf der DB2020 auf (Nachhaltigkeitsansatz, Einklang der Dimensionen), fokussiert aber insbesondere noch stärker auf das Thema Qualität.

Die ersten beiden Fragen beinhalteten eine klassische strategische (Innen-/Außen-)Analyse, in der Positionierungen der DB im Mobilitäts- und Logistikmarkt vorgenommen, Erfolgsfaktoren bzw. Stärken aufgezeigt sowie Herausforderungen und Chancen über eine Analyse des globalen Umfelds (insbesondere Megatrends und potenzielles Marktwachstum) abgeleitet wurden. Mit der dritten Frage wurde schließlich der Kern der neuen Strategie DB2020 als Antwort auf die strategische Analyse vorgestellt. Hierzu gehörten ein Zielbild mit dimensionsbezogenen Ansprüchen sowie – als Weg dorthin – strategische Stoßrichtungen mit spezifischen Handlungsfeldern.

Strategie DB2020 – nachhaltiger Unternehmenserfolg durch Einklang der Dimensionen Nachdem der Beschluss feststand, den Nachhaltigkeitsansatz als Ankerpunkt der Konzernstrategie zugrunde zu legen, wurde die Frage nach dem Verhältnis der Dimensionen im Konzernvorstand intensiv diskutiert. Am Ende wurde die richtungsweisende Entscheidung getroffen, die Dimensionen nebeneinander und *im Einklang* zueinander als anzustrebende Zielsetzung festzulegen (s. Abb. 2). Dies war insofern ein Paradigmenwechsel, als zuvor über die „balanced scorecard" mit Zielhierarchie (finanzielle Ziele auf oberster Ebene) gesteuert wurde. Mit der Strategie DB2020, die im März 2012 im Rahmen der Bilanz-Pressekonferenz offiziell verkündet wurde, hat die DB somit eine Verlagerung von einer eher Shareholder- hin zu einer stärkeren Stakeholderorientierung in der unternehmerischen Steuerung vollzogen.

Über den angestrebten Einklang der Dimensionen Ökonomie, Soziales und Ökologie wurde das übergreifende Ziel abgeleitet, *nachhaltigen Unternehmenserfolg und gesellschaftliche Akzeptanz* sicherzustellen. Zur Erreichung der weiterhin gültigen Vision „Wir werden das

Abb. 2 Strategie DB2020

weltweit führende Mobilitäts- und Logistikunternehmen" sind zudem für alle drei Nachhaltigkeitsdimensionen ambitionierte Ziele bzw. Ansprüche für das Jahr 2020 formuliert worden:

- Profitabler Marktführer (Ökonomie),
- Top-Arbeitgeber (Soziales) und
- Umwelt-Vorreiter (Ökologie).

Ansprüche, Ziele und strategische Stoßrichtungen Zur Erreichung der drei Dimensionsziele (profitabler Marktführer, Top-Arbeitgeber und Umwelt-Vorreiter), die zudem quantitativ hinterlegt wurden, sind vier strategische Stoßrichtungen (Kunde und Qualität, profitables Wachstum, Kulturwandel/Mitarbeiterzufriedenheit und Ressourcenschonung/ Emissions- und Lärmreduktion) definiert worden. Im Detail wurden folgende Ansprüche, Stoßrichtungen und Ziele zur DB2020 formuliert:

- „Als *profitabler Marktführer* will die DB ihren Kunden erstklassige Mobilitäts- und Logistiklösungen anbieten. Hierfür sind zwei Stoßrichtungen von entscheidender Bedeutung: Ein weiterhin starker Fokus auf *Kunde und Qualität* sowie die Fortsetzung des *profitablen Wachstumspfads*." Der Anspruch profitabler Marktführer zu werden, wurde mit der Erreichung eines Return-on-capital-employed (ROCE)-, Umsatz-und Tilgungsdeckungsziels für das Jahr 2020 quantitativ hinterlegt.
- „Als *Top-Arbeitgeber* will die DB qualifizierte Mitarbeiter gewinnen und binden, die mit Begeisterung für die DB und ihre Kunden arbeiten. Hierzu soll der angestoßene *Kulturwandel* weiter vorangetrieben und die *Mitarbeiterzufriedenheit* der DB gesteigert werden." Der Anspruch, Toparbeitgeber zu werden, wurde zudem mit der Erreichung eines Top-10-Rankings in einem an den mittelfristigen Bedarf der DB an Mitarbeitern angepassten externen Rankings zu den beliebtesten Arbeitgebern in Deutschland quantitativ hinterlegt.
- „Als *Umwelt-Vorreiter* will die DB mit ihren Produkten Maßstäbe beim effizienten Umgang mit den verfügbaren Ressourcen setzen. Durch Steigerung der *Material- und Ressourceneffizienz* sowie der *Reduktion von CO_2 und Lärm* will die DB ihre führende Umweltposition weiter ausbauen." Quantitativ hinterlegt wurde dieser Anspruch zunächst mit einem CO_2-Reduktionsziel, einem Ziel für den Anteil Erneuerbarer Energien im Bahnstrommix sowie einem Lärmreduktionsziel.

Die strategischen Stoßrichtungen zur Erreichung der Dimensionsziele sind schließlich mit Handlungsfeldern hinterlegt worden. So gehören beispielsweise die Handlungsfelder „Ausbau Kundeninformation und -service" sowie „Modernisierung der Fahrzeugflotte" zur strategischen Stoßrichtung Kunde und Qualität innerhalb der ökonomischen Dimension.

3 Einführung und Umsetzungsbegleitung der DB2020

Zur Verankerung der DB2020 im DB-Konzern sind zahlreiche strukturelle, organisatorische und kommunikative Maßnahmen ergriffen worden.

3.1 Unternehmerisches Führungssystem und Beschlussvorlagen

Mit der offiziellen Verkündung der neuen Strategie DB2020 ist auch das Führungssystem, das die wesentlichen Vorgaben zur Steuerung des Unternehmens beinhaltet, angepasst worden. Hierzu gehören v. a. Leitbild (bestehend aus Vision, Mission und Werten), Konzerngrundsätze und -richtlinien. Innerhalb des Leitbilds wurden z. B. die mit der DB2020 verbundenen Ansprüche aufgenommen. Zusätzlich wurden Ökologie und Soziales als Eckpunkte in Beschlussvorlagen für Vorstandssitzungen von Konzern und Geschäftsfeldern integriert, womit Ökonomie, Ökologie und Soziales systematisch in der Entscheidungsfindung der DB berücksichtigt sind.

3.2 Geschäftsfeldstrategien

In den Geschäftsfeldern (GF) selbst und im Rahmen des Strategischen-Management-Prozesses (SMP), der die zentrale Plattform zum Erarbeiten und Festlegen der Strategien für den Konzern und die Geschäftsfelder darstellt und im jährlichen Turnus stattfindet, sind anschließend auf Basis der DB2020 abgeleitete Geschäftsfeldstrategien – wie beispielsweise Bahnhöfe 2020 und Fernverkehr 2020 – entwickelt worden. Hierzu wurden für die jeweiligen Geschäftsfelder eigene Visionen, Zielbilder entlang der vier Stoßrichtungen der DB2020 sowie emotionalisierende Gesamtgeschichten formuliert.

3.3 Zielsystem und Monitoring

Zur inhaltlichen Konkretisierung und Umsetzungsbegleitung wurde ein integriertes, konzernweit gültiges Zielsystem entwickelt (Abb. 3). Paritätisch entlang der vier Stoßrichtungen sollen 12 Top-Ziele eine ausgewogene Abbildung des Nachhaltigkeitsansatzes sicherstellen. Das Zielsystem hat konzernweite Gültigkeit (DB-Prinzip der äußeren Verbundenheit), gleichwohl wird geschäftsfeldspezifischen Herausforderungen Rechnung getragen (DB-Prinzip der inneren Differenzierung). Es zeigt Zielkonflikte im Hinblick auf den angestrebten Einklang aus Ökonomie, Soziales und Ökologie auf, bildet über ein regelmäßiges, unterjähriges Monitoring den Fortschritt zur Erreichung der Ziele von DB2020 ab und ermöglicht die Ableitung von Maßnahmen.

In enger Zusammenarbeit zwischen Konzernentwicklung, Fachbereichen und Geschäftsfeldern wurden auf der Ebene des DB-Konzerns bzw. der Geschäftsfelder für alle

Abb. 3 Integriertes Zielsystem

strategischen Ziele spezifische Key-Performance-Indikatoren (KPI) definiert sowie Zielwerte für 2020 und Hochlaufkurven festgelegt. Seitdem werden die sog. Top-Ziele im SMP sowie Hochlaufkurven in der Mittelfristplanung validiert und feinjustiert. An zwei Terminen im Jahr findet darüber hinaus eine systematische Diskussion über den Fortschritt der Zielerreichung aller Top-Ziele zwischen Konzernvorstand und den Leitungen der Geschäftsfelder statt.

3.4 Vergütungssystem

Strategie und Zielsystem sollten sich auch im monetären Anreizsystem widerspiegeln. Für die Jahresabschlussvergütung aller Führungskräfte und außertariflichen Mitarbeiter wurden daher erstmals für das Jahr 2013 Ziele aus allen vier strategischen Stoßrichtungen der DB2020 berücksichtigt. Die Systematik der Strategie DB2020 wird in der Jahresabschlussvergütung über die Konzern- und Geschäftsfeldkomponenten sowie nach Möglichkeit auch über die persönlichen Zielgrößen festgeschrieben.

3.5 Nachhaltigkeitsmanagement und -berichterstattung

Das Thema Nachhaltigkeit wurde nicht nur inhaltlich in der Strategie DB2020, sondern auch organisatorisch im DB-Konzern verankert. Zur gesamthaften Verantwortung wurde die bereits erwähnte Funktion des Chief Sustainability Officers auf DB-Konzernvorstandsebene geschaffen. Unterstützend ist ein Competence Center Nachhaltigkeit eingerichtet worden, in dem alle entscheidenden Fach- bzw. Unternehmensbereiche (Geschäftsfelder, Beschaffung, Controlling, Personal, Umwelt, Compliance, Politik,

Kommunikation) vertreten sind. Das Competence Center Nachhaltigkeit agiert innerhalb der vom Konzernvorstand vorgegebenen Rahmenbedingungen und wird durch den Leiter der Konzernstrategie in systematischer Personalunion geführt. Es dient als konzernweites Steuerungs- und Koordinierungsgremium für sämtliche, insbesondere ressort- und geschäftsfeldübergreifende Themen und Projekte mit Nachhaltigkeitsbezug, während die inhaltliche Arbeit und Umsetzungsverantwortung hierzu weiterhin den Fachabteilungen und Geschäftsfeldern obliegt. Darüber hinaus werden durch das Competence Center themenbezogene Arbeitsgruppen eingesetzt (z. B. Monitoring/Kommentierung Zielsystem und Stakeholderdialog). Im Bereich Konzernstrategie ist zudem die Abteilung Nachhaltigkeitsmanagement eingerichtet worden, u. a. als operative Unterstützung des Competence Centers.

Das Competence Center wurde auch mit der internen und externen Nachhaltigkeitsberichterstattung beauftragt. Das Thema Nachhaltigkeit sollte als integraler Bestandteil des Unternehmens auch im Berichtswesen verankert werden. Transparenz über Ziele und Aktivitäten sollten nach außen weiter erhöht und Berichtsstrukturen nach maßgeblichen Standards aufgebaut werden. So wurde zunächst für das Jahr 2012 ein Nachhaltigkeitsbericht gemäß des international verbreiteten Standards der Global Reporting Initiative (GRI) erstellt, der gleichzeitig auch den Prinzipien des UN Global Compact entsprach. Mit dem Integrierten Bericht 2014 (Ende März 2015) wurden schließlich erstmals Geschäfts- und Nachhaltigkeitsbericht zusammengeführt. Der Integrierte Bericht ersetzt den Geschäfts- und den Nachhaltigkeitsbericht. Er enthält alle vorgeschriebenen finanziellen Inhalte und Kennzahlen des bisherigen Geschäftsberichts und entspricht gleichzeitig den GRI-Anforderungen zur Nachhaltigkeitsberichterstattung. Der Integrierte Bericht 2014 markiert damit einen wichtigen Meilenstein in einer transparenten und stakeholderorientierten Berichterstattung der DB über ihre Geschäftsentwicklung.

3.6 Strategiekommunikation, Stakeholderdialog und Mitgliedschaften

Mit der offiziellen Verkündung der Strategie DB2020 wurde gleichzeitig eine breit angelegte Strategiekommunikation begonnen, um die Einbindung aller Führungskräfte, Mitarbeiter und weiterer relevanter Stakeholder sicherzustellen und eine hohe Transparenz zu erzeugen (Abb. 4).

Hierzu wurden unterschiedlichste Kommunikationsmedien und -kanäle genutzt. Um möglichst schnell und breit zu informieren (Basiskommunikation) sind neben gängigen Kommunikationsmedien wie Mitarbeiterzeitung und Newsletter beispielsweise auch zwei Versionen von Booklets für Führungskräfte entwickelt worden – das erste Mitte 2012 zur Gesamtstrategie DB2020 inklusive Kernbotschaften und Fragen-und-Antworten sowie das zweite Mitte 2013 mit Fokus auf die Geschäftsfeldstrategien. Hinzu kam ein insbesondere für die Mitarbeiter entwickelter Animationsfilm zur DB2020, der im Intranet wie auch über gängige Social-Media-Kanäle verbreitet wurde. Zur Markierung und Steigerung des Wiedererkennungswerts hat man zudem Logos sowohl für die Strategie DB2020

Implementierung nachhaltiger Unternehmensstrategien ...

Abb. 4 Strategiekommunikation

als auch für die dazugehörigen Stoßrichtungen entwickelt. Mit dem Ziel, ein tieferes Verständnis und eine intensivere Auseinandersetzung mit Strategie zu erreichen, griff man neben der Basiskommunikation auch auf vielfältige Formate der Dialogkommunikation zurück. Hierzu gehörten Web-Konferenzen, Dialogveranstaltungen, Workshops und (die Integration der DB2020 in) interne Weiterbildungsprogramme.

Auf der Ebene der Geschäftsfelder ist darüber hinaus eine Reihe von neuen Formaten zum Einsatz gekommen, die speziell der Vermittlung der aus der DB2020 abgeleiteten Geschäftsfeldstrategien (Abschn. 3.2) dienen sollte. Diese v. a. an die Mitarbeiter gerichteten Formate waren sehr spielerisch und einfach ausgestaltet sowie immer auf den konkreten Arbeitskontext bezogen. Hierzu gehörte z. B. für die Personenbahnhofsstrategie Bahnhöfe 2020 ein Brett- und Würfelspiel, das sämtliche Arbeitskontexte rund um den Bahnhof abbildet. Die Mitspieler müssen dabei in kleine Teams aufgeteilt Entscheidungen treffen, die sich immer auf alle drei Nachhaltigkeitsdimensionen auswirken. So werden spielerisch die Auseinandersetzung mit dieser Mehrdimensionalität sowie die Vorteile der gemeinsamen Diskussion der Folgen von Entscheidungen eingeübt. Daneben hat beispielsweise der Fernverkehr für die Kommunikation seiner Strategie Fernverkehr 2020 das Format des Showtrains entwickelt. Der Showtrain war ein speziell gemäß der Fernverkehrsstrategie markierter Sonderzug, der nach einem Sonderfahrplan deutschlandweit Standorte ansteuerte, um vor Ort als zentrale Plattform für Information und Austausch in Sachen Geschäftsfeldstrategie zu fungieren. Flankiert wurde dies durch eine eigene Internetseite mit Hintergrundinformationen und Videos.

In Richtung externer Kommunikation wurden v. a. zur Intensivierung des Stakeholderdialogs teilweise neue Formate der Dialogkommunikation entwickelt – neben klassischer Public Relations und Berichtswesen (insbesondere Pressekonferenz, Journalistenempfang, Geschäfts- und Nachhaltigkeitsbericht).

Durch den Stakeholderdialog soll Transparenz zu Unternehmensentscheidungen und damit Vertrauen geschaffen werden. Gleichzeitig werden Erkenntnisse und Impulse für nachhaltiges Handeln gewonnen und es wird frühzeitig erkannt, welche Themen für die verschiedenen Anspruchsgruppen wichtig sind. Die Stakeholder der DB sollen auch bei wichtigen Weichenstellungen eingebunden werden, so etwa bei der Weiterentwicklung der Ziele in den Bereichen Klimaschutz und erneuerbare Energien oder bei der Konzeption oder Einführung neuer Produktangebote.

Ein wichtiger Baustein des intensivierten Stakeholderdialogs ist das Format des DB-Nachhaltigkeitstags, der 2012 institutionalisiert wurde und seitdem einmal jährlich unter Beteiligung der wichtigsten Stakeholder der DB sowie des gesamten Konzernvorstands stattfindet. Zudem wurde im Jahr 2014 die erste konzernweite Stakeholderbefragung durchgeführt, bei der Vertreter aller Stakeholdergruppen gebeten wurden, Themen hinsichtlich der Wichtigkeit für die DB zu bewerten und die Performance der DB in diesen Themen einzuschätzen. Über die Ergebnisse dieser Befragung mit mehr als 3400 Teilnehmern wurde transparent im Integrierten Bericht informiert.

Die Verbindlichkeit in Richtung Nachhaltigkeit seit der Verkündung der DB2020 ist nicht zuletzt durch Mitgliedschaften in maßgeblichen nationalen und internationalen Nachhaltigkeitsnetzwerken und -organisationen bekräftigt worden. So ist die DB gemeinsam mit über 30 weiteren multinationalen Unternehmen der deutschen Industrie Partner des Unternehmensnetzwerks econsense, dazu den unternehmerischen Grundsätzen der Vereinten Nationen (UN Global Compact) verpflichtet (Communication on Progress) und im Deutschen Global-Compact-Netzwerk vertreten sowie im Rahmen der Korruptionsbekämpfung als korporatives Mitglied bei Transparency International engagiert.

3.7 Führung und Transformation

Parallel zur Entwicklung der neuen Konzernstrategie DB2020 wurde ein Kulturwandel innerhalb der DB angestoßen. Die eingangs angesprochene Analyse der Unternehmenskultur hatte u. a. den Wunsch der Mitarbeiter nach einem anderen Führungsverhalten offengelegt. Gleichzeitig wurde deutlich, dass die erfolgreiche Umsetzung einer mehrdimensionalen Strategie, bei der es immer wieder um Trade-off-Entscheidungen zwischen den einzelnen Dimensionen geht, erstens grundsätzlich höhere Anforderungen mit sich bringt und zweitens nicht nur allein die Unternehmensspitze betrifft, sondern gerade der Unterstützung aller Mitarbeiter bedarf. Hierfür musste eine Übersetzung der DB2020 von Konzern- und Geschäftsfeldebene auf den konkreten Arbeitskontext jeweiliger Unternehmensbereiche stattfinden. Neben Formaten der Strategiekommunikation (Abschn. 3.6) kam – und kommt – dabei insbesondere den direkten Führungskräften eine besondere Rolle zu. Führungskräfte sollten gemeinsam mit ihren Mitarbeitern operativere Visionen mit handlungsleitender Wirkung für die tägliche Arbeit entwickeln.

Eine stärkere Ausrichtung auf transformationale Führung (z. B. Bass und Avolio 1994) sollte hierfür unterstützend wirken. Insbesondere vier Elemente des Führungsverhaltens sind dabei hervorzuheben:

- *Führung durch Vorbild/Vorleben:* Führungskräfte sind Vorbilder. Sie überzeugen durch Einfühlungsvermögen, Glaubwürdigkeit, Respekt, Wertschätzung und persönliche Integrität.
- *Führung durch Inspiration:* Führungskräfte formulieren Visionen, die Emotionen wecken, weil sie selbst begeistert sind.
- *Führung durch geistige Anregung:* Führungskräfte ermutigen ihre Mitarbeiter dazu, etablierte Denkmuster aufzubrechen und ihre Ideen und Meinungen einzubringen.
- *Führung durch individuelle Behandlung:* Führungskräfte beschäftigen sich mit ihren Mitarbeitern. Sie kennen deren Bedürfnisse, fördern sie entsprechend und geben ihnen Feedback.

Zur Verankerung von neuer Strategie und neuem Führungsverständnis sowie zur Fortsetzung des begonnenen Kulturwandels ist ein gesamthafter Transformationsprozess in der DB gestartet worden, der die Themen Strategie, Führung und Kultur integrativ behandelt. Für diesen Transformationsprozess wurde ein klares Zielbild definiert:
Jeder Mitarbeiter:
- kennt und versteht DB2020 – insbesondere im Hinblick auf sein konkretes Arbeitsumfeld;
- akzeptiert die Strategie und ist motiviert, sich zu engagieren;
- kann sich in die Ausgestaltung und Umsetzung einbringen;
- bringt sich ein und fühlt sich wertgeschätzt.

Neben bereits hervorgehobenen kommunikativen Maßnahmen zur Befähigung von Führungskräften und Mitarbeitern haben hierbei v. a. Qualifizierungsmaßnahmen über die DB-internen Bildungsinstitutionen DB Akademie und DB Training eine herausgehobene Bedeutung. So wurden und werden beispielsweise die Themen Strategie und Führung in hierfür entwickelten Qualifizierungsprogrammen und Dialogformaten kaskadiert von oberer zu unterer Führungsebene vermittelt. Gleichzeitig begann man sog. Netzwerktreffen mit Vertretern der Fachbereiche in der Konzernleitung sowie Geschäftsfeldentwicklern, Personalentwicklern und Change-Agents aus den Geschäftsfeldern durchzuführen. Die Zielsetzungen dieser Workshops sind v. a. (Best-Practice-)Austausch und wechselseitige Information über den Fortschritt der DB2020-Umsetzung – insbesondere in den operativen Bereichen bis zur Mitarbeiterebene.

4 Fazit und Ausblick

Zur Implementierung der nachhaltigen Strategie DB2020 hat die DB auf ein sehr breites Instrumentarium an Maßnahmen zurückgegriffen. Einige dieser Maßnahmen – insbesondere die zuletzt ergriffenen – werden erst mittelfristig ihre volle Wirkung entfalten. Dennoch lässt sich drei Jahre nach offizieller Verkündung und Umsetzungsstart der DB2020 zumindest eine erste, vorsichtige Einschätzung bezüglich der Wirksamkeit dieser Maßnahmen vornehmen. Indikationen hierfür liefern insbesondere die beiden letzten weltweit durchgeführten Mitarbeiterbefragungen aus den Jahren 2012 und 2014, Kulturdialogveranstaltungen mit Mitarbeitern, Stakeholderfeedbacks aus den seit 2012 jährlich durchgeführten Nachhaltigkeitstagen und der im Jahr 2014 erfolgten Stakeholderbefragung, Medienmonitoring sowie Feedbacks aus Führungskräftedialogveranstaltungen und -qualifizierungsformaten.

Insgesamt lässt sich feststellen, dass die DB2020 eine breite Akzeptanz bei allen Mitarbeitern und weiteren Stakeholdern gefunden hat. Hierfür sind nach erster Einschätzung sowohl inhaltliche als auch umsetzungsprozessbezogene Faktoren ursächlich, die sich in folgenden Hypothesen zusammenfassen lassen:

- *Akzeptanz durch Modernität, Passung und inhaltliche Breite bzw. Anschlussfähigkeit der DB2020:* Die DB2020 ist insgesamt bei allen Stakeholdergruppen auf breite Akzeptanz und Identifikation gestoßen. Dies lässt sich insbesondere dadurch erklären, dass hier ein moderner, gesellschaftlich akzeptierter Ansatz gewählt worden ist, der in seiner Multidimensionalität nicht nur eine geeignete Antwort auf die vielfältigen Herausforderungen verspricht, sondern gerade auch die Vielfalt innerhalb der DB zu adressieren vermag und somit insgesamt eine hohe Attraktivität mit sich bringt. Verstärkend tritt hinzu, dass er eine hohe Passung zu zentralen Elementen der DB-Identität wie beispielsweise Umweltfreundlichkeit, hervorgehobene gesellschaftliche Stellung und starke Sozialbeziehungen (Eisenbahnerfamilie) aufzeigt. Förderlich waren schließlich auch die (nahtlose) Anschlussfähigkeit an den bestehenden Entwicklungspfad der DB sowie die Fähigkeit, bestehende Aktivitäten zu integrieren.
- *Akzeptanz durch Information, Transparenz und Einbindung:* Von Anbeginn sind Führungskräfte in den Entwicklungsprozess eingebunden und alle Mitarbeiter der DB über den Status quo und die weiteren Schritte informiert worden, was zusätzlich zur Legitimität der Strategie beigetragen hat.
- *Akzeptanz und besseres Verständnis durch zielgruppenspezifische und vielfältige Kommunikationsmaßnahmen:* Der Rückgriff auf unterschiedlichste Formate der Basis(Einweg)- und Dialog(Zweiweg)-Kommunikation – inklusive der speziell den Arbeitskontext aufgreifenden Kommunikation der Geschäftsfeldstrategien – hat zielgruppenspezifische Ansprache sowie Feedback ermöglicht und somit auch ein höheres Verständnis bei sämtlichen Stakeholdergruppen erzeugt.
- *Akzeptanz durch Breite, Konsequenz und damit Verbindlichkeit in der Umsetzung:* Die DB ist nicht das erste Unternehmen mit einer nachhaltigen Unternehmensstrategie, gleichwohl zählt es sicherlich zu denjenigen Unternehmen, die diesen Ansatz mit der größten Konsequenz umgesetzt haben. Die durch das breite Umsetzungsinstrumentarium – Zielsystem, Anreizsystem, (unterjähriges) Monitoring, organisatorische Fundierung von Nachhaltigkeit etc. – erreichte Tiefe in der organisationalen Verankerung der DB2020 hat zugleich eine hohe Verbindlichkeit erzeugt, die wiederum für zusätzliche Akzeptanz gesorgt hat.
- *Akzeptanz durch integrative und parallele Behandlung von Strategie und Führung:* Durch die Verzahnung von Strategie mit dem neuen, auf die Anforderungen der Strate-

gie zugeschnittenen, transformationalen Führungsverständnis sind unterstützende Impulse für die Akzeptanz gesetzt worden.

Auch wenn erste Indikationen auf eine Bestätigung hindeuten, stehen eine fundierte Validierung dieser Hypothesen und die weitere Fortschrittsüberprüfung noch aus. Sie werden insbesondere über die turnusmäßigen Mitarbeiterbefragungen, den Stakeholderdialog und die damit verbundenen Befragungen sowie auch für die Öffentlichkeit durch den jährlich veröffentlichten Integrierten Bericht ermöglicht und damit gleichzeitig auch transparent gemacht. Dadurch lässt sich zu einem späteren Zeitpunkt eine abschließende Bewertung vornehmen.

Literatur

Bass BM, Avolio B (1994) Improving organizational effectiveness through transformational leadership. Sage, Thousand Oaks

Johnson G, Whittington R, Scholes K, Angwin D, Regnér P (2013) Exploring strategy, 10. Aufl. Pearson, Thousand Oaks

Slaper TF, Hall TJ (2011) The triple bottom line: what is it and how does it work? Indiana Bus Rev 86(1):4–8

Jan Wehking verantwortet seit 2010 die inhaltliche und prozessuale Steuerung des Strategischen-Management-Prozesses sowie die Strategiekommunikation des DB-Konzerns. In dieser Funktion stellt er u. a. auch die Passfähigkeit der Geschäftsfeld- und Funktionalstrategien sowie die Strategieumsetzung sicher. Bevor er 2006 zur Deutschen Bahn kam, war er fünf Jahre als Berater mit Schwerpunkt auf Logistik und Informationstechnologie tätig. Jan Wehking hat in Würzburg BWL studiert.

Dr. Markus Rometsch ist seit 2013 Professor für Allgemeine Betriebswirtschaftslehre mit dem Schwerpunkt Strategisches Management an der EBC Hochschule Berlin sowie seit 2010 Senior-Geschäftsanalyst in der Konzernstrategie des DB-Konzerns, wo er insbesondere für die Strategiekommunikation zuständig ist. Nach Studium und Promotion an der Freien Universität Berlin war er drei Jahre bei der DB Akademie (Corporate University des DB-Konzerns) in Potsdam als Referent der Geschäftsführung tätig.

RECARO goes green: Wettbewerbsvorteile durch Nachhaltigkeit

Mirjam Bruhns, Michael Currle und Alfons Stachel

1 Markt, Wettbewerb und Unternehmen

RECARO Aircraft Seating ist ein weltweit tätiger Lieferant von Premium-Flugzeugsitzen für eine Vielzahl von Fluggesellschaften.[1] Das Unternehmen hat mehr als 2000 Mitarbeiter, davon sind mehr als 1000 in Deutschland beschäftigt. Es besitzt Standorte in Deutschland, Polen, Südafrika, den USA sowie China und ist zudem mit Servicecentern in Europa, in Amerika, im Nahen Osten, in Asien und Australien vertreten. RECARO Aircraft Seating erwirtschaftete im Jahr 2015 einen Umsatz von knapp 410 Mio. €, die durchschnittliche jährliche Wachstumsrate liegt bei über 11 %. Damit zählt das Unternehmen zu den drei größten Flugzeugsitzherstellern weltweit. RECARO Aircraft Seating stellt Flugzeugsitze für die Economy- und Business-Class her. Der Weltmarktanteil insgesamt beträgt rund

---

[1] Zur RECARO Group gehören die RECARO Holding mit Sitz in Stuttgart sowie die selbstständig operierenden Spartengesellschaften RECARO Aircraft Seating (Flugzeugsitze) in Schwäbisch Hall und RECARO Child Safety (Autokindersitze) in Marktleugast. RECARO Automotive Seating ist eine Product-Group des Multi-Industrie-Unternehmens Johnson Controls und nutzt die Marke RECARO in Lizenz der RECARO Holding.

M. Currle (✉)
RECARO Holding GmbH, Jahnstraße 1, 70597 Stuttgart, Deutschland
E-Mail: michael.currle@recaro.com

M. Bruhns, A. Stachel
RECARO Aircraft Seating GmbH & Co. KG, Daimlerstraße 21, 74523 Schwäbisch Hall, Deutschland
E-Mail: mirjam.bruhns@recaro-as.com

E-Mail: alfons.stachel@recaro-as.com

14 %, in der Economy-Class rund 25 %. Bei Sitzen für die Economy-Class-Kurzstrecke ist das Unternehmen mit einem Marktanteil von über 30 % Weltmarktführer.

Der Markt für Flugzeugsitze lässt sich als enges Oligopol kennzeichnen, es gibt nur wenige wesentliche Anbieter weltweit. Kunden sind die Fluggesellschaften, die eine sehr weitgehende Markttransparenz besitzen – alle relevanten Anbieter sind bekannt. Der Markt unterscheidet sich in das Geschäft mit der Erstausrüstung neuer Flugzeuge (Linefit) und die Nachrüstung bereits im Dienst befindlicher Flugzeuge (Retrofit). Weitere wesentliche Stakeholder sind die großen Flugzeughersteller (Airbus, Boeing) und Aufsichtsbehörden in Bezug auf die luftfahrtrechtliche Zulassung der Sitze.

2 Nachhaltigkeit als Wettbewerbsvorteil

Die Markttransparenz und begrenzte Anzahl von Anbietern im Flugzeugsitzgeschäft erfordern in besonderem Maß eine Differenzierung, um im Wettbewerb erfolgreich zu sein. Nachhaltigkeit ist eines dieser Differenzierungsmerkmale. Einzelne Fluggesellschaften fordern ein klares Bekenntnis zur ökologischen Nachhaltigkeit, verbunden mit entsprechenden Informationen. Eine europäische Premium-Airline beispielsweise hat Informationen zum „green behavior" der Lieferanten als Gegenstand einer Entscheidungsmatrix für Kaufentscheidungen etabliert.[2] Die Deutsche Lufthansa wiederum hat bereits Ende 2009 das Projekt „Fuel Efficiency" ins Leben gerufen (DLH 2012, S. 70) und seither die Nachhaltigkeit zu einem wesentlichen Element ihrer Strategie gemacht. So hat die DLH Group ihren Kerosinverbrauch zwischenzeitlich auf unter vier Liter je 100 Passagierkilometer senken können.[3]

Neben den Kriterien Passagierkomfort, Preis und Design/Image spielt für Flugzeugsitze das Gewicht eine kaufentscheidende Rolle:

- Geringes Gewicht reduziert den Kerosinverbrauch, mit der Konsequenz deutlicher Kosteneinsparungen für die Fluggesellschaften und eines geringeren CO_2-Ausstoßes.
- Die Nutzlast eines Flugzeugs (Anzahl Passagiere, Gepäck) kann dadurch erhöht werden.

---

[2] Auch aufseiten der Flugzeughersteller (beispielsweise Airbus als Original-Equipment-Manufacturer) spielen Green-Aspekte in der Zusammenarbeit mit Sitzherstellern eine Rolle. RECARO Aircraft Seating seinerseits hat diese Aspekte in die Lieferantenbewertung integriert (s. Abschn. 3.3/Tab. 1 im Subprogramm „Green Supply Chain").

[3] Im Jahr 2013 betrug der Verbrauch 3,91 L je 100 Passagierkilometer, zehn Jahre zuvor, 2004, noch rund 10 % mehr (4,36 L). Zum Strategischen Umweltprogramm 2020 der Nachhaltigkeitsbericht (DLH 2014, S. 47), im Weiteren zum Kerosinverbrauch (DLH 2014, S. 50–54).

Die Fluggesellschaften fordern bei Beginn von Projekten garantierte Sitzgewichte, die in den vergangenen Jahren mit zunehmendem Preisdruck deutlich sanken. Ein Zahlenbeispiel lässt die Bedeutung der Gewichtsreduktion erkennen[4]:

Ein Sitz in einem Flugzeug für die Kurzstrecke (z. B. A320 oder B737) wiegt je Sitzplatz in der Economy-Class durchschnittlich 12 kg. Für Langstreckenflugzeuge (z. B. A350, B787) kann das Gewicht je Sitzplatz durch umfangreichere Ausstattung bis zu etwa 17 kg betragen. Das Gesamtgewicht von Sitzen pro Flugzeug beträgt damit etwa 1,4–12 t. Diese Werte machen deutlich, dass der Sitz im Flugzeug aufgrund seines Gewichts einen entscheidenden Faktor hinsichtlich der Wirtschaftlichkeit im Betrieb darstellt.

Eine der Kernkompetenzen von RECARO Aircraft Seating ist der Leichtbau, der diese Vorteile in Bezug auf Nachhaltigkeit und Wirtschaftlichkeit gewährleistet (s. Abschn. 5.1). So sind die meisten Sitze des Unternehmens deutlich leichter als vergleichbare Wettbewerbsprodukte.

Selbst skurril anmutende Vorschläge zur Gewichts- und Kostenreduzierung werden zwischenzeitlich diskutiert, etwa Reduzierung der Verpflegung aus diesen Gründen, oder womöglich eine Gebühr für die Toilettennutzung an Bord (Jensen und Yutko 2014). Interessanter erscheint da der Trend, auf sehr teure und schwere Inflight-Entertainment(IFE)-Systeme an Bord zu verzichten. RECARO unterstützt diesen unter dem Begriff „bring your own device" (BYOD) populär gewordenen Trend z. B. durch innovative Halterungen für persönliche elektronische Geräte in den Rücksitzlehnen.

Ein weiteres wesentliches Kaufargument sind die „total cost of ownership" über den Lebenszyklus der Sitze. Geringe Wartungs- und Instandhaltungsbedarfe erhöhen die Verfügbarkeit der Flugzeuge und reduzieren die Kosten. Sie führen gleichzeitig in Bezug auf die Nachhaltigkeit zu einer geringeren Anzahl von Teilen, die in die Verschrottung bzw. das Recycling verbracht werden müssen.

Diese Wettbewerbsspielregeln der Branche zeigen, dass ein Ignorieren des Aspekts „green" keine erfolgversprechende Option sein kann.

Versucht man RECARO Aircraft Seating in Bezug auf Nachhaltigkeit und Strategie zu systematisieren, so bietet sich am ehesten die Einordnung als einen „grünen Hybriden" an (Wolf und Lauber 2014, S. 4–5). Damit ist ein Unternehmen charakterisiert, dessen Produkte sowohl in der Herstellung als auch in der Anwendung dem Aspekt „green" Rechnung tragen.

Nachfolgend wird dargestellt, wie sich die Wettbewerbsvorteile durch konsequente Integration von Nachhaltigkeit in das Unternehmensführungsmodell steuern und realisieren lassen.

---

[4] Interne Analysen RECARO Aircraft Seating (2013).

3 Unternehmensführungsmodell und Strategie

Zunächst werden Unternehmensführungsmodell und Strategieprozess von RECARO Aircraft Seating vorgestellt. Damit wird eine Herleitung der anschließenden Umsetzungsbeispiele zum Thema Corporate Social Responsibility (CSR) aus der Strategie ermöglicht.

3.1 Das RECARO-Modell der Unternehmensführung

Grundsätzlich hat das Unternehmensführungsmodell einen klassischen Aufbau: Ausgehend von einem normativen Rahmen, über ein strategisches Zielsystem, bis hinein in individuelle Zielvereinbarungen. Durch die Integration in Zielvereinbarungen soll eine Umsetzung der strategischen Programme sichergestellt werden. In zwei wesentlichen Elementen geht das Unternehmensführungsmodell allerdings über einen klassischen Ansatz hinaus:

- Den übergeordneten normativen Rahmen bildet die sog. RECARO-Unternehmensphilosophie mit ihren Elementen Vision, Werte und Kernaussagen des Gesellschafters zu modernem Unternehmertum (RECARO Group 2012, S. 8–12). Darin prägt sich in hohem Maß das ganzheitliche Werteverständnis und die unternehmerische Grundhaltung des Eigentümers aus.
- Lean-Management ist unmittelbar in das Unternehmensführungsmodell integriert. RECARO Aircraft Seating hat seit vielen Jahren Lean-Prinzipien und Shopfloor-Management im primären Wertstrom etabliert. Seit 2013 ist die systematische Entwicklung zu einem „Lean Enterprise" auch in den unterstützenden Prozessen ein Kernelement der Strategie.

In Abb. 1 sind diejenigen Elemente des Führungsmodells mit Pfeilen besonders gekennzeichnet, in denen sich CSR als Teil der Strategie explizit wiederfindet. Auch im normativen Rahmen ist der Bezug zu CSR bereits angelegt, wenn auch nicht so offenkundig (s. Abschn. 3.3). RECARO besitzt ein klares Selbstverständnis als Markenunternehmen; die langfristig positive Entwicklung des Markenwerts bildet das oberste unternehmerische Ziel. Daher ist die RECARO-Markenidentität ebenfalls Teil des normativen Rahmens. Ihre wesentlichen Elemente sind Markenkern, das Nutzenversprechen und die Persönlichkeitsmerkmale der Marke.

3.2 Strategieprozess und -inhalte

Auch der Strategieprozess von RECARO folgt einem klassischen Muster (Abb. 2). Aufgrund der spezifischen Marktbedingungen im Flugzeugsitzgeschäft (enges Oligopol, Markttransparenz) steht die Wettbewerbsanalyse am Anfang. Die Umfeldanalyse be-

RECARO goes green: Wettbewerbsvorteile durch Nachhaltigkeit

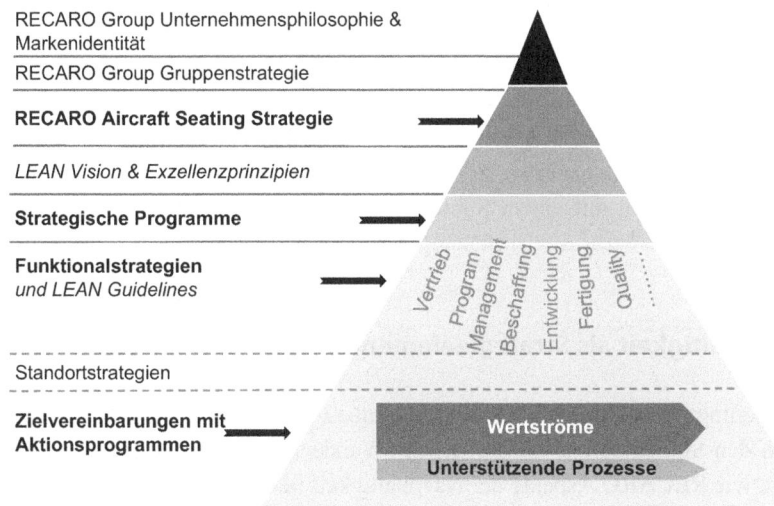

Abb. 1 RE CARO-Modell der Unternehmensführung. (Quelle: in Anlehnung an interne Strategiedokumente, RECARO Aircraft Seating 2015)

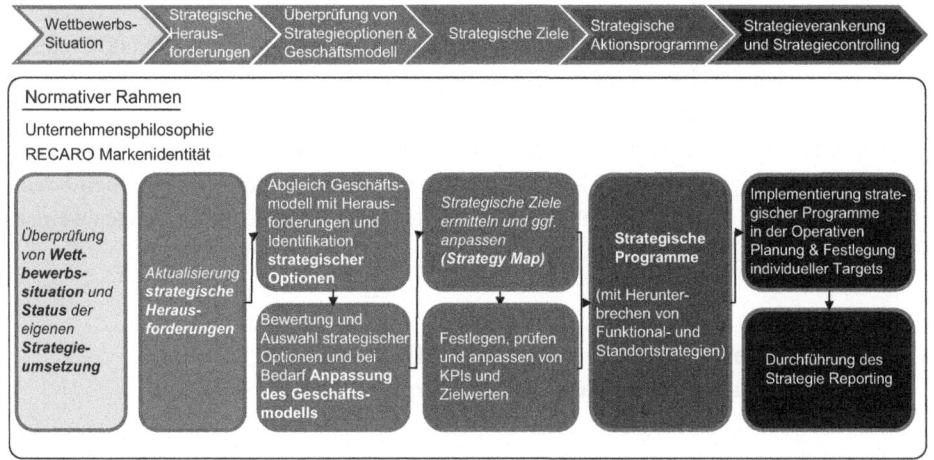

Abb. 2 RECARO-Strategieprozess. (Quelle: in Anlehnung an interne Strategiedokumente, RECARO Aircraft Seating 2015)

schreibt die übergeordneten strategischen Herausforderungen, z. B. Megatrends. Zur Identifikation von Strategieoptionen wird die Geschäftsmodellanalyse nach dem 7-K-Prinzip von Horváth & Partners genutzt (Greiner und Wolf 2011; Horváth & Partners 2007, S. 126–128)

Das strategische Zielsystem baut auf dem Konzept von „strategy maps" und „balanced scorecards" auf, das eine durchgängige Betrachtung von strategischen Zielen, Messgrößen und strategischen (Maßnahmen-)Programmen zum Inhalt hat (Horváth & Partners 2007).

Strategische Programme aus der Unternehmensstrategie werden systematisch kaskadiert in Funktional- und Standortstrategien (Currle 2008, S. 47–55). Diese Teilstrategien werden im Rahmen der finanziellen Mehrjahresplanung (operative Planung) verankert. Schließlich integriert der RECARO-Cockpit-Prozess die strategischen Programme und Maßnahmen, genauso wie operative Ziele in den Zielvereinbarungen (Cockpits) der Führungskräfte.[5] Verbunden mit einem Strategiereporting und drei unterjährigen Strategiereviews stellt dieser Prozess die Umsetzung der Ziele sicher.

3.3 Nachhaltigkeit als Strategieelement

Zur Realisierung nachhaltigkeitsorientierter Wettbewerbsvorteile ist eine Integration des Themas in den Strategieprozess erforderlich (Wunder 2014). In diesem Abschnitt wird aufgezeigt, wie RECARO Aspekte der Nachhaltigkeit in die eigene Unternehmensstrategie eingebettet hat. Dies wird an nachfolgendem Beispiel illustriert:

Während für die Reputation von Business-to-consumer(B2C)-Geschäften Testberichte und Verbraucherbewertungen eine herausragende Rolle spielen, gilt dies in Business-to-business(B2B)-Geschäften wie dem Flugzeugsitzgeschäft gleichermaßen für Auszeichnungen (Awards). RECARO Aircraft Seating wurde 2015 mit dem Industrial Excellence Award als „Beste Fabrik" des Jahres in Deutschland ausgezeichnet (Schmidt und Engeser 2015). Wesentliche Kriterien, die von den Auditoren bewertet wurden, waren u. a. Geschäftsmodell, Strategieumsetzung und – Nachhaltigkeit!

In Tab. 1 sind exemplarisch die Elemente des normativen Rahmens und des strategischen Zielsystems gezeigt, die sich – explizit oder mittelbar – mit der ökologischen Nachhaltigkeit befassen. Zu den konkret daraus abgeleiteten strategischen Programmen werden dann in den folgenden Kapiteln die Umsetzungsbeispiele dargestellt.

4 Ökobilanz als Instrument zur Identifikation von Herausforderungen und Potenzialen

Die Ökobilanz ist unter ihrem englischen Begriff „life cycle assessment" (LCA) allgemein bekannt geworden und verbreitet. Es handelt sich dabei um ein Verfahren zur Erfassung und Bewertung der Umweltauswirkungen von Produkten, Prozessen, Dienstleistungen etc. über deren gesamten Lebenszyklus, d. h. von der Rohstoffgewinnung über die Produktion und Nutzung bis hin zur Entsorgung. Die Ökobilanz ist im Rahmen einer DIN/ISO-Norm geregelt (DIN 2011). Dieses Instrument wird gezielt eingesetzt, um Optimierungsschritte in Bezug auf die Umweltfreundlichkeit der Produkte zu erkennen und zu gestalten.

---

[5] Der Aufbau und Einsatz von strategiebasierten Zielvereinbarungs- und Anreizsystemen wird an dieser Stelle nicht vertieft (vgl. in der Literatur Currle 2008, S. 73–78; Becker et al. 2005).

Tab. 1 Ökologische Nachhaltigkeit im Rahmen der Strategie. (Quelle: abgeleitet aus internen Strategiedokumenten, RECARO Aircraft Seating 2015; zu den Elementen des normativen Rahmens, s. RECARO Group 2012)

Strategieelement	CSR-bezogener Inhalt	Erläuterung	Beispielthema und Kapitel/Abschnitt
Vision/Nutzenversprechen der Marke	Als führende Premium-Marke stehen wir für *Ingenious Design*, Sicherheit und Qualität	„Ingenious design" ist Ergonomie, *Funktion* und Ästhetik	Leichtbau (5.1) und „carbon impact" (5.2)
	Kundennutzen und Zufriedenheit unserer Kunden stehen für uns im Mittelpunkt	Gewichtsreduktion und "total cost of ownership"	Leichtbau (5.1), „carbon impact" (5.2), „used seats" (5.5) sowie Kap. 2
Werte	*Verantwortung* … wir stehen zu unserer Verpflichtung	Ethische Verantwortung für Nachhaltigkeit	–
	Exzellenz … wir streben kontinuierlich nach dem Optimum	Technologie- und Prozessinnovationen	Kap. 5
Markenpersönlichkeitsmerkmale	*Aufgeschlossen* – Wir sind interessiert an Neuem	z. B. Integration neuartiger Materialien in den Flugzeugsitz	Leichtbau (5.1), auch Einsatz der Ökobilanz (Kap. 4)
Wettbewerbsanalyse	*Kernkompetenz* Leichtbau	Was können wir, was der Wettbewerb nicht kann?	Leichtbau (5.1),
Strategische Herausforderungen (hier Trendanalyse)	*Megatrends* „new ecology" und „nano/intelligent materials"	Untersuchungsrahmen für strategische Optionen und Geschäftsmodellanpassung	–
Strategisches Ziel („strategy map")	*Grüne Effizienz*	Unsere gesamte Wertschöpfungskette basiert auf ökologischen „grünen" Aspekten	Alle Beispiele Kap. 4 und 5
Strategisches Programm „*RECARO goes green*" (→ vier Subprogramme)	*Umweltmanagement*	In Funktionalstrategie/Cockpit Qualitätsmanagement	Umweltmanagementsystem (5.3), Recycling (5.4)
	Green-supply-chain-Programm	In Funktionalstrategie/Cockpit Einkauf	z. B. Lieferantenfragebogen (nicht im Beitrag dargestellt)
	Produktentwicklung im Einklang mit „*green standard*"	In Funktionalstrategie/Cockpit Innovation Management	Leichtbau (5.1.), „carbon impact" (5.2.), Recycling (5.4)
	Abwicklung von Rückläufern und Wiederverwertung von Materialien	In Funktionalstrategie/Cockpit Customer Service	„Used Seats" (5.5)

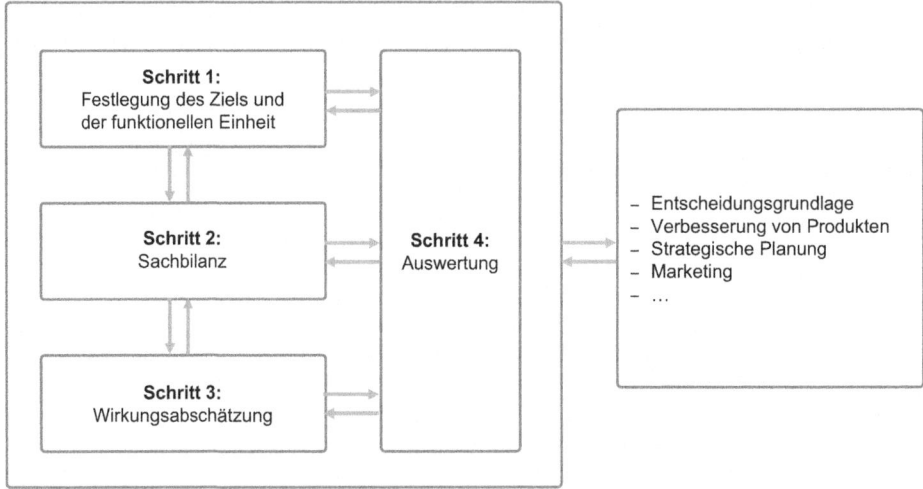

Abb. 3 Die vier Schritte der Ökobilanz nach DIN EN 14040. (Quelle: DIN 2011)

Eine Ökobilanz umfasst vier Schritte. Im ersten Schritt werden das Ziel und die funktionelle Einheit festgelegt, die den Untersuchungsrahmen definiert. Im anschließenden zweiten Schritt der Ökobilanzierung findet die Bestandsaufnahme von Input-/Outputdaten (z. B. verwendete Rohstoffe und Energieverbräuche) in Bezug auf das zu untersuchende System statt, die sog. Sachbilanz. Für die Wirkungsabschätzung als dritten Schritt werden die Daten aus der Sachbilanz auf ihre umweltschädigende Wirkung hin untersucht. Die abschließende Auswertung und Interpretation der Ergebnisse dient als Entscheidungsgrundlage.

Erst durch die strukturierte Erstellung einer Ökobilanz werden die ökologischen Auswirkungen objektiv messbar. RECARO nutzt die Ökobilanz nicht nur zur Untersuchung von fertigen Sitzen, sondern u. a. auch im Hinblick auf die Auswahl des Materials, dessen Herstellung, die Transportwege, die Sitzmontage und nicht zuletzt auch in Bezug auf den Sitz in der Nutzungsphase. Damit erhalten wir ein ökologisches Abbild der untersuchten Sitze (Abb. 3).

Der seit 2010 in sehr großen Stückzahlen hergestellte und vertriebene Sitz BL3520 für die Economy-Class-Kurzstrecke wurde mithilfe des LCA untersucht. Zunächst wurden daraus für diesen bestehenden Sitztyp Verbesserungspotenziale abgeleitet, die z. B. im Einsatz fortschrittlicherer Materialien mündeten. Zum zweiten bildete diese Analyse gewissermaßen die Nullmessung zum Vergleich der Eigenschaften nachfolgender Sitzgenerationen. Die Erkenntnisse aus dem LCA wurden systematisch, z. B. in der Produktentwicklung des neuen CL3710 für die Economy-Class-Langstrecke, berücksichtigt. Auf diese Weise konnten Konzepte ausgewählt werden, die den Energieaufwand während der Produktion und auch die CO_2-Emissionen in der Nutzungsphase deutlich reduzieren. Schließlich haben wir auch den CL3710 wieder mithilfe des LCA analysiert, um daraus einen nächsten Optimierungszyklus abzuleiten.

Grundsätzlich lässt sich feststellen, dass die Ableitung bzw. Anpassung von Strategien in Innovationsprojekten aufgrund von Ergebnissen aus dem LCA für die Luftfahrtindustrie einen neuen Ansatz darstellt – gewissermaßen eine Innovation im Strategieprozess.

5 Umsetzung der Nachhaltigkeit durch Technologie- und Prozessinnovationen

Nachhaltigkeit und Wirtschaftlichkeit sollen nach dem Verständnis der Branche im Wesentlichen durch Investitionen in neue Technologien erreicht werden, die sich in den Produkten manifestieren, wie der Bundesverband der Deutschen Luftverkehrswirtschaft (BDL) zusammenfasst (Abb. 4). Begleitet werden muss diese Entwicklung durch nachhaltige Prozesse nicht nur in der Produktion, sondern im gesamten Unternehmen.

Dieser Beitrag fokussiert im Folgenden auf Innovationen im Bereich der Materialtechnologie (z. B. Leichtbau) und auf prozessuale Aspekte, etwa das Umweltmanagementsystem, Recycling und den Umgang mit Gefahrstoffen im Unternehmen.[6] Nicht immer sind diese Themenfelder widerspruchsfrei umzusetzen. So zeigt McKinsey in einer Studie auf, dass die Luftfahrtindustrie zweifellos der Vorreiter in Bezug auf Leichtbau ist (McKinsey

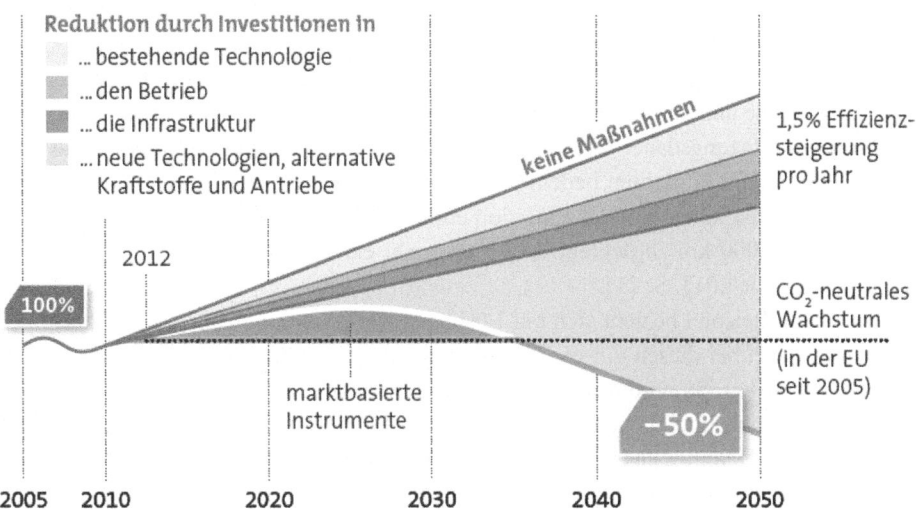

Abb. 4 Maßnahmen zur Erreichung der CO_2-Reduktionsziele. Diese weltweiten Klimaschutzziele wurden bereits 2009 von Fluggesellschaften, Flugzeugherstellern und Flughäfen gemeinschaftlich verabschiedet. (Quelle: BDL 2013, S. 6)

---

[6] Prozessuale Aspekte sind natürlich auch in unterstützenden Bereichen zu berücksichtigen, etwa in der Unternehmenssteuerung unter dem Stichwort „green controlling". Diese werden im vorliegenden Beitrag jedoch nicht vertieft, vgl. ICV (2015).

& Company 2012). Es wird darin aber auch die bedeutende Rolle von Kohlefaserverbundstoffen in diesem Zusammenhang betont. Diese wiederum sind in Bezug auf das Recycling durchaus problematisch.

5.1 Leichtbau durch innovatives Design

Der Verwendung von innovativen Material- und Designlösungen in Kombination mit wirtschaftlichen Fertigungsverfahren kommt in Bezug auf die Nachhaltigkeit eine entscheidende Rolle zu. Sie leisten in vielen Bereichen einen Beitrag dazu, das Gesamtgewicht des Flugzeugs und natürlich auch der Kabinenausstattung, wie z. B. Flugzeugsitze, weiter zu reduzieren. Zwei Beispiele sollen dies illustrieren.

Traditionell besteht der Sitzboden eines Flugzeugsitzes aus einer Sitzpfanne (Aluminium bzw. Kunststoff) mit einem Sitzkissen aus Schaumstoff. Je dicker die Schaumauflage, desto höher ist im Regelfall der Komfort, allerdings steigt dadurch auch das Gewicht erheblich. RECARO hat eine sehr leichte und dennoch komfortable Alternative entwickelt. Dabei wird ein hochfestes Netzgewebe auf einen Aluminiumrahmen gespannt, der die Kontur von Rückenlehne und Sitzfläche bildet. Darüber hinaus wird lediglich ein äußerst dünner Schaum direkt in den Bezugsstoff eingebracht. Auf Sitzpfanne und Sitzkissen kann so verzichtet werden. Der Gewichtsunterschied zwischen beiden Alternativen liegt bei knapp 600 g je Sitzplatz (1,04 vs. 1,61 kg).

Im Ergebnis bedeutet dies von vornherein einen ökologischen Vorteil bezogen auf die CO_2-Äquivalente und eine wirtschaftliche Vorteilhaftigkeit der Leichtbaulösung nach nur 7,5 Monaten Nutzungsdauer (Abb. 5). Bezogen auf die funktionelle Einheit[7] und eine Nutzungsdauer von 6,5 Jahren bedeutet das eine Einsparung von mehr als 29 t CO_2. Die Emission ist vergleichbar mit der Emission eines Mittelklassefahrzeugs, das eine Strecke von knapp 200.000 km zurücklegt. Dies entspricht einer Strecke etwa fünfmal um den Äquator (Wäldele 2013, S. 21).

Das zweite Beispiel bezieht sich auf Lösungen zur Körperunterstützungsfunktion des Passagiers. Auch bei diesen gilt es, ein Optimum von Gewicht, Komfort und Raumökonomie zu erreichen. So wird in Bezug auf Fußstützen die Funktionalität auf das Wesentliche reduziert und intelligent kombiniert.[8] Hinzu kommt eine beanspruchungsgerechte Werkstoffwahl. Dadurch kann eine herkömmliche Fußstütze aus Gussbauteilen, Aluminium und Stahl durch ein flexibles Fußnetz ersetzt werden (Abb. 6). Der Gewichtsvorteil je Sitzplatz beträgt etwa 900 g (0,4 vs. 1,3 kg). Hinzu kommen Vorteile in Bezug auf den räumlich sehr flexiblen Einsatz des Fußnetzes.

---

[7] Als funktionelle Einheit ist hier eine Sitzeinheit mit drei Sitzplätzen in der Economy-Class auf der Kurzstrecke definiert. Angenommen wurden 2,3 Mio. Flugkilometer pro Jahr.

[8] Vgl. zum Folgenden unveröffentlichte interne Unterlagen von RECARO Aircraft Seating.

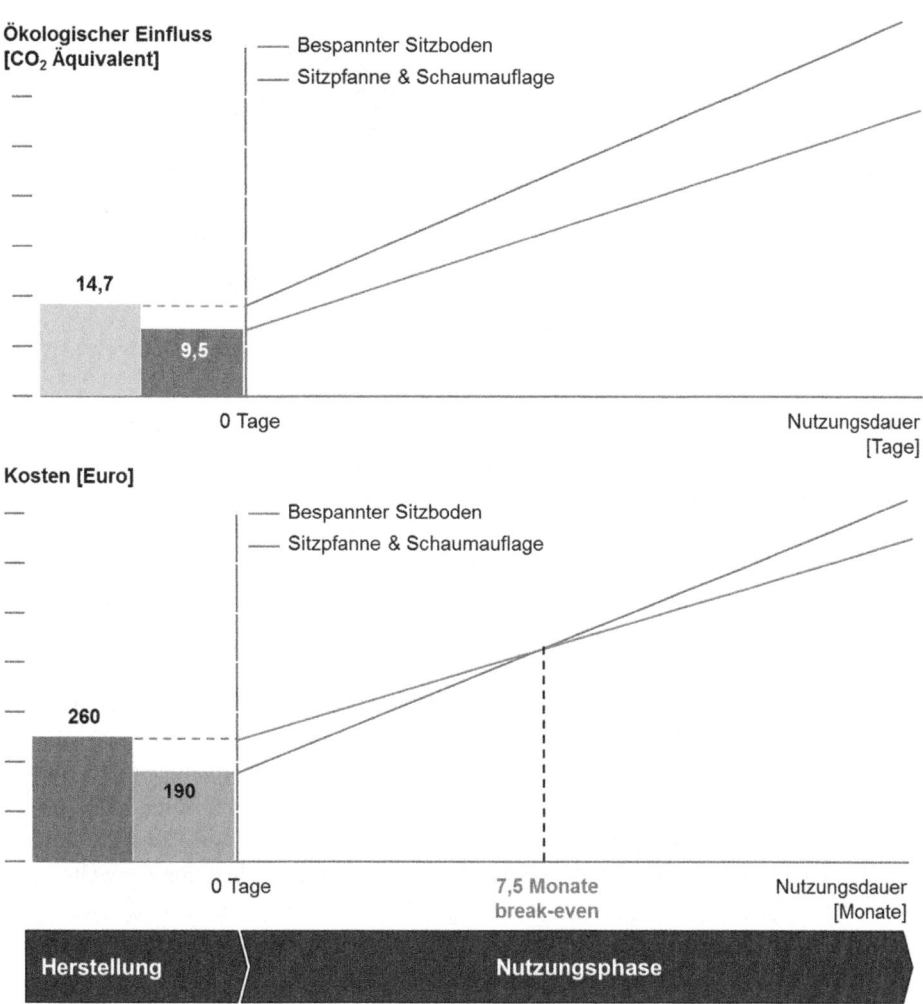

Abb. 5 Ökologischer und wirtschaftlicher Break-Even-Punkt. (In Anlehnung an Wäldele 2013, S. 20)

5.2 Reduzierung des „carbon impact" bei Kunststoffen und Chemikalien

Thermoplastische Kunststoffe werden zur Herstellung von Flugzeugsitzen in hohem Maß eingesetzt und spielen eine bedeutende Rolle, beispielsweise für Sitzböden, Rückenlehnen und Verkleidungsteile. Traditionell wird hier Polyvinylchlorid (PVC) eingesetzt. Dieses hat eine schlechte Recyclingbilanz, da bei der Verbrennung Kohlenwasserstoffe freigesetzt werden. RECARO hat seit 2014 in seinen neuen Produktgenerationen PVC mehr und mehr durch Polykarbonate (PC) ersetzt, die eine deutlich bessere Umweltbilanz aufweisen.

Herkömmliche Fußstütze

Gussbauteile
Schaltmechanismus
Aluminium und Stahl
Gewicht: 1,3 kg

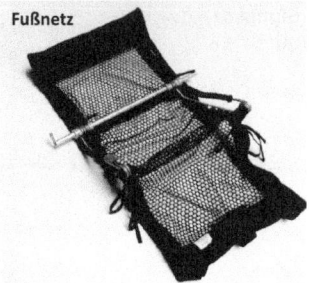
Fußnetz

Biegeteile
Federelement
Aluminium
Gewicht: 0,4 kg

Abb. 6 Fußstütze versus Fußnetz. (Quelle: Interne Unterlagen, unveröffentlicht)

Ein weiteres Beispiel bilden die Armlehnenauflagen der Sitze. Diese werden üblicherweise aus Polyurethan(PU)-Schäumen hergestellt, ein Material, das abriebempfindlich ist und oft nach wenigen Jahren ausgetauscht werden muss. RECARO setzt dagegen auf silikonbasierte Armlehnenauflagen, die eine bis zu fünffache Lebensdauer aufweisen. Zudem ist Silikon verglichen mit PU deutlich besser zu recyceln.

Schließlich kommt im Rahmen der luftfahrtrechtlichen Zulassung dem Brandschutz im Flugzeug eine besondere Bedeutung zu. Die mannigfaltige Verwendung von Kunststoffen in der Flugzeugkabine, speziell auch bei den Sitzen, macht eine Ausrüstung mit brandhemmenden Zusatzstoffen notwendig. Beim Sitz gilt das beispielsweise für die Sitzschäume und Sitzbezüge.

Bei Flammschutzmitteln setzt RECARO konsequent auf nichthalogenierte Stoffe. Dadurch werden die einschlägigen EU-Gefahrstoffverordnungen RoHS (EU 2011) und REACH (EU 2006) eingehalten. Diese regeln die Zulassung von Kunststoffen und Chemikalien hinsichtlich ihres Gefährdungspotenzials für Gesundheit und Umwelt.

5.3 Das RECARO-Umweltmanagementsystem

Ein hohes Niveau des Umweltschutzes ist neben dem Hauptziel der Flugsicherheit ein wesentliches Ziel der zivilen Luftfahrt in Europa und somit auch gesetzlich verankert (EU 2008). Zur konsequenten Erfüllung dieses Ziels und Einhaltung der Anforderungen ist es sinnvoll, eine systematische und kontinuierliche Vorgehensweise im Unternehmen zu implementieren, z. B. in Form eines (zertifizierten) Umweltmanagementsystems. Heute ist gemeinhin bekannt, dass ökologische Ziele nicht im Widerspruch zu ökonomischen Interessen stehen müssen, sondern hier für Unternehmen häufig auch ungenutzte Potenziale liegen. Nachhaltiges Wirtschaften bedeutet gleichzeitig die Übernahme der Verantwortung für die Zukunft, auch für die Umwelt. Nicht zuletzt aus diesen Gründen bekennt sich RECARO zu einer aktiven Umweltschonung und hat sich dazu verpflichtet, das Umweltbewusstsein in Form eines nach ISO 14001 zertifizierten Umweltmanagementsystems an allen Standorten zu etablieren und zu fördern (DIN 2009).

Es ist ein erklärtes Ziel für RECARO, ein lebendiges Managementsystem zu führen, das sich in der Praxis als wirksam erweist, um bewusster mit der Umwelt und Ressourcen umzugehen. Klassische Vorteile – wie internationale Anerkennung des Systems, Rechtsicherheit der Organisation, kontinuierliche Verbesserung – bilden die Basis der daraus resultierenden Wettbewerbsvorteile. Darüber hinaus sieht RECARO das Umweltmanagementsystem als ein geeignetes Werkzeug an, einen unternehmensspezifischen Standard auf höchstem Niveau global festzusetzen. Hierzu identifiziert und bewertet das Unternehmen kontinuierlich alle direkten und indirekten Umweltaspekte, die im Zusammenhang mit den Prozessen und Produkten stehen. Als Maßstab dient dabei nicht nur die Konformität mit gesetzlichen, normativen und kundenspezifischen Anforderungen an den Umweltschutz und das Umweltmanagement. RECARO sieht es als unverzichtbar und bereichernd an, sich ebenfalls den gesellschaftlichen Herausforderungen zu stellen. Zu den bedeutenden Umweltaspekten werden (in Abhängigkeit von der Einflussmöglichkeit) Maßnahmen und Ziele mit Prioritätensetzung abgeleitet und in einem Umweltprogramm verfolgt.

Ein wesentlicher Aspekt ist der Flugzeugsitz selbst, auf den durch den Einsatz innovativer Materialien – mit dem Ziel der ständigen Gewichtsreduktion – direkt Einfluss auf die Umweltauswirkungen genommen wird. Ein weiterer Aspekt, der den gesamten Betrieb betrifft, ist der Energieverbrauch. Hier wird sehr deutlich, dass der Nutzen eines zertifizierten Umweltmanagementsystems nicht unbedingt nur ideeller Natur ist, sondern sich durch Ressourcenschonung materiell und monetär auswirken kann. Auch hier hat das Unternehmen mit einer systematischen Betrachtung der Energieverbräuche über alle Energieträger und mit anschließender Umsetzung von definierten Maßnahmen eine signifikante Steigerung der Energieeffizienz erzielen können. Hierzu hat sich das Unternehmen in dem Projekt „EnergieEffizienz-Tisch Heilbronn-Franken" engagiert, das wissenschaftlich begleitet und evaluiert wurde. Über einen Zeitraum von drei Jahren konnte der Endenergieverbrauch am Standort Schwäbisch Hall um 10,9 % reduziert, sowie die CO_2-Emissionen um 7,7 % vermindert werden (RECARO Aircraft Seating 2012).

Aus Verantwortung gegenüber seinen Beschäftigten legt RECARO großen Wert auf die Überwachung des Einsatzes von Gefahrstoffen. Dazu müssen sämtliche Betriebsstoffe vor dem Einsatz freigegeben werden. Zur Risikoeinschätzung werden die Gefährdungsanalysen bereits im Rahmen des Beschaffungsprozesses erstellt und weiterführende Maßnahmen wie die Bereitstellung persönlicher Schutzausrüstung (PSA) und von Betriebsanweisungen veranlasst. Sämtliche Stoffe werden in einer Datenbank registriert und überwacht.

5.4 Recycling

Für RECARO bedeutet Nachhaltigkeit und unternehmerische Verantwortung, sich mit den eigenen Produkten nicht nur bis zum Verlassen der Werkstore zu beschäftigen. Darüber hinaus sind Überlegungen anzustellen, wie die Produkte am Ende ihrer Nutzungsphase gehandhabt werden.

Im Allgemeinen steht die Auslegung eines Produkts auf Recyclingfähigkeit in einem Spannungsfeld mit anderen Anforderungen. Sowohl die Wirtschaftlichkeit und die Produktionsprozesse, als auch technische Auslegungen und Anforderungen zielen nicht primär auf die Recyclingfähigkeit eines Produkts ab. Daher ist ein effizientes Konfliktmanagement zur Verbesserung der Recyclingfähigkeit notwendig. Nur so kann von der Entwicklung, Konstruktion und Fertigung auf eine recyclinggerechte Produktgestaltung geachtet werden.

Eine recycling- im Gegensatz zur umweltgerechten Produktgestaltung verfolgt ähnliche Ziele. Beide Ansätze sind jedoch nicht gleichzusetzen. Ein recyclinggerechtes Produkt kann Stoffe enthalten, die z. B. aufgrund ihres Gewinnungsverfahrens ein hohes ökologisches Schadpotenzial besitzen, da bei dieser Betrachtungsweise v. a. die Handhabung des Produkts nach seiner Nutzungsphase betrachtet wird. Ein umweltgerechtes Produkt hingegen zielt auf eine möglichst geringe negative Umweltauswirkung ab. Ein in sich nachhaltiges Produkt betrachtet daher beide Aspekte, die Umweltverträglichkeit und die Recyclingfähigkeit. Die Umweltverträglichkeit wird bei RECARO mithilfe eines LCA überprüft (s. Kap. 4). Der Recyclingaspekt wird in den einzelnen Projektphasen ergänzend betrachtet.

Die Recyclingfähigkeit von Flugzeugsitzen bei RECARO ist positiv zu bewerten. Der Sitz ist mit Standardwerkzeugen zerlegbar und Bauteile wie Tische, Bezüge, Schäume und Literaturtaschen sind mit wenigen Handgriffen und in kurzer Zeit entfernbar. Die meisten Verbindungsarten von Bauteilen sind lösbar, jedoch auch nicht lösbare Verbindungen (z. B. Klebeverbindungen) kommen zum Einsatz. So können auch schwerer trennbare und verwertbare Materialfraktionen beim Recycling entstehen. Hierzu zählen aufgrund des Materialmix auch die Bezüge. Die Identifizierbarkeit und Zugänglichkeit der verschiedenen Bauteile ist grundsätzlich gegeben und viele eingesetzte Materialien (z. B. Aluminium) sind einfach und nachhaltig zu recyceln. Der „Cradle-to-cradle"-Ansatz – dessen Ziel ein geschlossenes Kreislaufwirtschaftssystem ist, in dem kein Müll anfällt – inspiriert RECARO bei seinen Vorhaben im Bereich des Recyclings.[9]

5.5 Geschäftsmodell „Used Seats"

Im Zusammenhang mit dem Recycling wird ein neues Geschäftsmodell zunehmend relevant. Einige Fluggesellschaften verlangen im Rahmen der Ersatzbestückung der bestehenden Flotte mit neuen Sitzen die Rücknahme der Altsitze nach ihrem primären Lebenszyklus durch den Lieferanten. Dadurch entledigt sich der Kunde zunächst selbst der Recyclingproblematik. RECARO entwickelt daraus im Aftersales-Geschäft erneute Wertschöpfung durch Aufbereitung der Altsitze, beispielsweise Ersetzen der Schaumstoffe in Sitz und

---

[9] Deutsch sinngemäß „von der Wiege zur Wiege". Vgl. die Circular Economy Reports der Ellen MacArthur Foundation in Zusammenarbeit mit McKinsey (http://www.ellenmacarthurfoundation.org/business/reports/) sowie Braungart und McDonough (2008).

Rückenlehne und Aufbringen neuer Bezüge. Ergänzend können auch neue Funktionalitäten, z. B. Halterungen für persönliche elektronische Geräte (s. Kap. 2), integriert werden. Die aufbereiteten Sitze finden Interessenten im Kreis der wirtschaftlich weniger potenten Fluggesellschaften aus Schwellenländern oder bei Leasinggesellschaften. Es kann also ohne maßgeblichen zusätzlichen Verbrauch an Ressourcen für die Herstellung eines neuen Sitzmodells erneut Umsatz und Ergebnisbeitrag generiert werden. Der Lebenszyklus der Sitze wird damit verlängert und die Notwendigkeit des Recyclings in die Zukunft verschoben. Auch hiermit lässt sich eine Verbesserung der Umweltbilanz erreichen.

6 Corporate Social Responsibility über die ökologische Nachhaltigkeit hinaus

Für ein Unternehmen, das Nachhaltigkeit auf oberster Ebene in seiner Unternehmensphilosophie und im Wertesystem verankert hat, kann sich Nachhaltigkeit nicht in den ökologischen Aspekten allein erschöpfen. Auch die anderen Themenfelder der CSR müssen zur Marke RECARO passen. Hier geht es erneut nicht nur um ethische Motive, sondern wiederum um handfeste Wettbewerbsvorteile.

6.1 Gesellschaftliches Engagement des Unternehmens in der Region

RECARO Aircraft Seating ist mit seinem Stammhaus in Schwäbisch Hall nicht in einer Metropolregion angesiedelt. Das Unternehmen bildet als einer der größten Arbeitgeber und Steuerzahler einen wichtigen Wirtschaftsfaktor für die Region und die Kommune. Ein starkes und umweltgerecht agierendes Unternehmen mit gesellschaftlichem Engagement kann grundsätzlich das Image der Region und Kommune positiv beeinflussen. In unterschiedlicher Weise werden wir hier unserer gesellschaftlichen Verantwortung gerecht, was folgende Beispiele illustrieren sollen:

- Das Lieferantennetzwerk für den Standort umfasst in großer Zahl kleine und mittelständische Unternehmen aus der Region, etwa im Bereich der Metallverarbeitung oder Oberflächenveredelung. Durch die regelmäßige Beauftragung wird so die erfolgreiche Entwicklung einer unternehmerischen Infrastruktur in der Region unterstützt.
- Die Auftragsvergabe an gemeinnützige Institutionen in der Region sowie Social-Sponsoring entlasten die öffentlichen Aufgabenträger und leisten wichtige soziale Beiträge.
- Sponsoring regionaler Kultur- (z. B. Freilichtspiele Schwäbisch Hall) und Sportveranstaltungen (z. B. Roth Challenge [Triathlon] und Schwäbisch Haller Dreikönigslauf).
- Aktuell werden in der Region aufgenommene Flüchtlinge von RECARO z. B. durch die Finanzierung von Intensiv-Deutschkursen unterstützt.
- Aus unserer internationalen Mitarbeiterschaft – mit über 30 Nationen am Standort – unterstützen Muttersprachler die Flüchtlinge bei Behördengängen, Arztbesuchen etc.

Wettbewerbsvorteile entstehen beispielsweise dadurch, dass die gesellschaftlichen Beiträge von der kommunalen Verwaltung in hohem Maß anerkannt werden. Wir erfahren im Gegenzug eine sehr konstruktive Zusammenarbeit in Bezug auf die Infrastruktur- und Standortentwicklung unseres Werks. Dadurch können substanzielle Effizienzgewinne entstehen.

6.2 RECARO als attraktiver Arbeitgeber

In einer prosperierenden Wirtschaftsregion wie Baden-Württemberg ist es von besonderer Bedeutung für unseren Standort außerhalb der Metropolen, im Wettbewerb um hochqualifizierte, internationale Fachkräfte gut positioniert zu sein. Nachhaltigkeit hilft hierbei, gute Mitarbeiter zu binden und entsprechend neue hinzuzugewinnen.

Diese Nachhaltigkeit ist bereits in den Unternehmenswerten verankert, und wird in der *Culture and Employee* Perspektive des strategischen Zielsystems weiter konkretisiert. Beispiele für die konkrete Umsetzung in Maßnahmeprogramme sind:

- Das „Modell RECARO" sieht nicht nur flexible Gleitzeitregelungen ohne Kernzeit, sondern auch eine weitgehende Anpassung der wöchentlichen Arbeitszeit an persönliche und familiäre Bedürfnisse für bestimmte Lebensphasen vor. Flexible Altersteilzeitregelungen unterstützen ältere Mitarbeiter.
- Die „RECARO Akademie" mit einem umfangreichen Weiterbildungsangebot befindet sich im Aufbau. Ein Potenzialträgerprogramm für Führungsnachwuchskräfte ist bereits etabliert.
- Ein Mentoringprogramm stellt Mitarbeitern einen Paten außerhalb der Führungsbeziehung zur Verfügung. Dieser begleitet die persönliche Entwicklung seines Mentee.
- Im Rahmen des betrieblichen Gesundheitsmanagements besteht ein vielfältiges Angebot, z. B. das „RECARO Gym" mit fachlicher Anleitung, Rückenschule, Angebote zur gesunden Ernährung und Raucherentwöhnung.
- Ein alle zwei Jahre stattfindendes Familienfest bindet die Angehörigen unserer Mitarbeiter in das Unternehmensgeschehen ein und lässt auch die Kinder die Faszination der Flugzeugsitze erleben.

6.3 Ökonomische Nachhaltigkeit

Abschließend steht RECARO auch für ökonomische Nachhaltigkeit – eine Haltung, die viele der in diesem Beitrag genannten Facetten der Strategieumsetzung erst ermöglicht. Ein verantwortungsvoll geführtes Familienunternehmen kann die selbst gesetzten strategischen Prioritäten konsequent umsetzen, unabhängig von Aktienkursen und quartalsbezogener Publizität. Im Vordergrund des wirtschaftlichen Handelns steht die nachhaltige Steigerung des Markenwerts von RECARO und nicht die kurzfristige Gewinnmaximierung. Es können folglich die notwendigen Schritte in Bezug auf die Zukunftsfähigkeit des

Unternehmens mit langem Atem verfolgt werden.[10] Beispiele hierfür sind die substanziellen Investitionen in Materialtechnologie und neue, umweltgerechte Produkte. In dieser Orientierung an der ökonomischen Nachhaltigkeit kommt erneut die – bereits eingangs erwähnte – Werteorientierung des Eigentümers zum Ausdruck.

7 Fazit

Zusammenfassend lassen sich einige Erfahrungen festhalten, einerseits in Bezug auf die prozessuale Strategiearbeit, sowie andererseits in Bezug auf die Integration der CSR in die Strategie:

- Der Strategieprozess sollte formal vollständig sein, um zu nachvollziehbaren und gut kommunizierbaren Ergebnissen zu gelangen (Abb. 2).
- Dabei dürfen formale Elemente nicht die funktionsübergreifende, kreative Managementdiskussion um strategische Inhalte dominieren. Dies ist ein permanenter Lernprozess und der Strategieprozess unterliegt einer regelmäßigen Weiterentwicklung.
- Eine Integration der CSR in die Strategie ist v. a. dann erfolgversprechend, wenn sie sich nicht in ethischen Aspekten erschöpft, sondern ein konkreter Nutzen für das Unternehmen ableitbar ist (s. Kap. 2 zur Bedeutung im Wettbewerb).
- Schließlich müssen die Inhalte – insbesondere jene zur CSR, die manchmal wenig greifbar erscheinen – in konkrete Aktivitäten münden und zur Sicherstellung ihrer Umsetzung in den Zielvereinbarungen verankert werden (Tab. 1).

CSR darf sich nicht auf die oft im Vordergrund stehenden Facetten der Ökologie reduzieren. Daher hat dieser Beitrag neben einem Green-Schwerpunkt auch die anderen Facetten betont (s. Kap. 6). Im aktuell laufenden Strategieprozess trägt RECARO Aircraft Seating dieser Erkenntnis ebenfalls Rechnung: Aus dem strategischen Programm „RECARO goes green" wird nun „Enhance Corporate Responsibility".

Literatur

BDL (Hrsg) (2013) Report 2013 – Energieeffizienz und Klimaschutz. Bundesverband der Deutschen Luftverkehrswirtschaft e.V., Berlin

Becker W, Schwertner K, Seubert C (2005) Strategieumsetzung mit BSC-basierten Anreizsystemen – Ergebnisse einer empirischen Studie. Z Control 17:33–40 (Vahlen, München)

Braungart M, McDonough W (Hrsg) (2008) Die nächste industrielle Revolution – Die Cradle to Cradle-Community. Europäische Verlagsanstalt, Hamburg

---

[10] Im Unterschied dazu sind einige wesentliche Wettbewerber jeweils Sparten von großen, börsennotierten Konzernen. Sie unterliegen damit gegebenenfalls anderen – z. T. kurzfristigeren – ökonomischen Erwartungen.

Currle M (2008) Aktives Steuern der Strategieumsetzung. In: Euroforum (Hrsg) (2008) Strategien erfolgreich entwickeln und umsetzen. Euroforum, Düsseldorf, S 1–95

DIN Deutsches Institut für Normung e.V. (Hrsg) (2009) DIN EN ISO 14001 – Umweltmanagementsysteme – Anforderungen mit Anleitung zur Anwendung (ISO 14001:2004 + Cor. 1:2009). Beuth, Berlin

DIN Deutsches Institut für Normung e.V. (Hrsg) (2011) DIN EN ISO 14040 – Umweltmanagement – Ökobilanz – Grundsätze und Rahmenbedingungen (ISO 14040:2006). Beuth, Berlin

DLH (Hrsg) (2012) Balance – Das wichtigste zum Thema Nachhaltigkeit in der Lufthansa Group, Ausgabe 2012. Nachhaltigkeitsbericht der Deutsche Lufthansa AG. Frankfurt a. M.

DLH (Hrsg) (2014) Balance – Das wichtigste zum Thema Nachhaltigkeit in der Lufthansa Group, Ausgabe 2014. Nachhaltigkeitsbericht der Deutsche Lufthansa AG. Frankfurt a. M.

EU (2006) Verordnung (EG) Nr. 1907/2006 des Europäischen Parlaments und des Rates vom 18. Dezember 2006. Straßburg

EU (2008) Verordnung (EG) Nr. 216/2008 des Europäischen Parlaments und des Rates vom 20. Februar 2008. Straßburg

EU (2011) Richtlinie 2011/65/EU des Europäischen Parlaments und des Rates vom 8. Juni 2011. Straßburg

Greiner O, Wolf T (2011) Das 7-K-Pinzip. – Geschäftsmodelle gestalten, Strategien entwickeln (White Paper). Horváth & Partners, Stuttgart

Horváth & Partners (Hrsg) (2007) Balanced Scorecard umsetzen, 4. Aufl. Schäffer Poeschel, Stuttgart

ICV (Hrsg) (2015) Investitionscontrolling 2.0 – Planung und Realisierung von Investitionen zur Erreichung der Nachhaltigkeitsziele, White Paper des Fachkreises Green Controlling. ICV, Wörthsee

Jensen L, Yutko B (2014) Why budget airlines could soon charge you to use the bathroom, fivethirtyeight, Issue June 30, 2014. http://fivethirtyeight.com/features/if-everyone-went-to-the-bathroom-before-boarding-the-plane-ticket-prices-might-be-lower/. Zugegriffen: 14. Mai 2015

McKinsey & Company (Hrsg) (2012) Lightweight, heavy impact, advanced Industries. McKinsey & Company, Berlin

RECARO Aircraft Seating (2012) Monitoring-Bericht 2011. Interner Bericht vom 05.04.2012 erstellt durch EPROPLAN Beratende Ingenieure und Modell Hohenlohe – Netzwerk betrieblicher Umweltschutz und nachhaltiges Wirtschaften e.V.

RECARO Aircraft Seating (Hrsg) (2013) RECARO Aircraft Seating für den Crystal Cabin Award 2013 nominiert, Pressemitteilung vom 15.03.2013, Schwäbisch Hall, Hamburg

RECARO Group (Hrsg) (2012) Brand Pocket Guide – „WE are RECARO". RECARO Group, Kaiserslautern

Schmidt K, Engeser M (2015) Komplexität einfach meistern – Beste Fabrik. Wirtschaftswoche 19:87–88

Wäldele M (2013) Life Cycle Assessment (LCA) – a „green" process innovation, Präsentationsunterlage. RECARO Aircraft Seating, Schwäbisch Hall

Wolf T, Lauber A (2014) Mit grünen Strategien zum Erfolg (White Paper). Horváth & Partners, Stuttgart

Wunder T (2014) Strategisches Management: Integration ökologischer Nachhaltigkeit in den Strategieprozess. In: Schulz T, Bergius S (Hrsg), CSR und Finance – Beitrag und Rolle des CFO für eine Nachhaltige Unternehmensführung. Springer-Gabler, Berlin, S 65–81

Mirjam Bruhns ist seit 2011 Director Quality & Process Management bei RECARO Aircraft Seating. Sie ist verantwortlich für die kontinuierliche Weiterentwicklung und Wirksamkeit des integrierten Managementsystems zur Sicherstellung der nachhaltigen und erfolgreichen Weiterentwicklung des Unternehmens. In ihrer Funktion als Qualitätsmanagement- und Umweltmanagementbeauftragte ist sie oberste Ansprechpartnerin für alle qualitäts- und umweltrelevanten Fragestellungen der weltweiten RECARO-Standorte.

Michael Currle leitet seit September 2015 das Corporate Controlling der RECARO Group und ist verantwortlich für das strategische/operative Controlling der Holding sowie das Controlling von Beteiligungen und neuen Geschäftsfeldern. Zuvor war er seit 2012 Director Controlling bei RECARO Aircraft Seating. Dort verantwortete er u. a. Planung, Reporting und Forecasting der Sparte, sowie alle funktionalen Controllingaufgaben. Daneben oblag ihm die fachliche Führung der Finanzbereiche im Ausland. Davor war er zehn Jahre als Managementberater in den Bereichen Strategisches Management und Finanzen/Controlling tätig.

Alfons Stachel ist Director Innovation bei RECARO Aircraft Seating. Er ist seit 1994 bei RECARO Aircraft Seating und seit 2011 verantwortlich für den Bereich Innovation. Zuvor leitete er den Bereich Versuch/Zulassung und Berechnung. Davor war er in der Entwicklung, Berechnung, Projektleitung und Vorentwicklung tätig.

Nachhaltig mit Kunststoff. Scheplast – Natürlich Kunststoff

Jens Schenk

1 Einleitung

Die Firma „Scheplast – Natürlich Kunststoff" verarbeitet traditionell seit 1977 in der zweiten Generation thermoplastische Kunststoffe zu technischen Bauteilen und Baugruppen. Als geschäftsführender Gesellschafter habe ich mich entschieden, mit meinem Unternehmen und der Verarbeitung von Kunststoff meinen Beitrag zum Umweltschutz und damit auch zum Erhalt der Menschheit zu leisten. Schauen wir uns zunächst ein paar Zahlen an, mit denen wir uns heute, den Kunststoff betreffend, konfrontiert sehen:

- 300 Mio. t jährlich produzierte Menge an neuem, erdölbasiertem Kunststoff.
- 26 Mio. t landen davon in den Meeren. Jedes Jahr.
- Davon wandern 70 % auf den Meeresboden.
- Durch den Abrieb von unachtsam weggeworfenem Plastikmüll entstehen tausende Tonnen von Mikroplastik.
- Mikroplastik tötet jedes Jahr Hunderttausende von Lebewesen, letztendlich auch Menschen.

Es stellen sich nun die Fragen: Ist Kunststoff der richtige Werkstoff für uns Menschen? Ist es der richtige Werkstoff für den Erhalt der Menschheit? Ich habe mir ebenfalls diese Fragen gestellt. Aus diesen Fragen heraus hat sich meine Unternehmensvision entwickelt:

J. Schenk (✉)
Kunststoff-Formteile, Scheplast GmbH, Stegwiesen 4, 88477 Schwendi, Deutschland
E-Mail: jens.schenk@scheplast.de

- Kunststoff bringt uns einen hohen Lebensstandard.
- Ein Leben ohne Kunststoff ist nicht mehr vorstellbar.
- Wir sorgen dafür, dass dies im Einklang mit der Natur geschieht.
- Wir machen, dass Kunststoff uns und unserem Planet nicht schadet, sondern dem Erhalt der Menschheit und der Erde nutzt.

Diese Vision ist per se sehr eng verknüpft mit einem Wort, das derzeit in aller Munde ist: Nachhaltigkeit. Welche Rolle Nachhaltigkeit in den Gedanken, den strategischen Überlegungen und dem täglichen Tun von den Scheplast-Mitarbeitern und mir spielt, erfahren Sie im Folgenden.

2 Strategisch nachhaltig

Die Scheplast-Natürlich-Kunststoff-Vision ist die Grundvoraussetzung, das Leitmotiv, für unsere tägliche Arbeit. Bevor die heutige Unternehmensstrategie in die Wege geleitet wurde, mussten viele Jahre Unternehmensgeschichte vergehen. Im Jahr 1977 wurde das Unternehmen Scheplast von meinen Eltern, Rita und Herbert Schenk gegründet. Von Anfang an war die Kernkompetenz des Unternehmens das Spritzgießen von thermoplastischen Kunststoffen. Zur damaligen Zeit war Kunststoff sehr hip. Wenige kannten ihn so richtig, aber irgendwie wollte jeder Kunststoff haben. Jeder wollte modern sein. Dabei sein bei der Entwicklung dieses Wunderstoffs. Unsere Kunden waren sehr neugierig auf Kunststoff. Entsprechend positiv ist die Unternehmensentwicklung verlaufen. Bald wurde aus einem Zwei-Mann-Betrieb ein industrielles Unternehmen mit 20 Beschäftigten. Die Kunststoffe wurden im Lauf der 1980er-Jahre zu Massenwerkstoffen. Parallel stellte sich schon in diesen Jahren die Frage nach der Entsorgung der Kunststoffe. Auch bei Scheplast machte man sich Gedanken über Recyclingkonzepte.

Ziel war schon damals, aus Elektroschrott und Kunststoffabfällen neue Produkte zu produzieren. Nach mehreren erfolglosen Anläufen und Probephasen wurde das Projekt 1990 bei Scheplast wieder ad acta gelegt: Die Zeit war noch nicht reif dafür. Die zur Verfügung stehende Technik war noch nicht ausgereift genug und die Gesellschaft noch weit vom Nachhaltigkeitsgedanken entfernt. Scheplast konzentrierte sich wieder auf seine Kernkompetenz. Das Wachstum setzte sich fort. Mit nun 50 Mitarbeitern wurden nahezu alle Industriebranchen mit technischen Kunststoffteilen beliefert. Im Jahr 2006 wurde die Unternehmensführung von meinen Eltern an meinen Bruder und mich übergeben. Wir nahmen uns zum Ziel, die Firma im Sinn unserer Eltern weiterzuführen. Zur damaligen Zeit gab es allein in Deutschland etwa 4500 Unternehmen, die ähnlich wie Scheplast am Markt agierten. Wir waren im Lauf der Jahre einer von vielen geworden. Dies spiegelte sich ab der Wirtschaftskrise 2009 auch in unseren Unternehmenszahlen wider. Wir bewegten uns seitwärts, nicht vor und nicht zurück. Ohne große Verluste, ohne große Gewinne. Für die Geschäftsführung und Mitarbeiter war dies eine sehr unbefriedigende Situation.

Im Jahr 2013 haben wir begonnen, uns zu überlegen, welche Strategie unserem Unternehmen in Zukunft zum Erfolg verhelfen soll. Während dieses Prozesses haben sich mein Bruder und ich geschäftlich getrennt. Wir sahen es als vernünftig an, dass jeder seine eigenen unternehmerischen Wege geht, jeder seine eigene Vision verwirklicht. Für mich stellte sich nun die Frage, mit welcher Strategie sich meine eingangs genannte Unternehmensvision umsetzen lässt. In der Strategie sollte sich meine Einstellung zum Leben, zum Umgang miteinander und zum Umgang mit der Umwelt wiederfinden. Die Firma sollte einzigartig sein, genauso einzigartig wie jedes Individuum. Nicht irgendein Unternehmen der Kunststoffbranche (aktuell etwa 5000 Spritzgießer allein in Deutschland), die alle das Gleiche tun. Schnell kam ich zu dem Schluss, dass eine Nachhaltigkeitsstrategie das beste Werkzeug ist, um meine Vision umzusetzen.

Das oberste Ziel eines Unternehmens muss sein, dass es rentabel arbeitet. Nur so können Arbeitsplätze nachhaltig angeboten und gesichert werden. Um dieses Ziel nachhaltig zu erreichen, habe ich mein Unternehmen aus vier verschiedenen Blickwinkeln betrachtet und daraus strategische Ziele abgeleitet. Die Blickwinkel sind:

- Unternehmensausrichtung
- Mitarbeiter
- Produkte
- Prozesse

Zusammen mit meinem Führungsteam haben wir erarbeitet, wie und in welcher Zeit wir die strategischen Ziele erreichen können. Nachhaltigkeit hat bei der Zielsetzung eine wesentliche Rolle gespielt. Nachhaltigkeit ist wichtig, um in Zukunft am Markt wirtschaftlich agieren zu können. Nachhaltigkeit hilft uns, mit den zur Verfügung stehenden Ressourcen Personal, Energie, Betriebsmittel und Rohstoffe nicht verschwenderisch umzugehen.

3 Erfolgsfaktor Nachhaltigkeit

Nachhaltigkeit als unternehmerischen Erfolgsfaktor zu sehen, ist für manchen schwierig nachvollziehbar. Viele glauben, dass Nachhaltigkeit per se mit „teuer" gleichzusetzen ist. In Diskussionen zu diesem Thema bekomme ich immer wieder zu hören, dass kein Unternehmen bereit ist, für Nachhaltigkeit mehr Geld zu bezahlen, als für nichtnachhaltige Produkte oder Dienstleistungen. Jeder müsse auf den Preis schauen, besonders in der heutigen Zeit, in der sich in unserer Branche alles darum dreht, Mitbewerber mit günstigeren Produkten aus dem Markt zu drängen. Wenn sich jemand dafür entscheidet, ein Produkt aus Kunststoff fertigen zu lassen, dann meist, um einen Preisvorteil gegenüber anderen Fertigungsverfahren und Werkstoffen zu haben. Nachhaltigkeit hat da wenig Platz. „Sicherlich, wir müssen was für unsere Umwelt tun, aber bitte, mehr kosten darf es nicht." Das bekommen wir in nahezu 100 % der Fälle aus den Einkaufsabteilungen unserer Kunden zu hören. Vor diesem Hintergrund haben wir angefangen, uns zu überlegen, wie wir unsere Unternehmensvision mit den Anforderungen des Markts vereinen können.

Wir haben uns nicht gefragt, wie wir die vorherrschenden Denkweisen im Markt verändern können. Hierauf haben wir als kleines Unternehmen wenig Einfluss. Wir haben uns vielmehr gefragt, wie sich unsere bestehenden Kundenbedürfnisse nachhaltig befriedigen lassen. Wie können wir die Probleme unserer Kunden nachhaltig lösen? Wie können wir es schaffen, dass nachhaltiges Wirtschaften und nachhaltige Produkte dazu beitragen, unseren Gewinn vor Zinsen und Steuern (EBIT) zu steigern? Wie schaffen wir es, Kunststoff so zu nutzen, dass er der Menschheit nutzt und nicht schadet? Bei der Beantwortung dieser Fragen haben wir schnell festgestellt, dass wir mit Nachhaltigkeit nur erfolgreich sein können, wenn wir unser gesamtes Unternehmen darauf ausrichten. Die Anpassung nur eines Teilbereichs, eines Prozesses, eines Produkts oder einer Maschine bringt nicht den gewünschten Erfolg.

3.1 Die Ausrichtung des Unternehmens

Die Festlegung der strategischen Ausrichtung eines Unternehmens ist eine der Kernaufgaben der Unternehmensleitung. In der Unternehmensausrichtung spiegeln sich die Werte und Ziele des Unternehmers bzw. der Geschäftsführer wider. Dies gilt sowohl für familiengeführte klein- und mittelständische Unternehmen als auch für börsennotierte Großkonzerne. Um sein Unternehmen strategisch auszurichten, muss sich der Unternehmer über sich selber im Klaren sein. Wer bin ich? Was will ich? Diese Fragen zu beantworten, ist sicherlich der schwierigste Part der Unternehmensausrichtung. Es erfordert nicht nur ausreichend Zeit, sondern auch eine entsprechende Qualifikation. Ich habe dafür einige Strategieseminare und Workshops zur Persönlichkeitsentwicklung besucht und mich über ein Jahr mit der Beantwortung dieser Fragen befasst. Als Ergebnis haben wir für Scheplast die Unternehmensvision, moralische Unternehmenswerte, Erfolgsfaktoren, Kernkompetenzen sowie eine Reihe strategischer Ziele formuliert.

3.1.1 Vision der Firma Scheplast

Ein Leben ohne Kunststoff ist nicht mehr vorstellbar. Wir sorgen dafür, dass dies im Einklang mit der Natur geschieht. Wir machen, dass Kunststoff uns und unserem Planeten nicht schadet, sondern zum Erhalt der Menschheit und der Erde beiträgt. Die Firma Scheplast sieht sich im Bereich der Kunststoffverarbeitung als ein kompetenter Partner der Industrie. Unser Engagement liegt in der Problemlösung von Kundenbedürfnissen. Als mittelständisches Unternehmen möchten wir flexibel und termingerecht arbeiten und unsere Kunden kreativ in ihren Wünschen unterstützen.

3.1.2 Moralische Werte

Unser Anliegen ist es, einen gerechten Preis für qualitativ hochstehende Produkte zu erzielen. Dies möchten wir ehrlich, ökologisch korrekt und sozial verträglich erreichen. Wir sehen den Mitarbeiter als einen wesentlichen Bestandteil des Unternehmens an, den wir fördern, aber auch Forderungen an ihn stellen. Wir werden uns an die Gesetze des Staates und der Gesellschaft halten. Wir verpflichten uns, den Kodex des bundesdeutschen Arbeitskreises für umweltbewusstes Management (B.A.U.M. e. V. 2015) einzuhalten. Wir halten uns an die zwölf Leitsätze („WIN-Charta") der Wirtschaftsinitiative Nachhaltigkeit des Landes Baden-Württemberg (Ministerium für Umwelt, Klima und Energiewirtschaft Baden-Württemberg 2015).

3.1.3 Erfolgsfaktoren

Unsere Erfolgsfaktoren sind ökologischer, sozialer und ökonomischer Natur. Hierzu zählen wir:

- Ein durchgreifendes Marketingkonzept zum Aufbau der Marke Scheplast
- Ein umfassendes Mitarbeiterentwicklungskonzept
- Innovationsfähigkeit in der Anwendung nachwachsender Kunststoffe
- Offenheit gegenüber allen Industriezweigen
- Verpflichtung zu keinerlei Fehlern in der Auslieferung
- Stetige Verbesserung

3.1.4 Kernkompetenz

Unsere Kernkompetenzen sehen wir in der Anwendung von nachwachsenden, recycelten und regranulierten Rohstoffen aus Kunststoff im Spritzgießverfahren und dem dazugehörenden Projektmanagement.

Dem zugrunde liegt die systematische Weiterentwicklung unserer Kenntnisse und Fähigkeiten auf dem Gebiet der Kunststofftechnik.

3.1.5 Strategische Ziele

- Kontinuierliches Wachstum des Unternehmens
- Kontinuierliche Steigerung der Mitarbeiteranzahl
- Nr. 1 bei nachhaltigen Federelementen aus Kunststoff für Bettsysteme im deutschsprachigen Raum
- Zertifizierung des Unternehmens nach DIN/ISO 14001
- Einführung eines CO_2-neutralen Energiekonzepts
- Abfallfreie Fertigung
- 50 % Einsatz von Kunststoff aus nachwachsenden Rohstoffen
- 50 % Regeneratanteil in der Scheplast-Produktion
- Einführung einer Nachhaltigkeitsskala für Kunststoffartikel
- CO_2-reduzierte Produktionsprozesse bei Lieferanten
- Erarbeitung und Umsetzung eines Marketingkonzepts für Scheplast – Natürlich Kunststoff

Die genannten strategischen Ziele sind mit Teilzielen weiter konkretisiert, die unter Einhaltung der wirtschaftlichen Möglichkeiten realisiert werden. Des Weiteren wurden Zielgruppenkunden definiert, die sowohl zu unseren Werten als auch zu unserer Unternehmensgröße passen. Dieser Plan ist maßgebend für die Umsetzung der Strategie im Unternehmen.

3.2 Die Ausrichtung der Produkte

Mit Sicherheit eines der spannendsten Themen der Umsetzung ist die nachhaltige Ausrichtung der Produkte. Dort liegt auch das größte Potenzial zur Nachhaltigkeit. Viele Unternehmen rühmen sich mit Nachhaltigkeitsaktionen. Die meisten davon liegen außerhalb der Produkte und des Kerngeschäfts. Oft spielt der Preis des eigenen Produkts eine übergeordnete Rolle. Zumindest in den Köpfen der Hersteller. Wie schon anfangs erwähnt, ist Scheplast Zulieferer der Industrie in Form von individuell auf den Kunden zugeschnittenen Bauteilen und Baugruppen aus Kunststoff. Dies ist ein hart umkämpfter Markt, in dem eine Vielzahl von Wettbewerbern mit ähnlichen Produkten und Services um die Gunst der Kunden werben. Wir bewegen uns im klassischen roten Ozean, den Kim und Mauborgne in ihrem Buch „Blue Ocean Strategie" beschreiben (Kim und Mauborgne 2005). Derzeit macht dieser Bereich etwa 70 % unseres Gesamtumsatzes aus.

Unsere Aufgabe war und ist es, die Probleme unserer Kunden so nachhaltig wie möglich zu lösen. Vor diesem Hintergrund haben wir unsere Produktausrichtung auf zwei Säulen gestellt: Die Verwendung von nachhaltigen Rohstoffen und die Einsparung von Masse. Das heißt konkret, dass uns derzeit nahezu alle thermoplastischen Kunststoffe in einer nachhaltigen Version zur Verfügung stehen. Einige der von uns verwendeten Rohstoffe sind speziell für uns hergestellt und entwickelt, andere wiederum entwickeln wir selbst. Immer zugeschnitten auf die Bedürfnisse unserer Kunden. Somit können wir zum einen nachhaltige Produkte realisieren, die z. B. gesetzliche Umweltanforderungen erfüllen, zum anderen aber auch preisaggressive Produkte herstellen. Bereits in der Projektphase begleiten wir unsere Kunden bezüglich Nachhaltigkeit. Wir legen die Produkte kunststoffgerecht aus und haben die Möglichkeit, unseren kompletten Fertigungsprozess per 3-D-CAD-Simulation im Vorfeld der Herstellung nachzubilden. Dadurch haben wir die Möglichkeit, Wandstärken so zu reduzieren, dass die Bauteile herstellbar bleiben und die mechanischen Anforderungen erfüllen. Dies ist nachhaltig und kostengünstig. Doch was nützt alles Wissen um Nachhaltigkeit mit Kunststoff, wenn es keiner kennt und anwendet? Aus diesem Grund veranstalten wir sowohl Scheplast-interne als auch externe Workshops bei Kunden. Wir arbeiten sehr eng mit den Konstruktionsabteilungen unserer Kunden zusammen und beraten diese schon vor der Entwicklungsphase über die Möglichkeiten, nachhaltige Produkte aus Kunststoff herzustellen.

Unser eigenes Produktprogramm besteht aus Federelementen für Bettsysteme aus Kunststoff. Die Branche ist geprägt durch einen ausgesprochen preisgetriebenen Massenmarkt. Um den Kundenanforderungen gerecht zu werden, haben wir eine eigens entwickelte ECO-Produktlinie auf den Markt gebracht. Mit Hilfe von eigens entwickelten Werkstoffen für diese Produktlinie sparen wir hunderte Tonnen CO_2 ein. Die Produkte können preislich sehr attraktiv am Markt platziert werden. Durch die umweltfreundliche und auch kostengünstige Lösung auf Kundenseite ergibt sich eine klassische Win-win-Situation zwischen Scheplast und unseren Kunden sowie auch für unsere Gesellschaft im Ganzen.

Ich appelliere an Sie: Machen Sie sich Gedanken über Ihre Produkte. Es gibt oft mehr nachhaltigkeitsorientierte Marktmöglichkeiten als man denkt.

3.3 Die Ausrichtung der Prozesse

Scheplast ist ein produzierendes Unternehmen. Um unsere Produkte herzustellen, bedarf es geregelter Führungs-, Wertschöpfungs- und Unterstützungsprozesse. Nachhaltigkeit muss in die Prozesse in Form von Zielen integriert werden. Diese sind von Unternehmen zu Unternehmen unterschiedlich und können nicht pauschalisiert werden. Mit effektivem Management muss die Umsetzung von Nachhaltigkeit im Unternehmen nicht teuer sein. Nachhaltigkeitsorientierte interne Prozess können sogar helfen, Kosten zu senken und über die monetären Einsparungen wettbewerbsfähiger zu werden. Ein großer Ansatzpunkt ist Verschwendung. Jede Art der Energie, die zu viel in ein System gesteckt wird, ist reine Verschwendung der uns zur Verfügung stehenden begrenzten Ressourcen. Ob man verschwenderisch mit Ressourcen umgeht, merkt man leider meist erst, wenn es einem schlecht geht. Dies verdeutlicht eine Analogie zum Sport: Geht ein Langstreckenläufer zu verschwenderisch mit seiner Energie um, dann merkt er das nicht am Anfang eines Laufs, sondern erst am Schluss; sozusagen wenn es darauf ankommt, wenn es um Sieg oder Niederlage geht. Um zu wissen, ob Verschwendung herrscht, braucht er während des gesamten Laufs Fakten, beispielsweise zur Geschwindigkeit oder Herzfrequenz.

Bei Scheplast haben wir diesen Grundgedanken auf unsere Abläufe im Unternehmen übertragen. Um Verschwendung zu vermeiden, stellen wir über interne Audits immer wieder einen Istzustand fest, um dann einen Abgleich mit dem Sollzustand vorzunehmen. Auf Basis dieses Abgleichs wird jeder Prozess im Unternehmen mit Zielen belegt, die kontinuierlich zu erreichen sind. Hierbei hat es sich bei Scheplast bewährt, für wirklich jeden Teilprozess Ziele zu setzen. Dies ist bei uns der größte Hebel, um unsere internen Abläufe effizienter und effektiver zu machen. Dabei sollten die Ziele nach unserer Erfahrung nicht zu niedrig gesteckt sein. Wenn sie mit viel Engagement und Einsatz geradeso erreicht werden, dann setzen sie die meiste Energie bei den Mitarbeitern frei und die Freude über den gemeinsamen Erfolg ist am Ende umso größer.

Die Eingriffsgrenzen bei Plan-Ist-Abweichungen in den Prozessen ausschließlich am EBIT festzumachen, ist dabei kontraproduktiv. Ein Unternehmen kann sein selbstgestecktes EBIT-Ziel von beispielsweise 10 % erreichen und gleichzeitig 10 % Verschwendung in den internen Prozessen haben. Das wäre aufgrund des unnötigen Ressourcenverbrauchs weder nachhaltig noch wirtschaftlich. Eine systematische und kontinuierliche Reduzierung der Verschwendung verbessert dagegen sowohl die ökologische Nachhaltigkeit als auch den Profit und damit die wirtschaftliche Nachhaltigkeit eines Unternehmens.

3.4 Die Ausrichtung der Mitarbeiter

Neben einer guten Strategie, marktfähigen Produkten sowie funktionierenden und effektiven Prozessen sind die Mitarbeiter das wichtigste Gut in einem Unternehmen. Nur wenn die Mitarbeiter sich ausnahmslos mit Unternehmensphilosophie und -werten, die in unserem Fall durch Nachhaltigkeit geprägt sind, identifizieren, wird eine solche Unternehmensstrategie erfolgreich sein. Dies gilt es bei Personaleinstellungen und bei Personalentwicklungsmaßnahmen zu berücksichtigen. Menschen möchten mitgenommen werden. Genauso verhält es sich in puncto Nachhaltigkeit. Die Mitarbeiter auf die Reise der Nachhaltigkeit mitzunehmen, in ihnen die Sehnsucht nach einer besseren, nachhaltigeren Welt zu wecken, das ist ein großes Ziel und eine der Hauptaufgaben nachhaltiger Unternehmensführung. Nachhaltigkeit muss bei den Mitarbeitern in Fleisch und Blut übergehen. Mit einer einmaligen Aktion kann man dies nicht erreichen. Aus unserer Erfahrung sind dabei zwei Dinge besonders wichtig: Erstens muss man als Führungskraft mit offenen Augen durch das Unternehmen gehen und Mitarbeiter dafür loben, wenn sie nachhaltig gehandelt haben. Wenn z. B. Müll sauber getrennt wird, wenn statt herkömmlichem Papier umweltschonendes gekauft wird usw. Viele kleine Aktionen bewirken mehr als eine große. Zweitens müssen die Führungskräfte selbst Nachhaltigkeit vorleben. Führungskräfte sind die Vorbilder, an denen sich die Mitarbeiter im Unternehmen orientieren. Das betriebliche Verhalten der Mitarbeiter ist häufig das Spiegelbild des von ihnen wahrgenommenen Führungsverhaltens.

4   Erfahrungen

Die Praxis zeigt, ob die Theorie stimmt. Wir von „Scheplast – Natürlich Kunststoff" stellen jeden Tag fest, dass wir uns in einem Überlebenskampf befinden. Als wir 2013 mit unserer Vision und Strategie zu den ersten Kunden gegangen sind, wurden wir nur freundlich als Idealisten und Nachhaltigkeitsromantiker belächelt. Heute müssen wir trotz nachhaltiger Wettbewerbsstrategie jeden Tag dafür kämpfen, wirtschaftlich zu sein und Arbeitsplätze zu sichern. Das ist nicht anders als in jedem anderen Unternehmen unserer Branche auch. Allerdings können wir feststellen, dass unser Unternehmen umso erfolgreicher ist, je mehr wir uns spezialisieren. Nachhaltigkeit ist in unserem Fall unsere Spezialität. Wir müssen mit Nachhaltigkeit für unsere Kunden einen Mehrwert generieren. Dann werden wir erfolgreich sein. Nicht mehr, aber auch nicht weniger. Weltverbesserer hin oder her. Wir müssen uns der Realität stellen und diese so nachhaltig wie möglich meistern.

Biopolymere, also Kunststoffe auf Basis nachwachsender Rohstoffe, sind teilweise dreimal so teuer wie petrochemisch-basierte Kunststoffe. Sie haben aber auch unschlagbare Eigenschaften, wie z. B. Verrottbarkeit, geringere Wasseraufnahme oder bessere Zähigkeit. Wir können nur über Performance, sei es technisch oder preislich, gewinnen. Am Ende zählt immer das Preis-Leistungs-Verhältnis und es ist nicht nicht immer gut, was billig ist. Wir sollten uns vielmehr fragen: Was ist der reale Preis eines Produkts für unsere Kunden und für unsere Gesellschaft? Lassen Sie uns gemeinsam an einer guten Zukunft für uns und unsere Kinder arbeiten.

Literatur

B.A.U.M. e. V. (2015) B.A.U.M.-Ehrenkodex. http://www.baumev.de/downloads.html. Zugegriffen: 24. Nov. 2015

Kim WC, Mauborgne R (2005) Blue ocean strategy. How to create uncontested market space and make the competition irrelevant. Harvard Business School Press, Boston

Ministerium für Umwelt, Klima und Energiewirtschaft Baden-Württemberg (Hrsg) (2015) Die Zwölf Leitsätze. Nachhaltig Wirtschaften mit Erfolg. http://www.win-bw.com/win-charta/ziele-und-inhalte/die-zwoelf-leitsaetze.html. Zugegriffen: 24. Nov. 2015

Dip.-Ing. Jens Schenk ist Unternehmer aus Leidenschaft. Nach dem Studium des Maschinenbaus war er beim Deutschen Zentrum für Luft- und Raumfahrt (DLR) an der Plataforma Solar Almeria in Spanien damit beschäftigt, großtechnische Solarthermiekraftwerke auf Serientauglichkeit zu optimieren. Nach der Rückkehr 2001 in die Heimat, ist er in das elterliche Unternehmen eingetreten. Dieses verantwortet er seit 2006. Die Leidenschaft zur Nachhaltigkeit und die Verbundenheit zu seinen Wurzeln hat ihn veranlasst, Kunststoff nachhaltig zu verarbeiten.

Nachhaltigkeit als integriertes Geschäftsprinzip bei der Zürcher Kantonalbank

Bettina Giménez

1 Eckwerte der Zürcher Kantonalbank

Die Zürcher Kantonalbank ist die nahe Bank. Mit Kundenvermögen von 199 Mrd. Franken[1] und einer Bilanzsumme von 158 Mrd. Franken ist sie die grösste Kantonalbank der Schweiz.

Knapp 60 % der Bevölkerung und nahezu jedes zweite Unternehmen im Kanton Zürich sind Kunden der Zürcher Kantonalbank. Dies belegt ihre führende Stellung im Kanton Zürich. Zudem ist sie die dritte Kraft im Schweizer Bankenmarkt.

Die Zürcher Kantonalbank ist breit diversifiziert: 55 % des Betriebsertrags von 1935 Mio. Franken stammen aus dem Zinsengeschäft, 28 % aus dem Kommissionsgeschäft und 15 % erwirtschaftet das Handelsgeschäft. Durch den Erwerb im Jahr 2014 der Swisscanto Gruppe, ein vorwiegend im Asset-Management tätiges Gemeinschaftswerk der Schweizer Kantonalbanken, konnte die Diversifikation zusätzlich gestärkt werden.

2 Dreiklang Eigentum, Staatsgarantie und Leistungsauftrag

Die Bank befindet sich als öffentlich-rechtliche Institution im Dreiklang Eigentum, Staatsgarantie und Leistungsauftrag (Abb. 1).

---

[1] Sämtliche Werte in diesem Kapitel sind per 31.12.2014.

B. Giménez (✉)
Geschäftshaus City, Zürcher Kantonalbank, 8010 Zürich, Schweiz
E-Mail: cr@zkb.ch

© Springer-Verlag GmbH Deutschland 2017
T. Wunder (Hrsg.), *CSR und Strategisches Management*, Management-Reihe Corporate Social Responsibility, DOI 10.1007/978-3-662-49457-8_15

Abb. 1 Die Trias der Zürcher Kantonalbank

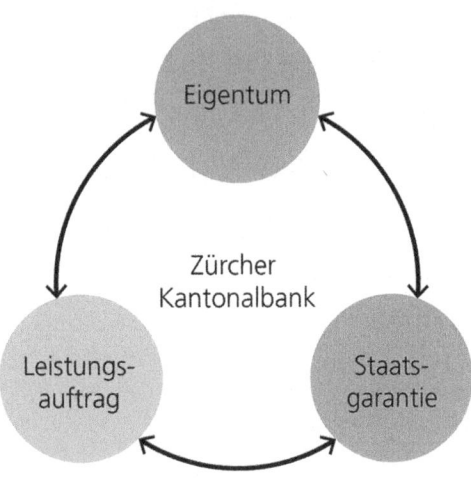

2.1 Eigentum

Die Zürcher Kantonalbank gehört seit ihrer Gründung 1870 zu 100 % dem Kanton Zürich. Mit ihrer Gründung versuchte der Kanton Zürich, die Kreditmärkte zu beeinflussen. Die Förderung von Landwirtschaft und Gewerbe wurde damals von den Großbanken vernachlässigt. Ziel war es, eine Bank für die Zürcher Bevölkerung zu gründen – eine Volksbank.

Der Kanton Zürich stellte das Dotationskapital zur Verfügung und garantierte die Verbindlichkeiten der Bank. Der Leistungsauftrag, den die Bank gegenüber dem Kanton zu erbringen hat, wurde gesetzlich verankert.

Bis 1950 erlebte der Zürcher Wirtschaftsraum nicht nur Phasen eines starken Aufschwungs, sondern musste auch Rückschläge und Krisen während der Kriege überwinden. Die Zürcher Kantonalbank wuchs insbesondere im Hypothekargeschäft und etablierte sich auch in der Wirtschaftskrise als eine verlässliche Partnerin im Kanton.

In den vergangenen 50 Jahren entwickelte sich Zürich zu einem der bedeutendsten Finanzplätze der Welt. Damit einhergehend wuchs die Zürcher Kantonalbank und baute ihr Angebot entsprechend den damaligen, sich verändernden Kundenbedürfnissen aus. Während der Finanzkrise im Jahr 2008 bewährte sich ihr Geschäftsmodell, das eine Ertragsdiversifikation anstrebt.

Heute wird die Zürcher Kantonalbank unter anderem wegen der Ertragsdiversifikation von den Ratingagenturen Fitch, Standard & Poor's und Moody's[2] mit der Höchstnote AAA respektive Aaa als eine der sichersten Banken weltweit eingestuft.

Die Zürcher Kantonalbank ist gesetzlich verpflichtet, einen angemessenen Gewinn zu erzielen und eine kontinuierliche Geschäftspolitik zu verfolgen. Der Kanton Zürich und seine politischen Gemeinden partizipieren am Erfolg der Zürcher Kantonalbank. Jährlich erhalten sie Ausschüttungen, die sich am langjährigen Durchschnitt orientieren. In den

---

[2] Letzter Bericht Dezember 2014.

Jahren 2000 bis 2014 erhielt der Eigentümer insgesamt 4,3 Mrd. Franken. Im Jahr 2014 belief sich die Ausschüttung auf 280 Mio. Franken. Dies entspricht 194 Franken pro Einwohnerin und Einwohner im Kanton Zürich.

2.2 Staatsgarantie

Der Kanton Zürich gewährt der Zürcher Kantonalbank eine Staatsgarantie mit doppelter Bedeutung: Einerseits verfügt die Bank durch Art. 109 der kantonalen Verfassung vom 27. Februar 2005 über eine Institutsgarantie: „Der Kanton betreibt eine Kantonalbank." Andererseits haftet der Staat gemäß § 6 des Kantonalbankgesetzes für alle nicht nachrangigen Verbindlichkeiten der Bank, soweit ihre eigenen Mittel nicht ausreichen. Gesichert sind dadurch insbesondere alle Kundeneinlagen in unbegrenzter Höhe.

2.3 Leistungsauftrag

Die Legitimation der Zürcher Kantonalbank ist ihr Leistungsauftrag gegenüber dem Kanton Zürich. Er bildet das Fundament ihrer Geschäftstätigkeit und ist im Zweckartikel im Kantonalbankengesetz § 2 geregelt:

> Die Bank hat den Zweck, zur Lösung der volkswirtschaftlichen und sozialen Aufgaben im Kanton beizutragen. Sie unterstützt eine umweltverträgliche Entwicklung im Kanton. Sie befriedigt die Anlage- und Finanzierungsbedürfnisse durch eine auf Kontinuität ausgerichtete Geschäftspolitik. Dabei berücksichtigt sie insbesondere die Anliegen der kleinen und mittleren Unternehmungen, der Arbeitnehmerinnen und der Arbeitnehmer, der Landwirtschaft und der öffentlich-rechtlichen Körperschaften. Sie fördert das Wohneigentum und den preisgünstigen Wohnungsbau.

Die Zürcher Kantonalbank nimmt ihren Leistungsauftrag ernst und übersetzt diesen Zweckartikel in die drei Teilaufträge, die in Abb. 2 dargestellt wird. Sie sind im Konzernleitbild verankert.

Sie setzt sich dabei folgendes Konzernziel: „Den Leistungsauftrag erfüllen und gezielt weiterentwickeln: Die Zürcher Kantonalbank erfüllt ihren Versorgungsauftrag, ist regional stark engagiert und im Bereich der Nachhaltigkeit die führende Bank in der Schweiz" (Mehr zur Zielsetzung s. Abschn. 4.3).

Versorgungsauftrag	Unterstützungsauftrag	Nachhaltigkeitsauftrag
Wir **versorgen** die Bevölkerung und die Wirtschaft mit Bankdienstleistungen und fördern das Wohneigentum, den preisgünstigen Wohnungsbau, die Landwirtschaft und KMU.	Wir **unterstützen** den Kanton Zürich bei der Lösung seiner Aufgaben in den Bereichen Wirtschaft, Umwelt und Gesellschaft.	Wir beachten bei unserer Geschäftstätigkeit im In- und Ausland die **Grundsätze der Nachhaltigkeit.**

Abb. 2 Der Leistungsauftrag der Zürcher Kantonalbank umfasst drei Teilaufträge. *KMU* Klein- und mittelständische Unternehmen

3 Strategie der Zürcher Kantonalbank

3.1 Wir sind die nahe Bank

Die Vision der Zürcher Kantonalbank lautet: „Wir sind die nahe Bank. Wir sind die regional verankerte und global vernetzte Universalbank mit einer einzigartigen Kombination aus Kundennähe, Kompetenz und Verantwortung."

Im Wirtschaftsraum Zürich ist die Zürcher Kantonalbank, wie Abb. 3 zeigt, „die führende Finanzdienstleisterin. In der Schweiz fungiert sie als erstklassige Anbieterin von Finanzierungen in gehobenen Kundensegmenten (Private und Firmen), anspruchsvolle Anlage- und Vermögensverwaltungslösungen sowie Handel- und Kapitalmarktgeschäfte. Auf internationaler Ebene ist sie als bevorzugte Partnerin erfolgreich im Private Banking, Handel, Trade Finance und im Interbankengeschäft tätig" (Auszug Vision der Zürcher Kantonalbank).

Dass die Bank ihre Vision täglich lebt, zeigt ihre Verteilung des Marktergebnisses und des Risikokapitals: 78 % des Marktergebnisses werden mit 72 % des Risikokapitals im Wirtschaftsraum Zürich erwirtschaftet, 14 % tragen die Erträge aus der restlichen Schweiz

Abb. 3 Die Vision der Zürcher Kantonalbank

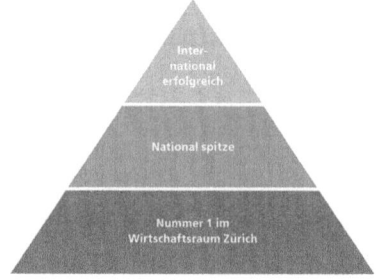

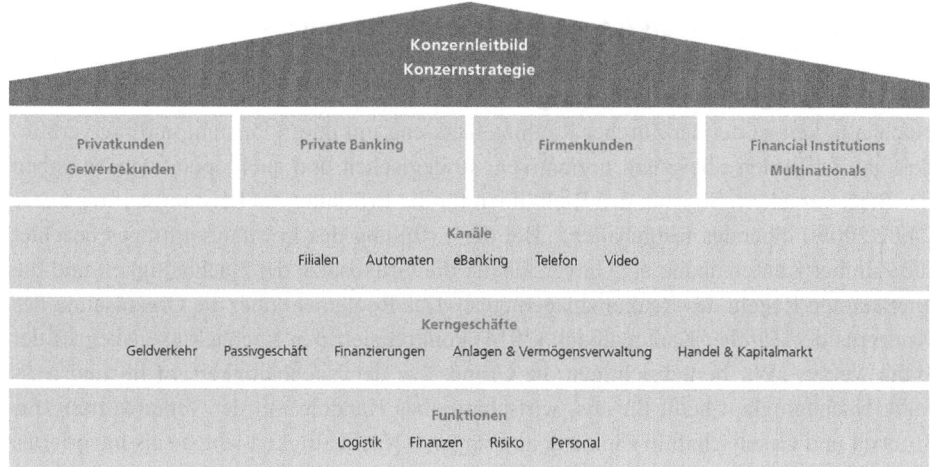

Abb. 4 Die Universalbankstrategie der Zürcher Kantonalbank

zum Marktergebnis (Risikokapitalanteil 16%) bei, auf das Ausland entfallen 8% (Risikokapitelanteil 12%).

Die Universalbankstrategie der Bank (siehe Abb. 4) leitet sich direkt aus dem Kantonalbankengesetz § 7, Abs. 1 ab: „Die Bank tätigt die Geschäfte einer Universalbank." Sie ist nach Kundensegmenten organisiert und verfügt über segmentsspezifische Vertriebsstrategien. Zu den Vertriebsstrategien gehört die Abgabe von Leistungsversprechen an ihre Kundinnen und Kunden. Diese sind Ausdruck ihres Dienstleistungsverständnisses. Dabei profiliert sich die Bank durch eine hohe Beratungsqualität, eine lebensbegleitende Betreuung und ein umfassendes Leistungsangebot.

Im Jahr 2014 hat sie erstmals eine Strategie „Kanäle" erarbeitet und ins Strategiewerk aufgenommen. Der Bereich Multichannel-Management wurde aufgebaut, um dem veränderten Kundenverhalten gerecht zu werden. Ziel ist es, alle Kanäle durchgängig zu integrieren und zu vernetzen, sodass Bankkundinnen und -kunden orts- und zeitunabhängig mit ihrem Geldinstitut in Kontakt treten können.

Die Werte der Zürcher Kantonalbank sind persönlich, kompetent und verantwortungsvoll:

- Persönlich, weil sie ihre Kundinnen und Kunden kennt und sie partnerschaftlich und ganzheitlich in allen Lebensphasen betreut.
- Kompetent, weil sie die Erwartungen der Kundinnen und Kunden an eine hervorragende Beratungs- und Servicequalität verbindlich und zuverlässig erfüllt.
- Verantwortungsvoll, weil die Bank Nachhaltigkeit in den Fokus ihres Handelns stellt.

3.2 Nachhaltigkeit als integriertes Geschäftsprinzip

3.2.1 Strategische Verankerung

Nachhaltigkeit ist bei der Zürcher Kantonalbank eng mit ihrem Leistungsauftrag verbunden und ist in den relevanten normativen, strategischen und auch operativen Vorgaben der Bank verankert. So ist in den Richtlinien für die Erfüllung des Leistungsauftrags vom 24.02.2005 Folgendes festgehalten: „Bei der Erfüllung des Leistungsauftrages beachtet die Zürcher Kantonalbank als Universalbank die Grundsätze der Nachhaltigkeit und die anerkannten Regeln des Risikomanagements." Das Reglement über die Organisation des Konzerns der Zürcher Kantonalbank (2014) konkretisiert den Nachhaltigkeitsbegriff der Bank weiter: „Wir berücksichtigen die Grundsätze der Nachhaltigkeit im In- und Ausland. Nachhaltigkeit heißt für uns, wirtschaftliches Handeln mit der Verantwortung für Umwelt und Gesellschaft in Einklang zu bringen." Nachhaltigkeit lebt sie als integriertes Geschäftsprinzip, d. h., dass sie Nachhaltigkeitsaspekte in allen ihren Geschäftstätigkeiten miteinbezieht und bei Entscheiden mitberücksichtigt. Dies gilt nicht nur im internen Kontakt mit ihren Mitarbeitenden, sondern im Umgang mit allen ihren Stakeholdern (Abb. 5).

Daran angelehnt, formuliert die Nachhaltigkeitspolitik der Zürcher Kantonalbank Mindeststandards für die Umsetzung in den Geschäftsfeldern. Sie fokussiert auf Bereiche, bei denen ein großes positives oder negatives Wirkungspotenzial in Bezug auf die Nachhaltigkeit besteht (Abb. 6).

Abb. 5 Die Stakeholder der Zürcher Kantonalbank

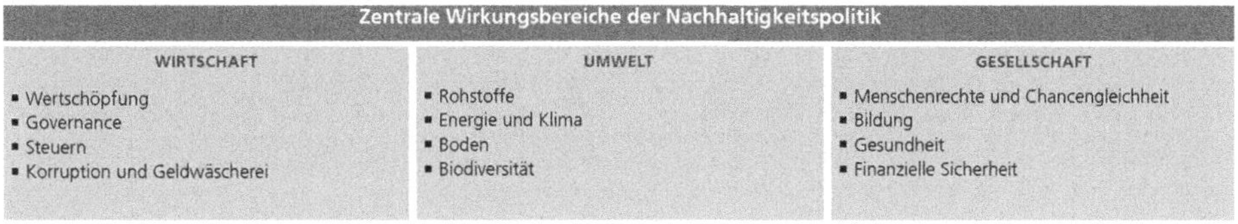

Zentrale Wirkungsbereiche der Nachhaltigkeitspolitik		
WIRTSCHAFT	**UMWELT**	**GESELLSCHAFT**
• Wertschöpfung • Governance • Steuern • Korruption und Geldwäscherei	• Rohstoffe • Energie und Klima • Boden • Biodiversität	• Menschenrechte und Chancengleichheit • Bildung • Gesundheit • Finanzielle Sicherheit

Abb. 6 Wirkungsbereiche der Zürcher Kantonalbank

Die Zürcher Kantonalbank bekennt sich weiter zu einer ethisch korrekten Geschäftsführung, wie dies im Verhaltenskodex festgelegt ist. Darin enthalten sind die für das tägliche Handeln der Mitarbeitenden relevanten Verhaltensregeln zu Themen wie z. B. Steuerhinterziehung, Korruption und Geldwäscherei. Dieses Grundpflichtenheft ist Bestandteil des Arbeitsvertrags und wird neuen Mitarbeitenden im Rahmen der Einführungstage nähergebracht.

3.3 Strategisches Controlling

Die Zürcher Kantonalbank will ihre Nachhaltigkeitsleistung sukzessive verbessern. Eine regelmäßige Beurteilung ist dafür ausschlaggebend. Deshalb hat sich die Bank konkrete, messbare Leistungsauftragsziele mit Nachhaltigkeitsbezug gesetzt (siehe Tab. 1):

Gemeinsam mit weiteren Leistungsauftragszielen werden die Messgrößen in drei verdichteten Ratings zu den Teilaufträgen Versorgungs-, Unterstützungs- und Nachhaltigkeitsauftrag zusammengefasst. Diese fließen, wie Abb. 7 zeigt, bereits seit dem Jahr 2005 in die Balanced-Scorecard, dem strategischen Führungsinstrument der Zürcher Kantonalbank, unter dem Ziel „Leistungsauftrag erfüllen und gezielt weiterentwickeln" ein.

Einmal jährlich überprüft der Bankrat gemäß § 9 der Richtlinie für die Erfüllung des Leistungsauftrags die Qualität und die Wirtschaftlichkeit des Leistungsauftrags sowie dessen Auswirkungen. Weiter wird die Beurteilung der Nachhaltigkeitsziele der Generaldirektion im Rahmen der Umweltmanagementsystem-Zertifizierung nach ISO 14001 und der Nachhaltigkeitsberichterstattung nach der Global Reporting Initiative vorgelegt. Der Bankrat, das Bankpräsidium und die Generaldirektion der Bank befassen sich darüber hinaus im Rahmen des Strategieprozesses und an spezifischen Workshops mit dem Leistungsauftrag und dem Thema Nachhaltigkeit.

Dem Steuerungsausschuss Leistungsauftrag kommt eine wichtige Rolle für die Weiterentwicklung des Leistungsauftrags (inklusive Nachhaltigkeit) zu. Das Gremium, in dem jede Geschäftseinheit mit einer Führungsperson vertreten ist, steht dem Bankpräsidium zur Erfüllung seiner Aufgabe in Bezug auf den Leistungsauftrag zur Verfügung. Vorsitzende ist die Fachbeauftragte Leistungsauftrag, die für die Planung und Umsetzung des Leistungsauftrags, die Berichterstattung und die damit verbundenen Aktivitäten zuständig ist.

Tab. 1 Leistungsauftragsziele mit Nachhaltigkeitsbezug

Schwerpunkt	Ziel	Einheit	2014	2013	2012
Versorgungsauftrag					
Erreichbarkeit	Standort der Bank liegt für mind. 95 % der Zürcher Bevölkerung in max. 5 km Entfernung	%	98,9	98,9	k.A.
Innovationsförderung	2,5 Mio. CHF Innovationsförderung und -unterstützung	Mio. CHF	2,35	2,33	2,26
	20 neue Start-up-Finanzierungen	Anzahl	22	34	36
Förderung Wohneigentum/ preisgünstiger Wohnungsbau	3800 Mio. CHF Ausleihungen ZKB-Starthypothek	Mio. CHF	3726	4069	3881
Unterstützungsauftrag					
Nachwuchs-förderung	9.4 Ausbildungsplätze pro 100 Mitarbeitende und Jahr	Anzahl	8,6	8,8	8,7
Sponsoring	10 CHF Sponsoringmittel im Bereich Umwelt/Gesellschaft pro Einwohner (EW) des Kantons Zürich	CHF/EW	10,9	9,9	9,4
Bildungsförderung	Erreichung 20 % der Studierenden mit den Bildungs-plus-Konti und Paket „ZKB student"	%	14,4	15,6	16,6
Biodiversität	15 % geförderte Flächen wertvoller Naturräume im Kanton Zürich	%	12,1	12,1	12,0
Nachhaltigkeitsauftrag					
Nachhaltiges Bauen	2,4 % Anteil ZKB-Umweltdarlehen am Gesamtbestand der Hypothekarforderungen	%	1,86	1,87	1,71
Nachhaltige Anlagen	Zuwachs der nachhaltigen Anlagen um 1000 Mio. CHF p.a.	Mio. CHF	436	1170	−78
Attraktive Arbeitgeberin	Mitarbeiterzufriedenheit auf hohem Niveau halten (60–70 Indexpunkte[a])	Index-punkte	67	67	73
Klimaschutz im Bankbetrieb	Senkung der CO_2-Emissionen auf 5000 t CO_2 bis Ende 2017	t CO_2	5369	6244	6559

[a] Erhebung alle zwei Jahre.

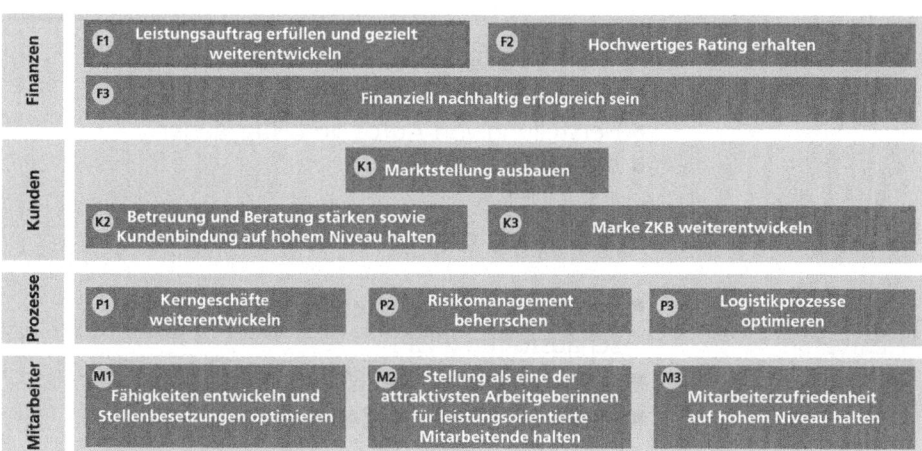

Abb. 7 Themenfelder der Balanced-Scorecard

4 Umsetzung des Leistungsauftrags, insbesondere des Nachhaltigkeitsauftrags

4.1 Produkte und Dienstleistungen mit nachhaltigem Mehrwert

Für die Glaubwürdigkeit eines nachhaltigen Engagements ist es von großer Bedeutung, dass das Nachhaltigkeitsmanagement bei den wichtigen Hebeln ansetzt. Die Zürcher Kantonalbank erreicht ihre größte Nachhaltigkeitswirkung indirekt durch ihre Produkte und Dienstleistungen. Dadurch erzielt sie nicht nur einen wirtschaftlichen, sondern insbesondere einen sozialen und ökologischen Mehrwert. Neben der Bereitstellung einer nachhaltigen Produktpalette sieht die Bank ihre Aufgabe insbesondere in der Sensibilisierung ihrer Kundinnen und Kunden für Nachhaltigkeitsthemen, indem sie Transparenz bietet. Wie die Bank dies im konkreten Fall vollzieht, zeigen die nachfolgenden, nicht abschließenden Beispiele.

4.1.1 Nachhaltige Anlagen

Im Jahr 2014 verwaltete die Zürcher Kantonalbank 4116 Mio. Franken an nachhaltigen Anlagen. Damit belegt sie gemäß der Erhebung des Forums Nachhaltige Geldanlagen (FNG)[3] Rang 6 im Schweizer Markt. Sie verfügt über ein breites Angebot an Anlageprodukten mit verschiedenen Nachhaltigkeitsansätzen. Mit der Produktlinie Nachhaltigkeit bietet die Bank ihren Kundinnen und Kunden die Möglichkeit, Investitionen mit ökonomischen, sozialen und ökologischen Anliegen zu verbinden. Sie umfasst diverse Fonds- und Zertifikatsprodukte (letztere z. B. auf Themen wie erneuerbare Energien oder auf

---

[3] Forum Nachhaltige Geldanlagen 2014, S. 36.

Klimawandel	▪ Förderung fossiler Energieträger ▪ Betrieb fossiler Kraftwerke ▪ Herstellung von Autos und Flugzeugen ▪ Airlines
Abbau Ozonschicht	▪ Herstellung ozonabbauender Substanzen
Rückgang Artenvielfalt	▪ Herstellung von langlebigen organischen Schadstoffen (POP) ▪ Forstwirtschaft ohne FSC-Zertifizierung ▪ Fischerei ohne MSC-Zertifizierung
Kernenergie	▪ Kernkraftwerke und atomare Endlager ▪ Hersteller von Kernreaktoren
Gentechnik	▪ Freisetzung gentechnisch veränderter Organismen
Soziale Probleme	▪ Herstellung von Waffen, militärischen Fahrzeugen, Flugzeugen und Schiffen ▪ Herstellung von Tabak und Raucherwaren

Abb. 8 Ausschlusskriterien bei nachhaltigen Anlagen. *FSC* Forest Stewardship Council, *MSC* Marine Stewardship Council

Regionen wie Emerging-Markets oder Pazifik). Strenge Ausschlusskriterien sind Teil des Anlageprozesses (Abb. 8).

Durch die Anwendung der Ausschlusskriterien wird gewährleistet, dass nicht in Gesellschaften und Unternehmen investiert wird, die die weltweit größten Umweltprobleme und sozialen Risiken fördern. In einem zweiten Schritt werden die Branchenbesten und die innovativsten Unternehmen in Bezug auf Nachhaltigkeit selektiert und Schuldner ausgewählt, die die Verantwortung für Umwelt und Soziales am besten wahrnehmen (Best-in-Class-Ansatz). Eine Medienrecherche rundet den Analyseprozess ab.

Die Nachfrage nach passiven, nachhaltigen Anlagegefäßen ist insbesondere bei den institutionellen Anlegern (v. a. Pensionskassen) gestiegen. Um diesem Bedürfnis gerecht zu werden, lancierte die Zürcher Kantonalbank im letzten Jahr einen institutionellen Pensionskassenfonds (ZKB-IPF World ex Schweiz Index – Responsible). Dabei werden moderate Ausschlusskriterien angewendet und anschließend eine Environmental-social-governance(ESG)-Analyse durchgeführt. Ziel des Fonds ist die Risikominimierung, indem die 20 schlechtesten Prozent der Firmen ausgeschlossen werden.

Anfang 2015 lancierte die Zürcher Kantonalbank ihre neuen Vermögensverwaltungsmandate. Hierbei wird neben Performance-Kennzahlen berücksichtigt, wie gut ein Anlageinstrument in der ESG-Analyse abschneidet. So ist sichergestellt, dass im Vermögensverwaltungsmandat eine möglichst breite Auswahl an Bausteinen zur Verfügung steht und dass Nachhaltigkeitsaspekte trotzdem einfließen. Dank der Vereinfachung des Ansatzes ermöglicht die Zürcher Kantonalbank das Thema Nachhaltigkeit in ihren Vermögensverwaltungsmandaten auch für Kundinnen und Kunden mit einem Anlagevermögen ab 100.000 Franken (vorher ab 500.000 Franken). In den ersten drei Monaten seit Lancierung wurden 615 Vermögensverwaltungsmandate mit einem Volumen von insgesamt 400 Mio. Franken abgeschlossen. Dies entspricht rund 6,5 % aller neuen Vermögensverwaltungsmandate, während der Anteil an nachhaltigen Anlagen hingegen bei deutlich geringeren 2 % aller verwalteten Vermögen liegt. Dadurch ist belegt, dass mit bedürfnisgerechten Lösungen eine Volumenzunahme erzeugt werden kann. Daran arbeitet die Bank weiter, denn nur so kann sie ihre Ambition erreichen, bei den nachhaltigen Anlagen jährlich um 1 Mrd. Franken zu wachsen.

4.1.2 Nachhaltigkeitsindikator

Der Nachhaltigkeitsindikator ist eine Pionierleistung der Zürcher Kantonalbank. Mithilfe des Nachhaltigkeitsindikators vermittelt die Bank ihrer Kundschaft die Nachhaltigkeitsausprägungen von Einzeltiteln und Fonds (rund 900 Fonds, sowohl ZKB- als auch Drittfonds) und schaffen hohe Transparenz über die Nachhaltigkeit von Anlageprodukten (Abb. 9).

Die Anlagefonds werden einer siebenteiligen Skala (A bis G) je nach Nachhaltigkeitsgrad einer Klasse zugewiesen. Entscheidend für die Einteilung sind die Wirkungsebenen Umwelt, Reputation und „corporate governance" (ESG-Kriterien) mit je einem Kriterium (s. Tab. 2)

Im Jahr 2015 weitete die Zürcher Kantonalbank ihren Nachhaltigkeitsindikator auf Portfolios aus. Neu enthalten sämtliche Kundenanlagereportings den Nachhaltigkeitsindikator, der das gesamte Anlagevermögen beurteilt.

Der Nachhaltigkeitsindikator dient dabei als verständliche Entscheidungshilfe für Kundinnen und Kunden, da sie damit eine Erläuterung erhalten, wie das Thema Nachhaltigkeit im eigenen Portfolio abgebildet ist. Damit verfolgt die Zürcher Kantonalbank den Ansatz, dass sie ihre Kundinnen und Kunden über die Förderung von Vergleichbarkeit und das Schaffen von Transparenz für nachhaltige Produkte und Dienstleistungen begeistern möchte.

Abb. 9 Der Nachhaltigkeitsindikator. Nachhaltigkeitsskala A–G von Anlagefonds

Tab. 2 Kriterien für die Bewertung im Nachhaltigkeitsindikator

Wirkungsebene	Berücksichtigtes Kriterium für Unternehmen	Berücksichtigtes Kriterium für Schuldner
Umwelt	CO_2-Ausstoß pro Umsatz	CO_2-Ausstoß pro Person und Jahr, Wasserverbrauch pro Person und Jahr
Reputation	Reputationsrisiko Indikator	Reputationsrisiko Country-Rating, Human-Development-Index
„corporate governance"	Corporate-Governance-Rating	GMI-Governance-Rating-Corruption-Perception-Index

4.1.3 Finanzierungen mit gesellschaftlichem Mehrwert

Angelehnt an ihren Leistungsauftrag, bietet die Zürcher Kantonalbank verschiedene Finanzierungsprodukte mit gesellschaftlichem Mehrwert an. Ziel dabei ist die Kreditversorgung von Wohneigentumsersterwerbern, von Kleinst- und Kleinunternehmen, aber auch von innovativen Start-ups.

Mit der ZKB-Starthypothek unterstützt die Zürcher Kantonalbank Wohneigentumsersterwerber mit einer Starthilfe. Es handelt sich dabei um eine Hypothek mit einer Zinsvergünstigung, die gestaffelt über maximal fünf Jahre reduziert wird. Die ZKB-Starthypothek bietet Budgetsicherheit für die vereinbarte Laufzeit und erleichtert während der ersten Jahren den Aufbau von Sparguthaben. Im Jahr 2014 beliefen sich die ausgeliehenen ZKB-Starthypotheken auf 3726 Mio. Franken. Die Bank verzeichnete durch diese Förderung eine entgangene Marge von 5,6 Mio. Franken. Dass sich diese Finanzierungsart mit gesellschaftlichem Mehrwert längerfristig auch für die Zürcher Kantonalbank rechnet, zeigt die Anzahl Verlängerungen: Im Jahr 2014 wurden 85 % aller fälligen ZKB-Starthypotheken bei der Zürcher Kantonalbank verlängert. Darunter sind Kunden, die ohne das Angebot der ZKB-Starthypothek keine Kunden der Bank geworden wären. Zudem stellen wir in der täglichen Kundenberatung einen positiven Imageeffekt fest.

Im Jahr 2014 hatte die Zürcher Kantonalbank über 30.000 Kleinstfinanzierungen unter 200.000 Franken an klein- und mittelständische Unternehmen (KMU) und Private im Bestand. Für dieses teilweise nicht kostendeckende Angebot wendet die Bank jährlich knapp 20 Mio. Franken auf. Sie stellt dadurch für Kleinst- und Kleinunternehmen sowie Privatpersonen den Zugang zu Finanzierungen mit erleichterten Konditionen sicher und trägt maßgeblich zur wirtschaftlichen Entwicklung im Kanton Zürich bei. Eine pragmatische Anpassung der Kreditvergabe für Kleinstfinanzierungen führte im Jahr 2014 zu weiteren Erleichterungen. Indem die Bank die finanziellen Bedürfnisse von Privaten sowie von Unternehmen jeder Größe ganzheitlich abdeckt und eine kontinuierliche Geschäftspolitik verfolgt, ist sie eine verlässliche Partnerin in allen Lebens- und Unternehmensphasen. Dies erachtet sie als Wettbewerbsvorteil.

Es ist von hoher volkswirtschaftlicher Bedeutung, dass stetig neue Unternehmen gegründet werden. Die Förderung von Start-up-Unternehmen hat daher bei der Zürcher Kantonalbank eine lange Tradition. Sie berät und betreut neu gegründete Firmen in traditionellen Branchen – z. B. klassische Gewerbebetriebe – aber auch innovative Start-ups. Durch Rückstellungen für Risikofinanzierungen stellt sie Jungunternehmen mit neuen, innovativen Geschäftsideen bereits in einer frühen Phase des Unternehmenszyklus Risikokapital zur Verfügung. Die Bank hat sich zum Ziel gesetzt, im Kanton Zürich als Drehscheibe zwischen Wissenschaft und Wirtschaft zu wirken und jährlich in mindestens 20 innovative Start-ups zu investieren. Im Jahr 2014 waren es 22 Start-ups, für die ein Kreditvolumen von 5,9 Mio. Franken zugesprochen wurde.

4.1.4 Förderung von nachhaltigem Bauen und Modernisieren

Die Zürcher Kantonalbank ist die führende Hypothekarbank im Kanton Zürich. Damit einhergehend hat sie eine große Verantwortung, die sie ernst nimmt: Sie setzt gezielt Anreize, dass Nachhaltigkeitsaspekte bei den Bauprojekten ihrer Kundinnen und Kunden berücksichtigt werden.

Die Bank fördert mit dem Programm „starte! jetzt energetisch modernisieren" gemeinsam mit dem Energieversorger EKZ, der Baudirektion des Kantons Zürich und dem Hauseigentümerverband die Wissensvermittlung. Das Programm beinhaltet eine Informationsveranstaltung, an der die Vorteile und die optimale Vorgehensweise für eine energetische Modernisierung von Wohnbauten erläutert werden. Vergünstigte Energieberatungsangebote runden das Angebot ab. Seit dem Start im Jahr 2009 fand in mehr als der Hälfte der Zürcher Gemeinden mindestens eine solche Veranstaltung statt.

Für Kunden mit einem umweltfreundlichen Bauprojekt gewährt die Zürcher Kantonalbank das ZKB-Umweltdarlehen. Die geförderten Projekte müssen zwingend zur Reduktion von Emissionen, zur Minimierung von Umweltrisiken oder zum sparsameren Umgang mit Ressourcen beitragen. Werden die Vergabekriterien erfüllt, erhalten unsere Kundinnen und Kunden bei einer Einfamilienhaus- oder Stockwerkeigentumsfinanzierung für den Betrag von maximal 300.000 Franken eine Zinsvergünstigung von höchstens 0,8 % während fünf Jahre. Bei Baugenossenschaften und Firmenkunden werden pro 100 m^2 Energiebezugsfläche maximal 200.000 Franken zugesprochen. Darüber hinaus gewähren wir für spezielle, umweltfreundliche Projekte ebenfalls ZKB-Umweltdarlehen. Die vergünstigungsberechtigten Beträge werden individuell geprüft. Die Aufwendungen für die Weitergabe der Vergünstigung betrugen im Jahr 2014 9,7 Mio. Franken. Die Zürcher Kantonalbank hatte 1209 Mio. Franken ZKB-Umweltdarlehen im Bestand. Mit einem ZKB-Umweltdarlehen werden über alle Kundensegmente hinweg durchschnittlich weitere 1,3 Mio. Franken Hypothek mit konventionellen Konditionen abgeschlossen. Dies macht das ZKB-Umweltdarlehen auch für die Zürcher Kantonalbank attraktiv.

4.2 Vielseitiges Engagement für die Züricher Bevölkerung

Die Zürcher Kantonalbank trägt mit vielseitigen Maßnahmen zum Gemeinwohl bei, neben Aktivitäten im Kerngeschäft via Sponsoring, die Vergabe von Spenden oder das Engagement ihrer Mitarbeitenden in ehrenamtlichen und öffentlichen Positionen. Sie leistet damit einen Beitrag zu einem prosperierenden und lebenswerten Kanton Zürich.

Rund 20 Mio. Franken investiert die Bank jährlich in über 150 Sponsoringpartnerschaften. Von diesen Aktivitäten profitieren alle Alterssegmente im ganzen Wirtschaftsraum Zürich. Rund je ein Drittel fließt in Umwelt- und Kulturengagements. Ein weiteres Drittel entfällt auf die Kategorien Sport und Gesundheit, Karriere und Bildung sowie Wirtschaftsförderung.

Jährlich beantwortet die Bank über 2500 Sponsoringanfragen. Mit der Unterstützung verschiedenster Projekte und Partnerschaften bezweckt sie die Erreichung ihrer strategischen Ziele, u. a. in den Bereichen Leistungsauftrag (inklusive Nachhaltigkeit), Marke, Vertrieb und attraktive Arbeitgeberin. Dazu gehört beispielsweise der KMU-Preis der Zürcher Kantonalbank für nachhaltige Unternehmen. Bereits sechs Mal wurden kleine und mittlere Unternehmen mit dem KMU-Preis für nachhaltige Unternehmen in der Höhe von insgesamt 150.000 Franken prämiert. Ausgezeichnet werden jährlich Firmen, die einen herausragenden Beitrag im Bereich der Nachhaltigkeit leisten. Die Vergabe des Preises leistet einen Beitrag des strategischen Ziels im Firmenkundenbereich „Wir stärken die Wahrnehmung als Bank für kleine und mittlere Unternehmen, insbesondere im Bereich Nachhaltigkeit" und ist ein Beweis dafür, dass Nachhaltigkeit auch bei Sponsoringpartnerschaften integriert gelebt wird.

Ebenfalls große Bedeutung kommt dem regionalen Sponsoring zu. Damit erzielt die Bank eine breite Wirkung in allen Gemeinden. Das regionale Sponsoring soll die Ziele des gesamtbanklichen Sponsorings unterstützen, den direkten Nutzen des Engagements für die lokale und regionale Bevölkerung erhöhen, die „nahe Bank" noch greifbarer machen sowie die regionale und lokale Verankerung der Filialen und deren Mitarbeitenden stärken.

Wie bei gesamtbanklichen Engagements wird auch bei regionalen Sponsoringpartnerschaften vorausgesetzt, dass sich die Aktivitäten auf mindestens eine der drei Säulen der Nachhaltigkeit, d. h. auf Umwelt, Gesellschaft oder Wirtschaft beziehen. Von den Aktivitäten der Bank profitieren eine Vielzahl von Vereinen, regional bedeutende Anlässe oder ähnliches.

Weiterer wichtiger Bestandteil unserer regionalen Verankerung ist das Engagement von knapp 350 Mitarbeitenden der Bank in Politik, Behörden, Kirche, Kultur, Bildungseinrichtungen und Gewerbeverbänden. Die Mitarbeitenden vereinbaren Beruf, Familie und ihr gemeinnütziges Engagement. Sie wirken als Bindeglied zwischen der Bank und öffentlichen Institutionen, indem sie die Positionen der Bank im Dialog verständlich machen und im Gegenzug betriebswirtschaftliches Wissen oder auch Führungserfahrung zur Verfügung stellen können. Durch ihre Nähe zu den verschiedenen Institutionen prägen sie die Wahrnehmung der Marke Zürcher Kantonalbank nachhaltig.

Die Zürcher Kantonalbank wünscht und fördert das gemeinnützige Engagement der Mitarbeitenden explizit, denn die lokale Verankerung ist im Konzernleitbild festgehalten: „Wir engagieren uns mit vielseitigen Aktivitäten in der Öffentlichkeit für eine nachhaltige Entwicklung im Kanton Zürich." Engagierte Mitarbeitende erhalten 22 bezahlte Absenztage ohne Ferienkürzung für die Ausübung von öffentlichen Ämtern. Sie profitieren von flexiblen Arbeitszeitmodellen. Nicht zuletzt steht die finanzielle Entschädigung für die Übernahme des Amts vollumfänglich dem Mitarbeitenden zu. Diese Anreize sind in einer internen Weisung geregelt. Die Bank wendet jährlich rund 1,5 Mio. Franken dafür auf.

Sowohl das Sponsoring als auch das gemeinnützige Engagement leisten einen besonderen Beitrag zur Vermittlung unseres Nachhaltigkeitsverständnisses an unsere Stakeholder. Durch diese Aktivitäten können wir uns glaubwürdig und auf eine persönliche Art und Weise als nachhaltige Bank positionieren.

4.3 Attraktive und verantwortungsvolle Arbeitgeberin

Die über 5000 Mitarbeitenden sind das Rückgrat des Erfolgs der Zürcher Kantonalbank. Erwartet sie von ihren Mitarbeitenden vorbildliches Handeln in Bezug auf Nachhaltigkeitsaspekte, ist es Voraussetzung, dass die Bank eine verantwortungsvolle Arbeitgeberin ist und selbst nach diesen Prinzipien handelt. Eine Auswahl von Beispielen soll zeigen, wie Nachhaltigkeit im Umgang mit den Mitarbeitenden umgesetzt wird.

4.3.1 Regelmäßiger Dialog

Grundlegend für das Schaffen von gegenseitigem Vertrauen ist der Dialog. Für den Austausch mit der Geschäftsleitung, dem Bankpräsidium und dem Bankrat stehen diverse Austauschplattformen zur Verfügung. Die Geschäftsleitung stellt sich im Rahmen der Veranstaltungsreihe „Vis-à-vis" zur Verfügung. In der Podiumsdiskussion werden nicht nur Themen diskutiert, die von der Generaldirektion festgelegt werden, sondern die Mitarbeitenden können die Gelegenheit nutzen, ihre Perspektive zu teilen und Fragen vorgängig einzureichen. Filialen und Fachstellen vor Ort können den Chief Executive Officer (CEO) unter der Serie „CEO bi de Lüt" (CEO bei den Leuten) für einen Austausch einladen. Rund 20 Bereiche nutzten 2014 dieses Angebot. Darüber hinaus besuchen das Bankpräsidium und der Bankrat wiederkehrend alle Marktgebiete, Geschäftseinheiten und die Tochtergesellschaften respektive ausgewählte Bereiche.

Alle Mitarbeitenden werden in der alle zwei Jahre durchgeführten Mitarbeiterzufriedenheitsstudie befragt. Im Jahr 2013 sank der Commitment-Index, er liegt jedoch immer noch im anvisierten Zielband. Verschiedene größere Reorganisationen, aber auch das anspruchsvolle Branchenumfeld führten zum Rückgang der Zufriedenheit. Über 80 % der Mitarbeitenden nahmen bei der letzten Studie teil. Dadurch ist sie ein wichtiger Indikator für die Eruierung von verbesserungsfähigen Themen. Die Ergebnisse werden auf Geschäftsleitungsebene behandelt und diskutiert.

Darüber hinaus setzt sich der Personalverband für nachhaltige Anliegen der Belegschaft ein und trifft sich als Sozialpartner regelmäßig mit der Geschäftsleitung. Fast die Hälfte der Mitarbeitenden sind Mitglieder des Verbands.

4.3.2 Vereinbarkeit von Berufs- und Privatleben

Die Zürcher Kantonalbank unterstützt ihre Mitarbeitenden dabei, ihr berufliches Engagement mit ihrer persönlichen Lebensplanung in Einklang zu bringen. Dass sie dies erfolgreich umsetzt, zeigt der Prix Balance. Im Jahr 2014 erhielt die Bank erstmals den Preis der Fachstelle für Gleichstellung von Frau und Mann sowie der Standortförderung des Kantons Zürich. Er prämiert Unternehmen mit vereinbarkeitsfreundlichen Arbeitsbedingungen. Darunter fallen bei der Zürcher Kantonalbank flexible Arbeitszeitmodelle, das Schaffen von weiteren Teilzeitarbeitsmöglichkeiten, ein Mutter- und Vaterschaftsurlaub von 16 Wochen respektive von zehn Tagen[4], aber auch finanziell unterstützte Krippenplätze oder unser Beratungsservice. Ferienerlebniswochen für die Kinder der Mitarbeitenden runden das Angebot ab.

4.3.3 Gesundheitsförderung

Betriebliche Gesundheit ist in der funktionalen Strategie „Personal" verankert. Die Bankangebote für Mitarbeitende umfassen von Gesundheits-Check-ups, über Seminare und eLearning bis hin zu ergonomischem Mobiliar vielseitige Möglichkeiten. Ebenfalls stellt die Bank ihren Mitarbeitenden kostenlose, psychologische Beratung zur Verfügung. Die umfassenden Bemühungen zahlen sich aus: Seit dem Jahr 2014 trägt die Zürcher Kantonalbank das Label „Friendly Workspace". Die Gesundheitsförderung Schweiz zeichnet damit Betriebe mit systematischem Gesundheitsmanagement aus.

4.3.4 Integrations- und Wiedereingliederungsarbeitsplätze

Im Rahmen des Leistungsauftrags unterstützt die Zürcher Kantonalbank den Kanton Zürich bei der Erfüllung seiner gesellschaftlichen Aufgaben. Die Bank stellt zu diesem Zweck Integrations- und Wiedereingliederungsarbeitsplätze zur Verfügung. Im Jahr 2014 unterstützte sie in diesem Rahmen 64 Mitarbeitende.

4.3.5 Nachwuchsförderung

Die Zürcher Kantonalbank beschäftigt jährlich rund 400 Auszubildende. Dazu zählen neben Praktikanten und Trainees jährlich etwa 100 neue Lernende in den Bereichen Banking, Informationstechnologie, Logistik und Betriebsunterhalt; 98 % absolvierten ihre Lehre im Jahr 2014 erfolgreich, davon entschieden sich 88 % auch nach ihrem Lehrabschluss für eine berufliche Laufbahn bei der Zürcher Kantonalbank und traten eine neue Funktion an. Die Bank bietet nach dem Abschluss allen Lernenden mit guter Leistung eine Stelle an. Aufgrund der großen Anzahl an Auszubildenden kommt der Zürcher Kantonalbank eine bedeutende Rolle für die Nachwuchsförderung im Kanton Zürich zu.

Das nachhaltige Engagement der Bank als verantwortungsvolle Arbeitgeberin ist vielschichtig. Es bildet eine wichtige Grundlage, um Vertrauen aufzubauen, sich im Arbeitgebermarkt erfolgreich zu positionieren und talentierte Arbeitskräfte zu gewinnen, zu för-

---

[4] Gesetzlich sind in der Schweiz mindestens 14 Wochen Mutterschaftsurlaub. Es besteht kein gesetzlicher Anspruch auf einen Vaterschaftsurlaub.

dern und weiterzuentwickeln. Gerade für junge Mitarbeitende gewinnen soziale Aspekte eines potenziellen Arbeitgebers vermehrt an Bedeutung.

4.4 Umwelt- und Klimaschutz im eigenen Betrieb

Auch wenn die Zürcher Kantonalbank ihre größte Nachhaltigkeitswirkung durch ihre Produkte und Dienstleistungen hat, ist ein nachhaltiger Umgang im eigenen Betrieb die Grundlage für ein glaubwürdiges Engagement.

4.4.1 Betriebliches Umweltprogramm 2015–2017

Seit dem Jahr 2002 betreibt die Zürcher Kantonalbank ein zertifiziertes Umweltmanagementsystem nach der Norm ISO 14001. Da das Umweltmanagementsystem bei der Bank lange Tradition hat, fokussiert sie nicht nur auf ökologische Aspekte, sondern verbessert ihre umfassende Nachhaltigkeitsleistung insgesamt systematisch.

Für die Steuerung misst sie ihren Fortschritt anhand der im Kap. 4.3 erläuterten Ziele. Zudem setzte der CEO im Jahr 2014 für den eigenen Bankbetrieb das betriebliche Umweltprogramm 2015–2017 in Kraft und gab die Umsetzung in Auftrag. Das Programm beabsichtigt die Senkung unserer CO_2-Emissionen um 20 % auf 5000 t CO_2 bis Ende 2017. Dazu tragen die Einzelziele aus Tab. 3 in den Bereich Gebäudewärmeenergie, Strom, Papier und interne Transporte bei.

Das betriebliche Umweltprogramm 2015–2017 basiert auf tatsächlichen Einsparpotenzialen. Für deren Eruierung hat die Zürcher Kantonalbank konkrete Maßnahmen analysiert und deren Potenziale berechnet. Konkrete Maßnahmen, die sich zurzeit in Planung respektive bereits in Umsetzung befinden, sind beispielhaft:

- **Gebäudewärmeenergie**: Ersatz der fossilen Heizsysteme in betriebsgenutzten Gebäuden durch Heizungen mit erneuerbaren Energieträgern, Umbau des Hauptsitzes entlang des MINERGIE®-Standards für Umbauten mit modernem Gebäudeleitsystem und Seewassernutzung
- **Strom**: Neubezug eines ökologischeren Rechenzentrums, Umstellung auf LED-Beleuchtung
- **Papier**: Umstellung auf doppelseitiges Drucken bei Kontoauszügen, gesamtbankliche Umstellung auf Recyclingpapier
- **Interne Transporte**: Beschaffung von Fahrzeugen mit alternativen Antrieben

Die Zürcher Kantonalbank hat für die Zielformulierung die verantwortlichen Personen involviert und damit den Bottom-up-Ansatz gewählt. Dies hat sich als Erfolgsrezept erwiesen: Zum einen schätzten die entsprechenden Bereiche, dass realisierbare und nachvollziehbare Zielsetzungen gesetzt wurden und sie diese mitdefinieren konnten. Zum anderen werden die Ziele von allen getragen. Ein konsequentes Engagement aller Mitarbeitenden

Tab. 3 Ziele aus dem betrieblichen Umweltprogramm 2015–2017

Schwerpunkt	Ziel bezogen auf Referenzjahr 2013	Einheit	Ziel 2017	2014	Referenzjahr 2013
CO_2	20 % Reduktion der CO_2-Emissionen	t CO_2	5000	5369	6244
		t CO_2/MA	1,10	1,14	1,34
	100 % CO_2-Kompensation von Gebäudeenergie und Flügen	%	100	100	100
Gebäudewärmeenergie	30 % Reduktion der Gebäudewärmeenergie	t CO_2	2200	2953	3200
		kg CO_2/ EBF m^2	17,0	18,4[a]	23,0
	30 % Erneuerbare Wärmeenergie am Gesamtwärmeenergieverbrauch	%	30	6,2	6
Strom	12 % Reduktion des Stromverbrauchs	MWh	26.000	23.399	29.600
	100 % Ökostrom der Qualität naturemade star	%	100	100	100
Papier	112 t Reduktion des Papierverbrauchs	t	1000	951	1112
		kg/MA	110,0	96,4	119,0
		kg/Kunde	0,50	0,50	0,55
	60 % Recyclingpapier	%	60	20	6
Interne Transporte	40 % Reduktion der CO_2-Emissionen pro gefahrenem Autokilometer	kg CO_2/km	0,30	0,45	0,50

[a] Die Energiebezugsfläche (EBF) betrug im Jahr 2014 160.486 m^2, bei der Zielvereinbarung im Jahr 2014 wurde von 138.584 m^2 ausgegangen, da nicht für alle Liegenschaften eine EBF-Berechnung existierte. Wäre das Ziel auf Basis von 160.486 m^2 berechnet worden, läge die Zielvorgabe bei 14,68 kg CO_2/EBF m^2. Der erreichte Wert 2014 ist daher zu relativieren.
MA = Mitarbeitende

im Rahmen ihrer Beeinflussungsmöglichkeiten ist für die Zürcher Kantonalbank unerlässlich, denn sie hat sich im Rahmen des Energie-Modells Zürich gemeinsam mit anderen Großverbrauchern für eine jährliche Energieeffizienzsteigerung von 2 % von 2000 bis 2020 gegenüber dem Schweizer Bund und dem Kanton Zürich verpflichtet. Im Jahr 2014 erreichte die Bank eine Energieeffizienzsteigerung von rund 5 %.

5 Fazit und Handlungsempfehlungen

Die Zürcher Kantonalbank bringt angelehnt an den Leistungsauftrag erfolgreiches wirtschaftliches Handeln mit der Verantwortung für Umwelt und Gesellschaft in Einklang. Nachhaltigkeit lebt sie als integriertes Geschäftsprinzip, beispielsweise bei ihren Produkten und Dienstleistungen, aber auch in den Bereichen Sponsoring, Personal oder im eigenen Betrieb. Ihre Ziele im Nachhaltigkeitsbereich sind in der Konzernstrategie verankert und werden im Rahmen des strategischen Controlling gemessen und gesteuert.

Folgende Handlungsempfehlungen lassen sich aus dem Beispiel der Zürcher Kantonalbank für andere Unternehmen ableiten:

- **Integration in die Konzernstrategie**: Nachhaltigkeit ist ein typisches Querschnittsthema, das im Grundsatz alle Mitarbeitenden betrifft. Die Mitarbeitenden selbst jedoch sehen die Verantwortung häufig bei einer Fachstelle, da sie aufgrund des Tagesgeschäfts wenig Kapazität haben, um Nachhaltigkeitsüberlegungen anzustellen. Um die notwendige Sensibilisierung und Motivation für das Thema zu erhalten, erweist sich bei der Zürcher Kantonalbank die Integration von Nachhaltigkeit in die Konzernstrategie – im Gegensatz zu einer isolierten Nachhaltigkeitsstrategie als Schlüsselerfolgsfaktor. Daher liegt das Thema in der Verantwortung der höchsten Führungsstufe. Darüber hinaus erhöht dies sowohl die interne Bekanntheit der Vorgaben als auch der Ziele und führt zu einer tatsächlichen Berücksichtigung von Nachhaltigkeitsauswirkungen bei Entscheiden. Nachhaltigkeit ist außerdem bei Mitarbeitenden mit hohem Wirkungspotenzial punktuell und themenspezifisch im Management-by-Objectives verankert. Diese Faktoren tragen dazu bei, dass die notwendige Energie im Unternehmen generiert wird, damit Nachhaltigkeit auch künftig Teil der Kultur der Bank bleibt.
- **Schaffen einer Nachhaltigkeitsorganisation**: Neben der Integration in die Konzernstrategie erweist es sich für die Bank weiter als vorteilhaft, eine entsprechende Nachhaltigkeitsorganisation zu haben. Neben der Fachstelle Leistungsauftrag, die Nachhaltigkeit mit verschiedenen Bereichen vorantreibt, verfügt die Zürcher Kantonalbank über den Steuerungsausschuss Leistungsauftrag. Darin ist eine Führungsperson jeder Geschäftseinheit vertreten. Durch dieses Steuerungsgremium ist sichergestellt, dass das Thema Nachhaltigkeit, insbesondere konkrete Projekte, breit in der Bank abgestimmt sind und die nötigen Ressourcen dafür bereitgestellt werden.
- **Sicherstellung regelmäßiger Kommunikation**: Gerade weil Nachhaltigkeit alle Mitarbeitenden betrifft, kann nicht genügend darüber kommuniziert werden. Die Bank nutzt neben verschiedenen Kanälen für Nachhaltigkeitsbotschaften insbesondere die Audits im Rahmen Umweltmanagementsystem als Sensibilisierungsinstrument. Bei der Zürcher Kantonalbank förderte weiter die Involvierung der betroffenen Bereiche bei der Festlegung der Ziele im Rahmen des betrieblichen Umweltprogramms 2015–2017 die interne Bekanntheit und v. a. die Identifikation.
- **Ausschöpfen des Differenzierungspotenzials**: Wird Nachhaltigkeit als integriertes Geschäftsprinzip gelebt, kann dies zu Vorteilen in der Positionierung im Wettbewerb

führen. Einerseits beobachten wir insbesondere bei der Gewährung von vergünstigten Konditionen unter Einhaltung nachhaltiger Kriterien in Form von Spezialprodukten Differenzierungsmöglichkeiten (z. B. ZKB-Starthypothek oder ZKB-Umweltdarlehen). Andererseits besteht die Möglichkeit, sich über die Beratungskompetenz zu differenzieren, wenn Nachhaltigkeit im Kundengespräch proaktiv diskutiert wird und dadurch ein Mehrwert für die Kundinnen und Kunden geschaffen wird (z. B. über den Nachhaltigkeitsindikator). Insbesondere beim zweiten Punkt will die Zürcher Kantonalbank weitere Fortschritte erzielen, denn die Kombination von Nähe und gelebter Nachhaltigkeit macht sie auch künftig einzigartig.

Literatur

Der Bankrat der Zürcher Kantonalbank (2013) Richtlinien für die Erfüllung des Leistungsauftrages der Zürcher Kantonalbank (vom 24.02.2005)

Der Bankrat der Zürcher Kantonalbank (2014) Reglement über die Organisation des Konzerns der Zürcher Kantonalbank (Organisationsreglement Konzern und Stammhaus vom 23. Juni 2011)

Forum Nachhaltige Geldanlagen (2014) Marktbericht Nachhaltige Geldanlagen 2014 – Deutschland, Österreich und die Schweiz, hhttp://www.forum-ng.org/images/stories/Publikationen/FNG_Marktbericht2014_Web.pdf. Zugegriffen: 6. Mai 2015

Kanton Zürich (1997) Gesetz über die Zürcher Kantonalbank (Kantonalbankengesetz)

Kanton Zürich (2005) Verfassung des Kantons Zürich (vom 27. Feb. 2005)

Bettina Giménez war bis Ende Februar 2017 die Leiterin Leistungsauftrag / Nachhaltigkeit der Zürcher Kantonalbank. Sie hatte die Funktion, die Bankleitung und die Geschäftseinheiten in allen Belangen des Leistungsauftrags zu beraten, zu unterstützen und die inhaltliche Umsetzung des Leistungsauftrags weiterzuentwickeln. Die Leiterin Leistungsauftrag / Nachhaltigkeit koordiniert die Planung und Umsetzung des Leistungsauftrags, die Berichterstattung sowie alle damit verbundenen Aktivitäten. Darüber hinaus ist sie zuständig für das Nachhaltigkeitsmanagement. Seit März 2017 hat Marit Kruthoff die Position übernommen.

Corporate-Social-Responsibility-Perspektiven für Strategien in landwirtschaftlichen Unternehmen

Bruno Durgiai, Thomas Blättler und Therese Haller

1 Milchmarkt und Agrarpolitik als große Herausforderungen

Die globale Landwirtschaft ist im Umbruch und steht vor enormen Herausforderungen. Die wachsende Erdbevölkerung erfordert eine Steigerung der Nahrungsmittelproduktion, die Ressourcen zur Produktion sind aber teilweise endlich, werden zunehmend knapp und teuer. Der Klimawandel bedeutet Risiken und bringt zusätzliche Verunsicherung. Die Agrarpolitik antwortet darauf mit Maßnahmen zur Förderung der ökologischen Nachhaltigkeit und der Ressourceneffizienz – mit weniger Input soll gleich viel oder mehr produziert werden (Lanz et al. 2010; Lehmann und Lanz 2012; Europäische Kommission 2013). Der Begriff „nachhaltige Intensivierung" fasst diesen ehrgeizigen Ansatz zusammen (Buckwell 2014; Haber 2014).

Ökologische Nachhaltigkeit als explizites Ziel hat gegen Ende des letzten Jahrhunderts sowohl in der Schweiz als auch in der EU Eingang in die Agrarpolitik gefunden. Zuvor standen die Steigerung der Produktion und die Verbesserung der Lebensumstän-

---

B. Durgiai (✉)
Berner Fachhochschule, Hochschule für Agrar-, Forst- und Lebensmittelwissenschaften HAFL,
Länggasse 85, 3052 Zollikofen, Schweiz
E-Mail: bruno.durgiai@bfh.ch

T. Blättler
Fakultät für Wirtschaftswissenschaften, Hochschule für Agrar-, Forst- und
Lebensmittelwissenschaften HAFL,
Länggasse 85, 3052 Zollikofen, Schweiz
E-Mail: Thomas.Blaettler@bfh.ch

T. Haller
agr. Agrarökonomische Analyse GmbH, Hofstrasse 87, 8620 Wetzikon, Schweiz
E-Mail: agraroekonomie@theresehaller.ch

de in der Landwirtschaft im Fokus, getrieben durch regelmäßige Nahrungsmittelknappheit. Produktivitätsfortschritte haben zu Überschüssen und immer stärker wahrgenommenen ökologischen Problemen geführt (Moser und Varley 2013). Im Zentrum der Botschaft zur fundamentalen Reform der Schweizer Agrarpolitik (Bundesrat 1996) standen „die marktwirtschaftliche Erneuerung zur Verbesserung der Wettbewerbsfähigkeit des gesamten Ernährungssektors und die Weiterentwicklung und Sicherstellung der Nachhaltigkeit der Bewirtschaftung". Diese neue Agrarpolitik wurde in mehreren Schritten in Richtung Liberalisierung, Marktöffnung und Meisterung der ökologischen Herausforderungen entwickelt. Die Eckpunkte der Ökologiestrategie sind dabei „Forschung, Ausbildung, Information, Beratung und Überzeugung sowie Vorschriften betreffend Tier-, Gewässer- und Umweltschutz" und die zunehmend gezielte Abgeltung ökologischer Leistungen über Direktzahlungen (Popp 2000). Grundvoraussetzung zum Erhalt von Direktzahlungen für spezifische Leistungen ist immer ein ökologischer Leistungsnachweis (ÖLN) über den gesamten Betrieb[1] (BLW 2015).

In diesem Spannungsfeld stehen die einzelnen landwirtschaftlichen Unternehmen vor großen Herausforderungen in Bezug auf ökologische, ökonomische und soziale Nachhaltigkeit. Exemplarisch wird dies anhand von Schweizer Familienbetrieben, die auf Milchproduktion ausgerichtet sind, aufgezeigt. Betriebe, die einen Rohstoff wie Milch zur weiteren Verarbeitung produzieren, sind in ihrer strategischen Ausrichtung stark von ihren Abnehmern abhängig. In der Regel ist dabei der Druck zur Kostensenkung weit größer als für Ökologie. In der Schweiz ist der Milchpreis, z. T. kompensiert durch steigende Direktzahlungen, für Industriemilch von über einem Franken vor 30 Jahren über 80 Rappen im Jahr 2000 bis gegen 50 Rappen heute gesunken. Diese Entwicklung ist besonders ausgeprägt, grundsätzlich aber weltweit die gleiche und führt oft nicht zuletzt bei der sozialen Nachhaltigkeit zu schwierigen Situationen, insbesondere für Familienbetriebe (Schaber 2010; Forney 2012; Droz et al. 2014).

2 Strategien für 70 Milchproduktionsbetriebe aus HAFL-Forschungsprojekten

An der Hochschule für Agrar-, Forst- und Lebensmittelwissenschaften (HAFL) der Berner Fachhochschule (BFH) werden seit Ende der 90er-Jahre Strategien für Landwirtschaftsbetriebe erarbeitet, jeweils zusammen mit den Betriebsleitern. Methodisch orientiert sich das Vorgehen an etablierten Methoden, die gezielt auf landwirtschaftliche Familienbetriebe angepasst werden: Strengths-Weaknesses-Opportunities-Threats (SWOT)-basierte strategische Planung (Müller-Stewens und Lechner 2011) sowie Balanced Scorecard (BSC) (Horváth & Partners 2007) für die Umsetzung und das Controlling. Nach rund zehn

---

[1] Zum gesamtbetrieblichen ÖLN gehören z. B.: Haltung der Nutztiere nach der Tierschutzgesetzgebung, eine ausgeglichene Düngerbilanz, eine geregelte Fruchtfolge, ein geeigneter Bodenschutz, ein angemessener Anteil an Biodiversitätsförderflächen.

Jahren erfolgte in rund 50 Milchproduktionsbetrieben ein strategisches Controlling, um die Strategien und deren Umsetzung zu beurteilen und für ein weiteres Jahrzehnt weiterzuentwickeln (Durgiai et al. 2014).

In den Jahren 2000–2004 wurden im Talgebiet (400–700 m ü. M.) zwei Gruppen zu neun Praxisbetrieben in der Umsetzung international etablierter Kostensenkungsstrategien begleitet (Optimilch-Projekt). Dabei handelt es sich einerseits um die in Norddeutschland oder den Niederlanden verbreitete Wachstumsstrategie mit Kühen hoher Milchleistung (HL), auch High-Output-Strategie genannt. Dort wird die Kostensenkung je kg Milch durch Skaleneffekte mithilfe einer Verteilung der nicht proportional anfallenden Kosten auf eine möglichst große Milchmenge erreicht. Zum anderen geht es um die in Neuseeland und Irland etablierte Vollweidestrategie mit saisonaler Abkalbung im Frühjahr (VW), die auch Low-Cost-Strategie heißt. Hier wird die Kostensenkung durch eine Minimierung der Inputmengen dank maximaler Ausdehnung des Weidefutteranteils in der Futterration und einer konsequenten Vereinfachung der Arbeitsabläufe angestrebt (Durgiai und Müller 2004a, b). Das Controlling nach zehn Jahren hat ergeben, dass beide Ansätze auch unter Schweizer Bedingungen bei konsequenter Umsetzung zu überdurchschnittlichen Ergebnissen führen können (Blättler et al. 2015a, b).

Mit der Situation der Bergmilchbranche setzte sich die HAFL in den Jahren 2004–2007 in fünf Regionen des Schweizer Berggebiets auseinander. Dabei wurden für 49 Milchproduktionsbetriebe (Betriebsstandort 800–1900 m ü. M.) Strategien erarbeitet mit dem Ziel, die Wettbewerbsfähigkeit der gesamten Wertschöpfungskette Milch unter liberalisierten Marktverhältnissen zu steigern. Involviert waren neben den Bauernfamilien regionale Akteure wie Milchverwerter, kantonale Beratungen und die lokale Bevölkerung (Durgiai et al. 2008a). Für Bergmilchbetriebe haben sich in Abhängigkeit des Milchabnehmers zwei strategische Hauptstoßrichtungen ergeben: Die erste kann als Grundnutzen-orientiert mit optimalem[2] Wachstum und Kostensenkung bezeichnet werden. Sie drängt sich auf, wenn Milch – i. d. R. unter starkem Preisdruck – an die Verarbeitungsindustrie abgeliefert wird. Wenn dagegen der Milchabnehmer (oft eine regionale Käserei mit Spezialitätenproduktion) eine zusätzliche Wertschöpfung generieren kann und der Milchpreis deshalb höher und stabiler ist, dann wird der Produkt- und Prozessqualität prioritär Beachtung geschenkt, was als Zusatznutzen-orientierte Strategie zur Sicherung des Mehrpreises zusammengefasst werden kann (Durgiai et al. 2008b). Der Vergleich der wirtschaftlichen Ergebnisse mit Referenzen weist darauf hin, dass sich bewusst gewählte Strategien und deren konsequente Umsetzung auch im Berggebiet lohnen und Biobetriebe und Betriebe mit Spezialitätenkäsereien einen besseren Arbeitsverdienst erzielen (Haller et al. 2014).

---

[2] Aufgrund der natürlichen Voraussetzungen sind Wachstum und Kostensenkung im Berggebiet besonders schwierig.

3 Ökologieorientierung ausgewählter Unternehmensstrategien zur Milchproduktion

Das Ziel aller in den HAFL-Projekten erarbeiteten Strategien für die Milchproduktion war die „Entwicklung einer guten Existenz" der Bauernfamilie trotz der absehbar massiv sinkenden Milchpreise. Nachhaltigkeit im umfassenden Sinn (ökonomisch, ökologisch, sozial) wurde explizit angestrebt, von Beginn an im Strategie- und Umsetzungsprozess thematisiert sowie in allen drei Bereichen für das Controlling mithilfe von Messgrößen und Zielwerten konkretisiert[3].

Eine Reflexion der vor 10–15 Jahren durchgeführten strategischen Planungen ergibt, dass – bei allem Konsens über umfassende Nachhaltigkeit – die ökonomische Nachhaltigkeit in den meisten Fällen im Vordergrund der Diskussionen stand. Der sich abzeichnende Preiszerfall bei der Milch im Schweizer Umfeld mit hohen und weniger schnell sinkenden Kosten erklärt diese Priorisierung. An zweiter Stelle stand die soziale Nachhaltigkeit, die angesichts der schnellen Veränderungen und enormen Herausforderungen für das Familienleben bei der Wachstumsstrategie sehr oft thematisiert wurde.

Die ökologische Nachhaltigkeit wurde dagegen in den meisten Fällen nur indirekt (etwa bei den Produktionsprozessen) angesprochen. Das lässt sich wohl dadurch erklären, dass sich die Schweizer Landwirtschaft bezüglich Ökologie generell (besonders im internationalen Vergleich) auf der sicheren Seite fühlt. Die strengen, laufend verschärften, strikt vollzogenen und regelmäßig kontrollierten Tierschutz- und Gewässerschutzvorschriften sowie der gesamtbetriebliche ÖLN werden teilweise als Zeichen der Bevormundung und des Misstrauens gedeutet. Explizit thematisiert wurde die Ökologie – im Sinn der Einhaltung aller Vorschriften – in vielen Fällen in Betrieben mit Wachstumsstrategie und hohen Milchleistungen. Dort war von vornherein klar, dass das Wachstum der produzierten Milchmenge angesichts des knappen und teuren Bodens in der Schweiz nicht im Gleichschritt mit der aus ökologischer Sicht (Futterbilanzen, Düngerbilanzen) dazu eigentlich notwendigen Flächenvergrößerung stattfinden kann. Ein Nichterfüllen des ÖLN und der damit verbundene Wegfall der Direktzahlungen hätten für alle Betriebe unmittelbare Konsequenzen für die ökonomische Nachhaltigkeit. Durch die Direktzahlungen und die damit verbundenen Vorschriften werden ökologische (öffentliche) Ziele von den Betrieben somit internalisiert und zu ökonomischen Zielen.

Implizit sind durch die Agrarpolitik signalisierte Veränderungen gesellschaftlicher, speziell ökologischer Ansprüche über die Chancen-/Gefahrenanalyse im SWOT-Prozess sehr wohl in die strategische Planung mit eingeflossen. Deshalb sollen nachfolgend in

---

[3] Im SWOT-Strategieprozess waren hier neben den Stärken/Schwächen und Chancen/Gefahren die Ziele und Werthaltungen der Unternehmerfamilie maßgebend; bei der BSC-basierten Konkretisierung und Vorbereitung von Umsetzung und Controlling wurden ökologieorientierte Ziele oft aus der Prozessperspektive und Ziele zur sozialen Nachhaltigkeit aus der Potenzialperspektive gesetzt. Die BSC wurde somit auch Instrument zur Übersetzung des Ziels der umfassenden Nachhaltigkeit in die Strategieumsetzung.

Corporate-Social-Responsibility-Perspektiven für Strategien ...

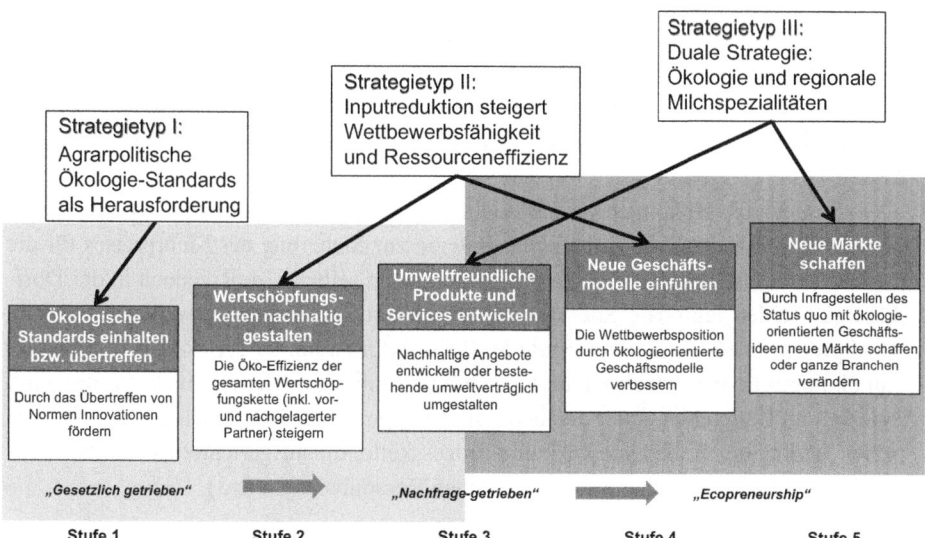

Abb. 1 Zuordnung von drei Strategietypen für Milchproduktionsbetriebe zu fünf Stufen der Nachhaltigkeit. (Quelle: Wunder 2014 in Anlehnung an Nidumolu et al. 2009)

den HAFL-Projekten von Schweizer Milchproduktionsbetrieben umgesetzte Strategien aus Sicht der nachhaltigen Verankerung von Ökologieorientierung identifiziert und analysiert werden. Ausgegangen wird dabei von den fünf Stufen zum strategischen Umgang mit Ökologieorientierung (Wunder 2014; Nidumolu et al. 2009; Esty und Winston 2006). Das Tätigwerden auf einer höheren Stufe setzt nicht voraus, dass niedrigere Stufen bereits abgearbeitet sind. Unternehmen finden sich mit ihren ökologischen Initiativen i. d. R. in mehreren Stufen gleichzeitig wieder (ICV 2011). Im Rahmen der Strategieformulierung können die fünf Stufen auch als strategische Aktionsfelder für umweltorientierte Initiativen betrachtet werden (Wunder 2014).

In Abb. 1 sind die fünf Stufen der Ökologieorientierung von Strategien aufgeführt, ergänzt mit in Abschn. 4 anhand von einzelnen Unternehmen näher analysierten und illustrierten Strategietypen von Milchproduktionsbetrieben. Diese entsprechen weitgehend den in Abschn. 2 erläuterten Untersuchungsgruppen aus den HAFL-Forschungsprojekten:

- Dem Strategietyp I können aus Sicht der ökologischen Nachhaltigkeit die Wachstumsbetriebe mit Hochleistungskühen aus dem Optimilch-Projekt im Talgebiet zugeordnet werden. Mit ihrem asymmetrischen Wachstum (Milchmengensteigerung für Skaleneffekte bei den Kosten ohne entsprechende Flächenvergrößerung) ist die Einhaltung des ÖLN für den Erhalt der Direktzahlungen eine große Herausforderung. Dies entspricht der Stufe 1 der Ökologieorientierung.
- Strategietyp II repräsentieren die Vollweidebetriebe mit saisonaler Frühjahrsabkalbung aus dem Optimilch-Projekt im Talgebiet. Mit der Inputminimierung zur Senkung der

Produktionskosten verbessern sie die Ökoeffizienz ihrer Wertschöpfungskette (Stufe 2 der Ökologieorientierung) und verbessern gleichzeitig ihre Wettbewerbsposition, weil sie ohne großes Wachstum die Produktionskosten je Einheit massiv senken können und durch die Weidehaltung je nach Milchabnehmer einen höheren Milchpreis erhalten (Stufe 4).

- Dem Strategietyp III können viele Betriebe aus dem Bergmilchprojekt zugeordnet werden, die die Zusatznutzen-orientierte Strategie zur Sicherung des Mehrpreises für die Milch fahren. In einzelnen Fällen im Unternehmen selber, i. d. R. jedoch in der Dorfkäserei, werden regionale Spezialitäten entwickelt und über ausgewählte Kanäle im Hochpreissegment vermarktet (Stufe 5). Basis dafür ist immer der Rohstoff Milch, der auf ökologische Weise (sehr oft biologisch) und nach regionaler Tradition erzeugt wird. Speziell im Berggebiet, unter den lokal oft sehr speziellen klimatischen und topografischen Bedingungen, bedeutet das eine Prozesskette, die ausgerichtet ist auf die nachhaltige Nutzung der vorhandenen natürlichen Ressourcen (Stufe 3).

4 Umsetzung der Strategietypen in ausgewählten Unternehmen

Anhand von drei Familienunternehmen[4] werden die drei in Abschn. 3 definierten Strategietypen analysiert und illustriert. In Tab. 1 sind wichtige Kennzahlen dieser Fallstudienbetriebe für das Ausgangsjahr (2000 bzw. 2004) und das Jahr des Controllings (2010) aufgeführt.

Die Fallstudienbetriebe 1 und 2 (für die Strategietypen I und II) liegen im Schweizer Talgebiet, der Fallstudienbetrieb 3 (für Strategietyp III) im Berggebiet. Es handelt sich dabei um einen sog. Stufenbetrieb: Neben dem Heimbetrieb auf 1000 m ü. M. gibt es ein Maiensäss[5] auf über 1500 m ü. M. und eine Alp ab 2000 m ü. M., wo sich Mensch und Tier nur im Sommer aufhalten. In der Fläche von 37 ha sind nur der Heimbetrieb und das Maiensäss enthalten, die Alp wird gemeinsam mit anderen Bauernfamilien bewirtschaftet. Die beiden anderen Fallstudienbetriebe sind deutlich kleiner, der Betrieb 1 entspricht 2010 von der Größe her etwa dem Mittel der Schweizer Talbetriebe.

Bei Betrieb 1 fällt auf, dass er seine Fläche zwischen 2000 und 2010 nur leicht vergrößern konnte, die Milchmenge in seiner Wachstumsstrategie mit Hochleistungskühen aber mehr als verdreifachte. Entsprechend gestiegen ist die Flächenproduktivität von 12.000 auf 22.000 kg Milch je ha. Diese sog. Bruttoflächenproduktivität berücksichtigt aber den

---

[4] Strategien von Familienunternehmen gelten vielfach als besonders orientiert an Corporate Social Responsibility. Als Gründe dafür werden eine ausgeprägte Langfristorientierung, die persönliche Verbundenheit der Familie zum Unternehmen und seinen Stakeholdern und der Einbezug der Familienwerte in die Geschäftstätigkeit aufgeführt (Völker 2014).

[5] Es handelt sich dabei um die mittlere bewirtschaftete Höhenstufe zwischen Heimbetrieb und Alp. Das Maiensäss wird mit Tieren bestoßen, bevor diese auf die erst später futterwüchsige Alp getrieben werden.

Tab. 1 Ausgewählte Kennzahlen der Fallstudienbetriebe zur Illustration der drei Strategietypen

	Einheit	Strategietyp I		Strategietyp II		Strategietyp III	
		Ökologiestandards		Inputreduktion		Dualstrategie	
Höhenlage	m ü. M.	450 Talgebiet		500 Talgebiet		1000 (Berggebiet) 1500–1800 (Maiensäss) 1800–2500 (Alp)	
Jahr		*2000*	*2010*	*2000*	*2010*	*2004*	*2010*
Fläche	ha LN	22	26	21	21	37	37
Kühe	Anzahl	30	68	20	26	18	18
Milchmenge	kg	180.000	650.000	120.000	150.000	103.000	104.000
Milchleistung	kg/Kuh	8000	9500	5900	5800	5700	5800
Kraftfutter	kg/Kuh	1000	1800	300	100	600	600
Arbeitsproduktivität	kg/Arbeitsstunde	50	100	45	75	23	25
Flächenproduktivität	kg/ha Futterfläche	12.000	22.000	9000	9000	2500	2800

LN landwirtschaftliche Nutzfläche

Flächenbedarf für die Produktion von zugekauftem Futter nicht; im Schweizer Talgebiet ermöglicht der Futterzuwachs maximal die Produktion von 11.000 bis 12.000 kg Milch je ha, woraus sich ein entsprechend gesteigerter Futterzukauf für den Betrieb 1 ableiten lässt. In Betrieb 2 entspricht die nicht besonders hohe Bruttoflächenproduktivität – bei 100 kg (Kraft-)Futterzukauf je Kuh – weitgehend dem Produktionspotenzial der eigenen Fläche.

Die tiefe Flächenproduktivität für Fallstudienbetrieb 3 spiegelt die geringere Futtermenge je Hektar im Berggebiet (weniger Futterzuwachs, kürzere Vegetationsdauer) wider. Davon wird auch die Arbeitsproduktivität negativ beeinflusst, muss doch diese tiefere Erntemenge je ha mit einer deutlich weniger leistungsfähigen Hangmechanisierung oder teilweise sogar in Handarbeit eingebracht werden.

Die Entwicklung der Arbeitsproduktivität ist auf beiden Talbetrieben für Schweizer Verhältnisse herausragend. Sind beim Betrieb 1 hauptsächlich der Einsatz modernster Technik und Größeneffekte dafür verantwortlich, ist es beim Betrieb 2 die konsequente Vereinfachung der Produktion durch die Einführung der Vollweide mit saisonaler Abkalbung.

4.1 Fallstudie 1 zum Strategietyp I: Einhaltung der agrarpolitischen Ökologiestandards als Herausforderung

Der Fallstudienbetrieb 1 liegt im Schweizer Mittelland an günstiger Verkehrslage. Der Betrieb erstellte in den 70er-Jahren neue Gebäude außerhalb des Dorfs. Als Ende der 90er-

Jahre die Milchquote handelbar wurde, konnte das Lieferrecht nach und nach aufgestockt und der Stall ausgelastet werden. Vater und Sohn setzten voll auf eine hochprofessionelle High-Output-Strategie mit Milchmengenwachstum und Hochleistungskühen. Der Futterbau wurde durch Kooperation mit benachbarten Ackerbaubetrieben ausgelagert, weil die eigene Fläche nicht aufgestockt werden konnte. Der Betrieb hat die letzten 20 Jahre hinweg diese Strategie konsequent verfolgt, die Umsetzung wurde dem sich ändernden Umfeld angepasst. Zu Zeiten hoher Milch- und Zuchtviehpreise setzte der Vater auf Hochleistungszucht, den sinkenden Produktpreisen begegnet der Sohn mit einer kontinuierlichen Erweiterung und Auslastung der vorhandenen Kapazitäten ohne Kostensprünge.

a. Umsetzung der wachstumsorientierten Hochleistungsstrategie mit der Balanced Scorecard

Für die Umsetzung und das Controlling der Strategien aller HAFL-Projektbetriebe wurde zusammen mit den Betriebsleitern eine BSC erarbeitet. In Abb. 2 werden die strategischen Ziele für den Fallstudienbetrieb 1 mit dem Grad ihrer Erreichung bis 2010, gemessen an den Zielwerten aus dem Jahr 2000, dargestellt.

Die Zielwerte für die strategischen Ziele der Potenzialperspektive wurden größtenteils erreicht, was die sozial nachhaltige Entwicklung der Generationengemeinschaft illustriert. Das neu für die Planung bis 2020 definierte strategische Ziel weist auf die Herausforderung hin, den gemeinsam aufgebauten Betrieb nach dem Rückzug des Vaters aus der aktiven Mitarbeit in der bisherigen Qualität weiter zu managen.

Nicht im geplanten Ausmaß gesteigert werden konnte die Fläche des Betriebs als zentraler Aspekt zur Sicherung des ÖLN, obwohl die dazu gehörenden strategischen Aktionen angepackt wurden. Bewusst umgesetzt werden alle Maßnahmen zur Sicherstellung der sozialen Nachhaltigkeit in der Generationengemeinschaft, was angesichts des rasanten Wachstums eine hohe Herausforderung bedeutete.

Die Zielwerte zu den strategischen Zielen der Prozessperspektive wurden alle erreicht (Abb. 2). Diese betreffen produktionstechnische und ökologische Aspekte. Alle Gesetze und Anforderungen konnten eingehalten werden, was angesichts der asymmetrischen Wachstumsraten von Milchmenge und Kuhzahl einerseits und Fläche andererseits höchste Aufmerksamkeit erforderte. Mit Anpassungen im Stall und Verträgen zum Futter- und Düngeraustausch mit Nachbarbetrieben wurden zudem alle Direktzahlungen ausgelöst.

Die Zielwerte in der Kundenperspektive zur Sicherung der Direktzahlungen und einer hohen Produktqualität konnten erreicht werden (Abb. 2), nur teilweise aber jene zum Wachstum der Milchmenge und zur Prozessqualität, obwohl alle strategischen Aktionen dazu umgesetzt wurden. Dies liegt am extrem schwierigen Umfeld für Flächenwachstum und hinsichtlich der Prozessqualität auch an der Wahl des Indikators, der stark von Zufälligkeiten abhängt.

Die Kostensenkung je Kilogramm Milch und die Milchmengensteigerung gelangen von 2000 bis 2010 nicht im gewünschten Ausmaß (strategische Ziele der Finanzperspektive in Abb. 2), obwohl daran gearbeitet wurde. Das liegt am schwierigen Umfeld einerseits und den sehr ehrgeizigen Zielsetzungen andererseits. Dank den weniger stark als befürchtet

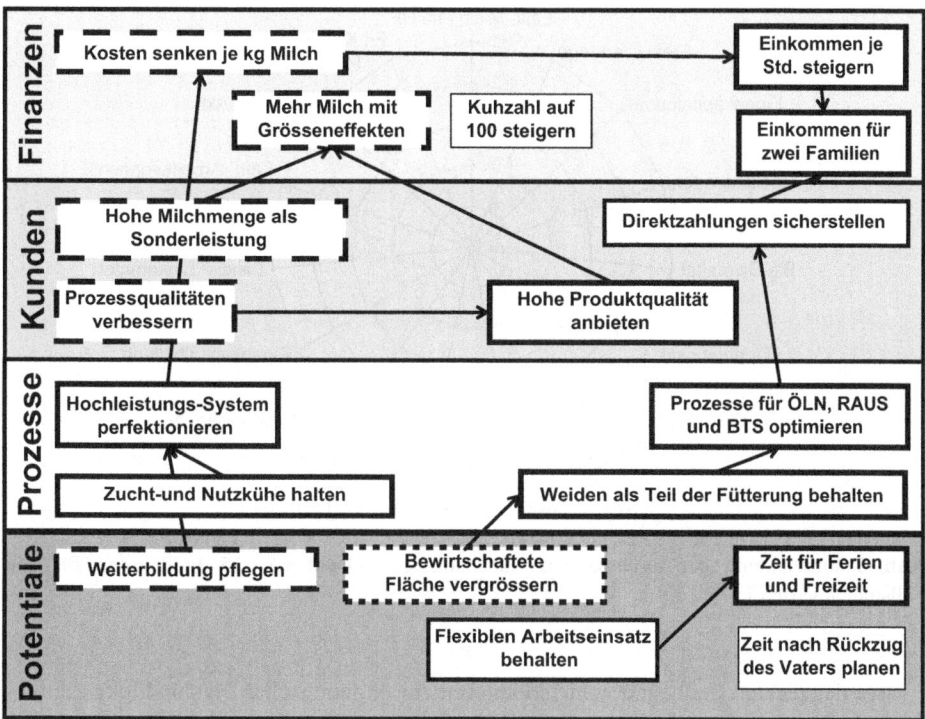

Abb. 2 Strategische Ziele nach Balanced-Scorecard-Perspektiven 2000–2020 (Zielwerte bis 2010 erreicht bei vollem Rahmen; bei gestricheltem teilweise, bei punktiertem Rahmen nicht erreicht) und neue strategische Ziele 2010–2020 (dünner Rahmen)

sinkenden Milchpreisen konnten die ebenfalls ambitiösen Zielwerte zum Einkommen je Stunde sowie des Gesamtbetriebs trotzdem erreicht werden (Abb. 2). Neu als strategisches Ziel bis 2020 dazugekommen ist die Steigerung auf 100 Kühe; diese ganz konkrete Zahl macht Sinn, weil dafür größere Gebäudeinvestitionen nötig sind, die den bisherigen Erfolg aus wirtschaftlicher Sicht gefährden könnten, wenn nicht sehr kostenbewusst investiert wird.

b. Entwicklung der umfassenden Nachhaltigkeit auf dem Fallstudienbetrieb 1

Die Entwicklung der umfassenden Nachhaltigkeit des Fallstudienbetriebs 1 ist in Abb. 3 als Spinnengrafik mit 15 Indikatoren dargestellt. Der Ausgangswert für die einzelnen Indikatoren im Jahr 2000 ist dabei 100 % (graue Linie), die gestrichelte Linie zeigt die relativen, effektiv erreichten Werte dazu im Jahre 2010 und die schwarze Linie die Planwerte für das Jahr 2020 (Abb. 3). Eine Bewegung nach Außen bedeutet eine Verbesserung bezüglich der einzelnen Messgrößen in Relation zur eigenen Ausgangslage, die Vergrößerung der Gesamtfläche im Vergleich zur Ausgangslage kann als Steigerung der umfassenden Nachhaltigkeit interpretiert werden.

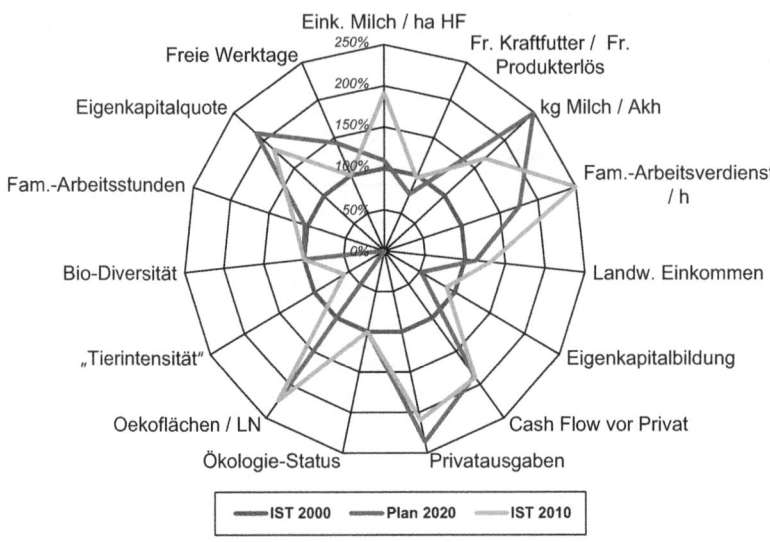

Abb. 3 Entwicklung der umfassenden Nachhaltigkeit anhand von 15 Indikatoren für den Fallstudienbetrieb 1

Auf der rechten Seite sind acht Indikatoren zur ökonomischen Nachhaltigkeit aufgeführt, je vier für die Wirtschaftlichkeit der Milchproduktion und des Gesamtunternehmens. Die Entwicklung der ökonomischen Nachhaltigkeit ist insgesamt sehr gut. Alle Wirtschaftskennzahlen der Milchproduktion konnten zwischen 2000 und 2010 verbessert werden (Abb. 3). Bei den Kennzahlen zur gesamtbetrieblichen Wirtschaftlichkeit ist einzig die Eigenkapitalbildung zurückgegangen, weil die Privatausgaben nach der Familiengründung stark zugenommen haben.

Der Ökologiestatus konnte gehalten, der ÖLN also gesichert werden. Die weiter zunehmende Tierintensität zeigt, dass dies nur mit dem Abschluss zahlreicher Vereinbarungen mit Nachbarbetrieben zu Futterlieferung und Düngerabnahme möglich war, womit (gegenseitige) Abhängigkeiten entstanden sind. Weiter zugenommen hat auch die Abhängigkeit von Importfuttermitteln.

Die letzten drei Indikatoren stehen für die soziale Nachhaltigkeit. Die Eigenkapitalquote kann dank der guten wirtschaftlichen Ergebnisse laufend gesteigert werden. Die Anzahl der Arbeitsstunden der Familie wurde zwischen 2000 und 2010 reduziert, wird mit dem Rückzug des Vaters in diesem Jahrzehnt aber wieder etwas zunehmen. Mit guter Organisation soll aber die Zahl der Freitage und Ferienwochen weiter gesteigert werden.

Der Fallstudienbetrieb 1 zum Strategietyp I (Einhaltung ökologischer Minimalstandards) illustriert die großen Herausforderungen bei Milchmengenwachstum ohne entsprechende Möglichkeit zur Vergrößerung der Fläche. Das Erbringen des ÖLN wird sichergestellt durch die konsequente Umsetzung einer weitsichtigen Planung, Kooperationen auf der Basis eines engen Beziehungsnetzes sowie Informationsvorsprung und hohe Kompetenz auf allen Ebenen der Betriebsführung.

4.2 Fallstudie 2 zum Strategietyp II: Inputreduktion für bessere Ressourceneffizienz und Wettbewerbsfähigkeit

Fallstudienbetrieb 2 war ein typischer vielseitiger Schweizer Talbetrieb mit eher ungünstigen Strukturen (alte Gebäude im Dorf, zum Teil nicht angrenzende Flächen). Ende der 90er-Jahre sprachen bei der Familiengründung viele Gründe für einen Ausstieg des jungen Betriebsleiterpaars aus der arbeitsintensiven Milchproduktion: Milchpreisrückgänge, Nebenerwerbsmöglichkeiten in Stadtnähe und gute Ausbildungen. Mit einer konsequenten Umsetzung der Vollweidestrategie mit saisonaler Frühjahrsabkalbung als spezieller Ausprägung einer Low-Input-Strategie gelang aber bei der Arbeitsbelastung ein eigentlicher Befreiungsschlag bei gleichzeitig steigender Wirtschaftlichkeit. Mit der Nutzung der entfernten Flächen mit einem Weidemelkstand und einem kostengünstigen Stallumbau wurde es möglich, bei geringer Arbeitsbelastung ein gutes Basiseinkommen für den Familienbetrieb aus der Milchproduktion und Freiräume für einen Nebenerwerb der Bäuerin zu schaffen. Das Einkommen je Stunde bei der Milch wurde wieder konkurrenzfähig und die Lebensqualität durch die Melkpause in den Wintermonaten viel besser. Zusätzlich wurde mit der Einrichtung eines Automaten zum Verkauf von Milch das große Potenzial zur Direktvermarktung in der Agglomeration genutzt.

a. Umsetzung der Low-Input-Milchproduktionsstrategie mit der Balanced Scorecard

Die Zielwerte für die strategischen Ziele der Potenzialperspektive wurden größtenteils erreicht, was die sozial nachhaltige Entwicklung der jungen Familie bestätigt (Abb. 4). Die strategischen Ziele mit der dünnen Umrandung wurden für die Planung bis 2020 neu formuliert und zeigen, dass die Milchproduktion trotz guter Ergebnisse ständig hinterfragt wird und sich die sozialen Bedürfnisse mit der Berufsbildung der Kinder ändern. Die bearbeiteten strategischen Aktionen sind zentrale Maßnahmen zur Realisierung der Potenziale der Vollweidestrategie wie das Einhalten der Melkpause, die Auslagerung von Arbeiten, die Rationalisierung der Prozesse sowie gezielte, auf Vereinfachungen ausgerichtete Minimalinvestitionen.

Die Zielwerte zu den strategischen Zielen der Prozessperspektive können weitgehend als erreicht betrachtet werden. Einzig mit der Zucht der idealen Weidekuh ist man noch nicht zufrieden (Abb. 4). Daran wird zwar gearbeitet, aber die Tierzucht ist ein langwieriges Unterfangen, das immer wieder von Rückschlägen gezeichnet ist. Die strategischen Aktionen zur Perfektionierung des Vollweidesystems und zur Ermöglichung der auswärtigen Tätigkeit der Bäuerin sind alle in Umsetzung oder gar erledigt. Bis 2020 sollen die Anstrengungen bei der ökologischen Nachhaltigkeit weiter verstärkt werden.

Nur bei einem der strategischen Ziele der Kundenperspektive, der Sicherstellung der Direktzahlungen, konnte der Zielwert erreicht werden (Abb. 2). Der geplante Ausbau des Kundenstamms beim Direktabsatz der Milch gelang nur zur Hälfte, die Vermittlung des Mehrwerts von Weidemilch an den industriellen Abnehmer der Milch gar nicht. Die wichtigste strategische Aktion dafür wurde denn auch angesichts der Milchmarktturbulenzen aufgegeben. Die Tagesmilchmenge soll dagegen weiter vergrößert werden und in der Pla-

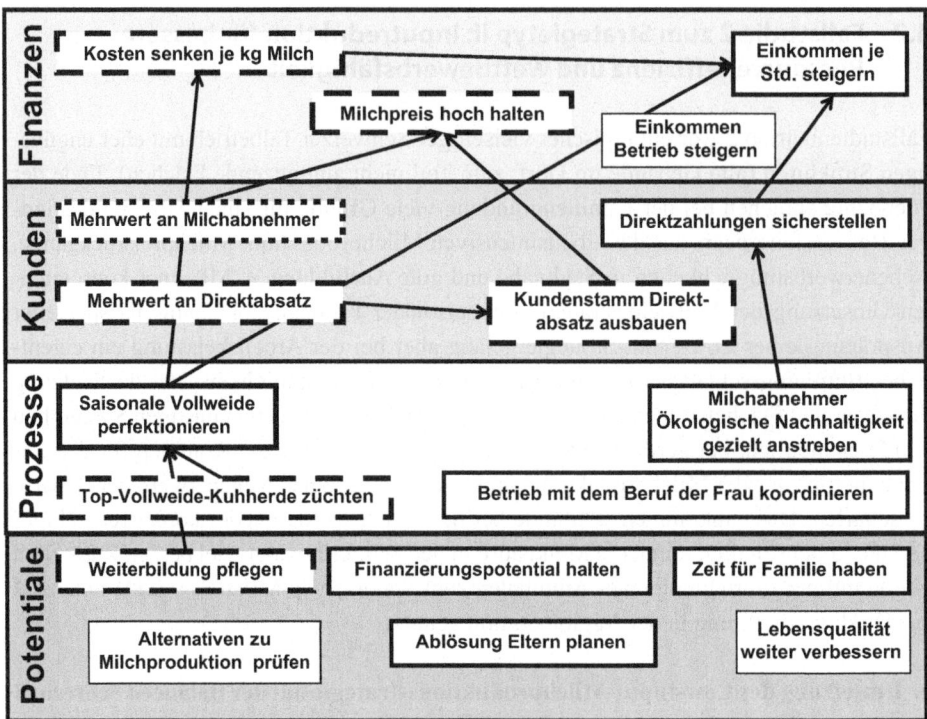

Abb. 4 Strategische Ziele nach Balanced-Scorecard-Perspektiven 2000–2020 (Zielwerte bis 2010 erreicht bei vollem Rahmen; bei gestricheltem teilweise, bei punktiertem Rahmen nicht erreicht) und neue strategische Ziele 2010–2020 (dünner Rahmen)

nung bis 2020 ist die Umstellung auf Bio vorgesehen. Das wird auch die Direktvermarktung aller Produkte im kleinen Selbstbedienungshofladen weiter beflügeln.[6]

Aus Abb. 4 ist ersichtlich, dass wegen des schwer vermittelbaren Mehrwerts der Weidemilch der Milchpreis nicht auf dem Zielniveau gehalten werden konnte. Auch die Kosten konnten nicht wie geplant gesenkt werden, was einerseits am hohen Kostenumfeld in der Schweiz liegt, anderseits an der Hofübernahme. Trotzdem wurde dank der enorm gestiegenen Arbeitsproduktivität bei konsequenter Umsetzung der Vollweide mit saisonaler Abkalbung das Einkommen pro Stunde wie angestrebt gesteigert. Interessant ist, dass bei diesem strategischen Ziel alle strategischen Aktionen auf die Senkung der Arbeitszeit ausgerichtet sind. In der Planung bis 2020 soll das Einkommen des Gesamtbetriebs im Fokus stehen. Die Photovoltaikanlage auf dem Hauptgebäude als eine der konkreten Maßnahmen dazu wurde bereits vor einem Jahr in Betrieb genommen.

---

[6] In der Schweiz muss der gesamte Betrieb nach biologischen Richtlinien geführt werden, damit seine Produkte das Biolabel tragen dürfen. Das erschwert einerseits die Umstellung von Betrieben mit Ackerbau (z. B. durch die sehr viel aufwendigere Unkrautbekämpfung), bietet aber Vorteile insbesondere beim Direktabsatz.

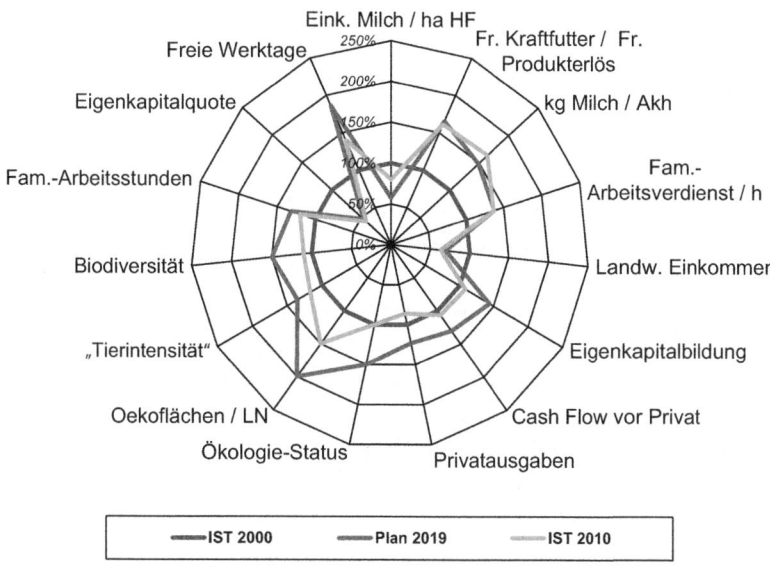

Abb. 5 Entwicklung der umfassenden Nachhaltigkeit anhand von 15 Indikatoren für Fallstudienbetrieb 2

b. Entwicklung der umfassenden Nachhaltigkeit auf dem Fallstudienbetrieb 2

Im Fallstudienbetrieb 2 konnten mit Ausnahme des Einkommens je Hektar (mehr eigene Fläche infolge Reduktion des Futterzukaufs) alle Wirtschaftskennzahlen der Milchproduktion zwischen 2000 und 2010 verbessert werden (rechte Seite von Abb. 5). Bei den Kennzahlen zur gesamtbetrieblichen Wirtschaftlichkeit fällt der Einbruch des Einkommens des Landwirtschaftsbetriebs auf. Dies hängt direkt mit der Extensivierung der Milchproduktion zugunsten des Nebenerwerbs der Bäuerin zusammen. Die Eigenkapitalbildung, die sich auf den gesamten Familienbetrieb mit Nebeneinkommen bezieht, ist denn auch besser und soll bis 2020 weiter gesteigert werden. Das gilt auch für den Cashflow des Betriebs, der dank weiter sinkenden Produktionsmitteleinsatzes bis 2020 weiter steigen soll.

Der Ökologiestatus kann gesteigert werden, wenn bis 2020 wie geplant auf Bio umgestellt wird. Der Anteil an Ökoflächen wurde bis 2010 auf fast 15 % erhöht und soll bis 2020 um weitere 5 % steigen. Der Tierbesatz je Hektar ist im Betrieb infolge Ausdehnung der Futterfläche gesunken und wird weiter abnehmen. Angestrebt wird die weitere Verbesserung der Biodiversität auf den Ökoflächen.

Die Indikatoren oben links stehen für die soziale Nachhaltigkeit. Der Anteil des Eigenkapitals ist wegen der Fremdkapitalaufnahme für den Kauf des Betriebs deutlich geringer geworden, liegt aber im normalen Bereich nach einer Betriebsübernahme. Die Familienarbeitsstunden wurden deutlich abgebaut und die Anzahl Freitage und Ferienwochen auf Werte gesteigert, die weit über normalen landwirtschaftlichen Verhältnissen liegen.

Der Fallstudienbetrieb 2 zum Strategietyp II (Inputreduktion zur Steigerung von Ressourceneffizienz und Wirtschaftlichkeit) arbeitet mit dem in Irland und Neuseeland verbreiteten System von Vollweide mit saisonaler Abkalbung. Der Erfolg gelingt bei konsequenter Reduktion der Inputs, Verzicht auf nicht absolut notwendige Investitionen, Mut zu Vereinfachungen sowie mit Beharrlichkeit auch bei Rückschlägen. Es resultiert ein steigendes Gesamteinkommen bei besserer Ressourceneffizienz, weil Kapazitäten frei werden für andere Tätigkeiten oder die Erweiterung des Kerngeschäfts.

4.3 Fallstudie 3 zum Strategietyp III: Duale Strategie – Ökologie und regionale Milchspezialitäten

Die strategische Hauptstoßrichtung von Fallstudienbetrieb 3 aus der zweithöchsten Schweizer Bergzone ist die Spezialisierung auf die Produktion von Milch in bester Qualität und mit einer kleinen Mengensteigerung gemäß Nachfrage der Dorfkäserei. Dort werden regionale Käsespezialitäten produziert, die zu hohen Preisen im In- und Ausland abgesetzt werden können. Der konsequente Verzicht auf die Belieferung von Großverteilern bedeutet dabei eine eingeschränkte Mengenentwicklung zu hoch bleibenden Preisen für die Käserei (und den Rohstoff Milch). Die Entwicklung dieses Nachfragesegments basiert auf einer Topqualität des Produkts sowie der Prozesse in Kombination mit einem emotionalen Marketing, das sich auf die traditionelle Bewirtschaftung und historische Elemente der Region bezieht. Die Fokussierung der Milchproduzenten im Dorf auf die Anforderungen der Käserei (bezüglich Mengen und Qualität) ist so stark, dass ein Zusammenschluss entlang der Wertschöpfungskette resultiert. Veränderungen in den Betrieben werden nur realisiert, wenn diese auch für die Käserei von Vorteil sind. Umgekehrt erhalten die Bauernfamilien einen außerordentlich hohen Milchpreis für den Rohstoff Milch von rund 85 Rappen je kg ausbezahlt[7], während der Schweizer Durchschnittspreis unter 60 Rappen sinkt.

Zusätzlich können ökologische Leistungen als zweites Standbein des Betriebs bezeichnet werden. Der Anteil der extensiven Flächen wurde in den letzten Jahren auf fast 50 % gesteigert und ein regionales Projekt zur Vernetzung ökologisch wertvoller Flächen gestartet, sodass viele Anreize und Vorgaben der Agrarpolitik 2014–2017 bereits vor Inkrafttreten aufgenommen waren. Dazu kommt die traditionelle Integration von Maiensäss und Alp in die Prozesse des Familienbetriebs.

a. Umsetzung der Dualstrategie Milchspezialitäten und Ökologie mit der Balanced Scorecard

Die Zielwerte für die strategischen Ziele der Potenzialperspektive konnten vielfach nur teilweise (z. B. Mechanisierungskosten) oder gar nicht (Arbeitsstunden der Familie) erreicht werden, was letztlich das Ziel bezüglich Produktionskosten der Milch verfehlen lässt (Abb. 6). Dabei wurden die strategischen Aktionen bearbeitet und beim Controlling 2010 teilweise sogar als erledigt betrachtet. Die Bauernfamilie ist mit der Arbeitssituation zufrieden. Die Zahl der Arbeitsstunden ist zwar gestiegen, die Arbeitsbelastung hat aber

---

[7] Dazu können verschiedene Zuschläge kommen, etwa für hohe Eiweiß- und Fettgehalte oder auch ein Bonus von 1 Rappen je kg für Milch von Kühen mit Hörnern.

Corporate-Social-Responsibility-Perspektiven für Strategien ...

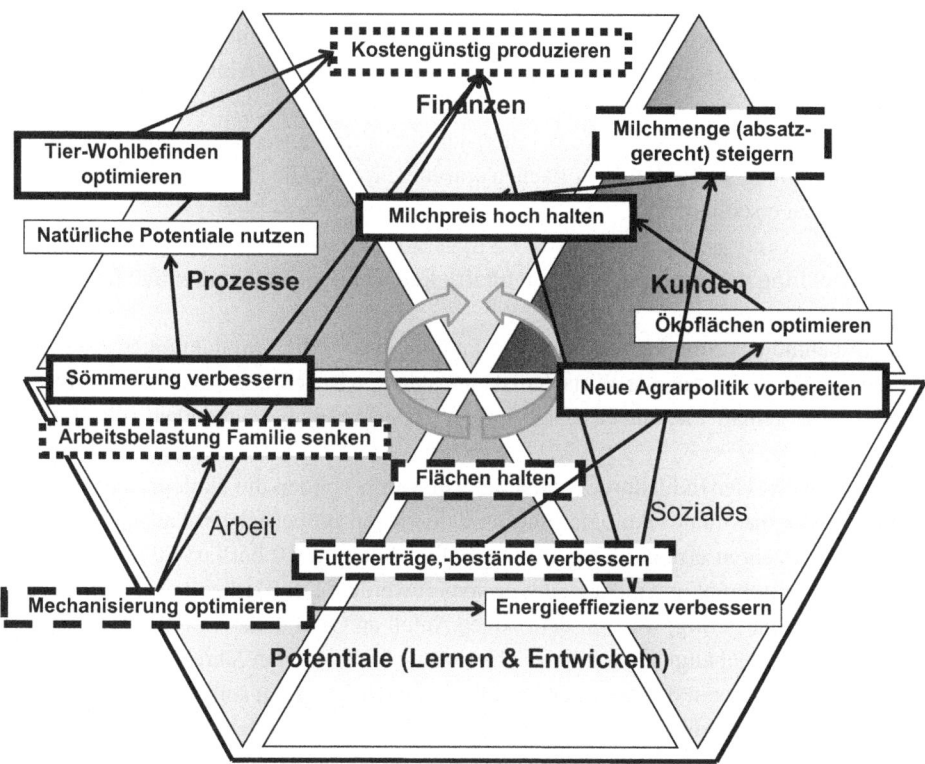

Abb. 6 Strategische Ziele nach Balanced-Scorecard-Perspektiven 2004–2020 (Zielwerte bis 2010 erreicht bei vollem Rahmen; bei gestricheltem teilweise, bei punktiertem Rahmen nicht erreicht) und neue strategische Ziele 2010–2020 (dünner Rahmen)

dank gezielter Neumechanisierung und Angestellten in Spitzenzeiten sogar eher abgenommen.

Die Zielwerte zu den strategischen Zielen der Prozessperspektive wurden weitgehend erreicht. Die dazu gehörenden strategischen Aktionen sind oft große Herausforderungen, die bei großer Beharrlichkeit irgendwann die angestrebten Ergebnisse bringen. So konnte die beim Controlling 2010 sistierte strategische Aktion, im Sommer alle Kühe vom Heimbetrieb wegzugeben, im Jahr 2015 plötzlich doch realisiert werden.

Neu dazugekommen ist beim Controlling das strategische Ziel, noch gezielter natürliche Potenziale zu identifizieren und in standortgerechter Produktion umzusetzen. Es soll sowohl die Zahlungsbereitschaft der Kunden der Käserei als auch das Potenzial für ökologische Direktzahlungen langfristig gehalten oder gar gefördert werden.

Bei der Kundenperspektive gibt es viele strategische Ziele, die die Dualstrategie „Milchspezialitäten und Ökologie" konkretisieren. Die nachfragegerechte Ausdehnung der Milchmenge und die Erfüllung der Qualitätsanforderungen der Käserei an die Milch finden ihren Niederschlag in vielen Maßnahmen wie Weiterbildung und baulichen Optimierungen. Der Milchpreis konnte so noch höher gehalten werden als ursprünglich erwartet, sodass die wirtschaftliche Situation des Familienbetriebs trotz verfehltem Kostensenkungsziel besser wurde. Der Absatz der Käserei und damit die Milchmenge des Betriebs konnte weniger schnell ausgedehnt werden als geplant (Abb. 6).

Die sich abzeichnende neue Agrarpolitik 2014–2017 wurde im letzten Jahrzehnt im Fallstudienbetrieb 3 erfolgreich vorbereitet, nun sind aber weitere Maßnahmen eingeleitet (unter dem strategischen Ziel „Ökoflächen optimieren"), um die Direktzahlungspotenziale tatsächlich zu erschließen.

b. Entwicklung der umfassenden Nachhaltigkeit auf dem Fallstudienbetrieb 3

Mit Ausnahme des Stundenverdiensts der Familie in der Milchproduktion (wegen mehr Arbeitsstunden) konnten alle Wirtschaftskennzahlen zwischen 2004 und 2010 verbessert werden, was gemäß Planung bis 2020 in ähnlichem Ausmaß weitergehen soll (Abb. 7, rechte Seite).

Die nächsten vier Indikatoren (unten links in Abb. 7) bilden die ökologische Nachhaltigkeit ab. Der maximale Ökologiestatus wird durch den Biobetrieb der Fallstudie 3 schon seit den 80er-Jahren erreicht. Der Anteil an Ökoflächen, 2010 bei fast 50 %, kann ohne Produktionseinschränkung nicht weiter gesteigert werden. Der Tierbesatz je Fläche ist auf dem Betrieb sehr gering, was mit dem hohen Anteil an Ökoflächen mit niedrigen Futtererträgen zusammenhängt. Zu wenig beachtet wurde in den letzten Jahren die Biodiversität der Ökoflächen, was in den kommenden Jahren geändert werden soll.

Die letzten drei Indikatoren stehen für die soziale Nachhaltigkeit. Durch den Rückzug des Vaters aus der aktiven Mitarbeit ergab sich hier mit rund 1000 h Mehrarbeit pro Jahr eine Verschlechterung für die Betriebsleiterfamilie. Dank gezielter Ablösungen durch Angestellte konnte die Anzahl der Frei- und Ferientage trotzdem massiv gesteigert werden,

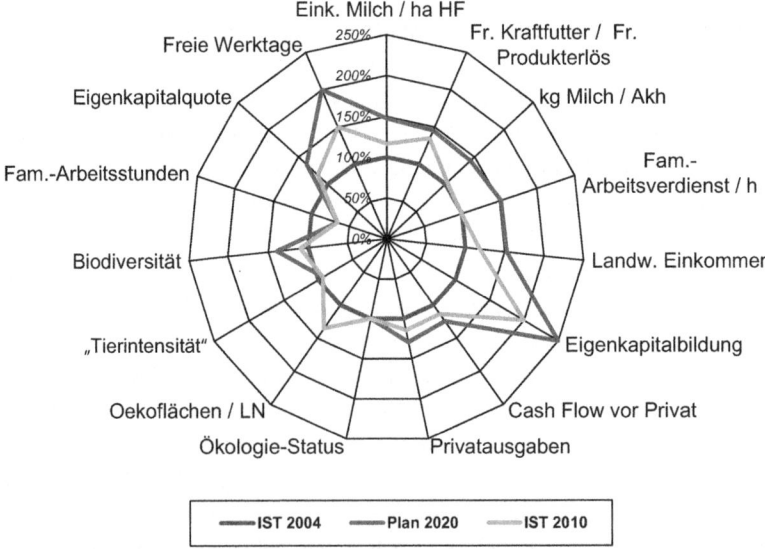

Abb. 7 Entwicklung der umfassenden Nachhaltigkeit anhand von 15 Indikatoren beim Fallstudienbetrieb 3

was wichtig ist für das Wohlbefinden der Familie. Die Eigenkapitalquote als Finanzkennzahl steht hier für das Unbehagen, das bei vielen Familienbetrieben bei hoher Verschuldung vorhanden ist und Stress verursacht.

Der Fallstudienbetrieb 3 zum Strategietyp III (Ökologie plus Spezialitäten) illustriert die Inwertsetzung einer agronomisch-technisch nachteiligen Lage im Berggebiet in Zusammenarbeit mit der Dorfkäserei. Die Produktion des Rohstoffs Milch wird bezüglich Menge, Qualität und Prozessen konsequent ausgerichtet auf die Herstellung und Vermarktung von Spezialitäten. Die immer stärkere Verknüpfung mit direktzahlungswirksamen ökologischen Leistungen führt zu hoher ökonomischer, ökologischer und sozialer Nachhaltigkeit.

5 Fazit und Ausblick

Drei Strategietypen für Schweizer Milchproduktionsbetriebe wurden in die fünf Stufen zum strategischen Umgang mit Ökologieorientierung (Wunder 2014; Nidumolu et al. 2009; Esty und Winston 2006) eingeordnet und anhand von drei typischen Betrieben illustriert (Abb. 1). Nach Dyllick (2003), der die Identifikation ökologischer Wettbewerbsstrategien an den Unternehmenszielen vornimmt, ist Strategietyp I klar auf die Beherrschung der (umwelt- und agrarpolitisch bedingten) Risiken ehrgeizigen Wachstums ausgerichtet. Strategietyp II strebt eine Steigerung von Produktivität und Effizienz durch Minimierung der Inputs an, was auch wirtschaftlichen Erfolg bringt. Strategietyp III ist auf die Steigerung von Image und Reputation durch ökologische Leistungen ausgerichtet, was einerseits Direktzahlungen auslöst und andererseits über die Dorfkäserei die Entwicklung eines Spezialitätenmarkts ermöglicht, der eine hohe Wertschöpfung auch für den Rohstoff Milch generiert.

Die in den HAFL-Projekten eingesetzten Methoden sind geeignet zur Entwicklung von Unternehmensstrategien ökologischer Ausrichtung, auch wenn dies nicht als explizites Ziel deklariert ist. Die Chancen-/Gefahrenanalyse des SWOT-Ansatzes zwingt Unternehmer dazu, sich mit den gesellschaftlichen (ökologischen, sozialen) Entwicklungen der Zukunft auseinanderzusetzen und diese mit vorhandenen oder zu entwickelnden Stärken anzusprechen. Mit der BSC werden strategische Ziele mit ihren Messgrößen als Fokus- und Controlling-Elemente sowie strategische Aktionen zur Umsetzung konkretisiert. Bei den über zwei Jahrzehnte gehenden Planungen haben die strategischen Ziele oft nur wenig geändert, während die Maßnahmen vielfach – etwa der weiter entwickelten Agrarpolitik – angepasst oder ergänzt wurden.

Zentrale Elemente an Corporate Social Responsibility orientierter Unternehmensstrategien für landwirtschaftliche Unternehmen werden in Zukunft sein:

- Eine Produktion, die auf lokalen Ressourcen beruht (in der Schweiz als grünlandbasierte Milch- und Fleischproduktion unterstützt);
- Umweltverträglichkeit und Ressourceneffizienz (die Schweizer Agrarpolitik fördert gezielte Hofdüngerapplikation mit möglichst wenig Ammoniakverlusten);
- Reduktion des Energieverbrauchs und Produktion von Energie aus Biogas oder Photovoltaik (kostendeckende Einspeisevergütung in der Schweizer Energiepolitik).

Diese Handlungsfelder können über die bestehenden Vorschriften und Anreize hinaus proaktiv erschlossen werden. Die Landwirtschaftsbetriebe tun sich aber schwer mit der Umsetzung der wenig fassbaren Leitmetaphern Markt, Produktion und Ökologie – in der agrarischen Realität lassen sich die von den Ökonomen analytisch getrennten Bereiche Produktion und Ökologie nicht entkoppeln. Positive Externalitäten wie Kulturlandschaft, die in der Geschichte unserer Zivilisation durch die Landwirtschaft immer automatisch zusammen mit der Produktion generiert wurden, haben einen Wert bekommen, der je nach Region als größer wahrgenommen wird als jener der produzierten Nahrungsmittel.

Im Selbstverständnis der Landwirtschaft wird nachhaltige Produktion als eigentliches Kerngeschäft verstanden: Über Jahrhunderte wurden auf regionalen Ressourcen und (auch ändernden) Klimabedingungen basierende Produktionssysteme weiterentwickelt – nicht ohne Rückschläge und menschliches Elend, aber letztlich immer mit nachhaltigen Lösungen (Haber 2014). Auf dem landwirtschaftlichen Familienbetrieb manifestiert sich das weltweit und seit jeher im Ziel, der nachfolgenden Generation einen existenzsichernden Betrieb zu übergeben. Es überrascht das bäuerliche Denken, wenn jetzt von „Biologen aus den Städten" gelehrt wird, wie nachhaltige Bewirtschaftung vor sich zu gehen hat, nachdem im letzten Jahrhundert von Ökonomen eine Industrialisierung propagiert wurde, die in der standortgebundenen, auf natürlichen Ressourcen und Witterungszyklen basierenden Produktion zu unlösbaren Konflikten führt (Moser und Varley 2013).

Die drei in diesem Beitrag illustrierten Strategietypen zeigen Wege zu einer guten Existenz für Bauernfamilien unter oft widersprüchlichen Rahmenbedingungen, die ja keineswegs alle eine Ökologisierung der Produktion unterstützen. Mit an Corporate Social Responsibility orientierten Unternehmensstrategien auf Familienbetrieben, umgesetzt mit standortangepassten, gemeinsam mit externen Experten weiter entwickelten Verfahren, kann die Landwirtschaft ihre ursprüngliche Führungsrolle in der ressourceneffizienten Produktion und nachhaltigen Intensivierung zurückgewinnen. Damit werden die Familienbetriebe in der Lage sein, die ihnen von der Ernährungs- und Landwirtschaftsorganisation der Vereinten Nationen (FAO 2014) zuerkannte Hauptrolle bei der künftigen Ernährung der wachsenden Weltbevölkerung zu erfüllen.

Literatur

Blättler T, Durgiai B, Haller T (2015a) Projekt Optimilch: Wirtschaftlichkeit der Vollweidestrategie, Ergebnisse 2000 bis 2010. Agrarforsch Schweiz 6(7–8):2015

Blättler T, Durgiai B, Haller T (2015b) Projekt Optimilch: Wirtschaftlichkeit der Hochleistungsstrategie, Ergebnisse 2000 bis 2010. Agrarforsch Schweiz 6(7–8):2015

Buckwell A (2014) Sustainable Intensification of EU Agriculture, presentation at the conference on REDES (Ressourceneffizienz im Dienste der Ernährungssicherheit) at the Bern University of Applied Sciences (School of Agricultural, Forest an Food sciences HAFL), Institute for European Environmental policy, www.hafl.bfh.ch/fileadmin/docs/Home/Veranstaltungen/Fachveranstaltungen/Veranstaltungsreihe_Ressourceneffizienz/Buckwell_Allan.pdf. http://www.hafl.bfh.ch/fileadmin/docs/Home/Veranstaltungen/Fachveranstaltungen/Veranstaltungsreihe_Ressourceneffizienz/Buckwell_Allan.pdf. Zugegriffen: 19. März 2015

Bundesamt für Landwirtschaft BLW (2015) Anforderungen für den Ökologischen Leistungsnachweis (ÖLN). http://www.blw.admin.ch/themen/00006/00049/. Zugegriffen: 19. März 2015

Bundesrat (1996) Botschaft zur Reform der Agrarpolitik: 2. Etappe (Agrarpolitik 2002), 26. Juni 1996, Bern

Droz Y, Miéville-Ott V, Jacques-Jouvenot D, Lafleur G (2014) Malaise en agriculture, Une approche interdisciplinaire des politiques agricoles France-Québec-Suisse. Karthala, Paris

Durgiai B, Müller R (2004a) Projekt Optimilch: Betriebswirtschaftliche Ergebnisse. Agrarforschung 11(4):126–131

Durgiai B, Müller R (2004b) Projekt Optimilch : Betriebswirtschaftliche Planungen. Agrarforschung 11(7):280–285

Durgiai B, Blättler T, Etter L, Hug-Sutter M (2008a) Strategie-Instrumente für Bauern- und Käsereibetriebe. Agrarforschung 15(1):7–12

Durgiai B, Blättler T, Hug-Sutter M (2008b) Strategien für Milchproduktionsbetriebe im Berggebiet. Agrarforschung 15(1):13–19

Durgiai B, Blättler T, Haller T (2014) Unternehmerische Handlungsspielräume zur Kostenoptimierung in der Schweizer Landwirtschaft, Synthesedokument: Beantwortung der Forschungsfragen, Studie im Auftrag des Bundesamtes für Landwirtschaft, HAFL. http://www.admin.ch/dokumentation/studien/detail/index.html?lang=En-US&studienid=508. Zugegriffen: 16. März 2015

Dyllick T (2003) Nachhaltigkeitsorientierte Wettbewerbsstrategien. In: Linne G, Schwarz M (Hrsg) Handbuch Nachhaltige Entwicklung. Wie ist nachhaltiges Wirtschaften machbar? Leske + Budrich, Opladen, S 267–271

Esty DC, Winston AS (2006) Green to gold: how smart companies use environmental strategy to innovate, create value, and build a competitive advantage. Yale University, New Haven

Europäische Kommission (2013) Überblick über die Reform der GAP 2014-2020, Informationen zur Zukunft der Agrarpolitik N°5. http://ec.europa.eu/agriculture/policy-perspectives/policy-briefs/05_de.pdf. Zugegriffen: 9. März 2015

Food and Agriculture Organization of the United Nations FAO (2014) The state of food and agriculture: innovation in family farming. Food and Agriculture Organization of the United Nations FAO, Rome

Forney J (2012) Eleveurs laitiers. Peuvent-ils survivre? Presse Polytechniques et Universitaires Romandes, Lausanne

Haber W (2014) Landwirtschaft und Naturschutz. Wiley, Weinheim

Haller T, Blättler T, Durgiai B (2014) Unternehmerische Handlungsspielräume zur Kostenoptimierung in der Schweizer Landwirtschaft. Ausgewählte Ergebnisse und Erkenntnisse, statistische Analysen und Datengrundlagen. Studie im Auftrag des Bundesamtes für Landwirtschaft, HAFL Zollikofen, nicht veröffentlicht

Horváth & Partners (2007) Balanced Scorecard umsetzen, 4. Aufl. Schäffer-Poeschel, Stuttgart

ICV (Hrsg) (2011) Green Controlling – eine (neue) Herausforderung für das Controlling? – Relevanz und Herausforderungen der Integration ökologischer Aspekte in das Controlling aus Sicht der Controllingpraxis, Ergebnisse einer Studie im Internationalen Controller Verein (ICV) durch die ICV-Ideenwerkstatt, Gauting/Stuttgart

Lanz S, Barth L, Hofer C, Vogel S (2010) Weiterentwicklung des Direktzahlungssystems. Agrarforsch Schweiz 1(1):10–17

Lehmann B, Lanz S (2012) Grundzüge der Agrarpolitik 2014–2017, Die Volkswirtschaft Das Magazin für Wirtschaftspolitik. Monatsthema 4:1–5

Moser P, Varley T (2013) The state and agricultural modernisation in the nineteenth and twentieth centuries in Europe, in integration through Subordination, The politics of agricultural modernisation in industrial Europe, rural history in Europe 8, Brepols, Turnhout.

Müller-Stewens G, Lechner C (2011) Strategisches Management. Schäffer-Poeschel, Stuttgart

Nidumolu R, Prahalad CK, Rangaswami MR (2009) Why sustainability is now the key driver of innovation. Harv Bus Rev 87(9):56–64

Popp H (2000) Das Jahrhundert der Agrarrevolution, Schweizer Landwirtschaft und Agrarpolitik im 20. Jahrhundert. Schweizer Agrarmedien, Bern

Schaber R (2010) Blutmilch, Wie Bauern ums Überleben kämpfen. Pattloch, München

Völker F (2014) Der Investitionscharakter von CSR bei Familienunternehmen. Eine theoretische und empirische Vergleichsanalyse. Dissertation an der Universität Stuttgart, 2013. Springer, Wiesbaden

Wunder T (2014) Strategisches Management: Intergration ökologischer Nachhaltigkeit in den Strategieprozess. In: Schulz, G.; Bergius, S. (Hrsg) CSR und Finance, Management-Reihe Corporate Social Responsibility. Springer, Berlin, S 65–81

Prof. Dr. Bruno Durgiai ist Professor für Agrarwirtschaft an der Hochschule für Agrar-, Forst- und Lebensmittelwissenschaften (HAFL) der Berner Fachhochschule (BFH). Er lehrt und forscht auf den Gebieten Strategisches Management, Betriebsplanung sowie Investitions- und Kostenrechnung.

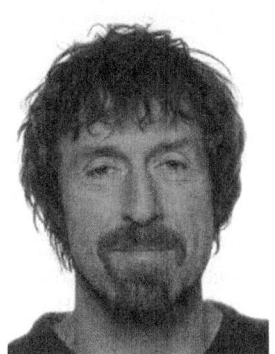

Thomas Blättler ist wissenschaftlicher Mitarbeiter in der Gruppe Agrarwirtschaft an der Hochschule für Agrar-, Forst- und Lebensmittelwissenschaften (HAFL) der Berner Fachhochschule (BFH). Er arbeitet auf dem Gebiet des Strategischen Managements und entwickelt Planungsinstrumente für Betriebsbudgets und Kostenrechnung auf Excel-Basis für Lehre und Forschung.

Dr. Therese Haller war wissenschaftliche Mitarbeiterin in der Gruppe Agrarwirtschaft an der Hochschule für Agrar-, Forst- und Lebensmittelwissenschaften (HAFL) der Berner Fachhochschule (BFH). Seit 2014 führt sie in Wetzikon ein Büro für Agrarökonomische Analysen.

Teil IV
Ausblick

Wachstumsindifferenz: Generische Unternehmensstrategien für die Postwachstumsökonomie

André Reichel

1 Einleitung

Die Zeit des Wachstums ist vorbei. Das ist verkürzt die Botschaft der Postwachstumsökonomie, wie sie im deutschen Sprachraum seit einigen Jahren diskutiert wird (Latouche 2004; Paech 2009). Zunächst eher als randständiger Wiedergänger der seit den 1970er-Jahren bekannten Wachstumskritik betrachtet, hat sich die dahinter stehende Bewegung seit der vierten internationalen Degrowth-Konferenz in Leipzig im September 2014 mit über 3000 Teilnehmern eine gewisse Sichtbarkeit und Permanenz im öffentlichen Diskurs erarbeitet. Gleichzeitig sind die realen Wachstumsaussichten im Gefolge der Wirtschafts- und Finanzkrise eher bescheiden. Einzelne Lichtblicke gerade auch in Deutschland mögen nicht darüber hinwegtäuschen, dass das gesamt- und weltwirtschaftliche Umfeld unklarer und unwägbarer geworden ist. Es scheint so, als ob zumindest das Wachstum, wie es die letzten 60 Jahre in den fortgeschrittenen Volkswirtschaften und seit wenigstens 20 Jahren auch in den Schwellenländern als Normalzustand erfahrbar war, nicht mehr so schnell zurückkehren wird. Ein Begriff wie Postwachstum ist schnell daher gesagt und es mag auch viele Sympathien für eine Entschleunigung des Lebens und eine Abwendung von einer allzu materialistisch und konsumistisch orientierten Gesellschaft geben. Was aber genau dahinter steckt und v. a. was dies für die treibenden Akteure der Wirtschaft – ihre Unternehmen – bedeutet, wird nur vereinzelt zum Thema gemacht. Es ist Ziel dieses Beitrags, zum einen die Vorstellungen einer Postwachstumsökonomie mit ökonomischen Argumenten zu unterlegen, zum anderen sollen Unternehmen und generische Strategien für eine gesteigerte Wachstumsindifferenz, also einer Unabhängigkeit vom gesamtwirtschaftlichen Wachstum, in den Blick genommen werden: Konzentration, Domination, Reduktion, Renovation und Kollaboration.

A. Reichel (✉)
Karlshochschule International University, Karlstraße 36–38, 76133 Karlsruhe, Deutschland
E-Mail: areichel@karlshochschule.de

© Springer-Verlag GmbH Deutschland 2017
T. Wunder (Hrsg.), *CSR und Strategisches Management,* Management-Reihe Corporate Social Responsibility, DOI 10.1007/978-3-662-49457-8_17

2 Das Wachstum wie wir es kennen

Wenn von Wachstum gesprochen wird, ist in erster Linie Wirtschaftswachstum gemeint. Verkürzt steht dahinter die Veränderung der in einer Volkswirtschaft jährlich abgesetzten und zu Marktpreisen bewerteten Anzahl der Güter und Dienstleistungen, also die Veränderung des Bruttoinlandsprodukts (BIP). Mit der Berechnung des Wachstums soll ein Vergleich der Dynamiken verschiedener Volkswirtschaften möglich sein. Der Bezug zum Wachstum auf Unternehmensebene ist damit auch klar: Wachstum bei Unternehmen meint in erster Linie die Zunahme der betrieblichen Wertschöpfung, verstanden als betriebliche Eigenleistung. Es wäre aber verkürzt, Wachstum lediglich in der jährlichen Entwicklung des BIP zu sehen. Schwankungen von Jahr zu Jahr machen den Konjunkturzyklus einer Volkswirtschaft aus. Wachstum als ökonomisches Phänomen und wirtschaftswissenschaftliche Spezialdisziplin meint mehr, nämlich den langfristigen Entwicklungspfad einer Volkswirtschaft (Majer 1998). Die Ökonomen sprechen von einem gleichgewichtigen Wachstumspfad, wenn die Fähigkeit einer Volkswirtschaft Güter und Dienstleistungen herzustellen (Angebot) und die mit Kaufkraft ausgestatteten Bedürfnisse nach diesen Gütern und Dienstleistungen (Nachfrage) im selben Maß anwachsen. Wieso ist Wachstum aber ein wirtschaftspolitisches Ziel und könnte es nicht ausreichen, Angebot und Nachfrage konstant und gleich zu halten? Hier kommt der technische Fortschritt ins Spiel. Technischer Fortschritt wirkt im klassischen Fall wie eine Senkung der Durchschnittskosten der Produktion: das bestehende Angebot kann günstiger hergestellt werden. Wenn davon ausgegangen wird, dass es immer zu technischem Fortschritt kommt, er also nicht einfach ausbleibt oder verhindert werden kann, dann steht die Wirtschaftspolitik vor zwei Möglichkeiten. Sie kann entweder das anwachsende Angebot, das potenziell zu Arbeitslosigkeit führen könnte, begrenzen, sei es durch höhere Steuern oder durch Senkung der Wochenarbeitszeit (= Senkung des Produktionspotenzials); sie kann aber auch dafür Sorge tragen, dass die Nachfrage wächst und wieder im Gleichklang mit dem neuen, größeren Angebot steht. Beide Wege werden von der Wirtschaftspolitik beschritten, wobei der zweite Weg politisch den größeren Charme hat und auch in der Vergangenheit in erster Linie beschritten wurde. Steigen nämlich gleichzeitig die Einkommen, bleibt es nicht nur bei einem Wachstumsgleichgewicht, es lassen sich auch Verteilungsfragen in einer Gesellschaft durch Wachstum lösen.

Woher kommt das Wachstum dann? Diese Frage scheint seltsam, denn werden die Jahre seit dem Ende des Zweiten Weltkriegs in den Blick genommen, so zeigt sich eine lange Erfolgsgeschichte des Wachstums. Wachstum scheint eine Naturkonstante der Wirtschaft zu sein. Allerdings fällt auch bei einem nur oberflächlichen Blick schnell auf, dass diese Naturkonstante nicht konstant ist. In Deutschland fallen die durchschnittlichen Wachstumsraten seit Jahrzehnten. Gab es in den 1950er-Jahren noch chinesische Verhältnisse mit an die acht Prozent Wachstum jährlich, sind es in den letzten Jahren eher ein Prozent – oder darunter. Das ist natürlich alles andere als unverständlich, da es sich beim Wachstum um eine Veränderungsrate handelt, deren Basis – das BIP – jedes Jahr größer wird. Wird die Rate auf das immer größer werdende BIP bezogen, so müsste bei konstanten

Wachstumsraten diese Basis exponentiell ansteigen. Im deutschen Fall scheint es eher lineares Wachstum zu geben und das wird, allein mathematisch betrachtet, nach einiger Zeit eine Wachstumsrate von nahe null bedeuten (Majer 2001). Es ist das eine, in einem Land mit zerstörter Infrastruktur oder einer agrarischen Basis acht oder mehr Prozent Wirtschaftswachstum zu haben; in einer hochentwickelten Volkswirtschaft wie der deutschen erscheint das eher unwahrscheinlich. Wer sollte denn auch die Nachfrage dafür entwickeln? Diese Vorstellung, dass Wachstum abnimmt und sich vielleicht sogar einmal bei null einpendelt, ist keineswegs neu. Der Begründer der modernen Wirtschaftswissenschaften, der schottische Moralphilosoph Adam Smith, hat in seinem Grundlagenwerk zum Wohlstand der Nationen bereits 1776 darauf hingewiesen, dass eine Marktwirtschaft unter Wettbewerbsbedingungen einem stationären Zustand zustrebt. Dieser „stationary state" kommt zustande, weil nach einer gewissen Zeit der wirtschaftlichen Expansion den Unternehmen die lohnenden Investitionsmöglichkeiten abhandenkommen und jeder Return-on-Investment durch hohe Entwicklungs- und Marketingausgaben erkauft werden muss. Wird deswegen aber nur noch in Erhaltung investiert, bleibt der Kapitalstock einer Volkswirtschaft gleich – ihre Fähigkeit mehr oder günstiger zu produzieren, verändert sich nicht mehr. Smith hat diesen Zustand aus seiner Sicht des späten 18. Jahrhunderts in ungefähr 200 Jahren kommen sehen (Boulding 1973).

3 Welche Zukunft hat die Wachstumswirtschaft?

Wenn Smith am Anfang der Wachstumsgeschichte der modernen Wirtschaft steht, kommt die Frage in den Blick, ob sich heute seine Vorhersage des stationären Zustands erfüllt. Aussagen über ein Ende des Wachstums mögen übertrieben sein, zumindest global betrachtet, aber verschiedene Entwicklungen lassen aufmerken. In Europa zeigt sich ein verfestigender Trend zu weniger Investitionen, in Deutschland ist die Lage dabei besonders unangenehm. Die Investitionsquote der Unternehmen ist in den letzten 20 Jahren von über zwölf auf unter zehn Prozent gefallen. Gleichzeitig lassen auch die öffentlichen Investitionen dramatisch nach, die Nettoanlageinvestitionen sind seit wenigstens zehn Jahren negativ (DIW Berlin 2013). Gerade die stagnierenden Investitionen in der Eurozone seit Ausbruch der Finanzkrise 2008/2009 lassen für die nähere Zukunft in den europäischen Volkswirtschaften hinsichtlich des Wachstums nichts Gutes erahnen (DIW Berlin 2014). Einzelne Aspekte wie beispielsweise der demografische Wandel verstärken diese Einschätzung noch. Wie ist es aber global mit den Investitionen? Zumindest in den Volkswirtschaften der Organisation für wirtschaftliche Zusammenarbeit und Entwicklung (OECD) haben sich die Investitionsquoten seit der Finanzkrise nicht erholt und es ist wohl langsam an der Zeit, hier nicht mehr von einer krisenbedingten Abweichung zu sprechen, sondern von einem neuen, niedrigeren Normalniveau der Investitionen. Außerhalb der OECD treibt v. a. China die globalen Investitionen voran, seit einigen wenigen Jahren auch Indien. In absoluten Zahlen betrachtet ruhen dann aber die Investitionshoffnungen beinahe ausschließlich auf China – einem Land, das seit Kurzem seine Bevölkerung auf niedrigere Wachstumsraten einstellt und wohl verstärkt im Inland investieren wird (Talley 2015). Eine andere Maßzahl, die zur Betrachtung des investitionsbedingten Wachstumspotenzials herangezogen werden kann, sind die sog. Private-equity-Investitionen. Damit ist das außerbörsliche Eigenkapital gemeint, das v. a. im Bereich der Wagnisfinanzierung eine große Rolle spielt. Seit der Finanzkrise zeigt sich hier eine interessante Entwicklung. Das Volumen hat zwar abgenommen, aber die Zahl der Private-equity-Deals hat zugenommen. Es werden also mehr Deals abgeschlossen, aber zu deutlich kleineren Volumina (Mergermarket 2014). Das verweist auf ein hohes Risikobewusstsein der Anleger und eine Scheu, allzu viel zu riskieren. Was also die Betrachtung der Investitionen zeigt, ist eine sehr gedämpfte Hoffnung auf zukünftiges Wachstum.

Viel gravierender ist aber, wenn auf die Entwicklung der Produktivität geschaut wird. Produktivitätssteigerungen sind das Ergebnis von Innovationen und ermöglichen erst Wachstumsprozesse. Im engeren Sinn können eigentlich nur produktivitätswirksame Innovationen als wahre Innovationen betrachtet werden. Durch neue Fertigungsverfahren und neue Wege zur optimalen Organisation wirtschaftlicher Aktivitäten ermöglichen sie erst die Fähigkeit zur Erzeugung neuer Produkte und zur Erschließung neuer Märkte und Kundengruppen. Lässt die Produktivität nach, lässt auch das Wachstum nach. Robert J. Gordon von der Northwestern University hat in den letzten Jahren mit seinen Untersuchungen zur Produktivitätsentwicklung in den USA für einiges Aufsehen gesorgt (Gordon 2013, 2014). Er kommt hierbei zu dem Ergebnis, dass sich die US-amerikanische Volkswirtschaft auf einem Pfad dauerhaft niedriger Produktivität befindet. Gelang es den USA, die Produktivität ihrer Wirtschaft über einen Zeitraum von mehr als 80 Jahren – von 1891 bis 1972 – um durchschnittlich 2,48 % pro Jahr zu steigern, liegt dieser Wert nun lediglich bei 1,35 %. Die Auswirkungen auf das reale Wachstum sind laut Gordon drastisch, v. a. für die 99 % am unteren Ende der Einkommenspyramide. Für sie bliebe nach seinen Berechnungen lediglich ein jährliches Wachstum von 0,5 % übrig – gegenüber soliden 2,0 % in den letzten 130 Jahren. Anstelle einer Verdopplung des monetär bewerteten Wohlstands alle 35 Jahre, würde diese Verdopplung dann 350 Jahre dauern. Ähnlich verhalten sich die Produktivitätsentwicklungen in anderen fortgeschrittenen Volkswirtschaften. Was ist da geschehen? Gordon selbst argumentiert mit der Wirkung von Innovationen auf die Produktivität, die immer schwächer ausfallen. Die Elektrizität und alles was damit zusammenhängt, kann nur einmal erfunden werden. Ist deren produktivitätssteigerndes Potenzial ausgeschöpft, braucht es neue große Innovationen: die sog. Basisinnovationen, die sich bei Joseph A. Schumpeter finden und auf die Theorie der ökonomischen langen Wellen von Nikolai D. Kondratiew zurückgehen (Korotayev und Tsirel 2010). In der Produktivitätsentwicklung seit den 1970er-Jahren findet sich allerdings kein Hinweis auf so eine neue Basisinnovation. Auch die Computerisierung und Vernetzung des Wirtschaftslebens, die seit dieser Zeit stattfindet, hat lediglich einen kurzlebigen Impuls geben können. In den Zahlen von Gordon: zwischen 1996 und 2004. Es mag ungewohnt sein, aber die Realität zeigt keinerlei Hinweise darauf, dass die großen Innovationserfolgsgeschichten seit Ende des 19. Jahrhunderts beliebig fortgeschrieben werden können. Ob das gleich das Heraufziehen eines neuen Mittelalters der Innovation bedeutet, wie Huebner (2005) argumentiert, kann hier nicht beantwortet werden. Neuerungen wird es sicher weiter geben. Die Frage, ob deren Wirkungen stark genug sind, einen neuen Wachstumszyklus anzustoßen, ist bisher jedenfalls eher mit Nein zu beantworten.

Grenzen des Wachstums

Bislang wurden die Hürden für mehr Wachstum, die sich aus der Begrenztheit der natürlichen Mitwelt ergeben, nicht thematisiert. Diese sind seit der Veröffentlichung des ersten Berichts an den Club of Rome von 1972 hinreichend bekannt (Meadows et al. 1972). Geändert hat die Veröffentlichung „Grenzen des Wachstums" aber nichts an der allgemeinen Wachstumsfokussierung (Meadows et al. 2006). Erst seitdem die ökonomischen Grenzen des Wachstums durch die Finanzkrise deutlich wurden und es auch andere Erkenntnisse im Bereich Produktivität und Innovation gibt, erscheint es auch wirtschaftlich und unternehmerisch opportun, sich mit möglichen Grenzen der Wachstumswirtschaft auseinanderzusetzen – und sei es nur als Risikovermeidungsstrategie. Es soll dennoch ganz kurz auf die Grenzen des Wachstums eingegangen werden, denn auch hier zeigt sich eine neue Faktenlage. Der Zusammenbruch von Industrie- und Nahrungsmittelproduktion, der sich in einigen Szenarien des sogenannten Welt3-Computermodells zeigt, das dem Modell der Grenzen des Wachstums zugrunde liegt, wird nicht durch ein zur Neige gehen der natürlichen Ressourcen ausgelöst. Vielmehr liegen dem Kollapsverhalten des Modells eine Verschiebung von Investitionen und mehrere Zeitverzögerungen bei den Reaktionen auf deren Resultate zugrunde. Die Logik ist die Folgende: im Zug der Extraktion immer neuer Umweltressourcen, wird zum einen die Umweltqualität schlechter, gleichzeitig der investitionsbedingte Aufwand der Extraktion immer größer. Ebenso hängen der Investitionsaufwand und die Verschlechterung der Umweltqualität zusammen. Ein Beispiel aus unserer heutigen Realität ist das „hydraulic fracturing" (Fracking), die Extraktion von tief gelegenem Öl und Gas durch Einpressen von chemischen Substanzen in den Boden unter hohem Druck. Dieses Fracking ist technisch und ökonomisch aufwendig und belastet die Umwelt stärker als konventionelle Fördermaßnahmen. Eine verschlechterte Umweltqualität wirkt im Modell der Grenzen des Wachstums mit einer gewissen Zeitverzögerung negativ auf die Erzeugung von Nahrungsmitteln ein; sprich: Der Investitionsaufwand für Nahrungsmittelproduktion steigt ebenfalls mit einer gewissen Zeitverzögerung. Das Modell reagiert nun so, dass zunächst Investitionen aus Industrie- und Nahrungsmittelproduktion in den Extraktionssektor fließen. Diese beiden Bereiche leiden also tendenziell an einem Abfluss von Investitionsmitteln. Ab einem gewissen Punkt der Verschlechterung der Umweltqualität und der Unterinvestition v. a. im Bereich Nahrungsmittel, bricht die Nahrungsmittelproduktion ein. Dies hat einen Knock-on-Effekt auf die Bevölkerung und, wiederum mit Zeitverzögerung, auf die Industrieproduktion. Diese kaskadenartigen Effekte pflanzen sich im gesamten Modell in allen Bereichen fort und es kommt zum Zusammenbruch. Die gute Nachricht aus „Grenzen des Wachstums" war: Das muss nicht so sein. Bei einer klugen Mischung aus technologischem Fortschritt und Abschwächung des Wachstums der Industrieproduktion sowie einer aktiven Familienplanung zur Vermeidung von Überbevölkerung, würden diese Grenzen nie erreicht, würde nie eine Kollapssituation entstehen. Natürlich wurden diese Maßnahmen so nie getroffen. Deswegen ist die schlechte Nachricht, dass entsprechend laufend aktualisierter Studien zur empirischen Vorhersagegenauigkeit des alten Welt3-Modells die Weltwirtschaft genau auf der Kollapstrajektorie ist (Turner 2008).

Bedeutet das nun, dass ein Zusammenbruch der Weltwirtschaft bevorsteht? Sicherlich nicht, ein Modell ist ein Modell. Es zeigt aber, dass gewisse Systemdynamiken seit 40 Jahren am Wirken sind und auch weiter wirken. Jørgen Randers, einer der Koautoren von „Grenzen des Wachstums", kommt in seiner letzten Veröffentlichung von 2012 dann auch zu dem Schluss, dass der Kollaps ein langsamer sein wird, der sich lokal ganz unterschiedlich manifestiert. Auch er hat eine gute Nachricht: der dauerhafte Rückgang der globalen Wachstumsraten wird das Schlimmste verhindern (Randers 2012).

„Green growth" als Ausweg?
Bereits im Vorfeld der Finanzkrise wurden Stimmen laut, die eine Erneuerung der Wirtschaft mit den Herausforderungen des menschengemachten Klimawandels zusammengedacht haben. Die Studie von Stern (2007) zu den Kosten und v. a. Wachstumspotenzialen aktiver Klimapolitik sowie die Begriffsschöpfung eines „Green New Deal" von Friedman (2007) in der New York Times, verweisen auf das Programm der ökologischen Modernisierung der Wirtschaft. Ankerpunkt ist hierbei die weitgehende Entkopplung („decoupling") von Umweltverbrauch und Wirtschaftswachstum. Werden z. B. Energieeffizienzmaßnahmen ergriffen, kann das BIP steigen, ohne dass der Energiebedarf im gleichen Maß mitsteigt. Gerade in Deutschland gibt es eine lokale Entkopplung von einigen ökologisch relevanten Größen vom Wirtschaftswachstum. So ist beispielsweise der Energiebedarf in den letzten 15 Jahren trotz Wachstum so gut wie nicht gestiegen. Global lässt sich diese Entkopplung allerdings bislang nicht beobachten und es gibt beunruhigend viele Hinweise, dass viele lokale Entkopplungserfolge erkauft wurden durch Verlagerungen umweltschädlicher Produktionsstufen in andere Länder. Dies stößt aber an natürliche Grenzen in einer globalisierten und sich weiter entwickelnden Weltwirtschaft. Es gibt kein Woanders auf einem begrenzten Planeten. Eine relative Entkopplung, also eine Verringerung des Umweltverbrauchs je produziertem Gut und Dienstleistung, reicht dabei bei Weitem nicht aus. Zum einen können Wachstumseffekte aufgrund von Entkopplungserfolgen diese zunichtemachen. Das ist der sog. Rebound-Effekt, auf den bereits William S. Jevons im Jahr 1876 hingewiesen hat (Polimeni et al. 2008). Das Jevons-Paradoxon, wie dieser Effekt auch bezeichnet wird, beschreibt den Sachverhalt, dass eine Effizienzsteigerung (weniger Verbrauch pro Stück) ceteris paribus wie eine Kostensenkung wirkt, also zu freiem Einkommen führt, das dann für eine Ausweitung der Nachfrage zur Verfügung steht (mehr verbrauchte Stück insgesamt). Aus Weniger wird Mehr. In verschiedenen Studien wurde dieser Effekt nachgewiesen und beträgt über alle Branchen und Produkte hinweg in der gesamten Wirtschaft zwischen einem Drittel und der Hälfte der Effizienzgewinne (Breakthrough Institute 2011). In manchen Fällen entsteht sogar ein vollständiger Rebound, das heißt die Effizienzfortschritte werden völlig vernichtet. Um dem entgegenzuwirken, hilft nur eine Effizienzbesteuerung, wie sie z. B. von Ernst Ulrich von Weizsäcker vorgeschlagen wurde (Weizsäcker et al. 2010). Zum anderen reichen eine relative Entkopplung und ein „flatlining" der Umweltverbräuche auf heutigem Niveau bei gleich-

zeitigem Wachstum nicht aus, um beispielsweise den Klimawandel aktiv zu bekämpfen. Es genügt nicht, die CO_2-Emissionen zu stabilisieren. Sie müssen vielmehr deutlich sinken. Um die IPAT-Gleichung – I steht für ökologischen Impact, P für Population (Bevölkerung), A für Affluence (Wohlstandsniveau) und T für das Technologieniveau - für das Beispiel mit dem Klimawandel heranzuziehen: die Wachstumsrate der Emissionen ist die Summe aus Bevölkerungswachstum, Wachstum des Pro-Kopf-BIP und dem Rückgang der CO_2-Intensität der Wirtschaft (Chertow 2000). Wird bei der Bevölkerung der Medianwert der Prognose der Vereinten Nationen (UN) bis 2050 genommen, also neun Milliarden, dann ergibt sich ein normalisiertes jährliches Wachstum von ungefähr 0,5 %. Als politisch erwünschte Zielgröße für das Wachstum des Pro-Kopf-BIP stehen 3 %. Der durchschnittliche Rückgang der Kohlenstoffintensität betrug in den letzten Jahren weltweit rund 1,9 % jährlich. Die Summe daraus ergibt einen Anstieg der CO_2-Emissionen von 1,6 % im Jahr, was mit Ausnahme von 2014 sehr gut zur Realität passt. Im letzten Jahr fiel die Emissionssteigerung aus. Das würde aber bedeuten, dass die CO_2-Intensität viel stärker gefallen ist als in den Jahren zuvor. Die wahrscheinlichste Erklärung ist aber nicht ein gravierender technischer Fortschritt bei der Umwelteffizienz um fast das Doppelte, sondern Einmaleffekte, die sich durch den Umstieg von Kohle auf Gas sowie einen sehr warmen Winter in Europa erklären lassen. Selbst wenn es aber nun eine jährliche Minderung der CO_2-Intensität gäbe, also in der Tat ein relativer Entkopplungssprung vorliegt, reicht das für die Einhaltung des Zwei-Grad-Ziels nicht aus. Dafür müssten die Emissionen ab sofort um ungefähr 3,6 % jedes Jahr zurückgehen, die CO_2-Intensität also jedes Jahr um mehr als 7 % fallen – mehr als das Dreifache in den letzten Jahren und mehr als das Doppelte gegenüber dem einmaligen Sprung im Jahr 2014. Das wäre dann in der Tat ein Anzeichen für absolute Entkopplung: je mehr Smartphones und Sportwagen verkauft würden, umso besser stünde es um die Umweltqualität. Mit dieser spitzen Bemerkung sei darauf hingewiesen, wie groß die Herausforderung für eine grüne Wachstumsstrategie ist, die auf Technologie setzt und sonst alles gleich lassen will – auch die Hoffnung auf eine Fortsetzung des Wachstums wie bisher.

4 Wachstumsindifferente Unternehmensstrategien

Was bedeutet das alles nun, gerade auch für Unternehmen? Zum einen verweisen diese Ausführungen darauf, dass die ökonomische Umwelt von Unternehmen einen Bruch erlebt hat, und zwar spätestens mit der Finanzkrise 2008/2009. Dieser Bruch geht dabei tiefer als vielleicht am Anfang vermutet. Eine Krise meint einen Vorgang, der vom Normalzustand entfernt und zu dem nach Ende der Krise wieder zurückgekehrt werden kann. Wenn nun aber der Bruch so fundamental war, dass sich die Grundlagen der Wirtschaft – das Wachstum selbst – verändert haben, dann kann nicht mehr von einer Krise gesprochen werden. Es gibt dann eine neue Normalität des Wirtschaftens, die sich unweigerlich vom Wachstum entfernt. In diesem Beitrag wird unter einer Postwachstumsökonomie verstärkt eine empirische Zustandsbeschreibung für eine Wirtschaft verstanden, die sich aus der bisherigen Wachstumsökonomie herausentwickelt (Reichel 2013a). Damit ist nicht gemeint, dass es keine Wachstumsprozesse mehr gibt. Selbst wenn das Aggregat der wirtschaftlichen Leistung nicht anwächst, selbst wenn es schrumpfen würde, sind innerhalb dieses Aggregats vielfältige Wachstumsprozesse denkbar, die aber immer auch von Schrumpfungsprozessen an anderer Stelle begleitet würden. Der alte Begriff des selektiven Wachstums trifft hier zu (Majer 1998). Das Wachstum im Bereich der erneuerbaren Energien wird unweigerlich zu einer Schrumpfung im Bereich der nichterneuerbaren Energien führen. Das Wachstum im Bereich kostenloser Online-Enzyklopädien hat unweigerlich zur Schrumpfung im Bereich kostenpflichtiger Offline-Enzyklopädien geführt. Die Liste ließe sich fortsetzen und verweist auf strukturellen Wandel der Wirtschaft. Den hat es immer gegeben und es wird ihn auch in einer Postwachstumsökonomie geben. Was neu ist, ist der limitierende Faktor des Wachstums insgesamt: Der Kuchen wird nicht wesentlich größer werden und wenn, dann in nur sehr geringem Umfang, begleitet von Schrumpfungsprozessen an anderer Stelle. Sicherlich wird die Weltwirtschaft bis zur Mitte des Jahrhunderts weiter wachsen und es wird auch auf neuen Märkten neue Wachstumsmöglichkeiten geben. Auch in den heimischen Märkten in Deutschland und Europa sind einzelne Wachstumsphasen nicht ausgeschlossen. Allerdings werden die Wachstumsraten geringer sein als in der Vergangenheit und weiter fallen. Ebenso werden neue Märkte heißer umkämpft sein, wenn sie nicht gleich durch natürliche oder staatliche Monopole dem Wettbewerb entzogen werden. Für Unternehmen bedeutet das ein Abklopfen ihrer Produkte, Märkte, Strategien und Geschäftsmodelle auf Wachstumsindifferenz, d. h. wie gut sie in einem Umfeld dauerhaft niedriger, stagnierender und negativer Wachstumsraten bestehen können (Reichel 2013b).

Postwachstum als neue Denkfigur
Ausgangspunkt zu wachstumsindifferenten Unternehmensstrategien ist das Argument, dass Wachstum als Denkfigur und Zielvorstellung keinen verlässlichen Rahmen für wirtschaftliches Handeln mehr bietet. Gleichzeitig ist zu unterscheiden zwischen Wachstum auf einer gesamtwirtschaftlichen und einer einzelwirtschaftlichen Ebene, also der Ebene von Unternehmen. Was auf der gesamtwirtschaftlichen Ebene das Wirtschaftswachstum ist, ist auf der Unternehmensebene die Zunahme der Wertschöpfung. Begrenzungen auf der Ebene der Gesamtwirtschaft bedeuten nicht automatisch Begrenzungen auf der Ebene eines einzelnen Unternehmens. Gleichwohl kann sich auch das einzelne Unternehmen in einer Postwachstumsökonomie nicht vom allgemeinen Trend vollständig abkoppeln. Selbst wenn es gelänge, in einer Branche auf Kosten aller anderen Unternehmen zu wachsen und Monopolist zu werden, wäre spätestens dann das Ende der Wachstumsfahnenstange erreicht. Wobei Monopolisten damit meist sehr gut klar kommen und zu reinen Kostenoptimierern werden. Daraus folgt jetzt die erste grundsätzliche Unterscheidung von wachstumsindifferenten Unternehmensstrategien: zum einen können diese sehr wohl auf zeitlich begrenztes Unternehmenswachstum setzen, zum anderen können sie einen stabilen Zustand im Auge haben. Wachstumsindifferent meint dann nicht auf das Unternehmen bezogen, sondern indifferent gegenüber einem volkswirtschaftlichen Postwachstum.

Gerade bei jungen Unternehmen wird zudem wohl kaum auf Wachstum an Mitarbeitern, Umsatz und Marktvolumen verzichtet werden können, wobei hier noch einmal anzumerken ist, dass der Wachstumsbegriff auf der Unternehmensebene am stringentesten mit der Wertschöpfungszunahme verbunden wird. Vereinfacht kann auch argumentiert werden, nur wenn die Wertschöpfung wächst, ist ein Wachstum – bei Mitarbeitern, Umsatz und anderen Kenngrößen – tatsächlich wirtschaftlich. Ein Wachstum dieser anderen Größen ohne Anstieg der betrieblichen Wertschöpfung wäre dann unwirtschaftliches Unternehmenswachstum. Im Folgenden soll es nun um fünf verschiedene wachstumsindifferente Strategien gehen: Konzentration, Domination, Reduktion, Renovation und Kollaboration.

Konzentration
Es mag nicht verwundern, wenn die wenigen Untersuchungen zu wachstumsindifferenten Unternehmen sich v. a. auf Unternehmen in Nischen konzentrieren bzw. Unternehmen in Nischen sich am ehesten mit den Vorstellungen eines Wirtschaftens jenseits des Wachstums anfreunden können. Eine Nische kennzeichnet sich durch eine Substitutionslücke aus, die im Produkt und seinen Qualitäten, der verwendeten Technologie oder in der räumlichen Abgrenzung der Leistungserstellung begründet sein kann. Produktqualität kann dabei auf die Funktionalität abstellen oder auch auf sekundäre Qualitäten wie die sozialen und ökologischen Bedingungen seiner Herstellung (Larsson 2005). Im Fall von Neumarkter Lammsbräu liegt der Fokus auf genau jenen sekundären Qualitäten, in geringerem Maß auf der räumlichen Abgrenzung. Als einer der „first mover" der Bierbranche im Bereich Biobiere verfolgt die Brauerei aus der Oberpfalz eine konsequente Entschleunigungs- und Nischenpolitik. So soll die Produktqualität und die Glaubwürdigkeit des Produktversprechens gegenüber den Kunden sichergestellt werden. Einen ähnlichen Fokus haben auch die Elektrizitätswerke Schönau als Ökostrompionier sowie die Richard Henkel GmbH in Forchberg, die sich auf langlebige und hochwertige Möbel spezialisiert hat. Diese Unternehmen sind alle profitabel und erwirtschaften Gewinn, auch ohne sich einer übermäßigen Wachstumsabhängigkeit auszusetzen (Liesen et al. 2013). Auch bei räumlich abgegrenzten Nischen, wie sie v. a. im Handwerk oder räumlich orientierten Beratungsleistungen vorliegen, entsteht kein Zwang zu wachsen, eher ein Zwang, die eigenen Abläufe und das Produkt in einem Zustand zu halten, dass das Nischenversprechen, die besondere Qualität des Produkts für die Kunden, glaubhaft einlösbar bleibt.

Domination
Nischenstrategien sind nicht unbedingt neu und für manche Unternehmen sicherlich ein gangbarer Weg, um sich von einer allzu großen Wachstumsabhängigkeit zu lösen. Für viele der heute großen Unternehmen ist das vermutlich keine Strategie, die sie ohne Weiteres wählen können. Eine andere Option ist die Beherrschung in der eigenen Branche und schließt die Verdrängung von Konkurrenten ein. Eine Dominationsstrategie läuft auf ein gesamtwirtschaftliches Nullsummenspiel heraus und setzt völlig auf Größe und deren Vorteile: Realisierung von Skaleneffekten zur Kostenminimierung, Kapitalintensität als Wettbewerbshürde, Marktbeherrschung durch weitgehende Diffusion mit eigenen

Produkten, Bindung von Zulieferkapazitäten an die eigene Produktion. Eine klassische Red-Ocean-Strategie, die Portersche Wettbewerbskräfte zum eigenen Vorteil biegen will (Chan Kim and Mauborgne 2005). Gerade in Märkten mit schwierigen Wachstumsaussichten, aber hohen eigenen Fähigkeiten zur Marktbeherrschung, ist sie in erster Linie für große Unternehmen geeignet. Die Absicht der Volkswagen AG zum weltgrößten Automobilproduzenten aufzusteigen, ist Ausdruck einer solchen Strategie – auch wenn sie sicherlich nicht mit Postwachstumshintergedanken verfolgt wird. Ist sie erfolgreich, dann kann Volkswagen auch mit nachlassendem oder stagnierendem Wachstum umgehen, indem es v. a. Kostenoptimierungen vornimmt und sich, einem Monopolisten ähnlich, an seinen internen Kosten und der Nachfrage orientiert, um zu einem Gewinnmaximum zu kommen. Die Erfolgsbedingungen der Dominationsstrategie sind eng gefasst. Kapitalintensität erscheint ein wichtiges Kriterium zu sein, da hier Investitionen der Vergangenheit einen Wettbewerbsvorteil erzeugen. Wer schon große Produktionskapazitäten hat, muss diese nicht erst mühsam aufbauen und produktiv damit arbeiten lernen. Dasselbe gilt für Beziehungen zu Lieferanten und Kunden. Zwei Bedingungen sind kritisch: ob es gelingt, durch Kostenoptimierung die Konkurrenz zu übertreffen und ob keine Substitutionsprodukte auftauchen. Im Fall des Automobils wären Letzteres entweder öffentliche Verkehrssysteme wie Bus und Bahn oder halböffentliche wie kommerzielles und nicht-kommerzielles Carsharing.

Reduktion
Mit dem Carsharing ist eine weitere Strategieoption angesprochen, die mit dem Begriff der Reduktion bezeichnet werden kann. Damit ist die absolute Reduktion des Umweltverbrauchs gemeint. Wird der Begriff der Reduktion auf den Konsum bezogen, so kann auch von Suffizienz gesprochen werden. Suffizienz meint eine absolute Reduktion des Umweltverbrauchs durch weniger materiellen Konsum und bildet einen Gegenpol zur ökologischen Modernisierung und ihrem einseitigen Fokus auf technologischen Effizienzsteigerungen. Jenseits von moralisch angehauchten Forderungen an Einzelne, ihren Konsum zu überdenken, kann Suffizienz aber auch als ein politisches Recht der Konsumenten aufgefasst werden: „Niemand soll mehr haben wollen müssen" (von Winterfeldt 2007, S. 53). Heruntergebrochen auf die Unternehmensebene bedeutet die Reduktionsstrategie zweierlei. Zum einen in der Tat eine Reduktion materieller Produkte, also weniger Produktion und weniger Absatz; zum anderen die Entwicklung und Diffusion von Produkten, die Konsumenten bei der Ausübung materiell reduzierter (suffizienter) Lebensstile unterstützen. Eine unternehmerische Reduktionsstrategie zielt also auf materielle Negativsummenspiele und eine absolute Reduktion des ökologischen Fußabdrucks der Konsumenten sowie des Materialdurchsatzes in der Wirtschaft (Reichel 2013c, S. 93). Ansätze der Sharingökonomie können dazugezählt werden, wenn sie denn zu einem langfristigen Rückgang absoluter Umweltverbräuche führen. Das Urteil über z. B. Carsharing oder das Teilen von Haushaltswerkzeugen steht noch aus. Das Potenzial ist allerdings erheblich. Im Fall des Carsharing existieren CO_2-Einsparmöglichkeiten von 80 % – allerdings bedeutet ein tatsächliches materielles Negativsummenspiel, dass am Ende weniger Produkte

„auf der Welt" sind und infolgedessen auch weniger Produktionskapazität benötigt wird. In einer Studie zu verschiedenen Geschäftsmodellen in der Automobilbranche kommen Reichel und Seeberg (2013) zu dem Schluss, dass hybride Angebote mit traditionellem Fokus auf Fahrzeugabsatz und neuen Mobilitätsdienstleistungen eine auch wirtschaftlich interessante Option für Unternehmen unter Postwachstumsbedingungen sind. Produktbasierte Reduktionsstrategien können im Endkundenbereich sicherlich erfolgreich sein, wenn es sich um Produkte handelt, bei denen ein gewisser „emotionaler" Abstand vorhanden ist, die symbolische Komponente des Konsums also nicht im Vordergrund steht. Beim Auto trifft dies wohl für immer größere Kundensegmente zu, wobei hier sicherlich sehr klar zwischen den verschiedenen Kundensegmenten unterschieden werden muss. Auch bei Werkzeugen oder ähnlichen Produkten mit eher niedrigem Symbolgehalt kann eine Reduktion gut funktionieren. Eine weitere Möglichkeit ist die symbolische Substitution von Produkten, also die Bedeutungsverlagerung von einem Produkt (z. B. das Auto) auf ein anderes Produkt (z. B. das Smartphone und sein mobiles internetbasiertes Ökosystem). Der Zugang zu Autos über Smartphones hat sicherlich einen nicht zu unterschätzenden Anteil am Aufstieg des Carsharings in den letzten Jahren. Wie bei der Dominationsstrategie gilt auch hier, dass es sich nicht zwangsweise um eine Strategie mit Postwachstumsabsichten handelt. Reduktion ist lediglich widerstandsfähiger gegen ein Ausbleiben von Wachstum und kann v. a. ein Wettbewerbsvorteil gegenüber Konkurrenten sein, die auf das klassische Produktgeschäft setzen.

Renovation
Damit ist eigentlich eine besondere Art der Innovation gemeint, nämlich der Wiederinstandsetzung, der Erneuerung und Lebenszyklusverlängerung bereits bestehender Produkte (Paech 2005). Renovation hat viel mit Reduktion und Suffizienz zu tun, zielt aber in erster Linie auf die Konsistenz von Produkten, also ihre Naturverträglichkeit und möglichst lange Verweildauer im Wirtschaftskreislauf. Auch hier werden materielle Negativsummenspiele gespielt und es findet eine Verdrängung von Produkten zugunsten längerer Produktnutzung statt. Vor allem im Business-to-Business-Bereich ist die Renovationsstrategie bereits wohlbekannt. Eine Realisierung sind sog. Product-Service-Systems (PSS), Systeme hybrider Leistungsbündel aus materiellen und immateriellen Produkten, wobei die materiellen Produkte im Eigentum des PSS-Anbieters verbleiben (Tukker 2004). So stellt z. B. das amerikanische Unternehmen Interface modular aufgebaute Teppichbeläge für den kommerziellen Bereich her, verkauft wird aber nicht einfach ein Teppich, sondern der komplette Prozess: Belag, Instandhaltung, Neuanbringung und Verwertung. Auch das Schlagwort des Remanufacturing gehört zur Renovationsstrategie. Die MTU Reman Technologies GmbH in Magdeburg sorgt mit dem Ersatz alter Bauteile und Produktgruppen für eine Lebenszyklusverlängerung von MTU-Motoren. Siemens hat vor einigen Jahren im Auftrag der DB AG den ICE 2 einem Redesign unterzogen, einem anderen Begriff für Renovation. Gerade bei langlebigen, kostspieligen Produkten ist eine solche Strategie erfolgversprechend. Aber auch im Konsumbereich tut sich hier etwas. Der aus einem Forschungsprojekt der TU Berlin gegründete ReUse-Verein arbeitet gebrauchte Compu-

tertechnik auf und kombiniert Bauteile zu neuen Desktop-PC für Handwerker und Selbständige, kleine und mittelständische Unternehmen, öffentliche Verwaltungen und soziale Einrichtungen. Im Textilbereich gibt es mit Redesign Hamburg ein unabhängiges Label, das Upcycling-Mode anbietet. Selbst H&M, ein häufig gescholtener Branchenprimus, beginnt mit seiner Garment Collection Initiative, eigene und fremde Textilien zurückzunehmen und mit verschiedenen Möglichkeiten der Weiternutzung zu experimentieren. Was bislang eher im blinden Fleck von Unternehmen lag, ist die Eigenrenovation von Produkten durch Konsumenten selbst. Mit iFixit existiert seit 2003 ein Unternehmen, dass sich nach eigenen Angaben einer Revolution verschrieben hat: dem Recht auf Reparatur zur Durchsetzung zu verhelfen. Diese sog. Reparaturrevolution hat ihre Wurzeln in der Do-it-yourself-Bewegung und der kalifornischen Hackerszene. In der Zwischenzeit gibt es auch in Deutschland eine Vielzahl an „Makerspaces" und „Repair Cafés", in denen aus Konsumenten (Re-)Produzenten werden. Das Potenzial der Vernetzung von Unternehmen und ihren globalen Produktionsstrukturen mit solchen lokalen und kleinteiligen Reproduktionsakteuren ist noch überhaupt nicht in den Blick gekommen. Sie verweist auf den Begriff der Subsistenz, also der Eigenproduktion von Konsumenten, die damit eben keine Konsumenten mehr sind, sowie der Koproduktion mit Unternehmen (Gelbmann und Hammerl 2015).

Kollaboration
Gerade der letzte Punkt in der Renovationsstrategie verweist auf einen größeren Zusammenhang, der auch jenseits von Renovation Bedeutung findet: die Kollaboration von Unternehmen, Konsumenten und Akteuren des sog. Dritten Sektors, der Zivilgesellschaft. Eine Kollaborationsstrategie schließt an die Auffassung des Konsumenten als aktiven Prosumenten, also Koproduzenten an. Indem sich Unternehmen direkt in eine wertschöpfende Beziehung zu ihren Kunden begeben, werden diese Teil des unternehmerischen Wertschöpfungsgefüges. Auch diese Strategie wird bereits angewendet, v. a. bei Ansätzen der User-Innovation und Open-Innovation. Lego hat, nach anfänglichen Schwierigkeiten, seine gesamte Unternehmensstruktur reorganisiert und Teile davon für solche Kundeninnovationsprojekte geöffnet. Diese Vorstellung einer gemeinschaftlich erbrachten Leistung geht zurück auf die Open-Source-Bewegung und wurde durch den Begriff Wikinomics bekannt. Im Vordergrund steht dabei die Peer-to-Peer-(P2P)-Produktion, die Produktion zwischen Gleichen – und zwar zwischen gleichberechtigten Individuen, nicht notwendigerweise Unternehmen. Michael Bauwens argumentiert, dass mit P2P ein neuer Modus der Produktion gefunden ist, der den klassischen Produktionskapitalismus ergänzt, wenn nicht gar weitestgehend ersetzen kann (Bauwens 2005). Die branchenzerstörende Wirkung von P2P hat sich am Beispiel Wikipedia überdeutlich gezeigt, ein Markt für Enzyklopädien besteht schlicht nicht mehr. Zwar ist eine Übertragung im Maßstab 1:1 von solchen Informationsgütern auf Realgüter mit Vorsicht genießen, aber die Hinweise auf subsistenzorientierte Repairbewegungen zeigen, dass auch hier die Dinge in Bewegung geraten. Die aktive Verfolgung einer Kollaborationsstrategie durch Unternehmen bedeutet dann, die eigenen Kunden (und potenzielle Kunden) als Teil der eigenen Wertschöpfung

zu betrachten und ihnen auf Augenhöhe zu begegnen. Lego hat es vorgemacht mit seinem offenen Concept Lab und Lego Cuusoo, einer Webseite, bei der Kunden aufgefordert sind, eigene Legomodelle zu erstellen und darüber abzustimmen, welches dieser Modelle in die Produktion geht. Selbst im Bereich der Steigerung des Markenwerts spielen solche kollaborativen Netzwerke in der Zwischenzeit eine Rolle (Schau et al. 2009). Wird dieser Koproduktionsgedanke in Verbindung gebracht mit der Renovation, dann zeigt sich das gesamte Potenzial einer Kollaborationsstrategie. Im Kern läuft diese Strategie darauf hinaus, Wirtschaft neu zu organisieren, als Hybrid aus heteronomen Fremdversorgungsbeziehungen durch den Markt einerseits sowie autonomen Selbstversorgungsbeziehungen durch P2P-Netzwerke andererseits. Das wäre dann in der Tat eine konviviale Wirtschaft im Sinn von Ivan Illich, bei der das von äußeren Zwängen weitgehend befreite, produktiv tätige Individuum wieder im Mittelpunkt steht (Illich 1973).

Diese fünf wachstumsindifferenten Strategien sind nicht abschließend, wohl aber in einer gewissen Weise *generisch* für Unternehmen, die unter Postwachstumsbedingungen operieren. Je nach unternehmensindividueller Position im Wettbewerb, eigener Ressourcen- und Kompetenzausstattung und vorherrschendem Geschäftsmodell sind diese Strategien anwendbar. Sie sind dabei unabhängig von Wachstum oder Postwachstum. Alle diese Strategien funktionieren in beiden Welten gleichermaßen. In einer Postwachstumsökonomie mit zurückgehenden, stagnierenden oder negativen Wachstumsraten und tendenziell zunehmendem Wettbewerb werden sie allerdings fundamental für die Überlebensfähigkeit von Unternehmen.

5 Ausblick

In diesem Beitrag wurde das Phänomen einer Postwachstumsökonomie zum einen als empirisches Phänomen erläutert. Postwachstum meint dabei einen neuen Zustand der gesamtwirtschaftlichen Entwicklung, der nicht mehr von andauernden positiven Wachstumsraten bestimmt ist. In einer Postwachstumsökonomie gehen die Wachstumsraten zurück, stagnieren auf niedrigem Niveau oder werden negativ. In Verknüpfung mit der Décroissance-Bewegung wird aus einer Postwachstumsökonomie ein politisches Programm zur Gestaltung eines aktiven Übergangs in dieser neuen Art der Wirtschaft: Postwachstum „by design, not by disaster" (Martínez-Alier et al. 2010). Ob Postwachstum nun empirisch oder politisch verstanden wird, für Unternehmen bedeutet es nicht das Ende des Unternehmenswachstums per se – Unternehmenswachstum verstanden als Steigerung der Wertschöpfung. Es bedeutet aber ein radikal anderes wirtschaftliches Umfeld, das andere Strategien erfordert. Mit Konzentration, Domination, Reduktion, Renovation und Kollaboration liegen fünf generische Postwachstumsstrategien vor, die auch unter geänderten Rahmenbedingungen unternehmerischen Erfolg sicherstellen und einen langsamen Abschied von der Wachstumsabhängigkeit zur Folge haben können. Welche weiteren Folgen eine Postwachstumsökonomie haben kann, in welcher Ausprägung sie tatsächlich kommt und welche Veränderungen wiederum Unternehmen selbst durchmachen, wenn sie den hier vorgeschlagenen Strategien folgen, lässt sich aus wissenschaftlicher Sicht schwer beantworten. Die Antwort darauf wird letztlich durch die unternehmerische Praxis gegeben werden.

Literatur

Bauwens M (2005) The political economy of peer production. CTheory, 1
Boulding KE (1973) The shadow of the stationary state. Daedalus 102(4):89–101
Breakthrough Institute (2011) Energy emergence: rebound & backfire as emergent phenomena. Breaktrhough Institute, Oakland
Chan Kim W, Mauborgne R (2005) Value innovation: a leap into the blue ocean. J Bus Strategy 26(4):22–28
Chertow MR (2000) The IPAT equation and its variants. J Industrial Ecol 4(4):13–29
DIW Berlin (2013) Deutschland muss mehr in seine Zukunft investieren (Nr. 26). DIW Berlin, Berlin, S 3–5
DIW Berlin (2014) Wirtschaftliche Impulse für Europa (Nr. 27). DIW Berlin, Berlin
Friedman TL (2007) The power of green. The New York Times, 15. April 2007
Gelbmann U, Hammerl B (2015) Integrative re-use systems as innovative business models for devising sustainable product-service-systems. J Clean Prod 97:50–60
Gordon RJ (2013) US productivity growth: the slowdown has returned after a temporary revival. Int Product Monit 25:13–19
Gordon RJ (2014) The demise of U.S. Economic growth: restatement, rebuttal, and reflections. NBER Working Paper, (19895)
Huebner J (2005) A possible declining trend for worldwide innovation. Technol Forecast Soc Change 72(8):980–986
Illich I (1973) Tools for conviviality. Harper & Row, New York
Korotayev AV, Tsirel SV (2010) A spectral analysis of world GDP dynamics: kondratieff waves, kuznets swings, juglar and kitchin cycles in global economic development, and the 2008–2009 economic crisis. Struct Dyn 4(1):3–57
Larsson M (2005) The limits of business development and economic growth: why business will need to invest less in the future. Palgrave Macmillan, London
Latouche S (2004) Degrowth economics. Le Monde Diplomatique (11/2004)
Liesen A, Dietsche C, Gebauer J (2013) Wachstumsneutrale Unternehmen: Pilotstudie zur Unternehmensperspektive im Postwachstumsdiskurs. Institut für Ökologische Wirtschaftsforschung, Berlin
Majer H (1998) Wirtschaftswachstum und nachhaltige Entwicklung, 3. Aufl. Oldenbourg, München
Majer H (2001) Moderne Makroökonomik: Ganzheitliche Sicht. Oldenbourg, München
Martínez-Alier J, Pascual U, Vivien F-D, Zaccai E (2010) Sustainable de-growth: Mapping the context, criticisms and future prospects of an emergent paradigm. Ecol Econ 69(9):1741–1747
Meadows DL, Meadows DH, Zahn E, Milling P, Heck H-D (1972) Die Grenzen des Wachstums: Bericht des Club of Rome zur Lage der Menschheit. Deutsche Verlags-Anstalt, Stuttgart
Meadows DH, Randers J, Meadows DL (2006) Grenzen des Wachstums: das 30-Jahre-Update: Signal zum Kurswechsel. Hirzel, Stuttgart
Mergermarket (2014) Global private equity outlook. Mergermarket, New York
Paech N (2005) Nachhaltiges Wirtschaften jenseits von Innovationsorientierung und Wachstum: Eine unternehmensbezogende Transformationstheorie: Zugl.: Oldenburg, Univ., Habil.-Schr., 2005. Metropolis, Marburg
Paech N (2009) Postwachstumsökonomie – ein Vademecum. Z Sozialökon 46(160–161):28–31

Polimeni JM, Mayumi K, Giampietro M, Alcott B (2008) The Jevons paradox and the myth of resource efficiency improvements. Earthscan, London

Randers J (2012) 2052: a global forecast for the next forty years. Chelsea Green Publishing, White River Junction

Reichel A (2013a) Das Ende des Wirtschaftswachstums, wie wir es kennen: Betriebswirtschaftliche Perspektiven auf die Postwachstumsökonomie. Ökol Wirtscha 27(1):15–18

Reichel A (2013b) Strategische Handlungsoptionen für Unternehmen in der Postwachstumsökonomie. In: Binswanger HC, Ekardt F, Grothe A, Hasenclever W-D, Hauchler I, Jänicke M, Kollmann K, Michaelis N, Rogall H (Hrsg) Jahrbuch Nachhaltige Ökonomie 2013/2014: Im Brennpunkt: Nachhaltigkeitsmanagement. Metropolis, Marburg, S 191–219

Reichel A (2013c) Das Geschäftsmodell des Weniger: Maß haltendes Wirtschaften in Betrieben. In Vom rechten Maß: Suffizienz als Schlüssel zu mehr Lebensglück und Umweltschutz, Jg. 135. oekom, München, S 92–98

Reichel A, Seeberg B (2013) Ökologische Allowance: Eine Bewertung der absoluten Grenzen der Betriebswirtschaft. Ökol Wirtsch 28(2):35–41

Schau HJ, Muñiz AM, Arnould EJ (2009) How brand community practices create value. J Mark 73(5):30–51

Stern N (2007) The economics of climate change: the stern review. Cambridge University Press, Cambridge

Talley I (2015) IMF: slowing emerging-market growth is sapping global economic prospects. Wall Street Journal, 14. April 2015

Tukker A (2004) Eight types of product–service system: eight ways to sustainability? Experiences from SusProNet. Bus Strategy Environ 13(4):246–260

Turner GM (2008) A comparison of the limits to growth with 30 years of reality. Glob Environ Change 18(3):397–411

von Weizsäcker EU, Hargroves K, Smith M, Desha C, Stasinopoulos P (2010) Faktor Fünf die Formel für nachhaltiges Wachstum. Droemer, München

von Winterfeldt U (2007) Keine Nachhaltigkeit ohne Suffizienz: Fünf Thesen und Folgerungen. vorgänge 179:46–54

Prof. Dr. André Reichel hat eine Professur für Critical Management & Sustainable Development an der Karlshochschule International University in Karlsruhe. Seine Forschung beschäftigt sich mit betriebswirtschaftlichen Perspektiven auf die Postwachstumsökonomie sowie der Anwendung systemtheoretischer Methoden und Modelle auf wirtschaftliche und gesellschaftliche Fragestellungen. Lehrtätigkeiten umfassen eine kulturalistische und kritische Einführung in das Management, Fragen der globalen Wirtschaftsordnung sowie die Chancen und Grenzen einer nachhaltigen Entwicklung. Kontakt und Informationen: http://www.andrereichel.de.

Strategien der Exzellenz. Wertestrategien zu den Wettbewerbsvorteilen von morgen

Friedrich Glauner

1 Die Fiktion rationaler Strategieentwicklung

Folgt man der einschlägigen Literatur (Porter 1985, 1996; Hamel und Prahalad 1990, 1995), ist Strategieentwicklung der Weg zu den Wettbewerbsvorteilen von morgen. Aus Sicht von Unternehmen ist sie die Königsdisziplin in der Unternehmensführung, denn sie ordnet alle Aufgaben der Unternehmensführung einem übergeordneten Ziel unter (Müller-Stewens und Lechner 2003, S. 20 ff.). Ausgehend von den drei Fragen „Was ist unsere wahre Passion? Worin können wir die Besten sein? Was ist unser wirtschaftlicher Motor?" (Collins 2001, S. 95 f.) reflektiert die Strategieentwicklung das Geschäftsmodell und leitet davon die Produkte, Märkte, Zielgruppen und Kunden des Unternehmens ab. Sie ist somit das rationale Verfahren zukunftsfähiger Unternehmensführung, rational hier verstanden als regelhaftes Verfahren, das in messbaren Input-Output-Relationen Erfolg planbar macht.

Ist aber Strategieentwicklung wirklich das rationale Verfahren zur Planung unternehmerischer Erfolge? Drei Gründe lassen dies bezweifeln.

Der erste liegt im Wesen der Zukunft. Weil sie intransparent ist, können wir bei unseren strategischen Entscheidungen nicht wissen, wie sich diese verändern wird. Aufgrund dieser *Opazität der Zukunft* tun wir uns schwer mit Prognosen insbesondere zu radikalen, d. h. unerwarteten, neuartigen, sprungfixen oder auch exponentiellen Umweltveränderungen. Prägnantes Beispiel hierfür ist das Unternehmen Nokia. Es verschwand quasi über Nacht, weil es in seinen Strategien den Smartphonemarkt verfehlte.

F. Glauner (✉)
Weltethos Institut, Universität Tübingen, Hintere Grabenstraße 26, 72070 Tübingen, Deutschland
E-Mail: friedrich.glauner@culturalimages.de

© Springer-Verlag GmbH Deutschland 2017
T. Wunder (Hrsg.), *CSR und Strategisches Management,* Management-Reihe Corporate Social Responsibility, DOI 10.1007/978-3-662-49457-8_18

Der zweite Grund, weshalb klassische Ansätze[1] der Strategieentwicklung kein objektives Verfahren zur Absicherung unternehmerischer Zukunftsfähigkeit bieten, liegt in der *Opazität der Gegenwart*. Auch wenn die Wirtschaftswissenschaften in ihren Modellannahmen unterstellen, dass wir bei unseren Planungen über vollkommene Information und Transparenz der Sachlage verfügen, also im Sinn des Homo oeconomicus jederzeit rational über die Wahl von Mitteln, Wegen und Zielen entscheiden können, gilt faktisch: als endliche Menschen verfügen wir nicht über den in der Theoriebildung unterstellten Gottesgesichtspunkt vollkommener Information. Wir treffen unsere Entscheidungen und insbesondere unsere Strategieentscheidungen vielmehr immer in Situationen unvollständiger Information, d. h. in einer Lebenswelt, die nicht im Ceteris-paribus-Modus operiert. Hierbei verändert sich die Umwelt nicht nur permanent, schlimmer noch, sie gestaltet sich auch allzu oft deutlich anders, als wir sie uns in unseren kühnsten Strategien erträumt haben.

Der dritte Grund, weshalb die Fiktion der Rationalität von Strategieentscheidungen zu hinterfragen ist, entspringt der *Opazität des Ursache-Wirkung-Geflechts in komplexen Systemen*. In komplexen Systemen können wir nie eindeutig festmachen, was die konkreten Ursache-Wirkung Zusammenhänge eines Ereignisses waren, geschweige denn sie gesetzmäßig herleiten oder gar vorhersagen.[2]

Die Nichtberechenbarkeit von Ursache und Wirkung lässt sich auf der Ebene der Strategieentwicklung selbst verdeutlichen. Gäbe es einen Algorithmus für unternehmerischen Erfolg – also eine logisch zwingende Regelhaftigkeit zwischen strategischen Annahmen, unternehmerischen Aktivitäten und ökonomischen Ergebnissen – würden wir wohl alle kybernetische Mathematik studieren. Wie aber große Erfolgsunternehmer zeigen, etwa Steve Jobs, Henry Ford, Walt Disney, die Gebrüder Albrecht, Max Grundig, Erich Sixt, Hasso Plattner, Peter Dussmann, Bill Gates, Adolf Würth oder Götz Werner, lassen sich weder deren Persönlichkeiten noch deren Erfolge kopieren. Jeder von ihnen ist einzigartig, d. h. ein Solitär und „one of a kind". Selbst wenn wir mit Jim Collins (2001) und Hermann Simon (1998, 2007) die jeweiligen Strategien ihrer Unternehmen im Reigen sonstiger „hidden champions" und „masters of excellence" betrachteten und Schlüsse zögen, welche Gemeinsamkeiten ihren Erfolg geprägt haben, wir müssten angesichts der unternehmerischen Wirklichkeit zugestehen: nicht jeder, der beispielsweise Gary Hamels Mantra der Regelbrüche folgt (Hamel 2000) und Märkte oder Produkte neu definiert, ist

---

[1] Klassische Strategieansätze sind solche, die auf Grundlage profunder Stärken-, Schwächen- und Umfeldanalysen ein segmentäres Strategieportfolio entwickeln, um in der Verknüpfung einzelner Strategieperspektiven wie beispielsweise risiko-, wachstums-, rentabilitäts-, wertschöpfungs-, kosten-, prozess- und innovationsorientierter Strategien sowie zusätzlichen Strategieelementen wie Qualitäts-, Total-Quality-Management(TQM)-/Excellence-der-European-Foundation-for-Quality-Management(EFQM)-, Supply-chain- oder Make-or-Buy-Strategien das Unternehmen so auszurichten, dass die Einzelstrategien ein einem abgestimmten Strategiemix einander positiv verstärken und auf das übergeordnete Unternehmensziel einzahlen (vgl. Müller-Stewens und Lechner 2003; Weissman 2006).

[2] Folgen wir mit Edward N. Lorenz der kybernetischen Einsicht, dass bei hoch komplexen Systemen mit starken und schwachen Wechselwirkungen der Flügelschlag eines Schmetterlings in Brasilien einen Tornado in Texas auslösen kann (Lorenz 1993), dann müssen wir zugeben, dass wir in unseren Strategien mit Annahmen arbeiten, die einen Widerhall in der Realität finden können, nicht aber zwingend finden werden, geschweige denn notwendig finden müssen.

damit erfolgreich. Es gibt keine Regelhaftigkeit für Erfolg, nur Regelhaftigkeiten, die den Misserfolg wahrscheinlich machen.

Wenn wir begreifen, dass die unternehmerische Strategieentwicklung nicht von einem objektiven und rational begründbaren Wirklichkeitsverständnis abgeleitet werden kann, stellt sich die Frage, was unternehmerische Strategieentwicklung leitet. Die im Weiteren zu erläuternde Antwort lautet:

These 1 Strategieentscheidungen werden von Werten geleitet, die hinter und außerhalb der strategischen Entscheidungsfindung liegen.
Begreifen wir, dass die grundlegenden Treiber menschlichen und unternehmerischen Handelns wertegetrieben sind, müssen wir das Thema Strategieentwicklung aus der Dynamik der in Strategien wirkenden Werte heraus rekonstruieren. Hierzu ist es notwendig, die Folie zu entfalten, vor der das Konzept einer werteorientierten Strategieentwicklung seinen Gehalt bekommt. Sie besteht erstens aus der Rekonstruktion der ökonomischen Logik der Strategieentwicklung, zweitens aus der Rekonstruktion der Corporate-Social-Responsibility(CSR)-Logik der Strategieentwicklung sowie drittens aus der Darstellung Logik der Werte in sozialen Systemen. Vor diesem dreifachen Hintergrund werden im vierten Schritt die Logik und der Treiber einer Wertestrategie entfaltet, die den Weg zu den Wettbewerbsvorteilen von morgen weist.

2 Die ökonomische Logik der Strategieentwicklung: Ertrag

Laut der Betriebswirtschaftslehre ist Ertragsschöpfung das oberste Ziel der Unternehmung. Sie dient zweierlei. Erstens verhindern gesunde Erträge das zwangsweise Ausscheiden aus dem Markt, etwa durch Insolvenz. Zweitens bedienen Erträge das Shareholderinteresse. Sie verzinsen eingebrachtes Kapital von Eigentümern und Kapitalgebern und sorgen so dafür, dass diese das Unternehmen weiter finanzieren und nicht mangels ausbleibender Renditen aufgeben. In dieser Ertragsfixierung wird die Steigerung des Shareholder-Values zum obersten Ziel der strategischen Entscheidungen (Rappaport 1986, sowie in jüngster Version Goedhart et al. 2015). Das hat Konsequenzen für das Strategieverständnis im Allgemeinen sowie das unternehmensspezifische Strategieportfolio im Besonderen. Denn die Ertragslogik der Betriebswirtschaftslehre begründet das zentrale Credo der Wirtschaftswissenschaften. Es lautet: *Wettbewerb*. Die Ratio des Wettbewerbs lebt aus einer instrumentellen Interpretation der Wirklichkeit. Die Welt wird daraufhin abgetastet, wie im Kampf aller gegen alle die eigenen Ziele optimal erreicht werden können. Selbst Kooperations-, Win-win- und Netzwerkstrategien stehen in dieser Strategieperspektive im Licht eines persönlichen Vorteils. Das Vorbild der Strategieentwicklung ist deshalb die „Kunst der Kriegsführung", die auf die Unternehmensführung übertragen wird.[3]

---

[3] Exemplarisch für diese Übertragung ist die von Boston Consulting herausgegebene Textsammlung von Clausewitz (2001) aber auch Managementbestseller wie Robert Greenes Buch „Power" (Greene 2001), das die Lehren der großen Meister der politischen und militärischen Strategieentwicklung für den Alltagsgebrauch erschließt.

Aus der Ertragslogik der Betriebswirtschaft folgt nicht nur das Mantra des Wettbewerbs, sondern damit einhergehend die Verengung der Strategieperspektive auf *Knappheit*. Strategische Planung, so die gängige Lesart, dient der ertragsorientierten Organisation von Knappheit – sei es an Zeit, Geld oder sonstigen Mitteln und Ressourcen.

These 2 Ökonomische Strategien organisieren Knappheit zur Steigerung unternehmerischen Ertrags.
Bringen wir mit dieser These das ökonomische Strategieverständnis auf den Punkt: Aus betriebswirtschaftlicher Sicht dient die Unternehmensstrategie der Organisation von Knappheit mit dem Ziel, Erträge zu steigern. Hierzu richtet sie strategische Ziele und operative Mittel so aneinander aus, dass das Unternehmen im Wettbewerb bestehen kann. Betrachtet man aus einer Metaperspektive, wie im ökonomischen Strategieverständnis die Vorstellungen von Strategie, Wettbewerb, Knappheit und Kampf zusammenhängen, eröffnet sich der Werteraum, der die ökonomische Logik der Strategieentwicklung prägt:

- Aus dem Fundus der Kriegsstrategien ist es die Vorstellung der Dominanz (Clausewitz 1832; Sun 1988; Musashi 1645), betriebswirtschaftlich gesprochen das Ideal absoluter Marktbeherrschung.
- Aus dem Fundus der politischen Strategien sind es die Werte der List, der Taktik sowie der strategischen Kooperation mit „Feinden" (Machiavelli 1531, 1532; Al-Hasan Nizamulmulk 1959; Schmitt 1932), betriebswirtschaftlich gesprochen die absolute Beherrschung der Wertschöpfungskette.
- Aus dem Fundus der ökonomischen Strategien ist es der Wert der selbstbezogenen Vorteilnahme, betriebswirtschaftlich gesprochen das Ideal der uneingeschränkten Ertragsgestaltung auf Grundlage exklusiver Produkteignerschaft.

Spannt man diese drei Dimensionen der ökonomischen Strategiebildung, d. h. das Streben nach Marktbeherrschung, nach Beherrschung der Wertschöpfungskette und nach exklusiver Produkteignerschaft, als Strategieraum auf, steht in dessen Zentrum das Ideal des Monopols. Auch wenn es der Gesetzgeber unterbinden möchte: *Die ökonomische Logik der Strategieentwicklung zielt auf eine möglichst monopolistische Beherrschung des Markts (Kunden und Wettbewerber), der Wertschöpfungskette (Lieferanten und Kunden) sowie der Produkt- und Preisgestaltung (Monopol im Anbietermarkt). Strategie und Taktik erweisen sich in dieser Logik als Mittel zur Generierung rein selbstbezogener Ziele.*

Angesichts der immer weiter um sich greifenden Ökonomisierung aller Lebensbereiche führt dieses selbstbezogene Strategie- und Handlungsverständnis in unserer heutigen Lebenswelt zu zwei gravierenden Konsequenzen. Sie bilden den Ausgangspunkt für den Ruf nach einem nachhaltigeren und verantwortlicheren Strategie- und Wirtschaftsverständnis: die erste Konsequenz betrifft das zwischenmenschliche Verhalten der scheinbar rational handelnden Homo oeconomici: Wenn alles zur bezahlbaren Ware wird und persönlicher

Erfolg nur noch in Geldwerten zählt, erodieren die Grundlagen, aus denen heraus soziale Gemeinschaften leben, Unternehmen, Familien oder auch ganze Gesellschaften.[4]

Die zweite Konsequenz des rein selbstbezogenen Strategie- und Handlungsverständnisses der Betriebswirtschaft betrifft das Verhalten von Unternehmen in ihrem Umfeld aus Natur und Gesellschaft. Denn die ökonomische Logik der knappheitsfixierten Ertragsorientierung verändert nicht nur das Verhalten Einzelner, sondern auch das Verhalten von Unternehmen in Richtung egozentrierter Vorteilsnahme. Kenntlich wird dies an zwei Sachverhalten. Erstens an den Konzentrations- und Dominanzstrategien, die mit ihrem Slogan „size matters" zum Basiskanon der Unternehmensführung gehören. Sie führen dazu, dass Unternehmen idealerweise ihren Markt exklusiv beherrschen wollen[5], was dazu führt, dass sich in allen Märkten Konzentrationsdynamiken entwickeln, die zur Ausdünnung bis hin zur Vernichtung eines vielfältigen Markts führen und damit die Marktlogik eines freien Wettbewerbs als Fiktion entlarven.[6] Der zweite Sachverhalt ist noch bedenklicher: *In einer rein selbstbezogenen, ertragsfixierten Unternehmensführung nutzen Unternehmen, sofern möglich, strategisch bevorzugt solche Mittel, die nicht mit Marktpreisen belegt sind und folglich für das Unternehmen nichts kosten.* Denn sie bieten einen Hebel für exponentielle Profite. Betrachtet man den globalen Ressourcenraubbau sowie die Auslagerung von Risiken und Kosten in die „supply chain", z. B. die Vermeidung von Arbeitsschutzmaßnahmen durch Outsourcing nach Indien, Bangladesch oder Vietnam, wird ersichtlich, dass unternehmerischer Profit oft einhergeht mit der Nutzung von Ressourcen, die Anderen oder der Allgemeinheit gehören und deren Folgekosten von diesen getragen werden.

---

[4] Sowohl Untersuchungen zur erodierenden Ethikdisposition von Studenten der Wirtschaftswissenschaften belegen dies (vgl. Godwyn 2014, 2015), als auch Studien von Paul Babiak und Robert D. Hare (2007). Ihnen gemäß sind drei bis vier Prozent aller höherrangigen Angestellten in Unternehmen Soziopathen. Sie definieren Soziopathen als Menschen, die sich bei der Durchsetzung ihrer Eigeninteressen keinerlei sozialen Bindungen verpflichtet sehen und ihre Ziele auf Kosten anderer und gegebenenfalls um jeden Preis durchsetzen. Da der Anteil von Soziopathen an der Bevölkerung bei etwa einem Prozent liegt, belegt die Studie, dass das bestehende Wirtschaftssystem und die darin agierenden Unternehmen bevorzugt Menschen in Verantwortung bringen, die egozentrierte Vorteile auf Kosten anderer suchen.

[5] Im Großen fallen die Strategien von Apple, Google, Facebook und Co. darunter, da sie mit ihren Geschäftsmodellen die Märkte komplett arrondieren und in der Konzentration auf den Aufbau eigener geschlossener Produktwelten gegenüber dem Wettbewerb absichern. Im kleineren finden wir die gleichen Strategien bei den „hidden champions" (Simon 2007), beispielsweise der Truma Gerätetechnik GmbH & Co.KG, die den europäischen Markt für gasbetriebene Caravan-Heizungen fast allein bespielt.

[6] Prominentes Beispiel ist der Handel, bei dem beispielsweise in Deutschland die Konzerne Metro, Edeka, Aldi sowie die Lidl-Schwarz-Gruppe mehr als 80 % der Einkaufsmacht im Einzelhandel auf sich vereinen und so im Sinn eines inversen Oligopols Hersteller und freie Lebensmitteleinzelunternehmen beliebig aus dem Markt drängen können.

These 3 Die ökonomische Logik der knappheitsfixierten Ertragsorientierung treibt Unternehmen in Strategien des kurzfristigen Denkens und selbstbezogenen Ressourcenraubbaus.

Dieser Logik gemäß wirtschaften Unternehmen besonders dann erfolgreich, wenn sie Profite privatisieren sowie anfallende Kosten auslagern oder kollektivieren. Es ist die Logik verantwortungsloser Profits auf Kosten anderer.

3 Die Corporate-Social-Responsibility-Logik der Strategieentwicklung: Verantwortung

Der Ruf nach ganzheitlich verantwortlichem Wirtschaften (CSR) ist der Versuch, die ökonomische Zwangslogik kurzfristiger, raubbaufördernder Unternehmensstrategien zu durchbrechen. Er fordert Unternehmen auf, das ökonomische Ertragsziel in Nachhaltigkeitsbetrachtungen einzubetten, die Erfolg nicht mehr ausschließlich am kurzfristigen Primat des Ertrags bemessen, sondern auch am langfristigen Primat der Nachhaltigkeit. Diese Nachhaltigkeitsperspektive fokussiert der Triple-bottom-line-Ansatz der ökonomischen, ökologischen und sozialen Wirkungen unseres wirtschaftlichen und gesellschaftlichen Handelns, wie sie in § 8 der Johannesburg Declaration on Sustainable Development (A/CONF.199/20; http://www.un-documents.net/jburgdec.htm) sowie daran anschließend von Elkington (1997) und Fisk (2010) ausformuliert wurden.

Selbst wenn wir unterstellen, dass sich die Fragen, auf welchen Grundlagen und mit welchen Maßstäben[7] ökologische und soziale Nachhaltigkeit gemessen werden sollen, so präzise lösen ließen wie die ökonomische Messung von Ertrag[8], bleibt offen, weshalb Unternehmen überhaupt einen Triple-bottom-line-Ansatz einnehmen sollten. Aus der Perspektive des „advocatus diaboli" gesprochen kann argumentiert werden, dass – so etwa Luhmann – das System der Wirtschaft anderen Regeln folgt, als beispielsweise das System des Politischen, des Rechts oder der Moral (Luhmann 1997, S. 595 ff.). Es ist deshalb nicht zwingend, das eine mit den Maßstäben des anderen zu bewerten. Folgt man

---

[7] Nimmt man die Nachhaltigkeitsformulierung aus dem Brundtland-Bericht, bleibt mit dem dort verwendeten, überaus schwammigen Begriff der Bedürfnisse („needs") gerade offen, wie Nachhaltigkeit auszudeuten ist: „Sustainable development is development that meets the needs of the present without compromising the ability of future generations to meet their own needs. It contains within it two key concepts: the concept of ‚needs', in particular the essential needs of the world's poor, to which overriding priority should be given; and the idea of limitations imposed by the state of technology and social organization on the environment's ability to meet present and future needs." (Brundtland Bericht: Report of the World Commission on Environment and Development: Our Common Future, http://www.un-documents.net/our-common-future.pdf, S. 42).

[8] Betriebswirtschaftlich bemisst sich Erfolg an den Kennzahlen der Bilanz und Gewinn-und-Verlust-Rechnung sowie an den erweiterten Kennzahlen von EFQM und Balanced-Scorecard-Modellen (Kaplan und Norton 1996). Volkswirtschaftlich sind es dagegen Kennzahlen wie beispielsweise der jährliche Zuwachs am Bruttosozialprodukt (vgl. Lepenies 2013) oder der nationale Verschuldungsgrad, die Beschäftigungslage und der Handelsüberschuss.

in dieser Perspektive etwa Karl Homann (Homann und Blome-Drees 1992; Homann und Lütge 2005) oder auch der Logik der „corporate governance"[9], ist alles, was von Unternehmen im Rahmen des gesetzlich Zulässigen unternommen wird, legitimiert. Folglich können seitens Unternehmen alle weitergehenden Anforderungen zurückgewiesen werden.

Warum also greift das Pochen auf unternehmerische Verantwortung nicht? Betrachten wir ein Unternehmen, das im harten Wettbewerb steht und die Möglichkeit hat, teure Arbeitskräfte zu entlassen und die Produktionsstätte an einen Ort zu verlagern, wo deutlich geringere Löhne und Auflagen für Arbeits- und Umweltschutz gelten. In der Mehrheit der Fälle wird es diese legale, jedoch eher unethische Chance der Kostenreduktion nutzen. Steht ein Unternehmen mit dem Rücken zur Wand, wird es sie automatisch ergreifen, um sein Überleben zu sichern. Diese Kluft zwischen unternehmerischem Handeln und den von Politik, Gesellschaft und CSR-Adepten geforderten Nachhaltigkeitsansprüchen zeigt, CSR greift nicht auf der Unternehmensebene. Aus zwei Gründen: Erstens, weil die Ansprüche von außen an das Unternehmen herangetragen werden, und zweitens, weil die erhobenen Ansprüche auf Problembestände der Meso- und Makroebene abzielen, also das Verhältnis von Unternehmen, Wirtschaft und Gesellschaft. Wie weiter unten ausführlich gezeigt wird, bleiben Unternehmen in ihren strategischen und taktischen Überlegungen jedoch notwendig auf die Mikroebene der Unternehmensführung fokussiert.

These 4 CSR verfängt nicht in Unternehmen, weil es nicht dem Verständnis von Verantwortung entspricht, das die Logik der Ökonomie dem Unternehmen vorschreibt.
Belegt wird die These, dass CSR von außen an Unternehmen herangetragen wird, gerade durch die Leuchttürme CSR-geprägter Unternehmensführung, darunter dm, Hilti, Hipp. Leuchttürme sind sie deshalb, weil sie die Ausnahmeerscheinungen im dunklen Meer der Akteure sind, die ihr Handeln ausschließlich an der oben skizzierten ökonomischen Logik ausrichten. Wie skizziert und des Weiteren ausführlich dargestellt wird, erschöpft sich das Verantwortungsbewusstsein der ökonomisch handelnden Akteure auf die Mikroebene des Unternehmens, d. h. auf die Logik der Ertragssicherung. Wenn ethisches Verhalten dazu dienlich ist, ist das ein schöner Nebeneffekt, „nice to have", nicht jedoch das primäre Ziel unternehmerischer Aktivitäten. Wirkt ethisches Verhalten dagegen ertragsmindernd, wird es, wie das Beispiel der Produktionsverlagerung zeigt, als unnötiger Ballast zumeist über Bord geworfen. Weder das Ideal des ehrbaren Kaufmanns, noch ein wohltätiger „employerbrand" oder das partizipative Teilen von Ertragschancen kann darüber hinwegtäuschen, dass, wenn es um Moral und Existenz geht, Unternehmen i. d. R. Berthold Brechts Diktum folgen: „Erst kommt das Fressen, dann kommt die Moral".

---

[9] In der Logik der „corporate governance" legt der Gesetzgeber gemeinsam mit der Wirtschaft in normierten Verfahren fest, wie sich Unternehmen zu verhalten haben: „Der Deutsche Corporate Governance Kodex (der „Kodex") stellt wesentliche gesetzliche Vorschriften zur Leitung und Überwachung deutscher börsennotierter Gesellschaften (Unternehmensführung) dar und enthält international und national anerkannte Standards guter und verantwortungsvoller Unternehmensführung" (Präambel des Deutschen Corporate Governance Kodex, http://www.dcgk.de/de/kodex/aktuelle-fassung/praeambel.html).

These 5 Das CSR-Pochen auf Verantwortung verfehlt den Kern unternehmerischen Handelns, weil unternehmerische Verantwortung in der Logik der Ökonomie primär die Verantwortung für das Unternehmen ist, nicht für die Gesellschaft.
Sollen Unternehmen in ihrer eigenen Logik davon überzeugt werden, dass nachhaltige Unternehmensführung auch Belange zu berücksichtigen hat, die außerhalb der oben skizzierten ökonomischen Logik der Unternehmensführung liegen, muss anders argumentiert werden, als mit Appellen an Ethik und die Vernunft. Gefordert ist eine Nachhaltigkeitsargumentation, die aus der Mikrologik der Unternehmensführung selbst entspringt. Den Ansatzpunkt für eine solche Argumentation und ein daraus ableitbares Strategieverständnis der Nachhaltigkeit finden wir in der Logik und Dynamik der Werte von Unternehmen.

4 Die Logik der Werte in sozialen Systemen: Überlebensfähigkeit

Unternehmen sind soziale Systeme. Menschen gründen sie zur Entwicklung komplexer Produkte und Dienstleistungen, die ein Einzelner allein nicht herstellen kann, beispielsweise Automobile, Fernseher, Mobiltelefone aber auch herzchirurgische Operationen, Flüge zum Mond, die Aufführung von Shakespeares „King Lear" oder von Beethovens fünfter Symphonie. Der Gründungsakt eines Unternehmens entspringt der Notwendigkeit zu kooperieren, um komplexe Not zu wenden, d. h. substanziell komplexen Nutzen zu stiften.

Am Selbstverständnis der Nutzenstiftung, die eine Unternehmung bewirkt, kommt die grundlegende Wertegebundenheit unternehmerischer Aktivitäten zum Ausdruck. Für wen auf welche Weise ein bestimmter Nutzen gestiftet werden soll, hängt davon ab, welche Werte hinter dem Geschäftsverständnis liegen und den Kern des Geschäftsmodells prägen. Vergegenwärtigen wir uns hierzu die Logik der Unternehmensziele. In der ökonomischen Logik besteht der primäre Unternehmensnutzen in der shareholderorientierten Erwirtschaftung von Erträgen (Rappaport 1986). Das Ertragsprimat prägt alle strategischen Entscheidungen: Anhand der Analyse der maßgeblichen Wettbewerbskräfte (Porter 1996) gilt es, strategisch langfristig zu verteidigende Kernkompetenzen auszubilden (Hamel und Prahalad 1990), die das Unternehmen befähigen, sich mit seinen Produkten und Dienstleistungen so zu differenzieren, dass tragfähige Wettbewerbsvorteile erarbeitet und verteidigt werden können (Porter 1985). Die Ausbildung solcher Wettbewerbsvorteile steht selbst unter der Ertragsperspektive. Wie die obige Analyse gezeigt hat, droht diese selbstbezogene Ertragsfixierung gerade das aus dem Auge zu verlieren, was Ertrag ermöglicht und nicht mit den Kennzahlen des Ertrags gemessen werden kann – nämlich den Fokus auf die Qualität und Güte der Fremdnutzenstiftung.

Um dieser Falle zu entgehen, schießen Porter und Kramer (2011) das Konzept des Shared-Value in die Strategieentwicklung ein. Es erweitert das Ertragsprimat um den Gesichtspunkt des Teilens. In Fortentwicklung des ertragsfixierten Strategieverständnisses dient der Shared-Value-Topos als Regulativ einer selbstbezogenen Ertragsfixierung. Mit dem Topos des Teilens repräsentiert der Shared-Value-Ansatz jedoch lediglich den Versuch, aus einer

Verantwortungslogik der Selbstverpflichtung heraus die ökonomische Logik der Strategieentwicklung auszuweiten, indem nicht nur Shareholderinteressen, sondern auch Stakeholderinteressen berücksichtigt werden. Die Rede von Shared-Value, also geteilten Erträgen, unterstreicht dabei die Wirksamkeit der ökonomischen Logik: nämlich die Fixierung auf den Ertrag selbst. Das aber zeigt: Die fundamentalen Werte, die das Geschäftsverständnis tragen, werden in der Strategie repliziert. Im Fall der ökonomischen Logik heißt dies: Die ökonomische Strategieentwicklung bleibt im Kern selbstbezogen ertragsfixiert. Genau dies führt uns zum zentralen Punkt der Wertegebundenheit von Geschäftsmodellen.

These 6 Die tragenden Werte des Geschäftsverständnisses replizieren sich in der Strategieentwicklung. Sie wirken als sich selbst verstärkende Filter, mit denen die Umwelt wahrgenommen wird. Passen sie zur Wirklichkeit, stärken sie das Unternehmen. Verfehlen sie die Umwelt, zerfällt das System.

5 Die Logik zukunftsfähiger Strategieentwicklung: Werteschöpfung

Fassen wir die bisherige Argumentation zusammen. Will man Unternehmen davon überzeugen nachhaltig zu handeln, sind andere Argumente notwendig als CSR- und triple-bottom-line-orientierte Verantwortungsappelle. Auch die aus der Ökonomie heraus entwickelten Argumentationen für ethisch nachhaltiges Wirtschaften greifen zu kurz.[10] Der Grund dafür wurde oben schon genannt. Sie sitzen einem *zweifachen Kategorienfehler* auf. Erstens vermengen sie die systemischen Steuerungsimpulse, nach denen sich Menschen und Unternehmen verhalten. Zweitens verfehlen sie mit ihren Ansprüchen die relevante Handlungsebene, die unternehmerische Handlungen triggern. *Werden diese Handlungsebene und die daraus resultierenden Steuerungsimpulse aus der Logik der in Unternehmen wirkenden Werte rekonstruiert, ergibt sich ein Ansatzpunkt, wie innerhalb der Mikrologik unternehmerischen Handelns ethisch nachhaltiges Handeln Strategien und Geschäftsmodelle fundiert, die den Weg zu den Wettbewerbsvorteilen von morgen weisen.*

Wege zu den Wettbewerbsvorteilen von morgen
Unternehmen stehen heute im Sog diverser Megatrends, darunter den vier folgenden:

1. der Beschleunigung aller Prozesse,
2. der Entgrenzung angestammter Märkte und Dienstleistungen,
3. dem Wegfall bestehender Geschäftsfelder und Geschäftsmodelle sowie
4. dem Verlust von Alleinstellungsmerkmalen (Glauner 2015b).

---

[10] Ökonomische Argumente für ethisches Wirtschaften speisen sich aus der Überzeugung, dass nachhaltig verantwortungsvolles Verhalten Transaktionskosten senkt und so Ertragspotenzial hebt. Diese sind verborgen beispielsweise in geringeren Folgekosten sowie in Reputationsgewinnen bei der Markenreputation oder dem „employer branding" (vgl. Gray und Balmer 1998; Hutton et al. 2001).

Wie McKinsey in einer Studie vom September 2014 hervorhebt, sind diese Trends technologiegetrieben. Indem sie zu einer immer weiter um sich greifenden Vernetzung aller Bereiche der Wirtschaft führen, verändern sie auch solche Unternehmen und Märkte, die nicht technologiegetrieben sind. „Technology and connectivity have disrupted industries and transformed the lives of billions. … In the years ahead, acceleration in the scope, scale, and economic impact of technology will usher in a new age of artificial intelligence, consumer gadgetry, instant communication, and boundless information while shaking up business in unimaginable ways" (Dobbs et al. 2014, S. 1).

Treten wir angesichts dieses Tableaus der radikalen Transformation aller Märkte einen Schritt zurück, kommt das zentrale *Paradoxon moderner Unternehmensführung* in den Blick (Glauner 2016a). Es besteht darin, dass Unternehmen angesichts dieser Transformations- und Entgrenzungsprozesse zwei gegensätzliche Fähigkeiten ausbilden müssen, wenn sie im Markt weiterhin bestehen wollen. Einerseits müssen sie in all ihren Facetten immer flexibler und wandlungsfähiger werden, zugleich müssen sie in ihrem Leistungsspektrum unverwechselbar werden.

These 7 Zukunftsfähige Strategieentwicklung zeigt Lösungswege auf, wie Unternehmen in ihren Formen, Funktionen und Geschäftsmodellen immer flexibler und darin zugleich unverwechselbar werden.

Diese Aufgabe zukunftsfähiger Strategieentwicklung, das Unternehmen zugleich flexibel und unverwechselbar auszurichten, weist den Weg zu den Wettbewerbsvorteilen von morgen. Er besteht darin, eine Unternehmenskultur auszubilden, mit der zugleich Flexibilitätspotenziale gehoben und Potenziale einer substanziellen Unverwechselbarkeit entwickelt werden können (Glauner 2013, 2015a). Beim Aufbau solcher Unternehmenskulturen geht es weder primär um den Aufbau tragfähigen Sozialkapitals (Dahrendorf 1995; Dasgupta und Serageldin 2000; Ostrom 2000; Sennett 2007; Badura et al 2013) noch um die Steigerung von Loyalität und Mitarbeiterengagement noch darum, eine von der Generation Y eingeforderte Sinnhaftigkeit zu entwickeln[11], mit der deren Leistungsfähigkeit aktiviert werden kann. Im Gegenteil, es geht beim Aufbau solcher Unternehmenskulturen im Kern um die Fähigkeit, dass das Unternehmen für sich die zentrale Zukunftsressource erschließt, die auf die Märkte der Zukunft einzahlt: es ist die *Ressource Bewusstsein*.

---

[11] „Millennials overwhelmingly believe that business needs a reset in terms of paying as much attention to people and purpose as it does to products and profit. Seventy-five percent of Millennials believe businesses are too fixated on their own agendas and not focused enough on helping to improve society" (Delloitte Millenium Survey 2015, Executive Review, S. 1). Auf der deutschen Internetseite zur Studie führt Deloitte dazu aus: „Soziales Engagement wird wichtig: Die Mehrheit (Deutschland 62%/weltweit 75%) kritisiert das profitgetriebene Wirtschaften von Unternehmen. Deren gesellschaftliche Wichtigkeit wird hoch eingeschätzt – 43% der Deutschen denken, dass Unternehmen soziale Themen stärker beeinflussen als die Regierung. Das Verhalten von Firmen bewertet ein Großteil (Deutschland 39%/weltweit 53%) sogar als ethisches Statement und fordert von Führungskräften Mithilfe bei der Verbesserung der Gesellschaft." (http://www2.deloitte.com/de/de/pages/innovation/contents/millennial-survey-2015.html).

These 8 Zukunftsfähige Strategieentwicklung zielt auf die Steigerung von Bewusstseinskapital. Sie gründet in Kulturstrategien der Bewusstseinsschöpfung zur Erschließung der Bewusstseinsmärkte von morgen.
Bewusstsein als Basisressource der Märkte von morgen wirkt sowohl auf der Anbieterseite als auch auf der Konsumentenseite als Innovationstreiber. Dies ist dem Umstand geschuldet, dass Unternehmen auch zukünftig ihre Geschäftsmodelle auf hart umkämpften Märkten ausrichten müssen, bei denen es gilt, im globalen Wettbewerb Produkte zu verkaufen, die der Art und Zahl nach oft austauschbar sind. Bewusstsein spielt in diesem Zusammenhang eine janusköpfige Rolle:

Für Unternehmen, die in der Logik entgrenzter Märkte gefangen bleiben, ist Bewusstsein dasjenige Vehikel, mit dem Sinnstiftungsfunktionen, wie Versprechen von Authentizität, Glück oder Unverwechselbarkeit operationalisiert und in emotional inszenierten Markenräumen für den Markt verdichtet werden. Diese emotionalen Inszenierungen von Sinn dienen dazu, beim übersättigten Kunden Anreize und Begehrlichkeiten zu triggern, die den Konsum anregen.

Für Unternehmen, die sich dagegen auf die Notwendigkeiten der Märkte von morgen einlassen, ist Bewusstsein mehr als nur Vehikel für die konsumrauschgetriebene Inszenierung von Sinn. Bewusstsein ist in diesen Märkten der Motor und das Medium zur Entwicklung völlig neuer Geschäftsmodelle, die auf die Leitthemen der Zukunft einzahlen (Glauner 2015d, 2016a sowie insbesondere 2016b). Damit ist solches Bewusstsein abzugrenzen vom Wissensbegriff der Wissensgesellschaft. Denn die Wissensmärkte der Wissensgesellschaft bleiben, wie die Beispiele der Lifesciences oder Informationstechnologie sowie das Big-Data-Mining von Google und Co. zeigen, zumindest bisher der ökonomischen Logik der Strategieentwicklung verhaftet, - schlimmer noch, sie führen in einen Überwachungskapitalismus (Zuboff 2016), der die Grundlagen einer freien und demokratisch abgesicherten Wirtschaft den Boden zu entziehen drohen[12]. Der hier eingeführte Begriff des Bewusstseins transformiert diese Logik. Deshalb geht er ausdrücklich über den ökonomisch operationalisierten Begriff des Wissenskapitals hinaus. Er gründet in der Erkenntnis, dass mit der heute noch wirksamen Logik der Ökonomie auch das Wissenskapital qualitativ transformiert werden muss, wenn Wissen für zukunftsfähige Geschäftsmodelle wirksam werden

---

[12] Wie Shoshana Zuboff in ihrem Artikel "The Secrets of Surveillance Capitalism" (Zuboff 2016) aufzeigt, basieren die Geschäftsmodelle von Google, Facebook und Co. auf der Sammlung von Informationen und Daten zu unserem persönlichen Verhalten. "In its thirst for knowledge of and influence over the most detailed nuances of our behavior" gründen sie ihre Geschäftsmodelle darauf, dass sie die Erkenntnisse über unser Verhalten selbst als Ware verkaufen können. Wie ein Experiment von Facebook kenntlich macht, geht die Macht dieser Unternehmen so weit, durch algorithmische Veränderung der im Netz generierten Feedbackschleifen individuelles Verhalten und damit das Verhalten weiter Bevölkerungsteile zu beeinflussen. Dadurch können nicht nur Märkte, sondern - wie die Diskussion um Donald Trump zeigt - auch der Ausgang von Wahlen manipuliert werden (Lobe 2016).

soll. Hierzu ist das Bewusstseinskonzept einzubetten in das Konzept einer umfassenden *Bewusstseinsökonomie*, mit der die Verantwortungsmärkte der Zukunft gestaltet werden.

Das Potenzial der Aktivierung von Bewusstseinsressourcen wird gespiegelt, wenn wir uns aus Kundensicht die Marktentwicklung betrachten (Abb. 1).

Waren die Märkte bis in die 1960er-Jahre hinein Anbietermärkte, drehten sich diese mit der ersten Sättigung und der Ölkrise in den 1970er-Jahren. In den 1990er-Jahren wurde der Markt zu einem reinen Nachfragemarkt. Heute haben sich auch diese Märkte nochmals radikal gewandelt. Knappheit besteht nicht mehr aufseiten der Angebote, sondern ausschließlich aufseiten des Konsumenten. Ihm fehlen oft schlicht Zeit und Geld für angestrebten Konsum. Aber selbst wenn er genug davon hätte, könnte er die überbordende Angebotsfülle nicht mehr wahrnehmen und bewerten. Wie die täglich wachsende Zahl von Internetvergleichsportalen zeigt, ist die Konsumwelt von einer Angebotsfülle geprägt, die der Verbraucher nicht mehr wahrnehmen und bewerten kann.

Für eine zukunftsfähige Strategieentwicklung hat das Konsequenzen. Denn die Entwicklung von im Grunde austauschbaren Produkten und Dienstleistungen kommt ebenso an ihre Grenzen wie sinn- und funktionsentleerte Innovationen. Ob ein Rasierapparat drei oder fünf Klingen hat, ist im Grunde irrelevant. Und wenn der Hersteller noch zwei hinzufügt und das Ergebnis als ultimative Next-generation-Rasur auslobt: Das neue Produkt bietet keinen Mehrwert. Die Herausforderung einer zukunftsfähigen Strategieentwicklung lautet somit:

These 9 Zukunftsfähige Strategien entwickeln tragfähige Geschäftsmodelle für Überflussmärkte.
Am Beispiel des Generikamarkts sei das verdeutlicht. Hexal, Ratiopharm, Stada und Co. verkaufen über dieselben Absatzkanäle an dieselben Kunden und Endkunden die gleichen Produkte und Wirkstoffe. Bietet nur einer seine Produkte zu veränderten Konditionen an, ziehen innerhalb von Stunden die anderen nach. Erfolgreich ist in diesem Markt nur noch „hard selling", d. h. der persönliche Kontakt zwischen Vertriebsmitarbeitern und Endkundenabsatzmittlern, also dem Arzt oder Apotheker vor Ort. Den Unterschied macht der Faktor Beziehung. Was zählt, ist allein der Mensch.

These 10 Zukunftsfähige Strategien konzentrieren sich auf den Aufbau vertrauensvoller Beziehungskulturen.
Der Aufbau vertrauensvoller Beziehungskulturen gründet in der Fähigkeit, durch substanzielle Nutzenstiftungen die o. g. internen Stakeholder, d. h. Eigner, Kapitalgeber, Mitarbeiter und Kunden so zu verknüpfen, dass positive Feedbackschlaufen einer substanziellen Mehrwertstiftung entstehen. Dies erfordert nach innen und außen Umgangsformen, die die Dimensionen einer menschorientierten Bewusstseinsbildung mit den Dimensionen tragfähiger Geschäftsmodelle für Überflussmärkte verbindet.

Strategien der Exzellenz

	1950	1975	1990	2005	2020
Rahmenbedingungen	Knappheitsmarkt (Verkäufermarkt)	gesättigter Markt (Ölkrise, 1. Welle der Arbeitslosigkeit)	Nachfragemarkt (Konsumentenmarkt)	Überflussmarkt (Konsumentenmarkt)	Verantwortungsmarkt (Konsumentenmarkt)
Marktperspektive	angebotsorientiert	produktorientiert	nachfrageorientiert	kundenorientiert	nutzenorientiert
Strategie / Ziele *)	Produktion mit Kostenfokus	Design — Kosten / Qualität / Zeit	Segmentierung neue Produktsegmente	Customizing individuelle Massenfertigung	Vernetzung Mehrwertketten
Nutzenfokus	Versorgungssicherheit	Produktdifferenzierungspotenzial	Innovationspotenzial (=> Bedürfnisinnovationen)	Konsumerlebnispotenzial (=> Event, Story)	Nachhaltigkeitspotenzial (=> Sinn, Nutzen)
Organisation	Taylorismus (Arbeitsteilung, Arbeitshierarchien)	Spartenorientiert (Differenzierung Abteilungen und Hierarchien)	Matrixorientiert (Differenzierung Funktionen und Segmente)	Kundenzentriert (bottom up kundenorientiert)	Netzwerkzentriert (flexibel, multidimensional vernetzt)
Führung	hierarchisch (Befehl und Kontrolle)	top-down vernetzt	top-down / bottom-up vernetzt	bottom-up (teamorientiert, Führungskraft als Coach)	integriert verschränkt (netzwerkorientiert, Führungskraft als Mittler)
Kommunikation	frontal, top-down	top-down vernetzt	funktions- und spartenvernetzt	bottom-up vernetzt	individuell mehrdimensional
Markenversprechen	Preis, Qualität	Differenzierung	Spezialisierung	Individualisierung	Mehrwert

*) zentrale Probleme der Kunden erkennen und sichtbar bessere Lösungen bieten

Abb. 1 Märkte im Wandel

Weltethos als Modus operandi zukunftsfähiger Strategieentwicklung
Zur Entwicklung und Verankerung solcher mehrwertstiftenden Umgangsformen in Unternehmen bietet sich ein Konzept an, dass bisher weitgehend unter dem Radar der heutigen CSR-, Strategie- und Ethikkonzepte fliegt. Es ist das von Hans Küng (2012) entwickelte Konzept des Weltethos. Es gründet in einem Set von Regeln und Wertehaltungen, die in allen Kulturen und Weltreligionen entwickelt worden sind. Ihr abstrakter Kanon besteht aus zwei Prinzipien und vier Grundwerten: erstens dem Prinzip der Humanität. Ihm gemäß besitzt jeder Mensch eine unveräußerliche und unantastbare Würde. Zweitens dem Prinzip der Goldenen Regel. Sie besagt „Was du nicht willst, das man dir tut, das füg' auch keinem anderen zu". Diese Prinzipien werden qualifiziert durch vier Grunddimensionen des Weltethos: erstens die Werte Gewaltlosigkeit und Achtung vor dem Leben, zweitens die Werte Gerechtigkeit und Solidarität, drittens die Werte Wahrhaftigkeit und Toleranz sowie viertens die Werte gegenseitiger Achtung und Partnerschaft.

Entstanden ist dieser Basiskanon eines menschlichen Miteinanders aus einer anthropologisch kulturübergreifenden Coping-Strategie im Umgang mit Konflikten. Konflikte entstehen, wenn substanzielle Differenzen zwischen rivalisierenden Werten eines Individuums und seiner Umgebung bzw. zwischen rivalisierenden Gruppen auftreten. Solche Wertedifferenzen werden durch die bio-psycho-soziale Natur der Conditio humana hervorgerufen, d. h. dem Faktum, dass wir gruppen- und glaubensgeprägte Wesen sind (Abb. 2). Als soziales Wesen lebt jeder Mensch in räumlich und zeitlich definierten Gruppenzugehörigkeiten und Glaubenssystemen, aus denen heraus er seine grundlegenden Bestrebungen sowie sein Welt- und Selbstverständnis entwickelt. Um zu vermeiden, dass gegenläufige Bestrebungen in eine Konfliktspirale führen, die darauf hinausläuft, dass

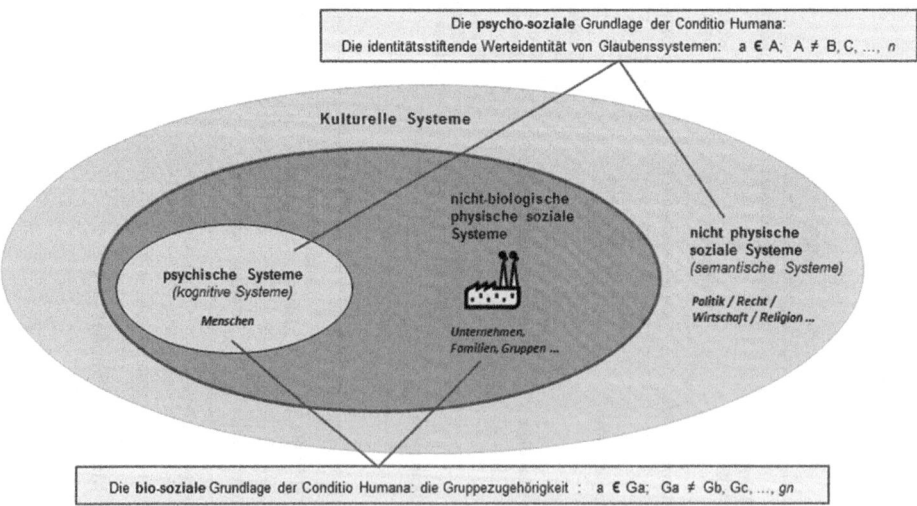

Abb. 2 Die bio-psycho-soziale Conditio humana

beide Parteien einander zerstören[13], hat sich zu allen Zeiten und in allen Kulturen ein regulativer Kanon von im Kern gleichen Werten ausgebildet, der solche existenziellen Konflikte entschärfen hilft.[14]

MERKE: Biologisch gesehen lebt der einzelne Mensch (a) in und aus kleinräumig organisierten Gruppenzugehörigkeiten, z. B. der Familie, der „peer group", dem Clan, dem Stamm, der Abteilung, dem Unternehmen, dem Verein, der Mannschaft ... Diese Gruppenzugehörigkeit (Ga, Gb, ...), z. B. die Mitarbeiterzugehörigkeit zu Daimler-Benz, Audi oder BMW, prägt die bio-soziale Identität des Individuums. Psychologisch gesehen lebt der Mensch dagegen in und aus großräumigen Glaubenssystemen. Diese Glaubenssysteme (A, B, ...) sind übergeordnete Sinnsysteme, z. B. religiöse, politische oder auch kulturelle Überzeugungen und Weltbilder. Sie transzendieren den Einzelnen in einen übergeordneten Sinnzusammenhang, der als existenzielle Wertebindung erlebt wird, aus der heraus der Mensch lebt. Dieser Sinnzusammenhang definiert nicht nur die Rolle, die der Einzelne innerhalb der sozialen Systeme übernimmt, in denen er oder sie stehen, er prägt zudem das individuelle Welt- und Selbstverständnis, aus dem heraus er oder sie leben und handeln. Existenzielle Konflikte tauchen in dieser bio-psycho-sozialen Bedingtheit des Menschen dort auf, wo der Einzelne mit seiner Gruppe (a ∦ Ga) oder wo Glaubenssysteme unterschiedlicher Gruppen (A ∦ B) miteinander in Konflikt geraten.

Auch wenn das Weltethos-Konzept mit Blick auf sein Potenzial für unternehmensinternes Konfliktmanagement bedeutsam ist, aus Sicht der Strategieentwicklung ist ein weiteres Potenzial der Weltethos-Werte schwerwiegender:

These 11 Die Aktivierung der Weltethos-Werte bietet einen Schlüssel für eine umfassende Strategie der Zukunftsfähigkeit von Unternehmen.

Dieser Schlüssel betrifft alle Aspekte des Unternehmens, – insbesondere seine Innovationsfähigkeit, sowie seine Flexibilität und Unverwechselbarkeit im Bereich substanzieller Nutzenstiftungen. Denn folgt man im Ausgang von Emile Durkheim und Marcel Mauss der strukturalistischen Soziologie (Durkheim und Mauss 1901/1902; Durkheim 1912), führt die menschliche Gruppenzugehörigkeit zu Differenzierung, d. h. zu jener Dynamik der feinen Unterschiede (Bourdieu 1987), aus der Unternehmen mit ihren Produkten und Dienstleistungen ihr Differenzierungspotenzial beziehen. Aktiv gelebte Weltethos-Werte ermöglichen, dass Unternehmen dieses Differenzpotenzial innerhalb und zwischen Gruppen zum Vorteil ihrer Leistungsportfolios aktivieren können.

---

[13] Friedrich Glasl nennt diese letzte von neun Stufen der Konflikteskalation „Gemeinsam in den Abgrund" (Glasl 1980, S. 302).

[14] Liest man Glasls Stufenmodell vor dem Kanon der Weltethos-Werte und gleicht beides mit der internationalen Konfliktforschung ab, wird ersichtlich, dass alle Konfliktlösungsmodelle – am namhaftesten die Harvard-Negotiation-Modelle von Fischer und Ury (1981), Ury (1991), Fisher und Shapiro (2005) sowie das Human-Dignity-Modell von Donna Hicks (2011), in ihren zentralen Verfahren auf den Kanon der Weltethos-Werte zurückgreifen.

These 12 Der strategische Kernnutzen des Weltethos liegt in der Erschließung von Differenzpotenzialen als positiver Quelle für Zukunftsfähigkeit.
Beispiele für solche Potenziale sind die Aktivierung interkultureller Teams sowie die Erschließung kulturell geprägter Märkte. Beide erfordern ein Spiel mit unterschiedlichsten Wertevorstellungen und Differenzen. Dies gelingt aber nur dann, wenn die Weltethos-Werte Teil der Spielregeln sind. Als das kleine Einmaleins eines konfliktfreien Miteinanders unterschiedlichster Akteure sind sie Treiber beim Aufbau von Hochleistungsteams (Glauner 2015c). Hochleistungsteams sind Teams, deren Ergebnisse besser sind als jene einer einzelnen Expertenlösung. Sie sind besser, weil Hochleistungsteams Lösungselemente aufgreifen, die vom Experten nicht in den Blick genommen wurden, weil er sie nicht wahrnimmt oder ausblendet.

Als Modus operandi von Hochleistungsteams ist eine von den Weltethos-Werten getragene Unternehmenskultur die Grundlage und Voraussetzung dafür, dass Unternehmen ihr großes Einmaleins einer eigenständigen, hochflexiblen und zugleich substanziell unverwechselbaren Nutzenstiftung entfalten können. Hierbei hilft der Abstraktionsgrad der Weltethos-Werte. Denn in ihrer Abstraktion lassen sich unterschiedlichste Unternehmenspraktiken weltethisch qualifizieren. Möglich wird dies, weil die Weltethos-Werte semantisch gesprochen keine Intension und Extension haben, d. h. im Unterschied zu räumlich und zeitlich partikularen Werten eines kulturspezifischen Ethos[15] keine inhaltlich konkrete und eindeutige Bedeutung haben.[16] Als der abstrakte Nenner einer Mannigfaltigkeit unterschiedlichster religiöser und lebensweltlicher Regeln für ein humanes Miteinander sind sie regulative Leitlinien, mit denen höchst individuelle Lebens- und Unternehmenspraxen auf ihre Ethikfähigkeit hin überprüft werden können, ohne dass einzelne lebensweltliche Ausformungen dieser Praxen bevorzugt oder diskriminiert werden. In Anlehnung an Kants Unterscheidung der bestimmenden und der reflektierenden Urteilskraft sind die Weltethos-Werte reflektierende Werte (Kant 1799, S. XXV f.). Sie schreiben nicht 1:1 vor, wie in einer konkreten Handlungs- oder Unternehmenssituation Fairness oder Partnerschaft auszusehen haben oder wie eine konkrete Handlungssituation zu lösen ist, sondern sie helfen beim Bewerten, ob eine konkrete Regel oder Handlungssequenz aus Sicht der Beteiligten – und d. h. hier aus der Perspektive aller Betroffenen – fair und partnerschaftlich ist. Als universelle Prinzipien eines humanen Miteinanders stehen die Weltethos-Werte so zwischen räumlich und zeitlich geprägten materialen Moralvorstellungen und Handlungsvorgaben auf der einen Seite und der abstrakt reflexiven Suche nach einer universell begründbaren

---

[15] Ein spezifisches Ethos – beispielsweise das Berufsethos von Beamten, Feuerwehren, dem Militär oder karitativer Einrichtungen – besteht i. d. R. aus bewusst reflektiert und aktiv gelebten inhaltlich deskriptiv bestimmten Werten und Tugenden. Als spezifische Werte einer konkreten Gruppe ist das Ethos somit ausschließlich partikular normativ. Als bewusste Haltung ist das Ethos dabei aktiv handlungsorientiert. Denn es richtet das eigene Handeln aus an den bewusst reflektierten und von einer spezifischen Gemeinschaft als verbindlich anerkannten Werten und Normen.

[16] Analog zur Unterscheidung einer gedachten „Welt an sich" und den vielfältigen Möglichkeiten ihrer Beschreibung (vgl. Glauner 1997, S. 156 f.) sind diese Werte abstrakte Setzungen. Diese sind nicht deckungsgleich mit den darunter gedachten raumzeitlich geprägten Lebensvollzügen, da wir nur dann an beidem festhalten können, dem Ideal eines Kanons von Werten, der in allen Kulturen und Lebenssituationen Geltung hat und zugleich den konkurrierenden Lebenskulturen Raum einräumt.

Ethik auf der anderen. Sie dürfen dabei nicht material – also inhaltlich bestimmend – ausgedeutet werden, sondern repräsentieren so etwas wie regulative Ideen. Anders als diese vernunftnotwendigen Vorstellungen der theoretischen Vernunft[17] sind die Weltethos-Werte jedoch lebensweltlich praxiswirksam. Es sind prozedurale Skripte zur situativen Bewertung von Regeln und Handlungssequenzen, mit denen ein Unternehmen Nutzen stiftet.

Als prozedurale Skripte dienen die Weltethos-Werte im Alltag dazu, unterschiedlichste Verhaltensvarianten hinsichtlich ihrer Leistungsfähigkeit zu qualifizieren. Beispielsweise sind alle Führungsstile, seien sie von laissez-faire geprägt oder autokratisch, bürokratisch, charismatisch, demokratisch, kooperativ und dergleichen mehr, weltethisch qualifiziert, wenn das Führungssystem auf der Organisationsebene offen, transparent und konsequent ausgestaltet wird, auf der Sachebene Fairness, Verlässlichkeit, Achtung und Respekt walten und die Beziehungsebene von Vertrauen, Verantwortung und Verbindlichkeit zeugt. Werden diese Werte im unternehmensspezifischen Führungssystem aktiv gelebt, bewegt sich der individuelle Führungsstil im Rahmen des Weltethos. Denn gelebte Offenheit, Transparenz, Konsequenz, Fairness, Verlässlichkeit, Achtung, Respekt, Vertrauen, Verantwortung und Verbindlichkeit speisen sich aus dem Basiskanon jener Werte, die im Weltethos-Konzept noch abstrakt erscheinen.

Die weltethische Qualifizierung unternehmensspezifischer Führungsstile verdeutlicht die Rolle der Weltethos-Werte im Reigen anderer Unternehmenswerte. Sie haben in diesem Reigen eine lediglich dienende Funktion. Darin sind sie nicht Primärwerte der Unternehmenskultur[18], sondern Hilfswerte zur Ausgestaltung von Strategien der Exzellenz.[19]

---

[17] Regulative Ideen sind laut Kant denknotwendige Vernunftbegriffe (Kant 1781/1787, S. 348 ff.), z. B. die Idee eines Unbedingten als Bedingung alles Bedingten. Die Vernunft muss diese Idee denken, da sie genötigt wird, die Kette der Bedingungen zu Ende zu denken und dieses Ende deshalb nur so fassen kann, dass alle Bedingungen einen Anfang haben, der selbst unbedingt ist. Die Idee des Unbedingten wird somit benötigt „zur Vollendung des empirischen Vernunftgebrauchs" (ebenda, S. 547). Dabei ist sich der empirische als auch der theoretische Vernunftgebrauch im Klaren, dass es sich bei diesen Ideen um nichts Reales, sondern ausschließlich um reine Gedanken, d. h. „ein bloßes Gedankending" handelt (ebenda). Diese müssen jedoch gedacht werden, wenn sich die Vernunft kritisch auch ihrer Grenzen bewusst werden will (vgl. Glauner 1989, S. 188 ff.), was wiederum die Voraussetzung dafür ist, dass sich der Mensch aus seiner „selbst verschuldeten Unmündigkeit" (Kant 1784, S. 53), d. h. dem Zustand des unreflektierten Denkens und des daraus resultierenden Dogmatismus befreien will.

[18] Primärwerte der Unternehmenskultur sind alle materialen – also inhaltlich konkret definierten – Werte, die darauf einzahlen, dass ein Unternehmen Nutzen stiftet. Sie gliedern sich auf in Leit- und Prozesswerte (vgl. Glauner 2013, 2015b). Leitwerte sind alle Werte, die zum Ausdruck bringen, was und wie ein Mensch oder Unternehmen Nutzen stiftet. Die Nutzenstiftungsfunktion der Leitwerte wird als Pull-Effekt erlebt. Menschen, die den von einem Leitwert ausgedrückten Nutzen anstreben, fühlen sich von diesem Leitwert angezogen. Prozesswerte sind alle Werte, die den Umgang im Unternehmen regeln. Es sind Normen, mit denen das Zusammenspiel der einzelnen Unternehmensbereiche und Prozesse, z. B. spezifische Arbeitsprozesse, formatiert und ausgerichtet werden. Im Wertecockpit werden die unternehmensspezifischen Leit- und Prozesswerte inhaltlich konkretisiert und so aneinander ausgerichtet, dass das Unternehmen in seiner Leistungserstellung unverwechselbar wird.

[19] Deutlich wird dies am Führungspersonal exzellenter Unternehmen. Diese Level-five-Leaders sind von einer Wertehaltung geprägt, die Demut und Bescheidenheit paart mit menschorientiertem Handeln (Collins 2001, S. 17 ff.).

Sie sind nötig, damit das Unternehmen das Paradoxon moderner Unternehmensführung lösen kann, nämlich durch hochflexible, substanzielle Nutzenstiftung unverwechselbar zu werden.

Als das kleine Einmaleins eines menschlichen Miteinanders sind die Weltethos-Werte so die Voraussetzung, dass das Unternehmen sein großes Einmaleins, nämlich unverwechselbare substanzielle Nutzenstiftung, realisieren kann. Hierbei sind die Weltethos-Werte nicht nur das Regulativ für den zwischenmenschlichen Umgang, sondern zugleich der Maßstab, ob das große Einmaleins der Unternehmensleistung, d. h. die Ausgestaltung des Geschäftsmodells sowie des Nutzenportfolios, selbst ethikfähig ist. Kurz: In Analogie zu Wittgensteins logischer Wahrheitstafel (Wittgenstein 1989, S. 40) qualifizieren die Werte des Weltethos sowohl das Verhalten als auch die Nutzenstiftung, die ein Unternehmen an den Tag legt (Abb. 3).

Anhand der in Abb. 3 genannten Beispiele kann die Funktionsweise der Wahrheitstafel zur Bewertung von Unternehmenskulturen und Geschäftsmodellen wie folgt erläutert werden: Das in der Innenorientierung an den Tag gelegte Verhalten von Unternehmen ist dann ethisch qualifiziert, wenn die Unternehmenskultur, d. h. der tagtäglich im Unternehmen gelebte Umgang miteinander getragen ist von Achtung, Fairness, Partnerschaft, mithin den Prinzipien eines humanen Miteinanders, das auf den Werten von Gerechtigkeit, Solidarität, Wahrhaftigkeit und Toleranz ruht und danach strebt, diese Prinzipien situativ angemessen im Unternehmen umzusetzen. Mit dem Credo der Unternehmensphilosophie

Verhalten/ Innenorientierung (Umgang mit internen Stakeholdern)	Verhalten/ Außenorientierung (Ziele, Geschäftsmodell, Umgang mit externen Stakeholdern)	Beispiele
Ethisch	Ethisch	dm, Hilti, Hipp
Ethisch	Nicht ethisch	Mafia mit Pensionsfond für Witwen und Waisen, Deutsche Bank, Enron
Nicht ethisch	Ethisch	Guru-Ausbeutungsstrukturen
Nicht ethisch	Nicht ethisch	Schlecker

Abb. 3 Die ethische Wahrheitstafel

von dm formuliert, gründet solches ethisch tragfähiges Miteinander in einer grundsätzlichen Menschorientierung, die dem ganzen Menschen verpflichtet ist (Glauner 2013, S. 164 ff.).

Von dieser Innenorientierung, d. h. der Ausgestaltung der Unternehmenskultur, ist die Ethikfähigkeit der Außenorientierung, d. h. die Ausgestaltung der strategischen Ziele und des Geschäftsmodells, zu unterscheiden. Ethisch tragfähig sind unternehmerische Ziele und Geschäftsmodelle dann, wenn sie ihre Ertragsziele auch an den Belangen der Kunden sowie erweitert um die Dimensionen des Triple-bottom-line-Ansatzes an den Belangen der Umgebungssysteme ausrichten, in und aus denen Unternehmen wirtschaften.

Besonders offensichtlich wird der Unterschied beider Ethikdimensionen unternehmerischen Handelns, wenn wir uns Unternehmen vergegenwärtigen, die in der Innenorientierung ethisches und in ihrer Außenorientierung unethisches Verhalten an den Tag legen. Am diskussionswürdigen Beispiel der Deutschen Bank kann das verdeutlicht werden. Dieses Traditionshaus kann sicherlich mit Fug und Recht für sich in Anspruch nehmen, dass es den Visionen von Hermann Josef Abs oder auch von Alfred Herrhausen folgend über lange Jahre eine Unternehmenskultur pflegte, die den Bankierprinzipien von Achtung, Fairness, Gegenseitigkeit, Transparenz, Gerechtigkeit und Solidarität verpflichtet war. Sieht man die Deutsche Bank dagegen als Akteur im Markt, kann die Ethikfähigkeit der in den letzten Jahren an den Tag gelegten Ziele, Geschäftsmodelle und Handlungen stark bezweifelt werden. Denn mit dem von Josef Ackermann forcierten Ziel einer Eigenkapitalrendite von 25 % verbindet sich ein Geschäftsgebaren, das die Bankierswerte einer nachhaltigen und kundenorientierten Finanzierung der Märkte in eine Wertekultur der Bankermoral überführte, die das unternehmerische Handeln ausschließlich an den eigenen Bonizahlungen orientierte. Im Ergebnis führte dieser Kulturwandel zu 7000 Rechtsverfahren, von denen laut Frankfurter Allgemeine Zeitung vom 8. Juni 2015 noch 6000 Verfahren anhängig sind, wobei die Bank schon heute in rechtskräftigen Verurteilungen knapp 9 Mrd. € Strafzahlungen für Börsenmanipulationen, Zinsmanipulationen, Marktmanipulationen und Prozessbetrugsverfahren entrichtet hat („Eine Bank wird zur Rechtsabteilung", F.A.Z. vom 8.6.2015, S. 19).

Auf den Punkt gebracht, kann der Deutschen Bank aus den gleichen Gründen unethisches Verhalten vorgeworfen werden, wie auch anderen Akteuren des Finanzmarkts, an prominentester Stelle der Bank Lehman Brothers, die ihren Kunden Finanztitel verkaufte, auf deren Wertverfall intern gewettet wurde, sodass der Unternehmensprofit mit dem Verkauf der Papiere an die Kunden vervielfacht werden konnte (Glauner 2013, S. 42). Auch die Deutsche Bank setzte in den letzten Jahren in aktiver Gestaltung des Marktgeschehens durch Spiegelung des Handlungsgebarens der relevanten Mitakteure auf eine Geschäftsmodellpraxis der egozentrierten Vorteilsnahme. Damit wurden die eigenen Belange über alle Belange einer kundenorientierten Nutzenstiftung gesetzt. Kurz, in ihrer bonigetriebenen Handlungsorientierung folgte auch die Deutsche Bank der oben skizzierten Logik des verantwortungslosen Profits auf Kosten anderer.

Auch der umgekehrte Fall zeigt, dass ethisch qualifizierte Unternehmenskulturen und ethisch qualifizierte Geschäftsmodelle nicht notwendig Hand in Hand gehen müssen.

Wenden wir uns beispielsweise karitativen oder auch Fair-Trade- und nachhaltigkeitsorientierten Unternehmen zu, finden wir im Markt nicht selten Akteure, die ihr wohltätiges Geschäftsmodell auch dadurch absichern, dass sie ihren im Unternehmen angestellten Mitarbeitern systematisch Leistungen wie beispielsweise zustehende Urlaubs- oder Überstundenregelungsansprüche vorenthalten oder das Unternehmen über eine Angst- und Willkürkultur steuern, bei der jeder gegen jeden ausgespielt wird und die Unternehmenskultur von den NEM-GEM-Faktoren der menschlichen Untugenden (Glauner 2016a), d. h. von den Faktoren Neid, Eifersucht, Missgunst, Gier, Eitelkeit und Machtstreben, geprägt ist.

Wertestrategien zu den Wettbewerbsvorteilen von morgen
Fassen wir die Argumentation zusammen: Wollen Unternehmen in den Zukunftsmärkten von morgen erfolgreich sein, müssen sie ihr Strategieverständnis vom Kopf auf die Füße stellen. Hierzu ist das Ertragsprimat zu ersetzen durch das Primat einer substanziellen Nutzenstiftung. Diese gründet in einer umfassenden Wertestrategie mit folgendem Dreiklang. Erstens: Das gelebte kleine Einmaleins der Weltethos-Werte ist die Grundlage für den Aufbau vertrauensvoller Beziehungskulturen. Zweitens: Der Aufbau vertrauensvoller Beziehungskulturen ist die Voraussetzung dafür, dass sich ein Unternehmen als Hochleistungsteam formieren kann. Als Hochleistungsteam werden Unternehmen nur dann erfolgreich, wenn sie drittens Produkte und Dienstleistungen vorhalten, die auf die Bewusstseinsmärkte von morgen ausgerichtet sind. Zukunftsfähige Unternehmensstrategien gründen so in Wertestrategien, die sowohl in der Ausrichtung der Unternehmenskultur als auch in der Ausgestaltung der Geschäftsmodelle ethisch wahrheitsfähig sind. Für die Strategieentwicklung bedeutet dies: *zukunftsfähige Wertschöpfung gründet in zukunftsfähiger Werteschöpfung.*

Literatur

Al-Hasan Nizamulmulk (1987) (1092/1959) Das Buch der Staatskunst Siyasatnama. Aus dem Persischen übersetzt und eigeleitet von Karl Emil Schabinger Freiherr von Schowingen, 2. Aufl. Manesse, Zürich

Babiak P, Hare RD (2007) Menschenschinder oder Manager. Psychopathen bei der Arbeit. Carl-Hanser Verlag, München

Badura B, Greiner W, Rixgens P, Ueberle M, Behr M (2013) Sozialkapital. Grundlagen von Gesundheit und Unternehmenserfolg, 2. erw. Aufl. Springer, Berlin

Bourdieu P (1987) Die feinen Unterschiede. Kritik der gesellschaftlichen Urteilskraft, 4. Aufl. Suhrkamp, Frankfurt a. M. (1982, 1987)

Von Clausewitz C (1832) Vom Kriege. https://archive.org/details/Clausewitz-Carl-Vom-Kriege-2. download 20.01.2015

Clausewitz (2001) Clausewitz – Strategie denken. Herausgegeben vom Strategieinstitut der Boston Consulting Group, Oetinger, Boko v., Tiha v. Ghyczy, Christopher Bassford, 4. Aufl. dtv, München (2004)

Collins J (2001) Good to great. Why some companies make the leap... and others don't. HarperCollins, New York

Dahrendorf R (1995) Economic opportunity, civil society, and political liberty. United Nations Research Institute for Social Development, Genf

Dasgupta P, Serageldin I (Hrsg) (2000) Social capital. A multifaceted perspective. The World Bank, Washington

Deloitte Millenial Survey (2015) http://www2.deloitte.com/content/dam/Deloitte/global/Documents/About-Deloitte/gx-wef-2015-millennial-survey-executivesummary.pdf

Dobbs R, Ramaswamy S, Stephenson E, Patrick Viguerie S (2014) Management intuition for the next 50 years. McKinsey Q, September 2014, S 1 http://www.mckinsey.com/insights/strategy/management_intuition_for_the_next_50_years

Durkheim E (1912) Die elementaren Foren des religiösen Lebens, 3. Aufl. Suhrkamp, Frankfurt a. M. (1981,1984)

Durkheim E, Mauss M (1901/1902) Über einige primitive Formen von Klassifikation. Ein Beitrag zur Erforschung der kollektiven Vorstellungen. In: Durkheim E (Hrsg) Schriften zur Soziologie der Erkenntnis. Suhrkamp, Frankfurt a. M., S 167–256 (1987)

Elkington J (1997) Cannibals with forks. The triple bottom line of 21st century business. Capstone, Oxford

Fisher R, Shapiro D (2005) Beyond reason. Using emotions as you negotiate. Penguin, London (2006)

Fisher R, Ury W (1981) Getting to yes. Negotiatin an agreement without giving in, 15. Aufl. Random House, London (1999)

Fisk P (2010) People, planet, profit. How to embrace sustainability for innovation and business growth. KoganPage, London

Glasl F (1980) Konfliktmanagement. Ein Handbuch für Führungskräfte, Beraterinnen und Berater, 11. Aufl. Haupt, Bern (2013)

Glauner F (1989) Kants Bestimmung der Grenzen der Vernunft. Janus, Köln

Glauner F (1997) Sprache und Weltbezug, 2. Aufl. Alber, Freiburg (1998)

Glauner F (2013) CSR und Wertecockpits. Mess- und Steuerungssysteme der Unternehmenskultur. Springer, Berlin

Glauner F (2014) Ethics, values and corporate cultures. A Wittgensteinian approach in understanding corporate action. Paper delivered at the International CSR, Sustainability, Ethics & Governance Conference, London, UK (University of Surrey, Guildford, August 14–16 2014) to be published in the Proceedings

Glauner F (2015a) Dilemmata der Unternehmensethik – von der Unternehmensethik zur Unternehmenskultur. In: Schneider A, Schmidpeter R (Hrsg) Corporate social responsibility, 2. erw. Auflage. Springer, Berlin, S 237–251

Glauner F (2015b) Werteorientierte Organisationsentwicklung. In: Schmidpeter R (Hrsg) CSR und Organisationsentwicklung. Springer, Berlin

Glauner F (2015c) Zukunftsfähige Unternehmensplanung. In: Brauwelt 13/2015, 155. Jg., (Hans Carl) Nürnberg, S 360–362

Glauner F (2015d) Zukunftsfähige Markenführung. In: Brauwelt, 17–18/2015, 155. Jg., (Hans Carl) Nürnberg, S 486–488

Glauner F (2016a) CSR und Wertecockpits. Mess- und Steuerungssysteme der Unternehmenskultur, 2. erw. Aufl. Springer, Berlin

Glauner F (2016b) Zukunftsfähige Geschäftsmodelle und Werte. Strategieentwicklung und Unternehmensführung in disruptiven Märkten. Springer, Berlin.

Godwyn M (2014) The banality of good and evil: ethics courses in business management education. Paper delivered at the at the International CSR, Sustainability, Ethics & Governance Conference, London, UK (University of Surrey, Guildford) August 14–16, 2014

Godwyn M (2015) Ethics and diversity in business management education: a sociological study with international scope. Springer, Berlin

Goedhart M, Koller T, Wessels D (2015) The real business of business. Shareholder-oriented capitalism is still the best path to broad economic prosperity, as long as companies focus on the long term. McKinsey Q, March 2014. http://www.mckinsey.com/insights/corporate_finance/the_real_business_of_business?cid=other-eml-alt-mip-mck-oth-1503

Gray ER, Balmer JMT (1998) Managing corporate image and corporate reputation. Long Range Plan 31(5):695–702

Greene R (2001) POWER. Die 48 Gesetze der Macht. dtv, München

Hamel G (2000) Das revolutionäre Unternehmen. Wer Regeln bricht: Gewinnt. Econ, München

Hamel G, Prahalad CK (1990) The core competence of the corporation. (Harvard Business Review May-June 1990) Wiederabdruck in: Breakthrough Ideas. 15 Articles that Define Business Practice Today. (Harvard Business School Publishing) Cambridge/Mass. 2000, S 1–12

Hamel G, Prahalad CK (1995) Wettlauf um die Zukunft. Wie Sie mit bahnbrechenden Strategien die Kontrolle über Ihre Branche gewinnen und die Märkte von morgen schaffen, 2. Aufl. Carl Ueberreuther, Wien (1997)

Hicks D (2011) Dignity. The essential role it plays in resolving conflict, 2. Aufl. Yale University Press, New Haven (2013)

Homann K, Blome-Drees F (1992) Wirtschafts- und Unternehmensethik. UTB Vandenhoeck, Göttingen

Homann K, Lütge C (2005) Einführung in die Wirtschaftsethik, 2. Aufl. LIT, Münster

Hutton JG, Goodman MB, Alexander JB, Genest CM (2001) Reputation management: the new face of corporate public relations? Pub Relat Rev 27(3):247–261

Kant I (1781/1787) Kritik der reinen Vernunft. Meiner, Hamburg (1956, Nachdruck 1971)

Kant I (1784) Beantwortung der Frage: Was ist Aufklärung? Werke in sechs Bänden. In: Weischedel W (Hrsg). wiss buchgesellschaft, Bd VI Darmstadt, S 53–61 (1964)

Kant I (1799) Kritik der Urteilskraft. Meiner, Hamburg (1974)

Kaplan RS, Norton DP (1996) The balanced scorecard: translating strategy into action. Harvard Business Review Press, Boston

Küng H (2012) Handbuch Weltethos. Eine Vision und ihre Umsetzung. Pieper, München

Lepenies PH (2013) Die Macht der einen Zahl. Eine politische Geschichte des Bruttoinlandsprodukts. Surhkamp, Berlin

Lobe, Adrian (2016): Wird Facebook Donald Trump verhindern? Frankfurter Allgemeine Zeitung 29.4.2016, S.17

Lorenz EW (1993) Predictability: does the flap of a butterfly's wings in Brazil set off a tornado in Texas? In Lorenz EW (Hrsg) The essence of chaos. University of Washington Press, Seattle, Appendix 1, S 181–184

Luhmann N (1997) Die Gesellschaft der Gesellschaft. Suhrkamp, Frankfurt a. M.

Machiavelli N (1531) Discorsi. Gedanken über Politik und Staatsführung, 2. Aufl. Kröner, Stuttgart (1977)

Machiavelli N (1532) Der Fürst, 6. Aufl. Kröner, Stuttgart (1978)

Müller-Stewens G, Lechner C (2003) Strategisches Management. Wie strategische Initiativen zum Wandel führen, 2. erw. Aufl. Der St. Galler General Management Navigator, Stuttgart

Musashi M (1645) Das Buch der Fünf Ringe „Gron-no-sho". Klassische Strategien aus dem alten Japan. Piper, München (2005)

Ostrom E (2000) Social capital: a fad or a fundamental concept. In: Dasgupta P, Serageldin I (Hrsg) Social capital. A multifaceted perspective. The World Bank, Washington, S 172–214

Porter ME (1985) Competitive advantage. Creating and sustaining superior performance, 14. Aufl. Free Press, New York

Porter ME (1996) What is strategy? (Harvard Business Review, November-December 1996) Wiederabdruck in: Breakthrough Ideas. 15 Articles that Define Business Practice Today. (Harvard Business School Publishing) Cambridge/Mass. 2000, S 13–30

Porter ME, Kramer MR (2011) Shared value. How to reinvent capitalism – and unleash a wave of innovation and growth. Harv Bus Rev 1:62–77

Rappaport A (1986) Shareholder value. Wertsteigerung als Mass-Stab für die Unternehmensführung. Schäffer Poeschel, Stuttgart (1995)

Schmitt C (1932) Der Begriff des Politischen, 3. Aufl. der Ausg. von 1963, 1991. Duncker & Humbolt, Berlin

Sennett R (2007) Die Kultur des neuen Kapitalismus. Berliner Taschenbuch Verlag, Berlin

Simon H (1998) Die heimlichen Gewinner (Hidden Champions): Die Erfolgsstrategie unbekannter Weltmarktführer, 5. Aufl. Campus, Frankfurt a. M.

Simon H (2007) Hidden Champions des 21. Jahrhunderts: Die Erfolgsstrategien unbekannter Weltmarktführer. Campus, Frankfurt a. M.

Sun Z (1988) Die Kunst des Krieges. Droemer Knaur, München (Hrsg. James Clavell)

Ury W (1991) Getting past no. Negotiating in difficult situations. Bantam Books, New York

Walker T (2013) Der Stakeholderansatz als Fundament der CSR-Kommunikation. In: Heinrich P (Hrsg) CSR und Kommunikation. Springer, Berlin, S 63–75

Walker T, Schmidpeter R (2015) Dictionary of corporate social responsibility, article „Maturity Model of CSR". In: Idowu SO, Capaldi N, Fifka M, Zu L, Schmidpeter R (Hrsg) Dictionary of corporate social responsibility. Springer, Berlin

Weissman A (2006) Die grossen Strategien für den Mittelstand. Die erfolgreichsten Unternehmer verraten ihre Rezepte, 2. aktualisierte Aufl. Campus, Frankfurt a. M.

Wittgenstein L (1989) Werkausgabe Bd. 1. Tractatus logico-philosophicus. Philosophische Untersuchungen. Suhrkamp, Frankfurt a. M.

Zuboff, Shoshana (2016): The Secrets of Surveillance Capitalism. Frankfurter Allgemeine Zeitung. 5.3.2016 http://www.faz.net/aktuell/feuilleton/debatten/the-digital-debate/shoshana-zuboff-secrets-of-surveillance-capitalism-14103616.html (Download 7.3.2016)

Dr. Friedrich Glauner verbindet langjährige unternehmerische Praxis mit interdisziplinärer Forschungsexpertise an der Schnittstelle von Wirtschaft und Wissenstransfer. Er ist für das Weltethos-Institut als Projektmanager im Praxistransfer tätig (www.weltethos-institut.org) und begleitet mit Cultural Images (www.culturalimages.de) Unternehmen und Organisationen in den Strategiefeldern Zukunftsfähige Geschäftsmodelle und Werteorientierte Unternehmensführung. Zuvor war er 18 Jahre lang als Unternehmer, Geschäftsführer und Manager in eigenen und inhabergeführten Unternehmen tätig. Zusätzlich unterrichtete Dr. Glauner in der Vergangenheit an der TU und FU Berlin, der European Business School, Oestrich-Winkel und der University of California, Berkeley. Aktuell lehrt er am Weltethos-Institut Tübingen, an der Universität der Bundeswehr München-Neubiberg sowie an der Hochschule Weihenstephan-Triersdorf. Er studierte in Berlin, Köln und London sowie als Fulbright Scholar in Berkeley Philosophie mit den Schwerpunkten Erkenntnistheorie, Sprachphilosophie und Wissenschaftstheorie sowie die Nebenfächer Wirtschaftswissenschaften, Religionswissenschaften, Geschichte und Semiotik. Als Stipendiat der Studienstiftung des Deutschen Volkes und der Friedrich Naumann Stiftung wurde er 1994 in Berlin promoviert.

Von der Gewinn- zur Nachhaltigkeitsmaximierung

Thomas Walker

1 Eine Frage der unternehmerischen Reife

1.1 Der gesellschaftliche Klimawandel

Wie muss ein strategisches Management von morgen aussehen? Was muss in der aktuellen Betriebswirtschafts- und Volkswirtschaftslehre geändert werden, damit die Manager von morgen für die Herausforderungen des gesellschaftlichen Wandels gerüstet sind? Was müssen Unternehmer heute tun, damit ihr Unternehmen, ihre Organisation zukunftsfähig werden kann? Was ist Zukunftsfähigkeit und wie sehen die ethischen Fragestellungen dahinter aus? Braucht es eine Renaissance der unternehmerischen Weisheit? – Und wenn ja, worauf ist diese begründet und was sind die Folgen für die Organisation, die Gesellschaft?

Solange das strategische Ziel der Gewinnmaximierung vorhanden ist, ist die Überlebensfähigkeit von Unternehmen massiv gefährdet. Eigentlich befinden sich diese Unternehmen, aus der strategischen Sicht, in einer Stillstandsphase. Stillstand bedeutet aber auch immer Rückschritt und somit befinden sich diese Unternehmen im Sinn der unternehmerischen Reife im Abstieg. Dass dieser Stillstand die Resilienz der Organisation gefährdet, lässt sich logisch und rational erklären.

Wie? – Es gäbe unzählige Erklärungsmöglichkeiten mit unterschiedlicher Relevanz für das jeweilige Unternehmen. Zwei wissenschaftliche Erklärungsmodelle/Muster sind jedoch besonders hilfreich:

T. Walker (✉)
Institute for sustainable solutions, Horngach 21a, 6352 Ellmau, Österreich
E-Mail: thomas.walker@walk-on.co.at

- Der „adaptive cycle" (Gunderson und Holling 2002) aus der Resilienzforschung und
- „The Austrian business cycle theory" (Schumpeter 1947).

Beide Modelle beschreiben einen Zyklus (Konjunkturzyklus). Dieser Zyklus folgt, egal ob in der Wirtschaft oder in der Natur, einem fixen, immer wiederkehrenden Muster. Die Musterphasen dahinter sind: schnelles Wachstum, Erhaltung und Bewahrung (Konservierung), Auflösung und Reorganisation. Alle aktuellen Anzeichen deuten darauf hin, dass sich die Weltwirtschaft derzeit in einer Auflösungsphase befindet. Viele sprechen hierbei auch von einem Paradigmenwechsel oder einem gesellschaftlichen Klimawandel, der neue Ansätze im strategischen Management benötigt.

Auf Winston Churchill, einen bemerkenswerten Strategen, geht folgender Ausspruch zurück: „The farther you can look backward, the farther you can see forward". Um das Management von morgen verstehen zu können, muss zuerst in die Vergangenheit geblickt werden. Sehr viele strategische Ansätze aus der Vergangenheit werden auch in der Zukunft hilfreich sein, wobei deren Anwendungen im jeweiligen Kontext gesehen und entsprechend weiterentwickelt werden müssen. Es geht darum, das Wissen, die technischen und fachlichen Kompetenzen und die organisationale Weisheit reifen zu lassen, damit diese auch in Zukunft Früchte bringen können. Dieser Reifeprozess ist in jeder Organisation individuell und kann nicht verallgemeinert werden.

Womit schon der erste normative Kurzschluss der aktuellen Betriebswirtschaftslehre sichtbar wird. Seit mehr als 30 Jahren werden immer wieder die gleichen Konzepte gelehrt, verfeinert, optimiert (effizienter gemacht) und es wird dargelegt, wie strategisches Management zu funktionieren hat. Diese Konzepte hatten durchaus im Kontext der 1970er-, 1980er- und 1990er-Jahre ihre Daseinsberechtigung. Sie werden auch in einer zukünftigen Zeit ihre Daseinsberechtigung haben, wenn die Wirtschaft wiederum in die Phase kommt, wo diese Konzepte Sinn machen. Entlang des adaptiven Zyklus (Gunderson und Holling 2002) wirken diese Konzepte in der Phase der Konservierung. In dieser Zeit einer wirtschaftlichen Entwicklung ist es wichtig, die Effizienz zu steigern, damit entsprechend des Verdrängungswettbewerbs die Positionen am Markt gehalten werden können. Dabei ist die Gewinnmaximierung unumgänglich, um mit immer knapper werdenden Gewinnspannen noch entsprechende Profite erwirtschaften zu können.

Diese Gewinnmaximierungskonzepte potenzieren sich mit der Zeit, da gleichzeitig auf der staatlichen Ebene die Bürokratisierung steigt. Dies ist i. d. R. der Ausdruck von höheren Sozialstandards, da immer mehr Menschen im Teufelskreis der Effizienzsteigerung verlieren (Arbeitsplätze, Einkommen, Wohlstand, …). Dagegen versucht die Wirtschaft, mit radikalen liberalen Rezepten anzufechten und entfernt sich damit immer weiter von den Bedürfnissen und Erwartungen von Gesellschaften. Es entstehen politischer Stillstand, Gier, Korruption, Syndikate, soziale Spannungen, Spielsucht, Machtsucht und noch vieles mehr. Der Mensch wird mehr und mehr zu einem Störfaktor in dieser immer enger werdenden Wirtschaftsphase der Konservierung.

So ist erklärbar, warum die Idee der sozialen Marktwirtschaft, ein Modell, das speziell in krisenhaften Zeiten immer eine gute Wahl ist, wieder an Bedeutung gewinnt. Ein Modell, das freie marktwirtschaftliche Ideen mit intelligenten volkswirtschaftlichen Rahmenbedingungen verknüpft, sorgt für eine innovative und leistungsorientierte Wirtschaft, ohne dabei aber die Bedürfnisse der Gesellschaft und Umwelt zu ignorieren. Es handelt sich hierbei nicht um ein statisches Modell, sondern um einen Ansatz, der auf Selbstverantwortung und Dialog aufbaut. Aber die Idee der sozialen Marktwirtschaft muss sich auch selbst dem Wandel anpassen und passende Antworten auf die geänderten Rahmenbedingungen finden. Die Ansätze dazu lauten derzeit die „neue soziale Marktwirtschaft", „ökosoziale Marktwirtschaft", „humane Marktwirtschaft".

Damit diese Adaption funktionieren kann, bedarf es zuerst einer massiven Entbürokratisierung. Warum? – Die bestehenden bürokratischen Strukturen sind nicht dazu geschaffen worden, intelligente und innovative Lösungen zu fördern; im Gegenteil, sie verhindern diese. Daher gilt es – so wie es bereits z. B. Australien praktiziert – Gesetze und Vorschriften auf Relevanz und Zukunftsfähigkeit zu prüfen. Neue Gesetze müssen mit einem Ablaufdatum versehen werden und dann entsprechend, vor einer eventuellen Verlängerung, geprüft werden. Derzeit gibt es auch in der Europäischen Kommission einen Ansatz, bürokratische Strukturen zu reduzieren, damit mehr Spielraum für Innovationen entstehen kann. Leider handelt es sich hierbei nur um erste vage Gehversuche der europäischen Bürokratie und ein Hauptproblem dabei ist, dass sich die Bürokratie selbst zu reorganisieren hat und sich dabei selbst infrage stellen muss. Dieser Ansatz funktioniert vielleicht bei unternehmerisch denkenden und handelnden Personen, die eine Vision haben und einen Sinn darin sehen, sich zu verändern; aber ob dies auch bei bürokratisch denkenden und handelnden Personen funktioniert, wird erst die Zeit zeigen.

So wie es sich auf nationalstaatlicher Ebene verhält, so ist es auch in großen Unternehmen. Auch hier haben sich über die Jahre bürokratische Strukturen etabliert, die heute darauf gerichtet sind, sich selbst zu erhalten und sich selbst eine Lebensberechtigung zu geben. Diese Subsysteme innerhalb von Organisationen verstehen es vorzüglich, einerseits normative interne Vorschriften zu machen und anderseits Schlupflöcher in nationalstaatlichen Vorschriften zu finden und für den eigenen Vorteil zu nutzen. Dies ist kein Vorwurf gegen diese Personen in diesen Abteilungen; sie machen hier eine vorzügliche Arbeit und folgen der Hauptstrategie der Unternehmensführung, die das Ziel hat, den Gewinn und den Shareholder-Value zu optimieren. Die Frage jedoch ist, wo bleiben die Innovationen, die das Unternehmen zukunftsfähig machen, wenn die ganze unternehmerische, strategische Energie in die Gewinnmaximierung gelegt wird? Die traurige Antwort ist: Sie bleiben leider sehr oft auf der Strecke.

Was fördert nun den unternehmerischen Innovations- und Reifeprozess, um aus dem aktuellen normativen Kurzschluss herauskommen zu können? – Es ist und bleibt die Idee des Unternehmertums (Entrepreneurship) mit den dahinterliegenden Werten und praktischen Weisheiten.

1.2 Stillstand bedeutet Rückschritt

Da der gesellschaftliche und ökologische Wandel stetig und langsam vonstattengeht, fällt es Menschen oftmals schwer, diesen zu erkennen. Sehr schnell kommen Menschen zu dem empirischen Schluss: „Das hat schon immer funktioniert, warum soll es in Zukunft nicht auch funktionieren?" Kurzfristig gedacht haben diese Menschen sogar Recht. Aufgrund der Geschwindigkeit des Wandels scheinen die bestehenden Methoden, Ansätze, Techniken, Geschäftsmodelle und Managementmethoden wirklich noch zu funktionieren. Doch wie sieht es in der Zukunft aus? Daher macht es Sinn, die Entwicklungen mit Abstand und in einem längeren Zeitraum zu betrachten (s. Zitat von Churchill). Wenn dies ehrlich und selbstkritisch passiert, wird rasch klar, was sich alles verändert hat.

Nehmen wir z. B. das klassische Gewerk/Handwerk des Elektroinstallateurs. Wenn wir nur 30 Jahre zurückblicken, so ging es früher darum, Gebäude mit Elektroinstallationen auszurüsten und die größtmögliche Sicherheit (für den Benutzer und Ausfallsicherheit) zu gewährleisten. Beleuchtungs- und Energiesparkonzepte hatten eher einen geringen Stellenwert. Das Verlegen von Informationstechnologie(IT)-Netzwerken und Sicherheitssystemen hatte eine untergeordnete Rolle und wurde an spezialisierte Unternehmen vergeben. Der Strom kam von großen Energieversorgern, die in staatlichen oder kommunalen Strukturen angesiedelt waren. Zu dieser Zeit war es für ein erfolgreiches Elektroinstallationsunternehmen wesentlich, rasch und effizient zu arbeiten, um die Nachfrage zu einem guten Preis befriedigen zu können. Dies entsprach der Idee des ehrbaren Kaufmanns/ehrbaren Unternehmers, der mit der gebotenen Sorgfalt und der kaufmännischen Vorsicht das Versprochene zuverlässig erfüllt.

Wie sieht es heute aus? Heute gibt es großteils digitalisierte Installationen mit selbstlernenden Gebäudesteuerungen. Ein Neubau ohne IT-Netzwerkverkabelung wäre undenkbar. Sicherheitssysteme sind heute leistbar geworden und werden von Anfang an mitentwickelt. Die unterschiedlichen Gebäude- und Produktionskomponenten vernetzen sich immer mehr untereinander (Stichwort Industrie 4.0). Um energieeffizienter werden zu können, bedarf es einer effektiven Lösung und der höchstprofessionellen und -flexiblen Umsetzung mit einem hohen Expertenwissen. Innerhalb von Gebäudekomplexen bzw. kleinräumigen Strukturen kommt es zu der Entwicklung von „smart grids", intelligenter Netzwerke, in denen unterschiedliche Energieträger, Komponenten und Erzeugerquellen miteinander verbunden werden. Die Integration von alternativen Energiequellen in diese kleinräumigen Netze ist eine Selbstverständlichkeit und trägt maßgeblich zur Energieautarkie und Versorgungssicherheit bei.

All das hier Beschriebene ist heute Stand der Technik und es wird von einem modernen Elektroinstallationsunternehmen erwartet, diesen erfüllen zu können. Einige der mittelständischen Unternehmen am Markt sind in der Lage, Teile davon zu erfüllen (sie reagieren auf Marktanfragen), andere haben das Fachpersonal und die Werkzeuge bereits in ihrem Unternehmen aufgebaut und sind fähig, aktiv die aktuellen Bedürfnisse zu erfüllen, und andere sind sogar forschend und entwickelnd im Bereich der Smart-grid-Forschung eingebunden, um die Märkte der Zukunft proaktiv mitzugestalten. Des Weiteren werden diese proaktiven Unternehmen ihre Geschäftsmodelle weiter entwickeln und eventuell sogar den Zweck ihres Unternehmens neu definieren. So werden diese innovativen Unternehmen beispielsweise nicht nur in der Lage sein, die technischen Aspekte für „smart grids" zu liefern, sondern auch die begleitenden notwendigen gesellschaftlichen Interventionen zu gestalten, damit neue Formen der Zusammenarbeit in der Zivilgesellschaft möglich werden können.

All jenen Unternehmen, die es nicht geschafft haben, sich aktiv an den Stand der Technik anzupassen, werden nach und nach die Kunden wegbrechen und sie werden mittelfristig vom Markt verschwinden. Warum? Sie sind nicht mehr in der Lage, die Erwartungen ihrer Interessens- und Anspruchsgruppen (Stakeholder) zu erfüllen. Auch wenn sie dann versuchen, rasch (oder auch panisch) zu reagieren, werden sie den Anschluss an die Entwicklungen nicht schaffen, da es i. d. R. Jahre benötigt, um das notwendige Wissen aufzubauen und die betrieblichen Strukturen bzw. Methoden zu adaptieren. In dieser Zeit der Anpassungen entwickelt sich aber die Welt weiter und somit bleibt immer eine gewisse marktrelevante Lücke offen, die nur noch (wenn überhaupt) mit extrem hohem Aufwand geschlossen werden kann.

Und so wie sich die Technik selbst weiterentwickelt hat, haben sich auch die Techniken des Managements weiterentwickelt. Auch hier sprechen wir von einem Stand der Technik – der Managementtechnik, wobei es heute gilt, „soft" und „hard facts" miteinander zu verbinden, um die Herausforderungen der Zukunft bewältigen zu können. Es geht sozusagen darum, von einer Gewinnmaximierung zu einer Nachhaltigkeitsmaximierung (oder auch Enkeltauglichkeit) zu kommen. Im Englischen bezeichnen wir dies als BA(M)T – Best Available (Management) Technologies.

Nun stellt sich die Frage: Wer definiert den Stand der Technik?

1.3 Der Klimawandel in der Managementtechnik

Aktuell kommen immer häufiger Meldungen, dass Unternehmen Ausschreibungen verloren haben, da diese nicht glaubwürdig nachweisen konnten, die aktuell erwarteten Anforderungen der – im speziellen von der öffentlichen Hand – definierten Kriterien zu erfüllen. Inzwischen ist deutlich erkennbar, dass die im Jahr 2011 definierten europäischen Rahmenbedingungen (Europäische Kommission, COM 681/2011) zu wirken beginnen. Einen sehr großen Einfluss auf diesen Wandel hatten die Weiterentwicklungen der Kreditvergabekriterien der Europäischen Investitionsbank und der Weltbank – speziell in den sozialen/gesellschaftlichen und ökologischen Themenbereichen. Des Weiteren wenden immer mehr Investoren (z. B. Pensionskassen, Ethikfonds, …) nachhaltige Kriterien bei ihren Investitionsentscheidungen an.

Immer häufiger funktioniert ein Durchschwindeln durch diese Anforderungen nicht mehr – egal ob auf der nationalstaatlichen oder auch auf der unternehmerischen Ebene. Vielen Unternehmen, speziell im Investitionsgüterbereich, ist diese, an den Stand der Technik fehlende Anpassung in der letzten Zeit sehr teuer gekommen, da sie nach und nach Aufträge verloren. Der Wandel von einem Billigstbieter- zu einem Bestbieterprinzip ist klar erkennbar. Die ausschreibenden Stellen und Procurement-Abteilungen werden immer professioneller in der Anwendung und Bewertung von nachhaltigen Kriterien, die zur Erreichung der jeweiligen unternehmenspolitischen bzw. staatspolitischen Ziele dienlich sind.

Daher muss auch das Unternehmensmanagement professioneller werden, denn die Gesellschaft hat ihre Spielregeln geändert. Ein Unternehmertum, das in der Lage ist, heutige und zukünftige Bedürfnisse von Menschen zu erfüllen und innovative Antworten und Lösungen zu entwickeln, die gesellschaftlich Probleme lösen, wird nie aus der Mode kommen. Jedoch ein Management, das sich nur auf eine Gewinn- und Kapitalmaximierung ausrichtet, ist heute nicht mehr zeitgemäß, da die Gesellschaft/Bevölkerung eine solche rein kapitalistische Ausrichtung nicht mehr akzeptiert. Managementtechniken, die diesem veralteten Gedanken folgen, entsprechen nicht mehr den von Europa und anderen internationalen Gemeinschaften definierten Regeln.

1.4 Die unternehmerische Weisheit

Immer wenn erfolgreiche Unternehmer bzw. erfolgreiche Managerinnen und Manager gefragt werden, wie sie es geschafft haben, die großen und wichtigen Entscheidungen zu treffen, die das Fundament für den aktuellen Erfolg ihres Unternehmens bilden, können diese keine befriedigende Antwort darauf geben. Warum?

Die wichtigen Entscheidungen im Leben erfolgen i. d. R. nicht linear (Walker T, Beranek F 2014) und nicht rational/trivial. Dies liegt darin begründet, dass ein Großteil des menschlichen Wissens im Unterbewusstsein gespeichert ist, das scheinbar chaotisch funktioniert. Selbstverständlich werden zur Umsetzung von Entscheidungen, die zu unternehmerischem Erfolg führen, kaufmännisches, technisches Wissen und Grundwerkzeuge des Managements benötigt. Diese Grundwerkzeuge sind heute i. d. R. in jeder Organisation vorhanden und die Menschen können diese Werkzeuge mehr oder minder anwenden bzw. entsprechend den Bedürfnissen des Wandels adaptieren. Einige besser und einige schlechter. Einige mutiger und einige vorsichtiger. Einige weitsichtiger und einige kurzsichtiger. Einige reaktiver und einige proaktiver. Dabei gilt es zu beachten, dass die Anwendung von Managementwissen allein noch kein Unternehmertum macht.

Der Begriff des Unternehmertums ist mit Werten verknüpft und mit Fähigkeiten, scheinbar Unmögliches möglich zu machen.

Eine genetische Veranlagung für ein Unternehmertum ist wissenschaftlich nicht bewiesen und Aussagen diesbezüglich mit äußerster Vorsicht zu genießen. Es gibt jedoch genetische Fähigkeiten (z. B. Weitsicht, die Fähigkeit das Ganze zu sehen, schnelle Kombinationsgabe, Mut, Empathie, Kommunikationsfähigkeit, …) die ein proaktives Unternehmertum fördern, per se aber noch keinen erfolgreichen Unternehmer machen. Doch was macht nun Menschen zu erfolgreichen Unternehmern/Managern? Es ist und bleibt die Fähigkeit, die unternehmerische Weisheit, die sich im Lauf des Lebens immer weiterentwickelt, so zu nutzen, dass Entscheidungen entstehen, die zumindest keinem anderen schaden („make nobody loose") – und im Idealfall einen nachhaltigen Mehrwert ermöglichen. Interessanterweise entspricht ein solches unternehmerisches Grundverhalten dem, was wir heute unter Ethik/Wirtschaftsethik verstehen. Die Regel der ökonomischen Ethik von Prof. Andreas Suchanek lautet: „Investiere in die Bedingungen der gesellschaftlichen Zusammenarbeit zum gegenseitigen Vorteil" (Suchanek 2007).

Doch warum ist die Regel der ökonomischen Ethik so entscheidend für einen langfristigen Unternehmenserfolg? Die Antwort ist relativ einfach. Systeme (biologische und menschliche) haben immer die Tendenz, ein Gleichgewicht/einen Ausgleich herzustellen. Wenn nun Unternehmen aufgrund ihrer Geschäftstätigkeiten ein Ungleichgewicht erzeugen („make somebody loose"), dann muss die Gesellschaft dieses ausgleichen. In der Regel ist erkennbar, dass je regionaler Unternehmen verankert sind, desto ethischer agieren sie, da der Ausgleich von Ungerechtigkeiten unmittelbar und direkt erfolgt. Durch die direkte Zirkularität entstehen unmittelbare Lernmöglichkeiten, die zu stetigen kleinen Verbesserungen führen. Dieses Lernen erfolgt sehr oft unbewusst. Je globaler die Wirtschaft wird, desto unethischer wird die Wirtschaft, da Systeme in dieser Größenordnung sehr lange für den Ausgleich benötigen. Eine direkte Zirkularität ist nicht mehr gegeben und daher brauchen wir Elemente im strategischen und operationalen Management, um diese Lernerfahrungen sichern zu können. Wenn dieses naturphysikalische Gesetzt ignoriert wird, führt dies zu drastischen gesellschaftlichen Ausgleichsmaßnahmen, die in einem ordentlichen Risikomanagement zu berücksichtigen sind. Sehr oft wird dies dann als Paradigmenwechsel wahrgenommen bzw. bezeichnet.

Interessanterweise gibt es Menschen, die in der Lage sind, solche Ungleichgewichte (Inkonsistenzen) eher wahrzunehmen. Um dazu in der Lage zu sein, müssen Menschen ausgeglichen sein – ein Zustand, der innerhalb von Gesellschaften oftmals als „weise" beschrieben wird und in vielen Grundphilosophien als ein erstrebenswerter Zustand definiert ist. Im unternehmerischen Kontext gilt es, diesen Gedanken in eine andere Steuerungsebene zu überführen (Kybernetik, vom Individuum auf die Organisation). Damit Unternehmen in die Lage kommen, relevante Inkonsistenzen frühzeitig erkennen zu können, müssen diese als ganze Organisation ausgeglichen sein. Ein unsagbar schwierigeres Unterfangen als bei einzelnen Individuen, da die unterschiedlichen Menschen in den Organisationssystemen die Komplexität massiv erhöhen. Womit relativ rasch klar wird, dass es eigentlich nur der Chaostheorie möglich sein kann, Antworten auf die Herausforderungen in den sich unterschiedlichen rasch wandelnden Gesellschaften zu finden. Ein Schlüssel, der aus der Chaostheorie kommt, ist der Umstand der immer wiederkehrenden Musterwiederholung (Pattern Theory).

Was ist damit gemeint? Wenn beispielsweise die grundlegenden Verhaltensmuster von erfolgreichen Unternehmern mit Abstand betrachtet werden, so können folgende Ähnlichkeiten (Musterwiederholungen/„patterns") festgestellt werden (Walker 2015):

- *Authentizität:* Die Unternehmer sind fähig, eine Vorbildfunktion einzunehmen und sich selbst und ihr Handeln kritisch zu reflektieren.
- *Sprache:* Unternehmer verwenden in ihrem Sprachgebrauch paradoxe Elemente – sehr oft wird dies durch einen selbstkritischen Humor (in der gesamten Organisation) sichtbar.
- *Flexibilität und Agilität:* Aufgrund der Lebenserfahrung wissen die Menschen in der Organisation, dass gute Antworten Zeit brauchen. Daher sind sie bereit, Pläne zu adaptieren und den aktuellen Wissensstand anzupassen. In der Regel sind humane Interventionen für diese Manager wichtiger, als strikt den Plänen und Strukturen bzw. Regeln zu folgen.

- *Sinnorientierung:* In schwierigen Entscheidungssituationen vertrauen sie ihren Erfahrungen bzw. ihrer Intuition. Sie wissen, dass aufgrund der herrschenden Komplexität, Entscheidungen nicht nur auf Basis von technischen, betriebswirtschaftlichen und mathematischen Grundlagen getroffen werden können.
  Entscheidungen müssen für sie einen tieferen Sinn haben und dieser Sinn gründet auf …
- … Ethik, Werten und Tugenden.

Die unternehmerische Weisheit ist somit einerseits mit der menschlichen Fähigkeit des Unterbewusstseins verbunden, scheinbar nicht sichtbare Umstände wahrzunehmen (Adler 1931) und zu nutzen, und andererseits mit der Fähigkeit, agil zu lernen (Normann LK 2001) und sich stetig weiterzuentwickeln. Daraus resultiert eine kontinuierliche Verbesserung und Weiterentwicklung der Managementinstrumente. Das Fundament dazu bilden die unternehmerischen Werte, und der Rahmen kommt aus dem aktuellen Stand der Managementtechnik („Best-available-Managementtechnologie").

1.5 Der Rahmen des Stands der Managementtechnik

In den letzten Jahren haben sich unterschiedliche Rahmendokumente/Regelwerke etabliert, die einerseits einen Rahmen für unternehmerische Entscheidungen bilden, ohne jedoch die unternehmerische Freiheit bzw. Selbstständigkeit zu beschränken. Dies klingt auf den ersten Blick paradox, bei näherer Betrachtung wird rasch klar, was dahintersteckt. Der zentrale Schlüssel für diese Entwicklungen war die Etablierung des Begriffs Stakeholderansatz. Mit diesem Begriff hat die praktische Weisheit von Unternehmern, die seit vielen Generationen bestand, einen Namen im Management bekommen. Durch diese Benennung wurden scheinbar paradoxe Entwicklungen im normativen Bereich möglich, denn jetzt musste das Paradoxon gelöst werden, wie etwas normiert werden kann, was eigentlich nicht normierbar ist (z. B. die Ethik).

Der Schlüssel war der Begriff des Dialogs. Ein Begriff, der auf das griechische Wort „logos" zurückgeht, was einerseits „Wort" und andererseits auch „Sinn" bedeutet. In der weiteren Auslegung bedeutet Dialog – im Kontext von Corporate Social Responsibility (CSR) – mit Worten Sinn erzeugen. Mit dem Zeitpunkt, zu dem der Stakeholderansatz und der Stakeholderdialog im normativen Bereich relevant wurden, haben sich neue Ansätze entwickelt, die einen agilen und flexiblen Rahmen schafften. Dies war für den Normungsbereich, der bisher eher auf der technischen Ebene tätig war, eine enorme Herausforderung. Plötzlich finden sich Begriffe wieder, die nicht in einem rein technischen Kontext beschreibbar sind, beispielsweise die legitimen/substanziellen Erwartungen der Anspruchsgruppen, die begründeten Interessen/Ansprüche, die angemessenen Handlungen/Aktionen.

Diese Bezeichnungen führen auch heute noch, 15 Jahre nach dem Erscheinen der ersten normativen Dokumente in diesem Bereich, zu Verwirrung, Unsicherheit und fallweise

Von der Gewinn- zur Nachhaltigkeitsmaximierung

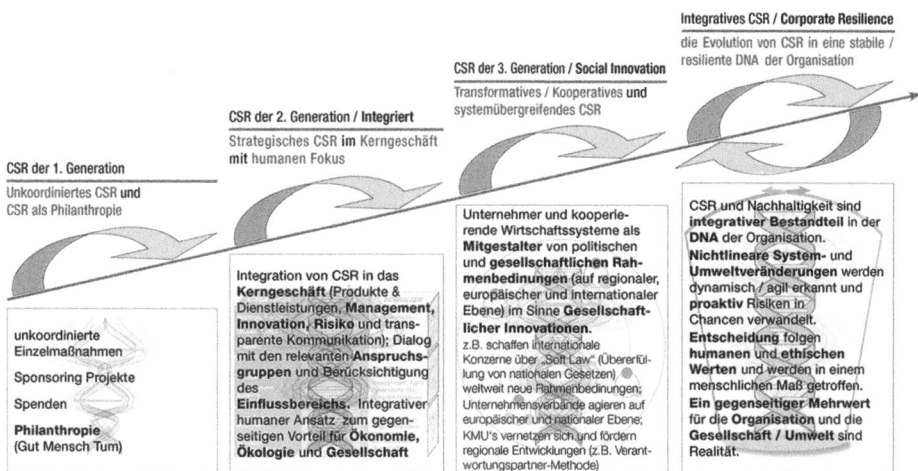

Abb. 1 Das Reifegradmodell von „corporate resilience" (auf Basis von Corporate Social Responsibility)

auch zu Konflikten. Doch genau dieser Freiraum der Unsicherheit ist es, der einen Rahmen möglich machte, der die unternehmerischen Freiheiten nicht beschränkt, sondern bei richtiger Anwendung sogar erhöht. Nun gibt es eine Legitimation, Antworten auf Fragen zu finden, die prinzipiell unentscheidbar sind, da die Auswirkungen in der Zukunft liegen. Die möglichen Auswirkungen („impact") der Handlungen mitzudenken, beschreibt das, was mit dem alten Begriff der Verantwortung gemeint ist.

Jedoch genügt es nicht mehr, diese Auswirkungen/Risiken nur mitzudenken. Von Unternehmen und dem Management wird erwartet, dies professionell zu managen und innovativ zu lösen. Das steckt hinter dem modernen Begriff von CSR (der gesellschaftlichen unternehmerischen/organisationalen Verantwortung), denn der Begriff von CSR ist in den letzten Jahrzehnten (gleich wie die Gesellschaften und Staaten) gereift: von einem unkoordinierten, philanthropischen CSR zu einem aktiven, strategischen CSR (Walker und Schmidpeter 2014; Abb. 1):

Welche leitendenden Dokumente bilden nun den aktuellen Stand der Technik? Diese sind: die ISO 26000, die Guidelines for Multinational Enterprises der Organisation für wirtschaftliche Zusammenarbeit und Entwicklung (OECD), die neue CSR-Strategie der Europäischen Kommission (COM 681, 2011), der Berichtsleitfaden der Global Reporting Initiative GRI 4.0, der Global Compact der Vereinten Nation (UN) und der Bribery Act und die entstehende ISO 37001.

Wenn all diese Dokumente übereinandergelegt werden, wird folgender Rahmen für den aktuellen Stand der Technik (Stand des Jahres 2015 mit Ausblick auf 2020) sichtbar:

- Ganzheitlicher/holistischer Ansatz (Betriebsführung, Menschenrechte, Mitarbeitende, Umwelt, faire Geschäftspraktiken, Konsumentenbelange, gesellschaftliches Engagement, Steuern, Forschung und Entwicklung, „due diligence", …)

Anmerkung: die EU spricht hier von einem multidimensionalen Ansatz.
- Strategisches Vorgehen dem Prinzip der Wesentlichkeit (Relevanz und Signifikanz) entsprechend
- „Disclosures of management approach" (DMA): die Verankerung in das Kerngeschäft, die Betriebsführung und in die Unternehmensprozesse …
- … in Bezug auf Wertschöpfungsketten („value chain"/„boundaries")
- Stakeholderorientierung
- Transparenz (inkludiert auch Formen der Vergleichbarkeit)
- Innovationsstärkung, Chancen generieren und Risiken minimieren
- Ganzheitliches Risiko- und Innovationsmanagement (Ausblick 2020)
- Über das gesetzliche Maß hinaus – professionelles Compliance-Management
- Ethisches Verhalten
- Förderung des Bewusstseins und der Kompetenzen
- Vorbeugung in Richtung Absicherung des Bribery Act (plus die kommende ISO 37001)
- Beachtung der Menschenrechte und des Vorsorgeprinzips
- „Social/societal innovations" (Ausblick auf 2020)
- Stärkung der „licence to operate" – der gesellschaftlichen Akzeptanz

Dieser aktuelle Stand der Technik hat massive Auswirkungen auf das strategische Management und die Weiterentwicklung der Managementtechniken.

2 Der integrative Managementansatz von Corporate Social Responsibility

2.1 Die relevante Inkonsistenz

Zusammenfassend ist bisher erläutert worden, dass es einen gesellschaftlichen Wandel gegeben hat, der neue Anforderungen an das Management von Organisationen (Unternehmen und alle anderen Formen von Organisation inklusive der öffentlichen Verwaltung) stellt. Der Begriff des alten CSR wurde – nicht zuletzt durch die Veröffentlichung der EU-Strategie im Jahr 2011 – mit einem neuen CSR-Begriff ersetzt. Dieser Begriff fordert ein professionelles und strategisches Vorgehen bezüglich einer ganzheitlichen, multidimensionalen Verantwortung von Organisationen.

Die zentrale Frage ist nun, wie dies in der Praxis geschehen kann. Dazu ist es hilfreich, die Grundstrukturen des Managements (die Grundmuster) zu beleuchten. In jedem Management gibt es

- eine normative Ebene (Schaffung des gründenden Elements – der normativen Grundlagen),
- eine strategische Ebene (in der die normativen Vorgaben in strategische Entscheidungen überführt werden – das orientierende Element) und

- eine operative/operationelle Ebene (in der die strategischen Entscheidungen umgesetzt werden – das implementierende Element).

Des Weiteren gibt es in jeder Ebene folgende Handlungsräume:

- Strukturen: Schaffung der Strukturen, in denen normative, strategische und operationelle Elemente Platz finden;
- Aktivitäten: Handlungsräume für gründende, orientierende und implementierende Maßnahmen und
- Verhalten: die Rolle des Menschen im Management – die Werte, Verhaltensmuster, das Lernen, die Kreativität, das Wissen und die Basis zur Innovation.

Was wurde nun in den ersten Integrationsphasen von CSR in der unternehmerischen Praxis probiert? Einerseits wurden Nachhaltigkeitsberichte erstellt, in denen Unternehmen „schön" dargestellt wurden. Anderseits wurden auf der normativen Ebene die entsprechenden Dokumente (z. B. Ethik- und Verhaltenskodex, Antikorruptionsrichtlinien, Einkaufsrichtlinien, …) geschaffen, die die gesellschaftliche Verantwortung des Unternehmens regeln. Diese ersten Schritte hatten folgende Wirkung: Die Menschen in der Organisation haben den Sinn dieser Dokumente und Richtlinien nicht erkennen können. Daher haben diese das gleiche Verhaltensmuster beibehalten, wie bisher. Somit ist eine große Lücke zwischen den normativen Vorgaben und dem operationalen Verhalten entstanden, die einerseits die Menschen in der Organisation aber auch die relevanten Anspruchsgruppen verunsicherte. In diesem Fall sprechen wir von einer relevanten Inkonsistenz (Walker 2015), die sich entsprechend Abb. 2 darstellt.

Eine solche Lücke gibt es in jeder Organisation. Wenn jedoch die Inkonsistenz zu groß wird, birgt diese Spannung enorme Risiken, da die Organisation ihre Glaubwürdigkeit verliert. Der resultierende Reputationsschaden ist i. d. R. nur schwer reparabel.

In den praktischen Versuchen stellte sich heraus, dass ein rein linearer Ansatz für die Lösung dieser neuen Herausforderungen nicht funktionieren kann. Dem Gedanken folgend „form follows function" kommt es zu einer gegenseitigen Beeinflussung zwischen den täglichen Interaktionen der Mitarbeiter mit ihren relevanten Stakeholdern und den Strukturen der Organisation. Wie bereits im Abschn. 1.4 – die unternehmerische Weisheit – beschrieben, benötigt die Lösung dieser relevanten Inkonsistenz Agilität und Flexibilität. Die Lösungen entstehen hiermit nichtlinear (Walker T, Beranek F 2014) – z. T. auf eine chaotische Art und Weise. Damit die Menschen in diesem Chaos nicht die Orientierung verlieren, bedarf es der Schaffung einer neuen Ebene im Management.

2.2 Der integrative Managementansatz von Corporate Social Responsibility

Somit schafft die Erweiterung des Managements in die dritte Dimension ein ethisches Fundament für die weiteren Handlungen. Dieses Fundament ist zum einen Teil sinnstif-

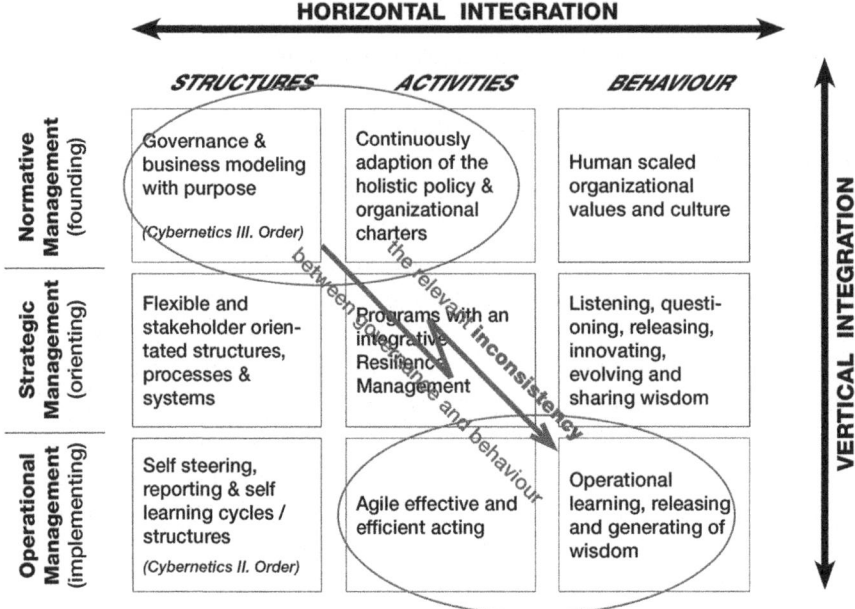

Abb. 2 Die relevante Inkonsistenz

tend und zum anderen Teil orientierend / leitend. Dadurch soll der integrative Ansatz (der auch bei der Agenda 2030 / Nachhaltigkeitsziel der Vereinten Nationen) gefordert ist, ermöglicht werden. Leider kommt es immer wieder zu Missverständnissen zwischen den Begriffen integriert (z. B. integrierte Managementsysteme aus der ISO-Welt) und integrativ. Bei näherer Betrachtung der Ursprünge der beiden Begriffe wird rasch klar, wo der Unterschied liegt:

Integriert geht zurück auf das lateinische Wort „integralis" und beschreibt die Auswirkungen, in unserem Zusammenhang „zusammengeführt/ergänzt".
Integrativ geht zurück auf das lateinische Wort „integrare" und beschreibt den Weg und die Haltung, in unserem Zusammenhang „kooperieren/wiederherstellen/erneuern"

Mit dem Begriff „integratives Managementsystem" ist somit gemeint, dass es sich um ein zusammengeführtes Managementsystem handelt, das Werte und Haltungen mit berücksichtigt. Diese Werte und Haltungen sind essenziell, damit Menschen einen Sinn im Ganzen finden können. Erst mit dem Sinn entsteht die Akzeptanz, die vorhandenen Managementsysteme zu nutzen und die Strukturen zu füllen. Dies gelingt aber nur, wenn die entsprechenden Freiräume gegeben sind und das Managementsystem in einer für die Menschen verständlichen Sprache beschrieben ist.

Die Idee eines integrativen Managementsystems ist nicht neu. Die Ideen gehen zurück auf die St. Gallener Managementschule (Ulrich, Bleicher). In den späten 1960er- und frühen 1970er-Jahren hat der Faktor Mensch im Management noch eine entsprechende Berücksichtigung gefunden. Im Sinn der Neuerfindung von Managementtechniken findet der Mensch wieder mehr Berücksichtigung. Diese Entwicklungen – nicht zuletzt ausgelöst durch die Einführung des Begriffs des Stakeholderansatzes – bergen viele Gefahren, aber auch viele Chancen.

Die größte Chance ist, dass die Wirtschaft wieder humaner wird (die Idee einer humanen Marktwirtschaft) und zu ihren ursprünglichen Wurzeln – die Wirtschaft hat dem Menschen zu dienen – zurückkehrt. Nur so kann es zukünftig eine breite Akzeptanz/Legitimation in der Gesellschaft geben und können die zukünftigen Herausforderungen gelöst werden (Abb. 3).

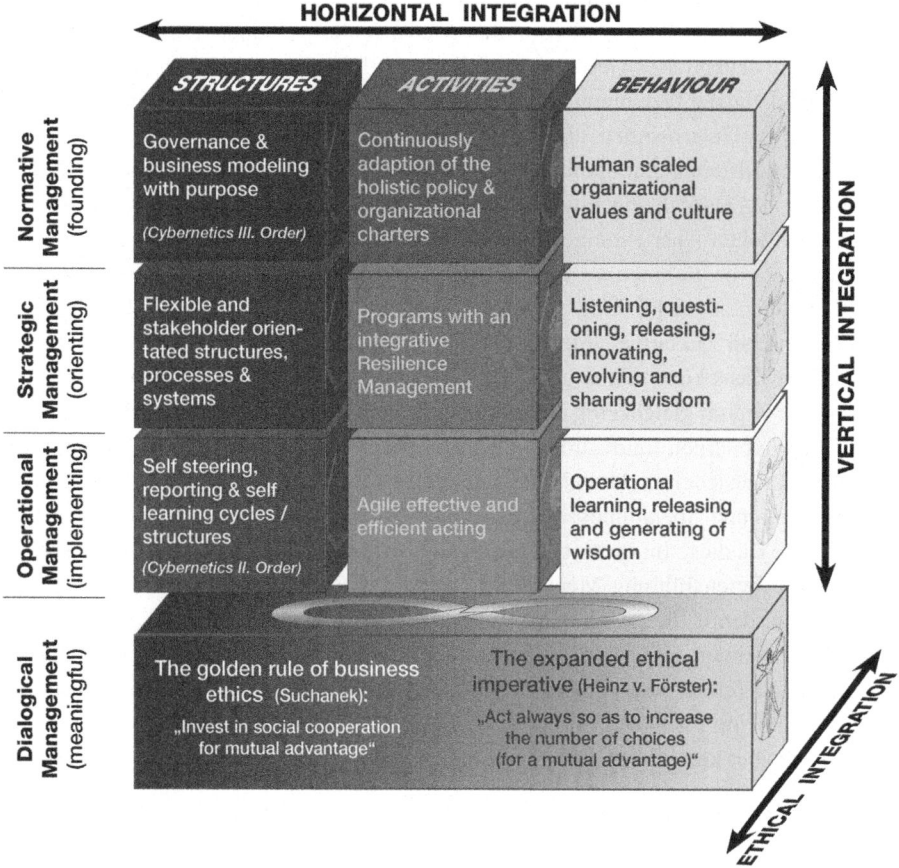

Abb. 3 Der integrative Managementansatz

Der integrative Managementansatz wurde das erste Mal vor fünf Jahren in der Springer-Publikation *Verantwortungsvolle Unternehmensführung in Theorie und Praxis,* im Beitrag „Vom integrierten zum integrativen CSR-Managementansatz"[1] beschrieben. Im Zug der weiteren Publikationen und praktischen Umsetzungen entwickelte sich dieser Ansatz weiter. Rückblickend lässt sich festhalten: Der Rahmen und das Fundament des Ansatzes sind stabil geblieben, die Inhalte haben sich, entsprechend den Veränderungen entlang dem Stand der Technik, verändert.

2.3 Die Innovation der Innovationen – Innovation 4.0

Auf Basis dieser Lernerfahrung lässt sich folgendes ableiten: Das bestehende Management hatte bisher gute Dienste geleistet und die gewonnenen Erfahrungen sollten jedenfalls für die weiteren Entwicklungen genutzt werden, müssen aber auf einer ganzheitlichen und humanistischen Ebene weiterentwickelt werden. Dazu bedarf es einer Werteorientierung im Unternehmenskern und einer Stakeholderorientierung im operativen und strategischen Tun. Der Unternehmenszweck muss immer wieder hinterfragt und weiterentwickelt werden, damit ein akzeptiertes Geschäftsmodell gewährleistet werden kann. Dies entspricht einem Wandel von der Gewinnmaximierung zur Nachhaltigkeitsmaximierung, in der auch Gewinne für das Unternehmen, aber auch für die Gesellschaft möglich sind.

Dazu ist es hilfreich, den Stand der Technik (ISO 26000, OECD-Guidelines, UN Global Compact, …) als Rahmen zu verwenden. Dieser Stand der Technik hat Auswirkungen auf die inhaltlichen Ausrichtungen. Jedoch darf nicht der Fehler gemacht werden, den Rahmen als starren Rahmen zu sehen. Dieser Rahmen bildet ein offenes und inspirierendes Grundgerüst zur Findung weiterer relevanter gesellschaftlicher, ökologischer und unternehmerischer Zukunftsthemen.

Auf dieser Basis können nun ganzheitliche Innovationsprozesse (Innovation 4.0) entstehen. Diese wirken gleichzeitig in der strategischen, aber auch in der gesellschaftlichen Ebene. Diese modernen Innovationsprozesse sind auf einer Kybernetik zweiter und dritter Ordnung angesiedelt und beinhalten neben den klassischen Innovationsthemen – Produkt-, Prozess- und Sozialinnovationen, auch ethische, rechtliche und gesellschaftliche Innovationen. Da diese Innovationen niemals linear geplant werden können, sind speziell in der Unternehmensführung Menschen nötig, die das große Ganze („the big picture") sehen können, damit die passenden strategischen Entscheidungen möglich werden. Im ethischen Fundament findet sich einerseits der Platz, diese Entscheidungen zirkulär zu prüfen und andererseits die entsprechenden Lernerfahrungen (Erhöhung der Anzahl der Möglichkeiten; von Foerster 1993) zu ermöglichen.

Was heute aber klar erkennbar ist, ist Folgendes:

---

[1] Lorentschitsch und Walker (2012).

„Heute geht es nicht mehr um die Frage, *ob* CSR/Nachhaltigkeit/‚societal innovations'/ ‚practical wisdom' … notwendig sind, sondern *wann und wie* dieses Wissen genützt wird, um das Unternehmen zukunftstauglich zu machen!" – Die Verantwortung, eine Antwort darauf zu finden, liegt bei jedem Menschen mit Verantwortung selbst.

Literatur

Adler A (1931/2009) What life could mean to you. Oneworld Publications (Paperback), London
Europäische Kommission (COM (2011) 681 final) A renewed EU strategy 2011–14 for Corporate Social Responsibility (CSR)
von Foerster H (1993) KybernEthik. Merve, Berlin
Gunderson LH, Holling CS (2002) Panarchy. Island Press, USA
Lorentschitsch B, Walker T (2012) Vom integrierten zum integrativen CSR-Managementansatz. In: Schneider A, Schmidpeter R (Hrsg) Verantwortungsvolle Unternehmensführung in Theorie und Praxis. Springer, Heidelberger
Norman LK (2001) Project Retrospectives. Dorset House Publishing, New York
Suchanek A (2007) Ökonomische Ethik, 2. Aufl. Tübingen, Mohr Siebeck
Schumpeter JA (1947/2005) Kapitalismus, Sozialismus und Demokratie, 8. Aufl. Stuttgart, UTB
Walker T (2015) The entrepreneurial wisdom. In: Habisch A, Schmidpeter R (Hrsg) Practical wisdom. Springer, Heidelberg
Walker T, Beranek F (2014) Non linear development approach of CSR (NLD) (Entry). In: Idowu S (Hrsg) CSR dictionary. Springer, Heidelberg
Walker T, Beranek F (2015) Non linear development approach of CSR (NLD). In: Idowu S (Hrsg) CSR dictionary. Springer, Heidelberg
Walker T, Schmidpeter R (2014) Maturity model of CSR (Entry). In: Idowu S (Hrsg) CSR dictionary. Springer, Heidelberg

Thomas Walker Gründer des Instituts für Nachhaltige Lösungen, lehrt, unterrichtet, forscht, berät und publiziert international im Bereich von CSR (Gesellschaftlicher Verantwortung), Nachhaltigkeit, Gesellschaftliche Innovationen, Ethik und unternehmerischer Resilienz. Er ist Präsident des Corporate Resilience Institute, Beiratsmitglied im Zentrum für humane Marktwirtschaft und Beiratsmitglied im WEISS (Wirtschaftsethikinstitut Stift St. Georgen). Er war langjähriges ÖNORMEN-Mitglied und ist der Chefentwickler von UNIDO reap26, einem internationalen CSR-Programm der Vereinten Nationen.

Corporate Social Responsibility – Neue Perspektiven für die Weiterentwicklung der Betriebswirtschaftslehre

René Schmidpeter

1 Corporate Social Responsibility – ein neues Paradigma für die Betriebswirtschaftslehre[1]

„Ideas Matter." So brachte es der Nobelpreisträger D.C. North auf den Punkt.[2] Dies ist wohl auch der fundamentale Unterschied zwischen den Sozial- und den Naturwissenschaften. Denn stellt ein Naturwissenschaftler die Behauptung auf, dass sich die Sonne um die Erde dreht, so ändert die Sonne deswegen nicht ihre Richtung. Ganz anders in der Sozialwissenschaft. Hier haben Theorien die Macht die Realität zu verändern! Denn Menschen orientieren sich in ihrem Handeln an den gemeinhin anerkannten gesellschaftlichen Weltanschauungen und Theorien. Weisen anerkannte Theorien auf eine Wirtschaftsrezession hin, so beginnen die Menschen zu sparen, dies führt zu Absatz- und damit zum Investitionsrückgang, was wiederum zum durch die Theorie vorhergesagten Wirtschaftsabschwung führt. Diese Kontingenz von sozialen Theorien wird gemeinhin auch als selbsterfüllende Prophezeiung bezeichnet. Ähnliches trifft auch auf die Betriebswirtschaftslehre zu. Managementansätze, wie z. B. der Shareholder-Value-Ansatz[3] oder

---

[1] Dieser Abschnitt basiert auf den Beiträgen Schmidpeter (2015b, c) und ist in abgewandelter Weise auch in Schram und Schmidpeter „CSR und Organisationsentwicklung. Managementreihe Corporate Social Responsibility. Springer Gabler, Berlin" (2016) erschienen.

[2] vgl. North (2005).

[3] vgl. Rappaport (1999).

R. Schmidpeter (✉)
Cologne Business School (CBS)
Hardefuststraße 1, 50677 Köln
r.schmidpeter@cbs.de

die Principal-Agent-Theorie,[4] hatten sich in den ausgehenden 90er-Jahren an den Hochschulen normativ durchgesetzt. Und Menschen haben begonnen, ihr Handeln danach auszurichten. Damit haben diese Theorien in ihrer Zeit nicht nur das Denken einer ganzen Managergeneration, sondern auch deren Handeln geprägt und damit die Realität verändert.

Was vor rund 20 Jahren in den Führungsschmieden gelehrt wurde, bestimmte die damalige als auch (noch) heutige Sichtweise auf die Realität und damit das gemeinhin anerkannte strategische Managementhandeln. Diese Managementansätze und -sichtweisen hatten in einer Zeit der vermeintlich grenzenlosen Ressourcen zunächst große Erfolge gefeiert und ihre Gültigkeit durch ein rasches ökonomisches Wachstum vermeintlich bestätigt. Dies änderte sich jedoch spätestens mit dem Zeitpunkt, zu dem sich die globalen Bedingungen massiv veränderten. Knappe Ressourcen, demografische Veränderungen und nicht zuletzt die Finanzkrise haben aufgezeigt, dass Gewinne nicht auf Dauer zu Lasten Dritter bzw. der Umwelt gemacht werden können. Daher ergeben sich für die Unternehmen ganz neue Herausforderungen in der Wertschöpfung und daraus abgeleitet neue strategische Schlüsselfragen.[5]

Insbesondere die nachkommenden Managergenerationen werden daher neue Dimensionen in der Strategieformulierung berücksichtigen. Dafür braucht es eine neue Sichtweise in der Betriebswirtschaftslehre. Das im 12. Jahrhundert entstandene individualethische Konzept des ehrbaren Kaufmanns ist dafür weiterhin notwendig, aber nicht hinreichend, wenn es nicht mit konkreten Managementmodellen verknüpft wird. Dafür braucht es keinen komplett neuen betriebswirtschaftlichen Ansatz, sondern ein neues Paradigma in den bestehenden Fachdisziplinen und betriebswirtschaftlichen Instrumenten.[6] Dieses neue Paradigma ist anschlussfähig an die Idee des ehrbaren Kaufmanns,[7] geht aber weit darüber hinaus, da es die Komplexität der heutigen globalisierten Welt berücksichtigt und mit unternehmerischer Methode adressiert. Es geht damit bei Corporate Social Responsibility (CSR) nicht um die Grenzen des Wachstums wie oft irrtümlich diskutiert, sondern um das Wachstum der Grenzen. Es geht auch nicht um „giving back to society", sondern darum, permanent sowohl unternehmerischen, als auch gesellschaftlichen Mehrwert zu produzieren. Hier zeichnet sich ein neues – sehr viel mehr unternehmerisches – Denken in der Nachhaltigkeitsdiskussion ab: Wie gelingt es Unternehmensmodelle so zu entwickeln, dass die Ressourcen der nachfolgenden Generationen nicht nur erhalten, sondern vermehrt und somit die zukünftigen Handlungsspielräume vergrößert werden?

Das neue Paradigma überwindet damit den alten Dualismus zwischen Ethik und Ökonomie, indem es nicht eindimensional Moral und Gewinn gegeneinander ausspielt (Abb. 1 und 2), sondern vielmehr in einem mehrdimensionalen Ansatz gesellschaftlichen und unternehmerischen Mehrwert nicht als Gegensatz sieht, sondern die Position eines wechselseitigen Gewinns gedanklich ermöglicht. In dieser Sichtweise werden Akteure nicht nur

---

[4] vgl. Picot (2003).
[5] vgl. Schmidpeter und D'heur (2014).
[6] vgl. die Beiträge in Schneider und Schmidpeter (2015a).
[7] vgl. IHK München (2014) sowie IHK Nürnberg (2014).

Corporate Social Responsibility – Neue Perspektiven für die Weiterentwicklung ...

Abb. 1 Gesellschaftliche Herausforderungen und strategische Schlüsselfragen

Abb. 2 Trade-off-Denken der Wirtschaftsethik und Betriebswirtschaftslehre

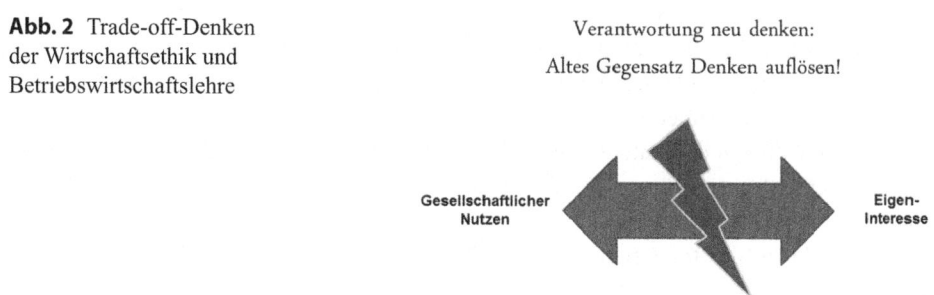

moralisch aufgefordert, sondern vielmehr gedanklich in die Lage versetzt, sowohl zum eigenen als auch zum Vorteil der Gesellschaft zu handeln (Abb. 3).[8]

2 CSR-orientiertes Managementparadigma überwindet vermeintliche Wachstumsgrenzen

Soziale, ökologische und ethische Kriterien werden in den CSR-Fachkreisen nicht mehr als Gegensatz zwischen Wirtschaft und Ethik konstruiert, sondern es wird vielmehr betriebswirtschaftlich aufgezeigt, wie ein neues CSR-orientiertes BWL-Paradigma konkre-

---

[8] vgl. Schmidpeter (2014).

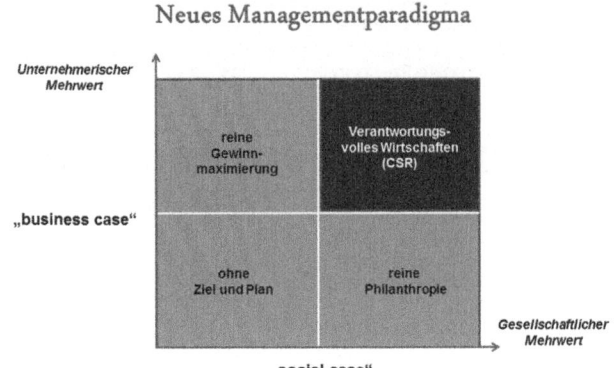

Abb. 3 Positivsummendenken als Management-Heuristik

te Wettbewerbsvorteile und Wachstumsmöglichkeiten für das Unternehmen ermöglicht. Dazu müssen bestehende Denkblockaden und vermeintliche Grenzen in der konzeptionellen Beschreibung wirtschaftlichen Handelns überwunden werden (vgl. auch Porter und Kramer 2011, Prahalad 2005, Rat für nachhaltige Entwicklung 2014, World Business Council for Sustainable Development 2015). Dieser sich in der CSR-Diskussion abzeichnende Paradigmenwechsel weg vom Trade-off-Denken hin zum Positivsummendenken ist auch für die BWL wegweisend. Der alte Kampf zwischen der Wirtschaftsethik, die das Primat der Ethik über die Ökonomie forderte, und der BWL, die es stets ablehnte, soziale bzw. ethische Fragen mit wirtschaftlichen Überlegungen zu verknüpfen, wird ad acta gelegt. Denn Vertreter beider Schulen haben gleichermaßen als normativen Ausgangspunkt das klassische, bis in die Antike reichende Trade-off-Denken und sind damit beide nicht lösungsorientiert, wenn es um die aktuellen gesellschaftlichen und betriebswirtschaftlichen Herausforderungen geht.

Dieses Manko des tradierten Trade-off-Denkens wird derzeit in einer Vielzahl wirtschaftlicher und sozialer Probleme immer deutlicher. Die gegenwärtigen globalen gesellschaftlichen Entwicklungen führen zu Marktverwerfungen und steigendem gesellschaftlichen Druck. Gleichzeitig verringern die Finanzkrise und der ökonomische Druck die Möglichkeiten staatlicher bzw. rein philanthropischer Lösungsansätze (Abb. 4).

Weil bestehende Geschäftsmodelle dadurch immer unrentabler werden bzw. die Märkte in den Industrieländern weitestgehend gesättigt sind, bietet nur ein neues Managementparadigma die Möglichkeit, die bestehenden Paradoxien aufzulösen und dabei unternehmerisch erfolgreich zu sein. Denn die gegenwärtige Krise zerstört nicht nur alte „trade-off-basierende" Geschäftsmodelle, sondern sie schafft v. a. neue ökonomische Chancen. Neue Managementansätze überwinden sowohl die klassischen Grenzen des Wachstums als auch die Grenzen des Gutmenschentums (Abb. 4) und sind somit ein Quantensprung in der Entwicklung des unternehmerischen Handelns.

Die gegenwärtigen gesellschaftlichen Disruptionen unterstützen das neue Denken, das wirtschaftliche und gesellschaftliche Entwicklung nicht als Gegensatz, sondern als komplementär definiert. Durch den globalen Wettbewerb und die internationalen Heraus-

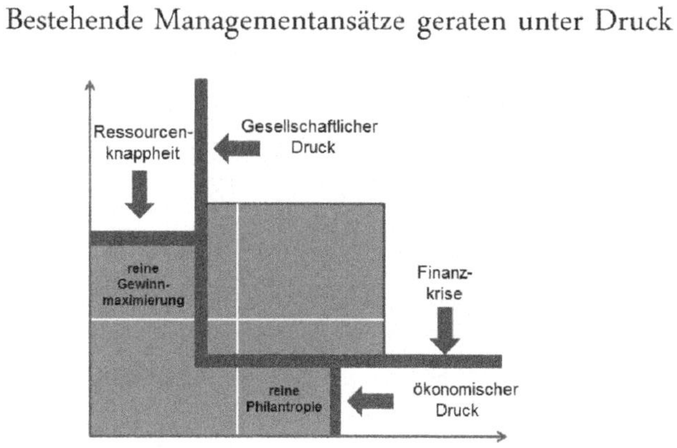

Corporate Social Responsibility – Neue Perspektiven für die Weiterentwicklung ...

Bestehende Managementansätze geraten unter Druck

Abb. 4 Bestehende Managementansätze geraten unter Druck

forderungen fokussieren immer mehr Unternehmer auf Geschäftsmodelle, die Mehrwert sowohl für die Gesellschaft als auch für das Unternehmen schaffen: Wenn etwa Leuchtmittelhersteller innovative LED-Solarleuchten an afrikanische Haushalte kostengünstig verleihen und damit sowohl Licht in die entlegensten Dörfer bringen, als auch Geld verdienen. Wenn Pharmafirmen neue kostengünstige Medikamente für gefährliche Krankheiten in Entwicklungsländern zur Verfügung stellen und damit sowohl den Menschen vor Ort helfen, als auch eine Basis für die Entwicklung zukünftiger Gesundheitsmärkte schaffen. Wenn Energieunternehmen durch neue alternative Stromgewinnung und -speicherung sowohl die dringend benötigte Energie für den Aufbau regionaler Wirtschaftsräume in Asien liefern, als auch neue Absatzmärkte für neue Technologien und innovative Geschäftsmodelle erschließen.

Dabei steht nicht das moralische Motiv des altruistischen Gebens im Vordergrund, sondern die ökonomische Effizienz. Es geht hierbei nicht um das Durchbrechen der Wettbewerbslogik – wie von Sozialromantikern oft gerne dargestellt –, sondern es werden die Marktmöglichkeiten auf immer neue gesellschaftliche Bereiche ausgeweitet. Dies schafft sowohl Mehrwert für die Gesellschaft als auch neue Geschäftsmöglichkeiten. Unternehmer stoßen meist in Marktlücken bzw. in Bereiche vor, in denen weder Staat noch Wohlfahrtsverbände eine Notwendigkeit sehen oder die Möglichkeit haben, gesellschaftlich zu wirken, und in denen andere Unternehmen aufgrund der zu geringen Margen oder des zu großen Risikos nicht aktiv werden. Auch hier führt ein Mehr an Wettbewerb zu höherem Nutzen für die Gesellschaft und insbesondere in Entwicklungs- und Schwellenländern können so gesellschaftliche Herausforderungen unternehmerisch angegangen werden. So sieht auch die EU-Kommission CSR als einen Ansatz, der die Wettbewerbsfähigkeit der europäischen Unternehmen fördert.[9] Ein CSR-orientiertes Managementparadigma fördert sowohl die Wettbewerbs- als auch die Kooperationsfähigkeit von Unternehmen gleichermaßen. Zahlreiche Unternehmensbeispiele zeigen auf, dass durch eine betriebswirtschaft-

---
[9] vgl. EU Kommission (2011).

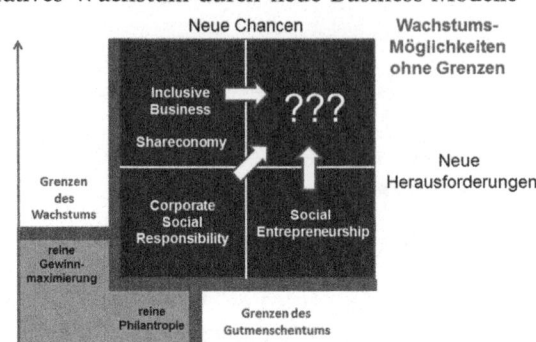

Abb. 5 Integratives Wachstum durch neues Managementparadigma

Integration von CSR in die Betriebswirtschaft

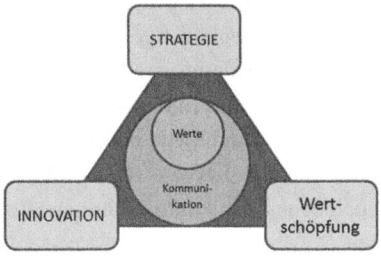

Abb. 6 Corporate Social Responsibility als Managementansatz

lich fundierte Übernahme von Verantwortung neue unternehmerische Chancen entstehen und sich damit ein neuer unternehmerischer Weg auftut, um unsere Gesellschaft nachhaltiger zu gestalten:[10] Eine unternehmerische Perspektive, die von Strategie, Innovation und Wertschöpfung geprägt ist – CSR als Managementansatz (Abb. 5 und 6).

So führte z. B. der Wunsch der Nanogate AG, ein internationales Spitzenunternehmen zu werden, von Beginn an dazu, dass man sich mit dem Thema verantwortliches Handeln und Wirken im eigenen Kernbereich, der Nanotechnologie, intensiv beschäftigte.[11] Internationale Unternehmen wie Intel setzen derzeit auf das Thema soziale Innovation und geben so ihren Innovationsprozessen eine Richtung, die sowohl der Gesellschaft als auch

---

[10] In dieser Sichtweise werden Unternehmen nicht als Problem, sondern als Teil der Lösung gesehen.

[11] siehe Zastrau (2014).

dem Unternehmen nützt.[12] Die Bayer AG berichtet in ihrem integrierten Geschäftsbericht transparent über die Themenfelder Profitabilität, Innovation und Nachhaltigkeit, und zeigt so, dass eine ganzheitliche Unternehmensentwicklung notwendig ist, um im internationalen Wettbewerb zu bestehen.[13] Desweiteren erfindet BMW mit dem Projekt „i" und neuen Mobilitätskonzepten, wie z. B. dem Carsharing, die Mobilität neu und gibt so innovative Antworten auf die Fragen der Individualmobilität der Zukunft.[14] Nur wenn CSR für Unternehmen auch ökonomische bzw. finanzielle Relevanz hat, bedeutet dies auch, dass alle Abteilungen eines Unternehmens sowie die Einzeldisziplinen der BWL das Thema Verantwortung und Nachhaltigkeit in ihren jeweiligen Fachdiskurs aufnehmen müssen. Diese fachspezifischen Kenntnisse werden unter dem neuen BWL-Paradigma der CSR zu einem neuen Managementparadigma[15] aggregiert und so der kontinuierliche Informationsaustausch zur gesellschaftlichen Dimension wirtschaftlichen Handelns im Rahmen eines interdisziplinären Diskurses koordiniert.[16] Auf diesem Wege unterstützt die Wissenschaft die Praxis dabei, ihre unternehmerische Managementexpertise – sozusagen das Können – zu verbessern, um das Sollen erst zu ermöglichen.[17] Die Moral ist damit nicht nur in den gesellschaftlichen Rahmenbedingungen (Soziale Marktwirtschaft), sondern auch in den Managementinstrumenten (CSR-Management) zu verorten. Diese bedeutende Rolle der Managementinstrumente in Sachen Nachhaltigkeit wird von der BWL (wieder-)entdeckt und somit auch für Management und Business Schools mainstreamfähig (Abb. 7).[18]

Es geht dabei jedoch nicht um einen radikalen Systemwechsel,[19] sondern um die Neuorientierung der bewährten betriebswirtschaftlichen Instrumente, um so die Fragen der sozialen, ökologischen aber insbesondere auch wirtschaftlichen Nachhaltigkeit besser zu bearbeiten. Die offene Gesellschaft und soziale Marktwirtschaft sollen gerade nicht durch sozialistische oder antiökonomische Ansätze ersetzt werden. Ganz im Gegenteil: die Potenziale des freien Unternehmertums sollen durch innovative Managementansätze effizient und effektiv dazu genutzt werden, die drängenden gesellschaftlichen Herausforderungen unternehmerisch zu lösen!

---

[12] Osburg (2013).
[13] Siehe Bayer AG – Geschäftsbericht (2013).
[14] Siehe www.bmw.de unter Mobilität der Zukunft sowie BMW AG (2014)
[15] Siehe zu „CSR als Managementparadigma" auch Schmidpeter (2014).
[16] Siehe Abb. 2 für eine beispielhafte betriebswirtschaftliche Integration von CSR.
[17] Dies ist nach Auffassung des Verfassers ganz im Sinne von Karl Homann (2014).
[18] Siehe z. B. die wachsende Anzahl von CSR-Lehrstühlen an deutschen Hochschulen sowie die steigende Anzahl an betriebswirtschaftlicher Literatur zum Thema CSR.
[19] Wie z. B. von der Gemeinwohlökonomie-Bewegung gefordert.

Integration von CSR in die Betriebswirtschaft

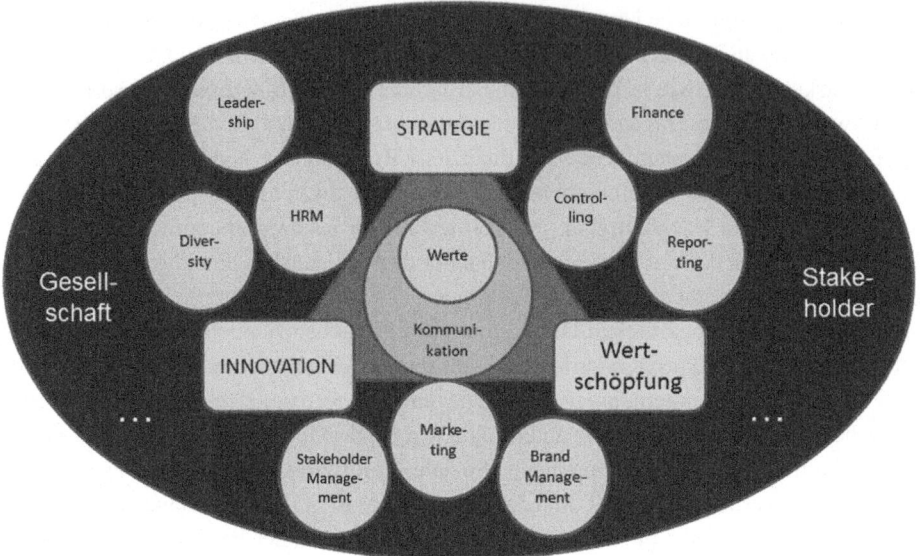

Abb. 7 Corporate Social Responsibility in der Betriebswirtschaftslehre

3 FAZIT: Corporate Social Responsibility gehört in die DNA der Betriebswirtschaftslehre

Als Fazit gilt es festzuhalten, dass das klassische Trade-off-Paradigma sowohl in der BWL als auch der Wirtschaftsethik für die gegenwärtigen gesellschaftlichen und betriebswirtschaftlichen Herausforderungen nicht mehr adäquat ist. Denn es ist nicht in der Lage, bestehende Managementansätze zu entwickeln, die Antworten sowohl auf die betriebswirtschaftlichen als auch gesellschaftlichen Herausforderungen entwickeln. Die soziale und ökologische Dimension wirtschaftlichen Handelns ist nicht konträr, sondern als wechselseitig verstärkend zu denken. Dies haben führende deutsche Unternehmen (z. B. BMW, Bayer, Nanogate) bereits erkannt und daher ihr Managementparadigma weg vom Trade-off-Denken hin zum Positivsummendenken entwickelt.

Dies wird auch am Beispiel von Ludwig Erhard deutlich, wonach die Bremse im Auto zwar funktional zum Stoppen dient, jedoch die systemische Funktion der Bremse das schnellere Fahren ist. Gleichsam einem Auto, das man ohne Bremse wohl nicht sehr schnell fährt, können Unternehmen ohne die Integration der sozialen und ökologischen Dimension in ihre Managemententscheidungen nicht wirtschaftlich dynamisch agieren. Die systemische Funktion von CSR ist somit nicht – wie fälschlicherweise oft angenommen – Unternehmen einzuschränken, sondern ganz im Gegenteil Unternehmen neue bessere Optionen erst zu ermöglichen. In dieser Sichtweise stehen die gesellschaftliche und unternehmerische Zielerreichung nicht im Gegensatz, sondern bedingen einander. Damit wird das klassische Paradigma der BWL aufgelöst und ein neuer Blick auf die Realität ermöglicht, der unternehmerische Lösungen für gesellschaftliche Herausforderungen systematisch ermöglicht. Hierzu ist es notwendig, dass die soziale, ökologische und wirtschaftliche Dimension in jeder unternehmerischen Entscheidung gleichermaßen berücksichtigt wird. Die Integration von sozialen und ökologischen Perspektiven führt zu Innovation, Wertschöpfung und neuen strategischen Ansätzen.

Die europäische Betriebswirtschaftslehre ist mit ihrem stakeholderorientierten Fächerkanon besonders prädestiniert, dieses neue Paradigma zu integrieren. Anders als die angelsächsischen Business Schools, die das Shareholder-Value-Paradigma mithilfe unzähliger Fallstudien und Finanzmodelle zum Mainstream gemacht haben, gilt in Europa oft noch das ursprüngliche Curriculum der BWL-Fachdisziplinen entlang der Stakeholder des Unternehmens (Personalmanagement, Marketing, Buchhaltung, Public Relations etc.). Dieser in der Vergangenheit vermeintliche Nachteil sich nicht vollends den Finanz- und Shareholderparadigmen verschrieben zu haben, könnte in der jetzigen Situation zum Vorteil gereichen. Europäische Business Schools werden gegebenenfalls vom vermeintlichen Nachzügler zum internationalen Vorreiter, wenn es darum geht, CSR und Nachhaltigkeit in die Managementwissenschaften zu integrieren. Diese Alleinstellung der europäischen und insbesondere deutschen BWL gilt es, als internationalen Bildungsstandortvorteil zu nutzen. Die dafür notwendigen Unternehmensbeispiele existieren bereits (s. die vielfältigen Unternehmensbeiträge in der Management-Reihe CSR, Schmidpeter, Reihenherausgeber). Diese Vorreiterunternehmen zeigen, wie die Integration von CSR zu einer höheren Wettbewerbs- und Kooperationsfähigkeit führt und so die Geschäftsmodelle widerstandsfähiger gegenüber den gesellschaftlichen Disruptionen der kommenden Jahrzehnte macht.

Dabei zeigen die Praxisbeispiele, dass es darum geht, besonders die Themen und Herausforderungen zu adressieren, die wesentlich für die nachhaltige Entwicklung unserer Gesellschaft („social case") und für den Erfolg des Geschäftsmodells des Unternehmens („business case") sind. Wenn es der Wissenschaft – ähnlich wie den Unternehmen gelingt, CSR in alle BWL-Disziplinen systematisch zu integrieren, können wir nicht nur die aktuellen gesellschaftlichen Herausforderungen besser adressieren, sondern auch unsere Unternehmen dynamischer – und v. a. in die auch ökonomisch nachhaltigere Richtung – entwickeln. Hier hat Deutschland aufgrund der Tradition der sozialen Marktwirtschaft, aber auch aufgrund der vielen mittelständischen Unternehmen, die seit jeher der Maxime des Stakeholdermanagements folgen, eine glaubwürdige Basis, um internationaler Vorreiter bei der Entwicklung dieses neuen CSR-orientierten BWL-Ansatzes zu sein.

Literatur

Bayer AG (2013) Integrierter Geschäftsbericht. www.geschaeftsbericht2013.bayer.de. Zugegriffen: 15. Aug. 2014
BMW AG (2014) Mobilität der Zukunft auf www.bmw.de. Zugegriffen: 15. Aug. 2014
CSR Forum der deutschen Bundesregierung. www.csr-in-deutschland.de. Zugegriffen: 15. Aug. 2014
EU Kommission (2011) Mitteilung zur EU Strategie 2011–2014. EU Kommission, Brüssel

Homann K (2014) Sollen und Können. Grenzen und Bedingungen der Individualmoral. Ibera/European University Press
IHK München und Oberbayern (2014) Rubrik: CSR-Gesellschaftliche Verantwortung. Zugegriffen: 15. Aug. 2014
IHK Nürnberg für Mittelfranken (2014) Rubrik: Corporate Social Responsibility. Zugegriffen: 15. Aug. 2014
North DC (2015) Understanding the process of economic change. Princeton University Press, 2005
Osburg T (2013) Social innovation to drive corporate sustainability. In: Osburg T, Schmidpeter R (Hrsg) Social innovation. Springer, Berlin, S 13–22
Picot A (2003) Die grenzenlose Unternehmung. Gabler Verlag, Wiesbaden
Porter M, Kramer M (2011) Creating shared value. Harvard Business Review, Boston
Prahalad CK (2005) The fortune at the bottom of the pyramid. Wharton
Rappaport A (1999) Shareholder value. Schäffer-Poeschel Verlag, Stuttgart
Rat für nachhaltige Entwicklung. www.nachhaltigkeitsrat.de. Zugegriffen: Aug. 2014
Schmidpeter R (Reihenherausgeber) Managementreihe Corporate Social Resposnibility. Springer Gabler. www.springer.com/series/11764
Schmidpeter R (2014) Corporate Social Responsibility (CSR): Paradigmenwechsel in der Unternehmensführung! In: Hildebrandt A (Hrsg) CSR und Sportmanagement. Managementreihe Corporate Social Responsibility. Springer Gabler, Berlin, S 95–103
Schmidpeter R (2015a) CSR, Sustainable Entrepreneurship und Social Innovation – Neue Ansätze in der Betriebswirtschaftslehre. In: Schneider A, Schmidpeter R (Hrsg) Corporate Social Responsibility, 2. Aufl. Springer Gabler, Berlin, S 135–144
Schmidpeter R (2015b) CSR als betriebswirtschaftlicher Ansatz. In: Schneider A, Schmidpeter R (Hrsg) Corporate Social Responsibility, 2. Aufl. Springer Gabler, Berlin, S 1229–1238
Schmidpeter R (2015c) Globale gesellschaftliche Probleme als unternehmerische Chance. FAZ-Magazin Zukunft Verantwortung (1/2015)
Schram B, Schmidpeter R (Hrsg) (2016) CSR und Organisationsentwicklung. Managementreihe Corporate Social Responsibility. Springer Gabler, Berlin
Shared.Value.Chain. (2014) Grafik. In: Schmidpeter R, D'heur M (Hrsg) Wertschöpfung neu gedacht. FAZ-Magazin Verantwortung Zukunft (4/2014). FAZ-Verlag, S 40–45
World Business Council for Sustainable Development (2015) Inclusive Business. http://www.inclusive-business.org/
Zastrau R (2014) CSR als Baustein für dauerhaften Unternehmenserfolg. In: Schneider A, Schmidpeter R (Hrsg) Corporate Social Responsibility – Verantwortungsvolle Unternehmensführung in Theorie und Praxis, 2. Aufl. Springer Gabler, Berlin

Prof. Dr. René Schmidpeter ist international anerkannter CSR-Stratege, Vordenker und Autor. Er hat den Jürgen Meyer Stiftungslehrstuhl für internationale Wirtschaftsethik und Corporate Social Responsibility der Cologne Business School (CBS) inne. Er ist ständiger Gastprofessor an der Nanjing University of Finance and Economics (NUFE) in China und Adjunct Professor an der Murdoch University in Perth, Australien. Er hat bereits mehrere Publikationen zum Thema „Gesellschaftliche Verantwortung von Unternehmen" verfasst und ist Reihenherausgeber der CSR-Managementreihe sowie der internationalen Flaggschiffreihe „CSR, Sustainability, Ethics and Governance" beim Springer Gabler Verlag.

The manufacturer's authorised representative in the EU is Springer Nature Customer Service Centre GmbH, Europaplatz 3, 69115 Heidelberg, Germany. If you have any concerns regarding our products, please contact ProductSafety@springernature.com

Printed and bound by CPI Group (UK) Ltd, Croydon, CR0 4YY

23/03/2026

02076740-0017